prip Taylor 1848

D 18/3

17 8bre   Echéance 2636 août

1r juin   à Londres   3722 —

CATALOGUE

DE

LIVRES RARES ET PRÉCIEUX.

CONDITIONS DE LA VENTE.

Il y aura exposition des livres le matin de chaque vacation, depuis une heure jusqu'à trois. (*On entrera par la place de l'Oratoire*, 6.)

Les ouvrages doivent être collationnés dans la salle de vente et dans les vingt-quatre heures de l'adjudication.

Les acquéreurs payeront, en sus du prix d'adjudication, cinq centimes par franc, applicables aux frais.

Le Libraire chargé de la vente remplira les Commissions qui lui seront adressées.

Ce Catalogue se trouve *également chez :*

JULIEN, LIBRAIRE, RUE DE L'ÉPERON, N° 9.

PARIS. — IMP. WITTERSHEIM, 8, RUE MONTMORENCY.

CATALOGUE

DE

LIVRES RARES ET PRÉCIEUX

COMPOSANT LA PREMIÈRE PARTIE DE LA BIBLIOTHÈQUE

DE M. J. TAYLOR,

DONT LA VENTE SE FERA LE MARDI 17 OCTOBRE 1848 ET JOURS SUIVANTS,
A SIX HEURES ET DEMIE DU SOIR,

RUE DE LA BIBLIOTHÈQUE-DU-LOUVRE, 4.

LES ADJUDICATIONS SERONT FAITES

Par le ministère de Me LENORMANT DE VILLENEUVE, Commissaire-priseur,
Rue de l'Échiquier, n° 5.

EXPOSITION : PLACE DE L'ORATOIRE-DU-LOUVRE, 6.

A PARIS,
CHEZ J. TECHENER, LIBRAIRE,
20, PLACE DU LOUVRE.

1848

ORDRE DE LA VENTE.

1re VACATION.—*Mardi* 17 *octobre* 1848.

Théologie.. . . . . 1—11
Sciences et arts.. . . . . . . 243—259
Belles-lettres. . . . . 679—706
Histoire. . . . . 1646—1683

2e VACATION. — *Mercredi* 18 *octobre*.

Sciences et arts. . . . . . 260—277
Belles-lettres. . . . . 707—741
Histoire. . . . . 1684—1722
Théologie.. . . . . 12—20

3e VACATION. — *Jeudi* 19 *octobre*.

Sciences et arts. . . . . . 278—297
Belles-lettres. . . . . 742—775
Histoire. . . . . 1723—1759
Théologie.. . . . . 21—29

4e VACATION. — *Vendredi* 20 *octobre*.

Théologie. . . . . 30—36
Sciences et arts.. . . . . . . 298—314
Histoire. . . . . 1760—1799
Belles-lettres.. . . . . . . 776—812

5e VACATION. — *Samedi* 21.

Théologie.. . . . . 37—46
Sciences et arts.. . . . . . . 315—342
Belles-lettres. . . . . 813—843
Histoire. . . . . 1800—1839

6e VACATION. — *Lundi* 23.

Théologie. . . . . 47—57
Sciences et arts.. . . . . . . 343—357
Belles-lettres. . . . . 844—880
Histoire . . . . 1840—1882

7e VACATION. — *Mardi* 24.

Théologie. . . . . 58—65
Sciences et arts. . . . . . . 358—374
Belles-lettres.. . . . . . . 881—916
Histoire. . . . . 1883—1922

8e VACATION. — *Mercredi*.

Théologie. . . . . 66—76
Sciences et arts.. . . . . . . 375—392
Belles-Lettres. . . . . 917—953
Histoire.. . . . . 1923—1967

9e VACATION. — *Jeudi* 26.

Théologie. . . . . 77—85
Sciences et arts. . . . . . . 393—410
Belles-lettres.. . . . . . . 954—990
Histoire. . . . . 1968—2010

10e VACATION. — *Vendredi*.

Théologie. . . . . 86—96
Sciences et arts.. . . . . . . 411—428
Histoire. . . . . 2011—2051
Belles-lettres.. . . . . . . 1007—1028
Belles-lettres. . . . . 991—1006

11e VACATION. — *Samedi* 28.

Théologie. . . . . 97—104
Sciences et arts . . . . . . 429—447
Belles lettres.. . . . . . . 1029—1060
Histoire. . . . . 2052—2090

12e VACATION. — *Lundi* 20.

Théologie.. . . . . 105—113
Sciences et arts. . . . . . . 449—468
Belles-lettres.. . . . . . . 1085—1102
Belles-lettres.. . . . . . . 1061—1084
Histoire. . . . . 2091—2128

ORDRE DE LA VENTE.

13ᵉ VACATION. — *Mardi 31.*

Théologie. . . . . 114—122
Belles-lettres. . . . . . . 1103—1141
Histoire. . . . . 2129—2161
Beaux-arts. . . . . 469—483

14ᵉ VACATION. — *Mercredi 1ᵉʳ novembre.*

Théologie. . . . . 123—133
Beaux-arts. . . . . 484—502
Histoire. . . . . 2162—2196
Belles-lettres. . . . . . . 1142—1179

15ᵉ VACATION. — *Jeudi 2.*

Théologie. . . . . 134—142
Belles-lettres. . . . . . . 1210—1218
Belles-lettres. . . . . . . 1180—1209
Histoire. . . . . 2213—2235
Histoire. . . . . 2197—2212
Beaux-arts. . . . . 503—521

16ᵉ VACATION. — *Vendredi 3.*

Théologie. . . . . 143—152
Beaux-arts. . . . . 522—538
Belles-lettres. . . . . . . 1219—1256
Histoire. . . . . 2253—2272
Histoire. . . . . 2236—2252

17ᵉ VACATION. — *Samedi 4.*

Théologie. . . . . 153—161
Belles-lettres. . . . . . . 1465—1481
Histoire. . . . . 2273—2309
Beaux-arts. . . . . 539—556

18ᵉ VACATION. — *Lundi 6.*

Théologie. . . . . 162—170
Histoire. . . . . 2310—2348
Belles-lettres. . . . . . . 1296—1334
Beaux-arts. . . . . 557—574

19ᵉ VACATION. — *Mardi 7.*

Théologie. . . . . 171—179
Beaux-arts. . . . . 575—593
Belles-lettres. . . . . . . 1335—1372
Histoire. . . . . 2349—2388

20ᵉ VACATION. — *Mercredi 8.*

Théologie. . . . . 180—187
Beaux-arts. . . . . 594—613
Belles-lettres. . . . . . . 1373—1410
Histoire. . . . . 2423—2432
Histoire. . . . . 2389—2422

21ᵉ VACATION. — *Jeudi 9.*

Jurisprudence. . . . . . . 228—235
Beaux-arts. . . . . 668—678
Histoire. . . . . 2586—2636
Belles-lettres. . . . . . . 1549—1584

22ᵉ VACATION. — *Vendredi 10.*

Jurisprudence. . . . . . . 198—210
Beaux-arts. . . . . 631—648
Belles-lettres. . . . . . . 1449—1464
Histoire. . . . . 2471—2508

23ᵉ VACATION. — *Samedi 11.*

Jurisprudence. . . . . . . 211—219
Beaux-arts. . . . . 649—667
Belles-lettres. . . . . . . 1482—1517
Histoire. . . . . 2509—2549

24ᵉ VACATION. — *Lundi 13.*

Jurisprudence. . . . . . . 220—227
Belles-lettres. . . . . . . 1518—1548
Histoire. . . . . 2550—2585
Belles-lettres. . . . . . . 1257—1295

25ᵉ VACATION. — *Mardi 14.*

Théologie. . . . . 188—197
Belles-lettres. . . . . . . 1411—1448
Histoire. . . . . 2449—2470
Histoire. . . . . 2433—2448
Beaux-arts. . . . . 618—630
Beaux-arts. . . . . 614—617

26ᵉ VACATION. — *Mercredi 15.*

Jurisprudence. . . . . . . 236—242
Belles-lettres. . . . . . . 1585—1621
Belles-lettres. . . . . . . 1622—1645

AVERTISSEMENT.

Le 22 février dernier je recevais la première épreuve de ce catalogue, et la vente paraissait devoir se faire au mois d'avril suivant; du moins nous nous pressions d'arriver pour qu'elle pût avoir lieu à la fin de la saison. Nous voici au 10 septembre, et l'impression du Catalogue vient seulement d'être terminée.

Il n'est que trop facile de s'expliquer les causes d'un si long retard. Dans les six mois qui viennent de s'écouler, de graves événements sont venus interrompre nos tranquilles travaux. Maintenant, d'ici au mois d'octobre aurons-nous assez de calme pour qu'il soit possible de s'occuper de livres, et d'offrir aux chances des enchères une Collection si digne à tous égards de rappeler l'attention distraite des Amateurs? Nous l'espérons fermement. La *bibliophilie*, cette noble et paisible science, triomphera cette fois, nous n'en doutons pas, des préoccupations du jour.

Ce qui motive surtout notre confiance à cet égard, c'est que depuis longtemps il ne s'était offert une occasion plus belle de ranimer l'ardeur des Amateurs de beaux et bons Livres. Pour s'en convaincre, il suffira de parcourir notre Catalogue, où se trouve un si grand nombre de d'articles précieux. Il nous faudrait faire une longue Préface si nous voulions signaler ici toutes les richesses bibliographiques qu'il renferme. Nous nous bornerons à indiquer seulement les principaux articles de chaque classe :

D'abord, dans la *Théologie*, une Bible islandaise fort rare,—l'Histoire de l'ancien et du nouveau Testament connue sous le titre de Bible de Mortier ; — les discours sur la Bible de Saurin, l'un des beaux exemplaires en grand papier. — Une Bible de Lyon, de 1533, avec figures en bois ; et plusieurs recueils de figures et illustrations sur la Bible ; — un grand nombre d'anciens traités mystiques, — et un beau Coran en arabe, reliure du pays.

Dans la *Jurisprudence*, outre un beau Montesquieu, dans une superbe condition, on rencontre une foule de petites pièces, ordonnances, arrêts et édits très-précieux pour l'histoire spéciale de ces matières.

Les *Sciences et arts* sont riches et variés ; toutes les divisions propres y sont représentées d'une manière satisfaisante ; mais en arrivant aux *Beaux-arts*, partie importante du Catalogue, nous ne pouvons nous dispenser d'appeler l'attention sur le choix des magnifiques livres qui s'y rencontrent, et parmi lesquels nous citerons comme indication sommaire la splendide collection sur les antiquités, publiés par Piranezi, exemplaire des plus complets. — La galerie du musée Napoléon, publié par Filhol, superbe exemplaire.—En architecture, nous avons Serlio, Palladio, Vignole, Vitruve, Ducerceau, Lepautre, et parmi les *Fêtes et entrées*, le sacre de George IV, publié avec tant de luxe en Angleterre.—Le paragraphe *Costumes* pourrait aussi offrir bien des citations ; nous ne devons pas oublier du moins de mentionner le recueil des habillements d'après Holbein, Van Dick de Hollar, et surtout la collection des costumes de Bonnard, dont nous ne connaissons pas d'exemplaire aussi complet.

AVERTISSEMENT.

Parmi les portraits et les livres à figures divers, l'*Icones Principum* n° 577, entre en première ligne; citons aussi en passant les *Memorables evangelistarum figuræ* de 1504, de la plus grande rareté, suivis de bien des livres à gravures sur bois de plus en plus rares aujourd'hui, et aussi fort recherchés.

Nous entrons maintenant dans la classe des voyages pittoresques et nous trouvons tout d'abord au grand complet, un de ces livres qui font époque par leur importance et la vaste étendue de leur plan, nous voulons parler des *Voyages dans l'ancienne France*, de MM. Taylor, Nodier et de Cailleux. En effet, rien de plus monumental, de plus vaste, dit la note, n'a été consacré à la description des monuments d'aucun pays ; cette immense publication, commencée en 1819, n'a pas moins de 500 livraisons.

Dans le paragraphe des œuvres de maîtres, qui commence par l'œuvre d'Hogart et qui se termine par l'œuvre d'Eugène Blery, l'on voit bien facilement que ce n'est qu'une parcelle de cette bibliothèque ; qu'il faudrait faire un catalogue tout spécial pour la description de cette partie capitale, si riche en dessins et estampes de toutes sortes.

Dans une collection de cet ordre où l'on doit s'attendre à trouver de tout ce qui a de l'importance, surtout en ce qui concerne les arts ; la *musique* devait avoir une place assez large ; aussi l'ouvrage de Gaffori, sur la musique intrumentale; des mélanges d'Orlande, de Lassus, et le Traité de l'harmonie universelle de Mersenne, que l'on rencontre si rarement, font-ils partie de cette division. En terminant cette revue des sciences et arts, par la gymnastique, la chasse et la pêche, citons en passant le *Sporting Magasine*, 45 vol. in-8°, qui n'est pas seulement le journal, pour ainsi dire officiel du sport en Angleterre, mais qui contient une foule de descriptions et d'anecdotes concernant la chasse, la pêche, les courses; les combats d'animaux, avec le récit des faits historiques qui s'y rattachent. 800 planches ont été exécutées à Londres pour cet ouvrage, par les plus habiles peintres d'animaux et de paysages de l'Angleterre.

La série des *belles-lettres* est si longue, qu'elle peut former à elle seule tout un cabinet. Cette division est des mieux remplies et des plus variées; on est arrêté à chaque pas par le besoin des citations. C'est tout d'abord un volume de proverbes arabes en tête duquel se trouve un portrait de Mahomet, signé de Vaulthier; puis un dict. turc-français, manuscrit. Plus loin des livres précieux sur l'ancienne langue françoise, entre autres, les Traités si rares en beaux exemplaires, d'Henry Estienne; un Nicot des plus parfait; Et parmi nos anciens dialectes en patois, le traité d'Augie Gaillard; la Gente Poitevinerie.—Viennent ensuite nos anciens poètes françois, et nous citerons, au milieu de tant d'autres, les *Régnards traversant les périlleuses voyes des folles fiancées du monde. Edition gothique de* 1504. — Le séjour d'honneur d'Octavien Saint-Gellais ; — André de la Vigne ; Gringore; les messagers d'amour de Pilvelin ; les lunettes des princes de Meschinot;— la grande diablerie de Lucifer; les œuvres de Coquillart ;—celles de Marot, dont la première édition, de 1532, provient de la vente Nodier, ouvrent la série des poètes de l'époque de François Ier à Charles IX, dont il est si difficile aujourd'hui de rencontrer la collection en édition originale.

Mais passons et suivons sans nous arrêter jusqu'au théâtre, qui n'est qu'une parcelle de la bibliothèque théâtrale de M. Taylor, la plus complète aujourd'hui qui existe; mais qui ne laisse pas cependant d'être une série attrayante et curieuse; ainsi que la série des romans de chevalerie, qui ne figure pourtant ici que comme échantillon. Mais en revanche, on lira avec intérêt toute la série des romans, où l'on rencontre un grand nombre de nos vieux conteurs et nouvelliers, après quoi viennent les facéties, et il y en de plus d'un genre, je pourrais dire de toutes les époques. Nous apercevons dans notre rapide revue un exemplaire d'un bijou bien joli et que Ch. Nodier citait comme le livre qu'il aimait le mieux de son cabinet: je veux parler du Petit Rabelais de 1556, *imprimé a Troyes, par Louis qui ne se meurt point (Louis Vivant)*, n° 1242 de notre catalogue. Enfin, avant de sortir des facéties où il faudrait faire un trop grand nombre de citations, n'oublions pas ; la *collection de Carron*, venant du cabinet de M. Nodier, le plus complet et le plus beau possible; et pour ceux qui ne sauraient pas ce que c'est que la collection Carron, je les renverrai à la *description raisonnée* description de Ch. Nodier, ou plus de huit pages sont occupées à la description de cet exemplaire.

J'allais ensuite passer à l'histoire, mais auparavant appelons l'attention du bibliophile sur la littérature étrangère, où dans la littérature espagnole, en particulier, l'on remarque des Romanceros, des Cencioneros, fort rares; et le beau Don Quichotte *d'Ibarra, Madrid*, 1780. — Citons encore un beau Rousseau de Defer de Maisonneuve, richement relié en maroquin provenant de la vente Labédoyère. — La collection d'Artois de la vente de Pixérécourt. — et enfin la collection des monuments de la langue française de Crapelet.

Dans L'HISTOIRE, dont cette division est des plus nombreuse, l'on remarque tout d'abord les voyages, dont un assez grand nombre en Orient, à Jérusalem et en Palestine. — Dans l'histoire de France on distingue des traités importants sur les origines et les antiquités gallo-françoises. — des petits traités et des recueils en grand nombre qu'on ne retrouverait pas ailleurs, sur le règne de Charles IX et la Saint-Barthélemy ; — un exemplaire peut-être unique par sa beauté, des mémoires de Sully, en édition originale.

L'histoire des provinces de France arrêtera aussi plus d'une fois l'ami de la littérature historique. Il ne sera pas sans remarquer en passant, un Giles Gorrozet et Bonfons et Rabel, sur l'histoire de Paris, — citer dom Plancher sur l'histoire de Bourgogne; — l'histoire de Languedoc de dom Vaïsette; — Les chroniques d'Anjou de Bourdigué; — de Bretagne, d'Alain Bouchard; et le grand ouvrage de dom Morice sur cette dernière contrée.... c'est faire connaître que l'histoire de nos provinces ne le cède en rien aux autres parties du catalogue. Nous arrivons maintenant à une série qui doit nous arrêter, c'est *l'Histoire des pays étrangers*; en passant signalons le *Flandria illustrata* en belles épreuves, et le n° 2281, généalogie des comtes de Flandre, qui fera naître plus d'un désir parmi les amateurs ; ensuite vient l'histoire d'Espagne, l'une des partie la plus intéressante de cette importante Collection, on y distingue de nombreuses chroniques, sur l'histoire générale et particulière des provinces d'Espagne; signalons encore, dans l'histoire littéraire, la *Bibliotheca Hispana Vetus a' Antonio*; les DECADOS de ASIA de JUAN de BARROS y DIOGO DO COUTO en 15 vol. pet. in.-f° relié en maroquin par Lewis, est peut-être le livre le plus rare de tout le catalogue en aussi bel exemplaire; — j'aurais bien encore à citer dans l'histoire d'Allemagne, d'Angleterre, et l'histoire d'Asie d'Afrique, d'Amérique, dans l'archéologie, l'art héraldique, etc., mais ce résumé déjà trop long ne donnera cependant qu'une idée très incomplète de la première partie de cette riche Collection.

Nous renvoyons le lecteur à la Table méthodique, que nous plaçons à la fin du volume et qui en fera connaître tout d'abord l'ensemble.

Cette Table servira en même temps de vérification, et en quelque sorte d'*errata* pour les fautes de classification que nous n'avons pu éviter au milieu des troubles qui ont plusieurs fois interrompu, d'abord la préparation, ensuite l'impression de notre travail. La *littérature étrangère* se trouve, contrairement aux règles et à nos habitudes, placée à part, à la fin des *belles-lettres*; ce n'est pas par innovation, mais pour la laisser réunie comme elle l'était dans la Bibliothèque. Nous réclamons l'indulgence des lecteurs pour quelques erreurs partielles qu'il pourra rencontrer. On sait d'ailleurs qu'il sera toujours bien difficile de faire d'un Catalogue de vente, un Catalogue bibliographique; cependant, nous avons fait de notre mieux pour que celui-ci présentât d'utiles indications. Nous avons comparé les éditions, collationné les exemplaires aussi souvent que l'importance des ouvrages le requérait, et le résultat de ce travail est consigné dans des notes qui se renouvellent fréquemment. Nous avons eu soin également d'indiquer, toutes les fois que nous l'avons pu, la provenance des livres, et l'on remarquera qu'un très-grand nombre d'ouvrages précieux sont sortis des bibliothèques de Pixérécourt, de Ch. Nodier, de Cailhava, etc., dans lesquelles M. Taylor avait fait une si ample moisson.

J. T.

CATALOGUE

D'UNE

MAGNIFIQUE

COLLECTION DE LIVRES

PROVENANT DE LA

BIBLIOTHÈQUE DE M. I. TAYLOR.

A. THÉOLOGIE.

HISTOIRE ECCLÉSIASTIQUE.

1. — ÉCRITURE SAINTE.

1. BIBLIA Pad er oll Heilog, etc. (Bible en islandais, publiée par Steen Jousson, imprimée à *Holum*, en 1728.) In-fol. à deux colonnes. v. gaufré.
2. Histoire du Vieux et du Nouveau Testament, enrichie de plus de quatre cents figures en taille douce, *Amsterdam, Pierre Mortier*, 1700. 2 vol. in-fol. veau granit, fers à froid.
   Exemplaire parfait de conservation.
3. Discours historiques, critiques, théologiques et moraux sur les événements les plus mémorables du

THÉOLOGIE

Vieux et du Nouveau Testament, par Jacques Saurin. *La Haye, Pierre de Hondt*, 1728-39. 6 vol. in-fol. v. f. fil. (*anc. rel.*)

<small>Cet ouvrage, plus connu sous le nom de *Bible de Saurin*, est orné d'un très-grand nombre de figures gravées sur les dessins de *Hoet, Houbraken* et *Picart*. Notre exemplaire est en grand papier dit *papier royal*.</small>

4. Remarques sur les premiers versets du premier livre des Maccabées, ou dissertation sur une médaille d'Alexandre-le-Grand, du cabinet de l'Hôtel-de-Ville de Lion (*sic*). *Lion, Aymé Delaroche*, 1759. in-4. 52 pp. dem.-mar. olive.

<small>On a joint à cette pièce une petite notice de 8 pag. intitulée : *De nummis Vespasiani fortunam et felicitatem reducis exprimentibus*, imprimée par le même.</small>

5. Novi Testamenti figuræ. Le Nouveau-Testament mis en figures. *Paris, Pierre Mariette*, s. d., pet. in-4. oblong. dem. rel. bas.

<small>Cette collection, gravée et imprimée par *Pierre Mariette*, se compose d'un frontispice et de 77 gravures d'une exécution très-remarquable.</small>

6. (Les Evangiles de saint Matthieu et de saint Jean, imprimés en caractères mongols). In-fol. allongé, bas. marbré.

7. Evangelium secundum Johannem. Manuscrit du XVe siècle, sur vélin, avec miniat. et init. en or et couleur, rel. bois.

<small>Les premiers feuillets de ce manuscrit, dont le titre et la fin manquent, sont occupés par un calendrier au bas duquel on lit plusieurs notes relatives à l'histoire de l'Hôtel-Dieu de Senlis au XVIe siècle. Ces notes donnent les noms des sœurs religieuses reçues dans cette maison et la date de leur réception. Les miniatures de ce manuscrit, au nombre de six, sont bien conservées. On trouve, à la fin de l'évangile, des prières en latin, et d'autres en français.</small>

8. Evangelia bas (*sic*) plenarium ukerlesen (commentaire et explications sur les évangiles, par le docteur Keiserspergs. *Strasbourg, Jean Grieninger*, 1522. pet. in-fol. rel. en bois.

<small>Avec deux autres traités de droit en allemand dans le même volume. — Le premier contient un curieux alphabet dont les figures en bois sont gravées dans le genre de Holbein.</small>

THÉOLOGIE.   3

9. Les Saints Evangiles, traduits de la Vulgate, par
M. l'abbé Dassance, illustrés par MM. Tony Johannot, Cavelier, Gérard-Séguin et Brevière. *Paris, Adolphe Everat*, 1836. 2 t. en 1 vol. gr. in-8. v. bl. gaufré, doubl. fil. tr. dor.

Exemp. richement relié de la magnifique édition de Curmer.

10. Evangile de saint Matthieu (en javanais). In-fol. format allongé, sur papier du pays. Espèce de carton à fond noir écrit en caractère blanc.

Ce volume, selon l'usage en Orient, est plié en forme de paravent.

11. Prières en arabe à l'usage des chrétiens de Syrie et tirées de l'Ancien et du Nouveau-Testament.

Ms. arabe, in-fol. écrit en rouge et en noir, ponctuation idem; dos et fermoir de mar. noir, formant portefeuille.

2. — FIGURES DE LA BIBLE.

12. Biblische historien figürlich fürbildet Durch den wolberü meten Sebald Behem, von Nurenberg. *Francoforti, Christianus Egenolphus excudebat*, s. d., pet in-8. goth. mar. bleu fil. et ornem. tr. dor. (*Duru*).

Vol. très-remarquable, composé de 77 sujets tirés de la Bible et d'un frontispice gravés sur bois par Hans Sebald.

13. Textus biblie (*sic*). Hoc in opere hec (*sic*) insunt. Concordantie tam ex veteri et novo testamento, etc. *Lugduni, per Johannem Boylin*, 1533, in-fol. goth. bas. (*anc. rel.*).

Voici la description de cette Bible : Titre imprimé en rouge et en noir, et encadré d'un front. gravé sur bois, représentant les 6 jours de la création et la Cène, qui tient toute la page. Nous l'avons compté dans les 18 ff. non chiff. qui précèdent la matière, et qui contiennent des tables, une exhortation, une division générale de la Bible, et un prologue du Pentateuque : sign. aa iiij.—bb v.; texte, 268 ff. chiff. sign. a—z iiij et A. — I.iiij ; plus, 17 ff. non chiff. à la fin, signat. Aa — i et Bb — Bb iiij. Les ff. prél. sont imprimés en longues lignes, ou à 3 et 4 col.; le texte est à 2 col. et les ff. de la fin à 4 col. Toutes les pages sont encadrées de filets, et il se trouve dans le texte un grand nombre de fig. sur bois qui ne sont pas sans valeur. Notre exempl. est malheureusement piqué dans la marge, du f. 138 au f. 160 ; on y voit quelques mouillures et quelques taches, mais le texte est généralement en bon état.

14. Icones veteris testamenti ; illustrations of the old

testament, engraved on wood from designs by Hans Holbein. *London. Pickering*, 1830, petit in-8. cart. angl.

Recueil de 90 sujets de la Bible gravés en bois avec beaucoup de soin d'après les dessins de Holbein, et accompagnés d'un texte. Ces gravures sont la reproduction des planches de la première édition aujourd'hui si rare (Lyon, 1538). On y a joint une introduction du D' Dibdin.

15. *Jesu Christi vita*, juxta quatuor Evangelistarum narrationes, artificio graphices perquam eleganter picta, unacum totius anni Evangeliis ac Epistolis necnon piis precationibus magna commoditate adpressis. (auct. Guilhelmo de Branteghem). *Antuerpiæ, apud Matt. Cromme*, 1537, petit in-8. *figures en bois*, mar. noir tr. dor. (*Duru*).

Ce volume contient 12 feuillets préliminaires, 307 pages chiffrées et 197 pages non chiffrées.

Guillaume de Branteghem, chartreux d'Alost, auteur de cet ouvrage traduit en français en 1539, a aussi publié *le Vergier spirituel et mystique*. Anvers, 1535. in-8. Cette édition de la vie de J.-C. est surtout recherchée pour ses jolies figures en bois.

16. Quadrins historiques de la Bible. Revuz et augmentez d'un grand nombre de figures. *Lion* (sic), *Jean de Tournes*, 1555, petit in-4. d.-rel, mar. rouge.

Volume de 175 ff. non chiffrés, presque tous occupés au recto et au verso par des gravures en bois du Petit Bernard, dont chacune représente un sujet de la Bible expliqué en quatre vers placés au bas Les figures de l'Ancien-Testament (232), sont moins grandes que celles du Nouveau, ce qui a permis de placer six vers au lieu de quatre au-dessous de ces dernières, qui sont au nombre de 96. Une petite tache.

17. Quadrins historiques de la Bible. *Lyon, par Jean de Tovrnes*, 1583, in-16 rel. vél. fil. *fers à froid*.

Figures de Petit Bernard. Imparfait.

18. Historiæ celebriores veteris Testamenti iconibus repræsentatæ et ad excitandas bonas meditationes selectis Epigrammatibus exornatæ, in lucem datæ à Christophoro Weigelio. Noribergæ, 1712. —Historiæ novi Testamenti, etc. s. d. Ensemble 2 tomes en un vol. in-fol. v. m. deut.

Les deux volumes se composent de 154 fig. pour le premier, et 108 pour le deuxième, plus deux titres gravés. Ces fig. remarquables sont dessinées

THÉOLOGIE. 5

par Casp. Luyken, et gravées par Chr. Weigel, avec une explication au bas de chacune, en latin et en allemand.

19. **Figures du Nouveau-Testament.** par Léonard Gaultier, s. l., 1576, pet. in-8 mar. noir du Levant fil. *(Duru)*.

Ce volume renferme 87 jolies figures rapportées sur autant de ff. blancs auxquels elles sont fixées seulement par le milieu de la marge supérieure. C'est une charmante collection, que le nom de L. Gaultier, dont le monogramme se voit sur chaque épreuve, recommande suffisamment à l'attention des amateurs de gravures.

20. **Figures de la Bible** déclarées par G. C. T. (Gabriel Chapuis, tourangeau). *Lyon, Barth. Honorati*, 1582. — Idem. — Actes des apostres représentés par un grand nombre de figures qui n'ont par cy deuant esté veuës et sont interpretez par stances, (par le même). *Lyon, Barth. Honorati*, 1582, 3 part. en un vol in-8. vél.

Livre rare dont les pages sont ornées d'une grande figure en bois, gravée par J. Moni de Lyon.

21. **Histoire** *(sic)* les plus remarquables de l'ancien et du Nouveau Testament, gravées en cuivre par le célèbre Jean Luyken. *Amsterdam, Jean Covens et Corneille Mortier*, 1732, in-fol. v. marb.

Indépendamment de 51 fig. doubles et de 17 cartes, on trouve dans ce volume, sous le titre de *Généalogie de Jésus-Christ*, 30 jolies gravures de forme ovale encadrées de guirlandes, au-dessous de chacune desquelles on lit un sixain qui en explique le sens.

22. **Ein Warhaftige history ausz dem heiligen Evangelio Luce am xxj. cap. Von dem Reychen mann und armen Lazaro.** Gespiltz zu Zurych von einer loblichen Burgerschafft. *(à la fin)*: *Getruckt zu Mülhusen im obern Elsasz, un Hans Schirenbrand vund Peter Schmid*. s. d. in-16. v. f. fil. tr. d.

Ce petit volume se compose de 24 ff. non chiff., sign. A.— C. v. Il est orné de 14 gravures sur bois, insérées dans le texte, qui est imprimé en caractères gothiques-allemands.

23. **Histoire et concorde des quatre évangélistes**, contenant, selon l'ordre des temps, la vie et les instructions de Notre Seigneur J.-C. (Par A. d'Arnauld).

Paris, veuve Charles Savreux et Pierre Esclassan, 1670. in-24. fig. mar. r. doublé de mar. rouge dent. tr. d. (Duseuille).

24. Typi in apocalypsi Ioannis depicti vt clarivs vaticinia Ioannis intelligi possint. Francforti, Christiannus Egenolphus excudebat, 1539. pet. in-8. m. v. fil. tr. d. (Duru).

Cette pièce se compose de 15 ff. non chiff. Chacun de ces feuillets porte une gravure à mi-page, au-dessous de laquelle est imprimé le verset de l'Apocalypse dont elle représente le sens. Cet opuscule rare et fort curieux n'a d'autre défaut qu'une petite atteinte de couteau aux titres courants des 3°, 4° et 5° pages. Les gravures en sont parfaitement conservées.

25. Les CL psaumes de David mis en vers françois et rapportez verset pour verset selon la vraye traduction latine receue en l'église catholique, par Jean Metezeau, secrétaire et agent des affaires de feu Mme la duchesse de Bar, sœur unique du roy, près sa majesté. *Paris, Robert Fouet*, 1610. in-8. titre gravé, fig. et portraits (16) gravés dans le texte, veau fauve, fil. tr. d. (*Duru*).

Bel exempl. d'un livre fort remarquable par ses figures, qui sont de Léonard Gaultier.

26. Boydell's illustrations of holy writ, being a series of one hundred copper plate engravings, from original drawings by Isaac Taylor junior, of Ongar; calculated to ornament all quarto and octavo editions of the Bible. *London, Hurst et Robinson*. 1820. in-fol. dos de mar.

Série de 100 gravures de la Bible, d'une belle exécution et rares en France. — Cet exemplaire est sur grand papier.

3. — LITURGIE.

27. Rationale diuinor; officior; incipit rationale diuinorū officiorū : editū per reveredissimū in xp̄o patrē et dnm : dn̄m guilielmū duranti; dei et apostalice sedis g̃ra presulē mimaten̄, qui c̄oposuit speculū inris et patrū p̄otificale. (In fine): *finit rationale diuinor ; officior ; correctum et emē datū iussu*

THÉOLOGIE. 7

reverēdissimi ac clemētissimi dñi p̄mi Archip̄sulis granaleñ, et suis expēsis impressum. p iohānez varela salamātiñ. Anno salutifere incarnationis millesimo quingētessimo q̄rto, xij. die mensis decembris. in-fol. à 2 colonnes, en caractères goth. rel. à nerfs en vélin sur bois. *Piqué.*

28. Le Pater s. l. n. d., pet. in-8. mar. r. fil. tr. d. (*Duru*).

Pièce excessivement rare, composée de 8 feuillets imprimés seulement au recto et en caractères gothiques. Chaque page est remplie par une fort jolie gravure en bois, et surmontée d'un verset du *Pater*. Cette prière étant coupée en sept versets, la première page porte en tête l'exhortation suivante : « Quāt vous priérés, ne parlés point beaucop comme font les infideles, vous le prieres doncques ainsy. [» (Au recto du feuillet suivant) : Notre Père, etc.

29. Adnotationes et meditationes in evangelia quæ in sacro sancto missæ sacrificio toto anno leguntur, auct. Hieronymo natali *Antuerpiæ. Nutius*, 1594. In-fol. fig. rel. mar. roug. fil. (*anc. rel.*)

Les 153 figures de cet ouvrage, gravées par les Wierx, les Collaert, et autres des premiers artistes du temps, sont en très-belles épreuves dans cet exemplaire de l'édition originale.

30. Missa de Sanctis Exuperio et Lupo. Petit in-4. de 2 ff. veau fauve, fil. tr. d. (*Duru*.)

Manuscrit sur papier du xve siècle, lettres ornées en rouge.

31. Preuve du nom de la messe et de son antiquité, par l'escriture saincte et les peres des quatre premiers siecles de la naissance de l'église, par Jacques Corbin. *Paris, Thomas Blaise*, 1620. in-8. fig. ajoutée, dem.-rel.

32. На д Анъ а цєю (Liturgie russe), *Kiew*, s. d., in-8. v. r. texte encadré dent. ornements (*rel. russe*).

33. Hore intemerate virginis marie secūdū usum Romanū. *Les presentes heures a lusaige de Rōme furent acheuees le* xvi. *jour de septembre lā mil* cccc. iiii xx et. xix, g. in-8. de 96 ff. sur peau de

vel. texte encadré de fig. sur bois, capitales ornées en or et couleurs. v. br. tr. d. (anc. rel.)

Exemplaire remarquable autant par sa parfaite conservation intérieure que par ses délicieuses fig. en bois, avec entourage à toutes les pages.

34. Heures a l'usage de Rouan (sic). Les p̃sẽtes heures a lusaige de Rouan au long sans require. s. l. n. d. (1502), in-8. goth. fig. en bois sur *peau vélin*, rel. en parchemin vert.

Nous renvoyons au *Manuel* pour la description de ces charmantes heures, des plus estimées de cette date. Notre exemplaire est d'une pureté remarquable. Malheureusement, il est incomplet du dernier feuillet de l'almanach, et à la fin, quoique terminé par *Ave Maria*, il n'a que 112 feuillets au lieu de 116 indiqués dans le Manuel.

35. De Nouel par Jehan de Caumont, champenois. *Paris, Jean Chanon*, 1585. in-8. fig. en bois sur le titre, v. fauve fil. tr. d. *(Duru)* *(fort rare)*.

36. La grande bible renouvellée ou noels nouveaux, où tous les mystères de la naissance et de l'enfance de Jésus-Christ sont expliqués. *Troyes, J. A. Garnier*, s. d. in-8. v. fauve, fil. non rogné, doré en tête *(Duru)*.

4. — THÉOLOGIE MORALE, CATÉCHÉTIQUE, DOGMATIQUE ET SERMONS. OUVRAGES EN FAVEUR DE LA RELIGION.

37. Divi Cyrilli enarratio, cur Christus dicatur sol iustitiæ; nunc primùm græcè et latinè prodit in lucem, interprete Fed. Morello. *Lutetiæ, apud Fed. Morellum*. 1593, 15 pages in-8. cart.

38. Iac. Cuiacii, i. c. De confessione concio, in schola bituricensi habita, an. s. M.D.LXXVI. et nunc primum typis informata. *Lutetiæ, apud Morellum*, 1593 (15 pages). — De ratione docendi iuris oratio, habita in scholis Biturigum, an s. M.D.LXXXV. *Lutetiæ, apud Fed. Morellum*, 1594 (15 p.). Ensemble 2 pièces in-8. cart.

39. Dissertatio duplex : una continens iudicium de

auctore vitæ sancti Maurilij Andegavensis episcopi, ex ms. Andegavensi erutæ. Altera Renati Andegavensis episcopi historiam attengens, auctore Joanne Delaunoy. *Parisiis, apud Edmundum Martinum*, 1649 (46 p.). Dissertatio duplex : una, de veteri ciborum delectu in ieiuniis christianorum, et maximè in quadragesima. Altera, qua pauperibus dandum esse potius, quam ecclesiis, probatur ex doctrina patrum. *Parisiis, apud Edmundum Martinum*, 1649 (55 p.). Ensemble 2 pièces in-8. cart.

40. De la verité du corps et sang de Iesus Christ en la saincte hostie, Par Iehan Tavernier. *Rheims, N. Bacquenois*, 1560, in-8. v. br. (*Kœhler*).

41. La conclusion salutaire. *Anvers*, 1686, in-12 v. f. fil. *non rogné* (*Kœhler*).

Cet opuscule est du jésuite Julien Haineuve, qui l'a composé sur ces paroles de saint Bernard : « Le monde n'estant qu'un imposteur, il faut le fuir, et Jésus-Christ estant la vérité, on doit le suivre. » Il se compose de 70 pages et est orné de 7 figures allégoriques.

42. Le victorieux et triomphant combat de Gedeon, représenté à Paris, au iour de la passion du Fils de Dieu, en l'an 1612, en l'église de S. Seuerin, en presence de la serenissime royne Margverite. Par le R. P. Souffrard. *Paris*, 1616, pet. in-12 dem.-rel. v. br.

43. Politique tirée des propres paroles de l'Ecriture Sainte, à Monseigneur le Dauphin, ouvrage posthume de Messire Jacques-Bénigne Bossuet, évêque de Meaux. *Paris, Coy,* 1709, in-4. gr. pap. avec portr. mar. r. fil. tr. d. (*anc. rel.*).

Bel exemplaire de la première édition, publiée par l'abbé Bossuet, neveu de l'auteur. — On y a joint un *autographe* de 4 pages de l'illustre évêque de Meaux.

44. Explication des maximes des saints sur la vie intérieure. Par Messire Fr. de Salignac Fénelon.

Amsterdam, Henri Wetstein, 1698, in-12 cart. non rogné.

45. Traité des anciennes cérémonies, ou histoire contenant leur naissance et accroissement, leur entrée en l'Eglise, et par quels degrez elles ont passé jusques à la superstition. (Par Jonas Porrée). Rouen, Jac. Lucas, 1673, pet. in-12 v. f. (anc. rel.) Exempl. Pixérécourt.

46. Discours sur le saint cierge d'Arras, apporté du ciel par la sainte Vierge dans l'église cathédrale d'Arras, comme le souverain remède contre la maladie du feu ardent, le 27 de may 1105, suivant ce rare Chronographe. CERE VM. Par le R. Pere Nicolas Fatou. *Arras, Urbain-Cesar Duchamp*, 1744, in-12 dem.-rel. v. bleu.

47. Traicté catholique des images, et du vray usage d'icelles. Extraict de la saincte Escriture et anciens docteurs de l'Eglise, etc. Le tout fait et mis en françois par René Benoist, Angevin. *Paris, N. Chesneau*, 1564. 31 ff. chiff. in-8. cart.

48. Meditatiõ très deuotte pour chascune heure du iour sur la passion douloureuse de nostre doulx saulueur Ihesus. Auec les heures de la croix. *On les vent a paris en la rue neufue nostre dame a lescu de France*. (A la fin) : *Cy finist la méditation tres deuote sur la passion de nostre saulueur et redempteur Ihesucrist nouuellement imprimee à paris par la veufue feu Iehan Trepperel et Iehan Iehannot, Imprimeur et libraire iure en l'uniuersité de paris, demourant en la rue neufue nostre dame a lenseigne de lescu de France*. s. d., pet. in-8. goth. de 36 ff. non chiff., fig. en bois, mar. br. tr. d. (*Duru*).

49. Cy cõmēce vne petite instructiõ et maniere de liure pour vne femme seculliere, cõment elle se doit conduire en pẽsees, parolles et œuvres tout au lõg du iour pour tous les iors (*sic*) de sa **vie**, pour plaire

à nostre seignr iesucrist et amasser richesses celestes au proffit et salut de sõ ame. *On les vend a paris en la rue neufue nostre dame a lescu de France.* s. d., in-18 mar. n. fil. tr. d. fig. et lettres ornées (*Duru*).

<small>Les trois ou quatre derniers feuillets de ce curieux opuscule, en caractères gothiques, sont malheureusement un peu écornés.</small>

50. Le liure de la fême forte et vertueuse declaratif de salomon es prouerbes au chapitre qui se cõmence mulierem fortẽ quis inueniet. Laq̃lle exposicion est extraicte de plusieurs excellens docteurs vtile et profitable a personnes religieuses et autres gens de deuocion; fait et cõpose par ung religieux de la reformacion de lordre de Fõteurault a la req̃ste de sa sœur, religieuse reformee dudit ordre. s. l. n. d., *Jehan Frelion*, pet. in-8. goth. mar. r. fil. tr. d. (*Duru*).

<small>Bel exempl. de cet ouvrage curieux, de 33 feuilles et demi in-8., 536 pages, caractères gothiques non chiff., orné du signe Jehan Frellon, d'une figure et de lettres initiales du moyen-âge. Seulement, le 1er feuillet est un peu écorné.</small>

51. Le liure de la femme forte et vertueuse declaratif du cãtique de salomon es prouerbes au chapitre final qui ce cõmence Mulierem fortem quis inueniet..... Fait et cõpose par ung religieux de la reformation de l'ordre de Fõteurault (François Le Roy). *Paris, Simon Vostre,* 1501, in-8. goth. v. f.

<small>Exempl. bien conservé de ce livre *rare*, impr. pour *Simon Vostre* par *Philippe Pigouchet*, dont la marque occupe la dernière page. Cet ouvrage se compose de 23 feuilles in-8., soit 184 ff. non chiff., signat. A—Z, et se termine au recto du 82e. Le verso de ce feuillet, et celui des deux derniers sont remplis par des méditations, et l'on trouve au verso du titre une figure qui tient toute la page.</small>

52. La piété des chrestiens envers les morts. Augmentée d'un discours de S. Ephrem sur la mort d'un de ses amis; et d'une preparation à la mort, trad. du latin du cardinal Bona. *Paris, Guillaume Desprez,* 1699, in-12 mar. vert fil. tr. d. (*Aux armes de Mesdames de France.*)

THÉOLOGIE.

53. Le bouclier de la foy, en forme de dialogue, extraict de la saincte escripture et des saints Peres et plus anciens docteurs de l'Eglise (par Nicole Grener, chanoine regulier de Sainct Victor). *Paris, Vivant Gaultherot*, 1550, in-16 de 20 ff. prélim. et de 420 ff. chiffrés, mar. r. tr. d. (*Duru*).

54. Les Batailles et Victoires du Chevalier céleste contre le Chevalier terrestre, l'un tirant a la maison de Dieu, et l'autre a la maison du prince du monde chef de l'Eglise maligne, nouvellement reveu par M. Artus Désiré, autheur de ce présent liure. *Paris: Jehan Ruelle*, 1560, petit in-12, v. f. fil. (*Kœhler*).

55. Instruction générale (de Bourdaloue à madame de Maintenon) 30 octobre 1688. Ms. in-18 de 56 pages, mar. r. fil tr. d.

_{Ms. autographe de madame de Maintenon, non moins précieux par le nom de l'auteur que par la main qui nous l'a conservé (*note extraite du catal. de M. de Châteaugiron*). Il provient de chez Pixérécourt. Exemplaire différent de celui vendu à la *vente* Aimé Martin.}

56. Réflexions sur la miséricorde de Dieu par une dame pénitente. *Paris*, 1682, in-12 mar. bl. fil. tr. d.

57. Manière de se confesser, par monsieur Erasme, Roterodame, premièremet descripte en latin, puis après translatée en francois. *Basle*. M.D.XXIIII, pet. in-8 goth. mar. bleu fil. tr. dor. *Janséniste* (*Duru*).

_{Cette traduction française d'Érasme n'est citée nulle part.}

58. Les trois veritez contre les athées, idolatres, ivifs, mahumetans, heretiques et schismatiques. Le tout traicté en trois liures. Par Benoist Vaillant, aduocat de Saint-Foy (Pierre Charron). *Bruxelles, Burger Velpius*, 1595, in-8 parch.

59. Morale de Jésus-Christ et des Apôtres, ou la vie et les instructions de Jésus-Christ, tirées du Nou-

veau-Testament. *Paris, Didot*, 1785. 2 vol. in-18, mar. r. fil. tr. d. doublés de moire, portr.

<small>Exempl. Pixérécourt.</small>

60. Deux briefs discours, l'un de l'Église et de ses pasteurs, et l'autre de l'Eucharistie. Par P. d'Auberoche. s. l. n. d., in-8, cart.

<small>Ces deux pièces n'ont pas de titre général. Nous avons pris celui-ci dans le privilége, donné en 1610. Mais la première avait été publiée dès l'année précédente, car il y a pour elle seule une approbation des docteurs en Sorbonne datée du 13 février 1609. Elles sont précédées d'une épître dédicatoire au cardinal de Richelieu (74 ff. chiffrés, 2 ff. prél. et 2 ff. de priv.).</small>

61. Histoire critique des pratiques superstitieuses qui ont séduit les peuples et embarrassé les sçavans. Avec la méthode et les principes pour discerner les effets naturels de ceux qui ne le sont pas. Par le R. P. Pierre Le Brun. *Paris, veuve Delaulne*, 1732. 4 vol. in-8, v. f. fil, (*Anc. rel.*)

62. Harangues, Discours et Lettres de messire Nicolas Fardoil. *Paris, Sébastien Cramoisy et Sébastien Mabre-Cramoisy*, 1665, in-4, mar. rouge fil. tr. d. (*aux Armes*).

<small>Bel exempl. grand de marges, d'un livre qui n'est pas commun.</small>

63. Cas de conscience sur les danses, décidé par messieurs les docteurs en théologie de la Faculté de Paris. *Paris, P.-N. Lottin*, 1724. 31 pp. in-12, dos et coins v. f. non rogné.

64. Traité de la clôture des religieuses, où l'on fait voir par la tradition et les sentimens de l'Église, que les religieuses ne peuvent sortir de leur clôture ni les personnes étrangères y entrer sans nécessité. Par J.-B. Thiers. *Paris, Antoine Dezallier*, 1681, in-12 v. marb. fil.

65. Traité contre l'amour des parures et le luxe des habits ; par l'auteur du Traité contre les danses et les mauvaises chansons (l'abbé Gaultier). *Paris*, 1779, in-12 dem.-rel. v. br.

THÉOLOGIE.

66. Litearchie; contre les percitieux esprits, libelles, calomnies et apologies naguières faictes par aucuns heretiques ennemis de Dieu, du roy et des princes chrestiens, au scandale de l'Eglise catholique, apostolique et romaine. Pour la conversion des devoyez, restitution de l'Estat, et assopissement de ces troubles. s. l., 1587, 42 ff. chiffr. in-8, cart.

67. Pro sacerdotum barbis; authore Io. Pierio Valeriano; prius Romæ cum Clementis VII. Pont. Max. privilegio emissus. *Parisiis excudebat Chistianius Wechelus*, 1533 (47 pp.).—Le rasoir des rasez. Recueil auquel est traité amplement de la tonsure et rasure du pape et de ses papelards. s. l., 1562 (57 pp., plus 3 pp. non chiff. contenant 4 dixains). Ensemble deux pièces en 1 vol. in-12 v. jaspé dent. fil. tr. d.

Ces deux pièces sont fort rares, la deuxième surtout. On trouve quelques notes mss. sur les marges de la première.

68. Les Gymnopodes, ou de la nudité des pieds, disputée de part et d'autre. Par M. Sébastien Roulliard, de Melun. *Paris*, 1624, in-4, portraits, v. ant. (*Anc. rel.*)

Exempl. grand papier.

69. Discours ecclésiastiques contre le paganisme des roys de la fève et du roy-boit, pratiqués par les chrestiens charnels en la veille et au iour de l'Epiphanie de N.-S. Iesus-Christ; par Iean Deslyons. *Paris, Guillaume Desprez*, 1664, in-12 parch.

70. Apologie du Banquet sanctifié de la veille des rois, par Nicolas Barthelemy. *Paris, Gilles Tompère*, 1665, in-12 v. br. (*Armories.*)

71. Pré-séance pour les abbez reguliers ou commandataires; contre les archediacres, doyens, prévots et autres telles dignités ecclésiastiques; par M. Sébastien Roüillard, de Melun. *Paris, Gilles Robinot*. 1608, in-8 36 ff. chiff., cart.

THÉOLOGIE. 15

72. Lettre d'un docteur de Sorbonne a une dame de qualité touchant les dorures des habits des femmes, où l'on examine si la défense que saint Paul a faite aux femmes chrestiennes de se parer avec de l'or, ne doit passer que pour un conseil (par Jean Gerbais). *Paris, Frédéric Léonard*, 1696, in-12 de 68 pages, veau fauve, fil. (*Kœhler*).

73. De l'abus des nuditez de gorge (par Jacques Boileau). *Bruxelles, François Foppens*, 1675, in-12, v. br. *Anc. rel.*

74. Le chancre ou couvre-sein féminin ; ensemble le voile ou couvre-chef féminin. Par I. P. (J. Polman), chanoine théologal de Cambray. *Douay, Gérard Patté*, 1635, in-8, dem.-rel.

75. Discours particulier contre les femmes desbraillées de ce temps, par Pierre Juvernay, prestre parisien. *Paris, Pierre-le-Mur*, 1637, in-8, fig. mar. rouge, fil. tr. d. (*Derome*).

76. Le Fouet des Apostats, par F. Nicolas Aubespin, provincial des Frères minimes de l'Observance de Guienne, *jouxte la coppie imprimée à Bourdeaus*. *Paris, Guillaume de La Noue*, 1601, in-12, v. f. fil. tr. d. (*Padeloup*).

5. — THÉOLOGIE MYSTIQUE ET CONTEMPLATIVE.

77. L'Imitation de Jésus-Christ traduite et paraphrasée en vers françois, par Pierre Corneille, conseiller du roy. *Bruxelles, François Foppens*, 1684, in-12, cuir de Russie, fil. non rogné, doré en tête, (*Daru*).

78. L'Imitation de Jésus-Christ, traduction du R. P. de Gonnelieu, de la Compagnie de Jésus, avec une pratique et une prière à la fin de chaque chapitre. Nouv. édit. ornée de fig. d'après les dessins de

THÉOLOGIE.

M. Horace Vernet. *Paris, François Janet*, 1818, in-8, mar. rouge, large dent. compartiments et ornements mosaïque et gauffrés, mors de mar. rouge dent. intérieure, tr. d. (*Thouvenin*).

79. La Théologie spirituelle extraicte des liures sainct Denis, translatée de latin en françoys par ung venerable religieux de lordre des frères mineurs de lobseruace, tresutille et prouffitable à tout hŏme et femme tendant à pfection (sic) soit seculier ou regulier, pour facilemāt unir son cueur en lamour de Dieu sõ createur. (A la fin) *Cy fine le liure appellé, etc. Imprime a Paris par la veufue Jehan Trepperel, et Jehan Jehannot libraire iure en luniuersité de Paris demeurant en la rue neufue Nostre Dame, a l'enseigne de lescu de France.* s. d., in-18, mar. bl. fil. tr. d. (*Duru*).

Charmant petit vol. en lettres goth., avec figures, composé de 31 ff. non chiffrés, un peu court en tête, mais du reste parfaitement bien conservé.

80. Les Mystères de la vie de Nͤe Seigneur Iesvs-Christ (par Joseph Parrocel). *Paris, Audran. S. D.* in-4, obl. cart.

Ce livre contient 25 grav. formant la collection complète des scènes de la vie de Jésus-Christ, par J. Parrocel. Ouvrage non cité.

81. Les Voyes de Paradis, enseignées par nostre saueur et rédempteur Iésus-Christ en son Euangile. Ensemble les Allumettes du feu divin, où sont déclarez les principaux articles et mystères de la Passion de Nostre-Saueur Iésus-Christ. Par F. Pierre Doré. *Lyon, Pierre Rigaud,* 1605, pet. in-16, mar. citr. fil. tr. d.

82. L'exercice du cueur crucifié. Sensuyt lexercice du cueur crucifyé. (A la fin): *Imprime a Paris en la rue neufue Nostre Dame a lenseigne de lescu de France.* s. d. pet. in-8, mar. r. fil. tr. d.

Cette pièce, imprimée en caractère goth., contient 24 ff. non chiffrés et 3 grav. sur bois. Celle du titre est un peu atteinte.

83. La Tourtrelle de vidvité, enseignant les vefves, comment doivèt viure en leur estat, et consolant en leurs adversitez aussi les orphelins. Autheur F. Pierre Doré, docteur en théologie. *Paris, vefve Jehan Ruelle*, 1574, in-16, mar. vert. fil. tr. d. (*Duru*).

84. La Tourterelle de viduité, enseignant les vefves comment elles doivent vivre en leur estat, et consolant en leurs adversitez aussi les orphelins. Autheur F. Pierre Doré. *Arras, Guillaume de La Rivière*, 1605, pet. in-12, v. écaille, fil. avec une jolie fig. en taille douce.

85. La Refectiõ spirituelle de lame deuote cõtenãt en soy XX. petites parties cõme il apert par la table sequente; cõposé par ung deuot religieux de laue maria. — Cy finist la Réfection spirituelle de lame deuote. Nouuellement imprimé a Paris par la veufue feu Jehan trepperel et Jehan jehannot, *imprimeur et libraire juré en l'université de Paris, demeurant en la rue neufue Nostre Dame, à l'enseigne de lescu de France*. Petit in-8, goth. mar. vert, fil. tr. d. (*Duru*).

86. Les Roses de l'amour céleste, fleuries au verger des méditations de sainct Augustin, par le sieur de Rosières de Chaudeney, capitaine et prevost de Saint Mihiel, avec l'embellissement des figures. *S. Mihiel, François Du Bois*, 1619, petit in-8, titre gravé et 40 fig. en taille douce, mar. rouge, fil. comp. tr. d.

<small>Recueil de poësies mystiques, assez rare. Les figures de E. Moreau, qui sont fort remarquables, occupent chacune une page verso ou recto, et notre exempl. est très-grand de marge et bien conservé.</small>

87. Bouquet de Fleurs de la Sainte Paix, cueillies des Epistres et entretiens du tres-doux S. François de Salles, par un pere de la compagnie de Jésus, en faveur des Ames dévotes. *Lille, Nicolas de Rache*, 1669, in-12, mar. bleu, tr. d. (*Duru*).

88. Rosario de la gliosa Vģine Maria. — A la fin : *In Vinegia, appresso Giovanni Clarisco e compagni l'anno* M. D. LIX. in-8, de 252 ff. chiff. et 4 ff. non chiff. texte encadré, nombreuses fig. en bois v. f. fil. (*Kœhler*).

89. Der beschlossen gart des rosenkratz Marie. (Rosaire de la vierge Marie, en allemand.) s. l. n. d. In-fol. à 2 col. nombreuses fig. en bois dans le texte, rel. en bois et gauffrée.

6. — THÉOLOGIE POLÉMIQUE.

90. Confession de la foy catholique, contenant en brief la réformation de celle que les ministres de Caluin presenterent au Roy, en l'assemblée de Poissy, adressée au peuple de France par Cl. de Sainctes. *Paris, Claude Frémy*, 1561, pet. in-12, v. f. fil. tr. d. (*Duru*).

Relié dans le même vol.: Deux épistres aux ministres prédicans, par Gentian Hervet, d'Orléans, 1561.

91. Excellente et notable profession catholique de M. Sébastian Flach, de Mansfeld, homme de qualité et authorité, où librement il abiure et déteste l'hérésie luthérienne, en laquelle il auoit esté né et institué dès sa première jeunesse. Ensemble vingt-deux causes de sadicte abiuration, esquelles succinctement il dépeinct les ruses et tromperies fardées de ceux de ladicte secte, dont ils abusent le pauure peuple. Nouuellement traduict de latin en François par F. Loup Cauier. *Paris*, 1576, in-8, mar. rouge, fil. tr. dor. *Janséniste* (*Duru*).

92. Trace dv ministère visible de l'église catholiqve romaine, prouuée par l'ordre des pasteurs et pères qui ont escrit et presché en icelle : auecq la remarque des Algarades que l'hérésie caluinesque luy a données en diuers temps, par M. Arnauld

Sorbin. *Paris*, 1568, in-8, mar. bleu, fil tr. dor. Janséniste (*Duru*).

93. Conférence tenue entre Michel l'Ange, capuchin du couvent de Sainct Maixant, contre Pierre de la Valade, ministre de Fontenay le Comte, *à Fontenay le Comte, Pierre Petit-Jean*, 1617, in-8, de 29 pages, demi-rel.

94. Le retour des pièces choisies ou bigarrures curieuses. *Emmeric, chez la veuve de Renouard Varius*, 1687, pet. in-12, v. br. (*Armoiries.*)

95. Casos raros de la confessio, per el pare Christofol de Vega. Traduhits de castella en vulgar català, per el Ignasi Fiol. *Barcelona, Antoni Lacavalleria*, 1685, pet. in-8, en 2 part. v. f. doubl. fil. (*Lardière*).

96. L'innocence deffendue contre la calomnie des ministres de Charenton, en leur épistre addressée au Roy sur la proposition du P. Arnoux, par le sieur Pitard, aumosnier de la Royne, etc. *Paris, pour l'autheur*. 1617, in-8, dos de mar. vert, non rogné.

97. Première partie des Dialogues rustiques d'un prestre de village, d'un berger, le censier et sa femme. Tres utile pour ceux qui demeurent es pays où ils n'ont le moyen d'estre instruits par la prédication de la parole de Dieu. Par J. D. M. s. l., 1657, in-12, mar. v. fil. tr. d.
Exempl. de Baluze

98. Déclaration des causes qui ont meu Arnoul Martin, jadis ministre entre les calvinistes, d'embrasser la foy catholique. *Paris, Iean Le Blanc*, 1601, pièce de 36 pages. In-8, d.-rel. v. br.

99. Dieu mériteroit-il bien qu'un homme eût pour lui des égards et du respect, et qu'il lui en offrît un

hommage public? Trad. de l'allemand de Jacobi, par une Westphalienne. *Hanovre, aux dépens de Jean Christ Richter,* 1751, in-8. v. gr. dent. n. rogn.

Exempl. Pixérécourt. N° 16. 3,10

100. La innocencia vindicada respuesta, que el R. Padre Fray Juan; da a un papel contra el libro de la vida interior de illustrissimo senor don Juan de Palafox y Mendoza. *Madrid, Manuel Ruiz de Murga,* 1698, in-4. vélin.

101. Du firmament des catholiques contre l'abisme des hérétiques. Ou est monstré que le seul catholique sera sauvé, etc. Par Jean de Caumont, champenois. *Paris, Jean Charron,* 1587, petit in-8. v. f. fil. tr. d. (*Duru.*)

102. Description de la cité de Dieu, figurée à nostre mère saincte église, assiégée des malheureux hérétiques qui se sont leuez côtre elle deuers midi, oriēt, occident et septentriō, auec l'assault des fidelles chrestiens appelez pour défendre ladite cité. Ensemble la complainte de la susdite église contre lesdictz hérétiques ennemys de la foy. *Rouen, pour Robert et Iehan du Gort frères,* 1550, pet. in-16, de 36 ff. d. et coins mar. bl. fig.

Ce livret, signaturé T. V. X. Y. Z., contient 8 fig. grav. sur bois.

103. Réponse à la lettre du père Mabillon touchant la prétendue sainte larme de Vendôme, par M. Jean-Baptiste Thiers, docteur en théologie et curé de Vibraie. *Cologne. Les héritiers de Corneille d'Egmond.* 1700, in-12, dos de veau fauve.

104. Treize pièces contre la réforme, 1567 à 1644 en un vol. in-8, d. m. rel. v. f.

Savoir : 1° Remonstrance à tous chrestiens qui se sont séparez de l'église romaine par opinion quelle n'est point la vraye eglise, et qui pour crainte etc. Par Jean Talpin, Docteur et Chanoine Théologal à Périgueux. *Paris, Nicolas Chesneau,* 1567 (28 ff.).—2° Responce de maistre Victor Pierre Cayer au livre intitulé : Advertissement aux fidelles, etc.

Paris, Jean Richer. 1595 (108 pages et 2 ff.). — 3° Le sommaire veritable des questions proposées en la conférence advenue entre le docteur Cayer, et un ministre dit du Moulin, avec la responce dudit docteur Cayer à l'escrit plein de calomnie que ledit pretendu ministre dit du Moulin à fait publier. *Paris, Iean Richer,* 1602 (4 ff. d'épitres, 64 p. du sommaire et 17 p. de la réponse). — 4° Response à la déclaration publiée par les ministres sous le nom de Fabrice Bascourt, soy disant curé de S. Germain d'Orléans, touchant les causes de son changement de religion, adressée aux habitants d'Orléans, etc. *Paris, Iean de la Place,* 1604 (4 ff. prél., 68 pages et 2 ff. à la fin). — 5° Response à la déclaration d'un nommé Edmond de Beauval, soy disant jadis jésuite, qui s'est rendu de la prétendue réforme. *Paris, Guillaume Binet,* 1600 (14 p. et 1 f.). — 6° L'innocence deffendue contre la calomnie des ministres de Charenton en leur epistre. Adressée au roy, sur la proposition du P. Arnoux, par le sieur Pitard. *Paris,* 1617 (59 pages). — 7° Lettre d'une damoiselle de qualité, convertie depuis peu à la religion catholique, etc., envoyée à madame sa mère, qui est encore de la religion pretendue reformée. *Paris, François Iulliot,* 1607 (15 p.). — 8° Le catholique reformé. s. l. 1621 (15 p.). — 9° Le nouveau confiteor des rebelles de la religion pretendue, faict au temps de la conversion de mgr. le connestable, etc. *Beziers, Laurens Bonnet,* 1622 (8 p.). — 10° Response de M. Bigot à M. de la Milletière. s. l. 1637 (31 p.). — 11° Théologie morale des Jésuites. s. l. n. d. (45 p.). — 12° Le Resveille-Matin de Pierre du Moulin, ministre de Sédan, etc., par Léonard Delimbourg. *Sédan, Gedeon Poncelot,* 1644, (68 pages). — 13° La fuitte honteuse du sieur du Moulin, ministre de Sédan, etc., et le retour en suitte à l'église catholique, du sieur de La Vigne, cy-devant domestique du ministre Montigny, etc. s. l. n. d. (8 p.). — 14° L'incertitude du catholique romain, au point de l'Eglise. *Se vend à Charenton par Samuel Petit,* 1644 (54 pages).

7. — OPINIONS SINGULIÈRES. — ILLUMINÉS, FANATIQUES.

105. La béatitude des chrestiens, ou le fleo (sic) de la foy, par Geoffroy Vallé, natif d'Orléans, fils de feu Geoffroy Vallé et de Girarde le Berruyer, ausquelz noms des père et mère assemblez il s'y treuve. in-8. d.-rel.
Réimpression à petit nombre de cette pièce rare.

106. *Au nom du Père, du Fils et du Saint-Esprit.* Pensées de Simon Morin, dédiées au roy, approbation (avec ses cantiques et ses quatrains). 1647, in-8. mar. roug. fil. tr. d. (*anc. rel.*)
Bel exemplaire de Soubise, qui a appartenu au célèbre Lord North, dont il porte les armoiries et la devise : *La vertu est la soule noblesse*, est passé chez Méon et provient de la vente Nodier.
Tous les exemplaires de ce livre furent brûlés seize ans après la mort de l'auteur. On a ajouté à celui-ci deux pièces, éditions originales, très-intéressantes relatives au procès ridicule et atroce du malheureux Simon Morin : *L'arrêt* et le *procès-verbal* de l'exécution.

107. Pensées de Morin avec ses cantiques et quatrains; naïfue et simple déposition que Morin fait de ses pensées aux pieds de Dieu, les soubmettant au iugement de son église très-saincte, suppliant très-humblement toutes personnes de quelles conditions qu'elles soient de le supporter un peu pour Dieu, à cause des véritez qu'il a à dire, et pour lesquelles il encourroit la condamnation de Dieu s'il se taisoit. s. l., 1647, pet. in-8, de 175 p. mar. rouge, large dent. tr. d. doublé de tabis.

108. Recueil de pièces relatives à Simon Morin, en un vol. in-8, mar. r. fil. tr. d. (*anc. rel.*), contenant:

1° Factum contre Simon Morin, dans lequel se trouve l'analyse des ouvrages de ce fanatique. s. l. n. d. 25 pages. — 2° Déclaration de Morin, depuis peu delivré de la bastille sur la revocation de ces pensées, etc. *Paris, Claude Marlot* 1649, 6 pages. — 3° Déclaration de Morin, de sa femme et de Mademoiselle Mal'herbe, touchant ce qu'on les accuse de vouloir faire une secte nouvelle, et comme quoy ils ont toujours esté et demeurent soubmis à l'Eglise. s. l. 1649, 6 pages. — 4° Arrest de la cour de parlement rendu à l'encontre de Simon Morin, natif de Richemont, proche Aumale, portant condamnation de faire amende honorable, et d'estre brulé vif, pour avoir pris la qualité de fils de l'homme, entendu fils de Dieu; ensemble la condamnation de ses complices. *Paris, Louis Barbote,* 1663, 7 pages. — 5° Le procès-verbal d'exécution de mort de Simon Morin, brulé vif en place de grève le 14 mars 1663, contenant l'abjuration de son hérésie et mauvaise doctrine. s. l. n. d. 6 pages, en tout 5 pièces.

109. L'antidémon historial, ou les sacrilèges, larcins, rusés et fraudes du prince des ténèbres, pour usurper la divinité, sont amplement traictez, tant par le témoignage des Saintes-Écritures, pères et docteurs de l'église, qu'aussi par le rapport des historiens sacrés et profanes. Par Jude Serclier, chanoine régulier de l'ordre de S. Ruf, dauphinois. *Lyon, Pierre Rigaud.* 1609, in-8, v. f. fil tr. d. (*Doru*).

110. Dv rappel des Ivifs. s. l., 1653, in-8. v. f. fil. tr. d. (*Dérome*).

111. Torrent de feu sortant de la face de Dievpovr desseicher les eaux de Mara, encloses dans la chaussée

THÉOLOGIE.

du moulin d'Ablon. Par le R. P. F. Iacqves Svares de Saincte-Marie. *Paris, Flevri Bovrriqvant,* 1606, in-8. v. f. fil. tr. d. (*Duru*).

112. La foy dévoilée par la raison, dans la connoissance de Dieu, de ses mystères et de la nature. Par Parisot (Jean Patrocle). *Paris,* 1684, in-8, vélin.

<small>Cet ouvrage ayant été supprimé à son apparition, les exemplaires en sont fort rares.</small>

113. Réfutation de la réponse faite par M. Ereiter, ministre luthérien, à un ecclésiastique qui avoit soutenu que Luther avait appris du diable à combattre la messe. Où est rapportée la conférence du diable avec Luther contre le saint sacrifice de la messe. *Paris, veuve Savreux et Hélie Josset,* 1673, in-8, in-12, v. br. avec une figure singulière.

114. La quintessence de la doctrine catholique, par le citoyen Godfroy, professeur de grammaire générale à l'école centrale de Metz, etc. *Paris, marchands de nouveautés,* an XII-1804, in-12. dos et coins de mar. bleu, non rogné, doré en tête (*Duru*).

<small>Par Godefroy, dit une note manuscrite, qui aurait été brûlé vif et à petit feu, si les RR. PP. d'Espagne ou de Portugal avaient mis la main dessus.</small>

115. Copie d'une lettre envoyée au sieur de La Bonde, gentilhomme béarnois, contenant un cas effroiable et adventure estrange, advenue à un laquais du Louvre, le dix-neufiesme iour de mars mil cinq cents soixante dix-huit, le quel a blasphêmé le nom de Dieu et a été pris par le diable. *Orléans, Eloy Gibier et Saturnin Hotot,* s. d., pièce de 4 feuillets non chiff. pet. in-8. v. br. fers à froid.

116. Pvnition exemplaire et ivgement de Dieu contre Anthoine Panetier, voicturier de Gennes, englouty en terre iusqu'au menton, pour auoir exécrablement blasphemé le saint nom de Dieu; traduit de l'ital.

en françois, par André Deuant, aduocat, le 15 iuin 1613. Auec les arrests de la cour de parlement de Paris contre les blasphemateurs. *Paris, Fleury Bourriquant.* Piéce de 16 pages pet. in-8. mar. rouge.

8. — HÉTÉRODOXES, THÉOLOGIENS SÉPARÉS DE L'ÉGLISE ROMAINE, DÉISTES, ATHÉES, INCRÉDULES, ETC.

117. La Vraye histoire de la vie de M. Jean Hus, ministre de la parole de Dieu en la ville de Prague. Contenant le sauf-conduit qui luy fut baillé de l'Empereur Sigismond, pour aller au concile de Constance. Ensemble plusieurs propositions et articles faits par ses adversaires audit lieu de Constance, avec ses responses. Plus, la cruelle procédure faite contre luy, sa confession de foy, son constant martyre et heureuse mort, pour soustenir la querelle de nostre Seigneur Jésus-Christ, s. l. n. d. 1565, in-8. mar. noir. double fil. tr. d.

118. Traitté des reliques, ou advertissement très-utile du grand profit qui reviendroit à la chrétienté s'il se faisoit inventaire de tous les corps et os des saintes reliques qui sont tât en Italie qu'en France, Allemagne, Espagne et autres royaumes et pays. Par I. Caluin.— Autre traité des reliques contre le décret du concile de Trente, trad. du latin de M. Chemnicius. Réponse aux allégations de Robert Bellarmin pour les reliques. *Genève, Pierre de la Rouiere*, 1599, in-8. mar. r. fil. dent, tr. d.

Le titre a un léger défaut.

119. Nouvelle relation de la Gaspesie, qui contient les mœurs et la religion des sauvages Gaspesiens, Porte-Croix, adorateurs du Soleil, et d'autres peuples de l'Amérique septentrionale, dite le Canada, par le Père Chrestien Le Clercq, missionnaire récollet de

la province de Saint-Antoine de Pade en Artois et gardien du couvent de Lens. *Paris, Amable Auroy*, 1691, in-8, veau fauve, fil. tr. d. (*Duru*).

120. L'Arretin (par l'abbé Du Laurent). *Rome, aux dépens de la congrégation de l'Index*, 1772, in-8. d.-rel.

121. Théologie portative ou Dictionnaire abrégé de la religion chrétienne, par M. Bernier (le baron d'Holbach) *Londres*; s. n., 1768, in-12. m. rouge, fil. tr. dor.

122. La vie et condition des politiques et athéïstes de ce temps, avec un advertissement pour se garder d'eux, par P. de Dieudonné, ancien officier de la connestablerie de France. *Paris; Robert Le Fizelier*, 1580, in-8. de 51 pages, dos de mar. bleu.

123. Histoire critique de Jésus-Christ, ou Analyse raisonnée des Évangiles (attribuée au baron d'Holbach). s. l. n. d. (*Hollande* vers 1770), petit in-8. v. f. dent. tr. dor. (*Simier*).

124. Le Bon sens ou Idées naturelles opposées aux idées surnaturelles (att. au curé Meslier, mais écrit par le baron d'Holbach). *Londres*, 1786, in-12. mar. rouge, large dent. (*anc. rel.*)

125. Dictionnaire des Athées anciens et modernes, par Sylvain M.,...l, (par Sylvain Maréchal, aidé de feu M. de Lalande). *Paris*, an VIII, in-8. dos et coins mar. r. *non rog.* (*Kœlher*).
   _{Avec le premier et second supplément.}

126. Traité des cérémonies religieuses des juifs, tant anciens que modernes (par Spinosa). *Amsterdam, Jacob Smith*, 1678. — Réfutation des erreurs de Benoît Spinosa, par M. de Fénelon, par le P. Lami et par M. le comte de Boullainvilliers. Avec la vie de Spinosa, par M. Jean Colerus. *Bruxelles, François*

Foppens, 1731. Ensemble 2 vol. pet. in-12. v. jaspé, fil. tr. d. (*rel. uniforme*).

127. Pour et contre la Bible, par Sylvain M*** (Maréchal). *Jérusalem, l'an de l'ère chrétienne*, 1801, in-8. papier vélin, broché.

Exemplaire de Pixérécourt.

128. Essai sur la nature et la destination de l'âme humaine, par M. A. Collins, trad. de l'anglais sur la dernière édit. revue et corrigée par l'auteur. *Londres*, 1769, in-8. v. f. fil. tr. dor.

129. Résolution de tous les poincts de la religion chrestienne comprise en dix livres, par Henry Bullingère. s. l. n. d., petit in-16. v. br. (*armoiries*).

130. État de l'homme dans le péché originel, où l'on fait voir quelle est la source, quelles sont les causes et les suites de ce péché dans le monde (traduit librement du latin de Béverland). *Imprimé dans le monde (Hollande)*, 1714, in-12. v. f. (*anc. rel.*)

Exemplaire de la bonne édition. *Voyez* Barbier, t. I, p. 452, où l'on trouve une note très-curieuse sur ce livre, dans lequel l'auteur, en adoptant les idées de Béverland sur la nature du péché d'Adam, expose les mêmes raisonnements d'une manière aussi licencieuse que lui, et les accompagne de récits plus ou moins extravagants.

131. Trop est trop, capitulation de la France avec ses moines et religieux de toutes les livrées, avec la revue générale de leurs patriarches. *La Haye, Frédéric Staatman*, 1767. — De l'imposture sacerdotale, ou Recueil de pièces sur le clergé, traduites de l'anglais. *Londres, sans nom*, 1767. — Traité des trois imposteurs. *Yverdon, de l'imprimerie du professeur Felice*, 1768. Ensemble trois tomes en un vol. in-12. veau marbre.

132. Pensées libres sur la religion, l'église et le bonheur de la nation, traduites de l'anglais du docteur B. M. (Bernard Mandeville). *La Haye, Vaillant frè-*

res et *N. Prévost*, 1722, 2 tomes en un vol. petit in-8. mar. r. tr, dor. (*Derome*).

Très-bel exempl. Nodier. 20

133. Alcandre, ou essai sur le cloître, suivi de quelques pièces fugitives, par un jeune solitaire. *Au Mont Athos, et se trouve à Paris chez la veuve Duchesne,* 1785, petit in-12. d.-rel. v. br.

9. — TRAITÉS POUR ET CONTRE LE PAPE OU L'ÉGLISE ROMAINE.

134. Lettre écrite de Rome, où l'on montre l'exacte conformité qu'il y a entre le papisme et la religion des Romains d'aujourd'hui, dérivée de leurs ancêtres payens, etc.; trad. de l'anglois de M. Conyers Middleton. *Amsterdam, Maynard,* 1744, petit in-8. mar. r. fil. tr. d. (*Derome*).

135. Amstelredams Eer ende opcomen door denekwaerdighe miraklen, aldaer geschied aen ende door het H. Sacrament des Altaers, anno 1345. *Antwerden, by Hendrick Aertssens,* 1639. Door Boetius *A. Bolswert,* in-8. vélin.

Ce volume, en hollandais, contient 304 pp. encadrées de filets, 15 figures et un frontispice, grav. par Bolswert. C'est un exemplaire de la deuxième édition flamande, dont on a une traduction de 1636, par Morin, également imprimée à Anvers, par Henri Aertssens.

136. Le népotisme de Rome, ou relation des raisons qui portent les papes à aggrandir leurs neveus, etc., trad. de l'italien, s. l. (*Hollande ; à la Sphère*), 1669, 2 tomes en 1 vol. in-12. vél.

137. Histoire philosophique de la Papauté, depuis son origine jusqu'à sa chûte. *Milan, chez les libraires associés,* s. d., in-12. dos et coins de mar. r. non rogné, doré en tête (*Duru*).

138. La papesse Jeanne ou Dialogue entre un protestant et un papiste, prouvant manifestement qu'une femme, nommée Jeanne, a esté pape de Rome, etc.,

par Alex. Cooke, et mis en françois par J. de la Montagne. *Sédan*, s. n. 1633, petit in-8. d.-rel.

139. Le livre des marchands, fort utile à toutes gens, pour cognoistre de quelles marchãdises on se doibt donner garde d'estre deceu, par Gabriel Cartier, s. l.; 1582, petit in-12, mar. rouge, gauf., fil., tr. dor. (*anc. rel.*)

<small>Les notes marginales de ce petit livret ont été un peu atteintes par le couteau du relieur.</small>

140. Dialogue entre saint Pierre et Jules II à la porte du paradis.—La Doctrine catholique touchant l'autorité des papes, s. l. (*Amsterdam : Bernard*), 1727, in-12 veau fauve fil. tr. d. (*anc. rel.*)

<small>Le premier de ces ouvrages est traduit du latin, de Publius Faustus Andrelinus ; le second, qui a un titre et une pagination séparé et qui est connu aussi sous le titre de *Esprit de Gerson*, est de Le Noble.</small>

141. Origine de la grandeur de la cour de Rome, et de la nomination aux évêchés et aux abbayes de France, par M. l'Abbé de Vertot. *Lausanne, Marc Michel Bousquet*, 1759, in-12. d.-rel. non rogné.

142. Histoire du P. La Chaise, jésuite et confesseur du roi Louis XIV. *Cologne, Pierre Marteau*, 1719, 5 vol. in-12. fig. v. marb. fil.

<small>Les deux premiers volumes de cette violente satire contre le P. La Chaise et les jésuites, plus connus sous son second titre : *Jean danse mieux que Pierre ; Pierre danse mieux que Jean ; ils dansent bien tous deux*, renferment l'hist. du P. La Chaise ; les trois autres sont occupés par des dialogues entre le P. Bouhours et le P. Menestrier.</small>

143. Histoire de la papesse Jeanne, fidèlement tirée de la dissertation latine de M. de Spanheim, professeur en l'Université de Leyde. *La Haye, Henri Scheurleer*, 1720, 2 tom. en 1 vol. in-8. d.-rel. et coins mar. roug. non rogné, doré en tête.

144. Les Jésuites démasqués, ou annales historiques de la société, (par Roussel). *Cologne*, 1759, in-12. d.-rel. mar. vert, non rogné.

145. La morale pratique des jésuites, représentée en plusieurs histoires arrivées dans toutes les parties du monde. Extraite ou de livres très-autorisés et fidèlement traduits, ou de mémoires très-seurs et indubitables. *Cologne, Gervinus Quentel (Elzevir)*, 1669, in-12. parch.

10. — RELIGION DES JUIFS, MAHOMÉTANS ET PAYENS.

146. CORAN, manuscrit arabe, caractères mograbins ou barbaresques, in-8. en mouton, rel. du pays.
Écriture fine et ponctuée en rouge, mais ce manuscrit est *taché* en plusieurs endroits.

147. LE CORAN, manuscrit arabe, caractères NESKI, in-8. reliure orientale avec coins gaufrés.
Cet élégant manuscrit d'une charmante écriture en or et en couleur sur papier glacé, a plusieurs de ses pages richement encadrées d'ornements d'azur et d'or.

148. FORMULES, PRIÈRES et BÉNÉDICTIONS, etc., écrites par le nommé FAYDALLA, en arabe Neski. petit fol. rel. en cuir de Russie, plié en forme de paravent.
Ce volume est richement écrit en noir sur fond d'or, avec ornements orientaux à chaque page, d'une grande élégance.

149. Zend-Avesta, ouvrage de Zoroastre contenant les idées théologiques, physiques et morales de ce législateur, les cérémonies du culte religieux qu'il a établi, et plusieurs traits importants relatifs à l'ancienne histoire des Perses: trad. en français sur l'original de Zend...., par M. Anquetil du Perron. *Paris, N. M. Tilliard*, 1771, 2 t. en 3 vol. in-4. fig. v. marbr. fil.

150. L'estat de la religion et republique du peuple iudaïque, depuis le retour de l'exil de Babylone, iusques au dernier saccagement de Ierusalem, par Paul Eber, ministre de Vurttemberg. Histoire très-utile et nécessaire pour l'intelligence de plusieurs

passages, tant du Vieil que du Nouveau-Testament, traduite de latin en françois. s. l. (*Genève*), *Iean Crespin*, 1568, in-8. d.-rel. v. n.

<small>Ouvrage rare et curieux, non cité.</small>

151. Sermons du grand rabbin de Jérusalem (en hébreu). Petit in-fol. cartonné.

<small>Rare et curieux.</small>

152. Des divinités génératrices, ou du culte du Phallus chez les anciens et les modernes; des cultes du *dieu de Lampsaque, de Pan, de Vénus*, etc., par J. A. D*** (Dulaure). *Paris, Dentu*, 1805, in-8. dos et coins mar. vert, *non rogné*.

HISTOIRE ECCLÉSIASTIQUE ET TRAITÉS RELATIFS A L'HISTOIRE DES RELIGIONS.
LÉGENDES, ORDRES RELIGIEUX, MONASTÈRES

153. Opera Josephi viri inter Judæos doctissimi ac disertissimi, quæ ad nostram ætetam pervenerunt omnia nimirum: de antiquitatibus judaicis libri XX, quibus in fine loco appendicis vita Josephi per ipsum conscripta, est adjecta: de bello judaico libri VII...... *Francofurti ad Mœnum, impensis Sigismundi Feyerabendt*, 1580, in-fol. v. dent. tr. d. fleurdelisé (*anc. rel.*).

<small>Cette édition, non citée, a 4 ff. prél., 934 pp. et 22 ff. de table. Elle est ornée d'un frontispice, d'une grande fig., qui occupe le verso du 4ᵉ f., et d'un grand nombre de fig., en bois, dans le texte. Notre exempl. est un peu fatigué et mouillé dans la partie inférieure de la marge des 20 à 25 premiers ff.; les fig. en bois sont de Jost-Amman.</small>

154. Pièces relatives à l'élection des papes Sixte-Quint, Paul V, Grégoire XV et Urbain VIII. In-8. cart.

<small>Savoir: 1° De l'élection et cérémonies observées à la réception de Sixte cinquiesme de ce nom, pape de Rome à présent régnant. Le xxiiij iour d'avril 1585. Par messire Jean de Richebourg. *Paris, Michel Buffet*, s. d. (8 ff.). — 2° Traité sommaire touchant l'élection du pape, par H. B. P., dédié à monseigneur le duc de Vendôme. Plus le plan du conclave dernier, et une liste des cardinaux qui s'y sont trouvés. *Paris, David le Clerc*, 1605 (45 ff. chiff.). — 3° Les vraies cérémonies de l'obédience faite</small>

à N. S. Pere le pape Paul V de la part du roy très-chrestien de France et de Navarre Louys XIII, par M. le chevalier de Vendosme. Avec le récit de l'entrée solennelle qui luy a esté faite, etc. *Paris, Abraham Saugrain* 1615 (16 p.) — 4° S. D. N. D. Gregorii divina providentia papæ XV, constitutio de electione romani pontificeis. *Parisiis, apud Joannem Libert,* 1622 (22 pages). — 5° Relation véritable de ce qui s'est passé au conclave de Rome, en l'élection de nostre Sainct-Pere le pape Urbin VIII à present seant. *Paris, Nicolas Alexandre,* 1623 (15). — 6° La nouvelle élection de nostre Sainct-Pere le pape Urbin VIII. Ensemble ce qui s'est passé à Rome sur ce sujet. *Paris, Nicolas Alexandre,* 1623 (14 pages). — 7° Discours faict à Rome sur la création de N. S.-P. le pape Urbin VIII. Par le sieur Dutertre, *Paris, François Pomvray,* 1624 (8 pages). Ensemble 8 pièces.

155. Alla Santita di Nostro signore Innocenzo XII, discorso del cavalier Carlo Fontana sopra il Monte Citatorio situato nel campo Martio, ed altre cose ad Esso appartenenti, con Disegni tanto degl'antichi, quanto de' moderni Edificii della nuova curia. *Romæ, Gio Francesco Buagni,* 1694, in-fol. de 2 ff. et 12 pages et 74 planches, vel. bl. non rogné.

Bel exemplaire.

156. La nécessité de la puissance du pape en l'Eglise, pour remède contre le schisme, par Théophile Brachet. *Paris, Louis Boulanger,* 1640, in-8. vél. fil. tr. d.

157. De sacrarum stationum veteri instituto a Xisto quinto pont. max. revocato oratio. Habita in templo S. Sabinæ in die cinerum, A. F. Francisco Panigarola episcopo chrysopolitano. *Romæ, apud hæredes ioannis Lilioti,* 1587, 16 p. in-8. cart.

158. Statum de sacra ordinatione, ab Eminentissimo D. cardinali Grimaldo archiepiscopo Aquensi. *Aquis-Sextiis, apud Carolum David,* s. d., 47 pag. in-8. cart.

159. DE CLERICIS, PRÆSERTIM EPISCOPIS, QUI PARTICIPARUNT in divinis scienter et sponte cum Henrico Valesio post cardinalicidium T. P. assertio. *Parisiis apud Œgidium Gorbinum,* 1589. in-12 de 46 pages, dos de mar.

Libelle célèbre de Gilbert Genebrard, dont le but est de prouver que les

32 THÉOLOGIE.

ecclésiastiques, et principalement les évêques qui ont admis aux sacrements le roi Henri, depuis le meurtre du cardinal de Guise, ont encouru l'excommunication majeure.

160. Constitution de notre saint-père le pape Innocent XII, portant condamnation d'un livre imprimé à Paris en 1697 sous ce titre : *Explication* des maximes des saints sur la vie intérieure, etc. En latin et en françois, suivant la copie de Rome. *Bruxelles, J.-B. de Leeneer*, 1699, in-12 de 23 pag. d. rel. v. f.

161. Chronicon oder Libens Beschreibung und Thaten aller Bischoffe der Stifftz. Berden aut. (de fundatione episcopatus Verdensis ab Carolo Magno usque ad Eberhardû ab Halle 1566), 1 vol. p. in-f. vel.

50 portraits gravés en bois de la grandeur des pages font partie du volume.

162. Pièces relatives au jubilé sous Clément VIII, Paul V, Grégoire XV et Urbain VIII; avis, bulle, mandement (1599-1636). in-8. cart.

1° Les cérémonies et prières qui se font à l'ouverture des portes saintes des quatre églises de la ville de Rome, pour l'an du jubilé. *Paris, Pierre Chevalier*, 1599 (15 p.). — 2° Le iubilé universel de nostre très saint père le pape Paul cinquième, etc. *Paris, Abraham Saugrain*, 1620 (15 pages). — 3° Le grand iubilé universel de nostre tres sainct père le pape Grégoire XV de ce nom, etc. *Paris, Abraham Saugrain*, 1621 (12 p.). — 4° Relation véritable de la mort et trespas de nostre sainct père le pape Grégoire XV, ses dernières paroles, et tout ce qui s'est passé à Rome sur ce subjet. *Paris, Pierre Rocolet*, 1623 (15 p. avec la permission). — 5° Advis donné au roy sur l'estat présent des affaires de Rome sous Urbain VIII. s. l. n. d. [1623 à 1644] (55 p.). — 6° Bulle de nostre tres sainct père le pape Urbain VIII, sur la célébration du iubilé general en la ville de Paris. Avec le mandement de Monseigneur l'archevêque. *Paris, C. Morel*, 1626 (15 p.). — 7° Mandement de Monseigneur l'archevêque de Paris, pour la publication et ouverture du iubilé universel concédé par N. S. père le pape Urbain VIII de ce nom, etc. *Paris, Pierre Targa*, 1636 (16 p.). Ensemble 7 pièces.

163. Quatre pièces relatives au concile de Trente. in-8. cart.

1° Conseil sur le faict du concile de Trente, par messire Charles du Molin, *Lyon*, 1564 (40 ff. chiffrés). — 2° Extrait des registres des Estats sur la réception du concile de Trente au royaume de France. *Paris*, 1644 (8 p.). — 3° Discours sur la réception du concile de Trente en France. s. l., 1615 (32 p.). — 4° Extraict de plusieurs articles du concile de Trente, contraires aux droicts des roys de France, libertez de l'Eglise gallicane, etc. S. L., 1615 (30 p.).

164. Response de l'assemblée du concile de Trente aux ambassadeurs du roy de France, Charles neufiesme, faicte en la quatriesme session dudit concile. *Lyon, Ambroise du Rosne*, 1563. 4 ff. non chiffrés. — Les graues et sainctes remonstrances de l'empereur Ferdinâd a nostre sainct père le pape Pie IV, sur le faict du concile de Trente, et des choses proposées en iceluy. *Imprimé nouuellement*. 1564. 8 ff. non chiffrés. — Ensemble 2 pièces en un vol. petit in-4. mar. r. fil. tr. d. (*Duru*).

165. Les merueilles de Romme, pelerinages, eglises, corps saincts et lieux dignes, que visitent les pelerins et pelerines qui y vôt auecques les indulgēces et remissiōs quilz acquierent. (A la fin). *Qui aura voulenté et deuocion de auoir ce present liuret...... il en trouuera en la maison de Geoffroy de Marnef a lenseigne du Pellican en la rue sainct Jacques: deuant sainct Yues*. s. d., pet. in-8. de 72 ff. non chiff. en caractères goth. v. br. f. tr. d. *avec de nombreuses figures dans le texte.*

166. Histoire des mœurs et dépravée religion des Taborites, anciens hérétiques au royaume de Boheme : conforme en tout à ceux de nostre temps. Faicte en latin par Æneas Siluius, evesque de Siene, et depuis pape Pie second, mise en françois par I. P. d'Albenas. *Paris, Vincent Norment et Ieanne Bruneau*, 1569, petit in-8. de 66 ff. cart.

167. Discours sur le saccagement des églises catholiques par les hérétiques anciens, et nouueaux caluinistes, en l'an mil cinq cens soixante-deux. Plus l'ancien naturel des françois en la religion chrestienne. A monseigneur l'illustrissime cardinal de Lorraine. Par F. Claude de Sainctes. *Paris, Claude Fremy*, 1568, in-8. mar. r. fil. tr. d. (*Derome*).

Exempl. de Méon et de Pixérécourt.

3

168. Histoire véritable de quatre pères capucins, lesquels ont esté cruellement tyramnisez et mis à mort par le grand bascha de Damas. Auec les miracles qui y furent veuz. Trad. d'ital. en françois. *A Troyes, chez Pierre Houion, rue Nostre Dame, près la Grue, suivant la coppie imprimée à Venise,* 1613. Pièce de 15 pages pet. in-12, d.-rel. mar. br.

169. Le miroir de la charité chrestienne, ou relation du voyage que les religieux de l'ordre de Notre Dame de la Mercy du royaume de France ont fait l'année dernière, 1662, en la ville d'Alger, d'où ils ont ramené environ une centaine de chrestiens esclaves. Ouvrage composé par l'un des pères rédempteurs du même ordre. *Aix, Jean-Baptiste et Estienne Roize,* 1663, in-16. v. olive.

170. De sanctorum martyrum cruciatibus Antonii Gallonii rom. congregat. Oratorii presb. liber, cum figuris Romæ in ære incisis per Antonium Tempestam et aliis ejusdem argumenti libellis ex musæo Raphaelis Tricheti du Fresne. *Parisiis, Cramoisy,* 1660. in-4. v. br.

Cette édition due à Raphaël Trichet du Fresne est la plus belle qui existe de l'ouvrage de Gallonio, sur les supplices infligés aux martyrs. Les figures d'Ant. Tempesta ajoutent beaucoup au mérite de ce livre curieux. On y a joint les traités de Magius *de æquuleo* et de Juste Lipse *de cruce.*

171. Sanctorum, et martyrum Christi icones artificiosissimæ. *Franc., apud hæredes Chr. Egen,* 1558. pet. in-8, mar. vert. fil. tr. d. ornements (*Duru*).

Ce petit volume se compose de 46 ff. chiff., dont chaque page est occupée par une gravure en bois. Ces gravures sont de deux mains différentes, et toutes extrêmement remarquables.

172. La vie et légende de saint Jean Baptiste avec celles de tous les apôtres et évangélistes. *Troyes, veuve Jacques Oudot.* s. d. in-8, veau fauve. fil. tr. d. (*Duru*).

173. La vie de madame saincte Marguerite vierge et martyre, avec son antienne et oraison. s. l. n.

d. in-8. goth. 12 ff. non chiffrés, mar. olive fil. gardes en peau vélin (*Bauzonnet*).

Exemp. de Ch. Nodier.

174. Lectiones X de Translatione sancti Gildasii. Manuscrit du xv° siècle, sur vélin, petit in-4. veau fauve. fil. tr. dor. (*Duru*).

> Au recto du 8° et dernier feuil., on lit : *Explicit translatio corporis Beati Gildasii et aliorum plurimorum sanctorum*. Vient ensuite un fragment de chronique latine contenant le récit de la translation du corps de saint Gildas dans le monastère de Dol en Bretagne. Cet extrait est suivi de ces mots qui terminent le volume : « Extractum a pancartis ecclesiæ monasterii Dolensi per me Matthæum de Nanthabro domini nostri regis consiliario, etc., die dominica, sexta mensis junii, anno Domini, jm°. cccc°. lvi°. »

175. Abrégé de la vie de sainte Colette, réformatrice des religieuses de sainte Claire, in-8. de 80 pages. Manuscrit sur papier du 18° siècle. dem-rel.

176. Histoire de la vie, miracles et canonization de S. Hyacinthe, polonois, confesseur, de l'ordre des freres prescheurs, divisée en quatre livres. Composée en latin par le R. P. frere Séverin, docteur en théologie, etc.; depuis traduite en françois, par frère Estienne Le Clou, licencié, etc. *Arras, Gilles Bauduyn*, 1602, in-8. v. f. fil. (*Kœhler*.)

177. Abrégé de la vie de saint Edmond, vulgairement saint Edme, archevesque de Cantorbéry; composé par F. P. Charlet. *Troyes, Jean-Antoine Garnier*. s. d., 47 pp. pet. in-8. d. rel. mar. br.

178. La vie et martyre de S. Adrien, tvtélaire de la ville de Grandmont, patron contre la peste; et de sa S. compagne Natalie. Le tout tiré de la copie latine de dom Benoist Ruteau, Montois. *Ath, Iean Maes*, 1637, pet. in-8. cart. parch.

179. L'histoire de la vie et des miracles de la bien-heureuse vierge et martyre sainte Hélène, dont les précieuses reliques reposent en l'église de l'illustre abbaye de Forest, près de Bruxelles, de l'ordre de Saint-Benoist. *Bruxelles : Eug. Henry Fricx*, 1697, in-12. mar. bleu tr. d. (*Duru*).

180. Vie de la noble et illustre vierge S. Adelle, patronne tutélaire d'Orp le Grand, vulgairement dit Olle Grand, où son corps virginal repose en vénération, au soulagement des yeux affligez. De nouveau mise en lumière par F. Jean Œgidii dit Bourguignon, pasteur au même lieu. *Namur, Pierre Hinne*, 1708, pet. in-12. d. rel. mar. vert.

181. La vie et les éloges de sainct Catalde, vulgairement appellé St Cartault. Par le R. P. Nicolas Desnos. *Auxerre, Nicolas Billiard*, 1649, in-12. d. rel. v. f.

182. Six panégyriques de sainte Ursule et des onze mille vierges, par le père H. Bex, de la compagnie de Jésus. *Liège: Pierre Danthez*, s. d. (1679) pet. in-8. vel. blanc.

183. Catalogo degli ordini religiosi della chiesa militante espressi con imagini, e spiegati con una breve narrazione, offerto alla santita di N. S. Clemente XI da P. Filippo Bonami. *Roma, Nella Stamperia di Giorgio Placho*, 1712, 2 parties en 2 volumes in-4. v. granit.

Le premier volume de ce remarquable ouvrage contient 444 figures des divers ordres d'hommes, et le deuxième, 106 figures des ordres de femmes. Exempl. bien conservé.

184. Les vies des S.S. pères et des saints solitaires d'Orient et d'Occident (par J.-F. Bourgoin de Villefort). *Anvers (Amsterdam, P. Brunel)*, 1714, 4 vol. in-8, papier de Holl. fig. mar. v. fil. tr. dor. (*Padeloup.*)

Très-rare de ce papier. Exemp. de Pixérécourt

185. Briefve histoire de l'institution des ordres religieux, (par Dufresne). Avec les figures de leurs habits, gravées sur le cuivre par Odoard Fialetti, bolognois. *Paris, Adrien Menier*, 1658, in-4. v. brun fil. (*anc. rel.*)

Ce livre renferme 4 ff. prélim. dont le 2ᵉ est occupé par un frontispice où le titre est répété en français; 45 pp. de texte français pour l'histoire des ordres religieux; un frontispice reproduisant le titre en italien; une figure de la Religion; et 72 fig. en taille douce en regard desquelles on a placé un texte italien, également gravé, où sont indiquées les couleurs et la façon des habits de chaque ordre.

186. Histoire des ordres royaux, hospitaliers-militaires de Notre-Dame du Mont-Carmel et de Saint-Lazare de Jérusalem, par M. Gautier de Sibert. *Paris: imprimerie royale,* 1772, in-4, fig. et frontispice gravé. v. mar.

187. Explication de l'institution des règles et des usages de la confrérie électorale de St Michel Archange pour les agonisans, érigée, etc. *Lille: Ig. Fievet et L. Danel,* 1706, pet. in-4. fig. en bois (8 et le front.) veau brun.

188. Recherches historiques sur l'abbaye de Saincte-Claire de Beaulieu à Peteghem, près Audenarde, par Jules Ketele. *Gand, L. Hebbelinck,* 1838, 20 pag. in-8. cart.

189. Les statuts de l'oratoire Nostre-Dame de Vie Saine, institué par Henry troisiesme, roy de France et de Pologne, en l'honneur de Dieu, et de la benoiste et glorieuse vierge Marie. *Paris, Iamet Mettayer, imp. du roy,* 1586, pet. in-8. mar. bleu. tr. d. (*Duru*).

190. Histoire de l'émigration des religieuses supprimées dans les Pays-Bas, et conduites en France par M. l'abbé de Saint-Sulpice, envoyé de madame Louise de France et du prince évêque de Gand, pour la translation des reliques de sainte Colette à Poligny en Franche-Comté. *Bruxelles, Guyot,* 1784, in-12. d.-rel. v. br. avec 4 fig.

191. Les plagiaires du convent des Repenties de la Magdelene de Bourdeaux, ou histoire véritable de deux rapts faicts en divers temps par lesdictes nonains, de deux filles appartenant au sieur Chardevene, ministre de la parole de Dieu, aagées d'environ dix ans lors qu'elles furent prinses. Ensemble leur heureuse délivrance, etc., par Antoine Chardevene.

Amsterdam, *Arnold Colon*, 1653, in-12. vél. avec un frontispice grav.

192. Lettre de saint Vincent de Paul au cardinal de La Rochefoucauld, sur l'état de dépravation de l'abbaye de Longchamps. En latin, avec la traduction française et des notes, par J. L. (Laboudèrie). *Paris, C. Farcy*, 1827, 23 pp. in-8. d.-rel. v. f.

193. Carte de visite faite à l'abbaye de N.-D. de Clairets, par le Révérend Père abbé de la Trappe, le seizième février 1690. *Paris, François Muguet*, 1690, petit in-12. d.-rel. v. bl.

194. Constitutions de l'abbaye de la Trappe, avec des réflexions. *Bruxelles. Lambert Marchant*, 1674. pet. in-12. v. f. fil.

195. Les constitutions du monastère de Port-Royal du sacrement. *Bruxelles, Lambert Marchant*, 1674, in-12. v. f. fil.

196. Factum pour les religieuses de Sainte Catherine lès-Provins, contre les Pères Cordeliers (par Baret, grand vicaire de l'archevêque de Sens, ou par Jean Burlugay), avec approbation, l'an de Notre Seigneur 1669, in-4. mar. noir, tr. dor.

Édition originale rare.

197. Chorographica descriptio provinciarum et conventum fratrum minorum S. Francisci capucinorum, praedicatorum, sacerdotum, clericorum, et laïcorum universorum eiusdem ordinis collectio, quorundam fratrum labore industria delineata, sculpta, impressa; iussu A. R. P. Ioannis a Montecalerio. Nuper tradita tunc item sumptibus Alexandri Federici Cavalerii, Bibliopolae S. R. C. in lucem prodita. *Augustae Taurinorum*, 1699, pet. in-fol. oblong, vélin.

Ce volume contient 110 ff. : 1 pour le frontispice ; 5 pour le titre et un avant-propos ; 101 pour les cartes des provinces où les capucins avaient des établissements, et les cadres ornés qui les précèdent ; et 3 pour une table. Il renferme en outre une carte générale de ces provinces, qui embrassaient toute la France, l'Italie et l'Espagne.

Ouvrage curieux pour la statistique religieuse, en ce qu'il présente le dénombrement du personnel des 1396 communautés établies dans les 46 provinces occupées par cet ordre, qui ne comptait pas moins de 21,165 membres.

JURISPRUDENCE.

198. Discours sur le barreau d'Athènes et sur celui de Rome, par l'abbé Le Moine d'Orgival. *Paris, Prault.*, 1755, 2 vol. in-12. mar. rouge, fil. tr. d. (*anc. rel.*)

199. Epitome juris civilis, opusculum antiqui at ignoti scriptoris, quod repertum Cadomi, id est municipium Baïocassium in Secunda Lugdunensi, nunc primum in lucem profertur, *Parisiis,, Joannem Richerium*, 1582, in-8. de 89 pages, cart.

200. Jurisconsultus catholicus de Theologorum assertione. Ad quendam Parochum et tres excommunicatorum Patronos; s. l. n. d. 1590, in-8. de 36 pag., c.

201. L'harmonie et conférence des magistrats romains avec les officiers françois, tant laiz que ecclésiastiques, où succintement est traicté de l'origine, progrez et iurisdiction d'un chacun, selon que les lois civiles, romaines et françoises l'ont permis, sans obmission de l'Histoire aux lieux propres, etc., par Jean Duret. *Lyon, Benoist Rigaud*, 1574, in-8. p. v.

202. Prometheus, sive de raptu animorum. Dialogus festivissimus, alienæ inventionis praedones et ineptos imitatores incessens. Steph. Forcatulo, jurisconsulto, autore. *Parisiis, apud Guillielmum Chaudiere*, 1578, in-8. de 2 ff. prélim., 23 ff. chiff. et 1 ff. pour le privil., cart.

203. Le dit de droit, pièce en vers du xiiiᵉ siècle, publiée pour la première fois d'après un manuscrit de la bibliothèque de Chartres. *Chartres, Gar-*

nier fils, 1834, 16 pages in-8. d.-rel. mar. vert.

204. Œuvres de Montesquieu, ses éloges par d'Alembert et M. Villemain; les notes d'Helvétius, de Condorcet et de Voltaire, suivies du commentaire sur l'Esprit des lois, par M. le comte Destutt de Tracy, *Paris, Dalibon*, 1822, 8 vol. in-8. mar. vert, gauf. fil. ornem. dent. intér. (*Thouvenin*).

Magnifique exempl. sur beau pap., orné d'un portr. de Deveria.

205. La Constitution française, présentée au roi le 3 septembre 1791, et acceptée par Sa Majesté le 14 du même mois. *Paris, imprimerie nationale*, 1791, pet. in-12. mar. r. fil. tr. dor.

206. Codigo de las costumbres maritimas de Barcelona, hasta aqui vulgarmente llamado libro del consulado, traducido al castellano, con el texto lemosin restituido à su original intagridad y pureza; é illustrado con varios apéndices, glosarios, y observaciones históricas, por D. Antonio de Capmany y de Montpalau. *Madrid, Antonio de Sancha*, 1791, grand in-4, dos et coins v. br.

Cet ouvrage est devenu rare. Le manuel indique deux volumes; notre exemplaire n'en a qu'un.

207. Der neü Layenspiegel von rechtmassigen ordningen in Burgerlichen und peinlichen Regimenten (Le nouveau miroir des laïques sur les dispositions légales contenues dans le droit civil et pénal, avec des additions; puis la bulle d'or, la réforme royale, les ordonnances sur la paix, la démonstration du droit commun, etc., etc., par J. Otmar). *Augsbourg, Hansen Otmar*, 1512, in-fol, fig. en bois, rel. en bois, couverte en peau de truie gaufrée (*rel. all. anc.*).

Ces fig. en bois, très-remarquables, sont sans monograme. Quelques-unes des plus singulières me paraissent être de Hans Shœphlin.

208. Diversité de courtz et lour juridictions, et alia necessaria et utilia. — *Impressum Londini, anno M.D.XXIII, per me Robertum Redman*, petit in-12,

goth. de 24 ff. non chiffrés, mar. vert, tr. d. (*Duru*).

<small>Petit ouvrage de jurisprudence en anglais et en français. Vol. fort rare et bien conservé; qq. notes d'une écriture du temps sur les marges. On voit dans ce livre comment les Anglais orthographiaient alors notre langue.</small>

209. Edict du Roy, sur la création et érection de quatre vingtz Secretaires Royaulx, oultre le nombre ancien. *Paris, Vincent Sertenas pour Jan Dallier*, 1554, in-8. de 12 ff. cart.

210. Ordonnances et lettres patentes, publiées en 1563 et 1564; 5 pièces en un vol. in-8 cart.

<small>Savoir : 1° Ordonnance du Roy, en forme de commission, pour contraindre toutes personnes à payer dixmes, champartz, cens, rentes, etc., aux prélatz et gens d'Eglise, etc., s. n de v. ni d'imp. 1563 (4 ff.). — 2° Ordonnance du Roy sur l'abréviation des procès et consignation de certaine somme de deniers par ceulx qui plaideront. *Paris, Robert Estienne*, 1563 (8 ff.). — 3° Lettres patentes du Roy, sur le faict des finances, restes de comptes, et plus valleurs des receptes tant générales que particulières. *Paris, Robert Estienne*, 1564 (4 ff.). — 4° Lettres patentes du Roy portant défenses aux Trésoriers de l'Espargne de ne lever et expédier aucuns mandemens sur les restes des comptes et plus valleurs. *Paris, Robert Estienne*, 1564 (4 ff.). — 5° Lettres patentes du Roy portant commandement et injonction à tous ses lieutenans généraux et gouverneurs des provinces, etc., de faire observer et entretenir l'Edict de pacification, etc. *Paris, Robert Estienne*, 1564 (8 ff.).</small>

211. Ordonnance du roy sur le faict et règlement de la police, pour estre tenue les iours de mardy et vendredy, par les officiers et personnes deputez de sa majesté, tant en ceste ville de Paris, en la salle de la chancellerie, que és autres villes et lieux de ce royaume. *Lyon, Michel Iove*, 1572, (11 ff. non chiff.), in-8. cart.

212. Sommaire exposition des ordonnances du roy Charles IX sur les plaintes des trois Estats de son royaume, tenuz à Orléans, l'an M.D.LX et depuis la première impression, exactement revenue, corrigée et beaucoup augmentée, par Joachim Du Chalard, advocat au grand conseil, natif de la Souterraine en Limosin. *Paris, Lucas Brayer*, 1568, in-8. veau fauve fil. tr. d. (*Kœhler*).

213. Arrests de la cour de parlement donnez au profit des marchans et juge et consuls de la ville d'Or-

léans. *Orléans, Saturnin Hotot*, s. d. (1567) 8 ff. non chiffrés.—Arrests de la cour de Parlement concernant l'attribution de juridiction des juge et consuls d'Orléans. *Idem, idem*, 1577. 12 ff. non chiffr. Ensemble 2 pièces en 1 vol. pet. in-4. mar. rouge, fil. tr. d. (*Duru*).

214. Edits et ordonnances publiés en 1572. 5 pièces en 1 vol. in-8. *cart.*

Savoir : 1° Edict du Roy sur la création et establissement de certain nombre de conseillers en chascun des sieges particuliers des Bailliages et senechaucées de ce Royaume, etc. *Poictiers, Emer Mesnier, pour Bertrand Noscereau* (4 ff.). — 2° Edict du Roy pour le bien et authorité de Justice, et des officiers de sa Majesté etc. *Paris, Federic Morel* (12 ff.). — 3° Edict du Roy, portant revocation et defense à tous procureurs receus tant ès cours de parlement et autres souveraines, que ès autres sieges royaux, etc., de postuler et faire aucun acte de la charge de procureur, à peine de faux et de nullité, etc. *Paris, Federic Morel* (6 ff.). — 4° Lettres du Roy en forme d'edict, touchant l'erection en tiltre d'office d'un greffier en chascune ville où il y aura juges et consuls des marchands etc. *Paris, Federic Morel* (4 ff.). — 5° Ampliation faicte par le Roy de son ordonnance sur le faict de la police, avec le reglement d'entre les juges etc. *Paris, Federic Morel* (6 ff.).

215. Ordonnaces du roy François sur le faict de la iustice et abbréuiation des proces, publiées en l'an 1539, avec sommaire annotation [de Léon Trippault. *Orleans, Eloy Gibier*, 1572, 80 pages chiff. — Ordonnance du roy Charles nevfiesme a present regnant, faictes en son conseil sur les plainctes, doleances et remonstrances des deputez des trois Estats, tenus en la ville d'Orleans ; ordonnãces dv roy povr la réformation et réglemẽt de la ivstice, tant ès cours souueraines que inférieures, etc., plus une table des matières y contenues. *Orléans, Eloy Gibier*, 1580, 60 ff. non chiffrés, in-8. v. f. fil. tr. d. (*Kœhler*).

216. Edicts et remontrances de 1578. 3 pièces en un vol. in-8. cart,

Savoir : 1° Edict de pacification faict par le Roy pour mettre fin aux troubles de son royaume, etc. *Paris, Federic Morel* (40 pages).—2° Edict de création et establissement en tiltre d'office formez de certain nombre d'Adjoints en chascun Bailliage, etc. *Paris, idem* (8 pages). — 3° Remonstrances faictes et prononcées à bouche devant le Roy à S. Maur des fossez, par M. le Bailly etc. *Paris, Pierre Lhuillier* (48 ff. chiffrés). Les deux premiers ff. refaits à la plume d'une écriture du temps.

217. Edict et declaration du Roy, 1580-82. 2 pièces un vol. in-8. cart.

Edict du Roy pour le Restablissement de l'Edict publié en l'an 1563 sur le faict d'Ayde et subvention des procès. *Paris, Federic Morel*, 1580 (8 pages). — Déclaration du Roy sur son Edict de la création en tiltre d'office formé de cinq sergens sur le faict des Gabelles outre les deux creez auparavant. *Paris, idem*, 1582 (7 pages).

218. Edict du Roi sur la réunion de M. le duc de Guyse, de MM. ses frères, de la ville de Rheims, et autres villes et chasteaux de Sa Majesté (novembre 1594). *Paris, Fred. Morel*, 1595, 16 pp. petit in-8, d.-rel. mar. rouge.

219. Arrests de la court contre les blasphemateurs du nom de Dieu : ceux qui lèvent contribution sur les marchandises qui viennent par mer en ceste ville : et contre ceux qui refusent les sols forgez soubs le coin du roy et des armes de France et de Navarre : avec deffense de ne prendre les pièces de cinq sols nouvellement forgées soubs lez lestres M. et Q. *Bourdeaus, S. Millanges*, 1595, in-8. de 8 ff. non chiff. — Arrest de la cour de Parlement, par lequel il est commandé de prendre toute sorte de sols, sauf ceux qui sont spécifiés. *Bourdeaus, S. Millanges*, 1593, in-8. de 8 pages. 2 pièces en 1 vol. mar. bl. tr. d. (*Duru*).

220. Ordonnances de Henri IV, etc. 3 p. en 1 vol. in-8. mar. v. (*Duru*).

1° Ordonnance du roy povr les labovreurs, portant affranchissement, exemption et delivrance de toute execution en leurs corps, bestial, biens, meubles servans au labourage, publiée en parlement le 24 mars 1595. Pièce de 7 ff. *imp. à Lyon en* 1595, *par Gvichard Ivllieron et Thibavld Ancelin*. — 2° Declaration du roy, contenant reglement pour le payement des rentes. *Lyon, ibid.* — 3° Coppie (*sic*) de la lettre dv roy envoyée à messieurs les maire et eschevins de la ville d'Angers, *Angers, Anthoine Hernault*, 1596, ibid.

221. 9 pièces, savoir :

1.° Arrest de la cour de parlement portant reglement entre les Baillifs et prevost de ce royaume. *Paris, Federic Morel*, 1599, in-8 de 24 pages. — 2° Edict du Roy pour la création des offices de vendeurs de poisson de mer frais, sec et sallé par toutes les villes, bourgs, bourgades, haures et ports de ce Royaume. 16 pages. — 3° Lettres patentes du Roy, attributives de jurisdiction, et confirmatives de ses autres lettres patentes du 26 jour de novembre 1585 adressantes à nossieurs du grand conseil pour le faict des usures. *Paris, Claude de Montr'œil et Jean Richer*, 1594, in-8, 7 pages. — 4° Edicts du Roy, portans création et establissement en titre d'office des controlleurs généraux etc. (8 pages). — 5° Edict et Ordonnance du Roy François premier, portant establissement des receptes générales et création en titre d'offices (16 pages). — 5° Arrest du conseil d'estat du Roy sur la remise et descharge des Tailles. *Paris, Federic Morel*, 1594, (8 pages). — 7° Arrest de la cour de parlement, pour le recouvrement des meubles vendus depuis le 24 déc. 1588 jusques au 22 mars 1594. *Paris, Federic Morel*, 1594 (7 pages). — 8° Edict et déclaration du Roy, pour le reglement général et deffinitif d'entre les seneschaux, Baillifs, juges, etc. *Paris, Fed. Morel.* 1599 (38 pages). — 9° Déclaration par laquelle il veut et entend que exacte et générale recherche soit faicte des concussions des receveurs des Tailles etc. *Paris, Federic Morel*, 1596 (8 pages).

222. Lettres patentes du Roy portant deffences de recepvoir ni exposer les douzains, liards et patarz faictz et fabriquez és monnoyes de Dombes, Avignon et Carpentras, et toutes autres especes de billon estrangères. *Paris, Vefve Nicolas Roffet,* 1596, in-8. de 7 ff. — Ordonnance du Roy portant defenses à toutes personnes n'ayans droict de chasse, de chasser avec engins quelconques, à cerfs, biches, chevreuls, sangliers, lièvres, connils, perdrix, hérons, faisans, ny autre sorte de sauvagine ou gibier, et de n'avoir et se servir de chiens couchans : sur les peines portées par ladicte ordonnance. *Paris, Federic Morel, Jamet Mettayer et Pierre L'Huillier,* 1596, in-8 de 8 pag., 2 parties en 1 vol. in-8. veau fauve, fil. tr. d. (*Duru*).

223. Arrest de la cour de parlement de Provence portant condamnation de mort contre Louys Gaufridy, originaire du lieu de Beau-Vezer les Colmars, prestre beneficié en l'église des Acoules de la ville de Marseille, convaincu de magie et autres crimes abominables. *Paris, Iean Regnoul,* 1611, 15 pp. pet. in-8. v. gaufré fil.

224. Divers arrêts, lettres pattentes, etc., de 1623. in-8. cart.

1° Arrest du conseil privé du Roy, portant reiglement sur les evocations et differens des parlements, ensemble le plaidoyé prononcé le vingtiesme mars mil six cens vingt trois. s. l. n. d. (16 p.). — 2° Déclaration du Roy, portant defenses à toutes personnes de quelque qualité qu'elles soient, de porter ny faire porter à la campagne ou ailleurs, aucunes harquebuses, pistolets ny autres bastons à feu ou armes offensives, sur les peines portées par les ordonnances. *Paris, Fed. Morel P. et Mettayer* (12 p. et 13 avec le priv.). — 3° Lettres patentes du Roy, portant revocation de ses lettres de déclaration pour la levée de cinquante sols pour boisseau de sel mesure de Broüage, et dites isles de Broüage, Xintonge, Marans, Poitou, Ré, Oleron, et autres lieux. *Paris, Fed. Morel et P. Mettayer* (7 pages).— 4° Lettre consolatoire sur la mort de M. Le Blanc, l'un des pasteurs de La Rochelle. s. l. (14 p.). Ensemble 4 pièces.

225. Edict de création en titre d'office formé de cent conseillers et secretaires ordinaires de la chambre du roy, vérifié ou besoin a esté, etc. S. L., 1623, 32 pages in-8. d.-rel. mar. rouge.

226. Commission du Roy, envoyée à monseigneur le président d'Ons-en-Brey, pour la réformation des habits, meubles, ieux, trains et équipages. *Paris, Mathurin Henault*, 1626, 8 pages in-8, d.-rel. veau bleu.

227. Divers édits royaux, lettres patentes et arrêts du conseil et du Parlement, de 1633, in-8. cart.

Savoir : 1° Edict du Roy sur le reglement des eaues et forests de ce royaume, et création de nouveaux officiers. *Paris, Pierre Des-Hayes* (16 p.). — 2° Arrest de la cour de parlement donné au profit des manans et habitans, sur l'exemption des dixmes de vin, aigneaux, cochons, oisons, toisons, et autres menues dixmes. *Paris, Iacques Dugart* (8 p.). — 3° Lettres patentes du Roy, portant continuation aux ecclesiastiques de rachepter pendant cinq années les biens de leurs bénéfices qui ont esté cy-devant vendus et alienez, avec reglement pour les améliorations, etc. *Paris, Anthoine Vitray* (15 pages). — 4° Edict du Roy, portant création d'un conseiller second president, et d'un conseiller lieutenant criminel en chacune election de ce royaume. *Paris, Antoine Estienne*.(16 pages). — 5° Arrest solennel donné en parlement, portant confirmation de la liberté donnée aux notaires de faire inventaires des mineurs, et autres, ainsi qu'il est plus amplement déclaré, etc. *Paris, Fleury Bourriquant* — 6° Edict du Roy portant création d'un office de conseiller du roy, tresorier de France, et garde-sal en chacun bureau de ses finances. *Paris, P. Mettayer, A. Estienne et C. Prevost* (16 p.). — 7° Arrest du conseil privé du Roy, portant reglement entre les greffiers et les commissaires sur le fait des quatre deniers pour livre des adjudications par decret. *Paris, François Saradin* (8 pages). — 8° Arrest portant règlement à l'advenir de pourvoir, en temps de nécessité, à la nourriture des pauvres, avec deffences tant aux cours de parlement qu'à tous autres officiers, d'imposer aux ecclesiastiques pour raison de ce, à peine de nullité. *Paris, Anthoine Vitray* (16 p.) Ensemble 8 pièces.

228 Declaration du roy sur le faict et réformation des

habits, avec defense aux non nobles d'usurper le tiltre de noblesse, et à leurs femmes de porter l'habit de damoiselles, sur les peines y contenues, ensemble l'ordonnance du roy Henri second, par laquelle toutes personnes, tant nobles que non nobles et roturiers, sont reglez de leurs habits et accoustrements qu'ils doivent porter, etc. *Paris, Fédéric Morel,* 1577. in-8 de 32 pages, v. f. fil. tr. d. (*Duru.*)

Avec la signature de Pierre Dumonstiers.

229. Recueil des édits, déclarations, arrêts et autres pièces concernant les duels et rencontres. *Paris, Sébastien Mabre-Cramoisy,* 1669, in-12. v. f. fil. (*anc. rel.*)

230. Arrests rendus sur crime de bestialité, sodomies et blasphêmes; extraits des registres secrets du parlement de Paris, depuis son établissement jusqu'au 20 mars 1720. Manuscrit in-fol. dos de mar. viol.

Ces extraits manuscrits sont d'autant plus précieux, que les pièces de procédure ont été anéanties lors de l'exécution des condamnés.

231. Advis sur la présentation de l'édit de sa majesté contre la damnable coustume des duels, prononcé au parlement de Tholose, les chambres assemblées. *Paris, Robert Fouët,* 1604, in-8. de 4 ff. 51 pages et un ff. — Histoire prodigieuse du fantosme cavalier solliciteur qui s'est battu en duel le 27 janvier 1615. s. l. in-8. de 15 pages. Ensemble 2 pièces en 1 vol. in-8. d.-rel.

232. Déclaration faicte par le Roy, sur les difficultez que l'on faict sur ledit des habillemens de soye, publié le quatorziesme iour daoust mil cinq cens quarante neuf. *On les vend à Paris chez Iehã Andre au Palays, pres la chapelle* (4 ff. pet. in-12 en caract. goth.). — Ordonnance du Roy pour le règlement et réformation de la dissolution et superfluité qui est és habillemens et ornemens d'iceux et de la puni-

tion de ceux qui contreviendront à ladite ordonnance. *Paris, Federic Morel,* 1583 (17 pp. in-12). Ensemble 16 pp. in-12. d.-rel. v. f.

<small>La déclaration est de Henri II, et datée de Folembray, 7 octobre 1549. Cette déclaration est très-rare, imprimée en caractère goth., et il serait à désirer qu'on pût la joindre à l'édit du 14 août de la même année, dont elle règle l'interprétation. L'ordonnance, donnée par Henri III, à Paris, le 24 mars 1583, est suivie d'une délibération du Parlement sur la manière dont on devait en interpréter les art. 2ᵉ et 12ᵉ, et de deux ordres royaux pour en poursuivre l'exécution.</small>

233. L'éridographie, contenant la description de procès, qui le nourrit, et que faut-il auoir pour l'éviter, par Antoine Noguier, Tolosain. *Imprimé à Tolose, par Guyon Boudeuille..... aux despends de Henri Dugua, habitant dudit Tolose,* 1552, in-8. bas.

234 Moyens pour abréger les proces et oster les empeschemens de bonne et brefve expédition de justice, faictz par manière de conseil et advis, par Maistre Philibert Bonet, docteur ès-droit. *Paris, Guillaume Le Noir,* 1556, in-8 de 30 ff. non chiffrés, v. f. fil. tr. d. (*Duru.*)

235. Soliloques ou lamentations du docteur Dodd dans sa prison, suivis du discours adressé à ses juges avant de subir son supplice; trad. de l'anglais, par de Lanjuinais. *Moudon.* 1777, pet. in-8. mar. r. fil. tr. d. (*Duru*).

236. Histoire véritable de la vie de Iean Fontanier, et diversité de religions qu'il a exercé (*sic*) durant icelle, et l'artifice duquel il se servoit pour attirer des auditeurs à sa fausse doctrine, en fin sa dernière conversion à la foy catholique, après laquelle il fut exécuté en la place de Grève. Ensemble l'arrest de la cour confirmatif de la sentence du Chastelet. *Paris, Melchior Mondière,* 1621, pièce de 16 pages in-8. d.-rel. v. bl.

237. Procez, exament, confessions et negations du

meschant et exécrable parricide François Ravaillac sur la mort de Henri-le-Grand, et ce qui l'a faict entreprendre le malheureux acte. *Iouxte la coppie imprimée à Paris, chez Iean Richer*, 1611, 63 pag. in-8. cart.

238. Arrêts du conseil privé du Roi contre diverses publications de 1633, in-8. cart.

<small>Savoir : 1° Arrêt du conseil privé du Roy donné contre le livre intitulé, *de l'ouvrage des Moyens*, etc. *Paris, Sébastien Cramoisy* (6 pages). — 2° Arrest, etc., portant deffenses à Alliot, et à tous libraires, d'exposer en vente n'y débiter le livre intitulé : le Triomphe des vertus sur les vices *Paris, Pierre Rocolet* (12 pages). — 3° Arrest, etc., donné contre le livre intitulé : *Opera magistri Guillelmi de Sancto Amore*. Ensemble les bulles du pape Alexandre IV, portant condamnation dudit livre, à la recommandation de saint Louis roy de France. *Paris, Sebastien Cramoisy* (43 p.). Ensemble 3 pièces.</small>

239. Abrégé du procès fait aux juifs de Mets, avec trois arrests du Parlement qui les déclarent convaincus de plusieurs crimes, et particulièrement Raphaël Levi d'avoir enlevé sur le grand chemin de Mets à Boulay un enfant chrestien âgé de trois ans : pour reparation de quoy il a esté brûlé vif le 17 janvier 1670. *Paris, Frédéric Léonard*, 1670, pet. in-12. d.-rel. v. bl.

240. Procès de Guillaume, vicomte de Stafford, pour crime de haute trahison, accusé par la chambre des communes d'avoir conspiré contre la vie du roy, d'avoir voulu extirper la religion protestante, d'avoir voulu renverser le gouvernement et d'avoir voulu introduire le papisme, commencé à West-Munster le 30 novembre, et achevé le 7 décembre 1680, traduit sur l'original anglois, lequel a esté imprimé dans l'imprimerie royale à Londres. *Cologne, Pierre Marteau*, 1681, in-12. mar. rouge fil. *non rogné*, doré en tête. (*Duru*).

241. Recueil de pièces contre le duel. In-12, mar. vert du levant, fil. tr. d. (*Duru*).

<small>On trouve dans ce recueil : 1° Advis sur les duels. *Paris, Iéan Houzé*,</small>

1609 (4 ff. prél. et 40 pp.) — 2° Edict du roy sur la prohibition et punition des querelles et duels, publié par le parlement, le 27 de juin mil six cent neuf. *Paris, F. Morel*, etc., 1609 (29 pp.) — 3° Anti-Duel, ou discours pour l'abolition des duels, contenant deux remonstrances, l'une à la noblesse, recueillie des derniers propos du sieur de Balagny; l'autre à Sa Maiesté, par M. Guillaume Ioly. *Paris, Pierre Chevalier*, 1612 (138 pp. et 1 f. pour le priv.) — 4° Invective, ou discours satyrique contre les duels, par I. Gassion Bergeré. *Paris, Ioan Libort*, 1629 (3 ff. prélim. et 84 pp.) — 5° Arrest de la Cour de parlement à l'encontre d'un nommé de Billy, dict *hault le pied*, traisné sur une claye et pendu par les pieds pour avoir contrevenu aux défenses des duels et rencontres, du huictiesme may 1623. *Fed. Morel et P. Mettayer*, 1623 (7 pp.) — 6° Remonstrance au roy contre les duels, prononcée à Fontainebleau au nom de l'assemblée générale du clergé de France, le 19 iuin 1625, par messire R. P. en Dieu Roland, archevesque de Bourges. *Paris, Antoine Estienne*, 1625 (24 pp.) Ensemble 6 pièces *très-rares* comme publications originales.

242. Recueil de pièces contre le duel. Pet. in-8. d.-rel. bas.

Ce recueil contient les pièces suivantes : 1° Le remède des duels, au roy. s. l., 1624 (16 pp.) — 2° Remonstrance au roy contre les duels, prononcée au nom du clergé durant la tenue des Estats, le 26 ianvier 1615, par messire Pierre de Fenolliet. *Paris, Rollin-Thierry*, 1615 (22 p. et 1 f. de priv.) — 3° Advis et moyens pour empescher le désordre des duels, proposez au roy en l'assemblée des estats-généraux, par Louys de Chabans. *Paris, Denys Langlois*, 1615 (8 pp. prélim. et 80 pp. de texte. — 4° Histoire prodigieuse du fantasme cavalier qui s'est battu en duel, le 27 ianvier 1615, près Paris. s. l. n. d. (15 pp.) Ensemble 4 pièces.

SCIENCES ET ARTS.

1. SCIENCES PHILOSOPHIQUES.

A. — INTRODUCTION, HISTOIRE ET DICTIONNAIRES.

243. Mémoires concernant les arts et les sciences, presentez à monseigneur le Dauphin. *Iuxte la copie*

imprimée à Paris. Bruxelles, *Henry Friex.* 1672, in-12. v. f. fil. orné de 6 planches.

<small>Cette édition de Hollande est faite sur l'édition de Paris, publiée in-4. à très-petit nombre.</small>

244. Bibliothèque philosophique du législateur, du politique, du jurisconsulte, ou choix des meilleurs discours, dissertations, essais, fragmens, composés sur la législation criminelle par les plus célèbres écrivains, en François, Anglois, Italien, Allemand, Espagnol, etc., pour parvenir à la réforme des loix pénales dans tous les pays, traduits et accompagnés de notes et d'observations historiques, par J. P. Brissot de Warville. *Berlin et Paris, Desages,* 1782. 10 vol. in-8. dem.-rel. veau vert.

245. Nouvelle bibliothèque philosophique, contenant, 1° les notions préliminaires du nouveau système proposé ; 2° son analyse, avec la table généalogique ; 3° la classification des opérations de l'entendement humain, ou catalogue de bibliothèques. Rédigé et mis en ordre par F. D. Langlois. *Paris, Laurens.* 1813. in-8. mar. r. fil. dent.

<small>On trouve dans ce livre un grand tableau généalogique des divisions et sous divisions, qui se trouvent dans l'analyse, composant les trois attributions de l'entendement humain, à *Dieu,* à l'*âme* et à la *nature* : théologie, pneumatologie et physiologie.</small>

246. Essai historique et philosophique sur le goût, par M. Cartaud de la Vilate. *Londres,* 1751. in-12. — Essay sur la nature de l'âme, où l'on tâche d'expliquer son union avec le corps, et les loix de cette union, *Paris, Charles Osmont.* 1747. in-12. 2 parties en un vol. in-12. veau fil. dent. tr. d. (*Bozerian*).

247. Le platonisme dévoilé, ou essai touchant le verbe platonicien ; divisé en deux parties. *Cologne, Pierre Marteau.* 1700, in-8. parch.

248. Œuvres de Sénèque le philosophe; trad. en françois, par La Grange. *Paris,* 1778. 8 vol. in-12. mar. r. fil. tr. d.

249. L'existence et la sagesse de Dieu manifestées dans les œuvres de la création, par le sieur Ray; trad. de l'anglois. *Utrecht*, 1714, in-8. mar. rouge. fil. tr. d.

250. De l'immortalité de l'âme, par Maximin Esnard. *Paris*, an x. — 1802. in-8. pap. vél. m. r. *(Duru)*.

« Sur ce livre très-rare, surtout en papier vélin, voyez mes *Mélanges tirés d'une petite bibliothèque*. Les lignes dédicatoires (2 lignes en tête du titre) sont de la main d'Isuard, l'homme le plus éloquent de la Convention nationale, après ou avec Vergniaud. » CHARLES NODIER, note manuscrite sur le faux-titre de cet exemplaire.

251. Le liure intitulé Sydrach le grät philosophe / fontaine de toute science : contenant mille nonäte et quattre demädes / et les solutions dicelles / comme il appert par la table cy apres mise. *On les vent a prix cöptnt chez Raulin Gaultier / demourant a Rouen en la rue du grand Pöt / a lëseigne du Fardelz. — Cy finist le liure que Sydrach philozophe a faict, lequel se nöme fontaine de toutes sciëces. Et fut acheué pour Raulin Gaultier le dixiesme jour de septembre mil V cens et saize*, in-4. goth. titre rouge et noir, mar. bleu fil. tr. d. *(Duru)*.

Exemplaire qui provient de la bibliothèque de Colbert, et qui porte la signature de Balesdens.

252. La theologie naturelle de dom Raymon Sebon, docteur excellent entre les modernes, mise premièrement de latin en françois, par Jan Martin, secretaire de monsieur le cardinal de Lenoncourt, etc., et de nouveau reveue et conferee au latin et corrigée en plusieurs lieus, etc. *Paris, Vascosan*, 1566. in-8. v. f. fil. *(Kœhler)*.

253. Traité curieux des charmes de l'amour conjugal dans ce monde et dans l'autre. Ouvrage d'Emanuel de Swedenborg, trad. du latin en français par M. de Brumore. *Berlin et Basle*, 1786. in-8. b. m.

Ce traité contient 206 pp. Il est suivi d'un autre intitulé : *Du commerce de l'âme et du corps*, trad. du latin de Swedenborg, par M. P**. (Paraut). *Londres et Paris, Barrois l'aîné*, 1785 (6 pp. de préface et 73 pp. de texte) : On a joint à ce deuxième traité une dissertation de Swedenborg, intitulée,

Du cheval blanc dont il est parlé dans l'Apocalypse, contenant 10 pp. dont les folios suivent ceux de ce deuxième traité.

254. Le philosophe de court, autheur Philbert de Vienne, champenois, avocat en la court de parlement. *Paris, Estienne Groulleau*, 1548, in-16, mar. vert. fil. ornement tr. d. Un feuillet raccommodé. (*Kœhler.*)

255. Nouvelles réflexions d'un jeune homme, ou suite à l'essai sur la dégradation de l'homme en société, par M. le chevalier de F*** (par d'Artaize). *Paris, Royer*, 1787, in-12. dem. rel. v. br.

B. — MORALE ET ÉDUCATION.

256. Liure dore de Marc Aurèle empereur et eloquent orateur / traduict de vulgaire castillan en francoys par R. D. de la Grise, secretaire de monseigneur le reverendissime cardinal de Gramont ; nouvellement imprimé à Paris. *On les vend a Paris en la grant salle du Palais en la boutique de Galliot du pré libraire juré de l'Université de Paris.* 1531. in-4. goth. de 6 ff. non chiffrés et CLXIIII ff. chif. Lavé réglé, mar. r. du levant. fil. tr. d. (*Closs*).

Admirable exempl. d'un livre très-bien conservé.

257. Le livre de Marc-Aurèle, empereur et eloquent orateur, traduict du vulgaire castillan en françois, par R. D. de la Grise. *Lyon, Iean de Tournes*, 1544, pet. in-12. v. f. (*Kœhler*).

258. La mesnagerie de Xenophon. Les règles de mariage de Plutarque. Lettre de consolation de Plutarque à sa femme. Le tout traduit de grec en françois, par Estienne de la Boëtie. Ensemble quelques vers latins et françois de son invention. Item un discours sur la mort dudit seigneur de La Boëtie, par M. de Montaigne. *Paris, Federic Morel.* 1572, in-8. dem.-rel. v. vert.

Ce livre ne contient pas les *vers français*

SCIENCES ET ARTS. 53

259. Les motz dorez du grant et saige Cathon en françoys et latin. Auecq̃ plusieurs bons et tres utilles enseignements, prouerbes, adages, authoritez et ditz moraulx des sages, profitables a un chascun, nouuellement reueuz et corrigez, auecques plusieurs autres bons enseignements adioustez oultre la precedente impression. Et en la fin dudit volume sont inserees aucunes propositions subtilles, problematiques et enigmatiques sentences, ensemble l'interpretation dicelles pour la consolatiõ des auditeurs. *On les vend à Paris en la rue neufue Nostre-Dame a lenseigne saint Nicolas.* s. d. pet. in-8. de 124 ff. v. gr.

<small>Cet exemplaire, assez grand de marges, a malheureusement une piqûre de vers dans les dix premiers feuillets.</small>

260. Les motz dorez de Cathõ en françoys et en latin / avecques bons et très utilles enseignemens / prouverbes / adages / authoritez / et ditz moraulx des saiges, prouffitables à ung chascun / ensemble plusieurs questions enigmatiques, imprimez nouuellement à Paris. *On les vend au palays, en la gallerie comme on va en la chancellerie.* (Avec privilege daté du 9 février 1530), pet. in-8. veau vert, plats gaufrés, dent. tr. d.

261. Le livret des consolations contre toutes tribulations (à la fin) : *Cy finist le liure des cõsolations contre toutes tribulaciõs. Imprimé à Paris lan mil cinq cens et deux le vii iour de feurier par maistre Pierre le Dru pour Geffroi de Marnef demourant en la rue saint Jacques au lenseigne du Pellican*, pet. in-8. goth. fig. en bois. v. f. fil. (*Kœhler*).

262. Le liure de bonnes meurs. (A la fin) : *Cy fine le liure intitulé de boñes meurs : compilé par frere Iacques le grant de l'ordre sainct Augustin. Imprime a Paris par Iehan Treperel demourant en la rue de la tainerie en lenseigne du cheual noir l'an mil cccc quatre vingtz et dix neuf.* In-4 de 74 ff. non chiffrés,

SCIENCES ET ARTS.

en caractères goth. cuir de Russie, fil. fers à froid.

* Exemp. grand de marges d'un livre rare. Les derniers feuillets ont quelques piqûres qui n'endommagent heureusement que très-peu de lettres.

263. Cy commence une petite instruction et manière de viure pour une feme seculiere / cōmēt elle se doit conduire en pēsées / en parolles et oeuures / tout au long du iour : Et pour tous les iours de sa vie / pour plaire a nostre Seigneur Jésuchrist / et amasser richesses celestes, au profit et salut de son âme. *Imprimé à Paris, / pour Guillaume Merlin / libraire juré.* s. d. 12 ff. in-8 fig. en bois, mar. rouge, fil. tr. d. (*Duru*).

264. Dialogue tres elegant intitulé le Peregrin, traictant de l'honneste et pudique amour concilié par pure et sincere vertu (par Jacomo Caviceo) ; traduict de vulgaire italien en langue francoyse par maistre Francoys Dassy, conterouleur des briz de la maryne en Bretaigne..... *Imprime à Paris, par Nicolas Couteau pour Galliot Dupré.* 1527, pet. in-4 goth. veau fauve, fil. (*Kœhler*).

Première édition fort rare de la traduction française du roman moral de Caviceo, le *Pèlerin*, qui avait paru pour la première fois en italien à Parme en 1508.

265. La vertu et propriété de la quinte essence de toutes choses, faicte en latin par Joannes de Rupescissa, et mise en françois par Antoine du Moulin, Masconnois, valet de chambre de la Royne de Navarre. *Lyon, Jean de Tournes,* 1581, in-16, veau fauve, fil. tr. d. (*Héring*).

266. El pastor de noche buena. Practica breve de las virtudes conocimiento facil de los vicios ; corregido, añadido y emmendado ; autor Obispo de Osma. *Barcelona, Pablo Campins,* in-16, vélin.

267. Le Soulas du cours naturel de l'homme, en forme de dialogue ; trad. de toscan en françoys par F. Gilbert Dert, de Bourges en Berry, *Lyon, Jean*

SCIENCES ET ARTS.

d'Ogerolles, 1558, pet. in-12, mar. r. fil. tr. d.

<small>On trouve réuni à ce recueil le traité suivant : *Brief et Utile traité de l'Humilité*, etc., 1558, qui se termine par le psaume CVI du Prophète Royal David (en vers).</small>

268. Les Essais de Michel, seigneur de Montaigne, édition nouvelle prise sur l'exempl. trouvé après le décès de l'autheur, reveu et augmenté d'un tiers outre les precedentes impressions. *Paris, Abel L'Angelier*, 1600, in-8, v. f. fil.
<small>Édition non citée.</small>

269. Le miroir qui ne flate point. Par le sieur de La Serre. *Bruxelles, Philippe Vieugart (Elzevier)*, 1671, pet. in-12, fig. dem.-rel. mar. rouge.

270. Les Charactères des passions, par le Sr de la Chambre, médecin de Monseigneur le chancelier, *Amsterdam, Antoine Michel*. 1658, in-12, titre gravé, mar. bleu, double fil. doré en tête (*Duru*).
<small>Très-bel exemplaire non rogné.</small>

271. De l'usage des passions, par le R. P. J. F. Sénault. *Leide, Jean Elzevier*. 1658, in-12, dos de mar. vert.
<small>Exemplaire bien conservé, grand de marges.</small>

272. Les Mœurs (par Toussaint). Nouv. édit. revue et corrigée. *Berlin* s. n. 1757, petit in-12, mar. rouge, fil. tr. d.
<small>Peu commun. L'épître dédicatoire est signée *Panage*, mot tiré du grec, qui répond à celui de Toussaint.</small>

273. Dialogue sur les mœurs des Anglois, et sur les voyages considérés comme faisant partie de l'éducation de la jeunesse, traduit de l'anglois. *Londres et Paris, Barthelemy Hochereau*. 1765, in-12, mar. citron, fil. tr. d. (*Duru*).

274. Traités de Cicéron sur l'amitié et la vieillesse (trad. par l'abbé Mignot). *Paris (Didot)*, 1780 in-

SCIENCES ET ARTS.

12, pap. fin, mar. vert, dent. mors de mar. dent. tabis, tr. d. (*Bozérian*).

<small>Très-joli exempl. d'un livre rare. On y a ajouté un portrait de Cicéron, par Bourgeois, et une vignette de Gaucher, représentant l'amitié, épreuve avant la lettre avec son eau forte.</small>

275. Essai sur le point d'honneur, dédié à S. A. S. Monseigneur le duc de Penthièvre, par le chevalier de Blondeau. *Rennes, Julien Vatar.* 1737, in-12, mar bleu, tr. d. (*Duru*).

276. De Duellis licitis et illicitis (aut. Paul Voet). *Ultrajecti, ex officina Gisberti*, 1646, pet. in-12, parch.

277. Remonstrance au roy contre les dvels, prononcé à Fontainebleau au nom de l'assemblée générale du clergé de France, le 19 juin 1625, par le R. P. Roland, archeuesque de Bourges. *Paris, Antoine Estienne*, 1625, pièce de 24 pages in-8, dem.-rel. mar. viol.

278. Traité sur les differens degrez de la certitude morale, par rapport aux connoissances humaines, par M. D*** (Deslandes). *Paris, J. F. Quillau*, 1750 (18 pp.). — Lettre (de M. Deslandes) à M....., trésorier de France. *Paris*, 1748 (14 pp.). — Histoire de M. Constance, premier ministre du roi de Siam. Par M. Deslandes. *Amsterdam et Paris, Duchesne*, 1756 (55 pp.). Trois pièces en 1 vol. pet. in-8, v. marb.

279. Élements de la Morale universelle, ou Catéchisme de la nature, par feu M. le baron d'Holbach. *Paris, G. de Bure*, 1790, pet. in-12, mar. bl. fil. tr. d.
<small>Exempl., pap. vél.</small>

280. Sicou-siang-eul-chi-sse-hiao-Thou.
<small>Les vingt-quatre exemples de Piété filiale, opuscule chinois de 56 ff. in-8., sur papier de Chine, avec fig. dans le texte, plus le titre sur papier de couleur, cart. non rogné.</small>

281. Le trésor de la Vertu, auquel sont contenues les

plus nobles sentiments et meilleurs enseignements des principaux anciens autheurs et philosophes grecz et latins. *En Anuers, chez Jean Bollere, à lenseigne du Faucon,* 1560, petit in-12. mar. r. fil. tr. d.

<small>Joli petit vol. de 105 pages, en caractères dits *de civilité*.</small>

282. Le Monophile, par Estienne Pasquier, Parisien. *Paris, Jean Longis,* 1554, petit in-8. veau fauve, fil. (*Muller*),

<small>Bel exemplaire, malgré un petit raccomodage sur le titre.</small>

283. Hexameron rustique, ou les six journées passées à la campagne entre des personnes studieuses, par La Motte le Vayer. *Amst., chez Pierre Mortier,* 1698, petit in-12. v. br. fil. tr. d., avec une grav.

284. Apothéoses de Pythagore (par Ch. Nodier). *A Crotone,* s. n., grand in-4., papier fort de 5 ff. prélim. et 63 ff. chiff. romains, dos de mar. r. non rogné.

<small>Tiré à 47 exemplaires numérotés. Celui-ci porte le n° 14. Le faux titre est *Apothéoses et Imprécations.* Ce volume de sentences morales est à ajouter à la liste des ouvrages de Ch. Nodier.</small>

285. Les caractères de La Bruyère, suivis des caractères de Théophraste, traduits du grec par le même. *Paris, Lefèvre,* 1824, 2 vol. in-8. pap. vél., portrait par Taurel, mar. bleu, fil. compart. tr. d. (*Simier*).

286. Le Théophraste moderne, ou nouveaux caractères sur les mœurs. *La Haye,* 1700, petit in-12. mar. fil. *Janseniste* (*Duru*).

<small>Exempl. non rogné.</small>

287. Réflexions et sentences morales (de La Rochefoucauld). *Paris,* 1665, — Nouvelles réflexions. 1668.

<small>Cette seconde partie est rarement jointe à cette édition originale.</small>

288. Réflexions ou sentences et maximes morales de Larochefoucauld, avec un examen critique, par L. Aimé-Martin. *Paris. Lefèvre,* 1822, in-8. port., mar. bois, fil. dent. à froid, comp. tr. d. (*Vogel*).

58   SCIENCES ET ARTS.

289. Maximes et réflexions morales du duc de La Rochefoucauld. *Paris, Didot jeune,* 1827, in-64. mar. lilas, fil. tr. d. (*Simier*).

Édition imprimée avec les caractères microscopiques de H. Didot. Très-rare.

290. La Psycantropie, ou nouvelle théorie de l'homme (par Falconnet de La Bellonie). *Avignon, Louis Chambeau.* 1748, 3 parties en 1 vol. in-12. veau marbré (*armoiries*).

« Ce livre est singulier par les idées et par l'orthographe, » dit une note manuscrite au commencement du volume. Nous dirons, nous, que si les idées en sont en effet fort originales, nous n'y avons pas remarqué cependant cette singularité orthographique, qui consisterait à substituer l'o à l'e muet.

291. Traité contre le luxe des hommes et des femmes, et contre le luxe avec lequel on élève les enfants de l'un et de l'autre sexe. *Paris, Michel Brunet,* 1705, in-12. v. f, fil. (*Kœhler*).

292. Notice sur la personne et les écrits de La Rochefoucauld. *Paris, Didot,* 1782, pet. in-12. mar. bleu (*ex. de Pexérécourt*).

293. — Id. sur les écrits et la personne de La Bruyère. 1781, pet. in-12. mar. bleu, tr. d.

294. De l'éducation des dames pour la conduite de l'esprit dans les sciences et dans les mœurs. Entretiens sur l'imprimerie. *Paris, Antoine Dezallier.* (*Hollande*) 1679, mar. chocol., *non rogné,* avec une gravure.

295. Les triūphes de la Noble Dame et l'art de honnestement aymer, composé par le traverseur des voyes périlleuses (Jⁿ Bouchet). *On les vend a Paris. en la rue Sainct Jacques à l'enseigne de la rose blanche par Philippe Le Noir.* 1541, in-8. goth. mar. bleu. fil. tr. d. *Janséniste* (*Duru*).

Fort bel exemplaire.

296. Réflexions sur la politesse des mœurs, avec des maximes pour le société civile, Suite des ré-

flexions sur le ridicule, par l'abbé de Bellegarde. *Amsterdam, Henri Schelte*, 1707, pet. in-12. mar. v. fil. tr. d. (*Kœhler*).

[Joli vol. non rogné.

297. Caractère d'une femme sans éducation. *Paris, s. d.*, (vers 1700), petit in-12. v. b.

[C. — RAPPORTS DE LA PHYSIONOMIE ET DU MORAL DE L'HOMME.

298. Essai sur la Physiognomonie, destiné à faire connaître l'homme et à le faire aimer, par Jean Gaspard Lavater. *La Haye, I. Van Kieef*, 1781-1803. 4 vol. gr. in-4. figures, rel. pleine en cuir de Russie, large dent. tr. d. (*Bozerian*).

Belle édition, bien préférable, quant aux gravures, aux nouvelles éditions de Paris. (Brunet, t. III, 4ᵉ part., p. 64.) Les épreuves de notre exemplaire sont très-certainement des premières tirées ; la netteté du trait ne permet pas d'en douter. Le volume est d'une fort belle condition.

299. Fisonomie possibili parte prima (par Bossi Benigno). s. l., 1776, bas.

C'est un livret qui renferme 12 têtes d'hommes et de femmes. Bruliot, qui cite plusieurs œuvres de ce graveur, ne dit rien de cette suite de figures, dont, suivant le titre, nous n'aurions ici que la première partie.]

300. Mimique, où l'art de connaître les hommes sur leurs attitudes, leurs gestes et leurs démarches, d'après Lavater. *Paris, Madame veuve Hocquart*. 1809, pet. in-16. d.-rel. mar. rouge, fil.

Ce livret, *très-rare*, contient 48 pp. de texte et 32 fig. coloriées.

301. Vrai traité de la physionomie naturelle, contenant une brève interprétation de la construction de tout le corps, par laquelle on pourra tirer jugement pour connoistre l'inclination et le naturel d'un chacun, extrait de tous les physionomes, tant grecs, latins qu'italiens; par André Corue, Mantouan. *Mantoue, chez les héritiers d'André Corue*, s. d., in-12. de 12 ff. non chiffrées fig. en bois, dos de v. f. (*Kœhler*).

2. POLITIQUE.

SCIENCE DE GOUVERNER, ÉTUDE.

302. La bibliographie politique du sieur Naudé, contenant les livres et la méthode nécessaire a estudier la politique, avec une lettre de M. Grotius et une autre du sieur Haniel sur le même subjet, le tout traduit du latin en françois. *Paris, Guillaume Pelé*, 1642, in-8. dos de veau fauve.

303. Fragment de Xénophon, nouvellement trouvé dans les ruines de Palmyre par un anglois, et déposé au Muséum Britannicum à Londres; trad. du grec par un françois, et lu à l'assemblée publique du musée de Paris, du jeudi 6 mars 1783. *Paris*, 1783, in-12. mar. vert fil. *non rogné*.

Cet opuscule, attribué à Gabriel Brizard, comprend 26 ff. chiff. C'est une petite histoire de la guerre de l'indépendance américaine à laquelle la forme allégorique empruntée par l'auteur donne un attrait tout particulier. On en trouve la clef en quelques lignes manuscrites sur la garde du volume.

304. La Nef des princes et des batailles de noblesse, avec le chemin pour aller à lospital : et aultres enseignemens utilz et proffitables a toutes manieres de gens pour cognoistre a bien viure et mourir, dedyés enuoyés a diuers prélatz et seigneurs ainsi qu'on pourra trouuer cy apres. Jtem plus le régime dung jeune prince et les prouerbes des princes et aultres petits livres tres utilz et prouffitables : lesquels ont esté composez par maistre Simphorien Champier, docteur en théologie et medecine iadis natif de Lionnoys. *Cy finist ung petit livre intitulé, etc., et est cest présent œuvre imprimé a Paris le neufuiesme iour du moys Daoust lã mil cinq cens vingt cinq, par Phelippe le noir, relieur iuré en luniuersité de Paris, demourant en la grant rue Saint-Jaques a lenseigne de la Roze blanche couronnée.* Petit in-4. goth. à longues lignes de 86 ff.

SCIENCES ET ARTS.   61

non chiff. sign. a—tiiii, v. fauve, armes (*anc. rel.*).

<small>Les feuillets 2 et 7 de la feuille *e*, 1 et 2 de la feuille *f*, 2 et 3 de la feuille *o*, et 4 de la feuille *q*, ont été très-habilement refaits à la main.</small>

305. La politique d'Aristote, ou la science des gouvernements, ouvrage traduit du grec, avec des notes historiques et critiques, par Champagne. *Paris, Ant. Bailleul*, an V, 1797, 2 vol. in-8 cart. *non rognés*, ex. sur pap. fort.

306. Recherches sur l'origine du despotisme oriental. Ouvrage posthume de M. B. I. D. P. E. C. (M. Boulanger, ingénieur des ponts-et-chaussées, avec une lettre de l'auteur à Helvétius). s. l. (*Genève*), 1771, in-8 v. f. fil. tr. d.

<small>Édition originale, exemp. de Pixérécourt.</small>

307. Réflexions, sentences, ou maximes royales et politiques; trad. de l'espagnol par le R. P. d'Obeilh. *Amsterdam, Daniel Elzevier*, 1671, pet. in-12. mar. r. fil. *non rogné* (*Purgold*).

<small>Exemplaire Pixérécourt, provenant de la bibliothèque du couvent Saint-Nicaise de Reims, 1695.</small>

308. Traité de la politique de France, par M. P. H., marquis de C. (Paul Hay de Châtelet). Revu, corrigé et augmenté d'une seconde partie. *Utrecht, Pierre Elzevier*, 1670, in-12, vélin.

309. Le premier livre du courtisan, du conte (*sic*) Baltazar de Castillan. Reduict de langue ytalique en francoys. *Lan mil cinq cens quarâte.* s. l., 4 liv. en 1 vol. petit in-8. mar. b. gaufré tr. d.

310. Réflexions politiques de Baltasar Gracian, sur les plus grands princes et particulièrement sur Ferdinand le catholique, ouvrage traduit de l'espagnol, avec des notes historiques et critiques, par M. D. S*** (de Silhouette). s. n. de v. ni d'imp. (*Paris, Alix*), 1730, in-4. v. m.

<small>Il y a une édition de cet ouvrage in-12 sous la même date; l'in-4. moins connu est plus recherché.</small>

311. Libro llamado menosprecio de corte y alabança de Aldea. Compuesto por el illustre señor don Antonio de Guevara, Obispo de Mondonedo, Predicador y chronista, y del consejo de su magestad. *Pamplona, Thomas Porralis,* 1579. — Libro llamado aviso de Privados, y doctrina de cortesanos (par le même), *idem, idem.* — Libro de los inventores del arte del marear y demuchos trabajos que se passan en las galeras (par le même), *idem, idem.* 3 tomes en 1 vol. pet. in-8. dos et coins de mar. vert.

312. Libro llamado menosprecio de corte, y alabança de Aldea, par don Antonio de Guevara ; de nouveau mis en françois, par L. T. L. auquel avons adjousté l'italien pour l'utilité et soulagement de ceux qui prennent plaisir aux vulgaires qui sont le plus en estime. Pour plus grand enrichissement de cette œuvre, y ont esté adjoustés les vers françois des evesques de Meaux et de Cambray et les latins de N. de Clemenges, docteur en théologie, sur la grande disparité de la vie rustique avec celle de cour. *Lyon, Jean de Tournes,* 1591, in-16 à 2 col. vél. bl.

<small>Traduction française et italienne de l'ouvrage précédent. Le titre courant est *Mespris de la court;* le texte et la traduction française sont sur la même page à deux col. ; le français est en caractères dits de civilité ; la traduction italienne en caractères italiques est au bas des pages et à longues lignes.</small>

313. Le corps politique, ou les éléments de la loy morale et civile, avec des réflexions sur la loy de la nature, sur les serments, les pactes et les diverses sortes de gouvernemens, leurs changemens et leurs révolutions, par Thomas Hobbes. *Leyde, Jean et Daniel Elzevier,* 1653, pet. in-12. veau fauve. fil. tr. d. (*Muller*).

314. De la tyrannie, traduit de l'italien d'Alfieri. *Paris, Molini,* 1802, in-8. pap. vel. mar. bleu,

SCIENCES ET ARTS.   63

riche comp. dent. mars de mar. doublé de tabis et dent. tr. d. (*Bozérian*).

283 Exempl. de Pixérécourt. 10

315. Recherches politiques très-curieuses, tirées de toutes les histoires tant anciennes que modernes, par Salvinien d'Alquié. *Amsterdam, Casparus Commelin*, 1669, pet. in-12. vélin.

316. L'honneste homme, ou l'art de plaire à la court, par le sieur Faret ; traduit en espagnol par don Ambrosio de Salazar, secrétaire interprète du roy en la langue espagnole. *Paris, P. Rocolet et Jean Cochart*, 1660, in-8, mar. vert fil. tr. d. (*anc. rel. aux armes de Machaut*).

Peu commun. Le français et l'espagnol sont en regard.

317. Traicté politique, composé par William Allen, anglois, et traduit nouvellement en françois, où il est prouvé par l'exemple de Moyse et par d'autres, tirés hors de l'escriture, que tuer un tyran *titulo vel exercitio*, n'est pas un meurtre. *Lugduni Batav.*, 1658, pet. in-12. mar. r. fil. tr. d. (*Derome*).

Exempl. qui a successivement appartenu à Baluze dont il porte la signature, à Girardot de Préfond, à Guilbert de Pixérécourt, et à Ch. Nodier qui l'avait acheté 72 fr.

318. Traité des restitutions des grands, précédé d'une lettre touchant quelques points de la morale chrestienne. s. l., 1665, pet. in-12. peau vél.

319. Les devoirs des grands, par monseigneur le prince de Conty, avec son testament. *Paris, Denys Thierry*, 1666, pet. in-8. lavé et réglé, mar. rouge fil. tr. d. armes de Bourbon (*anc. rel.*).

320. Le tableau de la vie et du gouvernement de MM. les cardinaux Richelieu et Mazarin, et de M. Colbert, représenté en diverses satyres et poésies ingénieuses : avec un recueil d'épigrammes sur la vie et la mort de M. Fouquet, et sur diverses

choses qui se sont passées à Paris en ce temps-là. *Cologne, Pierre Marteau,* 1693. pet. in-8. vél.

321. Le reveille matin des covrtisans, ou moyens legitimes povr parvenir à la faveur et povr s'y maintenir. trad. françoise de l'espagnol de dom Anthoine de Gueuarre, par Sebastien Hardy, Parisien. *Paris, Henry Sara,* 1622, in-8. parch.

322. Advis au Roy pour faire entrer la noblesse et gens de mérite aux charges et pourvoir au prix excessif des offices, sans mescontenter les officiers. s. l. 1617, in-8. de 29 pages, d.-rel. v. br.

<small>Cette pièce n'est-elle pas de circonstance?</small>

323. Advis aux gens de bien. s. l. 1615, in-8. de 38 pages, d.-rel. et coins mar. bl. (*Duru*).

<small>Inconnu à Barbier.</small>

324. Codicile d'or, ou petit recueil tiré de l'institution du Prince Chrestien, composé par Erasme, mis premièrement en françois sous le Roy François Ier, et à présent, pour la seconde fois, avec d'autres pièces énoncées en la page suivante; *s. n. de v. ni d'imp. (à la sphère),* 1666, petit in-12. v. bl.

325. Le conseiller fidèle à son roy. s. l. n. d., pièce in-8. de 95 pages, d.-rel. v. r.

326. Arraisonnement fort à propos sur l'infélicité qui suit ordinairement les grans. Aquoy est adjousté un discours sur l'excellence des princes qui gouvernent l'estat du royaume (par de Belleforest). *Paris, Jean Hulpeau,* 1585, in-8. v. fauve, fil. tr. d. (*Duru*).

327. Histoire admirable de la vie, mœurs, voyages et actions du R. P. Dominique à Jesu-Maria, de l'ordre des Carmes deschaussés, nouvellement arrivé en France. *Paris, Abraham Saugrin,* 1621, 8 p. pet. in-8. d.-rel. mar. vert.

328. L'Héraclite François, divisé en trois parties. *Co-*

logne, Pierre Marteau (*à la sphère*), 1692, in-12. d.-rel, non rogné,

329. Le diable dans un bénitier, et la métamorphose du gazetier cuirassé en mouche...., par Pierre le Roux (marquis de Pelleport). *Paris, de l'imprimerie royale* (s. d., vers 1778), in-8., broché.

Exemplaire Pixérécourt.

330. Cri d'une honnête femme qui réclame le divorce conformément aux loix de la primitive Eglise, à l'usage actuel du royaume de Pologne, et à celui de tous les peuples de la terre qui existent ou qui ont existé, excepté nous. *Londres,* 1770, in-12. d.-rel., un peu taché.

3. ÉCONOMIE POLITIQUE.

MONNAIES, FINANCES, ETC.

331. Science pour s'enrichir hônestemēt et facilement, intitulée leconomic Xenophon, nagueres trāslatée de grec et latī en langaige frāçoys. Par maistre Geofroy Tory de Bourges. *On les vend a Paris, en la rue saict iaques. deuāt l'escu de Basle. Et deuāt l'esglise de la Magdeleine, a l'enseigne du Pot Cassé.* (A la fin): *Ce present livre fut acheué d'imprimer par maistre Geofroy Tory de Bourges, les mescredy cinquiesme iour de iuillet lan M.D.XXXI.* Pet. in-8. v. marb.

Ce livre rare et curieux, dont toutes les pages sont encadrées d'un triple filet, contient 72 ff. non chiff., sign. A—Iij.

332. Discours œconomique, non moins utile que récréatif, monstrant comme de cinq cens livres pour une foys employées, l'on peult tirer par an quatre mil cinq cens livres de proffict honneste, qui est le moyen de faire profier son argent. Par M. Prudent le Choyselat, procureur du roy à Sézanne. *Rouen, Martin le Menestrier,* 1612, in-8. mar. vert, fil. tr. d.

66 SCIENCES ET ARTS.

333. Nuevos paseos historicos, artisticos, economico-politicos, por Granada y sus contornos. *Grenada, D Francisco Gomez Espinosa de los Monteros*, s. d., 2 vol. petit in-8. cart. en toile.

334. Projet d'établissement d'un bureau de consultations d'avocats pour les pauvres. s. l., pièce de 12 ff. in-8. d.-rel. mar. r.

335. Les moyens de chasser la gueuserye, contraindre les feneãts, faire vivre et employer les pauvres. Desdiez à Messieurs du Clergé. Faict par Barthélemy de Laffemas, varlet de chambre du Roy, natif de Beau-Semblant en Daulphiné; qui represente sur ce le nombre des maistrises de Paris. *Paris, Estienne Prevosteau*, 1600, in-8. de 15 pages (portrait de l'auteur gravé sur bois). — Le quatrième advertissement du commerce, faict sur le debvoir de l'aumosne des pauvres, faict par le même, qui représente sur ce l'abbus des tavernes et cabarets. *Paris, Jamet et Pierre Metayer*, 1600, in-8. (portrait sur bois), 2 parties en 1 vol. v. f. tr. d. (*Duru*). Rare.

336. Extrait ou abrégé du livre *de Asse*, de feu Monsieur Budé, auquel les monnoyes, poix et mesures anciennes sont réduites a celles de maintenant, reveu de nouveau, corrigé et additionné. *Lyon, Thibauld Payen*, 1554, in-16. mar. r. tr. d. (*Duru*).

337. Des affaires d'Estat. Des finances, du prince et de sa noblesse, par le présid. de Lalouette. *Metz, Iean d'Arras*, 1597, pet. in-8. mar. fil. tr. d. (*Duru*).

338. Des monnoyes; augment. et diminvtion dv pris d'icelles, livre vnique, par François Grimaudet, aduocat du roy au siége présidial d'Angers. *Paris*, 1623, in-8. v. f. fil. tr. d. (*Duru*).

339. Les Recherches des monnoyes, poix et manieres de nombrer, des premieres et plus renommées nations du monde, depuis l'establissement de la police

humaine jusques à présent. Reduictes et rapportées aux monnoyes, poix et maniere de nombrer des Françoys. avec une facille instruction pour partir et diviser un entier en plusieurs parties, et reduire plusieurs parties en un entier : a l'imitation de l'As Romain, par François Garrault, sieur des Gorges, conseiller du Roy et général en sa cour des monnoyes. *Paris, Martin le jeune.* 1576, in-8. veau antique, fil.

340. Traicté de la marchandise et du parfaict marchant; trad. de l'ital., de Benoît Cotrugli Raujean, par Iean Boyron. OEuvre très-nécessaire à tout marchant. *Lyon, par les héritiers de F. Didier,* 1582, pet. in-12. mar. bl. fil. tr. d., *rare,* mais taché.

341. Dissertation sur l'état du commerce en France, sous les rois de la première et de la seconde race, par l'abbé Carlier. *Amiens,* 1753, in-12. d.-rel. mar. n. *non rogné.*

342. Considérations sur les finances d'Espagne (par Montesquieu). *Dresde,* 1753, in-12. mar. rouge fil. tr. d.

<small>Petit ouvrage curieux, parce qu'il est inconnu pour être de Montesquieu et qu'il n'a jamais été réimprimé dans ses œuvres.
L'auteur s'était proposé de le corriger et d'en publier une seconde édition; ce qui n'eut pas lieu. Mais le MS. signé a passé naguère dans une vente, où il a été donné comme inédit; ce qui nous a fait connaître l'auteur de cet opuscule.</small>

5. SCIENCES NATURELLES.

343. Discours de Louis Meigret tovchant la creation du monde, et d'un seul createur, par raisons naturelles. *Paris, Andre Wechel. en la rue de Saint-Iean de Beauuais, à l'enseigne du cheval volant,* 1554, in-4. (18 ff. chiffrés), v. f. fil. tr. d.

344. Traité du flux et reflux de la mer, où l'on explique d'une manière nouvelle et simple la

SCIENCES ET ARTS.

nature, les causes et les particularités de ce phénomène, et qui a remporté le prix au jugement de l'académie de Bordeaux, le premier may 1726, par le R. P. D. Jacques Alexandre. *Paris, Babuty*, 1726, in-12. d.-rel. v. f. avec 5 planches.

345. L'homme (*homo*) par Bory de Saint-Vincent. *Paris*, 1827, 2 p. 1 vol. pet. in-12. d.-rel.

346. Portraits d'oyseaux, animaux, serpents, herbes, arbres, hommes et femmes d'Arabie et d'Égypte, observez par Belon du Mans. Le tout enrichy de quatrains, pour plus facile cognoissance des oyseaux et autres portraits. Plus y est adioutée la carte du mont Attos, et du mont Sinay, pour l'intelligence de leur religion. *Paris, Guillaume Cavellat.* 1557, in-4. v. br. fil. (*armoiries*)

Cet ouvrage contient 122 ff. chiffrés et 12 ff. non chiffrés, 10 au commencement et 2 à la fin; 4 frontispice, 249 figures et un portr. grav. sur bois. Bel exemplaire.

347. Nouvelle catégorie, où l'on explique mécaniquement la formation et la nourriture des os ; avec une dissertation sur le marcher de l'homme et des animaux. *Paris*, 1689, in-12. v. f. fil. tr. dor. fig.

348. Principales merveilles de la nature, où l'on traite de la substance de la terre, de la mer, des fleuves, lacs, rivières, etc., tiré des meilleurs auteurs anciens et modernes, enrichi de figures en taille-douce. *Amst., Paul Marret.* 1723, in-12. mar. citron, fil. tr. d.

349. Bergwerct Buch : Darinnen nicht allein alle empter, etc. (Traité des mines, dans lequel non-seulement tous les emplois, les instruments, les outils et tout ce qui a rapport à cette exploitation est représenté en figures et clairement décrit, mais encore etc., rédigé en latin, par George Agricola, docteur en médecine et maire de la ville électorale de Kemmtz, et traduit en allemand par Philippe

Béchius. 2ᵉ édition.) *Bâle : Louis Kœnig,* 1621, in-fol. goth. de 4 ff. prélim. 491 pages et 3 ff. de table. fig. en bois, parch.

_{Ouvrage curieux sur le travail de toutes les mines à cette époque, et rendu encore plus intéressant par 274 belles figures en bois représentant les plans et percements de mine, les outils et le travail. L'exemplaire est d'une conservation parfaite.}

350. Histoire naturelle de l'or et de l'argent, extraite de Pline le naturaliste, avec le texte latin corrigé sur les Mss. de Vossius et sur la 1ʳᵉ édition, etc. Et un poëme sur la chute de l'homme et sur les ravages de l'or et de l'argent, par David Durand. *Londres,* 1729, in-fol. mar. r. fil. tr. d. (*anc. rel.*).

351. A history of british fishes by William Yarrell, illustrated by nearly 400 woodcuts. *London, J. Van Voorst,* 1856, 2 vol. in-8. cart. angl.

_{Curieux ouvrage orné de 400 jolies gravures en bois dans le texte.}

352. The sentiment of flowers, or language of Flora, by the editor of woodland gleanings. *London, Tyas,* 1841, in-32. rel. en soie.

_{Joli petit volume orné de douze vignettes coloriées avec soin.}

353. Description des nouveaux jardins de la France et de ses anciens châteaux, mêlée d'observations sur la vie de la campagne et la composition des jardins, par Alexandre de Laborde. *Paris, Delance,* 1808, in-fol. mar. rouge, dent. *non rogné.*

_{Cet ouvrage se compose de 4 ff., 226 pp. et 138 dessins ou figures.}

354. La nature et propriétés des poissons et autres monstres aquatiques, qui hantent et habitent aux mers, rivières et estangs, avec leurs pourtraicts et figures exprimez au plus pres du naturel. *Paris : pour la Vefve Jean Bonfons* s. d. in-16. mar. bleu, tr. d. fig. en bois. (*Duru*).

355. Description de l'aimant qui s'est formé à la pointe

du clocher neuf de Notre-Dame de Chartres, par M. L. L. de Vallemont, prêtre et docteur en théologie. *Paris : Laurent d'Houry, Edme Couterot,* 1692, in-12. mar. citron, *non rogné* (*Vogel*).

Exempl. de Pixérécourt.

356. Explanation of the engravings of the most important implements of husbandry used in Scotland, from drawings prepared for the board of agriculture, by Mr Andrew Gray, engineer. *Edinburgh; Constable,* 1814, in-4. cart. pl.

Ouvrage orné de nombreuses planches, et qui manque à la bibliothèque de notre Conservatoire des arts et métiers.

357. Voy. au pole du sud et dans l'Océanie sur les corvettes l'Astrolabe et la Zélie, exécuté par ordre du roi sous le commandement de M. Dumont D'Urville. *Paris. Gide,* 1845 et ann. suiv. et texte gr. 8.

Savoir : Zoologie 22 livraisons, Botanique 10 livraisons, Anthropologie 9 livraisons. Exemplaire sur GRAND PAPIER avec les planches coloriées. Les autres livraisons seront remises à l'acquéreur, l'exemplaire sera donc vendu comme complet.

6. SCIENCES MÉDICALES.

TRAITÉS GÉNÉRAUX ET PARTICULIERS, DIÉTIQUE, RÉGIME SALUTAIRE DE LA VIE.

357. Dialogues de la Santé, de M. de *** (Vauclade). *Amsterdam, Desbordes,* 1684, pet. in-12, v. f. fil.

360. Hippocrate. Des airs, des eaux, des lieux. Version littérale du grec, rédigée d'après le texte vulgaire, par M. Magnan. *Paris, veuve Herissant,* 1787, in-8, pap. de Hollande, mar. vert, fil. tr. dor. doublé de tabis (*Derome*).

361. Aphorismes d'Hippocrate, latin-français, traduct. nouvelle, par E. Pariset. *Paris : Mequignon-Marvis,* 1813, in-32. pap. vel. Mar. rouge, doublé fil. doublé de tabis, tr. d. (*Lefevre*).

Exempl. de Pixérécourt.

SCIENCES ET ARTS. 71

362. La nymphomanie, ou traité de la fureur utérine, par D. T. de Bienville. *Amsterdam*, M. M. Rey, 1771, in-8. broché.
Exempl. de Pixérécourt.

363. La génération de l'homme, ou tableau de l'amour conjugal dans l'état du mariage, par Nic. Venette. *Londres (Paris)*, 1751, 2 vol. in-12, GR. PAP. fig. mar. rouge, fil. tr. d. (*Padeloup*).
Exempl. Pixérécourt, vendu 110 fr. Courtois.
« Les premières éditions de cet ouvrage, beaucoup moins complètes que celle-ci, sont sans nom d'auteur, et sous le titre de *Tableau de l'amour considéré dans l'état du mariage*. » (*Brunet*.)

364. Histoire naturelle de la femme, suivie d'un traité d'hygiène appliqué à son régime physique et moral aux différentes époques de la vie, par Jacq. L. Moreau [de la Sarthe], avec 11 planches gravées taille-douce. *Paris, L. Duprat*, 2 tomes en 3 vol. in-8. papier vél. veau fauve dent. tr. d. (*Lefevre*).
Exempl. de Pixérécourt, rare de ce papier.

365. Observations sur les femmes, par le docteur Charles Dunne. *Paris, Dentu*, 1818, 55 pp. in-8. d.-rel. mar. rouge avec figures.

366. Consultation contre la légitimité des naissances prétendues tardives, s. l. 1764, in-8. de 41 pag. dos de mar. bleu.

367. Lucina sive concubitu, Lucine affranchie des loix du concours. Traduit de l'anglois d'Abraham Johnson, s. l. — *Concubitus sine Lucina* ou le plaisir sans peine. 1750, in-12. veau brun (*Lardière*).

368. Des hermaphrodits (*sic*), accouchements des femmes et traitement qui est requis pour les releuer en santé, et bien éleuer leurs enfants. Où sont expli-quez la figure des laboureur, et verger du genre humain...., et la belle industrie dont use nature en la promotion du concept et plante prolifique, par

maistre Iacques Duval. docteur et professeur en médecine. *Rouen, David Gerffroi*, 1612, pet. in-8. mar. r. fil. tr. d. avec 4 fig. sur bois. (*Duru*).

369. Tratado de los medios de averiguar las falsificaciones de las drogas simples y compuestas, y de comprobar su grado de pureza. Por A. Bussy, y A.-F. Boutron-Charlard, traducido al castellano por don José Luis Casaseca. *Madrid, D. V. Larrez*, 1835, in 8, dem.-rel. v. bl. avec une pl.

370. Vénus physique, nouvelle édition revue et augmentée (par Maupertuis). *S. n. de v. ni d'imp.* 1777, in-12, veau fauve, fil. non rogné, doré en tête (*Duru*).

371. De la maladie d'amour, ou mélancholie érotique. Discours curieux qui enseigne à cognoistre l'essence, les causes, les signes et les remèdes de ce mal fantastique. Par Iacques Ferrand, Agenois. *Paris, Denis Moreau*, 1623, in-8, de 270 p. et 5 feuillets d'une table de noms d'auteurs non chiffrés, v. f. (*Kœhler*).

372. Histoire des embellissements, avec la méthode pour guérir les maladies du cuir. De l'invention de L. P. D. L. en la F. D. M. *Paris, J. Berjon*, 1616, in-12, dem.-rel. mar. bleu.

Ouvrage très-rare.

373. Le Trompette françois (ou fidelle François). s. l. 1606, fig. gravée sur le titre. — Le Miroir des alchimistes, où l'on voit les erreurs qui se font en la recherche de la Pierre Philosophale, par explication de diverses sentences des Anciens Philosophes qui en ont escrit soubs figures, analogies et couvertement au général, avec instruction aux Dames, pour doresnavant estre belles et en convalescence, sans plus user de leurs fards venimeux ordinaires, par le chevalier Impé-

rial (Bombast). s. l. 1609, 2 parties en 1 vol. petit in-12, mar. r. fil. tr. d. (anc. rel.).

Exempl. de Ch. Nodier. (*Voyez Descript. raisonnée*, page 50.)

574. Receptes tres excellentes pour plusieurs effectz esprouvées. Manuscrit in-4, rel. bas. armes.

Ce manuscrit contient 93 pages; les 72 premières d'une écriture fort nette du commencement du xvi° siècle, les 24 autres écrites au siècle suivant. On trouve dans ce curieux recueil un très-grand nombre de recettes diverses, dont quelques-unes sont fort singulières. Nous citerons entre autres celles-ci : Pour faire ouster la volonté et ardeur que l'homme a d'habiter avec femme, et pareillement de la femme à homme (p. 5), pour faire apparoir une femme vierge (*ibid.*); pour faire prendre volonté à l'homme d'habiter (p. 21) ; pour faire le secret des femmes petit et dur (p. 55) ; recepte de la feu royne [Anne] de Bretaigne pour ouster la rougeur des yeulx, composée par grandes consultations de médecins (p. 56). Dans la partie la plus récente du manuscrit, on remarque encore : Recepte ou composition de l'herbe de la Nicotiane, fort propre à plusieurs maladies (p. 72).

575. Bref discours de la præservation et curation de la peste. Par J. Le Paulmier, docteur en médecine. *Caen, chez Pierre le Chandelier*, 1580, pièce de 29 pages pet. in-8, dem.-rel. v. f.

576. Lentretenement de vie, summairement cõposé par maistre Jehan Goeurot, docteur en medecine et medecin du treschestien Roy frãcoys p̃mier de ce nom, etc., pour la santé, utilité et prouffit de tout le monde. (A la fin) : *Cy fine l'entretenement, etc. Imprimé a Lyon par Claude Vvycellier*. s. d., pet. in-8, goth. mar. bleu, tr. d. (Kœhler).

Edition rare, non citée.

577. Advertissement et conseil à messieurs de Paris, tant pour se preserver de la peste, comme aussi pour nettoyer la ville et les maisons qui y ont esté infectées. Par M. Estienne Gourmelen. A Mgr le prevost des marchands. *Lyon, Benoist Rigaud* (1581), 28 pp. pet. in-8, fig. dem.-rel. et coins mar. bl.

578. Ruizer Onderricht und Guetachten.... (Courtes instructions et avis, comment on a à se préserver contre les epilepsies actuelles, et si quelqu'un s'en trouvait atteint, comment il doit être gueri; avec une

instruction pour les chirugiens et gardes malades et autres personnes qui servent dans de telles maladies. Par Malachiam Geiger, médecin et chirugien.) *Munich.* 1649, petit in-4, titre gravé et fig. (6), dem.-rel.

379. Médecine fort utile et necessaire à tous gentilzhommes, escuyers, gens de guerre et autres personnes, pour recouvrer subtil moyen, et guarir en brief toutes sortes de maladies qui peuvent advenir journellement à leurs chevaux : avec receptes et remedes à ce requises et convenables, aussi la maniere de choisir estallons, dompter chevaux, tant pour aller à la guerre, qu'ailleurs. *Paris, Antoine Houic*, 1571, in-12, veau fauve, fil. tr. d. (*Moreau*).

380. De l'utilité de la flagellation dans la medecine et dans les plaisirs du mariage, et des fonctions des lombes et des reins. Ouvrage singulier traduit du latin de J. H. Meibomius (par Mercier de Compiègne), et enrichi de notes historiques, critiques et littéraires, d'une introduction et d'un index. *Londres.* 1801, in-8, cuir de Russie, fil. à froid, tr. d.

381. Libro de cozina, cõpuesto por maestro Ruberto de Nola cozinero q̃ fue d'l serenissimo señor rey dõ Hernãdo de Napoles ; de muchos potajes y salsas y guisados par al tiẽpo d'l carnal de la q̃resma : y majares y salsas y caldos para doliẽtes de muy grã sustãcia, etc. (A la fin): *Fue imprimida la presente obra en la imperial ciudad de Toledo por Ramo de Petras : a costas y despensas de Diego Perez Dauila, Alcayde de la ciudad de Logroño. En el año.... de nr̃o Señor Jesu xp̃o de M. D. y xxv....* (1525) In-4 en caractères goth. vélin.

Ce livre renferme un traité complet de l'art culinaire au commencement du xvi⁰ siècle. Il renferme 74 ff. de texte chiffrés, 2 ff. de table non chiffrés et un dernier f. dont le recto est occupé par un écusson. Malgré quelques

SCIENCES ET ARTS. 75

taches, notre exempl., grand de marges et très-convenablement relié, est d'une belle conservation.

382. Essai sur les combustions humaines produites par un long abus des liqueurs spiritueuses. Par Pierre Aimé Lair. *Caen, F. Poisson*, 1823, in-8, cuir de Russie, fil. non rogné, doré en tête (Duru).

Tiré a très-petit nombre.

383. Le Chauve, ou le mespris des cheveux. Par Iean Dant, Albigeois. *Paris, Pierre Billaine*, 1621, in-8, v. marb. fil.

384. Trois livres de l'embellissement et ornement du corps humain, pris du latin de M. Jean Liébaut. *Paris, Jacques du Puys*. 1582, in-8, parch.

385. Mémoires pour servir à l'histoire de la barbe de l'homme (par Dom Fangé). *Liége, Broncart*, 1774, in-8, *broché*.

Exemplaire Pixérécourt.

386. Pogonologie, ou Histoire philosophique de la barbe. Par M. J. A. D*** (Dulaure). *Constantinople et Paris, Le Jay*, 1786, in-12, v. f. grav.

Exemplaire Pixérécourt.

387. La Pogonotomie, ou l'art d'apprendre à se raser soi-même, avec la manière de connoître toutes sortes de pierres propres à affiler tous les outils ou instruments, etc., suivi d'une observation importante sur la saignée. Par J. J. Perret, maître et marchand coutelier. *Paris, Dufour*, 1769, in-8, avec 2 pl. de fig.—Pogonologie, ou Histoire philosophique de la barbe, par M. J. A. D*** (par J. A. Dulaure). *Constantinople et Paris, Le Jay*, 1786, in-8, fig. — Ensemble deux ouvrages en 1 vol. v. marb.

388. Le Royal sirop de pommes, antidote des pas-

76   SCIENCES ET ARTS.

sions mélancholiques, par Gabriel Drouyn. *Paris, Jean Moreau*, 1615, in-8, mar. r. fil. (*Derome*). Un peu taché.

Exempl. Nodier, voyez *Description raisonnée*, page 52.

389. Discours de l'yvresse et yvrongnerie, auquel les causes, nature et effects de l'yvresse sont amplement déduictz, avec la guerison et preservation d'icelle, ensemble la manière de carousser et les combats Bacchiques des anciens yvrongnes, le tout pour le contentement des curieux. Par J. Mousin, conseiller et médecin ordinaire de Sen Altesse. *Toul, Sébastien Philippe*, 1612, in-8, veau raisin de Corinthe, fil. plats gaufrés, tr. d. (*Thouvenin*).

Exempl. de Pixérécourt.

390. Traicté de la nature du vin, et de l'abus tant d'icelui que des autres brunages, par le vice d'yurongnerie. Distinguée en deux livres, composé et nouvellement mis en lumière par Vincent Textor, *par Gabriel Cartier*, 1604, in-8, mar. puce, tr. d. (*Duru*).

Exempl. de Nodier. Livre rare.

391. Traité des principes de l'art de la coëffure des femmes, où il est démontré qu'avec un peu de réflexion on peut apprendre à coëffer avec facilité, et soi-même, et toute autre personne. Dédié au beau sexe, par M. Lefevre. *Paris, chez l'auteur*, 1783, in-12, dem.-rel.

392. Manuel des Toilettes. *Paris*, 1778, d.-rel. cart. avec figures de coiffures.

7. SCIENCES MATHÉMATIQUES.

ASTRONOMIE, MARINE, ART MILITAIRE, GÉNIE, PONTS ET CHAUSSÉES.

393. Traité du Triangle arithmétique, avec quelques autres petits traitez sur la mesme matiere, par

M. Pascal. *Paris, Guillaume Desprez*, 1665, in-4, parch.

<small>Édition originale.</small>

394. Le reveil matin fait par monsieur Bertrand (Bertrand de La Coste) pour reveiller les prétendus sçauans matématiciens de l'Académie royale de Paris, etc. *Hambourg*, s. d. *Imprimé par Bertrand, libraire ordinaire de l'académie de Bertrand* où il se vend. Pet. in-8, mar. r. fil. tr. d. (*Duru*), fig. et PORTR.

<small>On trouve dans le même volume : *Ne trompez plus personne,* ou suite du *Réveil matin*, etc. Cette seconde pièce, également imprimée à *Hambourg*, est datée de 1675. Bertrand de la Coste, colonel d'artillerie à Hambourg, écrivit cette critique contre l'Académie française pour se venger du refus qu'elle lui avait fait d'expérimenter la machine d'Archimède, dont, si on l'en croit, il fut le rénovateur, et des obstacles au moyen desquels ce corps savant serait parvenu en définitive à l'empêcher de parler au grand roi, et à le faire éconduire par Colbert. Sous forme de dialogue plaisant, ce livre renferme d'assez curieuses propositions de mathématiques, traitées et résolues par les membres de l'académie de Bertrand.</small>

395. *Instruction manuelle sur les bases de l'année et le commencement des mois*, suivant l'usage syrien et chaldéen pour le dressement du calendrier. *Rome*, 1583, in-4, de 16 feuillets, avec deux gravures sur bois. parch.

<small>En syriaque. Cette instruction, publiée par ordre du pape Grégoire XIII pour l'usage des Chrétiens d'Orient, est de la plus grande rareté.</small>

396. De Twaalf Maanden des Iaars, afgebeelt door Abraham Bloemaert de Vader. Gefneden door frederick Bloemaert de Soon, en uytgegeren door Nicolaus Visscher. *Amsteldam*, s. d., in-4, oblong, cart.

<small>Ce livret renferme, outre un frontispice représentant le zodiaque, 12 ingénieuses figures allégoriques pour les 12 mois de l'année.</small>

397. Ioannis Bayeri Rhainani I. C. Vranometria, omnium Asterismorum continens schemata, nova methodo delineata, æreis laminis expressa. s. l. 1603, in-fol. vél.

<small>Cet ouvrage, rare et curieux, contient 50 pl. formant feuillet double, et un feuillet simple qui porte le frontispice. Les figures appropriées aux diverses constellations sont parfaitement exécutées sur cuivre.</small>

398. Sphera materialis (par Jean de Sacrobusco). (A la fin) : *Gedruckt zu Nurnberg durch Jobst Gutknecht*. Anno J.-C. M. CCCCC. xvj., in-4, d.-rel. v. chocol.

<small>Ce livret *très-rare*, de 28 ff., en allemand, contient une introduction à la science astronomique, avec 27 figures démonstratives gravées sur bois.</small>

399. Sphæræ materialis, sive globi cœlestis....., durch Iohan Dryandern, genent Lychman. (A la fin) : *Getruckt zu Marpurg, sub rectoratu Ioannis Dryandi*, anno M. D. XXXIX. iunii 30. In-4, dem.-rel. v. f.

<small>Petit traité astronomique de 34 ff. non chiffrés, en allemand et en caractères gothiques, avec fig. sur bois.</small>

400. ARCHIMERON, ou Traité du commencement des jours. Auquel il est monstré le particulier endroit sur la rondeur de la terre et de la mer, où le iour de vingt-quatre heures prend son commencement, etc. *Paris, Abraham Saugrin*, 1617, in-8, de 51 pages, dem.-rel. v. f.

401. Lunar tables, by which the true distance is obtained from the apparent altitudes and the usual tedious preparations avoided previous to clearing a lunar distance : by Mrs. Taylor. *London, G. Taylor*. s. d. (1836). In-8, rel. veau.

<small>Tables lunaires très-utiles pour les travaux du bureau des longitudes</small>

402. Cometa disparens. Das ist : Grundlicher Bericht von dem fernern Lauff. Def Romet-Sterns, etc. (Rapport minutieux de la course intime de la comète jusqu'à ce qu'elle s'éteigne entièrement, avec lesquelles sont traités encore plusieurs différentes choses nécessaires pour ladite science, traité par Jean Christophe Wagner de Nuremberg.) *Augsbourg, Jacques Koppmayn*, 1681, in-4. de 14 ff. non chiff. fig. dans le texte, d.-rel. non rogné.

403. Réforme totale de la théorie du globe terrestre sous le rapport des divisions naturelles de sa sur-

face, ou la climatologie universelle réglée, pour la première fois, conformément à la nature, à l'expérience et aux relations des voyageurs, par Wilhelm Butte. *Paris, Le Normant,* 1813 (*Opuscule de* 18 *pages in-*8. *cart.*).

404. Trois dialogues de M. Pierre Messie, touchant la nature du soleil, de la terre et de toutes les choses qui se font et apparoissent en l'air. Les arguments d'iceulx sont en la page suivante, et y a quotations ès marges des matieres principales. *Paris, Federic Morel,* 1567, in-8. de 32 ff. chiffrés. mar. vert, tr. d. (*Duru*).

405. Almanach pour le temps passé, contenant les mutations de l'air et partie des affaires du monde. Composé et calculé par M. Iean Guerin, Parisien, cy devant président de la iustice establie en la cuisine de la royne Marguerite, et à présent professeur ès sciences passées, et neantmoins cachées à faute d'estre divulguées. s. l., 1623, 27 pages in-12. d.-rel. mar. bleu.

Pièce fort curieuse.

406. Le grand calendrier et compost des bergers, composé par le berger de la grande montagne, avec le compôt naturel réformé selon le retranchement des dix jours, par le pape Grégoire III. *Troyes, P. Garnier,* s. d. (Privil. de 1723), in-4. d.-rel, bas.

Ce calendrier, qui renferme des remarques fort curieuses, est orné d'un grand nombre de figures sur bois.

407. Annuaire de la république française, présenté au corps législatif, par le bureau des Longitudes pour l'année v de l'ère française, 1797. (et années suivantes jusqu'en 1847 sans interruption). *Paris, juillet* 1796 à 1847, 51 vol. in-18. br.

Le Bureau des Longitudes, établi par une loi du 25 juin 1795, ne publia son premier annuaire qu'en juillet 1796 pour 1797, et il est le seul qui

SCIENCES ET ARTS.

en possède une collection complète, pareille à celle que nous mentionnons ici et qui manque dans toutes les bibliothèques publiques.

408. La connoissance des pavillons ou bannieres que la plupart des nations arborent en mer... *La Haye, Jacques Van den Kieboom,* 1737, in-4. veau marb.

Ce vol. se compose de 6 pp. de préface, de 28 pp. de texte explicatif, et de 89 planches représentant un ou plusieurs pavillons.

409. Science militaire, contenant l'A. B. C. d'un soldat, l'Art de la guerre et le Directeur général des fortifications, par M. de Vauban. *Lahaye, Adrian Moëtjens,* 1689, 3 parties en 1 vol. in-12. v. f. fil. (*Kœhler*).

410. Des fortifications et artifices, architecture et perspective, de Jaques Perret, gentilhomme savoysien. (s. l. n. d.) In-fol. fig. rel. vél.

Cet ouvrage, exécuté avec le plus grand soin, comprend une quantité considérable de planches et quelques feuillets de texte non chiffrés, marqués A — L. Aucun bibliographe n'en fait mention. *voyez la table de Brunet*

411. Les fonctions du capitaine de cavalerie et les principales de ses officiers subalternes, etc., par le sieur de Birac. *Jouxte la copie imprimée à Paris, Gabriel Quinet,* 1675, in-12. v. f. fil. (*Kœhler*).

412. Mes rêveries, ouvrage posthume de Maurice, comte de Saxe, duc de Curlande et de Semigalle, maréchal général des armées de Sa Majesté, augmenté d'une histoire abrégée de sa vie et de différentes pièces qui y ont rapport, par M. l'abbé Perau. *Amsterdam et Leipzig, Arkstee et Merkus. Paris, Desaint et Saillant, Durand,* 1757, 2 vol. gr. in-4. fig. *noires et color.* (84) mar. bleu fil. tr. d. armes (*anc. rel.*).

413. Repræsentatio belli ob successionem in regno hispanico auspiciis trium potentiss. invictiss. et gloriosiss. Cæsarum Leopoldi I, Josephi I et Caroli VI, intra 14 annos victoriosis armis et progressi-

bus usque ad pacem Badensem.... *Augustæ Vindelicorum, Ieremia Wolffi b. m. heredum*, s. d., in-fol. magno, cart.

<small>Cet ouvrage commence par un splendide frontispice, suivi d'un feuillet de texte, à 2 colonnes, en allemand, renfermant une notice sur la guerre de la Succession d'Espagne; puis viennent 56 belles gravures, qui en représentent les faits les plus mémorables. Ces 56 gravures, dues pour la plupart à Paul Deker, et gravées par Wolff, Corvinus, F. Kleinschmid, G. Stein, Balth, Probst, etc., sont admirables d'invention et d'exécution.</small>

414. Réflexions sur les talens militaires et sur le caractère de Charles XII, roi de Suède. *De main de maître* (par Frédéric II), s. l., 1786, in-8. br.

<small>Exempl. de Pixérécourt; *de main de maître*, désigne le roi de Prusse, auteur de cet ouvrage.</small>

415. Instruction militaire du roi de Prusse pour ses généraux; trad. de l'allemand, par M. Faesch, *Francfort et Leipsick*, 1761; in-8. mar. r. fil. ornements tr. d. avec 13 planches en taille-douce (*Derome*).

416. La pyrotechnie, ou art du feu, contenant dix livres ausquels est amplement traicté de toutes sortes et diversités de minières, fusions et séparations des metaux, etc., etc., par Vanoccio Biringuccio, Siennois, et traduite d'italien en françois, par feu maistre Jacques Vincent. *Paris, Guillaume Jullian*, 1572, in-4. fig. en bois. parch.

417. Villes de l'empire turc. Guerre des Turcs en Allemagne. Portraits des empereurs d'Allemagne et de Turquie, en 1637, 1665, 1690, 1700 et 1705. Collection de gravures, la plupart dessinées et gravées par J. Peeters d'Anvers. *Anvers, Jacques Peeters*, s. d,, in-4. oblong bas.

<small>Ce livre commence par un frontispice avec une dédicace à l'empereur Léopold d'Autriche; puis viennent 12 portraits équestres de souverains turcs et allemands, parmi lesquels se trouve celui de Charles V, duc de Lorraine et de Bar. Après ces portraits, on compte 10 scènes militaires, 6 ff. de texte à 2 colonnes, et 109 vues de villes et de ports d'Europe (particulièrement d'Allemagne), d'Asie et d'Afrique.</small>

8. PHILOSOPHIE OCCULTE.

APPARITIONS, DIVINATION, ASTROLOGIE OU PRÉDICTIONS, DÉMONS, CROYANCES AUX DÉMONS.

418. Apologie pour tous les grands hommes qui ont esté accusez de magie, par M. Naudé. *Paris, Augustin Besongne*, 1669, in-12, v. f. fil. (*Kœhler*).

419. La philosophie occulte de Henr. Corn. Agrippa, divisée en trois livres, et trad. du latin (par Le Vasseur). *La Haye, R. C. Alberts*, 1727, 2 vol. in-8. v. br. (*anc. rel.*).

420. La philosophie de tous les temps et de tous les âges. s. n. l. n. d., pet. in-12 v. f. fil. tr. d.

Tiré à très-petit nombre.

421. Tratado da sciencia cabala ou noticia da arte cabalistica. Composto por dom Francisco Manoel de Mello; obra posthuma. Dedicado à D. Francisco Caetano Mascarenhas, por Mathias Peyerra da Sylva. *Lisboa occidental, Bernardo da Costa de Carvalho*, 1724, in-4. v. f. tr. d.

422. Le comte de Gabalis, ou entretiens sur les sciences secrètes, (par l'abbé de Montfaucon de Villars.) *Metz, F. G. Behmer*, an *V*, in-12. papier fort, mar. rouge, non rogné.

423. Traité astrologique des iugemens des themes genethiaques pour tous les accidents qui arrivent à l'homme après sa naissance pour cognoistre des tempéraments et inclinations, selon tous les meilleurs et plus anciens autheurs. Colligé par l'industrie de Henri Rantzau, vi-duc cimbrique, fait en françois par Iacques Aleaume, mis en ordre et augmenté d'aphorismes et annotations.... et traduit par Alexandre Baulgite. *Paris, Pierre Ménard*, 1657, in-8. mar. r. fil. tr. d.

424. Iugements astronomiques sur les nativités, par

SCIENCES ET ARTS.   83

Auger Ferrier, de Toulouze. *Lyon, Jean de Tournes,* 1582, pet. in-16. v. marb. *rare.*

425. La science curieuse, ou traité de la chyromance, recueilly des plus graves autheurs, etc., enrichy d'un grand nombre de figures pour la facilité du lecteur. *Paris, François Clousier,* 1667, in-4. avec 90 fig. parch.

426. Cinq livres d'Artémidore, de l'interprétation des songes. Traduits en françois et réduits en epitome, par Charles Fontaine; plus un brief recueil de Valere Maxime touchant certains songes et un traicté d'Augustin Niphe des Augures. *Lyon, Jacques Roussin,* 1596, in-12. v. f. fil. (*Kœhler*).

427. La première partie du recueil des prophéties et reuelations, tant anciennes que modernes: laquelle contient vn sommaire des reuelations de saincte Brigide, sainct Cirille, etc. *Paris, pour Vincent Norment et Iehanne Bruneau,* 1563, in-8, mar. bl. fil. tr. d. (*Duru*).

428. Recueil des revelations et propheties merveilleuses de saincte Brigide, sainct Cirile et plusieurs autres saincts et religieux personnages, outre les précédentes impressions ont este augmentées de plusieurs autres revelations. par Nostra Damus le jeune, *A. Venise: par le Seigneur de Castavino d'Alexandrie,* 1575, petit in-8. mar. rouge, fil. tr. d. (*Derome*), un feuillet taché.

429. Martin Butzers Summary Seiner Predig daselbst (abrégé des prophéties de Martin Butzer) *Francfort, (vers* 1575) pet. in-4. v. f.

430. Prévoyance povr six années, ivsqves a l'an M. D. Lxxxii. Par Iean Maria Coloni, piedmontois, excellent mathématicien, citoyen de Romans en Dauphiné. *Paris, Nicolas Bonfons,* s. d., pièce de 14 ff. non chiff. = Advertissement et presage fatidique

pour six ans, contenant au long la prédiction des signes célestes pour les ans 1578, 1579, 1580, 1581, 1582, iusques et comprins l'an 1583, an de conjonction de planetes merueilleuses et espouuantables en leur significations. *Paris, pour Jean de Lastre*, 1578, pièce en 14 ff. chiff. in-8. mar. v. fil. tr. d. (*Duru*).

<small>Voilà certainement l'un des plus anciens almanachs connu.</small>

431. Les vrayes centuries et prophéties de maistre Michel Nostradamus..... avec la vie de l'auteur. *Lyon, Antoine Besson*, s. d., in-12. v. f. (*Kœhler*).

<small>Exemplaire d'une édition revue sur les premières éditions de Paris, Rouen, Lyon, Avignon, Troyes, Hollande et autres, avec les portraits de Henri II, Henri III et Louis XIV, et une grav. représentant le supplice de Charles 1er.</small>

432. Les vrayes centuries et prophéties de Michel Nostradamus. Où se void représenté tout ce qui s'est passé tant en France, Espagne, Italie, Allemagne, Angleterre, qu'autres parties du monde. Avec la vie de l'autheur. *Amsterdam, Jean Jansson*, s. d. (*Elz.* 1666), pet. in-12. mar. rouge fil. tr. frontispice grav. et portr.

433. L'avenir dévoilé, ou concordance des prophéties Nostradamus avec les événements passés présens et a venir de la révolution, et suivie d'un grand nombre d'autres prédictions qui s'étendent jusqu'en 3797 et d'événements intéressans prédits par ce prophète, dont l'accomplissement est prouvé par l'histoire d'une manière incontestable. *Hambourg*, s. n. 1800, in-8. demi veau fauve (*Kœhler*).

<small>Brochure curieuse dans laquelle les centuries de Nostradamus se trouvent réimprimées et ajustées aux évènements du jour. L'auteur, que l'on dit être une femme, a signé la dédicace H. D***.</small>

434. Prédictions véritables et remarquables qui doivent arriver (pour les années 1643 et 1644), par Iean Petit, parisien (Questier). *Paris, Preud'homme*, deux pièces de 47 et 32 pages, in-8. cart.

SCIENCES ET ARTS.   85

435. Les grādes merueilles et signes, lesq̃lz sont aduenuz en la ville et cité de Stait, aux hautes Allemaignes; ensemble lexposition de deux dragōs merueilleux, auec l'exposition dung enfant tendant les yeulx au ciel, comme voir si apres. *Faict iouxte la forme et exemple imprime a anvers, par M. Sebastian le Fauure, a lēseigne du lyon. M. D. L. J.* (A la fin): *Escript de Stait par vostre cousin et bon amy Pierre de sainct Plon.* Pièce de 4 ff. pet. in-12. d.-rel. mar. r.

436. Grimorium, seu conjuratio magica et occulta spirituum supremorum. Manuscrit de 12 pages *sur peau vélin*, in-4, dos et coins de mar. bleu. (*Duru*).

_{Ce curieux manuscrit, qui paraît appartenir au commencement du xvie siècle, renferme plusieurs opérations de *magie noire*, dont le merveilleux est digne de fixer l'attention des personnes qui étudient ce genre de pratiques occultes.}

437. Chiromance et physionomie par le regard des membres de l'homme, faites par Jean de Indagine, le tout mis en françois, par Antoine Du Moulin, masconnois, valet de chambre de la roine de Navarre. *Lyon : Jean de Tournes*, 1571, in-8. fig. en bois dans le texte. vel. (*armoiries*.)

438. La chiromancie et phisiognomie par le regard des membres de l'homme, faicte par Jean Indagine. Le tout mis en françois par Antoine Du Moulin, masconnois. *Rouen : Pierre Loyselet*, 1621, petit in-12. veau fauve, fil. tr. d. (*Lardière*).

439. Le livre de la fontaine périlleuse, avec la chartre d'amour; autrement intitulé le Songe du verger. OEuvre très-excellent de poésie antique contenant la stéganographie des mystères secrets de la science minérale. Avec commentaire de I. G. P. *Paris, pour Iean Ruelle*, 1572, pet. in-8. de 48 ff. chiff. v. f. (*Kœhler*).

SCIENCES ET ARTS.

440. Le texte d'Alchymie et le Songe verd (par Trévisan), *Paris : Laurent d'Houry*, 1695, in-12. mar. vert. fil. tr. d. (*Derome*).
Exempl. de Nodier.

441. Le texte d'alchimie et le Songe verd. *Paris*, 1695, *Laurent d'Houry*, in-12. v. marb.

442. Bref discours des admirables vertus de l'or potable ; auquel sont traictez les principaux fondemens de la médicine, etc., etc. Composé par le sieur de la Tourrete. *Lyon : Pierre Roussin*, 1575, in-8, dos de veau fauve.

443. Augustin Niphe, des augures ou divinations, traduict par maistre Antoine du Moulin, masconnois. *Lyon : Jacques Roussin*, 1596, in-16, veau fauve fil. (*Kœhler*).

444. Les oracles divertissans etc, avec le traité des songes, etc. Par Wulson de la Colombière. *Paris*, (1711) 2. p. 1 vol. pet. 12. d.-rel.

445. L'histoire des imaginations extravagantes de monsieur Oufle, causées par la lecture des livres qui traitent de la magie, du grimoire, des demoniaques, sorciers, loups-garoux, incubes, succubes et du sabbat, des fées, ogres, esprits folets, etc., etc. (Par l'abbé Laurent Bordelon). *Amsterdam : Estienne Roger, Pierre Humbert, Pierre de Coup et les frères Chatelain*, 1710, 2 tomes en un vol. in-12. fig. (10). veau fauve. (*anc. rel.*)

446. De la démonomanie des sorciers; de nouveau reveu et corrigé oultre les précédentes impressions. Par I. Bodin, Angevin. *Anvers, Ichan Kœrberghe*, 1593, in-8. d.-rel. veau br.
Bel exempl. de cet ouvrage recherché.

447. Traité historique des dieux et des démons du paganisme, avec quelques remarques critiques sur le système de M. Bekker, par Benjamen Binet.

Delft, André Voorstad, 1696, in-12, demi rel. non rogné.

Exempl. de Pixérécourt, rare avec toutes ses marges.

449. Des satyres, brutes, monstres et démons; de leur nature et adoration; contre l'opinion de ceux qui ont estimé les satyres estre une espèce d'hommes distincts et separez des adamiques, par F. Hedelin. *Paris, Nicolas Buon*, 1627, in-8. vélin.

450. Dialogue de la lycanthropie ou transformation d'hommes en loups, vulgairement dits loups-garous, et si telle peut se faire. Auquel en discourant est traicté de la manière de se contregarder des enchantemens et sorcelleries, ensemble de plusieurs abus et superstitions, les quelles se commettent en ce temps, par F. Claude Prieur, natif de Laval au Mayne, et religieux de l'ordre des frères mineurs de l'Observance. *A Louvain : chez Johan Maes et Philippe Zangre*, 1696, pet. in-8. veáu fauve, fil. tr. d. (*Muller*), le titre un peu taché et qq. feuillets un peu courts.

451. Histoire admirable de la possession et conversion d'une pénitente séduite par un magicien, la faisant sorcière et princesse des sorciers au païs de Provence, conduite à la saincte Baume pour y être exorcizée l'an M. D. C. X, au mois de novembre, soubs l'authorité du R. P. F. Sebastien Michaelis... commis... aux exorcismes; et recueil des actes le R. P. F. François Domptuis... Ensemble la pneumalogie, ou discours des esprits du susdit P. Michaelis. *Paris, Charles Chastellain*, 1613, 3 parties en 1 vol. in-8. v. f. fil. tr. d. (*anc. rel*).

452. Raisonnemens de Mesnardière, conseiller et médecin de Son Altesse Royale, sur la nature des esprits qui servent aux sentimens. *Paris, Jean Camusat*, 1638, in-12. d.-rel.

9. ARTS ET MÉTIERS.

CALLIGRAPHIE, ART DE MÉMOIRE, TOPOGRAPHIE.

453. Sur les élèves ambidextres, et sur la nécessité d'en former dans les arts de l'Écriture et du Dessin, et dans les différens métiers mécaniques, par un Amateur. s. l. 1786, in-8. de 22 p. dos de mar. vert.

454. L'art d'écrire et de parler occultement et sans soupçon, par M. Comiers. *Paris, Michel Guerout,* 1690, petit in-12, v. f. fil. tr. dor. avec une planche. (*Duru*).

455. La Cryptographie, contenant une très-subtile maniere d'escrire secrètement, par Du Carlet. *Tolose, Arnaud Gaissat et Raymond Aurelhe,* 1644, in-12, mar. r. fil. tr. d. (*Derome*).
Exempl. de Nodier.

456. Panchrestographie, par Iean de Beaugrand, escrivain du roy et de ses bibliothèques. s. l. n. d., in-4. v. f. (*Kœhler*).
Ce recueil panchrestographique contient 54 pl. in-4. doubles, dont quelques-unes sont signées de *P. Firens* ou de *Gaultier*. La 7e porte la date de 1597. Entre la 1re planche, qui sert de titre et la 2e, il y a un feuillet de texte, double comme les planches, qu'occupe une dédicace au roi et à la reine, en vers et en caractères italiques, puis 4 ff. oblongs contenant une épître dédicatoire au Dauphin et une instruction méthodique pour le lecteur.

457. Vollkommene Wiederherstellung der bisher sehr in Verfall gekommenen gründlichen und zierlichen Schreibkunst, etc. (Rétablissement complet de l'art très-déchu de la calligraphie, où l'on indique clairement et fidèlement un chemin sûr et agréable par lequel la jeunesse peut, avec avantage et sans le secours d'aucun maître, s'instruire facilement elle-même, et au moyen duquel les personnes âgées peuvent se servir avec succès de la vraie et parfaite méthode ainsi que des *versalies* représentées dans cet

BEAUX-ARTS. 89

ouvrage pour la première fois, par Christophe Weigel. *Nuremberg, chez l'auteur*, 1716, in-fol. oblong. cart.

<small>Le même volume contient un autre traité sur le même sujet, mais avec la date de 1736.</small>

458. Autre ouvrage sur le même sujet, par Ioh. Christ. Albrech. calligraphe *Berl.* (vers 1740)—4 oblong. rel.

<small>25 planches extrêmement curieuses et particulièrement les 12 dernières dont l'alphabet est un composé fort original de personnages, dans les lettres mêmes.</small>

459. Essai sur les horloges publiques, pour les communes de la campagne, par Antide Janvier. *Paris*, 1811, in-8. d.-rel. mar. r. avec 3 pl. grav.

460. Wolfgang Paspar Printzens von Waldthurn Phrynis mitilenæus oder satyrischer componist, etc. *Dresde et Leipsick, Jean Chiostophe Mieth et Jean Christophe Zimmermann, imprimé chez Jean Riedel*, 1696, 4 parties en 1 vol in-4. mar. r. tr. d. (*Duru*), planches de musique.

<small>Voici en français la suite de ce titre : « Compositeur satyrique lequel, au moyen d'une histoire satyrique, démontre, d'une manière polie, les fautes des compositeurs mal instruits, maladroits, ignorants, et démontre en même temps comment une pièce musicale doit être composée purement sans faute et basée sur un bon fond, avec quoi on trouvera plusieurs discours, comme *de Prπportionibus, variationibus, basso-continuo generibus, modulandi, temperaturâ, musicâ rhytmicâ variis contrapunctis*, et différentes explications du texte; en outre une description d'un *Labyrinthi Musici*, entremêlé d'histoires comiques. » Ce long titre indique assez le contenu de cet ouvrage aussi curieux qu'il est *rare*.</small>

461. Nouvelle méthode ou l'art d'écrire aussi vite qu'on parle. *Paris, Louys Pralard*, 1690, in-12. v. f. (*Kœhler*).

<small>Curieux essai de sténographie, avec une planche destinée à faciliter l'intelligence des signes proposés par l'auteur.</small>

462. L'art et science de la vraye proportion des lettres attiques ou antiques, autrement dites romaines, selon le corps et visaige humain, avec l'instruction et manière de faire chiffres et lettres pour bagues d'or

pour tapisserie, vitres et painctures..... D'avantage la manière d'ordonner la langue françoise par certaine règle de parler élégamment en bon et plus sain langage françois que par cy-devant, avec figures à ce convenantes... Le tout inventé par maistre Geoffroy Tory, de Bourges. *Paris, Vivant Gaultherot,* 1549, in-8. v. granit.

_{Cet ouvrage très-curieux et très-singulier auquel Rabelais a emprunté quelques passages, avait été publié pour la première fois en 1529 in-fol., sous le titre de : *Champfleury, auquel est contenu l'art et Science*, etc.}

463. — Le même. *On les vend à Paris à lenseigne sainct Martin rue sainct Jacques, par Vivant Gaultherot,* 1549, in-8. v. f. fil. (*Kœhler*).

1. BEAUX-ARTS.

1. DESSIN, PERSPECTIVE.

464. Théophile, prêtre et moine. Essai sur divers arts, publié par le comte de l'Escalopier, et précédé d'une introduction par J. Marie Guichard. *Paris, Firmin Didot frères,* 1843, in-4. d.-rel. v. viol.

_{Bel exempl. de cet ouvrage imprimé avec le plus grand soin.}

465. Miroir universel des arts et sciences de M. Léonard Fioravanti, Bolognois, diuisé en trois liures. (trad. par Gab. Chappuis, tourangeau). *Paris, Pierre Cavellat,* 1586, in-8. parch.

466. Des principes de l'architecture, de la sculpture, de la peinture et des autres arts qui en dépendent, avec un dictionnaire des termes propres à chacun de ces arts. *Paris, veuve de Jean Baptiste Coignard,* 1690, in-4. mar. r. fil. tr. d. *aux armes (anc. rel.)*

467. Les quatre livres d'Alber Durer, peinctre géometrien très-excellent, de la proportion des parties et pourtraicts des corps humains, traduicts par Loys Meigret, Lionnois, de langue latine en langue fran-

çoise. *Harnem, Iean Ieanz*, 1614, in-fol. fig. v.

<small>Indépendamment des nombreuses figures qui se trouvent dans le texte, on compte dans ce volume 4 pl.—Titre et f. prél., 124 ff. de texte. Exempl. bien conservé.</small>

468. Théorie de la figure humaine, considérée dans ses principes, soit en repos ou en mouvement, ouvrage traduit du latin de Pierre Paul Rubens, avec XLIV planches, gravées par Pierre Aveline, d'après les dessins de ce célèbre artiste. *Paris, Ch. Ant. Jombert*, 1773. — Principes de dessin appliqués à la pratique, où l'on trouve quantité d'exemples de toutes les parties du corps humain, etc. — *Idem, Idem*. 2 parties contenant ensemble 96 planches gravées d'après les originaux des plus habiles maîtres de l'académie royale. par J. J. Pasquier. Le tout en 1 v. grand in-4. cart. dos de vélin.

<small>On trouve bien rarement ce livre complet. Le portrait du peintre Rubens est en tête du volume.</small>

469. Livre de perspective de Jehan Cousin, Senonois, maistre Painctre, à Paris. *Paris, Jehan Le Royer*, 1560, in-fol. (avec un frontispice gravé représentant les cinq corps de géométrie) v. br.

<small>Dans le même vol. Des fortifications et artifices, architecture et perspective de Jacques Perret, gentilhomme savoysien. *Paris*, 1594. — Règle générale d'architecture, par De Brosse. *Paris, H. de Marnef*, 1619.</small>

470. Perspective cylindrique et conique, ou traicté des apparences veuës par le moyen des miroirs cylindriques et coniques, soient convexes ou concaves; ensemble la construction et position des figures objectées aux mesmes miroirs, afin que leurs apparences soient conformes à la volonté, par J. L. S^r. de Vaulezard, Mathématic. *Paris, Julian Jacquin*, 1630, in-8, de 3 ff. et 70 pages, vél. bl.

471. Traité de perspective linéaire, avec une planche en taille douce, par S. N. Michel. *Paris, Lottin aîné*, 1771, broché, de 34 pages in-8.

<small>La planche, qui accompagne cette brochure, occupe un quart de grand aigle et renferme 28 figures.</small>

92   BEAUX-ARTS.

472. Déclaration de l'usage du graphomètre, par la pratique duquel l'on peut mesurer toutes distances des choses à remarquer qui se pourront voir et discerner du lieu ou il sera posé, et pour arpenter terres, bois, prez, et faire plans de villes et de forteresses, cartes topographiques et généralement toutes mesures visibles, et ce sans reigle d'arithmétique; inventé nouvellement et mis en lumière par Philippe Danfrie. *A Paris, chez ledict Danfrie, rue des Carmes,* 1597, in-8., en caractères dits de civilité, et fig. (16) dans le texte, mar. r. tr. d. (*anc. rel.*)

473. Nouveau livre de chiffres, qui contient en général tous les noms et surnom entrelassez (*sic*), par alphabet. Ouvrage utile et nécessaire aux peintres, sculpteurs, graveurs et autres; inventé et gravé par Charles Mavelot. *Se vend à Paris, chez l'autheur, Cour-Neuve du Palais,* 1680, in-4. v. br. (*anc. rel.*)

474. Livre curieux et utile pour les sçavans et artistes, composé en trois alphabets de chiffres simples, doubles et triples, fleuronnez et au premier trait, par Nicolas Verien. *Paris,* 1685, in-8. v. br.

Ce volume, orné d'un portrait de Verien et d'une grande fig. allégorique, renferme en outre un grand nombre de devises, emblèmes, médailles et autres figures hiéroglyphiques, et plusieurs supports et cimiers pour les ornements des armes. Il se divise ainsi : 44 pl. contenant chacune 15 emblèmes ou devises ayant leur explication dans un texte en regard ; 153 pp. occupées chacune par 19 pp. de texte à 2 colonnes ; et 17 pp. portant chacune 2 fig. d'armoiries pour supports et cimiers. Le livre se complète par 28 pp. et 9 ff. de tables.

2. HISTOIRE DES ARTS PAR LES MONUMENTS.

GALERIES, ETC.

475. Histoire de l'art par les monumens, depuis sa décadence au IVe siècle, jusqu'à son renouvellement au XVIe, par J. B. L. G. Seroux d'Agincourt, ouvrage enrichi de 325 planches, *Paris, Treuttel*

et Wurtz, 1823, 3 vol. de texte et 3 vol. de planches, grand in-fol. cart, non rogné.

<small>Ouvrage d'un grand mérite, malgré la petite dimension des figures. Son prix est de 720 fr. Les planches relatives à l'architecture sont au nombre de 73, celles relatives à la sculpture de 48, et celles pour la peinture de 204.</small>

476. L'art de peindre, poème, avec des réflexions sur les différentes parties de la peinture, par M. Watelet, *Paris, H. L. Guérin et L. F. Delatour*, 1760, in-12. fig. dos et coins de mar. rouge non rogné, doré en tête (*Duru*).

477. De la décomposition de la lumière en ses éléments les plus simples; fragment d'un ouvrage sur la coloration, par C. A. Prieur. s. l. n. d., in-8. de 35 pages avec une planche; cart.

478. Descriptions de divers ouvrages de peinture faits pour le roy. *Paris, Sébastien Mabre-Cramoisy*, 1671, pet. in-12 vél.

479. Corps législatif. Conseil des Cinq-Cents. Rapport fait par Quatremère, au nom d'une commission spéciale, sur l'exemption du droit de patente en faveur des peintres, sculpteurs, graveurs et architectes. Séance du 13 messidor an v. *Paris, imp. nationale*, messidor an v, 14 pages in-8. d.-rel. v. bl.

<small>On a joint à cette pièce 3 ff. de format in-12, détachés du *Mercure de France*, où il est traité de l'utilité, pour les jeunes artistes, de copier les ouvrages des grands maîtres.</small>

480. Observations sur les arts et sur quelques morceaux de peinture et de sculpture exposés au Louvre en 1748, où il est parlé de l'utilité des embellissemens dans les villes. *Leyde, Elias Luzac Junior*, 1748, in-12. v. fauve, fil. tr. d. (*Duru*).

481. Monuments français inédits, pour servir à l'histoire des arts depuis le vi^e siècle jusqu'au commencement du xviie..., dessinés, gravés et coloriés d'après

les originaux, par N. X. Willemin, classés chronologiquement et accompagnés d'un texte historique et descriptif, par André Pottier, conservateur de la bibliothèque publique de Rouen. *Paris, Madame Willemin*, 1839, 2 vol. in-fol. fig. color. cart. dos de toile.

Exemplaire complet d'un ouvrage trop connu pour que nous en fassions ici la description. Les planches sont au nombre de 302.

482. COLLECTION D'OUVRAGES SUR LES ANTIQUITÉS et l'architecture, gravés par J.-Bapt.-Franç. et Ch. Franç. PIRANESI. *Rome et Paris*, 1756 à 1807, 31 tomes en 29 vol. in-fol. dos et coins vélin vert.

Notre exempl. est un des plus complets, en ce qu'il renferme tout ce que réunissait celui qui figure dans le catalogue publié en juin 1849, cité par M. Brunet, où les 30 vol. (ici 31) sont portés à 2,700 fr. Pour la description de cette admirable collection, v. le *Manuel*, t. III, 2e part., p. 752.

483. Galerie du musée Napoléon, publiée par Filhol, graveur, et rédigée par Joseph Lavallée. *Paris, Filhol, graveur, imprimerie de Gillé fils*, 1804-15, 10 vol. grand in-8. mar. rouge. large dent. tr. d. (*Dondey-Dupré*).

Curieuse collection qui contient 720 planches représentant des tableaux ou des sculptures de tous les maîtres.

484. Descrizione ragionata della galleria Doria, preceduta da un breve saggio di pittura dedicato a Sua Altezza la principessa di Radzivill, castellana di Vilna; da Salvatore Tonci. P. A. *Roma, Luigi Perego vioni*, 1794, in-8. fauve dent. tr. d.

Reliure italienne.

485. Galerie du Luxembourg, des musées, palais et châteaux royaux de France, contenant la collection des tableaux de l'école française, depuis David, gravée au burin par MM. Allais, Blanchard, Bosq, Bezard, Boilly, Brige Chollet, Jules Caron, Coupé, T. Caron, Dien, Devilliers, Desaulx. Delaître, Derly, Ethiou, Fortier, A. Johannot, Jehotte, Jouanin, Larcher, Leroux, N. Lecomte, Lemaître,

Lesnier, Morel, Migneret, Muller, Mauduit, Mougeot, Prevost, P. Pauquet, Ransonnette, Sixdéniers, Sisco, Villerey, et publiée par Augustin Liébert, marchand d'estampes. *Paris, l'éditeur,* 1828. in-fol. d.-rel.

486. Recueil de gravures au trait, à l'eau forte, et ombrées, d'après un choix de tableaux de toutes les écoles, recueillis dans un voyage fait en Espagne, au midi de la France et en Italie, dans les années 1807 et 1808, par M. Lebrun. *Paris, Didot jeune,* 1809, 2 vol. grand in-8. fig. dos et coins mar. rouge, *non rogné.*

<small>Très-bel exempl. Cet ouvrage, utile aux amateurs et aux artistes, contient 179 pl. classées par écoles, avec un abrégé hist. de la vie des peintres qui ont exécuté ces tableaux.</small>

487. Reale Galleria di Firenze illustrata. *Firenze, Giuseppe Mollini et comp.* 1817-24. 10 vol. in-8. fig. au trait. cart. non rogné.

<small>Ce remarquable ouvrage se compose de 5 séries, la 1re Tableaux d'histoire, 2 vol ; la 2e Tableaux de divers genres, 1 vol ; la 3e Portraits des peintres, 3 vol.; la 4e Statues, Bas-reliefs, Bustes et Bronze, 3 vol.; enfin la 5e Camés, etc., 1 vol.</small>

488. La armeria real, ou collection des principales pièces de la galerie d'armes anciennes de Madrid. Dessins de Gaspard Sensi, texte d'Achille Jubinal. *Paris, lith. de Lemercier, typ. de Cosson,* s. d., 2 vol. in-fol. d.-rel. v. ant.

<small>Il y a, dans ces deux volumes, 81 pl., 40 dans le 1er et 41 dans le second. Le 1er vol. renferme 3 ff. pour le faux-titre, le frontispice et la préface, 34 pp. de texte, plus 3 ff. pour l'explication des planches. Le 2e vol. à 3 ff., 44 pp. et 1 f. pour la table des artistes qui ont coopéré à l'ouvrage.</small>

489. Le grand escalier de Versailles (peintures par Le Brun, Vandermeulen et Mignard). In-fol. maximo, cart., dos de toile.

<small>Toutes les peintures, ainsi que l'architecture intérieure du grand escalier de Versailles, sont reproduites ici en 13 gravures doubles, exécutées par Simonneau sur les dessins de Le Brun, ou par Surugue sur les dessins de Chevotet. Le titre occupe une 14e planche double, et 5 pl. simples qui le suivent donnent les plans de l'édifice. On sait que la part de Vandermeulen dans ces peintures consiste dans la bataille de Cassel et dans la prise de Va-</small>

lenciennes, de Cambray et de Saint-Omer, et que Mignard n'a exécuté que la voûte de la galerie du petit appartement du roi.

490. Il Vaticano descritto ed illustrato da Erasmo Pistolesi, con disegni a contorni diretti dal pittore Camillo Guerra. *Roma, tipografia della società editrice,* 1829, e ann. segg. 80 livraisons in-fol. pap. vélin fig. br. couv. impr.

Description la plus étendue et la plus exacte que l'on ait donnée de la basilique et des palais du Vatican, ainsi que des peintures et des sculptures qui en font partie. Elle a été publiée en 86 livraisons formant 8 volumes qui ne contiennent pas moins de 837 planches. Les six dernières livraisons manquent à notre exemplaire. Le prix de publication était de 8 fr. par livraison. L'ouvrage est resté en feuilles et il sera facile de le compléter.

3. GRAVURE, SCULPTURE.

491. Idée générale d'une collection complette d'estampes, avec une dissertation sur l'origine de la gravure et sur les premiers livres d'images, (par Heinecken). *Leipsic et Vienne; Jean Paul Kraus,* 1771, in-8. mar. roug. fil. t. d. (*Duru*).

Très-bel exemplaire.

492. An inquiry into the origin and early history of engraving upon copper and in wood; with an account of engravers and their works from the invention of chalcography by Maso Finiguerra to the time of Marc Antonio Raimondi, by William Young Ottley. *London, J. A. Arch,* 1816, 2 vol. grand in-4. papier vélin, planches et fig. sur bois dans le texte, dos de vél. non rogné, doré en tête.

Cet ouvrage, le plus complet qui ait été consacré à l'histoire de la gravure, est extrêmement rare en France. On doit lire l'analyse détaillée qu'en a donnée M. Brunet dans la dernière édition de son Manuel du Libraire. Dans notre exemplaire, qui est sur papier fort, les belles planches qui donnent tant de prix à ce Livre capital sont tirées sur papier de Chine, et quelques-unes sont accompagnées d'une double épreuve coloriée.

493. Illustrations of modern sculpture, a series of engravings with descriptive prose and illustrative poetry by L. K. Hervey. *London,* 1834, grand in-4. cart. angl.

Très-remarquables gravures exécutées d'après les principales œuvres de Canova, Thorwaldsen, Flaxman, Westmacott, Chantrey, Baily, Carew, Bacon, Bienaimé et Manning. Les planches sont au nombre de dix-huit.

493. Recueil de fragmens de sculpture antique en terre cuite (par Seroux d'Agincourt). *Paris, Treuttel et Wurtz, Pillet, Nepveu,* 1814, grand in-4. avec 37 planches, dos de mar. rouge, non rogné.

_{Brunet, en citant cet ouvrage, marque 39 planches; c'est une erreur ou une faute d'impression : il n'en faut réellement que 37.}

494. Le Tre porte del Battistero di San Giovani di Firenze (ouvrage en bronze de Andrea Pisano et Laurent Ghiberti, dessiné et gravé par G. Paolo Lasinio). *Firenze, Luigi Bardi,* 1821, in-fol, 46 planches, broché.

495. Description des travaux qui ont précédé, accompagné et suivi la fonte en bronze d'un seul jet de la statue équestre de Louis XV le Bien-Aimé. Dressée sur les mémoires de M. Lempereur, ancien échevin, par M. Mariette. *Paris, P. G. Le Mercier,* 1768, in-fol. 59 planches, mar. rouge dent. coins ornés, tr. d. (*armoiries*).

4. ARCHITECTURE.

MONUMENTS DE L'ARCHITECTURE.

496. Précis des leçons d'architecture données à l'école Polytechnique, par J. N. L. Durand. *Paris, Bernard, an* XI, 1802-1805. 2 t. en un vol. in-4. 64 fig. doubles, v. marbre.

497. Apuntes para la historia de la arquitectura, y observaciones sobre la que se distingue con la denominación de gótica. Por el arquitecto don Juan Miguel de Inclan Valdés. *Madrid,* 1833, in-4. v. marb., portr.

498. The architect, engineer and operative builder's constructive manual, or a practical and scientific treatise on the construction of artificial foundations for buildings, railways, etc., by Christophe

98 BEAUX-ARTS.

Davy, second edition. *London, Williams*, 1839. in-8. cart. angl.

<small>Ce manuel du constructeur et de l'ingénieur est orné de nombreuses planches.</small>

499. I dieci libri del l'architettura di M. Vitruvio tradutti et commentati da monsignor Barbaro eletto patriarca d'Aquileggia. *Vinegia, Francesco Marcolini*, 1556, in-fol. fig. dos et coins vélin.

<small>C'est l'édition la plus estimée de cette traduction. Notre exemplaire, très-grand de marges, n'a pas la moindre imperfection.</small>

500. Vitruvius iterum et Frontinus à Jocundo revisi repurgatique quantum ex collatione licuit. (A la fin) : *Hoc opus præcipua diligētia castigatum, et cura summa excusum est Florentiæ, sumptibus Philippi de Giunta florentini, anno Domini. M. D. XIII. Mense octobri.* in-8. vél. en caractères italiques avec fig. en bois.

501. Libro primo d'architettura di Sebastiano Serlio, Bolognese, nel quale con facile e breve modo si tratta de primi principii della geometria. *Venetia, Gio Battista et Marchio Sessa, fratelli*, 1559. pet. in-fol. fig. dos et coins mar. vert.

<small>Cet exempl. se compose de 5 livres, qui ont été publiés séparément.</small>

502. Opera nova de Achille Marozzo, Bolognese. (*Venetia, gli heredi di Marchio*),1568. in-4. titre gravé et 83 fig. en bois dans le texte, v. f. fil. (*Kœhler*).

<small>Malgré la date de 1568 que porte le titre, on trouve à la fin, après le nom de l'imprimeur, celle de 1567, qui pourrait bien être la meilleure.</small>

505. Œuvres complètes d'André Palladio; nouvelle édition, contenant les quatre livres, avec les planches du grand ouvrage d'Octave Scamozzi et le traité des Termes; le tout rectifié et complété d'après des notes et des documents fournis par les premiers architectes de l'école française. Par Cha-

puy et Amédée Beugnot. *Paris, Alexandre Correard*, 1825. in-fol. dem. rel. veau viol.

<small>Il n'y a ici que 400 pages de texte et 227 planches au trait.</small>

504. Livre nouveau ou règles des cinq ordres d'architecture, par Jacques Barozzio de Vignole, nouvellement revu, corrigé et augmenté par M***, architecte du roi… *Paris, Petit*, 1767, in-fol. contenant 104 planches, plus 4 planches ajoutées, dos de veau brun.

505. Œuvre de la diversité des Termes dont on use en architecture, réduit en Ordre : par maistre Hugues Sambin, demeurant à Dijon. *Lyon, Jean Durant*, 1572, in-fol. de 76 pages, titre gravé sur bois et 36 fig. idem. dos de mar. viol.

<small>Ce n'est pas ici un ouvrage de technologie, comme le titre pourrait le faire croire, mais bien plusieurs sortes de cariatides, ou anciens Termes des Grecs, représentés dans des figures fort remarquables pour l'époque et décrits dans un texte très-court, placé au verso de chaque figure.</small>

506. Examples of gothic architecture selected from various ancient edifices in England : consisting of plans, elevation, sections and parts at large calculated to exemplify the various styles and the practical construction of this admired class of architecture, accompanied by historical and descriptive accounts; by A. Pugin, architect, literary part by E. J. Wilson (and Walter), second edition, with corrected plates. *London, Bohn*, 1838. 3 vol. in-4. avec planches, carton. anglais.

<small>Ouvrage indispensable pour l'étude de l'architecture du moyen-âge. Les deux premiers volumes contiennent 150 planches et le troisième, 76. Ces planches ont été exécutées avec le plus grand soin.</small>

507. Nouvelle Iconologie historique, ou attributs hiéroglyphiques, par Jean Charles de La Fosse, architecte. *Amsterdam, Cornelis Sebille Roos, en trend Fokke*, in-fol. à 2 col. en hollandais et en français, fig. (103), dos et coins de v. f.

508. Serenissimo et potentissimo principi Carolo

100   BEAUX-ARTS.

Theodoro comiti palatino Rheni S. R. I. archites. et electori Bavariæ duci, scientiarum bonarumque artium omnium cultori et fautori eximio, tabulas hasce ære cusas qua veterum, qua recentiorum ædificandi rationem tum quædam delineandi artis specimina exhibentes Petrus Gaspari, pictor venetus, demississime dicat, dedicat, consecrat. *Venitiis*, 1771, in-fol. maximo, cart.

_{Cette dédicace sert de titre à un recueil qui renferme 11 fort belles planches.}

509. Le fabriche più cospigue di Venezia, misurate, illustrate ed intagliate dai membri della veneta reale academia di belle arti. *Venezia, Alvisopoli*, 1815. 2 vol. in-fol., dos et coins de mar. viol., *non rogné*.

Très-bel exempl. de cette magnifique collection de 258 gravures au trait représentant toutes les beautés de l'architecture vénitienne, et accompagnées d'un texte explicatif.

510. Architectura. De constitutione, symmetria ac proportione quinque columnarum ac omnis inde promanantis structuræ artificiosæ.... constructa à Wendelino Dietterlin, pictore argentinensi. *Norimbergæ*, 1598, in-fol. fig. rel. vélin.

Ce précieux livre, que rien ne peut remplacer pour l'étude de l'architecture du xvie siècle, est d'une excessive rareté, même en Allemagne. La description qu'en a donnée M. Brunet (v° *Dietterlin*), d'après une édition allemande de la même année 1598, convient parfaitement à notre exemplaire, excepté en ce qui concerne le texte, qui est latin. Le nombre des feuillets est de 207.

511. Essays on Gothic architecture, by the R. T. Warton, R. J. Bentham, captain Grose, and the R. J. Milner. Illustrated with twelve plates of ornaments, etc. *London, by S. Gosnell, for J. Taylor*, 1802, gr. in-4. dos et coins en cuir de Russie, non rogné.

Ce vol. contient 23 pp. prél., 150 pp. de texte, et 12 belles grav., exécutées par Cooke et Porter, sur les dessins de Turner et de Barrow.

512. Recueil de diverses pièces modernes d'architecture, et nouvelles inventions de portes, cheminées,

ornemans (*sic*) et autres, par I. Marot. *Paris, F. L'Anglois*, s. d., in-4. v. br. (*anc. rel.*)

<small>Ce volume renferme 128 pièces, dont les 19 dernières sont rapportées. De ces 19 pièces, qui forment une petite série de vases, 6 sont signées.</small>

513. Le premier (et le second) volume des plus excellents bastiments de France, par Iacques Androuet du Cerceau, architecte. *Paris, pour ledit Iacques Androuet du Cerceau*, 1576, 2 tomes en 1 vol. in-fol. v. f. fil. compart. coins fleurdelisés, tr. d. (*anc. rel.*)

<small>Exempl. en grand papier. Le premier tome contient à 8 ff. prélim. et 64 fig. d'architecture doubles, le second en contient 7 et 60. Ces 124 figures présentent ensemble les divers plans de 30 des principaux édifices royaux et seigneuriaux de France vers la fin du xvi⁰ siècle, dont quelques-uns n'offrent déjà plus que des ruines ; entres autres, le châteaux de Montargis.</small>

514. Livre d'architecture de Jacques Androuet du Cerceau, contenant les plans de cinquante bastimens tous différents : pour instruire ceux qui désirent bastir, soyent de petit, moyen ou grand estat… *Paris, Iean Berjon*, 1611, in-fol. d.-rel. veau olive.

<small>Cet ouvrage a 16 ff. de texte et 64 planches. La date du titre est postérieure de 52 ans à celle de la souscription suivante, que l'on trouve à la fin du texte : *Paris, par Benoist Prévost*, 1559. Ce texte, en effet, n'a pas trait aux modèles qui composent le volume ; il renferme une *brève déclaration de la manière et forme de toiser la maçonnerie de chacun logis*, composée par le même auteur et qu'on réunit plus tard, sous un titre général, à cette collection architectonique.</small>

515. Les Œuvres d'architecture d'Anthoine Le Pautre. *Paris, Jombert*, s. d. (Privil. du 28 décembre 1652), in-fol. de 38 pages et 60 planches doubles, v. m.

516. Discours sur les monuments publics de tous les âges et de tous les peuples connus, suivi d'une description de monument projeté à la gloire de Louis XVI et de la France ; terminé par quelques observations sur les principaux monuments modernes de la ville de Paris, et plusieurs projets de décoration et d'utilité publique pour cette capitale, par l'abbé de Lubersac. *Paris, imprim. royale*, 1775, in-f. v. marb.

<small>Ce vol. est orné d'une magnifique gravure, dessinée par Monet, repré-</small>

102   BEAUX-ARTS.

sentant le serment de Louis XVI, et de deux épreuves au premier trait du monument projeté.

517. Discours sur les monuments publics, prononcé au conseil du département de Paris, le 15 décembre 1791, par Armand-Guy Kersaint. *Paris, Didot l'aîné*, 1792, in-4. d.-rel. v. ant.

Ce livre renferme 12 pl. représentant les édifices projetés, avec leurs plans par terre et de coupe.

518. Pianta delle paludi Pontine formata per ordine di Pio papa VI....., sotto la direzione del sig^{re} Gaetano Rappini. s. l. n. d., in-fol. magno, dem.-rel mar. rouge.

C'est un recueil de 47 pl. doubles, auquel on a joint 22 grav. in-4. par C. Antonini, d'après F. de Capo, rattachées deux par deux, ce qui a fait donner à ce livre le titre de *Recueil de vues*, qu'il porte au dos.

519. Les plans et profils de toutes les principales villes et lieux considérables de France, ensemble les cartes générales de chacune province, et les particulières de chaque gouvernement d'icelles, par le sieur Tassin. *Paris, Sébastien Cramoisy*, 1634, 2 vol. in-4. oblong. mar. rouge, fil. (*armorié*), anc. rel.

Le premier vol. de cette œuvre de talent et de patience contient 39 pp. prélim.; le second en a 44. Le premier renferme 214 cartes, plans profils ou titres de divisions de provinces gravés; le deuxième en a 219. — Ce livre est recherché pour les anciennes vues d'anciens châteaux. Représentés dans un grand nombre de planches.

520. Les plus beaux monuments de Rome ancienne, ou recueil des plus beaux morceaux de l'antiquité romaine qui existent encore, dessinés par Monsieur Barbault, peintre, et gravés en 198 planches avec leur explication. *Rome, Bouchard et Gravier*, 1761; in-fol. dos et coins de veau fauve.

521. Tabernacoli di celebri autori della citta di Firenze, in-fol. cart.

Recueil de vingt-huit gravures, la plupart de *R. Allegranti*, représentant les tabernacles ou tableaux d'autels des meilleurs maîtres qui se trouvent à Florence. Le titre que nous avons reproduit est écrit à la main.

BEAUX-ARTS. 103

522. Le antichita di Pompei, delineate sulle scoperte fatte sino a tutto l'anno MDCCCXXX, ed incise dall architetto Luigi Rossini, Ravennate, e dal medesimo brevemente illustrate. *Roma*, (1831), in-fol. max. oblong. br.

<small>Cet ouvrage se compose de 75 planches gravées, contenant les vues, les plans et la restauration des principaux édifices de Pompeï.</small>

523. Représentation exacte des édifices et du jardin qui se trouvent dans une des maisons de plaisance nommées Sailo Kouskowa, appartenant à son excellence Monseigneur le comte Pierre Borisowitz de Cheremetoff, général en chef, grand chambellan..., située à 7 verstes de Moskou..., gravé par Pierre Laurent. s. l. n. d. in-fol. maximo, oblong, composé d'un titre gravé en russe et en français, et de 15 planches, dos et coins de veau fauve.

524. Veues, plans et profils des maisons royales et autres édifices considérables de Paris, in-fol. maximo, veau brun, dent.

<small>Recueil factice composé de vingt-six plans ou cartes de Paris et de ses environs et 240 planches de divers formats et par plusieurs artistes, remontées ou collées sur album, et classées autant que possible par monuments.</small>

525. Plan et vues du Château de Versailles (Le plan de la ville, par l'abbé Delagrive, 1746, et 15 planches, dessinées et gravées par Israël Silvestre, 1664-80), in-fol. maximo, d.-rel.

526. Vues du château de Fontainebleau, in-fol. max. d.-rel.

<small>Recueil composé de 7 planches dessinées et gravées par Israël Silvestre, de 1666 à 1679.</small>

527. The seats of the nobility and gentry, in a collection of the most interesting and picturesque views engraved by W. Watts. *London, Watts,* 1779, in-4. oblong, v. rac.

<small>Recueil de 84 jolies gravures représentant les résidences des familles nobles d'Angleterre, et accompagnées d'un texte explicatif. Les épreuves de notre exemplaire sont du premier tirage. (Voy. Brunet.)</small>

528. Description artistica de la càtedral de Sevilla, por D. Juan Agustin Cean Bermudez. *Sevilla, viuda de Hidalgo y Sobrino*, 1804, in-16. d.-rel. mar. vert.

529. Histoire et description de la cathédrale de Cologne, accompagnée de recherches sur l'architecture des anciennes cathédrales, par Sulpice Boisserée. *Stuttgart, Cotta; et Paris, F. Didot*, 1823, in-fol., format atlantique, br. et en cart., et un vol. in-fol. de texte.

530. Plans, elevations, sections and details of the Alhambra, from drawing taken on the Spot, in 1834, by the late M. Jules Goury, and in 1834—1837, by Owen Iones, archit., etc., etc. *London*, 1842 et ann. suivantes. 1er vol. 10 livraisons gr. in-fol. br., 2e vol. 2 livr. in-fol. cart.

Ouvrage complet. Prix d'achat : 700 fr.

6. DÉCORATIONS, ORNEMENTS.

531. Ornements des anciens maîtres des xve, xvie, xviie et xviiie siècles, recueillis par Ovide Reynard, dédiés à M. Vivenel, architecte. *Paris*, 1843 à 1845. 36 *Livraisons*, complet jusqu'à ce jour.

Ouvrage d'une admirable exécution. 36 livraisons de chacune 6 planches.

532. Devises et tapisseries du château de Versailles (Recueil de 35 planches dessinées par Bailly, pour les frontispices et devises, et par Le Brun, pour les tapisseries, gravées par S. Leclerc), in-fol. maximo, cart., dos de toile.

533. Working drawings for gothic ornaments selected and composed from the best examples, by L. N. Cottingham, architect, in-fol. (sans date), dos de mar. vert.

Recueil de trente-six planches lithographiées représentant des ornements de style ogival et le plan d'une maison gothique.

354. La fidelle ouverture de l'art de serrurier, où l'on void les principaux préceptes, desseings (*sic*) et fi-

gures touchant les expériences et opérations manuelles dudict art; ensemble un petit traicté de diverses trempes; le tout faict et composé par Mathurin Jousse, de la Flèche. *A la Flèche, George Griveau,* 1627, in-fol. 65 fig. en taille-douce dans le texte, v. br. (*anc. rel.*). Édit. rare et recherchée.

535. Nouveau livre de serrurerie, contenant toutes sorte de grilles d'un goût nouveau, propres pour les chœurs d'église, portes de vestibules, de péristiles et de jardins, tant pour les maisons royales que pour celles des seigneurs et particuliers.,..., par Louis Fordrin. *Paris, G. Duchange,* s. d. (privil. de 1723), in-fol. v. br. (*anc. rel. fatiguée*).

<small>Ce livre se compose de 19 pl., outre un très-riche frontispice.</small>

7. FÊTES, ENTRÉES, CÉRÉMONIES.
POMPES FUNÈBRES REPRÉSENTÉES EN FIGURES (1).

536. Le triomphe de l'empereur Maximilien I, en une suite de cent trente-cinq planches gravées en bois d'après les desseins (*sic*) de Hans Burgmair, accompagnées de l'ancienne description dictée par l'empereur à son secrétaire, Marc Treitzsaurwein. *Vienne, Mathias André Schmidt, et Londres, J. Edwards,* 1796, in-fol. oblong, cart.

<small>Les planches de cet ouvrage ont été gravées de 1516 à 1519. (V. Brunet, t. IV, p. 508).</small>

537. Carrouzel célébré à Dresde en 1695 (*aux armes d'Orléans de Rothelin*), petit in-fol. oblong, v. f.

<small>Ce volume est composé de 19 planches très curieuses par leur singularité, et qui ressemblent à des scènes de carnaval.</small>

538. Les magnificences faites au Carrouzel de la ville de Naples en faveur du mariage du roy de France et de l'Infante d'Espagne. *Paris,* 1612.—Complainte

---

(1) Voy. aussi à l'*Histoire* pour les Entrées particulières.

du facquin du Parc Royal sur ce sujet, 1612. — Stances, id. 3 pl. 1 vol. pet. in-8. mar. citron. tr. d.

539. L'entrée triomphante de leurs majestez Louis XIV, roy de France et de Navarre, et Marie-Thérèse d'Autriche, son espouse, dans la ville de Paris, capitale de leurs royaumes, au retour de sa signature de la paix générale et de leur heureux mariage (par Jean Tronçon). *Paris, Pierre le Petit*, 1662, in-fol. magno, mar. r. fil. fleurdelisé.

<small>Cet ouvrage peu commun est orné d'un portrait de Louis XIV, et de 18 pl. gravées par Chauveau, d'après Lepautre.</small>

540. Description des festes données par la ville de Paris, à l'occasion du mariage de Madame Louise Elisabeth de France et de dom Philippe, infant et grand amiral d'Espagne, les vingt-neuvième et trentième août mil sept cent trente-neuf. *Paris, P. G. Le Mercier*, 1740, in-fol. maximo, veau marb. fil. dent. (*aux armes de la ville de Paris*.)

<small>Cette fête brillante est représentée ici dans ses principaux détails par 22 pages de texte et 13 pl. (8 doubles et 5 simples) *J. Fr. Blondel*, d'après *Bouchardon, Servandoni, Salley*, etc.</small>

541. Conquestes de Louis XIV (Recueil de 39 planches, dessinées par L. Chastillon, Marot, etc., gravées par S. Leclerc, 1679), in-fol. maximo, d.-rel.

<small>La première planche de ce recueil représente l'arc-de-triomphe de Louis XIV, élevé à la porte Saint-Antoine; les autres ont les diverses batailles de son règne, dans un cadre au haut duquel est une petite carte ou plan du lieu, et au bas, souvent une courte description historique du fait.</small>

542. Représentation des fêtes données par la ville de Strasbourg pour la convalescence du roi (Louis XV) à l'arrivée et pendant le séjour de Sa Majesté dans cette ville. *Paris, Laurent Aubert*, s. d. (1744), in-fol. maximo, cart.

<small>Un grand titre gravé, un portrait de Louis XV à cheval, 12 pl. doubles et 20 pages de texte gravées et richement encadrées, composent cette collection, exécutée sous la direction de J. M. Weis, dessinateur et graveur, avec le concours de C. Parrocel, J. Ph. Le Bas, M. Marvye, Le Parmentier et J. Chevallier.</small>

BEAUX-ARTS.

543. Fête publique donnée par la ville de Paris, à l'occasion du mariage de Monseigneur le Dauphin, le 13 février 1747. In-fol. max., texte gravé et encadré, 8 grandes planches gravées par Flipart, d'après Mich. Ange Slotz, mar. bleu, dent., fleur de lys et armes de la ville de Paris, tr. d.

Bel exemplaire, grand de marges et bien conservé.

544. Narrazione delle solenni reali feste fatte celebrare in Napoli, da Sua Maesta il re delle Due Sicilie Carlo, infante di Spagna, per la nascita del suo primogenito Filippo real principe delle Due Sicilie. *Napoli*, s. n., 1749, in-fol. magno, v. br. (*anc. rel. fatiguée.*)

Cette narration se compose de 20 p. de texte et de 16 pl. gravées par Carlo Gregori, Gius. Vasi, etc., d'après Vizenzo Re.

545. Recueil des festes, feux d'artifice et pompes funèbres, ordonnées pour le roi par messieurs les premiers gentilshommes de sa chambre, conduites par messieurs les intendants et contrôleurs généraux de l'argenterie, menus plaisirs et affaires de la chambre de Sa Majesté. *Paris, Ballard*, 1756, in-fol. maximo, mar. r. fil. large dent. tr. d. (*aux armes*).

Très riche exemplaire de ce recueil, qui renferme 13 belles planches sur papier grand-aigle, gravées par C. N. Cochin père et fils, d'après Perrot, Stoldtz et Debonneval.

546. Relation des fêtes données par la ville de Strasbourg à Leurs Majestés impériales et royales, le 22 et 23 janvier 1806, à leur retour d'Allemagne, rédigée et imprimée par ordre du corps municipal. *Strasbourg, Levrault,* 1806, in-fol. mar. rouge, dent. doublé de tabis, tr. d.

Il y a dans ce recueil 48 pages de texte et 5 planches gravées au trait par *C. Guérin*, d'après *B. Zix*.

547. Description des cérémonies et des fêtes qui ont eu lieu pour le couronnement de Leurs Majestés Napoléon, empereur des Français et roi d'Italie, et Joséphine, son auguste épouse. Recueil de décorations

exécutées dans l'église de Notre-Dame de Paris et au Champ-de-Mars, d'après les dessins et sous la conduite de C. Percier et P. F. L. Fontaine. *Paris, Leblanc*, 1807, in-fol. maximo, dos et coins mar. violet.

<small>Ce recueil renferme 2 ff. de titre, 24 pp. pour la relation des cérémonies du sacre, et 2 ff. pour l'explication de 12 superbes planches gravées au trait qui viennent ensuite.</small>

548. Description des cérémonies et des fêtes qui ont eu lieu pour le mariage de S. M. l'empereur Napoléon avec S. A. I. Madame l'archiduchesse Marie-Louise d'Autriche, par C. Percier et P. F. L. Fontaine. *Paris, Didot l'aîné*, 1810, in-fol. magno, dos et coins mar. viol.

<small>Les planches des décorations de ces cérémonies, gravées au trait par Clochard, Lacour, Pauquet, C. Normand et Thierry, sont au nombre de 13. Elles sont précédées de 2 ff. de titres et de 45 pp. de texte et d'un f. pour leur explication.</small>

549. Fêtes à l'occasion du mariage de S. M. Napoléon, empereur des Français, roi d'Italie, avec Marie-Louise, archiduchesse d'Autriche. *Paris, L. Ch. Soyer*, 1810, in-8. d.-rel. v. rouge.

<small>C'est un recueil de gravures au trait, en 54 pl., représentant les principales décorations d'architecture et de peinture, et les illuminations les plus remarquables auxquelles ce mariage a donné lieu; avec une description par M. Goulet.</small>

550. Sacre de Sa Majesté Charles X, dans la métropole de Reims, le 29 mai 1825 (rédigé par Hil. de Sazerac). *Paris, Sazerac et Duval*, 1825, in-fol. max. pap. vélin, dos et coins mar. vert.

<small>Cette relation se compose de 24 ff. de texte, dont toutes les pages sont encadrées de vignettes mobiles imprimées en bleu, d'un f. pour l'indication des planches, de 11 lithograph. par Arnout, Deroy, Victor Adam, etc., et de 4 ff. à la fin pour les noms des personnages qui ont assisté à cette cérémonie et ceux des personnes qui ont souscrit à cette publication.</small>

551. The coronation of his most sacred majesty king George the fourth, solemnized in the collegiate church of Saint-Peter, Westminster, upon the nineteenth day of july 1821, undertarken by his majesty's

especial command, by the late sir George Nayler, and since his decease completed from the official documents. *London, H. G. Bohn*, 1837, gr. in-fol. avec planches coloriées et vignettes en bois, belle d.-rel., dos et coins de mar. r. fil. tr. dor.

<small>Ouvrage du plus grand luxe et de la plus splendide exécution. Les planches coloriées dont il est orné sont au nombre de 45 ; elles représentent les cérémonies du couronnement de Georges IV et les portraits en pied des principaux personnages de sa cour dans le costume qu'ils portaient lors de la cérémonie. Le prix de publication de ce beau livre était de 260 liv. sterl.</small>

552. Vues des cérémonies les plus intéressantes du couronnement de Leurs Majestés Impériales l'empereur Nicolas Ier et l'impératrice Alexandra, à Moscou, lithographiées par MM. L. Courten et V. Adam. *Paris, Firmin Didot*, 1828, in-fol. maximo, dos de mar. vert.

<small>Ces curieuses lithographies, tirées avec soin sur papier de Chine, sont au nombre de 14. Elles sont précédées de 14 pages de texte in-fol., non compris le titre, et d'un feuillet de table.</small>

553. Parentalia divo Ferdinando Cæsari Augusto patri patriæ, etc.; a Maximiliano imperatore, etc., Ferdinando et Carolo, serenissimis archiducibus Austriæ, fratribus, singulari pietate persoluta Viennæ, anno Domini M.D.LXV.VIII idus augusti. *Excudebant Augustæ Vindelicorum Wolffgangus Meyerpeck et Ioachimus Sorg*, 1566, petit in-fol. vélin.

<small>Ce livre contient 5 ff. de texte, un frontispice et 29 figures doubles représentant les funérailles impériales de Ferdinand d'Autriche.</small>

554. Descrizione delle feste celebrate in Parma, l'anno 1769, per le auguste nozze de Sua Altezza Reale l'infante don Ferdinando colla reale archiduchessa Maria Amalia (texte ital. et franç.). *Parma, nella stamperia reale*, s. d., in-fol. maximo, veau jaspé, fil. *armorié*.

<small>Ce bel ouvrage renferme 36 planches, dont quelques-unes sont doubles, un frontispice et trois têtes de page ou fleurons gravés d'après E. A. Petitot, par Giov. Volpato, Baratti, Ravenet, etc.</small>

555. Pompa introitus Ferdinandi Austriaci, Hispaniar. infantis, etc., in urbem Antuerpiam. Arcus, peg-

mata, iconesque a Pet. Paulo Rubenio, inventas et delineatas inscrip. et elogiis ornabat, libroque commentario illustrabat Casperius Gevartius. *Antuerpiæ, apud Théod. a Tulden*, 1642, in-fol. vélin.

<small>Cet exemplaire diffère de tous ceux qui sont décrits dans le *Manuel*. Il commence par un frontispice gravé, après lequel on trouve la dédicace au prince Ferdinand, la préface, l'explication du frontispice, puis la figure représentant le prince Ferdinand vu debout, gravé d'après van Thulden par J. Neefs. Le corps et la fin du volume comportent les 189 pp. de texte et les 6 ff. indiqués par Brunet; mais la date de 1642 est exprimée ici en chiffres romains (V. le *Manuel*, t. II, 1" part., p. 397.</small>

556. Relation des entrées solennelles dans la ville de Lyon de nos rois, reines, princes, princesses, cardinaux, légats et autres grands personnages, depuis Charles VI jusques à présent; imprimée pour Messieurs du Consulat. *Lyon, Aymé Delaroche*, 1752, in-4, mar. rouge, large dent. tr. dor.

8. COSTUMES.

557. De gli habiti antichi e moderni di diverse parti del mondo, libri due fatti da Cesare Vecellio et con discorti da lui dichiarati. *Venetia, Damian Zenaro*, 1590, in-8. avec 420 fig. en bois, rel.

<small>Ouvrage remarquable, surtout par ses figures, représentant 420 costumes des diverses parties du monde, gravés sur bois dans le texte, avec un encadrement; trois feuillets ont un coin déchiré, mais qui n'attaquent pas le texte.</small>

558. Recueil de cent estampes représentant différentes nations du Levant, gravées sur les tableaux peints d'après nature, en 1707 et 1708, par les ordres de M. de Ferriol, et mis au jour, en 1712 et 1713, par les soins de Le Hay. *Paris, Basan*, 1714, in-fol. mar. rouge, fil. tr. d.

<small>Toutes ces gravures sont coloriées. On trouve, en outre dans ce vol., après un f. de titre et de préface et 14 pp. de texte, l'air noté sur lequel tournent les derviches de Péra.</small>

559. Recueil de costumes. Règnes de Louis XV et de

Louis XVI. Paris, Basset, et Esnauts et Rapilly, s. d.,
2 vol. in-fol. d.-rel. veau chocol.

Cette collection de costumes, dessinés en très-grande partie par *Leclerc* et *C. L. Desrais*, et gravés par *Dupin, Gaillard, Patas, Voysard, Baquoy, Pelissier*, etc., se compose de 254 planches, 110 dans le 1ᵉʳ vol. et 144 dans le 2ᵉ. Quelques figures se reproduisent d'un vol. dans l'autre ; mais elles sont en si petit nombre, que nous n'avons pas cru devoir pour cela séparer deux volumes reliés uniformément et tomés pour rester ensemble.

560. Habillements de plusieurs nations représentez au naturel, en 137 belles figures. *Leide*, Pierre Vander Aa., s. d., in-4. oblong, v. f. (*Anc. rel.*)

Les nombreuses figures de cette collection, dont la 2ᵉ seule est signée J. Gœree, sont aussi remarquables par la variété des sujets que par le dessin et la gravure, qui peuvent être comparés aux meilleures productions de ce genre. Les chiffres de ces gravures se répètent souvent ; ce qui fait que bien que la dernière ne porte que le numéro 119, le livre n'en renferme pas moins le nombre indiqué au titre.

561. Recueil des habillements de différentes nations, anciens et modernes, et en particulier des vieux ajustements anglois, d'après les dessins de Holbein, de Van Dyke, de Hollar et de quelques autres. *Londres, Thomas Jefferys*, 1757, 2 vol. gr. in-4. v. f. ant. (*Kœhler*).

Ces deux vols. renferment 227 fig. coloriées, avec l'indication, en français et en anglais, des sources et des autorités d'où elles ont été prises, et quelques remarques historiques sur chaque sujet. C'est une collection très-curieuse, dans laquelle on compte quelques portraits et plusieurs figures représentant les costumes des principaux caractères du théâtre anglais.

562. RECUEIL DES COSTUMES, par Bonnard, 4 vol. in-fol.

Collection importante et remarquable par la quantité de planches qu'elle renferme. Elle se compose comme il suit : 1° Messieurs à la mode, 208 planches, 1 vol. mar. r. fil. tr. d. — 2° Mesdames à la mode, 315 pl., 1 vol. *ibid.* — 3° Hommes illustres, 185 pl., 1 vol. v. br., anc. rel. — 4° Costumes divers du siècle de Louis XIV, 172 pl., dont quelques-unes sont remontées. 1 vol. mar rouge, à ornements. Ens., 820 planches ; les deux premiers volumes de cette collection sont d'une reliure ancienne dans le genre de Padeloup. Il serait bien difficile aujourd'hui de réunir une collection de Bonnard, aussi près d'être complète.

563. Recueil des Costumes du siècle de Louis XIV, publié par Mariette, et faisant suite à la collection de Bonnard. In-fol. veau marb. (*anc. rel.*).

Il y a dans cette collection, qui se compose de 99 pl., 57 portraits d'hommes et de femmes de qualité français et étrangers. C'est de tous les recueils de ce genre le plus rare et le plus recherché.

564. **Galerie des modes et costumes français, dessinés d'après nature et gravés par les plus célèbres artistes en ce genre.** *Paris, Esnauts et Rapilly*, 1778, in-fol. d.-rel. bas.

On a réuni sous ce titre, encadré dans un riche frontispice, 96 pl. que précèdent 40 pp. de texte. *Esnauts* et *Rapilly* ont publié deux collections de costumes, une dans laquelle ils ont donné 4 fig. en buste par pl., et une dont chaque planche est occupée par une fig. en pied. Il y a ici 36 pl. de la première, et 60 pl. de la seconde.

565. **Costumes civils et militaires de la monarchie française de 1200 à 1820, par H^{te} Lecomte.** *Paris, Delpech*, s. d. (1820), 4 vol. petit in-fol. dos de mar. rouge.

566. **Observations sur les modes et les usages de Paris, pour servir d'explication aux 115 caricatures publiées sous le titre de Bon genre, depuis le commencement du XIXe siècle.** *Paris, l'Éditeur*, 1827, in-fol. avec 115 fig. coloriées, dos et coins de mar. rouge.

567. **Galerie française de femmes célèbres par leurs talents, leur rang ou leur beauté ; portraits en pied, dessinés par M. Lanté, gravés par M. Gatine, avec des notices biographiques et des remarques sur les habillements.** *Paris*, s. n., 1827, petit in-fol. dos et coins de mar. rouge.

568. **Costumes des femmes de Hambourg, du Tyrol, de la Hollande, de la Suisse, de la Franconie, de l'Espagne, du royaume de Naples, etc., dessinés la plupart par M. Lanté, gravés par M. Gatine, et coloriés ; avec une explication pour chaque planche.** *Paris*, s. n., 1827, petit in-fol. dos et coins de mar. rouge.

Recueil de 100 costumes véritablement remarquables par leur exécution.

569. **Collection de costumes des diverses provinces du grand duché de Toscane, lithographiés d'après des**

dessins originaux de François Pieraccini, de Florence. *Paris, P. Marino*, s. d., petit in-fol., dos et coins de mar. rouge.

<small>Recueil de 50 lithographies pour le duché de Toscane, auquel on a joint 40 lith. ou costumes pour le duché de Gênes, dessinés par Pittuluga, et 40 costumes tyroliens dessinés par C. Lev. Tous ces costumes sont coloriés avec soin et publiés par le même éditeur.</small>

570. Afbildengen van de Kleedingen, zeden en gervooten in Holland, met den aanvang der negentiende eeurv. (Tableaux des habillements, des mœurs et des coutumes en Hollande, au commencement du dix-neuvième siècle. *Amsterdam, E. Maaskamp*, 1805, grand in-4. pap. de Hollande, fig. cart. angl. filets.

<small>Cet ouvrage renferme 20 fig. coloriées, avec une explication en hollandais et en français pour chacune; plus une figure allégorique servant de frontispice. En tout 44 ff. et 21 fig. dessinées par J. Kayper, gravées par L. Portman et très-habilement coloriées.</small>

571. Modes de la fin du XVIIIe siècle; coiffures de dames, par J.-A. Leveillé. *Paris, F. Janinet*, 1779, petit in-4. vélin.

<small>Petit livret contenant 15 figures de femmes dessinées en médaillon, imprimées en couleur, et rapportées dans des cadres vides, imprimés en noir.</small>

572. The mirror of the Graces, or the english ladies costume.... by a lady of distinction. *London, Crosby*, 1811, in-12. fig. veau fauve, dent.

<small>Les figures de cet exemplaire sont en double épreuve, l'une coloriée, l'autre en noir.</small>

573. Traité de l'origine et des progrez du Vertugadin. S. n. de v. ni d'impr. 1733, in-12. cart, non rogné.

<small>Exemplaire de Pixérécourt.</small>

573 bis. Armes et armures, meubles et autres objets du moyen-âge et de la renaissance, dessinés d'après nature et lithographiés par Asselineau. *Paris : A. Hauser*, 1842, 25 liv. in-fol. en feuille.

<small>Chaque livraison contient 6 planches.</small>

574. Musée des armes rares, anciennes et orientales de sa majesté l'empereur de toutes les Russies,

publié à Carlsruhe et Baden, par J. Welten. *Paris:
Veith et Hauser.* s. d. in-fol. en feuille.

<small>Cet ouvrage, remarquable d'exécution, se compose de 17 livraisons, de 6 planches chacune, soit 102 pl., et chaque livraison est accompagnée d'une feuille ou demi-feuille d'explication. Ici le titre manque.</small>

9. PORTRAITS.

575. Romanorum imperatorum pinacotheca, sive duodecim imperatorum simulacra elogiis numismatibus et historia suetoniana illustrata atque exornata, cura et labore Ludolphi Smids, m. d. *Amstelædami, ex officina Henrici Desbordes et Petri Sceperi,* 1699, in-4. v. marbre.

<small>Ouvrage recherché à cause des nombreuses gravures dont il est orné.</small>

576. Virorum doctorum de disciplinis benemerentium effigies XLIIII, à Philippo Galleo. *Antuerpiæ,* 1572. — Pictorum aliquot celebrium Germaniæ inferioris effigies.... unacum doctissimi Dom. Lampsonii, hujus artis peritissimi, elogiis. *Antuerpiæ,* 1572, in-folio, parch.

<small>Ces deux recueils DE PORTRAITS sont gravés d'après les originaux. Le premier, dû au célèbre graveur Ph. Galle, est extrêmement rare de format in-folio. Le second contient vingt-trois portraits des plus illustres peintres des Pays-Bas, gravés par les soins de Jérôme Cock, dont le portrait se trouve dans cette édition, mais non dans la seconde. Voy. Brunet, aux mots *Galleus* et *Lampsonius.*</small>

577. Icones principum, virorum doctorum, pictorum, chalcographorum, statuariorum necnon amatorum pictoriæ artis numero centum ab Antonio Van Dyck, pictore, ad vivum expressæ ejusque sumptibus aeri incisæ. *Antverpiae, Gillis Hendricx,* s. d. (1636), in-fol. dos et coins de mar. rouge.

<small>Collection des plus complètes. Elle se compose d'un titre ou frontispice avec le portrait de Van Dyck et de 160 portraits, gravés par les premiers artistes de cette époque, tels que P. de Jode, Vorstermans, Bolswert, Paul Pontius, Jac. Neeffs, A. Lommelin, G. Hondius, R. V. Vorst, W. J. Delphius, Corn. Galle, Andreas Stock, P. Clouet, Nic. Lauwers, Conraes Waumans, Henr. Snyers, P. de Bailu, Mich. Natalis, W. Hollar, M. Van den Enden, Joseph Couchet. Les portraits à l'eau-forte ont été gravés par Van Dyck lui-même. Brunet, dans son Manuel, dit que cette suite est quelquefois composée de 124 pièces, y compris le frontispice; il en cite un exempl. composé de 130 pièces. On voit donc de combien le nôtre est plus complet; quelques-unes de ces planches portent la date de 1645 et 1646.</small>

BEAUX-ARTS.

578. Mausoleum potentissimorum ac gloriosissimorum regni apostolici regum et primorum militantes Ungariæ ducum... cum versione operis germanica. *Norimbergæ, Mich. et Fred. Endteros*, 1664, in-fol. fig. veau brun.

<small>Ouvrage orné de nombreuses figures, gravées avec un grand soin.</small>

579. Joachimi de Sandrart, à Stockav, academia nobilissima artis pictoriæ, sive de veris et genuinis hujusdem proprietatibus, theorematibus, secretis atque requisitis aliis.... *Francofurti, apud Michaëlis ac Johan. Frederici Endterorum hæredes, et Johan. de Sandrart*, 1683, in-fol. v. marb.

580. Ritratti ed elogii di capitani illustri, dedicati all'altezza S. di Francesco d'Este, duca di Modena. *Roma, Pompilio Totti*, 1635, in-4. fig. d. rel. mar. vert.

<small>Vol. de 295 pp. et 7 ff. prél., avec un frontispice et 126 PORTRAITS en taille douce. Bel exemplaire.</small>

581. Monumenta illustrium virorum et elogia, cura ac studio Marci Zuerii Boxhornii. *Amst.* 1638, in-fol. vélin.

<small>Cet ouvrage, qui n'est pas cité, contient 125 gravures. Les 88 premières sont paginées avec un faux-titre, et chacune d'elles est accompagnée d'un éloge placé au verso de celle qui la précède. Les 37 autres occupent simplement le recto d'autant de ff. non chiffrés. Ce volume renferme en outre 3 ff. prél. dont le 2e est occupé par un riche frontispice, et 3 ff. à la fin.</small>

582. Imperatorum et Cæsarum vitæ cum imaginibus ad vivam effigiem expressis. Libellus auctus, cum elencho et iconiis Consulum ab authore. *Strasbourg, Wolfgang Caphalæus*, MDXXXIIII, petit in-4. parch.

<small>A la suite de cet ouvrage, qui contient 89 feuillets chiffrés, on trouve 16 autres feuillets non chiffrés contenant un écrit intitulé : *Consulum romanorum elenchus*, imprimé aussi à Strasbourg chez Wolfgang Cophalœus en 1534.
Chaque page de ce volume est ornée de figures gravées sur bois. Le premier ouvrage est dû à Jean Huttichius, qui n'a d'article dans aucune de nos biographies.</small>

583. Pinacotheca Fuggerorum S. R. J. comitum ac baronum in Khierchperg et Weissenhorn, editio

nova multis imaginibus aucta. *Ulmæ, apud T. Frid. Gaum*, 1754, petit in-fol. cart.

<small>Recueil de 130 portraits de la famille des Fugger ou Fourgues d'Augsbourg, précédés d'une planche d'armoiries, en tout 131 planches gravées, pour la plupart par L. et Wolff *Kilian*</small>

584. Les pourtraicts de tous les souverains, princes et ducs de Brabant, recueilliz de divers cabinetz et originaux, desseignez par Jean Meyssens, peintre. *Anvers*, s. d., in-4. veau brun.

<small>Recueil comprenant 60 portraits, dont 53 de P. de Jode, et les 7 autres de divers artistes. Le dernier est celui de l'empereur Léopold II. Ce volume contient également beaucoup de notes manuscrites et deux cartes ajoutées.</small>

585. Les portraits des hommes illustres français qui sont peints dans la galerie du palais cardinal de Richelieu.... Ensemble les abrégés historiques de leurs vies, par M. de Wulson, sieur de la Colombière. *Paris, Henry Sara*, 1650, in-fol. vélin sur carton.

<small>Ce volume contient 25 portraits et vies de personnages illustres, avec un entourage représentant les faits historiques et remarquables de leur vie. Le P. Lelong donne leurs noms dans sa *Bibliothèque historique de la France*, t. III, p. 441.</small>

586. Les portraits des hommes illustres françois qui sont peints dans la galerie du palais du cardinal de Richelieu avec leurs principales actions, armes et devises, ensemble les abregez historiques de leurs vies, composez par M. de Vulson, sieur de la Colombière. *Paris, François Mauger*, 1668, in-8. 25 portraits v. f. fil. tr. d. (*Muller*).

587. Portraits of illustrious personages of Great Britain, engraved from authentic pictures in the galleries of the nobility, and the public collections of the country, with biographical and historical memoirs of their lives and actions, by Edmund Lodge. *London, Harding*, 1823-1826, 5 vol. gr. in-4. avec fig. dos de cuir de Russie.

<small>Très-belle collection de portraits, célèbre en Angleterre. Les épreuves de cet exemplaire sont tirées sur papier de Chine.</small>

588. Recueil de divers portraits des principales dames de la Porte du grand turc, tirée (*sic*) au naturel sur

les lieux, par George de La Chapelle. *Paris, Antoine Estienne*, 1648, in-fol. mar. rouge fil. tr. d.

Ce titre ne se rapporte qu'aux 12 premières gravures de ce recueil, qui en contient 140. On trouve dans les autres un grand nombre de costumes orientaux, quelques costumes chinois, tartares, allemands, moscovites, italiens, espagnols et français, de Bonnard, ainsi que plusieurs portraits, entre autres ceux des ambassadeurs du roi de Siam à la cour de Louis XIV et de plusieurs grands personnages chinois.

589. Recueil de portraits de peintres hollandais. In-4. dos et coins mar. citron.

Ce recueil contient 32 ff. sur lesquels on a remonté autant de pièces presque toutes de format in-8, qui renferment 81 portraits dont quelques-uns sont seuls, mais qui, pour la plupart, s'agencent par deux, trois, quatre, et jusqu'à six. Il est impossible d'imaginer quelque chose de plus parfait que ces portraits, qui sont autant de chefs-d'œuvre. C'est, du reste, un extrait de l'ouvrage hollandais sur les peintres flamands, dont ceci pourrait bien être un tirage à part.

590. Recueil de portraits des rois, princes et seigneurs français et étrangers, gravés par Baltazar Moncornet. (*Paris, B. Moncornet*, 1652), in-4. vél.

Cette remarquable collection contient 133 portraits de Moncornet auxquels on en a joint 23 autres, la plupart de P. de Jode; ils sont tous bien conservés

591. Les vrais portraits de quelques-unes des plus grandes dames de la chrestienté déguisées en bergères. *Amsterdam, Joost Broersz*, 1640, 4 parties en 1 vol. in-4. oblong vélin.

Voici la description de ce curieux volume : Un titre imprimé, un frontispice gravé, avec ces mots : *le Bouquet des bergères* ; 2 ff. préliminaires. La 1ᵉ partie se compose de 13 pl. présentant chacune 2 portr. avec un texte imprimé au verso. La 2ᵉ partie comprend les demoiselles nobles et dames de qualité, et se réduit à 9 pl. seulement, disposées comme les précédentes. La 3ᵉ partie est consacrée aux femmes et aux filles d'honorables (*sic*) marchands, et ne contient que 8 pl *ibid*. La 4ᵉ partie, dite *du chœur des muses*, comporte 6 pl. Entre les cinq premières et la 6ᵉ, on trouve 9 ff. ayant pour titre : *Aux nymphes de l'Amstel*. Ce sont les ff. supplémentaires dont parle Brunet ; mais on remarquera qu'au lieu de 8 il y en a 9, et que ces 9 ff. comprennent à la fois le texte français et sa traduction en hollandais, tandis que Brunet les donne comme étant exclusivement en hollandais. Vient ensuite un 10ᵉ feuillet occupé en recto par quelques vers latins signés *Crispinus Passeus*, et en verso par le texte de la 6ᵉ planche, laquelle est suivie d'une *chanson à la mode des bergères de la cour et de la ville*, notée. Ce recueil est terminé par la grande planche intitulée *le sphinx et le berger*.

592. Napoléon et ses contemporains, suite de gravures (d'après Steuben, Charlet, Devéria, Scheffer,

H. Vernet, Grenier, etc.), représentant des traits d'héroïsme, de clémence, de générosité, de popularité ; avec texte par Aug. (Pelletier) de Chambure. *Paris, Bossange,* 1824, in-4. fig. (44) mar. rouge, riches dentelles, compartiment mosaïqué, mors de mar. double de mar. vert, et garde aussi en mar. vert, compartiment en mosaïque tr. d. (*Ledoux*).

Très-bel exemplaire sur papier de Chine, ayant appartenu à l'auteur, qui l'a enrichi de trois suites de fig. : une avant la lettre sur papier vélin, une autre aussi avant la lettre sur papier de Chine et les eaux-fortes. Sur l'un des plats, l'auteur a fait mettre son nom avec la date de 1827, sur l'autre ces mots : EXEMPLAIRE UNIQUE Il a été vendu 500 fr. à la vente de ses livres.

593. **Collection complète des tableaux historiques de la révolution française.** *Paris, Pierre Didot l'aîné,* an VI (1798). 2 tomes en 3 vol. in-fol. veau fauve plein ; compartiment mosaïque, dent. et ornemens à petits fers.

C'est un exemplaire connu par sa reliure originale et par ses bonnes épreuves. L'un des trois volumes contient les *portraits*, au bas desquels est représenté l'un des faits remarquables de la vie du personnage représenté.

10. *LIVRES A FIGURES DIVERS.*

EMBLÈMES, DANSE DES MORTS, CARICATURES.

594. **Dem hoch edlen unnd. Métamorphoses de Joh. Guill. Baur.** *Viennæ Austriæ,* 1641, in-4. oblong bas. fil.

On ne cite de J. G. Baur qu'une iconographie de la vie du Christ. Nous n'avons vu nulle part la collection dont il s'agit ici. Malheureusement, elle ne nous paraît pas complète, car notre exempl. ne renferme que 120 gravures dont quelques-unes sont rapportées, parmi lesquelles il en est une qui porte le chiffre 150, et une autre qui n'est qu'une copie très-artistement faite à la plume. Ce n'en est pas moins un recueil fort curieux et fort estimable comme eaux-fortes.

595. **Ioannis Guilielmi Bauri Iconographia, complectens in se passionem, miracula, vitam Christi universam, necnon prospectus rarissimorum portuum, palatiorum, hortorum, historiarum aliarumque rerum, quæ per Italiam spectatu sunt digna, proprio ære æri incisæ et venales expositæ a Melchiore**

Kysell, augustano, *Augustæ Vindelicorum*, anno Christ. 1670-1671, in-4. oblong, parch. vert.

Ce précieux recueil comprend 146 planches divisées en trois parties, dont 37 pour la première partie, 36 pour la seconde, 36 pour la troisième, et 37 pour la quatrième. Un exemplaire, avec quelques différences, est décrit dans le *Manuel du libraire*, v. *Kysell*.

596. Pictures of the old and new Testament (Tableaux du Vieux et du Nouveau-Testament) où sont représentées en 150 figures les histoires les plus remarquables du Vieux et du Nouveau-Testament, gravées par les plus habiles maîtres. *Amsterdam, Reimer et Josua Ottens*, s. d., gr. in-4. vélin.   6

Ces fig. dessinées en très-grande partie par *M. Scheitz*, et gravées par *F. Halma*, sont accompagnées d'une explication historique en français et en anglais pour l'intelligence de chacune d'elles.

597. Alberti Düreri icones sacræ in historiam salutis humanæ per Redemptorem Nostrum Iesum Christum. s. l., 1604, in-4. d. rel. coins mar. r.   3

Figures de la vie de J.-C. avec d'anciens bois d'Albert Dürer.

598. Mnimata Dominicæ passionis historiam necisque nostræ mortem complexa. *Antuerpiæ excudebat Gerardus de Jode*, 1572, in-4. obl. cart.   4

Recueil de seize gravures au burin, qui peuvent être placées au nombre des plus remarquables produits de l'art du xviᵉ siècle. Chaque trait de l'histoire de la Passion forme le sujet principal, autour duquel se développent dans un cadre ovale, des figures accessoires et des ornements d'une charmante exécution.

599. Memorabiles evangelistarum figuræ (*Phorcæ*). 1504, petit in-4. dos et coins de v. f.   13

Ce livret fort rare et surtout curieux par la singularité des figures qu'il contient, est une reproduction du célèbre *Ars memorandi notabilis per figuras evangelistarum*, que le baron Heineken, auteur de l'ouvrage intitulé : *Idée d'une collection d'estampes*, regarde comme un des plus anciens et des plus précieux monuments de la xilographie. M. Leber cite quatre éditions des *Memorabiles evangelistarum figuræ*, dont quelques-unes portent le titre de *Rationarium evangelistarum omnia in se evangelia prosa, versu, imaginibusque quam mirificè complectens*. Ces quatre éditions sont des années 1502, 1503, 1505, 1510. Celle de 1504, à laquelle appartient notre exemplaire, n'a pas été connue de M. Leber; mais elle est citée par David Clément et par M. Brunet. La description que M. Brunet (V. *Ars memorandi*) donne de l'édition de 1502 convient, en général, à celle de 1504; mais dans celle-ci le nombre des feuillets est de 16. On y trouve 15 figures représentant les attributs de chaque évangéliste avec des sujets emblématiques, distingués par des numéros et expliqués dans le texte, suivant les chapitres de l'évangéliste. Trois de ces figures se rapportent à saint Jean, cinq à saint Matthieu, trois à saint Marc et trois à saint Luc. En tête du premier feuillet on lit : *Hexastichon Sebastiani Brant in memorabiles evangelistarum figuras.* Le recto du 16ᵉ feuillet contient une *Peroracio* dans laquelle l'imprimeur se nomma ainsi lui-même : *Ista tibi Thomas Badensis, cognomento Anshelmi, tradidit.....vale.* 1504. Voyez Catal. Leber.

600. Alberti Dureri icones sacræ in historiam salutis humanæ, Pet. in-4. d.-rel.

Recueil de 25 planches gravées en bois et remontées.

601. Humanæ salutis monumenta B. Ariæ Montani stvdio constrvcta et docantata. *Antverp., ex prototypographia regia.* (*Christoph. Plantinvs*, 1571, in-8. v. viol. fil. tr. dor. (*Boersch*). q.q. taches.

Cet édition est bien celle qu'indique le *Manuel* (t. 1, p. 158), mais au lieu de 86 ff., notre exemplaire n'en comporte que 76 non chiff., indépendamment de 30 pages d'annotations et d'index. C'est un in-8., les signatures ne laissent aucun doute à cet égard. Il renferme 70 belles gravures en taille douce, qui occupent le recto des ff., et vis-à-vis de chacune desquelles se lit une ode latine. Un charmant portrait du Christ occupe le 4ᵉ feuillet. Le titre porte le monogramme P. H. (Pierre Huse). Quelques autres planches ont été gravées par J. Sadeler et par J. Wieriex.

602. Ori Apollinis Niliaci, de sacris Ægyptiorvm notis, ægyptiacè expressis libri dvo, iconibvs illvstrati et aucti. Nunc primùm in latinum ac gallicum sermonem conuersi. *Parisiis, Apud Galeotum à Prato, et Ioannem Ruellium*, 1574, in-8. mar. bl. tr. d. (*Duru*).

Vol. assez rare, orné de 194 fig. sur bois.

603. Iani Iacobi Boissardi Vesuntini emblematum liber. Avec l'interprétation françoise du I. (*sic*) Pierre Ioly, Messin. *Iani Aubrii typis. Metis, excudebat Abrahamus Faber*, 1588, in-4. v. f. (*Kœhler*).

Edition rare. Ce volume contient 93 p. et 1 feuillet blanc, avec un frontispice gravé, le portrait de Boissard, et 42 gravures d'emblêmes, par Th. de Bry.

604. Emblemata sacra è precipuis utriusque Testamenti historiis concinnata et a Petro Van der Burgio figuris æneis elegantissimis illustrata et jam recens multis in locis emendata, atque edita a Iohanne

Philippi Schabaelie. *Amsterdam, Tymen Houthaak,* 1654, in-fol. oblong, vélin, sur bois, fermoir en cuivre.

<small>Il y a dans ce vol. 466 fig., par Van der Borcht, Goltzius, de Ghyn, S. Matham, de Bruyn, Rembrant, etc. Ces figures sont arrangées par séries accompagnées d'un texte en hollandais propre à chacune. C'est une riche collection, que les noms des artistes, que nous venons de citer, mettent bien au-dessus de tout éloge de catalogue.</small>

605. Pauli Maccii emblemata. *Bononiæ, Ferronnius,* 1628, in-4. v. f. (*Kœhler*).

<small>Il y a dans ce volume 81 emblèmes expliqués en vers italiens. Brunet (t. iii, 1re part., p. 249) donne ce recueil comme devant renfermer autant de fig. en taille-douce que d'emblèmes. C'est une erreur. Le livre est en effet terminé par deux tables comprenant chacune 81 articles ; mais la seconde consiste uniquement à donner par ordre alphabétique les noms des personnages auxquels sont dédiés ces emblèmes, dont la première explique seulement le sens mythologique ou réel.</small>

606. Μικροκοσμος, parvus mundus s. d. (à la fin). *Amstelrodami, sumptibus Th. Petri, bibliopolæ, sub prælo albo. Væneunt apud Ioannem Iansonium, bibliopolam Arnhemiensem.* In-4. v. f. (*Kœhler*).

<small>Ce livre se compose de tableaux de la vie humaine, représentés en 74 fig., en taille-douce, expliquées par des vers latins.</small>

607. L'art de faire les devises, où il est traicté des hieroglyphes, symboles, emblemes, ænigmes, sentences, paraboles, revers de medailles, armes, blasons, cimiers, chiffres et rebus. Avec un traicté des mots plaisans, par Henry Estienne, sieur des Fossez. *Paris, Iean Paslé,* 1645, in-8. v. f. (*Kœhler*).

<small>Cet exemplaire est chargé de nombreuses notes marginales.</small>

608. L'art des emblêmes, où s'enseigne la morale par les figures de la fable, de l'histoire et de la nature. Ouvrage rempli de près de cinq cents figures, par le P. C. F. Menestrier. *Paris, de La Caille,* 1684, in-8. v. f. (*Kœhler*).

609. La danse des morts. s. l. n. d. in-4. mar. noir fil. dor. *Janséniste* (*Duru*).

<small>Soixante planches avec des bordures, le nom des sujets des passages de l'Écriture Sainte, et des stances en vers allemands. Fort bel exemplaire d'une belle conservation et à toutes marges.</small>

610. Le triomphe de la mort, gravé d'après les dessins originaux de Jean Holbein, par David Deuchar. *London, printed by S. Gosnell*, 1803, in-4. d.-rel. bas.

<small>Bel exempl. en pap. vél., grand de marges. Gravures en taille-douce, d'une exécution parfaite; expliquées en anglais et en français.</small>

611. La grande danse macabre des hommes et des femmes, historiée et renouvellée de vieux gaulois en langage le plus poli de notre temps avec le debat du corps et de l'ame, la complainte de l'ame damnée, l'exhortation de bien vivre et de bien mourir, la vie du mauvais Ante-Christ, les quinze signes du jugement. *Troyes, Jean Antoine Garnier*, (1728) in-4. fig. en bois, broché.

612. Hans Holbein's Todtentanz in 53 getreu nach den holschnitten lithographirten Blättern. Herausgegeben von I. Schlotthauer. *München*, 1832, in-16. cart.

<small>Réimpression allemande de la Danse des morts, dont toutes les figures, tirées sur papier de Chine, sont rapportées sur des ff. réservés à cet effet.</small>

613. *Kunstbüchlin*, etc........, c.-à-d. le petit livre d'art, où sont représentés un grand nombre d'objets d'art et de science, de caractères, de pratiques, de costumes et de tableaux de divers états; gravés par feu l'excellent et très celebre Jost Amman (*sic*). *Francfort, Sig. Feyerabend*, 1599, pet. in-4. vél.

<small>Recueil des plus curieux, composé de 291 fig. gravées sur bois, et imprimées des deux côtés de chaque feuillet, sans autre texte qu'une épitre dédicatoire de 4 pages, qui suit le titre. Voyez Catalogue de M. C. Leber.</small>

614. New. Kunstliche..... (Collection de gravures d'après Albrecht, Hans Holbein, Hans Sébaldt, Bohem, Hans Schœufflein et autres). *Francofurti*, 1620, in-4. obl., vélin.

<small>Ce curieux volume, non moins rare que le précédent, contient 328 figures; il est malheureusement imparfait d'un feuillet de la préface, qui est en allemand. La dernière planche, beaucoup plus grande que les autres et pliée, paraît avoir été ajoutée.</small>

615. Le livre de la vie de Wlespiegle. *S'imprime à*

BEAUX-ARTS. 123

Troyes chez Nicolas Oudot, rue Notre-Dame, et se vend avec les figures, par Jacques Lagniet, à Paris, sur le quai de la Mégisserie, au For-l'Evesque (1657-1663). In-4. dos. de mar. rouge.

Rare et précieux recueil de 48 gravures des plus singulières, dont les 35 premières seulement comprennent la *Vie de Wlespiegle*. Les treize autres ont pour sujet : le temps qui court, les vices, les cinq sens, les sept péchés mortels, la mort. Toutes ces gravures, du caractère le plus original, sont dues à J. Lagniet (Voy. ce nom dans le *Manuel du libraire*).

615 bis. La vie des gueux, troisième livre des proverbes mis en lumière, par Jacq. Lagniet. *Paris, chez J. Lagniet, au For-l'Evesque* (1657-1663). In-4. fig. dos de mar. rouge. — 36

Cette collection de gravures, dont la plupart sont de Lagniet, se compose de 57 planches. La première, qui est des plus bizarres, encadre le titre suivant : *Le tableau et la vie exemplaire de ces deux amis*, titre qui ne se rapporte pas au reste du recueil. Viennent ensuite 37 gravures de la *Vie des Gueux*, par Lagniet, numérotées 1-30, 34-40 ; puis les n°s 23, 24 et 25 d'un autre recueil de proverbes, du même graveur, et enfin quinze planches de divers artistes représentant des caricatures ou des sujets populaires. La *Vie des Gueux* forme avec le *Livre de la vie de Wlespiegle*, la partie la plus originale des œuvres singulières de Lagniet (Voy. ce nom dans le *Manuel du libraire*).

616. Le miroir des veufves, très-utile à toutes personnes, nomméement (sic) aux prédicateurs, pour discourir sur l'Ecriture-Sainte du Vieil et Nouveau-Testament esquels est faict mention des veufues, par R. P. F. Gazet. Autre miroir de la vie (en estat de viduité) et mort de la princesse Loyse de Lorraine, royne douairière de France et de Poloigne. *Paris, George Lombard*, 1601, petit in-12. v. gaufré. — 2

617. De Onwaardige wereld, vertoond in vyftig zinnebeelden, met godlyke spreuken en stichtelyke verzen, door Jan Luiken. *Amsterdam, P. Arentz*, 1710, in-8, 50 fig. en taille-douce, vél. blanc. — 2

Livre à figures.

11. *VOYAGES ET VUES PITTORESQUES.*

618. Trois essais : sur le beau pittoresque ; sur les voyages pittoresques : et sur l'état d'esquisser le — 2

124 BEAUX-ARTS.

paysage; suivis d'un poëme sur la peinture du paysage, par William Gilpin. Trad. de l'anglais par le baron de B*** (Bock). *Breslau, G.-T. Korn,* 1799, 3 parties en 1 vol. in-8. fig. veau marb.

Les fig. de cet ouvrage consistent dans une fig. démonstrative et 22 charmantes esquisses à l'*aqua-tinta*.

619. VOYAGES PITTORESQUES dans l'ancienne France, par MM. le baron Taylor, Ch. Nodier et A. de Cailleux. 14 vol. in-fol. dos et coins de mar. rouge (*Ginain*).

Exemplaire de choix de la publication la plus vaste, la plus importante qui ait été consacrée à la description des monuments dans aucun pays, est composée comme il suit : Normandie, 2 vol. renfermant 280 pl. — La Franche-Comté, 1 vol., 180 pl. — L'Auvergne, 2 vol., 268 pl. — Languedoc, 4 vol., 1,312 pl. — Picardie, 3 vol., 1,259 pl. — Bretagne, 2 vol., 355 pl. — Le Dauphiné et la Champagne. Ce qui forme un total de 4,410 planches, dessinées et lithographiées par les principaux artistes depuis 29 ans. — Les deux provinces du Dauphiné et de la Champagne seront données à l'acquéreur en livraisons dans des portefeuilles.

620. French scenery from drawings made in 1819, by captain Batty, of the grenadier guards. *London, Rodwell,* 1822, in-4. fig. vel. mar. violet, compartiments, tr. dor. (*Thouvenin*).

Les charmantes vignettes de ce livre sont gravées sur les dessins du capitaine Batty, par Heath, Lewis et quelques autres des plus habiles artistes de l'Angleterre. Le texte français est en regard.

621. Description des monuments des différents âges observés dans le département de la Haute-Vienne, avec un précis des annales de ce pays; par C. N. Allou, ingénieur au corps royal des mines. *Paris; Igonette, Lenormant, Ponthieu,* 1821, in-4, broché.

622. Description de 24 vues prises le long de la Seine, depuis Paris jusqu'à la mer, accompagée d'une carte, extraite de l'ouvrage anglais intitulé : *Voyage pittoresque sur les rives de la Seine,* par M. Sauvan. *Londres, R. Ackermam,* 1821, grand in-4. dem.-rel. mar. r.

Ces 24 vues, coloriées et gouachées sont précédées d'un texte explicatif.

623. Travels in Switzerland and in the country of the Grisons, in a series of letters to William Melmoth,

from William Coxe. The third edition in two volumes. *London, Cadell*, 1794, 2 tomes en 3 vol. in-4, grand papier, avec cartes et gravures, dos et coins de veau marbre.

<small>Cet exemplaire, qui appartenait à l'auteur, a été illustré par Coxe lui-même d'un grand nombre de gravures qu'il avait recueillies pendant son voyage, et dont plusieurs sont fort anciennes. — On y distingue quelques portraits remarquables dont plusieurs de Rembrant.</small>

624. Voyage pittoresque en Autriche, par le comte Alexandre de Laborde. *Paris : P. Didot l'aîné*, 1821, 2. vol. in-fol. magno, planches, vignettes, cartes, etc., dos de mar. vert, non rogné.

625. Voyage pittoresque dans la vallée de Chamouni et autour du Mont-Blanc, avec un texte explicatif, par M. Raoul-Rochette. *Paris : J. F. Ostervald*, 1826, in-4. dos et coins de mar. rouge, non rogné.

<small>Avec planches coloriées avec grand soin.</small>

626. Souvenirs du golfe de Naples, recueillis en 1808, 1818 et 1824, par le comte Turpin de Crissé. *Paris : (Chaillou Potrelle)*, 1828, in-fol. mar. viol. dent. et ornements sur plats. gaufrés, doubles fils, coins et compartiments, tr. d. *(Simier)*.

<small>Ce beau volume se compose d'un titre gravé, de deux cartes, 36 planches et 40 vignettes gravées au burin, sur papier vélin, avec la lettre au trait.</small>

627. Voyage dans le Levant (en 1817 et 1818), par M. le comte de Forbin. *Paris : Imprimerie royale*, 1819, in-fol. maximo, veau marbré, large dent. mors de mar. vert.

<small>Cet ouvrage, d'une exécution typographique et artistique remarquable, contient 80 planches gravées ou lithographiées, par MM. H. Lecomte, Desenne, Castellan, Bourgeois, C. Vernet, H. Vernet, Fragonard, Thienon, Legros, Isabey, Bouton, Debucourt Vauzelles, Daguerre, Baltard, Hersent, Bidauld, Granger, Leisnier et mademoiselle Bouteillier.</small>

628. Voyage de Paris à Constantinople par bateau à vapeur; nouvel itinéraire, orné d'une carte et de cinquante vues et vignettes sur acier, avec etc., par Marchebeus, architecte du gouvernement. *Paris : Artus Bertrand*, 1839, in-8 broché.

629. Expédition scientifique de Morée, section des sciences physiques, sous la direction de M. Bory de Saint-Vincent. *Paris et Strasbourg, Levrault*, 1832-1836, 4 vol. de texte, formant 3 tomes gr. in-4, et 1 vol. d'atlas, in-fol. dos de veau.

<small>Le prix de publication de cet ouvrage était de 590 francs.</small>

630. Expédition scientifique de Morée ordonnée par le gouvernement français ; architecture, sculpture, inscriptions et vue du Péloponèse, des Cyclades et de l'Attique, mesurées, dessinées, recueillies et publiées par Abel Blouet, architecte, Amable Ravoisié, Achille Poirot, Félix Trézel et Frédéric de Tournay, ses collaborateurs. Ouvrage dédié au Roi. *Paris, Firmin Didot*, 1831-1839, 3 vol. grand in-fol. avec pl. dem.-rel. dos de veau.

<small>Cet ouvrage, d'un grand intérêt sous le rapport architectonique et archéologique, renferme 294 planches y compris le frontispice. Le prix de publication était de 588 francs.</small>

631. Notices on the northern capitals of Europe, by Frank Hall Standish. *London, Black and Armstrong*, 1838, in-8. carton. anglais.

<small>Ces notices écrites au point de vue pittoresque, ont principalement pour but la description des établissements relatifs aux arts dans les villes de Rotterdam, La Haye, Leyde, Haarlem, Amsterdam, St.-Pétersbourg, Revel, Elseneur, Abo, Stockholm, Upsal, Christiania, Copenhague, etc.</small>

632. Voyage de l'Arabie Pétrée, par Léon de Laborde et Linant. *Paris : Giard*, 1830, in-fol. maximo, 69 planches lith. dem.-rel. non rogné.

633. Voyage à Méroé, au fleuve Blanc, au-delà de Fazogle, dans le midi du royaume de Sennâr, à Syouah et dans cinq autres oasis, fait dans les années 1819, 1820, 1821 et 1822, par M. Frédéric Cailliaud, de Nantes. Ouvrage publié par l'auteur, rédigé par le même et par M. Jomard. *Paris, Rignoux*, 1823, in-fol. dem.-rel. v. ant. *non rogné*.

<small>Orné de 75 planches lithographiées.</small>

634. Shipping at Portsmouth and Spithead drawn

and engraved by Henry Moses. *Portsmouth, Moses, and London, Cooke.* s. d. in-4, oblong, carton anglais.

Recueil de dix-sept gravures représentant des vues de marine prises à Portsmouth et à Spithead.

12. COLLECTION D'OEUVRES DE MAITRES.

635. The works of William Hogarth, from the original plates restored by James Heath, to which is prefixed a biographical essay on the genius and productions of Hogarth, by John Nichols. *London,* 1822, in-fol. atlant, dos et coins de cuir de Russie.

Magnifique recueil de 119 planches comprenant l'œuvre de Hogarth. Ces planches, qui avaient appartenu à Boydell, ont été retouchées par Nichols. Prix de publication, 625 francs.

636. L'Italie monumentale et artistique, dessinée d'après nature, par Ph. Benoit, lith. aux deux crayons, par Bachelier, Ph. Benoist et Jacottet. *Paris, Bulla,* 1847, gr. in-4. oblong.

Ouvrage des plus remarquable par son exécution admirable; exemplaire parfaitement colorié.

637. Beauties of Claude Lorraine consisting of twenty four landscapes selected from the *liber veritatis,* and engraved on steel by eminent engravers from a brilliant copy in the possession of His Grace the Duke of Bedford. *London, W. B. Cooke,* 1826, in-fol. cart. angl.

Précieux recueil de 22 paysages tiré du *livre de Vérité* de Claude Lorrain et gravés par les premiers artistes d'Angleterre. On y a joint le portrait de Claude Lorrain, une notice biographique sur ce peintre et un texte explicatif et descriptif de chaque sujet.

638. L'œuvre d'Eugène Bléry, études dessinées et gravées d'après nature à l'eau-forte, souvenirs pittoresque, plantes, paysages, etc., 83 planches. p. de Chine. Dans un portefeuille. Petites et grandes epreuves avant la lettre, d'un choix parfait.

Cet artiste passe, avec raison, pour l'un des premiers graveurs à l'eau-forte qui aient paru en France, depuis Boissieu.

128   BEAUX ARTS.

639. Figures de l'histoire de France, recueil de 168 planches dessinées par Lepicié, Moreau le jeune, etc., et gravées par Lebas, Duflos, Garreau, Romanet, Duplessis Bertaux, etc., un vol. in-4, dem.-rel. non rogné.

Épreuves AVANT LA LETTRE. Chaque figure occupe la moitié d'un cadre, dont l'autre moitié était destinée à recevoir un texte explicatif. Deux de ces planches y sont doublées de cette dernière façon. Un amateur a écrit au bas de presque toutes ces planches le titre du sujet.

MUSIQUE,

ART GYMNASTIQUE, DANSE, CHASSE, PÊCHE, ETC.

640. Entretiens sur l'état de la musique grecque vers le milieu du quatrième siècle avant l'ère vulgaire. *Amsterdam et Paris*, 1777, in-8. dem.-rel. mar. bl.

641. Esempi della scuola della musica di Carlo Gervasoni. *Si vendono in Milano, in Parma ed in Piacenza.* s. d., in-8, de 100 ff. gravés en musique sur le recto seulement, cart. non rogné.

642. Mémoires ou Essais sur la musique, par le citoyen Grétry. *Paris, impr. de la République,* an v, 3 vol. in-8, papier-vélin, v. r. gauf. fil. dent. (*Simier.*)

Bel exemplaire d'un ouvrage dont le premier volume avait paru seul en 1789.

643. Traité de l'harmonie universelle, où est contenu la musique théorique et pratique des anciens et modernes, avec les causes de ses effets; enrichie de raisons prises de la philosophie et des mathématiques, par le sieur de Sermes. *Paris, Guillaume Baudry,* 1627. 2 parties en un vol. in-8, vél.

Cet ouvrage curieux au point de vue de l'art, est accompagné de notes marginales de la main de M. Lefebvre, auteur de plusieurs ouvrages sur la musique. La seconde partie, dont la pagination suit celle de la première, a une préface et une épître dédicatoire, signée *F. Marin, Mersenne Minime*, tandis que le titre ne porte plus le nom du sieur de *Sermes*.

644. L'art de la musique enseigné et pratiqué par la nouvelle méthode du bureau typographique, établie sur une seule clé, sur un seul ton et sur un seul signe de mesure. Par Dumas. *Paris, Auguste*, s. d., in-4, oblong, v. marb. avec une grande pl.

<small>Toutes les pages de ce volume, texte et musique, sont gravées (par mademoiselle Vandôme). Il contient 3 ff. prélim., 427 pp., et 14 pp. de table.</small>

645. Mémoire sur la musique des anciens, où l'on expose le principe des proportions authentiques, dites de Pythagore, et de divers systèmes de musique chez les Grecs, les Chinois et les Egyptiens. Avec un parallèle entre le système des Egyptiens et celui des modernes. Par l'abbé Roussier. *Paris, Lacombe*, 1770, in-4, mar. rouge, fil. tr. d. (*anc. rel.*)

646. Meslanges de la musique d'Orlande de Lassus (Roland de Lattre). *Paris, Adrien Le Roy et Robert Ballard*. 1571 à 1586. 12 parties en 4 vol. in-4 obl. cart.

<small>Ces douze recueils de de Lassus ne sont pas toutes ses œuvres, mais elles en forment la majeure partie et sont difficiles à trouver et à réunir, voici leurs divers titres : *Livres de chansons nouvelles* à cinq parties avec deux dialogues à huict, 1571, 5 parties. — *Bassus, les Meslanges, contenant plusieurs chansons* à 4, 5, 6, 8 et 10 parties, 1576. — *Contra, les Meslanges*, etc., etc., 1576. — *Quinta et sexta pars, les Meslanges*, etc., 1576. — *Superius, les Meslanges*, etc. (manque le titre de cette partie). — *Superius moduli, mondum prius editi monachii Boivariæ ternis vocibus*, 1576. — *Bassus, continuation du Mellange*, 1584. — *Meslange de la musique* à 4, 5, 6, 8 et 10 parties, 1586.</small>

647. Practica musice Franchini Gafori Laudensis... (In fine) : *Impressa Mediolani opera et impensa Joannis Petri de Lomatio per Guillermum Signerre, Rothomagensem, anno salutis* 1496, *die ultimo septembris*. In fol. rel. v. f. (*Kœhler*.)

<small>Belle et rare édition en caractère ronds avec la musique notée. Elle contient 4 ff. prél., dont le premier est un frontispice gravé, 22 ff. signés a-c, et 85 ff. signés aa-ll, non chiffrés. (Voy. *Brunet*).</small>

648. Franchini Gafurii Laudensis regii musici publice

profitentis delubrique mediolanenis phonasci de harmonia musicorum instrumentorum opus... *Impressum Mediolani per Gotardum Pontanum calcographum, die* XXVII *novembris* 1518, *authoris præfecturæ anno trigesimo quinto, Leone decimo, pontifica maximo ac christianissimo Francorum rege Francisco duce Mediolani, fœlici auspicio regnantibus.* Petit in-folio de 4 ff. préliminaires, 100 ff. chiffrés et 2 non chiffrés, fig. bois, rel. veau fauve. (*Lebrun.*)

<small>Très-bel exemplaire d'une des plus rares éditions du précieux traité de Gaffori ou Gafuri sur la musique instrumentale. (Voy. le *Manuel du libraire.*)</small>

649. L'art ou les principes philosophiques du chant. Par M. Blanchet. *Paris, Lottin, etc.* 1756, in-12, mar. r. fil. tr. d. (*anc. rel.*) Janséniste.

650. Défense de la basse de viole contre les entreprises du violon et les prétentions du violoncel. Par Hubert Le Blanc. *Amsterdam, Pierre Mortier*, 1740, in-12, v. br. fil. fers à froid.

<small>Exempl. Pixérécourt.</small>

651. Lettres sur les arts imitateurs en général, et sur la danse en particulier, par J. G. Noverre. *Paris, Léopold Collin*, 1807, 2 vol. in-8, papier vél, portr. mar. rouge, dent. tabis, tr. d.

<small>Exemplaire de dédicace à l'impératrice Joséphine dont il porte les armes. Il a fait partie de la Bibl. de G. de Pixérécourt. Cet ouvrage, qui manquait chez M. de Soleinne, contient dans le 2ᵉ vol. les livrets de 10 ballets, savoir : 1° La mort d'Agamemnon ; — les Grâces ; — 3° les Danaïdes, ou Hypermnestre ; — 4° le Jugement de Paris ; — 5° Adèle de Ponthieu ; — 6° Psyché et l'Amour ; — 7° Énée et Didon ; — 8° Belton et Eliza. — 9° Alceste. — 10° Apelles et Campaspe, ou la générosité d'Alexandre.</small>

652. Traité élémentaire, théorique et pratique de l'art de la danse, contenant les développemens et les démonstrations des principes généraux et particuliers qui doivent guider le danseur, par Ch. Blasis, premier danseur. *Milan, Joseph Beati et Antoine Tenenti*, 1820, in-8, 14 fig. demi-rel.

BEAUX-ARTS.

653. Le maître à danser, qui enseigne la manière de faire tous les différens pas de danse dans toute la régularité de l'art, et de conduire les bras à chaque pas, par Rameau. *Paris, Jean Villette*, 1725, in-8, mar. rouge, fil. tr. d. (*Armoiries de Villars*).

Ce volume renferme un grand nombre de figures en taille-douce servant de démonstration pour les différents exercices de la danse.

654. Trois dialogues de l'exercice de sauter et voltiger en l'air, avec les figures qui servent à la parfaicte demonstration et intelligence du dict art, par le S' Archange Tuccaro, de l'Abbruzzo, au royaume de Naples. *Paris, Claude de Monstr'œil.* 1599, in-4, parch.

Exempl. de G. de Pixérécourt, fort grand de marges.

655. Klare onderrichtinge der Voortreffelijcke worstelkonst. (L'art de la lutte, par Nicolas Petter, avec des figures de Romain de Hooge.) *Amsterdam*, 1674, in-4, vel.

Les figures de Romain de Hooge, qui donnent tant de prix à cet ouvrage, sont au nombre de 71. Très-belles épreuves.

656. Maniement d'armes, d'arquebuses, mousquetz, et piques, en conformité de l'ordre de Monseigneur le prince Maurice, prince d'Orange... Représenté par figures, par Jacques de Gheyn, *Amsterdam, Robert de Baudous*, 1608, in-fol, 117 fig. titre gravé, v. f. (*anc. rel.*)

Cet ouvrage, un peu rogné pour le texte, et dont le titre et qq. planches sont raccommodés, se compose de 3 suites de fig. numérotées, la première de 42 pl., la seconde de 43, et la troisième de 32.

657. Ragione di adaprar sicuramente l'arme sì da offesa, come da difesa, etc., di Giacomo di Grassi. *Venetia, Giordano Ziletti.* 1570, in-4, 21 fig. v. f. fil. (*Kœhler.*)

Traité de l'escrime, chargé de nombreuses notes marginales d'une écriture du temps.

658. Di M. Camillo Agrippa trattato di scienza d'arme e un dialogo in detta materia. *Venetia, Antonio*

132   BEAUX-ARTS.

Pinargenti, 1568, in-4, titre gravé, 37 fig. v. f. fil. (*Kœhler.*)

659. Académie de l'espée de Girard Thibault d'Anvers : où se démonstrent par reigles mathématiques sur le fondement d'un cercle mystérieux la théorie et pratique des vrais et iusqu'à present incognus secrets du maniement des armes à pied et à cheval, s. l. 1628, gr. in-fol. vél. dent. coins ornés.

<small>Ce magnifique ouvrage, qui s'ouvre par un riche frontispice, renferme 10 pl. d'ornements, dans chacune desquelles s'encadrent une dédicace et les armes du personnage auquel elle s'adresse, et 46 planches représentant des exercices ou figures d'escrime. Ensemble 56 pl. dont 44 sont doubles.</small>

660. Opera nova de Achille Marozzo Bolognese, Maestro generale de l'arte de l'armi, s. l. n. d. in-4, de 131 ff. chiff. dem.-rel. bas. fig. sur bois.

<small>Livre remarquable par les figures en bois dont il est orné.</small>

661. Arte dell' armi di Achille Marozzo Bolognese. *Venetia, Antonio Pinargenti*, 1568, in-4, titre gravé, 25 fig. v. f. fil. (*Kœhler*).

<small>Même ouvrage que le précédent (n° 660) avec quelques changements; quoique le nombre des figures paraisse être bien moindre, il est en réalité le même, chacune des figures qui se trouve dans celui-ci donnant 2 et plus souvent 4 sujets sur la même planche.</small>

662. Deutliche und gründliche Erfahrung der Adelichen Ritterlichen frenen Fecht-Kunst, etc. Durch. Jéann Daniel l'Ange. *Heidelberg, Adrian Meingarten*, 1664. in-4 oblong, fig. (64) gravées par C. Metzger, v. f. fil. (*Kœhler.*)

<small>Ouvrage remarquable, sur l'art de l'escrime, surtout par ses figures.</small>

663. Il Torneo di Bonaventura Pistafilo, nobile Ferrarese, dottor di Legge e cavaliere nel Teatro di Pallade, dell'ordine militare et accademico. *Bologna, Ferrone*, 1627. — Oplamachia di Bonaventuro Pistofilo. *Siena, Hercole Gori*, 1621, petit in-fol. vél. titre gravé.

<small>Ces deux ouvrages d'un même auteur représentant les diverses positions,</small>

BEAUX-ARTS.   133

de l'escrime du temps, se composent de 117 planches pour la 1re partie, et de 55 pl. pour la 2e.

664. L'Instruction du Roy en l'exercice de monter à cheval, par messire Anthoine de Pluvinel. *Paris, Macé Ruette*, 1629, in-fol. à deux col. fig. demi-rel.

Cet ouvrage, publié après la mort de l'auteur par Réné de Menou, est imprimé en français et en allemand ; il se compose des portraits de Pluvinel, de R. de Menou, du duc de Bellegarde et du roi Louis XIII, et de 58 planches doubles, gravées en taille-douce par Crispian de Pas. Bien conservé.

665. Colleccion de las principales suertes de una corrida de toros. Dibuxada y grabada por don Antonio Carnicero. *Madrid, Quiroga*, 1790, pet. in-fol. oblong, cart.

Vol. sans texte, renfermant onze gravures coloriées, relatives aux combats de taureaux en Espagne.

666. Éloge historique de la chasse, par M. Beneton de Perrin. *Paris*, 1834 (*sic*) [privilége de 1734], in-8, d.-rel. v. viol.

667. Sensuyt le liure du roy Modus et de la royne Racio, qui parle du deduyt de la chasse a toutes bestes sauuaiges cōme cerfz, biches, daīs, cheureulx, etc. *On les vend a Paris a lesei̇gne sainct Jehan Baptiste en la rue neufue Nostre Dame*. Pet. in-4, v. ant. tr. dor.

Exemp. avec quelques raccommodages et plusieurs taches. Le titre porte la marque de Jehan Janot, et le privilége est daté de l'année 1524.

668. Le Livre du Faulcon. *Imprimé a Paris par le Petit Laurens en la rue Saint-Jacques près Saint-Yues*, s. d. in-4, mar. vert russe, fil. tr. dor.

Très-bel exemp. d'une édition fort rare et non citée.

669. La Chasse du Cerf en rime françoise. (Publié par Jér. Pichon.) *Paris*, 1840. in-8, d.-rel. v. f. pap. vél.

670. La venerie de Jacques du Fouilloux. *Paris*, 1613, in-4. v. br.

134 BEAUX-ARTS.

671. Les ruses innocentes, dans lesquelles se voit comment on prend les oiseaux passagers et les non passagers, et de plusieurs sortes de bêtes à quatre pieds, avec les plus beaux secrets de la pêche dans les rivières et dans les étangs; et la manière de faire tous les rets et filets qu'on peut s'imaginer; le tout divisé en cinq livres, avec les figures démonstratives. Ouvrage très-curieux, utile et récréatif pour toutes personnes qui font leur séjour à la campagne, par F. F. F. R. D. G. (Frère François Fortin, religieux de Grammont); dit le solitaire inventif, suivant la copie de Paris, *Amsterdam : Pie"re Brunel, 1695*; in-8, frontispice et fig. mar. r. double fil. tr. d. (*Kœhler*).

Édition dont on recherche beaucoup les exemplaires en bon état et complets, comme celui-ci, des 66 planches qui doivent s'y trouver.

672. Venationes ferarum, avium, piscium Pugnæ bestiariorum : et mutuæ bestiarum, depicta à Ioanne Stradano : editæ a Philippo Gallæo : carmine illustratæ A. C. Kiliano Dufflæo, *s. l. n. d.* in-fol. oblong, v. f. (*Kœhler*.)

Ce riche recueil de gravures, dû au burin de Jean Collaert, contient 102 sujets, indépendamment du titre, qui est remonté ainsi que la gravure du 2ᵉ feuillet.

673. Histoire en abrégé de la vie de S. Hubert prince du sang de France, duc d'Aquitaine, premier Évêque et fondateur de la ville de Liège, et Apôtre des Ardennes. *Paris, M. Le Prest*, 1678, in-8, premier titre gravé et 6 fig. mar. vert. fil. tr. d. (*Duru.*)

674. SPORTING MAGAZINE (the), or monthly calendar of the transaction of the turf, the chace and every other diversion interesting to the man of pleasure and enterprize. *London*, 1792—1830, 75 volumes in-8, dont 71 rel. dos de veau, et 4 brochés.

Ces 75 volumes comprennent : 1° La première série complète formant 50 volumes, de 1792 à 1817; 2° la nouvelle série (*new series*), également complète, composée de 25 vol., 1817 à 1830.

Le *Sporting Magazine* n'est pas seulement le journal pour ainsi dire

BELLES-LETTRES.

officiel du sport en Angleterre ; il contient une foule de descriptions et d'anecdotes concernant la chasse, la pêche, les courses, les combats d'animaux, le récit des faits historiques qui s'y rattachent. Les planches dont ce recueil est orné sont au nombre de plus de 800, et exécutées d'après les plus habiles peintres d'animaux et de paysages de l'Angleterre.

Cette belle collection se trouve très-rarement complète, même en Angleterre, et c'est pour la première fois qu'elle est mise en vente en France. Sa place nous paraît marquée dans la bibliothèque des amateurs ou des sociétés qui s'occupent de courses et de chasse.

675. L'art de nager, ou invention à l'aide de laquelle on peut toujours se sauver du naufrage, et, en cas de besoin, faire passer les plus larges rivières à des armées entières. Par Jean Frédéric Bachstrom. *Amst., Zacharie Chatelain*, 1741, p. in-8, broch. fig.

Exemp. Pixérécourt. 4 N°493

676. Essai sur l'art de nager ; par l'auteur des Préceptes publiés en 1783, sous le nom de Nicolas Roger, plongeur de profession, et insérés depuis dans l'Encyclopédie (par Feydel). *Londres*, 1787, in-8, de 1 ff. et 64 pages, demi-rel.

Ouvrage peu commun ; l'auteur, Freydel, fut l'ami du général Bertrand, et Napoléon avait la plus grande confiance en lui. Freydel, fort peu connu aujourd'hui, est encore auteur de divers ouvrages, entre autres les *Mœurs des Corses*.

677. Les Ieux de cartes des roys de France, des reines renommées de la géographie et des fables. Par I. D. M. *Paris, Florentin Lambert*, 1664, pet. in-12, mar. r. fil. tr. d. (*Duru.*)

Charmant petit vol. orné de plus de 60 fig. en taille-douce.

678. Question chrestienne touchant le jeu, adressée aux dames de Paris, par Théotime ; scavoir si une personne addonnée au jeu se peut sauver et principalement les femmes. *Paris, Iean Mestais*, 1633 (60 pages). — La deffence des dames, ou bien responce au livre intitulé question chrestienne touchant le jeu ; adressée aux dames de Paris. Par le sieur de la Franchise. *Paris, Pierre Targa*, 1634 (62 pages), in-8, cart.

BELLES-LETTRES.

1. *LINGUISTIQUE.*
A. — INTRODUCTION : GRAMMAIRE ET DICTIONNAIRE.

679. Réflexions philosophiques sur l'origine des langues et la signification des mots, par M. de Maupertuis. s. l. n. d., in-12. mar. jaune, fers à froid, fil. tr. d. doublé de moire.

<small>Exemplaire Pixérécourt, avec 5 pages de remarques manuscrites de M. Boindin. (Livre très-rare, voy. Brunet.)</small>

680. Alphabetum Brammhanicum seu indostanum universitatis kasi. *Romae*, 1771, in-8. dos de veau fauve.

681. Joanis Cheradami alphabetum linguæ sanctæ mistico intellectu refertum. *Parisiis, apud Ægidium Gormontium*, 1532, in-8, de 86 pages et 1 ff. pour l'errata, mar. rouge, fil. tr. d. (*Duru*).

682. Pauli Paradisi Veneti, hæbraicarum literarum interpretis, de modo legendi hæbraicè, dialogus. *Parisiis, apud Hieronymum Gormontium*, 1534, 22 ff. non chiffrés, in-8. cart.

683. Proverbes arabes (25), texte et trad. franç. en regard, in-18, manuscrit sur vélin de 52 feuillets, mar. r. dent. tr. d. doublé de moire. (*Derome*).

<small>Exemplaire Pixérécourt.
Ce joli manuscrit moderne offre, au 1ᵉʳ feuillet, un dessin représentant Mahomet, avec la signature *Vauthier*. Toutes les pages écrites de ce charmant recueil sont encadrées, et la lettre et les cadres, tracés en encre ordinaire, sont simplement, mais gracieusement rehaussés d'or.</small>

684. DICTIONNAIRE TURC ET FRANÇOIS.

<small>Mss. in-4°, d.-rel., sur papier de 504 ff. à 2 col., *écrit* vers le milieu du XVIIIᵉ siècle. Le mot françois est figuré en caractères turcs. Ce ms. a été fait dans l'ambassade à Constantinople, de Feriol.</small>

685. Le Dictionnaire des huict langaiges : c'est à sça-

BELLES-LETTRES.

voir, Grec, Latin, Flameng, François, Espagnol, Italien, Anglois et Aleman, fort utile et nécessaire pour tous studieux et amateurs des lettres, nouvellement reveu et corrigé. *Paris, Guillaume Thibaut*, 1552, in-16. mar. r. tr. d. (*Duru*).

686. Lexique roman, ou Dictionnaire de la langue des Troubadours comparée avec les autres langues de l'Europe latine, précédé de nouvelles recherches historiques et philologiques, d'un résumé de la grammaire romane, d'un nouveau choix des poësies originales des troubadours et d'extraits de poëmes, par Raynouard. *Paris, Sylvestre*, 1836-1844, 6 vol. gr. in-8. br.

687. Comparaison de la langue punique et de la langue irlandoise, au moyen de la scène punique de la comédie de Plaute, intitulée : *le Carthaginois*, par Wallancey. s. l., 1787, 15 pag. pet. in-8. cart.

688. Grammatica Marastta a mais vulgar que sa practica nos reinos do Nizamaxa e Idalxà, offerecida aos muitos reverendos Padres missionarios dos dittos reinos. *Roma*, 1778, in-8. d.-rel. mar. rouge.

689. Dictionnaire Galibi, présenté sous deux formes : 1° Commençant par le mot françois; 2° par le mot galibi, précédé d'un essai de grammaire, par M. D. L. S. *Paris*, 1763, in-8. d.-rel. et coins, v. f.

B. — LANGUE FRANÇAISE.

690. Archéologie française, ou vocabulaire de mots anciens tombés en désuétude et propres à être restitués au langage moderne, par Charles Pougens. *Paris, Th. Desoer*, 1821, 2 vol. in-8. broché.

691. Essai sur les modes simples de la voix et sur les acceptions simples des mots, par Haly O-Hanly.

Saint-Brieuc, *Prud'homme*, 1823, in-8. de 48 pages, cart.

692. Recueil de l'origine de la langue et poësie françoise, ryme et romans ; plus les noms et sommaire des œuvres de CXXVII poètes francais, vivans avant l'an MCCC. (par Claude Fauchet, président en la cour des monnoyes). *Paris, Mamert Patisson*, 1581, in-4. mar. rouge, fil. (*Kœhler*).

693. L'ordene de chevalerie (poëme ; par Hue de Tabarie) ; avec une dissertation sur l'origine de la langue françoise, un essai sur les étimologies, quelques contes anciens et un glossaire pour en faciliter l'intelligence (par Barbazan). *Lauzanne* et *Paris, Chaubert, Claude Hérissant*, 1759, in-8. fig. dos de mar. rouge, non rogné.

694. De l'état actuel de langue française, par G. A. Crapelet, imprimeur. *Paris, Crapelet*, 1828, 22 pp. in-8. d.-rel. v. br.

695. Trésor des recherches et antiquitez gauloises et françoises, reduites en ordre alphabétique et enrichies de beaucoup d'origines, épitaphes et autres choses rares et curieuses, comme aussi de beaucoup de mots de la langue thyoise ou theuthfranque, par P. Borel, *Paris, Augustin Courbé*, 1655, in-4. mar. rouge du Levant, fil. tr. d. (*Duru*).

696. Le Grāt et vray art de pleine réthorique /utille/ proffitable et necessaire à toutes gens qui désirent à bien elegantement parler et escripre, compilé et cōposé par tres expert /scientifique et vray orateur maistre Pierre Fabri/ en son viuāt curé de Meray et natif de Rouen/ par lequel ung chascun en le lysant pourra facillement et aornement composer et faire toutes descriptiōs en prose /cōme Oraisons/ Lettres missives/ Epistres/ Sermons/ Recitz/ collations et Requestres. M.D.XXXVI. *On les vend à Lyon, cheux*

BELLES-LETTRES.

Olivier Arnoullet-demeurât aupres-nostre dame de Confort. Petit in-8. goth. mar. citron tr. d. (*Duru*).

697. Le grant et vray art de plaine rethoricque : utile, proffitable, et necessaire a toutes gens qui desirent a bien elegatement parler et escripre. Compilé et coposé par tres expert, scietifiq et vray orateur maistre Pierre Fabri, en so viuât cure de Meray et natif de Roüe... 1544. *Imprime à Paris pour Dudin. Petit, demeurant audit lieu en la rue sainct Jacquese* (A la fin) : *Cy fine le premier et second liure de vray rethorique, nouuellemêt imprimé en lan mil cinq cês quarante et quatre.* In-8. v. f. anc. rel.

Cet ouvrage, rare et curieux, divisé en deux livres, contient 144 ff. chiffrés dans le premier, 68 dans le second, 2 ff. de table non chiffrées.

698. Mémoire sur la langue celtique, contenant l'histoire de cette langue, une description étymologique des villes, rivières, montagnes, forêts, curiosités, etc.; et un dictionnaire celtique renfermant tous les termes de cette langue. *Besançon, Cl. Jos. Daclin*, 1754, 3 vol. in-fol. v. marb. armoiries.

699. Dictionnaire celto-breton, ou breton-français, par J.-F. M. M. A. Le Gonidec. *Angouleme, François Tremenu et C*^{e}, 1821, in-8. d.-rel.

700. Thresor de la langue françoise, tant ancienne que moderne, auquel, entre autres choses, sont les noms propres de marine, venerie et faulconnerie, par Aimar de Ranconnet, revue et augmenté par Iean Nicot, avec une grammaire françoise et latine. *Paris, David Douceur,* 1606, in-fol. v. ant. (*imit. d'anc. rel.*).

Exemp. en gr. pap. Fort beau volume à 2 colonnes, imprimé avec beaucoup de soin, et dont toutes les pages sont réglées.

701. Dictionnaire universel, contenant generalement tous les mots françois tant vieux que modernes, et les termes des sciences et des arts, savoir : etc., etc. Recueilli et compilé par feu messire Antoine

140   BELLES-LETTRES.

Furetière, abbé de Chalivoi, de l'académie Françoise, 2ᵉ édit. revue, corrigée et augmentée par M. Basnage de Bauval. *La Haye et Rotterdam, Arnould et Reinier Leers*, 1701, 3 vol in-fol. portrait. mar. rouge, fil. tr. d. (*anc. rel.*).

702. Traicté de la conformité du langage françois auec le grec, diuisé en trois liures, par H. Estienne. *Paris*, 1569, pet. in-8. mar. r. fil. tr. d. (*Duru*).

703. Proiect du livre intitulé de la précellence du langage françois, par Henry Estienne. *Paris, Mamert Patisson*, 1579, in-8, mar. rouge, fil. tr. dor. Janseniste (*Duru*).

<small>Quelques petits raccommodages. A part cela, fort bel exempl.</small>

704. La manière de bien traduire d'une langue en autre; d'advantage de la punctuation de la langue françoyse, plus des accents d'ycelle. Autheur Estienne Dolet, natif d'Orléans. *Lyon, Estienne Dolet*, 1540, in-8. pap. de Holl. cart. *non rogné*. (voyez Second Enfer de Dolet).

<small>Réimpression très-soignée. Ces deux pièces forment 48 pp., et l'on trouve dans le même vol. : *Genethliacum Claudii Doleti, Stephani Doleti filii.... Lugduni, apud eumdem Doletum*, 1539 (30 pp.); plus la traduction française de cette pièce (42 pp.), et 2 ff. pour la marque de Dolet et le dixain de sainte Marthe.</small>

705. La manière de tourner en langue françoise les verbes actifs, passifs, gérundifs, supins et participes; item les verbes impersonnels ayant terminaison actiue ou passiue, auec le verbe substantif nommé sum. *Caen, impr. de Martin et Pierre Philippe*, 1554, pet. in-8. mar. br. fil. tr. d.

<small>Pièce de 12 ff. non chiff., *livre rare*.</small>

706. Le livre jaune, contenant quelques conversations sur les Logomachies, c'est-à-dire sur les disputes de mots, abus des termes, contradictions, double entente, faux sens, que l'on emploie dans les discours et dans les écrits (par Cl. Groz de Boze). *Bâle* (*en*

BELLES-LETTRES. 141

France), 1748, in-8, de 12 ff. et 184 pages, sur papier jaune, cart.

<small>Ce livre singulier a été aussi attribué à G.-A. Basin, et n'a été tiré qu'à 50 exemp.; d'autres prétendent à 7 ou 8 seulement; il a été vendu 45 fr. à la vente d'Ourches.</small>

C. — PATOIS OU DIALECTES POPULAIRES DE LA FRANCE.

707. Nouvelles recherches sur les patois ou idiomes vulgaires de la France, et en particulier sur ceux du département de l'Isère, etc., par J. J. Champollion Figeac. *Paris : Goujon, novembre* 1809, in-12, v. fauve fil. tr. d. (*Bauzonnet*).

708. Sermon sur la pénitence, au patois de Besançon, suivi du sermon en proverbes. *Montbéliard, Deckherr*, s. d. 24 pages, pet. in-12, d.-rel. v. br.

709. Essai sur l'origine et la formation des dialectes vulgaires du Dauphiné, par M. Ollivier Jules ; suivi d'une bibliographie raisonnée des patois de la même province, par M. Paul Colomb de Batines, *Valence : L. Borel; Paris : Edouard Pamier*, 1838, in-8, tiré in-4, sur papier fort, cart.

<small>Cet opuscule, tiré à 24 exemplaires numérotés, est peu commun ; celui-ci porte le n° 12.</small>

710. Vocabulaire des mots patois en usage dans le département de la Meuse, par M. F. S. Cordier. *Paris ; E. Duverger*, 1833 ; 56 pp. in-8, d.-rel. v. broch.

711. Satyre d'un curé picard sur les vérités du temps, (en langue picarde), par le R. P***, jésuite. *Avignon, Claude Lenclume, à l'enseigne du Mucheten Pot,* 1574, in 12, v. f. fil. tr. d. *bel ex.*

712. Recueil de pouesies prouvençalos de M. F. T. Gros de Marsillo. *Marseille, Sibié*, 1763, in-8. d.-rel. v. br.

713. Le tablev de la Bido del parfet crestia, que represento l'exercice de la fe, accompaignado de las bounos obros, las pregarios, le boun usatge des sacro-

mens, l'eloignement del peccat, é de las oucçasius que nous y podem pourta, etc. E'un dicciounari per l'esclarcissomen des mots les pus dificillés, per le P. A. N. C. *Toulouso, Iean Baudo*, 1675, in-8. v. f. fil.

714. Le tableau de la bido del parfes crestia en Bersses que represento l'exercici de la fe, acoumpaignado de las bounos obros, de las Pregarios, del bon usatjet des sacromens; de l'eloignomen del peccat, et de las oucasius que nous y podem pourta. Fait pur le P. A. N. C. Rég. de l'ordre de S. Aug. *Toulouzo; Antoino Birosso*, 1759, in-8. mar. vert non rogné, doré en tete.

En patois gascon, rare surtout dans cette condition. Exempl. de Ch. Nodier.

715. Lou Galoubé de Jacinton Morel, ou poesious prouvençalous d'aquel outour, réculidous per seis amis. *Avignoun, Bonnet*, 1828.—Lou Bouquet prouvençaou yo leis troubadours revioudas. *Marsillo: Achard*, 1823. Ensemble, 2 tomes en un vol. in-12, dem.-rel.

Le second volume n'est pas le moins curieux; on y trouve un choix des poésies de Grós, Coye, Germain Dageville et l'abbé Vigno, avec une notice sur chacun d'eux, d'anciennes poésies sans nom d'auteur, et des poésies modernes, signées seulement par des initiales.

716. Poésies diverses, patoises et françoises, P. M. P** A. P. D. P. (par M. Peyrot, ancien prieur de Pradinai et Chanoine de Milhau) *en Rouergue*, 1774, petit in-8. mar. r. doré en tête, *non rogné* (*Duru*).

Exemp. de Ch. Nodier.

717. Les folies du sieur Le Sage de Montpellier, *suivant la copie de Montpellier. Amsterdam : Daniel Pain*, 1700, in 12, fig. dem.-rel.

Recueil de poésies en patois qui ne manquent ni de verve ni d'originalité. Ce volume, dans lequel on trouve beaucoup de dialogues, est peu commun.

BELLES-LETTRES.

718. L'embarras de la fieiro de Beaucaire, en vers burlesques vulgaris, per Jean Michel de Nismes. *Amsterdam, Daniel Pain*, 1700, in-8, d.-rel. v. f. avec une gravure.

719. Toutos las obros d'Augié Gailliard, Rondié de Rabastens en Albigez. *Paris, Simon Ribardière*, 1585, pet. in-8. mar. bleu, fil. orn. tr. d. (*Bauzonnet*) reliure *à la rose*.

<small>Superbe exempl. Nodier d'un livre très-rare. (Voyez *Description raisonnée*, p. 244.)</small>

720. Estrées Béarnèses, en la l'an 1820. *A Pau, de l'imprimerie de Vignancour*, in-12. mar. r. non rogn. dor. en tête (*Kœhler*).

<small>Almanach qui contient un joli choix de poésies patoises dont plusieurs n'existent que là, et qui est devenu rare. Exempl. de Ch. Nodier.</small>

721. La gente Poetevinerie, tot de nouuea rencontrie, etc., ouecque le precez de lorget et de san vesin, et chonsons jeouses compousie in bea poiteuin. Et le precés criminel d'in marcacin. *Poeters, Ion Flevrea*, 1660, petit in-12. mar. r. fil. tr. d. (*Duru*).

722. Noëls nouveaux, où l'on voit les principaux points de l'histoire de ce qui a précédé, accompagné et suivi la naissance de Jesus-Christ (en françois et en auvergnat). *Clermont-Ferrand, veuve Delcros et fils*, s. d. Petit in-8 de 31 pages à 2 col. d.-rel.

723. Vocabulaire nouveau au colloque français et breton, ouvrage très-utile à ceux qui sont curieux d'apprendre l'une ou l'autre de ces deux langues. *Quimper, Y. J. L. Derrien*, s. d. (vers 1811), petit in-8. veau racine, dent.

724. OEuvres pastorales de M. Merthghen (Sasamo, poëme pastoral), trad. de l'allemand, par M. le baron de Nausell, suivies des Aulnayes de Vaux, Idylles françoises, par M. Le Boux de la Bapaume-

rie. *Paris, Belin*, 1785, 2 vol. in-18, fig. (3) mar. rouge, fil. tr. d.

725. Nouveau dictionnaire ou colloque françois et breton, tres utile pour ceux qui sont curieux d'apprendre l'une ou l'autre de ces deux langues. Première édition, *Morlaix*, 1717, in-12, v. f. fil. (*Kœhler*).

726. Mellezour ar rosera santel, *Quemper, Desvergers Nouel*, s. d. (1620) in-8. dos et coins de v. f.

727. Les essais d'un Bobre africain, seconde édition, augmente depres du double et dediée a madame Borel jeune, par F. Chrestien. *Ile Maurice, G. Deroullede et compagnie*, 1831, pet. in-4. mar. roug. fil. tr. d. (*Kœhler*).

<small>Exempl. de Ch. Nodier. Livre fort rare, en patois des colonies (en vers).</small>

2. RHÉTORIQUE ET ORATEURS.

728. Les deux arts poétiques d'Horace et de Boileau collationnés sur les meilleures éditions de ces deux poëmes. *Brest, Michel*, 1815, in-16. sur peau de vélin, dos et coins de mar. rouge, non rogn. (*Simier*).

<small>Exempl. sur peau de vélin.</small>

729. Alfabet quonsiliateur de l'ortografe aveq la prononsiasion franseze, por doner dez preinsipez invariablez e trez facilez a toz qi vodron aprandre dan peu de tan la gramere franseze, par Piere Andre Gargaz, de Teze an Provanse. *Marseille, Jean Mossy*, 1773, in-8. de 28 pages d.-rel. v. f.

<small>Le titre de cet opuscule suffit pour donner une idée de l'orthographe que l'auteur propose de substituer à celle dont se servaient les encyclopédistes, ses contemporains. Ce qui ajoute encore à l'originalité de ce livre, c'est qu'une lettre d'André Gargaze « à madame la *qontesse* de Marsan, » dont il invoque les lumières et la puissance en faveur de son œuvre, est signée *Gargaz, forsa* n° 1336. La suscription de cette lettre, cette signature et la formule qui la précède sont écrites fort lisiblement par l'auteur lui-même dans des blancs réservés à cet effet.</small>

BELLES-LETTRES.

3. *POÉTIQUE*.

POÈTES LATINS ANCIENS ET MODERNES.

730. Publii Virgilii Maronis opera cum quinque vulgatis commentariis expolitissimisque figuris atque imaginibus nuper per Sebastianum Brant superadditis exactissimeque revisis atque elimatis.... Impressum regia in civitate *Argentenensi*, ordinatione, elimatione ac relectione Sebastiani Brant, operaque et impensa non mediocri magistri Johannis *Grieneneger. Anno* J. C. M.D.II, *quinta kalendas septembres die. In-fol.* anc. rel. vél. (Notes manuscrites sur les marges.)

Cette édition précieuse, ornée d'un grand nombre de figures en bois, n'est pas citée. C'est un volume qui peut se placer à côté de l'Horace du même éditeur.

731. Quinti Horatii Flacci opera omnia recensuit Filon, in regio Ludovici magni collegio professor. *Parisiis, Sautelet,* 1828, in-64. mar. lilas fil. tr. dor. (*Héring*).

Edition imprimée avec les caractères microscopiques de H. Didot. Exempl. sur papier de Chine.

732. Stultifera navis narragonice profectionis nunquam satis laudata navis, per Sebastianum Brant... 1498 nihil sine causa Jo de Olp *In fine,* fol. 156 : Finis narragonice navis per Sebastianum Brant vulgari sermone theutonico quondam fabricate atque jampridem per Jacobum Locher, cognomento Philomusum, in latinum traducte perque pretactum Sebastianum Brant denuo revise optimisque concordantiis et suppletionibus exornate, in laudatissima Germanie urbe *Basiliensi* nuper opera et promotione Johannis Bergman de Olpe anno salutis nostre MCCCCXCVIII kl'martii. (cum scuto typographi). Petit in-4. de 159 feuillets chiffrés, dont les trois derniers contiennent la table. Lettres rondes, figures en bois. Rel. veau fauve.

Ouvrage singulier et fort rare, remarquable en outre par les nombreuses figures en bois dont il est orné. M. Brunet en a décrit une édition por-

146 BELLES-LETTRES.

tant la date de 1497, Kal' Martii, publiée aussi à Bâle par le même éditeur, et comprenant seulement 458 feuillets.

3. POÈTES FRANÇAIS.

a. — INTRODUCTION, COLLECTIONS ET EXTRAITS.

733. Traitté du sonnet, par le sieur Colletet. *Paris, Antoine de Sommaville et Louis Chamhoudry*, 1658, in-12. mar. roug. tr. d. (*Duru*).

734. Traitté de la poésie morale et sententieuse, par Colletet. *Paris, Ant. de Sommaville*, 1658, pet. in-12. mar. bl. fil. tr. d. (*Duru*).

735. Discours du poëme bucolique, où il est traitté de l'églogue, de l'idyle et de la bergerie, par Colletet. *Paris, Louis Chamhoudry*, 1657, petit in-12. m. v. fil. tr. d. (*Duru*).

736. Traité de l'épigramme, par Colletet. *Paris, Ant. de Sommaville*, 1658, pet. in-12. mar. br. fil. tr. d. (*Duru*).

737. L'Académie des modernes poetes françois, remplie des plus beaux vers que ce siècle reserue à la postérité, par A. du Brueil. *Paris, Antoine du Brueil, tenant sa boutique sur les degrez de la grand'salle du palais*), 1599, petit in-12. mar. bl. fil. tr. d.

738. Le Parnasse des poetes françois modernes, contenant leurs plus riches et graues sentences, discours, descriptions et doctes enseignements (recueillis par Gilles Corrozet). *Lyon, Benoist Rigavd*, 1578, in-32. mar. v. russe fil. tr. d. (*Duru*).

739. Extraits de quelques poësies du XII, XIII et XIVe siècle (par Sinner). *Lausanne, F. Grasset*, 1759, pet. in-8. mar. r. fil. tr. dor. (*Duru*).

740. Specimens of the early poetry of France, from the time of the troubadours and trouveres to the reign of Henri quatre, by Louisa Stuart Costello. *London, Pickering*, 1835, in-8. cart.

Avec des figures coloriées imitant les miniatures des manuscrits.

BELLES-LETTRES.

741. Fabliaux et contes des poëtes françois des XI, XII, XIII, XIV et XV° siècles, tirés des meilleurs auteurs, publiés par Barbazan, nouv. éd. augmentée et revue sur les Mss. de la Bibl. imp., par M. Méon. *Paris : B. Warée oncle*, 1808, 4 vol. in-8. cuir de Russie. fil. dent. à froid. 33

742. Les trouvères cambrésiens, par M. Arthur Dinaux. *Paris*, 1837. — Les trouvères de la Flandre et du Tournaisis, par le même. *Paris*, 1839. Ensemble, 2 vol. in-8. dos de veau fauve. //

743. Lai d'Havelok le danois. XIII° siècle. *Paris, Silvestre*, 1833, in-8. dos et coins de mar. viol. non rogné. //

Tiré à cent exemplaires numérotés. Celui-ci porte le n° 64.

744. Lai d'Ignaurès, en vers du XII° siècle, par Renaut, suivi des lais de Melion et du Trot, en vers du XIII° siècle, publiés pour la première fois d'après deux manuscrits uniques, par L. J. N. Monmerqué et Francisque Michel. *Paris : Silvestre*, 1832, in-8. dem.-rel. 4 //

Tiré à 150 exemplaires numérotés. Celui-ci est la dernière bonne feuille de mise en train.

745. Des XXIII manières de Vilains (XIII° siècle). *Paris, Firmin Didot frères*, 1833-1834, in-8. dos et coins, mar. vert. 3 2/

Il n'a été publié sous ce titre que trois pièces qui sont ici. La première, *des Vilains* (15 pages); la deuxième, *de l'Oustillement au Vilain* (18 p.), et la troisième, *la Riote du monde* (45 p.), y compris un fragment d'une *Rudhote du monde*.
Ces pièces n'ont été tirées qu'à cent exemplaires.

746. Roman du comte de Poitiers, publié pour la première fois, d'après le manuscrit unique de l'Arsénal, par Francisque Michel. *Paris : Silvestre*, 1831, in-8. cart. angl., avec un fac simile. 3 2/

Réimpression tirée à 125 exempl. numérotés. Celui-ci porte le n° 26.

BELLES-LETTRES.

747. Li romans de Berte aus grans piès, précédé d'une dissertation sur les romans des douze pairs, par M. Paulin Paris. *Paris: Techener*, 1832, in-12, dos et coins de mar. rouge du Levant, non rogné.

748. Rondeaux et ballades inédits d'Alain Chartier, publiés d'après un manuscrit de la bibliothèque Mejanes, à Aix. *Caen, Félix Poisson et fils*, 1846, 8 ff. gr. in-16. dos et coins mar. bleu.

<small>Cette pièce, en caractères gothiques, imprimée en rouge et en noir, ne comporte que 5 ff. Les trois autres sont occupés par le titre en français moderne et quelques mots d'introduction. On n'en a tiré que 120 exempl.</small>

749. La complainte douloureuse du nouveau marié. 23 pp. in-8. en caractère goth. dem.-rel. et coins v. f.

<small>Réimpression. *Paris, Firmin Didot*, 1830.</small>

750. Les poësies du roy de Navarre, avec des notes et un glossaire françois; précédées de l'histoire des révolutions de la langue françoise, depuis Charlemagne jusqu'à saint Louis; d'un discours sur l'ancienneté des chansons françoises et de quelques autres pièces. *Paris, Hippolyte Louis Guérin*, 1742, 2 vol. in-8. v. marb.

<small>Les poésies du roi de Navarre furent éditées par Lévêque de La Ravallière (Louis-Alexandre) membre de l'académie des Inscriptions, et auteur du *Discours sur l'ancienneté de la chanson.*</small>

751. La dance aux aveugles et autres poësies du xve siècle, extraites de la bibliothèque des ducs de Bourgogne. *Lille: André Joseph Panckoucke*, 1748, in-12, dos de mar. rouge, *non rogné*.

<small>Recueil curieux de poésies de Pierre Michault, de Pierre de Nesson, de Bouton et de plusieurs anonymes. Publié par Lambert Doux fils.</small>

752. Les arrêts d'amours (en prose) avec l'amant rendu cordelier à l'observance d'amours (en vers), par Martial d'Auvergne, dit de Paris, procureur au parlement, accompagnez des commentaires juridiques et joyeux de Benoît de Court, jurisconsulte, et d'un glossaire des anciens termes. *Amsterdam, François*

BELLES-LETTRES.   149

Changuion 1731, un vol. en 2 tomes, in-12. v. f. (anc. rel.).

753. Les sixains en rime françoise, manuscrit du xvi° siècle, sur vélin. s. l. n. d., in-16 carré, velours rouge doublé de tabis.

<small>Ce manuscrit se compose de 12 sixains dont les images sont rendues en 12 miniatures. De ces 12 miniatures, qui occupent chacune un feuillet, 6 sont en recto et 6 en verso, et les sixains, dont chacun occupe une page, sont placés deux par deux entre les miniatures auxquelles ils correspondent. Ce livret comprend ainsi 18 ff., plus 4 ff. blancs sur le premier desquels on a récemment écrit le titre. Il provient du cabinet de M. Monteil.</small>

754. Poëme sur la peste, manuscrit du xv° siècle, sur papier, petit in-4, vel. mar. noir du Levant, tr. dor. (*Duru*).

<small>Ce curieux manuscrit contient 32 feuillets non chiffrés. Les feuillets 1-24 sont remplis par un traité en vers sur les moyens de guérir la peste. Au feuillet 24 on trouve un écrit en prose sur le même sujet, intitulé : *Autre enseignement pour espidemie resister comme il ensiout cy-après et par relation faite au caier escript à Montpellier et signé Du Jardin.*</small>

755. Complainte ou élégie romane sur la mort d'Enguerrand de Créqui, évêque de Cambray, publiée et annotée par Edward Le Glay, 1834, 18 pp. gr. in-8. dem.-rel. v. bl.

<small>Brochure imprimée à *Cambray*, avec beaucoup de soin, par *Losne Daloin*, et dont toutes les pages sont encadrées. Elle a été tirée à 60 exempl.</small>

756. Les grans regretz et côplainte de ma damoyselle du pallais. s. l. n. d., in-8, goth. sur peau de vélin, de 4 ff. dos et coins de mar. rouge (*Kœhler*).

<small>L'un des deux exemplaires sur peau de vélin de ce *fac-simile* autographié a quinze seulement, par les soins de M. Peyre de La Grave. C'est une curieuse pièce de poésie du xvi° siècle.</small>

757. Les dictz des bestes et aussi des oyseaulx. *Cy finissent les dicts des oyseaulx. Nouvellement imprimé a Paris en la rue neufue Nostre-Dame a lescu de France. s. d.*, in-16, goth. de 12 ff. sur papier de Chine, *fig. en bois*, broché.

<small>Réimpression *fac-simile*, tirée à 40 exemplaires.</small>

758. Les ballades de Bruyt commun sur les aliances des roys, des princes et prouinces, auec le tremble-

ment de Venise, par Andry de la Vigne, secretaire de la royne. s. l. n. d., in-4, goth. v. bistre, tr. dor. (*Thompson*).

<small>Joli exempl. NODIER. « Pièce fort rare, puisqu'elle a échappé à Lacroix-du-Maine et à Du Verdier. M. Brunet la décrit sur cet exemplaire que je crois le seul connu, et qui a été payé près de 175 fr. vente Héber. » Cu. NODIER. (*Note manuscrite jointe au vol.*)</small>

759. Fragmens de l'explication allégorique du cantique des cantiques, par un poète du xiiie siècle; publiés, d'après le manuscrit, par Ch.-J. Richelet. *Paris, chez Achille Desauges*, 1826, grand in-8. pap. de Hollande rose, v. rouge fil. ornem. tr. d.

<small>Pièce tirée à 15 exemplaires. Celui-ci porte le n° 10.</small>

760. Les vaudevires, poésies du xve siècle, par Olivier Basselin, avec un discours sur sa vie et des notes pour l'exploitation de quelques anciens mots. *Vire: (Imprimerie de F. Le Court à Avranches,)*, 1811, in-8. sur papier rose, v. brun, gaufré, non rogné.

<small>Tiré à cent exemplaires dont dix sur ce papier, les notes sont signées Aug...., A. ....</small>

761. Le temple dhonneur et de vertus, composé par Iehan le Maistre (sic pour Lemaire), disciple de Molinet. A lhonneur de feu monseigneur de Boubon (sic), s. l. n. d. in-4. goth. de 23 ff. non chiff. mar. roug. fil. tr. d. (*Duru*).

762. La grande et vraye pronostication générale pour quatre cens quatre-vingts-dix-neuf ans. Calculée sur la ville de Paris et aultres lieux de mesme longitude. *On les vend en la rue de Coyppeaulx lez Paris aux trays treillis de fer, par Nicolas Barbou, imprimeur, mil cinq cens quarante et deux*. Petit in-12. goth. de 8 ff. non chiffrés, maroc. vert. fil. tr. d.

<small>Facétie rarissime; en vers.</small>

763. Les regnars trauersant les périlleuses voyes des folles fiances du monde composées par Sebastien Brand, lequel composa la nef des fols dernièrement. Imprimé nouuellement à Paris. Et plusieurs nouuelles choses composées par autres facteurs. *On les vend en la rue Saint-Jacques, à l'enseigne de la rose blanche couronnée, par Philippe le Noir... et fut acheué lan mil cinq cens et quatre* (1504), in-4. mar. vert fil. à riches compart. tr. dor. (*Thompson*).

<small>Le dernier feuillet de cet exempl. a été reproduit *fac-simile* de l'original.</small>

764. Le séiour dhonneur, composé par reuerend pere en Dieu messire Octauien de sainct Gelaiz, Evesque dangoulesme; nouuellement imprime a Paris pour Anthoyne Verard. *Ilz se vendēt a Paris deuāt la rue neufue nostre dame a lymage sainct Jehan leuangeliste ou au Palays au premier pillier deuant la chapelle ou len chāte la messe de messeigneurs les presidens.* — *Cy finist le seiour dhōneur nouuellement imprimé à Paris pour Anthoyne Verard demourant, etc., et fut acheue le XXX° jour d'aoust mil CCCCC. et. XIX.* Petit in-4. goth. de 164 ff. non chiffrés, fig. en bois. mar. vert, dorure et ornementation aux petits fers, doublé en mar. rouge et dent. tr. d. (*Thouvenin.*)

<small>L'une des belles reliures surnommées à la Fanfare, sur un exemplaire parfaitement conservé et qui provient de la bibliothèque de <u>Nodier</u>, avec l'écusson de *ex-museo C. Nodier* sur les plats.</small>

765. Le vergier d'honneur nouuellement imprimé à Paris. De l'entreprise et voyage de Naples. Auquel est comprins comment le roy Charles huitiesme de ce nō à baniere desployée passa et repassa de iournée en iournée depuis Lyon iusques à Naples et de Naples iusques a Lyon. Ensemble plusieurs aultres choses faictes et cōposées par Reuerend Pere en Dieu monsieur Octauien de Sainct-Gelais, euesque

152 BELLES-LETTRES.

Dãgoulesme et par maistre Andry de la Vigne......
On les vend a Paris en la grãt rue Sainct-Jacques a lenseigne de la Rose blanche couronnée (à la fin).
Cy fine le vergier dhonneur, etc., s. d., pet. in-fol. v. marb. fil.

_{Exemplaire d'une édition avec frontispice gravé, ayant en tête le monogramme de Philippe-le-Noir, impr. à 2 colonnes, de 53 lignes chacune, signat. A.—X. iiii et AAi.—AAiiii.}

766. Sensuiuent les menus propos de mere sotte, nouuellement composée *(sic)*, par Pierre Grigoire (Pierre Gringore) herault d'armes de m[*]seigneur le duc de Lorraine. Auec plusieurs adicions nouuelles. *On les vend a Paris par Phelippe le Noir libraire demourant en la rue Sainct-Jacques a l'enseigne de la Rose blanche couronnee.* s. d. pet. in-4. mar. rouge.

_{Édition non citée, de 84 ff. non chiff., signat. A. Viiii, avec les mêmes figures que pour l'édition de 1522 tirée avec le texte. A chaque page se trouve une figure.}

767. Maistre Aliborum q̃ de tout se mesle et scait faire tous mestiers et de tout rien (à la fin) : *Cy finissent les ditz de maistre Aliborum.* s. l. n. d., petit in-8. pap. de holl. d.-rel. v. vert.

_{Réimpression figurée, de cette pièce de 4 ff. en vers, attribuée à Pierre Gringore. *Paris*, Crapelet, 1838.}

768. Les œuvres maistre Françoys Villon. *On les vend à Paris en la rue neufue Nostre Dame, par Denys Ianot,* s. d., pet. in-16. mar. r. fil. tr. d. *(Thouvenin)* (court de marge).

769. MATHEOLUS ;

    Le livre de Matheolus
    Qui nous monstre sans varier
    Les biens et aussi les vertus
    Qui vieignent pour soy marier ;
    Et a tous faictz considerer,
    Il dit que lomme nest pas saige

BELLES-LETTRES.   153

Sy se tourne remarier
Quant prins a esté au passaige.
(Paris, Antoine Verard, 1492), petit. in-4. goth.
de 74 ff. a 2 col. de 37 lignes à la page (signé A.
L. par six et M. par 8 ff.), fig. en bois, mar. bleu,
fil. tr. d.

Livre extrêmement curieux et dont toutes les éditions sont rares. Un exemplaire de celle mentionnée ici fut vendu à la vente Hébert, 420 francs.
Le nôtre a malheureusement qq. ff. tachés, et quelques piqûres. La figure érotique de la page, f. ii, avait été mutilée, elle a un petit raccommodage. *Cette figure represente une femme couchée sur le dos / un prêtre à genoux devant elle, l'enfilers*

770. Le romant de la rose imprimé a Paris (à la fin) : *Fin du romant de la rose veu et corrigé et nouuellemet imprimé a Paris.* s. l. n. d. (avec les marques d'*Antoine Verard et de Iehan Petit*), pet. in-fol. goth. v. f. fers à froid, fil. tr. d. fig.

Cette édition n'est pas indiquée. M. Brunet cite une édition donnée par *Udalric Gering*, en 1479, dont la description a été observée par M. Péricaud aîné, sur l'exemplaire de la bibliothèque publique de Lyon, et voici la description de notre exemplaire, 139 ff. *chiffrés*, impr. à 2 col., de 44 lignes chacune, sans récl., mais avec signat. A. i-Z. iiii ; plus 4 ff. non chiff. au commencement, pour le titre, le prologue et la table, signaturés d'une fleur de lis et d'un à trois ı. Il y a en outre à la fin un feuillet à part dont le recto est occupé par la marque de Jean Petit. Le titre et les lignes de la fin sont tels que nous les donnons en tête de cet article. Il n'y a rien au-dessous de la marque d'Antoine Verard, pour l'explication de laquelle nous renvoyons au Manuel, fin du t. iv.

771. Le roman de la rose, par Guillaume de Lorris et Jean de Meung, dit Clopinel, édition faite sur celle de Lenglet Dufresnoy ; corrigée avec soin et enrichie de la dissertation sur les auteurs de l'ouvrage, de l'analyse, des variantes et du Glossaire publiés en 1737, par J. B. Lantin de Damerey, avec fig. (4) *Paris, J. B. Fournier et fils, P. N. F. Didot, an VII* (1799), 5 vol. in-8. papier de holl. veau fauve fil. tr. d. *(Bozérian).*

772. Le messagier d'amours (par Pilvelin), pet. in-4. goth. mar. rouge, fil. doubl. tr. dor. (*Bauzonnet*).
Superbe exemplaire d'un opuscule en vers fort rare.

773. Les lunettes des princes, ensemble plusieurs additions et ballades, par noble hôme Iehan Meschinot, escuyer, de nouveau composées. Et se vendent au premier pillier de la grand salle du Pallays, *par Galliot du Pré*, 1528, pet. in-8. de 116 ff. chiffr. mar. noir, tr. d. (*Bauzonnet-Trautz*).

<small>Bel exempl. d'un livre fort rare.</small>

774. Sensuit la grāt dyablerie qui traicte cōment Sathan fait demōstrance a Lucifer de tous les maulx que les mōdains font selon leurs estatz, vacations et mestiers. Et comment il les tire a dāpnation. Contenant plusieurs chapitres comme il appert par la tabe séquente (composé par Eloy d'Ameurnal). *Imprimé a Paris nouuellement. On les vent à Paris en la rue neufue Nostre Dame a l'enseigne de l'escu de France.* — Au verso du 6ᵉ ff. *Imprimé a Paris par la veufue Iehan Trepperel et Iehan Iehannot, imprimeur et libraire iuré en luniuersité de Paris.* S. D., pet. in-4. goth. à 2. col. de 149 ff. sign. en 62. cah. fig. s. b. v. fil. tr. d.

<small>Bel exempl. d'un livre et d'une édition très-rares, qq. piqûres habilement raccommodés, exempl. qui avait appartenu à Pont de Veyle, acheté 177 fr. à la vente Soleinne.</small>

775. Le pelerinage de l'homme (par Guill. de Guilleville, revu par Pierre Vigin), nouuellemet imprimé a Paris le quatrième iour dauril mil cinq cens et unze deuat pasques pour Anthoine Verard, demourant en ladicte ville. Et a le roy nostre sire donné audict Verard lectres de priuilege et terme de trois ans pour vendre et distribuer sesdits liures.... — *cy fine le premier pelerinage... imp... pour Ant Verard...* Petit in-fol. goth. à 2 col. de 2 ff. prelim. et 106 ff. chiff. fig. s. b. mar. rouge. fil. tr. d. (*Derome*).

<small>Exempl. très-bien conservé, d'un livre rare, provenant de la 1ʳᵉ bibl. Pont de Vesle.</small>

776. Les œuvres de maistre Guillaume Coquillart, en

son vivant official de Reims. *Paris, Iean Bonfous,*
s. d. (*vers* 1550), in-16, v. f. fil. tr. d.

<small>On trouve dans cet exemplaire le monologue de la Botte de foin, le monologue du Pays, et le monologue des Perruques, que l'on rencontre rarement.</small>

777. Poésies gothiques françoises : sermon joyeux de M. de Saint-Hareng. — Monologue des nouveaux sots de la joyeuse bande. *Paris, Crapelet*, 1830, gr. in-8. cart.

<small>Réimpression figurée en caractères gothiques sur beau pap. de Hollande (de la collection Silvestre), 8 pièces.</small>

778. Le lay de paix. *Paris, Jules Didot ainé*, 8 ff. pet. in-4. cart.

<small>Réimpression, *fac-simile* de cette pièce, en caract. goth., s. l. n. d., tirée à 16 exempl. seulement, par les soins de M. D. L. (Durand de Lançon).</small>

779. Recueil des plus belles pièces des poëtes françois, depuis Villon jusqu'a Benserade. *Paris, Prault père*, 1752, 6 vol. in-12. v. f. fil.

<small>Bel exemplaire.</small>

780. Le Recueil Jehan Marot de Caen, poëte et escrivain de la magnanime Royne Anne de Bretaigne et de puys valet de chambre du tres chrestien Roy Françoys premier de ce nom. *On les vent à Paris par Anthoine Bonnemere a l'hostel d'Alebret devant sainct Hilaire.* 1538, petit in-8. mar. rouge, fil. tr. d. (*Kœhler*).

<small>Exempl. de Ch. Nodier.</small>

781. Jan Marot de Caen, sur les deux heureux Voyages de Gênes et Venise, victorieusement mys à fin par le tres chrestien Roys Loys Douzieme de ce nom, Pere du peuple. Et véritablement escriptz par iceluy Jan Marot, alors poete et escrivain de la tres magnanyme royne Anne, Duchesse de Bretaigne, et depuys valet de chambre de très chrestien Roy Françoys, premier du nom. *On les vent à Paris de-*

vant les glise saincte Geneviefve des Ardens rue neufve Nostre Dame, a l'enseigne du Faulcheur. 1532, in-8. veau vert, dent. à froid, tr. d.

782. L'Adolescence Clémentine, autrement les Œuvres de Clément Marot de Cahors en Quercy, Valet de Chambre du Roy, composées en leage de son adolescence. Avec la Complaincte sur le Trespas de feu Messire Florimond Robertet; et plusieurs autres Œuvres faictes par ledict Marot depuis leage de sa dicte adolescēce. Le tout reveu/ corrigé/ et mis en bon ordre. Plus amples que les premiers imprimez de ceste/ ny autre Impressions. *On les vend à Paris, devant l'esglise saincte Geneuiefue des Ardens, Rue Neufue nostre Dame. A Lenseigne du Faulcheur. Avec Priuilege pour Trois ans.—Ce présent liure fut acheue d'imprimer le mercredy* XIII *jour de novembre Lan* M.D.XXXII. *pour Pierre Roffet dict le Faulcheur, par Maistre Geofroy Tory, de Bourges, Imprimeur du Roy.* In-8. de 119 ff. dont le dernier n'est pas chiffré, mar. rouge, fil. tr. d. (*Bauzonnet*), très bel exemplaire.

Cette raissime édition a été l'objet d'un long article dans le catalogue Nodier. (Voyez *Description raisonnée*, page 143.)

783. L'adolescence Clémentine, aultrement les œuures de Clément Marot, de Cahors en Quercy, valet de chambre du roy, faictes en son adolescence, auec aultres œuures par lui composées depuis sa dicte adolescence, reueues et corrigées selon la copie de sa dernière recognoissance, oultre toutes aultres impressions par cy deuant faictes. *On les vent a Anvers en la maison de Jehan Steels a lescu de Bourgongne*, 1539, in-8. mar. bleu, fers à froid, doublé de tabis. (*Bozérian jeune*).

Exempl. Nodier/très-grand de marges, d'une édition rare. (Voy. *Description raisonnée*, p. 147.)

784. Le Livre de plusieurs pieces, c'est à dire, faict

BELLES-LETTRES. 157

et recueilly de divers autheurs, comme de Clement Marot, et autres : ce que tu verras en la page suyvante. Eglogue de la vie solitaire. *Lyon, Thibauld Payen,* 1548, petit in-8. de 1 ff. non chiff., 127 ff. chiff. et 1 f. sur lequel il y a : *imprimé à Lyon. par Nicolas Bacquenois,* mar. vert, fil. tr. d. (*anc. rel.*).

<small>Plusieurs chansons Nouvelles, — Complaintes amoureuses. — Épigrammes, etc. — Très-rare vol., mais qq. feuillets atteints du haut.</small>

785. Le second enfer d'Estienne Dolet, natif d'Orléans, qui sont certaines compositions faictes par luy mesmes sur la justification de son second emprisonnement. *Lyon,* 1544, (*Paris, Techener*). — Cantique d'Estienne Dolet, prisonnier à la conciergerie de Paris, sur sa désolation et sur sa consolation, en vers, 1546, *s. n.* 2 parties en un vol. in-12. cart. non rogné.

<small>Réimpression à 120 exemplaires.</small>

786. Les angoysses et remedes damours. Du Traverseur, en son adolescence (par Jean Bouchet). *On les vent a Poictiers au Pelican.* (A la fin) : *Imprimé à Poictiers le huytiesme iour de ianuier M.D.XXXVI, par Iehan et Enguilbert de Marnef, frères.* In-4. goth. mar. r. fil. tr. d. (*anc. rel.*)

<small>Exempl. bien conservé de ce livre *rare*, qui a 4 ff. prél., 126 pp. de texte, plus 1 f. pour le privilége et la marque des Marnef. Il n'a pour tous défauts qu'un raccommodage au titre, et une mouillure dans quatre ou cinq ff.</small>

787. Le iugement poetic de l'honneur feminin et seiour des illustres clercs et honnestes dames, par le Traverseur (Jehan Bouchet). *On les vend à Poictiers a lenseigne du Pelican dauant le Palais.* (A la fin) : *Imprime à Poictiers le premier d'auril* M.D.XXXVIII. *par Iehan et Enguilbert de Marnef frères.* Petit in-4. en caract. goth. v. br. fil.

<small>Vol. de 22 ff. non chiffrés (Brunet lui en donne 24), et 96 ff. chiffrés, avec des fig. en bois.</small>

788. S'Ensuyt l'epistre des enfans de Paris enuoiée aux enfans de Rouen auec Rondeaux et Epitète a ce

propos. (A la fin) : *Ce fut faict le sixiesme jour de may et imprimé le v iour de Juillet. La mil cccc.xxxiii.* in-8. goth. de 4 ff. sur peau de vélin, dos et coins de mar. rouge. (*Kœhler.*)

<small>L'un des deux exemplaires sur peau de vélin de ce *fac similé*, autographié par M. Peyre de la Grave et tiré à 15 exempl. seulement.</small>

789. Hécatomphile, de vulgaire Italien tourné en langaige Francoys. Les fleurs de Poësie Francoyse. *Paris, Galliot du Pré,* 1534, in-16. v. antiqué.

790. Le puy du souverain amour tenu par la déesse Pallas, avec l'ordre du nuptial banquet faict a l'honneur d'ung des siens enfants; mis en ordre par celuy qui porte en son nom tourné, le vray perdu, ou le vray prelude (Pierre Duval), *de l'imprimerie de Jehan Petit; on les vend a Rouen, chez Nicolas de Burges,* 1543, in-8. mar. rouge. tr. d. (*Thompson*).

<small>Exemp. de Ch. NODIER, volume fort rare.</small>

791. Sensuit leschelle d'amour divine. Cōposée par frère Jehan Saulvaige, nouvellement imprimée à Paris. *On les vend a Paris en la rue neufue nostre dame à lescu de France—cy finist leschelle d'amour divine composée par frere Jehan Sauluaige. Nouvellement imprimé par la veufue feu Jehan Trepperel et Jehan Jehannot Imprimeur et libraire juré en luniuersité de Paris, demeurant en la rue neufue Nostre dame à lenseigne de lescu de France.* s. d., petit in-8. goth. de 36 ff. non chiffrés, mar. bleu, fil. tr. d. (*Duru*).

<small>Très-joli exemplaire, bien conservé et rarissime.</small>

792. Epistres familières du traverseur. s. l., 1545, in-fol. bas.

<small>Cet ouvrage de Jean Bouchet est rare. Il contient 83 ff. chiffrés, imprimés à 2 colonnes; plus, 4 ff. prél. et 1 f. à la fin dont le recto est occupé par la marque de Guillaume et Jacques Bouchet. La même marque se voit au titre. Ce titre et la marque de la fin sont en or et en couleur.</small>

793. Petits fatras d'un apprentis surnommé l'Esperonnier de Discipline. *Paris : Jeanne de Marnef,*

veuve de feu Denis Janot, 1545, in-16. mar. vert, tr. d. *(Duru).*

794. Le Theatre des bons engins auquel sont contenuz cent emblemes moraulx, par Guillaume de La Perriere, Tholosain. *On les vend à Angiers en la salle du Palays, par Pierre Trepperel,* in-16. de 36 ff. mar. bl. fil. tr. d. *(Closs).*

<small>Rare, mais court de marge.</small>

795. Les mespris de la court, avec la vie rustique, nouvellement traduict d'Espagnol en Françoys. L'amye de court, la parfaicte amye, la contre-amye, l'androgyne de Platon, l'experience de l'amye de court contre la contre-amye, la nouvelle amour. *Paris : On les vend a Paris par Arnould L'angelier*, 1546, in-16, v. f. fil. *(Kœhler).*

<small>Avec la signat. autog. du duc de Valentinois.</small>

796. Saulsaye. Eglogue de la vie solitaire (par Scève). *Lyon, Iean de Tournes*, 1547, 32 pages petit in-8. dos et coins mar. rouge.

<small>Réimpression tirée à très-petit nombre. *Aix, Pontier fils aîné*, 1829.</small>

797. Les amours de P. Ronsard, Vandomois, nouvellement augmétées par lui, et commentées par Marc-Antoine de Muret. Plus quelques odes de l'auteur, non encore imprimées. *Paris, veuve Maurice de La Porte*, 1553, pet. in-8. vélin.

<small>Édition originale. Bel exempl., grand de marges, réglé, orné de 3 portr. grav. sur bois.</small>

798. La chronique des lutheriens et outre-cuidance d'iceux, depuis Simon Magus, iusques à Caluin et ses complices et fauteurs huguenotz, ennemis de la foy diuine et humaine. *Paris, G. de Nyuerd*, s. d. (privilége signé Robertet). Pièce de 20 ff. in-8. non chiff. d.-rel. v. v.

<small>Fort rare.</small>

799. Le blason des basquines et vertugalles, avec belle remonstrance qu'ont faict quelques dames quand on leur a remonstré qu'il n'en failloit plus porter. *Lyon, Benoist Rigaud,* 1563, 8 ff. in-8. d.-rel. mar. vert.

<small>Réimpression tirée à 50 exempl. *Paris, à Pinard,* s. d.</small>

800. Cinqvante qvatrains, contenans preceptes et enseignemens vtiles pour la vie de l'homme, composez à l'imitation de Phocylides, d'Epicharmus, et autres anciens poètes grecs., par le S. de Pyb (Pybrac). Plus deux sonets de l'invention dudit sieur. *Paris, Gilles Gorbin,* 1576, pet. in-8. mar. bl. fil. tr. d. (*Duru*).

<small>Les Plaisirs de la Vie Rustique, par le même. *Paris, Fr. Morel,* 1577.</small>

801. La complainte de France. Imprimé nouvellement, s. l., 1566, 8 ff. non chiffrés, in-8. d.-rel. v. violet.

<small>Cette réimpression, exactement conforme à l'édition originale, a été tirée à 48 exempl. seulement. *Chartres, Garnier fils,* 1834.</small>

802. Les ballieux des ordures du monde. Nouvellement imprimé pour la première impression, par le commandement de nostre puissant l'économe. *Rouen, chez Abraham Cousturier,* s. d., in-8. d.-rel. v. br.

<small>Réimpression en 16 pages.</small>

803. Micropœdie de Jean Parradin de Louhans. *Lyon: Jean de Tournes,* 1546, in-8. veau fauve, fil. chiff. de M. Adolphe Audenet, tr. d. (*Bauzonnet*), un peu rogné du haut.

804. L'indignation de Cupido, l'amoureux de vertu, en vers (par E. D. M. F.). *Paris : Christe-Weinchel,* 1546, in-8. veau fauve, dent. ornement, tr. d. (*Kering*).

805. Le premier livre de la parfaicte amie, poëme

BELLES-LETTRES. 161

en trois livres. Manuscrit du xvi° siècle, sur peau vélin, pet. in-16. v. marb., *anc. rel.*

_{Ce petit ms., d'une très-bonne condition intérieure, contient des vers qui méritent d'être lus. Il a 58 ff. non chiff.}

806. Les contrepistres Ovide, nouvellement inventées et composées par Michel d'Amboyse, dict l'esclave fortuné, seigneur de Chevillon, ou sont contenues plusieurs choses recreatives et dignes de lire, nouvellement imprimées à Paris : *On les vend a Paris en la rue Neufve Nostre-Dame, a l'enseigne Sainct-Nicolas par Pierre Sergent*, 1546, in-16. Mar. vert. large, dent. chiffre de M. Audenet, tr. d. (*Thompson*).

_{Charmant petit vol. rare. Les deux premiers ff. raccommodés au coin, le reste parfait de conservation.}

807. Le tombeau de Marguerite de Valois, royne de Navarre, faict premierement en disticques latins, par les trois sœurs princesses en Angleterre, depuis traduitz en Grec, Italien et François, par plusieurs des excellentz poëtes de la France, avecques plusieurs odes, hymnes, cantiques, epitaphes, sur le mesme subject. *Paris : Michel Fezandat et Robert Granlon*, 1551, in-8, veau fauve, fil. tr. d.

808. Cy sensuit le bancquet du boys, nouuellement imprimé. (A la fin) : *cy finist ung petit traictié ioyeux nomme le bancquet du boys*. s. l. n. d., 7 ff. n. chiffrés en caract. goth. in-4. v. br. fil. mors dent.

_{Réimpression tirée à 25 exempl. *Chartres, Garnier fils*, 1838.}

809. Epistre du roy a Hector de Troye, et aucunes autres œuvres assez dignes de veoir (à la fin) : *imprimé a Paris par Philippe le Noir, marchãt libraire et relieur iuré en l'université de Paris, demourãt en la rue Sainct Iacques, a la rose blanche couronnée*,

162 BELLES-LETTRES.

s. d., fol. de 14 ff, à 2 col. non chiffrés, en caractères goth., fig. cart.

810. Le combat de la chair et de l'esprit, dédié à la royne douayrière de France, auquel combat la chair sera premièrement vaincue en un camp clos de la Saincte Escripture, et finalement subjuguée en un autre camp ouvert, des hystoires anciennes et nouvelles, par les armes de la parole de Dieu. *Paris, Gilles Corrozet*, 1549, , petit in-8. mar. rouge, fil. (*anc. rel*).

Bel exempl. Nodier, d'un ouvrage très-rare.

811. Le traicté des deux amans, c'est assavoir Guisgar et la belle Sigismonde. *Cy finist le traicté des deux loyaulx amans, imprimé à Rouen, par M. J. le Forestier, Richart Goupil et Nicolas Mullot, pour Thomas Laisne, libraire, demourant audit lieu*, in-8. dos et coins de mar. vert.

Réimpression fac-simile publiée à Aix par Pontier, achevée d'imprimer le 15 mars 1834, et tirée à 67 exempl.

812. Cantiques dv premier advenement de Iesu-Christ, par le conte (*sic*) d'Alsinois. *Paris, veuve Maurice de La Porte*, 1553, pet. in-8, mar. r. fil. dent. tr. d.

Exempl. de Ch. Nodier, d'une superbe conservation.

813. La louenge des femmes, invention extraite du commentaire de Pantagruel sus l'Androgyne de Platon, *s. n. de v. ni d'imp.*, 1551, in-8. veau brun, fil. fers à froid, tr. d. (*Kering, rel. angl.*).

Exempl. de Ch. Nodier, (n° 393 de son catalogue). Après le mot Fin, le volume se termine ainsi :

Fama, malum
Famès pejus
Fœmina, pessimum.

Il paraît avoir été imprimé à Lyon avec les caractères italiques de ce temps.

814. Les œuvres poétiques de Pontus de Tyard, sei-

gneur de Bissy, asçavoir, trois livres des erreurs amoureuses, un livre de vers liriques, plus un recueil des nouvelles œuvres poétiques. *Paris, par Galiot du Pré, rue Saint-Iacques, à la galère d'or*, 1573, in-4, pap. vél. v. f. fil. tr. d.

<small>Bel exemplaire de ce livre imprimé en caractères italiques, et dont le titre est encadré dans une gravure sur bois.</small>

815. Œuvres en rime de Jan Antoine de Baïf. *Paris, Lucas Breyer*, 1573, in-8. vélin, portr. ajouté.

<small>Cet ouvrage, imprimé tout entier en caractères italiques, contient 272 ff. chiff., plus 1 f. pour le privilége. Très-bel exemplaire, grand de marges et bien conservé.</small>

816. Les dialogves de Iacqves Tahvreav, gentilhomme du Mans, non moins profitables que facétieux, où les vices d'vn chacun sont repris fort aprement, pour nous animer dauantage à les fuir, et suiure la vertu. *Paris, Gabriel Buon*, 1574, in-16, vélin, tr. d. rel. à compartiment.

<small>Jolie petite édition bien conservée.</small>

817. Les amovrs Dolivier (*sic*) de Magny, Qvercinois, et quelqves odes de luy. Ensemble vn recueil d'aucunes œuvres de monsieur Salel, abbé de Saint-Cheron, non encore veuës. *Lyon, Benoist Rigaud*, 1572, in-16, v. f. fers à froid, fil. tr. d.

<small>D'après l'indication qui se trouve à la fin du volume, les œuvres de Hugue Salel seraient jointes à cette édition.</small>

818. De la transformation métallique, trois anciens traictez en rithme françoise, asçavoir : La fontaine des amoureux de science : autheur I. de La fontaine. Les remonstrances de nature à l'alchymiste errant : avec la responce dudit Alchy., par I. de Meung. Ensemble un traicté de son romant de la rose, concernant ledict art. Le sommaire philosophique de N. Flamel, auec la defense d'iceluy art

et des honestes personages qui y vaguent : contre les effortz que I. Girard mect à les oultrager. *Paris, Guil. Guillard et Amaury Warancore*, 1561, pet. in-8. de 64 ff. chiff. veau marb.

819. Les Œuvres françoises de Joachim Du Bellay, Gentilhomme Angevin, et poete excellent de ce temps. *Paris, Frédéric Morel*, 1569, 2 vol. in-8, v. re.

821. Les mimes, enseignemens et proverbes de Ian Antoine de Baif. *Paris, Mamert Patisson, impr. du Roy, chez Rob. Estienne*, 1581, pet. in-12, mar. r. fil. tr. d. (*Kœhler*). portr. gravé.

822. La Puce de Madame Des Roches, qui est un recueil de divers poëmes grecs, latins et françois, composez par plusieurs doctes personnages aux grands jours tenus a Poictiers l'an M. D. LXXIX. *Paris, Abel l'Angelier*, 1582, in-4. mar. vert. double fil. tr. d. (*Thouvenin*).

Magnifique Exemp. de Ch. Nodier.

822. Les Euvres poëtiques de Jaques de Courtin de Cissé, gentilhomme Percheron. *Paris, Gilles Beys*, 1581. — Les Hymnes de Synese Cyrenean, évesque de Ptolémaïde, traduits du Grec en François par Jacques de Courtin de Cissé, gentilhomme Percheron. *Paris, Gilles Beys*, 1581, 2 tomes en 1 vol. petit in-12. v. fauve, fil. tr. d. (*Bauzonnet.*)

823. Les cantiques dv sievr de Valacre, et les cantiques dv sievr Maizonflevr. *Lyon, par Benoist Rigaud*, 1591, in-18. mar. viol. fil. tr. d.

824. Les quatrains du S. de Pybrac, contenant preceptes et enseignemens utiles pour la vie de l'homme, de nouveau mis en leur ordre, et aug-

BELLES-LETTRES. 165

mentez par ledit seigneur..... *Lyon, pour Anthoine Tantillon*, 1596, pet. in-8. vél.

<small>Ce petit ouvrage contient 54 pp. chiffrées. Il est imprimé en caractères italiques, à l'exception du 1er et du dernier feuillet.</small>

825. Les Œvvres dv sievr de La Roqve, de Clermont en Beauuoisis. *Paris, Robert Micard*, 1597, in-12. mar. bl. fil. tr. d. (*Duru.*) — 18 /o

826. Les secondes amovrs dv sievr de La Roque, de Clermont en Beauvoisin. *Paris, Abel L'Angelier*, 1599, pet. in-8. mar. r. fil. tr. d. (*Duru.*) — 13 /o

<small>Joli petit vol. de poésies en caractères italiques.</small>

827. Les loyalles et pudiques amours de Scalion de Virbluneau à Madame de Boufflers. *Paris, Jamet Mettayer*, 1599, in-12, cart. figures. — 10

828. Les douze heures du iour artificiel de Ch. de Navières, G. S., capitaine de la jeunesse. s. l., *au lys Royal, Abel Rivery*, 1595, in-8. bas. marb., texte encadré. — 1 /o

829. Le Parnasse des plus excellens poetes de ce temps. *Lyon, Barthélemy*, 1618, petit in-12. de 8 ff. non chiff. et 402 chiff. non compris la table, titre gravé, v. br. — 6 /o

<small>Curieux recueil dans lequel on trouve des poésies de divers auteurs qui n'ont pas été recueillies autre part.</small>

830. La nouvelle mvse, ov les loisirs de Iean Godard, Parisien, cy deuant lieutenant general au bailliage de Ribemont. *Lyon, Claude Morillon*, 1616, pet. in-8. mar. br. fil. tr. d. (*Duru.*) — 1

<small>Ce volume renferme, en outre, l'H françoise de Iean Godard, parisien, petite pièce de 25 pages. C'est une dissertation aussi curieuse qu'intéressante sur l'H précédée d'une voyelle en poésie, dans laquelle l'auteur a pris soin de faire entrer un recueil de tous les mots où cette lettre doit être aspirée.</small>

831. Les Satyres du sieur du Lorens, diuisées en deux liures. *Paris, Jacqves Villery*, 1624, in-8. parch. — 20 /o

166 BELLES-LETTRES.

832. L'eslite des boutz-rimez de ce temps. Par de S. Iulien. *Paris*, 1649, pet. in-16. v. f. fil. tr. d.

Ce petit recueil est formé d'un bon choix de vers empruntés à Bois-Robert, Benserade, de la Calprenède, Tristan, Sarazin, l'abbé de Laffemas, de Montreuil, Gillet, Desmarets, Saint-Julien, etc.

833. Poemes et anagrames composez des lettres du nom du roy et des roynes ensemble de plusieurs princes et gentilshommes et dames de France, par Le Sylvain de Frandrs (Van den Bussche). *Paris, Guillaume Julian*, 1576, in-4. mar vert, fil. tr. d. (*Kœhler*).

Exemp. de Ch. Nodier d'un livre fort rare, comme tous ceux de cet auteur.

4. — POËTES FRANÇAIS DEPUIS MALHERBE JUSQU'A NOS JOURS.

834. Les Poesies de Malherbe, avec les observations de Ménage, 2ᵉ édition. *Paris, Cl. Barbin*, 1689, in-12. v. f.

835. Nouveav recveil des plvs beavx vers de ce temps. *Paris, Toussaint dv Bray*, 1609, in-8. mar. rouge fil. tr. dor. *Janséniste*, (*Kœhler*.)

Bel exemp. lavé et réglé.

836. Les Muses railiées (*sic*). *Lyon, Ancelin*, 1621, 1 tome en 2 vol. in-16. mar. rouge, fil. tr. d. (*anc. rel.*)

L'épitre dédicatoire est signée Despinelle; c'est un recueil curieux et bien fait de divers auteurs. L'exemplaire est un peu court.

837. Les Satyres du sieur de Courval-Sonnet, gentilhomme Virois. *Paris, Rolet Boutonné*, 1621, in-8. mar. vert. fil. tr. dor. (*Duru*). Très léger racommodage à la marge du titre.

Cette édition contient la satyre Ménipée sur les poignantes traverses du mariage. *Paris*, 1621, et un très-beau portrait de Courval-Sonnet.

838. Vers du sievr de La Charnays. *Paris, Tou ainct du Bray et André Sovbron*, 1632, pet. in 8 mar. b. fil. tr. d. (*Duru*.)

839. La sireine de messire honoré d'Vrfé, Gentilhomme ordinaire de la chambre du Roy, capitaine de cinquante homes d'armes de ses ordonnances, comte de Chasteau-Neuf, baron de Chasteau-Morand, etc. *Jouxte la coppie imprimée a Paris, J. Micard,* 1618, pet. in-8. mar. bl. fil. tr. dor. *Janseniste (Duru).*

<small>Volume fort rare, composé de 112 ff., contenant le *départ*, *l'absence* et le *retour de Sireine*</small>

840. Les Œuvres poétiques de M. Bertaut, évesque de Sées, abbé d'Aunay, premier aumosnier de la reine, dernière édition. *Paris, Robert Bertault,* 1633. — Recueil de quelques vers amoureux (par le même). *Paris, idem, idem.* Ensemble 2 tomes en un vol. pet. in-8. v. br.

841. Recueil des Œuvres poétiques de L. Bertaut, abbé d'Avnay. *Paris, Abel l'Angelier,* 1605, in-8, v. f. car. ital. (*Kœhler*).

842. Recueil de quelques vers amoureux (par J. Bertaut). *Paris, Philippes Pattisson,* 1606, in-8. imprimé en caractères italiques, v. f. (*Kœhler*).

843. Le banquet des muses, ou recueil de toutes les satyres, panegiriques, yambes, mascarades, épitaphes, épithalames, épygrames, gayetez, amourettes et autres poëmes prophanes, par le sieur Auvray. *Rouen, David Ferrand,* 1623. v. et fil. tr. d.

<small>Après la page 368, la pagination recommence sous le titre de : Amourettes, Stances, et forme encore 32 pages sous ce titre courant. Auvray est un poète qui ne manque pas de verve, mais son style est beaucoup plus ordurier que celui de Mathurin Regnier.</small>

844. Les divertissemens du sieur Colletet. *Paris, Jacques Dugast,* 1643. in-8. v. fauve (*anc. rel.*)

845. Les œuvres de M. de Montreuil. *Paris, Guillaume de Loyne,* 1668, in-12. mar. citr. fil. tr. d. portr. par B. Picart.

<small>On a joint à cet exemplaire un second portrait par Ingouf.</small>

168   BELLES-LETTRES.

846. Les poésies françoises, dédiées à madame Suzanne de Pons, dame de la Gastevine, par H. Piccardt. *Paris*, 1663, in-12. mar. vert, fil. tr. d. (*Duru*). Frontisp. grav.

847. Receuil (*sic*) de poésie, par mademoiselle de Saint-Ph.... (Mademoiselle de Saint-Phalier, depuis Madame Dalibard) avec les airs notés à la fin. *Amsterdam*, 1751, pet. in-8. d.-rel. mar. rouge.

848. Nouveau recueil de divers rondeavx. *Paris*, 1650, 2 part. en 1 vol. in-12. mar. vert, tr. d. (*Duru*) frontispice gravé.

849. Le discours de la court (en vers) avec le plaisant récit de ses diversitez, à *Paris, de l'imprimerie de Philippe d'Anfrie,* 1658, in-8. en caractères dits de civilité, veau écaille, fil.

850. Epigrammes dv sievr Colletet, avec vn discours de l'épigramme, où il est traité de sa première origine. *Paris, Iean Baptiste Loyson,* 1653, petit in-12. mar. bl. fil. tr. d. (*Kœhler*).

<small>On remarque dans ce volume deux sonnets manuscrits ajoutés à cet exemplaire, un au commencement, et un à la fin.</small>

851. Histoire dv siege des muses, ou parmi le chaste amour est traicté de plusieurs belles et curieuses sciences, diuine, moralle et naturelle, architecture, chimie, peincture et autres, par Domayron, tholozain. *Lion,* 1610, in-8. v. f. fil. tr. d., frontispice gravé.

852. Recueil de pièces fort curieuses en prose et en vers. In-12. mar. roug. fil. tr. dor. (*rel. anc.*)

<small>Savoir : Le Sénèque mourant, poëme héroïque dédié à Mademoiselle. *Paris, Estienne Loyson,* 1662 (72 pages). — Poëme de la Sérénissime reine de Suède, fait en l'an 1651 par M. Gilbert. *Paris, Guillaume de Luyne,* 1655 (44 pages). — L'Escole de l'intérest et l'université d'amour, songes véritables ou véritez songées, trad. de l'espagnol par C. Le Petit. *Paris, Nicolas Pepingué,* 1662 (151 pages et 5 pages de table). — Le Pays d'amour, nouvelle allégorique. *Lyon, Barthélemy Rivière,* 1665</small>

86 pages). — L'Amour amant, *Paris*, 1664 (77 pages). — Iuvénal burlesque, par le sieur Colletet, le fils. *Paris, Pierre Dzvid*, 1656 (10 ff. non chiffrés.) — Iuvénal burlesque, satyre. s. l. n. d., privilége de 1656 (45 pages). En tout 7 pièces en 1 vol.

853. Recueil de quelques pieces nouvelles et galantes, tant en prose qu'en vers, *Cologne, Pierre du Marteau*, 1664, pet. in-12. de 180 pages. — Recueil de quelques pieces nouvelles et galantes, tant en prose qu'en vers. *Cologne, Pierre du Marteau*, (*Elzévir*), 1667, pet. in-12 de 4 ff. et 232 pages, 2 tomes en un vol. veau vert. double, fil. tr. d. (*Hurée*).

854. Recueil de diverses poésies des plus célèbres auteurs de ce temps, contenant la belle gueuse, la belle aveugle, la muette ingrate, la belle sourde, etc. *Paris, Louis Chamhoudry*, 1652, in-12. v. écaille fil.

Toutes les poésies de ce recueil sont imprimées en caractères italiques. Il se termine par le *Temple de la mort*, un des plus morceaux de la poésie française, par Habert.

855. Recueil de poésies de mademoiselle Desiardins (Madame de Villedieu). *Paris, Gabriel Qvinet*, 1663, in-12. v. f. fil. tr. d.

Joli exempl. de ce livre peu commun.

856. Nouvelles poésies ou diverses pièces choisies, tant en vers qu'en prose, de mademoiselle Certain. *Paris, Estienne Loyson*, 1665, in-12. veau fauve, fil. tr. d. (*Duru*).

857. La muse héroïque, ou le portrait des actions les plus mémorables de son éminence, avec diverses pièces sur différents sujets, par M. l'Abbé de Ledignan. *Paris, Charles de Sercy*, 1659, in-12. veau fauve fil. tr. d. (*Duru*).

858. Les Epistres en vers et autres œuvres poétiques, de M. de Boisrobert Metel, conseiller d'Estat ordinaire, abbé de Chastillon-sur-Seine. *Paris, Augustin Courbé*, 1659, in-8. v. br. fil. (*anc. rel.*)

859. Œuvres diverses, contenant la Consolation à Olimpe sur la mort d'Alcimédon; l'imitation de quelques chœurs de Sénèque le Tragique; lettres en vers et en prose; le bail d'vn cœur; diuers sonnets et autres pièces, par le sieur D. H*** (De Hénaut), *Paris*, 1670, pet. in-12. mar. r. fil. tr. d. (*Duru*).

<small>De Hénaut ou Dehault, auteur de ce livre, était le maître de Madame Deshoulières et l'instituteur du duc du Maine, — On lui attribue quelques pièces de l'auteur de sept ans.</small>

860. Œuvres du sieur D*** (Boileau Despréaux), avec le traité du sublime ou du merveilleux dans le discours, trad. du grec de Longin. *Paris, Claude Barbin*, 1674, in-4, mar. rouge, fil. (*anc. rel.*)

<small>Edition originale comme œuvres. Elle contient les neuf premières satires, revues par l'auteur, deux épîtres de plus que les éditions précédentes, l'*Art poétique*, quatre chants du *Lutrin*, et se termine par le *Traité du sublime*.</small>

861. Œuvres de Nicolas Boileau Despréaux, avec des éclaircissemens historiques donnez par lui-même, nouv. édit. revue, corrigée et augmentée de diverses remarques, enrichie de figures et vignettes gravées par Bernard Picart le Romain. *La Haye : P. Gosse et J. Neaulme*, 1729, 2 vol. in-fol. veau rac. dent. tr. d.

862. Œuvres de Chapelle et de Bachaumont, *La Haie : Paris : Guillau*, 1755, in-12. veau fauve, double fil. non rogné, doré en tête (*Lebrun*).

863. Pièces diverses de poësie, sur les principaux évènemens arrivez dans la fin du dernier siècle et dans le commencement de celui-ci, etc. *Utrecht : Etienne Neaulme*, 1734, in-8. veau fauve. fil. tr. d. (*Duru*).

864. Voyage de Paris à la Roche Guion, en vers burlesques, par M. M*** (Ménard). *La Haye*, s. d., in-12. d.-rel. et coins mar. v. non rogné (*Duru*).

865. Recueil de poésies extrait des œuvres de J. Racine, J.-B. Rousseau, madame Deshoulières et

autres. *Imprimé à l'Imprimerie royale, par ordre du comte d'Artois, pour l'éducation de ses enfants.* Paris, Debure, s. d., in-4. de 54 ff. non chiff. dont toutes les pages sont encadrées en vignettes mobiles et filets, dem.-rel. v. rouge.

<small>Tiré à très-petit nombre.</small>

866. Mélanges de poésie et de prose, par madame la comtesse de Vidamp... (Vidampierre). *Londres et Paris :* 1777, in-18. grand papier de Holl. veau fauve, fil. non rogné, doré en tête.

867. Œuvres de Jean-Baptiste Rousseau, édition revue, corrigée et augmentée sur les manuscrits de l'auteur, et conforme à l'édition in-4, donnée par M. Seguy. *Bruxelles, et se vend à Paris, chez Didot,* 1743, 4. vol. in-12. mar. rouge fil. tr. d. (*Duru*). — Portefeuille. *Amsterdam, Marc Michel Rey.* 1751, 2 vol. in-12. mar. rouge. fil. tr. d. (*Duru*). Ensemble, 6 vol. parfaitement conditionnés.

868. Les baisers, précédés du mois de mai, poëme (par Dorat). *La Haye et Paris; Lambert, Delalain,* 1770, in-8. grand papier de Holl. fig. mar. vert, fil. ornement à deux or. tr. d. (*Duru*).

869. Recueil de quelques vers, dédié à Adélaïde par le plus heureux des époux (par M. de La Borde, ancien premier valet de chambre du roi). *Paris, Didot l'aîné,* 1784, pet. in-12. pap. vél. mar. r. fil. tr. d. (*anc. rel*).

<small>Recueil tiré à très-petit nombre, et qui n'a pas été mis dans le commerce.</small>

870. Poëmes de (Gabriel) Legouvé et de Vigée, 4ᵉ édition, revue, corrigée et augmentée du poëme des visites, etc., etc. *Paris : Louis,* an vii (1799), in-18. veau fauve, double fil. tr. d. (*Lardière*).

<small>Avec un envoi autographe de Legouvé.</small>

871. L'amour maternel, poëme par Millevoye. *Paris,*

BELLES-LETTRES.

Le Fuel et de Launay, in-18, v. f. fil. dent. tr. d. pap. vél. jolie vignettes.

872. Œuvres complètes de Gilbert, publiées pour la première fois avec les corrections de l'auteur et les variantes, accompagnées de notes littéraires et historiques. *Paris, Dalibon,* 1823, in-8. portrait et fig. par Desenne, mar. bistre, fil. dent à froid, plats au petit fers. tr. d. (*Thouvenin*).
Très-belle reliure.

POÈTES ÉPIQUES, RELIGIEUX, SÉRIEUX ET BADINS.

873. Le vice de l'homme, poëme de 1509, et la destruction de Jérusalem, légende de la même époque, avec des remarques, par M. Mermet aîné. *Vienne, Gemelas,* 1838, in-8. de 34 pp. dem.-rel. mar. rouge.

874. Ode sacrée de l'église françoise sur les misères de ces troubles huiestiesme despuis vingt-cinq ans en ça, *imprimé nouvellement,* s. l., 1586, 8 ff. non chiffrés. in-8. dem.-rel. mar. vert.
Réimpression conforme à l'édition originale, tirée à 48 exemplaires. *Chartres, Garnier fils,* 1834, par les soins de M. G. D.

875. La Madeleine dans les rochers, poëme chrétien, dédié à la royne, par madame Dumaistre de la Cour des Bois. Manuscrit petit in-fol. de 164 pages, écriture du XVIIe siècle, mar. rouge, fil. compartiment tr. d. aux armes de la reine Anne d'Autriche.
Mss. autographe et exempl. de dédicace, avec un beau portrait de la Madeleine ajouté, et le titre écrit dans un encadrement gravé.

876. Moyse sauvé, idyle héroïque, du sieur de Saint-Amant. *Paris : Augustin Courbé,* 1653, in-4. frontispice gravé par C. Vignon, veau marbre fil.
Exempl. en grand papier, atteint d'une légère piqûre de vers au bas de plusieurs ff.

BELLES-LETTRES.   173

877. Les travaux de Iesus, poeme composé par Pierre Cotignon de la Charnaye. *Paris, Iacques Villery, en sa boutique, proche la porte des Augustines,* 1638, in-8. v. f. fil.

<small>Ce vol., imprimé en caractères italiques, contient, indépendamment du frontispice, 13 grav. en taille-douce, qui occupent des blancs disposés dans le texte pour les recevoir.</small>

878. Les chant (*sic*) oraculeux, tant en acclamations d'honneurs et louanges pastorales, sur dignes sujects, qu'en libres declamations et pures veritez de Dieu, des saincts pères et d'autres grands autheurs, sur les abus, vanictez et corruptions du monde, par essais de Cl. de Mons, amienois, seigneur de Hedicourt. *Amiens, Iacques Hubault,* 1627, pet. in-8. d.-rel. v. f. n. r. avec une grav.

879. Jonas, ov Ninive pénitente. Poëme sacré de Coras. *Paris,* 1673, petit in-12. v. f. fil. tr. d.

<small>Exempl. orné de 2 fig. gravées par Chauveau.</small>

880. Le Chevalier sans reproche, Iacques de Lalain, par messire Iean d'Ennetieres, chevalier, seigneur de Beaumé, Maisnil, etc. *Tournay, Adrian Quinqué.* 1633. in-8. v. br. fers à froid, fil.

881. Joseph, ou l'esclave fidele, poëme en six chants (par Dom Morillon, benedictin). *Breda; Pierre, Jean, Jacques,* 1705, in-12. mar. rouge, fil. à froid, tr. d. (*Kœhler*).

<small>On assure que les membres de la congrégation à laquelle appartenait l'auteur retirèrent du commerce le plus d'exemplaires qu'ils purent, ce qui rend ce petit livre très-rare.</small>

882. Le chasteau de Richelieu (en vers), ou l'histoire des dieux et des héros de l'antiquité, par Vignier. *Saumur, Isaac et Henry Desbordes,* 1676, in-8. v. br. fil. (*anc. rel.*)

883. Alaric ou Rome vaincue, poëme héroïque, dédié à la sérénissime reyne de Suède, par monsieur

174   BELLES-LETTRES.

de Scudery. *Jouxte la copie. Paris, A. Courbé*, 1656, in-8. mar. rouge, fil. tr. d. figures (*Duru*).

<small>C'est l'édition attribuée à Fr. Foppens, et l'une des plus belles et des plus recherchées que l'on ait de ce poëme.</small>

884. Le faut-mourir et les excuses inutiles que l'on apporte à cette nécessité. Le tout en vers burlesques, par Maître Jacques Jacques. *Rouen, François Vaultier*, 1675, in-12. mar. vert, fil. tr. d. (*Kœhler*).

885. Les Amours d'Angéline et Lauriphile, par Timothée de Chillac. *Lyon, Thibaud Ancelin*, 1605, petit in-12. v. f. fil. (*Kœhler*).

<small>Recueil de poésies fort rares de 156 ff. chiffrés. Timothée de Chillac n'est connu que par une tragédie intitulée : *La Mort du Cid et l'Ombre du comte de Gormas.*</small>

886. La Henriade, poëme épique en dix chants, par François-Marie Arouet de Voltaire. *Paris, Firmin Didot*, 1819, in-fol. papier vélin fort, cartonné, *non rogné*.

<small>Superbe exempl. de ce livre, imprimé avec tout le luxe typographique des Didot, et orné de deux magnifiques gravures en taille-douce, l'une de Muller, et l'autre de H. Dupont. Il a été fait un choix de feuilles pour composer ce vol.; car il n'est pas possible d'obtenir autrement l'uniformité de couleur et la perfection qu'on remarque dans l'ensemble du papier.</small>

887. La Pucelle d'Orléans, poëme en vingt-un chants (par Voltaire), 1786, 2 vol. grand in-8. mar. bleu, compartiments doublé de moire, tr. d. (*Bozerian*), portraits.

<small>Admirable exemplaire sur peau-vélin, remarquable par sa blancheur ; la reliure est une des plus jolies de Bozerian ; les deux portraits, aussi sur peau de vélin, sont ceux de Voltaire à 45 ans et à 70 ans.</small>

888. La Béquille, poëme moral, critique et apologétique, avec une courte dissertation sur la Trivialité, en forme de Préface. *Paris, Pierre Clément*, 1737, in-12. de 23 pages, d.-rel.

889. Syrinx, ou l'origine de la flûte, poëme à Messieurs Naudot, Blavet, Lucas. *Paris, Mérigot*, 1739, 21 pages in-8. mar. vert.

BELLES-LETTRES. 175

890. Le roi de la basoche, poëme latin inédit, de Philibert Girinet, trad. en français, avec des notes, par C. Breghot du Lut. *Lyon, Antoine Perisse*, 1838, 27 pages in-8. d.-rel. v. bl.
<small>Pièce tirée à 100 exempl. seulement.</small>

891. Les Vosges, poëme récité à Epinal, dans la fête de la fondation de la République française, le 1ᵉʳ vendemaire an v, par N. François (de Neufchateau), imprimé par ordre de l'administration centrale du département des Vôges (*sic*). *St-Dié, Thomas fils*, s. d. (1797), in-12, mar. vert, tr. d. (*Duru*).

892. La jacobinéide, poëme héroï-comi-civique, par l'auteur de la chronique du manége, des sabats jacobites, de la constitution en vaudevilles, etc. (Marchant). *Paris*, 1792, in-18. v. rac. *gravures*.

893. La Chandelle d'Arras, poëme en XVIII chants, (par l'abbé Du Laurens), nouvelle édition, précédée d'une notice sur la vie de l'auteur et ornée de 19 planches. *Paris, Egasse frères, Chaumerot, Delance*, 1807, in-12, dos de veau fauve.

894. La Capucinière, ou le bijou enlevé à la course, poëme. *Paris*, 1820, in-8. broché, *figures*.

895. Les Glaces enlevées, ou la Rapaxiade, poëme héroï-comique en cinq chants. *Paris, J. Tastu*, 1827, in-8. de 78 pages, dos et coins de cuir de Russie, non rogné, doré en tête. (*Simier*.)
<small>Exemp. sur pap. chamois d'une édition tirée à très-petit nombre.</small>

896. Epître à Ninon l'Enclos, et réponse (de mademoiselle Ninon de l'Enclos) à M. de V***, publiées par M. Asinoff. *Genève*, 1774, in-8. dem.-rel. mar. violet.
<small>Ces deux pièces sont en vers; elles forment ensemble un livret de 24 pages. L'épître à Ninon est de Schowaloff. La réponse à M. de V. (Voltaire auquel on attribuait cet épitre) et le publicateur Asinoff est Maucherat de Longpré.</small>

2. — ÉPITRES. SATYRES, ÉPIGRAMMES, MADRIGAUX.

897. Apologie de la livrée, ouvrage curieux en vers. *Imprimé en Europe, aux dépens des laquais*, 1745, pet. in-8. mar. bleu, tr. d. (*Duru*).

898. Le Vilebrequin de maître Adam, menuisier de Nevers, contenant toutes sortes de poésies gallantes, tant en Sonnets, Epistres, Epigrammes, Elégies, Madrigaux, que Stances et autres pièces, autant curieuses que divertissantes, sur toutes sortes de sujets. *Paris, Guillaume de Luyne*, 1663, in-12. mar. rouge, tr. d. (*Kœhler*.)

899. Les rimes redovblés du Sr Dassouci. *Paris*, 1671, pet. in-12. mar. r. fil. tr. d. (*Duru*).
Édition originale.

900. Les épigrammes de Gombauld divisées en trois livres. *Paris Augustin, Courbé* 1652, in-12. mar. rouge, fil. tr. d. (*Kœhler*).

901. Madrigaux de M. D. L. S. (de La Sablière). *Paris, Barbin*, 1680, in-8. v. f. (*Kœhler*).

902. La guirlande de Julie, offerte à Mademoiselle de Rambouillet, Julie Lucine d'Angènes, par M. le marquis de Montausier. *Paris, impr. de Monsieur*, 1784, in-8. en grand papier vél. cart. en soie bleue riche dent., 2 pl. coloriées ajoutées.

3. — *POÉSIES SATYRIQUES, GAILLARDES ET BURLESQUES.*

903. Nouveaux énigmes sur cent différents sviets, avec l'explication. *Paris, Estienne Loyson*, 1666, pet. in-12. mar. v. fil. tr. d. (*Duru*).

904. Le testament dung amoureux qui mourut par

amour. composé nouvellement. C'est le De Profundis des amoureux. 4 ff. in-16. d. rel. m. r.

<small>Réimpression publ. à Chartres, par les soins de M. G. D. (G. Duplessis), tirée à 50 exempl. *Garnier fils, imprimeur à Chartres*, 1832.</small>

905. Satyres chrestiēnes de la cuisine papale (par Pierre Viret), *imprimé par Conrad Badius*, 1560, in-8. de 131 pag. mar. roug. fil. tr. d. (*Derome*).

906. Théophile. Le parnasse satyrique du sieur Théophile s. l. (*Hollande Elzevir*), 1660, pet. in-12. pap. vél. mar. r. fil. tr. d. (*Thouvenin*).
<small>Exempl. Pixérécourt.</small>

907. La petite varlope, en vers burlesques, augmentée d'une chanson nouvelle sur le Tour de France. *A Châlon, chez Antoine Delespinasse, libraire rue du Châtelet*, s. d. pet. in-12. mar. vert, fil. tr. d. (*Kœhler*).
<small>Exempl. de Ch. Nodier. (Voyez *Description raisonnée*, 255.)</small>

908. L'espadon satyrique, par le sieur d'Esternod, revue et augmenté de nouveau. *Rouen, David Ferrand*, 1624, in-12. mar. r. fil. tr. d. (*rel. anc.*)
<small>Exempl. de Ch. Nodier. (Voyez *Description raisonnée*, page 221.)</small>

909. Le colloque amoureux, ou dialogues familiers, ou est remarqué l'astuce et finesse des garçons et la fragilité des filles, nouvellement composé et fort récréatif et curieux. *Cologne, Pierre du Marteau*, 1670. in-12. mar. vert, dent. tr. d. (*Derome*).
<small>Exempl. Nodier. Livre curieux et rare.</small>

910. L'escole de Salerne, en vers burlesques (par Louis Martin, parisien, docteur en médecine). *A Troyes et Paris, veuve Nicolas Oudot*, s. d. in-12. veau bleu.

911. L'art de conserver sa santé, composé par l'école de Salerne, traduction nouvelle en vers français, par M. B. L. N. (Bruzen La Martinière), augmenté

d'un traité sur la conservation de la beauté des dames, et de plusieurs autres secrets utiles et agréables. *Paris, par la compagnie des libraires,* 1777, in-12, veau fauve, fil. non rogné doré en tête. (*Duru*).

912. Le courier(*sic*) burlesque (en vers). *Paris,* 1650, pet. in-12. mar. r. fil. tr. d. (*Duru*).

913. Virgile goguenard, ou le douziesme livre de l'Enéide travesty. *Paris, Antoine de Sommaville,* 1652, in-4. en caract. italique avec une grav. sur acier vél.

914. L'Ovide en belle humeur, de M. Dassoucy (*sic*). Enrichy de toutes ses figures burlesques. *Paris, Charles de Sercy,* 1650, in-4. d.-rel. v. roug.
Exemplaire avec des planches ajoutées fort singulières.

915. L'Ovide bouffon, ou les métamorphoses burlesques (par L. Richer). *Paris, Estienne Loyson,* 1659, 5 parties en 1 vol. in-12. frontispice gravé, mar. rouge fil. tr. d. (*Duru*).

916. Le faut-mourir et les excuses inutiles que l'on apporte à cette nécessité, le tout en vers burlesques, par M° Jacques Jacques, *Rouen, J.-B. Besongne,* 1710, in-12. d.-rel. v. f. avec une gravure.
Édition différente de celle que nous avons décrite ci-dessus.

917. D'Assoucy. Ovide en belle humevr travesty en vers bvrlesques, — le ravissement de Proserpine, — le jugement de Paris, — vers burlesques. *Paris, Iacques Le Gras,* 1664, pet. in-12. mar. r. fil tr. d. (*Duru*).

918. Satyres du sieur D*** (Boileau Despréaux). *Paris, Claude Barbin,* 1669, in-12. v. f. fil. tr. d. (*Kœhler*).
Exempl. bien conservé de l'édition originale des neuf premières satires

BELLES-LETTRES. 179

de Boileau (76 pp.), auquel on a joint son discours en prose sur la satire (5 ff.).

919. Rome, Paris et Madrid ridicules, avec des remarques historiques et un recueil de poésies choisies, par M. de B***. *Paris, Pierre le Grand*, 1713, in-12. dos de veau fauve.

Intéressant recueil de poésies. La Rome ridicule est de Saint-Amant; le Paris ridicule, de Petit, qui fut brûlé en place de Grève pour des vers contre la Vierge. Ces deux pièces avaient déjà été imprimées, mais M. de B***, ci-devant secrétaire d'Ambassade en Espagne et auteur du restant du volume, les a enrichies de notes fort curieuses.

920. Le pot-pourri de Ville-d'Avray (par Jacob Nicolas Moreau). *Paris, de l'imprimerie de Monsieur, (Didot), aux dépens de l'auteur et pour ses seuls amis,* 1781, 1.-18. mar. vert, fil. tr. d. (*Derome*).

Recueil de poésie rare.

921. Poésies diverses. *A Londres*, s. n. 1767, in-8. de 32 pag. dos de mar. rouge.

Opuscule très-rare, ayant été supprimé. Inconnu à Barbier.

4. — POÈTES DIDACTIQUES.

922. La jeunesse du Banny de Iyesse, escollier, estudiant a Tholose : en laquelle est contenu ce qui est en la paige séquente (par François Habert). *Paris, Denys Janot*, 1541, in-8. v. m.

923. L'amour des amours. Vers lyriques, par Iaques Peletier, du Mans. *Lyon, par Ian de Tournes*, 1555. in-8. d. rel. mar. vert.

Ouvrage très-rare dans lequel on trouve appliqué le singulier système orthographique inventé par l'auteur, et dont il a développé les principes dans son écrit intitulé : *Dialogue de l'orthografe et prononciation françoese*. Poitiers, 1550, in-8. On y remarque surtout l'introduction de deux caractères typographiques particuliers, l'un pour l'e muet, l'autre pour l'e ouvert.

924. Les œuvres poétiques et chrestiennes de G. de Salustes du Bartas, prince des poëtes françois. *Genève, Pierre et Iacques Chouet*, 1616, in-32. v. br. fil. fers à froid.

180 BELLES-LETTRES.

925. Le jardin et cabinet poétique de Paul Contant, apoticaire de Poictiers. *Poictiers, Antoine Mesnier,* 1628, in-fol. fig. d.-rel.

<small>Cette édition est encore plus rare de ce format que la première édition, petit in-4°. On trouve en tête de cet ouvrage des vers français de Y. de B. S^r. de la Clyelle, Bernier de la Brousse, Samuel Veyrel, de La Montaigne, La Gastinalière-Madronet, Beroalde de Verville, Frapier, J. Moreau, Denis Bauduin, F. Arnaudet, etc.</small>

926 Poëme philosophic (*sic*) de la vérité de la phisique minéralle, ou sont refutées les objections que peuvent faire les incredules et ennemis de cet art, etc., par le sieur de Nuisement, receveur general du comté de Ligny en Barrois. *Paris, Jérémie Perier et Ardias Buisard,* 1620, in-8 de 80 pag. d.-rel.

5. — CONTES EN VERS.

927. Contes et nouvelles en vers, par La Fontaine, édition enrichie de l'éloge de l'auteur, et d'un dictionnaire des mots vieux ou peu usités. *Hambourg,* 1731, 2 t. en 1 vol. pet. in-12. mar. bl. fil. tr. d. *à compartiments* doublé de moire.
<small>Exempl. Pixérécourt.</small>

928. Contes en vers, par M. D*** (Dupont). *Amsterdam et Paris,* 1783, in-12. d.-rel. mar. rouge.

929. Contes saugrenus, *Bassora,* s. n., 1789, in-8. fig. cart. non rogn.
<small>Ces contes indévots et licencieux sont très-rares; on les attribue à Sylvain Maréchal.</small>

930. Contes théologiques, suivis des litanies des catholiques du xviiie siècle et de poésies érotico-philosophiques, ou recueil presque édifiant. *Paris, de l'imprimerie de la Sorbonne, et se vend aux Chartreux, chez le portier.* 1783, in-8. papier de Holl. v. fauv. fil. (*Thouvenin*).
<small>Exempl. de Charles Nodier qui a écrit sur une des gardes la note suivante: « De toute rareté en papier de Hollande. Cet exemplaire est le seul que je connaisse. C N. » On trouve dans ce recueil des vers de Crébillon père, de</small>

BELLES-LETTRES. 181

Poinsinet, de Voltaire, de Boufflers, de G. Garnier, de Du Busca, etc. Deux épitres dédicatoires signées *D. B.* et l'avertissement de l'éditeur feraient croire que le chevalier Du Busca, officier d'artillerie, mort vers 1770, est le principal auteur des contes théologiques.

931. Amusemens d'un septuagénaire, ou contes, anecdotes, bons mots, naïvetés, etc., mis en vers (par de Bologne). *Paris, Poinçot,* 1786, in-8. mar. rouge tr. d. (*Bozerian*).
Exempl. Pixérécourt.

932. Contes (en vers) pour ceux qui peuvent encore rire. *Plaisance, sans nom,* 1789, in-18. de 196 pag. portr. mar. roug. fil. (*Kœhler*).
Exemplaire de G. de Pixérécourt, ouvrage rare lorsqu'il est complet. On peut le trouver quelquefois finissant à la page 108. Il est donc à présumer que la publication du surplus ne fut pas autorisée. Pixérécourt eut, dit-on, beaucoup de peine à se procurer ce complément qui n'était pas relié dans le vol. lors de sa vente.

6. CANTIQUES, NOËLS ET CHANSONS.

933. Cantique et épitaphe d'Estienne Dolet, prisonnier à la conciergerie de Paris, sur sa désolation et sur sa consolation, en vers, s. l. n. d. (*Paris, Guiraudet,* 1839), in-8. d.-rel. v. n.
Réimpression en caractères goth., tirée à très-petit nombre.

934. Kyriolés ou cantiques qui sont chantez a l'Eglise de Mesdames de Remiremont, par des jeunes filles de différentes parroisses des villages voisins de cette ville, qui sont obligez d'y venir en procession le lendemain de la Pentecôte. *Remiremont, Cl. Nic. Emm. Laurent,* 1773, in-8. de 16 pages, fig. en bois, mar. r. doubl. fil. (*Kœhler*).
Exemplaire de Ch. Nodier. Pieuses chansons très-curieuses par leur naïveté.

935. Nouveaux Noels ou cantiques spirituels sur les mystères de l'incarnation et de la naissance du Fils de Dieu, par Nicolas Pourvoyeur, auteur troyen, *Troyes, Garnier le jeune,* s. d. (1734), in-12. de 47 pag. d.-rel.

936. Chansons anacréontiques, etc., du Berger Sylvain (Mareschal). *Paris, J. B. G. Musier*, s. d. (1798), in-12. de 52 pag. et titre gravé, dos et coins de mar. vert, non rogné (*Kœhler*).

<small>Rare comme tous les ouvrages de Maréchal, et surtout de cette condition. Quérard l'a mentionné sans l'avoir vu et n'a pu en donner aucun détails.</small>

937. La fleur des chansons. Les grans chansons nouvelles qui sont en nombre cent et dix, ou est comprinse la chanson du roy, la chanson de Pauie, la chanson que le roy fist en Espaigne, la chanson de Romme, etc., s. l. n. d. in-16. mar. r. doub. fil. tr. d. (*Kœhler*).

<small>Jolie réimpression en caractères gothiques, d'un recueil de chansons du temps de François Ier, composé de 46 ff. non chiff. (Fait partie de la collection des Joyeusetés.)</small>

938. Recueil des plus belles chansons des comédiens François. En ce comprins les Airs de plusieurs Ballets qui ont esté faits de nouveau a la Cour. *Caen, Jacques Mangeant*, 1626, petit in-8. (Musique imprimée dans le texte,) Mar. roug. tr. d. (*anc. rel.*)

<small>Première édition d'un livre de la plus grande rareté, exemplaire de Ch. Nodier.</small>

939. Les chansons de Gaultier Garguille, *suivant la copie imprimée à Paris en 1631*. Londres, 1658, in-12. mar. r. fil. tr. d. (*Derome.*)

<small>Exempl. Pixérécourt, orné d'une gravure.</small>

940. Le Recueil de Chansons d'amours, composées par Daniel Drouin, Lodunoys. Joinct a icelles plusieurs autres chansons de divers poëtes françois. *Paris, par Nicolas Bonfons*, 1575, petit in-12, fig. en bois, mar. rouge, fil. tr. d. (*Thouvenin.*)

<small>Exempl. de Ch. Nodier. Deux feuillets sont, comme dans la plupart des exemplaires, rognés de près.</small>

941. Les soirées de Célie, ou recueil de chansons en vaudeville et ariettes. *Paris, Janet*, s. d., pet. in-

in-32. en caract. italiques, grav., mar. vert. tr. d. (*Duru.*) Orné de 18 grav. et d'un frontispice gravé.

7. *MYTHOLOGIE.*

FABLES, APOLOGUES.

942. Mythologie, ou explication des fables, œuvre d'éminente doctrine et d'agréable lecture, cy-devant traduite par I. Montlyard, exactement revue en cette dernière édition, et augmentée d'un traité des Muses, etc., par I. Baudoin. *Paris, Pierre Chevalier et Samuel Thiboust,* 1627, gros in-fol. fig. mar. rouge, dent. et compart., initiales couronnées, tr. d. (*anc. et belle rel.*).

<small>Chacun des dix livres dont se compose cet ouvrage, est précédé d'une belle gravure de *Michel Lasne.* Ce bel exempl., qui a appartenu à M. le marquis de La Vieuville, est parsemé de son chiff. sur la couverture.</small>

943. Exposé du cours de mythologie de M. Millin. *Paris,* 1809, in-8. d.-rel. v. br.
<small>Avec envoi d'auteur à M. de Laugeron.</small>

944. Les vingt et une epistre d'Ovide translatées du Latin en Françoys, par reverend Pere en Dieu Monseigneur l'Evesque d'Angoulesme (Octavien ou Octovien de Saint Gelais). *On les vend à Paris, au Cloz Bruneau, à l'enseigne de la Corne de Cerf, par Guillaume Le Bret,* 1546, in-16. mar. vert, compartiment et ornement, fil. tr. d. (*Thompson*).
<small>Livre rare, à la fin duquel se trouvent quatre nouvelles epitres, traduite par André de Lavigne.</small>

945. Les Métamorphoses d'Ovide, traduites en vers François par T. Corneille. *Paris, Gabriel Quinet,* 1669, in-12. frontispice et fig. (2), cuir de Russie, fil. tr. d. (*Duru*).

946. Métamorphoses d'Ovide en Rondeaux (par Benserade). Imprimez par ordre de Sa Majesté. *Paris, Imprimerie royale,* 1677 (*Édition Elzév.*

à la Sphère), petit in-12 mar. rouge, fil tr. d. (*Thompson*).

947. Les métamorphoses d'Ovide, traduction nouvelle avec le texte latin, par M. G. T. Villenave. *Paris, F. Goy et Ch. Guestard*, 1806, 4 v. in-4. mar. r. fil. ornements, mors de mar. fil. doublé de papier moiré, tr. d. (*Thouvenin*).

<small>Superbe exemplaire de cet ouvrage orné de gravures d'après les dessins de Lebarbier, Monsiau et Moreau.</small>

948. Les amours de Psyché et Cupidon, par Apulée. Traduction nouvelle, ornée de fig. de Raphaël, publiée par C. P. Landon. *Paris, Firmin Didot*, 1809, in-fol. d.-rel.

<small>Bel exemplaire de cet ouvrage imprimé sur beau papier et renfermant 30 superbes fig. au trait gravées par Le Bas.</small>

949. Nouveaux Dialogues des Dieux pour le divertissement de Monseigneur le Duc de Bourgogne. *Paris, Pierre Aubouin, Pierre Emery et Charles Clousier*, 1686, in-12. fig. (7 y compris le frontispice), mar. r. fil. armes, tr. d. (*anc. rel. fatiguée*).

950. Les Fables et la vie d'Esope, Phrygien, traduites du grec en françois selon la version grecque, avec le sens moral. *Troyes, Garnier*, s. d. (1723), pet. in-8. d.-rel. mar. r. fig. sur bois, fort.

951. Contes et fables indiennes de Bidpaï et de Lokman; trad. d'Ali Tchelebi ben Saleh, auteur turc. Ouvrage commencé par feu M. Galland, continué et fini par M. Cardonne. *Paris, P. G. Simon*, etc., 1778, 3 vol. in-12. dem.-rel. v. f. *non rogné*, doré en tête.

952. Fables inédites des XIIe XIIIe et XIVe siècles et fables de La Fontaine, rapprochées de celles de tous les auteurs qui avoient, avant lui, traité les mêmes sujets, précédées d'une notice sur les Fabulistes par A. C. M. Robert, ornées d'un portrait de La Fon-

BELLES-LETTRES. 185

taine, de 90 gravures en taille douce et de 4 Fac simile. *Paris, Etienne Cabin*, 1825, 2 vol. in-8. brochés.

953. Fables en vers du xiii° siècle, publiées pour la première fois d'après un manuscrit de la bibliothèque de Chartres. *Chartres, Garnier fils, juillet* 1834, in-8. de 63 pages, dos de mar. bleu (à très petit nombre).

954. Douze Fables de fleuves ou fontaines, avec la description pour la peinture, et les épigrammes, par P. D. T. (Pontus de Thiard). *Paris, Jean Richer*, 1586, in-8. mar. vert, fil. non rogné, doré en tête. (*Kœhler*).

955. Fables de Lafontaine, édition illustrée par J.-J. Grandville. *Paris, H. Fournier aîné, Perrotin*, 1838, 2 vol. in-8. fig. mar. vert, double fil. compart. gauffrés, tr. d.

956. Fables choisies, mises en vers par M. de La Fontaine, et par lui revues, corrigées et augmentées de nouveau, nouvelle édition, avec de petites notes pour en faciliter l'intelligence. *Hambourg, A. Vandenhoeck*, 2 tomes en 1 vol. in-12. fig. de Mariller, mar. bleu, dent. compartiments, doublé de tabis, tr. d. (*Bozérian, rel. mosaïque*).

957. Histoire de la vie et des ouvrages de M. de La Fontaine, par Mathieu Marais, publiée pour la première fois avec des notes et quelques pièces inédites. *Paris, Renouard*, 1811, in-12. pap. vél. portrait par Ficquet, mar. bleu, riches compart., doublé de tabis, mors. de mar. tr. d. (*Lefebvre*).

On a ajouté à ce charmant exemplaire, venant de chez Pixérécourt, un second portrait de La Fontaine, dit le chemin blanc, gravé par Ficquet avant toutes lettres, épreuve très-rare.

958. Fables et contes (avec un discours sur la littérature allemande, par Boullanger de Rivéry). *Paris, Duchesne,* 1754, in-12. broch., avec 2 jolies fig. d'Eisen.

Une partie des fables sont traduites de l'allemand de Gellert.

959. Fables nouvelles, par M. (Ant. Houdart) de La Motte, avec un discours. *Paris : Gregoire Dupuis,* 1719, in-4. fig. (104), par Gillot, Coypel, B. Picart, Tardieu, etc. veau fauve, dent tr. d. (*Bozerian*).

Bel exemplaire d'artiste, en grand papier haut de 10 pouces 5 lignes, auquel on a joint 404 dessins originaux de Gillot faits pour l'édition in-12 de Hollande, avec les épreuves gravées à l'eau forte par le même, les contre épreuves de chaque dessin et les doubles façons démembrées inédites, ce qui rend ce vol. unique. (*Catal. Nodier.*)

960. Fables de Florian illustrées par Victor Adam, précédées d'une notice par Charles Nodier, de l'Académie française, et d'un essai sur la fable. *Paris : Delloye, Desme et Comp.,* 1838, in-8. fig. (112 y compris les frontispices), mar. bleu, double fil. plats gaufrés. tr. d.

961. Cent fables en vers (par le duc de La Rochefoucauld-Liancourt). *Paris,* Goujon fils, s. d., in-12. mar. r. fil. tr. d. *doubl. de tabis.*

Exempl. Pixérécourt, à la fin duquel on trouve une petite pièce de vers (5 pages) intitulée *Psaphon,* plus une figure ajoutée.

962. Propos de table, suivis des contes pour la veillée et de fables nouvelles, par M. de M*** (Bernard de Montbrison) *Paris : Lenormant, Goujon,* 1807. Thalie à la campagne, ou suite des propos de table, par M. L. B. de M. (le même.) *Montpellier : Auguste Ricard;* février 1805. Ensemble 2 vol. in-8. pap. vél. dos de mar. citron, non rogné.

Exempl. Pixérécourt.

963. Hymne à la cloche, par E. H. Langlois du Pont-de l'Arche, peintre. *Rouen : F. Baudry,* 1832,

in-8. de 20 pages et un ff. dem.-rel. non rogné.

Tiré à cent exempl.

8. THÉATRE.

a. — OUVRAGES RELATIFS AU THÉATRE.

964. La mimographe, ou idée d'une honnête femme pour la réformation du théâtre national (par Rétif de La Bretonne). *Amsterdam et La Haye*, 1790, in-8. v. mar. — Du théâtre, ou nouvel essai sur l'art dramatique, (par L. S. Mercier.) *Amsterdam, Van Harrevelt*, 1773, in-8. v. marb. — Encore des comédiens et du clergé, par le baron d'Hénin de Cuvilliers. *Paris, Plassan*, 1825, in-8. dem.-rel. v. olive. Ensemble 3 vol.

965. Essai sur la comédie moderne, où l'on réfute les nouvelles observations de M. Fagan au sujet des condamnations prononcées contre les comédiens, suivis d'une histoire abrégée des ouvrages qui ont paru pour et contre la comédie depuis le xviie siècle, par M. L. J. D. B. (Meslé le jeune, de Besançon). *Paris : veuve Pissot*, 1752, in-12, titre gravé non rel. — Code des théâtres ou Manuel à l'usage des directeurs, etc., par MM. A. Vulpian et Gauthier. *Paris : B. Warée*, 1829, in-18, broché.

966. Recherches historiques et critiques sur quelques anciens spectacles et particulièrement sur les mimes et sur les pantomimes, avec des notes, (par Boullanger de Rivery). *Paris, Mérigot fils*, 1752, in-12. veau br.

Rare et recherché

967. Des représentations en musique anciennes et modernes, (par le P. Cl.-Fr. Menestrier.) *Paris, Guignard*, 1681, in-12. rel. veau. f. fil. tr. dor. (Kœhler).

968. Histoire de l'opéra Bouffon (par Contant d'Orville). *Amsterdam et Paris, Grangé*, 1768, 2 tomes en 1 vol. in 12. dem.-rel. — Soixante ans du théâtre français, par un amateur, né en 1769 (par Bouilly). *Paris, Ed. Proux*, 1842, in-18. broch. — De la comédie française depuis 1830, par Eugène Laugier. *Paris, E. Brière*, 1844, gr. in-18. broch. — Histoire l'Ambigu-Comique (par E. Deligny). *Paris, madame de Lacombe*, 1841, in-32. — Histoire populaire de tous les théâtres de Paris, par E. Vanel, *Paris, Pollet*, 1841, broch. in-32. Ensemble 5 vol.

969. 13 Brochures historiques et critiques sur le théâtre, in-8. et in-4. br.

Savoir : Plan d'une organisation générale de tous les théâtres de l'empire, par M. Fay. *Paris, Bailleul.* 1813. — Plus de rideau, lettre sur les théâtres, adressée à M. de Prarly, par Max de Villemarest. *Paris, Ponthieu* 1821. — Coup d'œil sur les théâtres du royaume, par M. A. L. S. R. (Saint-Romain). *Paris, Delaunay*, 1831. — Observations du conseil de la Comédie-Française pour les artistes sociétaires de ce théâtre, contre Mlle Georges Weymer. (*Paris, Ve Ballard*) 1828, in-4°. — Mémoire pour la Comédie-Française, sur le travail de la commission des théâtres royaux. (*Paris, Ve Ballard*, 1828), in-4°. — Le Théâtre-Français depuis cinquante ans, par Alex. Duval. *Paris, Dufey*, 1838. — De la nécessité d'un second Théâtre-Français, par le baron de Cès-Caupenne, première et deuxième publication. *Paris, Barba*, 1832-1833. — De l'Opéra, par J. T. Merle. *Paris, Baudouin frères*, 1827. — Sur l'Opéra et sur le danger auquel il vient d'échapper. *Paris, Pihan-Delaforest*, s. d. — Guerre au mélodrame ! (par Ader, A. Hugo et A. Malitourne.) *Paris, Delaunay*, 1818. — Quelques réflexions sur l'art théâtral, par Alexandre Riccord, 1812. — Critique de Denys le Tyran, (tragédie de Marmontel.) *Prault*, 1748.

Quelques-unes de ces brochures sont très-rares.

970. Observations sur l'art du comédien, par M. D'Hannetaire. *Paris, veuve Duchesne*, 1775, in-8. dem.-rel. mar. vert. — Elémens de critique dramatique, trad. de William Cooke, par P. F. Aubin. s. l. *Delange*, an VIII, in-8. v. mar. fil. — De l'exécution dramatique considérée dans ses rapports avec le matériel de la salle et de la scène, par Grobert. *Paris, F. Schœll*, 1809, in-8. v. marb. fil. — Les théâtres, par un amateur (M. Grille). *Paris, Fain*, 1817, in-8. cart. — Le rideau levé, ou petite revue

des grands théâtres (par Sevelinges). *Paris, Eberhart*, 1618, in-8. dem.-rel. mar. brun. Ensemble 5 vol.

971. De la sensibilité, par rapport aux drames, aux romans et à l'éducation, par M. Mistelet. *Paris, Mérigot jeune*, 1777. in-8. broché. — Comparaison entre la Phèdre de Racine et celle d'Euripide, par A. W. Schlegel (traduit de l'allemand par Madame de Staël). *Paris, Tourneisen fils*, 1807, in-8. dem.-rel.

972. La guerre tréâtrale, poëme en trois chants, dédié à mademoiselle Duchesnois (attribué à Colnet). *Paris, Suresne*, an XI (1803), in-18. — La Celestinade, ou la guerre des auteurs et des acteurs lyonnais, par M. Kauffmann. *Lyon, Rossary*, 1828, in-18. — Recueil des couplets d'annonce chantés sur le théâtre du Vaudeville, depuis le 21 avril 1792 jusqu'au 1er vendémiaire an XII, précédé d'une notice historique sur ce théâtre, etc., par Dossion. *Paris, Capelle*, an XII (1804), 2 tomes en 1 vol. in-18. — Une grande infortune ou le poëte du théâtre français; petit aperçu poétique, par J. A. Gardy, *Paris, Wiart et Paris*, 1840, broch. in-8. (37 pp). Ensemble 4 vol. broch.

973. Description du théâtre de Marcellus à Rome, rétabli dans son état primitif, par A. L. T. Vaudoyer, architecte. *Paris : Dusillion*, 1812, in-4. avec pl. cart. non rogné.

974. Essai sur l'architecture théâtrale, par M. Patte. *Paris, Moutard*, 1782. in-8. planches. v marb. — De la saltation théâtrale ou recherches sur l'origine, les progrès et les effets de la pantomime chez les anciens, par M. de l'Aulnaye. *Paris, Barrois*, 1790, in-8. broch. fig. Ensemble 2 vol.

975. Catalogue de pièces choisies du répertoire de la

comédie française, mis par ordre alphabétique, avec les personnages de chaque pièce et le nombre des lignes ou vers de chaque rôle, etc., par Delaporte. *Paris, Simon,* 1775, in-12. dem.-rel.—Répertoire général : outes les pièces de théâtre qui se représentent ordinairement, avec les noms de leurs auteurs et la date de leurs premières représentations, par M. C. du C*** (le chevalier Du Coudray) s. n. s. d. (Paris : 1776), in-8. broché.

2

976. Vie de David Garrick (trad. de l'angl. de Murphy, par Marignié). *Paris, H. L. Perronneau,* an IX, in-12. dem.-rel. mar. violet. — Vie de François-René Molé, par C. G. Etienne et Gaugiran Nanteuil. *Paris, Chaigneau aîné,* an XI-1803, in-12. cuir de Russie gauf. fil. tr. d. — Notice biographique sur mademoiselle Duchesnois, par M. Arthur Dinaux. *Valenciennes, A Prignet,* 1835, broch. in-8. — Petite biographie des acteurs et actrices des théâtres de Paris, avec l'âge de ces dames. *Paris, Dezauche,* 1831-1832, broch. in-18. — Notice historique sur Préville, par Dazincourt. *Paris, Giguet,* an VIII, in-8. non rel.

2

977. Sept brochures sur Talma, savoir : Exposé de la conduite et des torts du sieur Talma envers les comédiens français. *Paris, Prault,* 1790. — Réponse de François Talma au mémoire de la Comédie-Française. *Paris, Garnery,* an II. — Reponse de M. Naudet à une lettre de M. Talma du 27 octobre 1790, s. l. n. d. — Talma n'est plus, hommage à sa mémoire (vers), par H. Magnien. *Paris,* 1826. — Discours prononcés sur la tombe de Talma, par MM. Jouy, Arnault et Lafon. *Paris,* 1826. — Mémoires historiques et littéraires sur F. J. Talma, par M. Moreau. *Paris, Ladvocat,* 1826. — Talma, précis historique sur sa vie, ses derniers momens et sa mort, etc., par Emile Duval. *Paris, Mansut fils,* 1826, in-18. fig.

b. — THÉATRE INDIEN, GREC ET LATIN.

978. Chefs-d'œuvre du théâtre indien, traduits de l'original sanscrit en anglais, par M. H. H. Wilson, et de l'anglais en français, par M. A. Langlois.... *Paris, Dondey-Dupré père et fils*, 1828, 2 vol. in-8. d.-rel. veau vert.

979. Théâtre de Sophocle, traduit en entier avec des remarques et un examen de chaque pièce, précédé d'un discours sur les difficultés qui se rencontrent dans la traduction des poètes tragiques grecs, et d'une vie de Sophocle, par M. (Dubois) de Rochefort. *Paris, Nyon l'aîné et fils*, 1788, 2 vol. in-8. veau rac. fil. tr. d.

980. Ex Plauti comoediis XX quarum carmina magna ex parte in mensum suum restituta sunt. M. D. XXII. *Aldus*, in-8. d.-rel. non rogné.
Très-bel exemplaire, malgré une piqûre de vers à la marge du bas.

981. Traduction de la comédie de Plaute, intitulée Mostellaria, avec le texte revu sur plusieurs mss. et sur les meilleures éditions (par le père Dotteville). *Versailles, J. P. Jacob, Paris, les frères Levrault,*, an XI, in-8. veau rac.

982. Publii Terentii Afri comœdiæ sex ad optimorum exemplarium fidem recensitæ. *Lutetiæ Paris. ap. Natal. Le Loup et Jac. Merigot*, 1752, 2 vol. in-12, pap. de Holl. fig. dos et coins de mar. vert non rogné.
Jolie édition ornée de figures de Gravelot, avant la lettre.

983. Coriolani Martirani Cosentini episcopi Sancti Marci, tragœdiæ VIII.... comœdiæ II, odysseœ lib. XII. Batrachomyomachia, Argonautica. *Neap (Neapoli, Janus Marius Simonetta Cremonensis)*, 1556, pet. in-8. vél.
Recueil rare et recherché. (Voyez *Manuel du libraire*, v° *Martiranus*.)

984. Tragœdia nova Pammachius, autore Thoma Naogeorgo straubingensi, cum præfatione luculenta. *Excusum Vitebergæ, typis J. Luft,* anno 1538, in-8. v. br. gauf.

985. Judas Iscariotes, tragœdia nova et sacra, lectu et actu festiva et jucunda; Thoma Naogeorgo autore (c.-à-d. Th. Kirchmaier); adjunctæ sunt quoque duæ Sophoclis tragœdiæ Ajax flagellifer et Philoctetes, ab eodem autore carmine versæ, s. l. n. d. (1552), in-8. mar. r. tr. d. Bradel.

Exempl. un peu piqué.

986. Hamanus, tragœdia nova sumpta bibliis, autore Thoma *Naogeorgo*, straubingensi (in fine.). *Lipsiæ, ex officina typographica honesti viri Michaelis Blum anno a Virginis partu,* 1543, in-8. veau brun gaufré.

987. Omnes Georgii Macropedii fabulæ comicæ, denuo recognitæ... *Ultrajecti. Harmannus Borculous excud.* anno 1551-1553, 2 vol. in-8 rel. en 1 vol. petit in-8. veau brun.

Sur cette édition très-rare, voy. Manuel du libraire, v° Macropedius.

988. Josephi Simonis angli, e societate jesu, tragœdiæ quarum duæ postremæ nunc primùm lucem vident. *Leodii, typis. J. M. Hovii,* 1656, in-12. v. br.

989. Salomon comœdiæ sacra ex veteri instrumento desumpta autore Bernardo Evrardo, Armenteriano. *Duaci, apud. J. Boscardum,* 1564, in-8. cart.

990. Josephi Carpani, e soc. Jesu, tragœdiæ sex, Lusitaniæ et Algarbiorum regi Joanni V dicatæ. *Romæ, ex typogr. Palladis, apud fratres Palearinos,* 1745, in-4. v. br.

C. — MYSTÈRES, MORALITÉS, FARCES.

991. Théâtre français au moyen age, publié d'après

les manuscrits de la bibliothèque du roi, par MM. L. J. N. Monmerqué et Francisque Michel, xi° au xiv° siècle. *Paris, H. Dellaye, Firmin Didot*, 1839, gr. in-8. à 2 col. br.

992. Natiuité de nostre seigneur Jhesuchrist *p* personnages, auec la digne accouchée. Nouuellement imprimé a Paris. VI. C. (6 cahiers de signatures), s. d. in-16, dos de veau violet, non rogné.

Réimpression donnée par M. A. Venant, et achevée d'imprimer chez Crapelet, le 25 septembre 1839.

993. Sensuyt le mistere de la passiō nostre seigneur Ihesucrist auec les adiciōs faictes *p* tres eloquēt et scētifiq̄ docteur maistre Iehan Michel Leq̄l mistere fut ioue a Angiers moult triumphantement et dernierement a Paris xlvi (46 cahiers de signatures)... (à la fin): *A l'hōneur de Dieu et de la glorieuse vierge Marie..... Nouuellemēt imprimee a Paris par la veufue feu Iehā Trepperel et Ichā Iehannot imprimeur et libraire iure en luniuersité de Paris, demourāt en la rue neufue Nte Dame a lenseigne de Lescu de Frāce*, s. d., pet. in-4. goth. de 264 ff. à 2 col. figures en bois, veau fauve, dent. tr. d.

Très bel exemplaire qui a été très bien lavé et qui a de belles marges. Nous avons vu des exemplaires de la même édition portant sur le titre xlviii (cah. de sign.) au lieu de 46, mais ils n'en étaient pas moins identiques.

994. Le premier volume (et le second) du triumphant mystere des actes des apostres, translaté fidelement a la verité historiale escripte par sainct Luc a Theophile, et illustré des legendes autenticques et vies de saincts receues par leglise, tout ordonné par personnages (par Arnoul et Simon Greban).—(A la fin): *Imprimées a Paris pour Guillaume Alabat, etc..., par Nicolas Couteau; et furent acheuées le XV° iour de mars* 1537, 2 tomes en 1 vol. in-fol. goth. à 2 col. veau marbré.

Première édition de cet ouvrage; notre exemplaire, très-grand de marges, est chargé de notes ou corrections manuscrites d'une écriture du 17° siècle ; une légère piqûre a attaqué quelques feuillets dans la marge supérieure.

995. Moralité de Mundus, Caro, Demonia, Farce des deux savetiers. *Paris, Didot,* 1827, in-fol. allongé, format d'agenda, cart.

<small>Réimpression fac-similé donnée par M. Durand de Lancon et tirée à cent exemplaires numérotés. Celui-ci porte le n° 89 et l'envoi imprimé à M. Van Praet. Le même éditeur a republié en 1838, chez Silvestre, ces deux mêmes pièces.</small>

996. Moralite tres excellente, a l'honneur de la glorieuse assumption Nostre Dame, a dix personnages : cest assauoir, etc., composée par Jean Parmentier, bourgeois de la ville de Dieppe. Et iouée audit lieu, le iour du puy de ladicte assumption. Lan de grace mil cinq cens vingt et sept.... *s. l. s. d.* in-16, dos de veau bl. non rogné.

<small>Réimpression donnée par M. A. Venant, achevée d'imprimer par Crapelet, le 31 juillet 1839.</small>

997. Miracle de Nostre Dame, de Robert le Dyable, filz du duc de Normandie, à qui il fu enjoint pour ses meffaiz qu'il feist le fol sans parler ; et depuis ot Nostre Seignor mercy de li, et espousa la fille de l'empereur. Publié pour la première fois, d'après un MS du XIV° siècle, de la Bibliothèque du Roi, par plusieurs membres de la Société des Antiquaire, de Normandie (avec un avant-propos, par Ed. Frères une notice hist. sur Robert le Diable, par M. Achille Deville ; une notice sur les MSS relatifs à Robert le Diable, par M. Paulin Paris, une explication de la miniature placée en tête du miracle, par A. P. (Pottier), et une note sur les divers imprimés relatifs à Robert le Diable, par Ed. Frère). *Rouen, Édouard Frère,* 1836, in-8. broché.

<small>Tiré à 303 exemplaires.</small>

998. Miracle de nostre Dame, de Berthe, fême du roy Pepin q̃ ly fu changée et puis la retroūua. E est a XXXII psõnaiges, *s. l. n. d.,* in-16. goth. dem.-rel. non rogné.

<small>Cette réimpression figurée en gothique d'après un MS. de la Bibliothèque royale et donnée par M. Francisque Michel, a été achevée d'imprimer à Paris, chez Crapelet, le 15 octobre 1839.</small>

BELLES-LETTRES. 195

999. Le mirouer et exemple moralle des enfans in-   *19* /o
gratz pour lesqlz les peres et meres se destruisent
pour les augmenter. qui en la fin les descongnoissent. *Aix, Pontier*, 1836, in-8, pap. rose, mar. bl.
figures.

<small>Réimpression à 66 exemplaires, faite sur celui du duc de La Vallière. Cette moralité à 18 personnages, composée par Tyron, contient 179 pages et 16 gravures parfaitement imitées du moyen âge par M. Bontoux.</small>

1000. Les Sept marchands de Naples, c'estassauoir   *3* //
Laduenturier. Le Religieux. Lescolier. Laueugle.
Le Vilageois. Le Marchant. Et le Bragart. *s. l. n. d.*
(vers 1530), in-16. goth. dem.-rel. non rogné.

<small>Réimpression figurée due aux soins de M. A. Venant, et achevée d'imprimer à Paris, chez Crapelet, le 25 septembre 1838.</small>

1001. Tragedies françoise, a huict personnages, traic-   *2* /o
tant de l'amour d'un Serviteur envers sa Maitresse,
et de tout ce qui en advint, composée par M. Jean
Bretog, de S. Sauveur de Dyve. *Lyon, par Noël
Grandon*, 1571, petit in-8, dos de veau brun, non
rogné.

<small>Réimpression donnée par les soins de M. G. Duplessis, à Chartres, chez Garnier fils, 1" avril 1831, et tirée à 60 exempl.</small>

1002. La Farce de Maistre Pierre Pathelin (par F.   *3* //
Villon), avec son testament à quatre personnages
(par P. Blanchet). *Paris, Durand*, 1762, in-12,
cartonné.

<small>Réimpression faite avec soin sur celle donnée par Gueulette.</small>

1003. Le Testament de Carmentrant a viii person-   *1* /o
naiges, cestassavoir : Carmentrant, Archiepot, Tyre-
lardon, Leche froye, Caresme, Haren Sauret,
Teste daulx, Ognions. (Par Jehan d'Abundance),
s. l. n. d, in-16. d.-rel. non rogné.

<small>Cette réimpression figurée tirée à 42 exemplaires, et publiée par les soins de M. G. Venant, fut achevée d'imprimer le 8 juillet 1830, à Paris, chez J. Pinard.</small>

1004. La farce joyeuse de Martin Baton qui rabbat le   *1*
Caquet des Femmes, et est à cinq personnages, sça-

voir : la 1re Commere, la 2e Commere, Martin Baton, Caquet, Silence. *Rouen, Jean Oursel l'aîné*, s. d. in-8. de 4 ff. sur papier vélin, cartonné.

Réimpression donnée en 1838.

1005. La farce des Quiolars tirée de cet ancien proverbe normand : y ressemble a la Quiole, y fait de Gestes... par P. D. S. J. L. *Rouen, Jean Oursel l'aîné*, s. d., in-16. pap. vél. cart. non rogné.

Réimpression moderne de 32 pages.

1006. Balet comique de la Royne faict aux nopces de M. le duc de Joyeuse et madamoyselle de Vaudemont sa sœur, par Baltasar de Beaujoyeulx, valet de chambre du roy et de la royne sa mère. *Paris, Adrian Le Roy, Robert Ballard et Mamert Patisson*, 1582, in-4. fig. et musique, mar. vert, double fil. et fil. à froid, doublé de mar. rouge à compartiments, dent. avec gardes de tabis blanc. (*Thompson.*)

Exemplaire splendide provenant de Ch. Nodier, et sur lequel on peut consulter la description de sa collection, n° 728.

d. — ANCIEN THÉÂTRE FRANÇAIS.

1007. Le théâtre d'Alexandre Hardy, P., contenant Didon se sacrifiant, Scedase ou l'hospitalité violée, Panthée, Méléagre, Procris ou la jalousie infortunée, Alceste ou la fidélité, Ariadne ravie, Alphée, pastorale nouvelle. *Paris, Quesnel*, 1626, in-8. rel. vél.

Ce volume, très grand de marges, est le 1er du théâtre de cet auteur, et ne porte pas de tomaison.

1008. Tragédies françoises de Claude Billard, seigneur de Courgenay, Bourbonnois. *Paris, Denys Langlois*, 1610, in-8. v. m. — La mort de Henry IV, trag. en 5 a. et en vers, par Claude Billard. *Paris, Léopold Collin*, 1806, in-8. non rel.

Cette dernière pièce ne fait pas partie de l'édition des tragédies de Billard mentionnée ici.

1009. La comédie des proverbes, pièce comique (en

BELLES-LETTRES. 197

trois actes et en prose, par Adrien de Montluc, comte de Cramail), 5° édition. *Troyes et Paris : veuve Nicolas Oudot*, 1715, in-8. broché.

<small>Cette pièce curieuse eut un nombre considérable d'éditions, qui toutes sont rares.</small>

1010. 11 Pièces de Pierre Du-Ryer, in-4. non rel. savoir : Alcimédon, trag.-com. *Paris. Ant. de Sommaville*, 1635. — Les vendanges de Suresne, com. *Paris : idem*. 1636. — Le Cleomedon. trag.-com. *Paris : idem*, 1637. — Lucrèce, trag. *Paris : idem*, 1638. — Clarigene, trag.-com. *Paris : idem*, 1639. — Alcionée, trag. *Paris : idem*, 1640. — Saül, trag. *Paris : idem*, 1642, fig. — Esther, trag. *Paris : idem*, 1644. — Themistocle, trag. *Paris : idem*, 1648. — Dynamis, reyne de Carie, trag.-com. *Paris : idem*, 1653. — Anaxandre, trag.-com. *Paris : idem*, 1655.

1011. 4 Pièces de Mairet, in-4. non rel. savoir : La Silvanire ou la morte vive. *Paris, François Targa*, 1631, fig. — Les galanteries du duc d'Essonne, vice-roy de Naples, com. *Paris, Pierre Racolet*, 1636. — Le grand et dernier Solyman, ou la mort de Mustapha, trag. *Paris, Ang. Courbé*, 1639. — L'Athénaïs, trag. com. *Paris, Jonas de Brequigny*, 1642.

1012. 20 Pièces de Rotrou, in-8. et in-4, non rel. savoir : La Diane, com. *Paris : François Targa*, 1635, in-8. — La bague de l'oubly, com. *Paris : idem*, 1635. in-8. — L'heureuse Constance, trag.-com. *Paris : T. Quinet*, 1636, in-4. — Les Occasions perdues, trag.-com. *Paris, idem*, 1636. — Hercule murant, trag. *Paris, Ant. de Sommaville*, 1636. — Le Filandre, com. *Paris, idem*, 1637. — La Céliane, trag.-com. *Paris, T. Quinet*, 1637. — Les Menechmes, com. *Paris, idem*, 1637. — Agésilan de Colchos, trag.-com, *Paris, Ant. de Sommaville*, 1637. — La Célimène, com. *Paris, T. Quinet*, 1637.

198   BELLES-LETTRES.

— Amélie, trag.-com. *Paris, Ant. de Sommaville*, 1638.—L'heureux naufrage, trag.-com. *Paris, idem*, 1638. — Les Sosies, com. *Paris, idem*, 1638. — Laure persécutée, trag.-com. *Paris, idem*, 1639.— La Belle Alphrède, com. *Paris, idem*, 1639. — Antigone, trag. *Paris, T. Quinet*, 1639. — Crisante, trag. *Paris, Ant. de Sommaville*, 1640. — Les Captifs, ou les Esclaves, com. *Paris, idem*, 1640. — Clarice ou l'Amour constant, com. *Paris, T. Quinet*, 1643. — Le Bélisaire, trag. *Paris, Ant. de Sommaville*, 1644.

1013. Le Théâtre de Corneille, revcu et corrigé, et augmenté de diverses pièces nouvelles. *Paris*, 1689, 4 vol. pet. in-12. fig. veau brun.

Jolie édition, non citée, pour laquelle chaque pièce a un titre et une pagination séparée.

1014. L'Amaranthe de Gombauld, pastorale (en cinq actes et prologue en vers). *Paris, François Pomeray, Ant. de Sommaville et André Soubron*, 1631, in-8. vél. fig.

1015. La Bourgeoise, ou la promenade de S. Cloud, trag.-com., par le Sr de Rayssiguier. *Paris, Pierre Billaine*, 1633, in-8. cart.—La Célidée sous le nom de Calirie, ou de la générosité d'amour, par le même. *Paris, Toussainct Quinet*, 1635, in-8, non relié.

1016. 4 Pièces de Georges de Scudéry, in-4. non rel. savoir : L'Amant libéral, trag.-com. *Paris, Aug. Courbé*, 1638, fig. — Eudoxe, trag. 1641 (manque le titre). — Axiane, trag.-com. en prose. *Paris, T. Quinet*, 1644. — Ibrahim, ou l'illustre bassa, trag.-com., *idem, idem*, 1645, fig.

1017. Pièces d'Ant. Mareschal, 1 vol. in-8. parch. et 1 vol. in-4. veau marbre allemand, fil. contenant: L'inconstance d'Hylas, trag.-com. past. *Paris, Fran-*

cois *Targa*, 1635, in-8. — Le Railleur, ou la Satyre du Temps, com. *Paris, T. Quinet,* 1638. — La Cour bergère, ou l'arcadie de Messire Philippe Sidney, trag.-com. *Paris, idem,* 1640. — Le Mauzolée, trag. com. *Paris, idem,* 1642. — Le Jugement équitable de Charles le Hardy, dernier duc de Bourgoigne, trag. *Paris, idem,* 1645. — Le véritable Capitan matamore, ou le fanfaron, com. *Paris, idem,* 1640. — Le Dictateur romain, trag. *Paris, idem,* 1646.

1018. Thomas Morus, ou le triomphe de la foy et de la coutume, tragédie en prose, dédiée à Mme la duchesse d'Esguillon, par M. de la Serre, *Paris, Chamhoudry,* 1657, petit in-12 vél.

1019. 5 Pièces de Lemetel de Boisrobert, in-4. et in-12. non rel. savoir : Pyrandre et Lisimène, ou l'heureuse tromperie, trag.-com. *Paris, T. Quinet,* 1633, — Les deux alcandres, *Paris, Ant. de Sommaville,* 1640, — Le couronnement de Darie, trag.-com. *Paris, Toussainct Quinet,* 1642. — La vraye Didon ou la Didon chaste, trag. *Paris, Toussainct Quinet,* 1643. — L'Inconnue, com. *Paris, Guill. de Luyne,* 1655, in-12.

1020. 3 Pièces de Charles Beys, in-4. non rel., savoir : L'Hospital des fous, trag.-com. *Paris, T. Quinet,* 1636. — L'amant libéral, trag.-com. *Paris, idem,* 1637. Céline, ou les frères rivaux, trag.-com. *Paris, idem,* 1637.

1021. La juste vengeance, trag.-com. *Paris, Courbé,* 1641, in-4. vél.
Bel exempl.

1022. Europe, comédie héroïque (en cinq actes avec prologue, en vers, par le cardinal de Richelieu et Desmarets de Saint-Sorlin. *Paris, Henry Le Gras,* 1643, in-4. vél.
Le dernier feuillet contient une clef des personnages, clef qui est né-

cessaire pour comprendre cette pièce toute d'allusion à la politique du temps, et qui sans cela serait tout-à-fait inintelligible aujourd'hui.

1023. 2 Pièces de Tristan l'Hermite, savoir : La Mariane, trag. *Paris, Aug. Courbé*, 1637, in-4, non rogné.—Le Parasite, com. *Paris, idem*, 1654, in-4. veau granit.

1024. 3 Pièces de Chevreau, in-4, non rel., savoir : La Lucresse romaine, trag. *Paris, Toussainct Quinet*, 1637. — Coriolan, trag. *Paris, Aug. Courbé*, 1638. — L'advocat duppé, com. *Paris, Toussainct Quinet*, 1638.

1025. 4 Pièces de Desfontaines, in-4, non rel., savoir : — Eurimédon ou l'illustre pirate, trag.-com. *Paris, Ant. de Sommaville*, 1637. — Le prince Hermogène, trag.-com. *Paris, T. Quinet*, 1642. — Le Martyr de S. Eustache, trag. *Paris, idem*, 1643. — Perside, ou la suite d'Ibrahim Bassa, trag. *Paris, idem*, 1644.

1026. 4 Pièces de Guyon Guérin de Bouscal, in-4, non rel., savoir : La mort de Brute et de Porcie, ou la vengeance de la mort de César. trag. *Paris, Toussainct Quinet*, 1637.—Cléomène, trag. *Paris, Ant. de Sommaville*, 1640.—Le Gouvernement de Sanche Pansa, com. *Paris, idem*, 1642. — Le Prince rétably, trag. com. *Paris, T. Quinet*, 1647.

1027. Théâtre de Chapoton, savoir : Le véritable Coriolan, trag. *Paris, Toussainct Quinet*, 1638 (imparf. des ff. 29 et 99). — La Grande journée des machines, ou le mariage d'Orphée et d'Euridice. *Paris, Toussainct Quinet*, 1648, fig. 2 pièces in-4, non rel.
Seules pièces de cet auteur, et peu faciles à trouver.

1028. 8 Pièces de Gillet de la Tessonnerie, in-4, non rel., savoir : La Belle Quixaire, trag.-com. *Paris, T. Quinet*, 1640.—La Comédie de Francion. *Paris, T. Quinet*, 1642.—Le triomphe des cinq passions, trag.-

com. *Paris, idem*, 1642. — L'art de régner ou la sage gouverneur, trag.-com. *Paris, idem*, 1645. fig. —Sigismond duc de Varsau, trag.-com. *Paris, idem*, 1646. — Le grand Sigismond, prince polonois. *Paris, idem*, 1649 (c'est la même que la précédente). La mort de Valentinian et d'Isidore, trag. *Paris, id.* 1648.—Le Desniaisé, com. *Paris, idem*, 1648.

1029. Théâtre de La Caze, 1 vol. in-4. veau marbre; contenant : Cammane, trag. *Paris, Anth. de Sommaville*, 1641. — L'Inceste supposé, trag. *Paris, Toussainct Quinet*, 1640.

<small>Cet auteur n'a composé que ces deux pièces, et la première est une des plus rares de cette époque.</small>

1030. L'Inceste supposé, trag.-comédie (par La Case). *Paris, Toussainct Quinet*, 1640, in-4. vél.

<small>Très bel exemplaire de cette pièce rare.</small>

1031. 3 Pièces de Sallebray, in-4. non rel., savoir : Le Jugement de Pâris et le ravissement d'Hélène, *Paris, T. Quinet*, 1639, fig. — La Troade, *idem*, 1640, fig. — L'Amante ennemie, trag. com. *Paris, Ant. de Sommaville*, 1642.

1032. 4 Pièces de Gabriel Gilbert, in-4. et in-12, non rel. et veau brun, savoir : Marguerite de France, trag.-com. *Paris, Aug. Courbé*, 1641. — Rodogune, trag.-com. *Paris, T. Quinet*, 1646. — Hyppolite, ou le garçon insensible, trag. *Paris, Aug. Courbé*, 1647. — Arie et Petus, ou les Amours de Néron, tragédie. *Paris, Guill. de Luyne*, 1660, in-12.

1033. 4 Pièces de Boyer, in-4. et in-12. non rel., savoir: Porus, ou la générosité d'Alexandre, trag. *Paris, T. Quinet*, 1648.—Tyridate, trag. *Idem, idem*, 1649.— Jephté, trag. *Paris, veuve J. B. Coignard*, 1692. — Clotilde, trag. *Amsterdam, Henri Schelte*, 1705, in-12.

1034. Porus ou la générosité d'Alexandre, tragédie

(en cinq actes et en vers, par Navitault de Montpellier). *Paris, Toussainct Quinet*, 1648, in-4. vél.

Première édition de cette pièce, que jusqu'à ce jour tous les bibliographes ont attribuée à l'abbé Cl. Boyer. Mais il existe dans la bibliothèque dramatique de M. le baron Taylor un exemplaire de cette pièce, où l'épître dédicatoire est signée d'une écriture du temps *Maritault de Monlpellier*, et non *Boyer*, qui n'a fait que l'épître.

1035. La mort de Roxane, tragédie. *Paris, Courbé*, 1648, in-4. rel. vél. L'épître dédicatoire au président Viole est signée : I. M. S.

Bel exemplaire grand de marges.

1036. Théâtre de J. Le Royer, sieur de Prade. 1 vol. in-4. v. f. fil.

Ce volume, renfermant toutes les pièces de cet auteur contient : Arsace, roy des Parthes, tragédie. *Paris, Théod. Girard*, 1666, in-12, monté in-4. — Annibal trag.-com., par le sieur D. P. *Paris, Nicolas et Jean de La Josie*, 1649, in-4°, fig. — La Victime d'estat. ou la mort de Plautius Silvanus, préteur romain, trag. par le sieur D. P. *Paris, Pierre Targa*, 1649, in-4°, fig.

1037. Recueil des farces mazariniques ou pièces dramatiques composées contre Mazarin (avec un portrait de Michel Particelli, contrôleur général des finances). In-4. cart.

Recueil factice comprenant : 1° La Farce des courtisans de Pluton et leur pèlerinage en son royaume, 1649. — 2° Ballet dansé devant le roy et la reine régente sa mère par le trio mazarinique, pour dire adieu à la France, en vers burlesques, *Paris, Ch. Morlot*, 1649. — 3° Sujet de la farce représentée par Mazarin, ses deux niepces et les partisans, dansé dans la place de Saint-Germain-en-Laye. *Paris, Cl. Morlot*, 1649. — 4° Ballet ridicule des nièces de Mazarin, ou leur théâtre renversé, en France, par P. D. P., sieur de Carigny. *Paris, Meusnier*, 1649.

1038. La Balance d'estat, trag.-comédie allégorique (en cinq actes et en vers, par Dubosc de Montandré), s. l. s. d. (1652, in-4. non relié.

Pièce allégorique sur l'emprisonnement des princes, leur mise en liberté et l'éloignement du cardinal Mazarin. Rare.

1039. Jesus Maria. Sur le Martyre des SS. Innocens, tragédie (en quatre actes et en vers), in-8. de 62 p. Jesus Maria. Saint Hermenegilde, tragédie (5 actes et en vers), in-8. de 64 pages. Jesus Maria. Sur le martire de S. Sebastien, tragédie (5 actes et en vers), in-8. de 63 pages. 3 pièces en 1 vol. in-8. veau granit. s. l. (1660).

<small>Ces trois pièces sont attribuées au Père Honoré de Sainte Thérèse. Tous les exemplaires que nous avons vus portent des corrections, notamment de deux vers entiers, qui ont dû être faites par l'auteur lui-même avant de mettre son livre en circulation.</small>

1040. Le Parisien, comédie (en cinq actes et en vers, par Ch. Chevillet de Champmeslé). *Paris, Jean Rebou*, 1683, in-12. vélin.

<small>Première édition d'une pièce rare à laquelle on prétend que La Fontaine a eu part.</small>

1041. 6 Pièces in-4. non rel., savoir : Blanche de Bourbon, reyne d'Espagne, trag. com. de M. Regnault. *Paris, Toussainct Quinet*, 1642, fig. — Le Docteur amoureux, comédie (par Levert). *Paris, Aug. Courbé*, 1638. — Le Sac de Carthage, trag. en prose, par M. (Puget) de la Serre. *Paris, Jacques Villery et Gervais Alliot*, 1642. — Méléagre, trag. de M. de Bensserade. *Paris, Ant. de Sommaville*, 1641. — Le grand Timoléon de Corinthe, trag.-com., par le sieur de Saint Germain. *Paris, T. Quinet*, 1642. — Zénobie, trag. (par Hédelin, abbé d'Aubignac). *Paris, Ant. de Sommaville*, 1647.

1042. 6 Pièces in-12. et in-8. non rel., savoir : La Magie sans magic, comédie, par M. Lambert. *Paris, Charles de Sercy.* — Les Quiproquo, ou le valet étourdy, comédie, par le sieur Rosimond (Dumesnil dit). *Paris, Pierre Bienfait*, 1663. — Le Portrait du peintre, ou la contre-critique de l'escole des femmes, comédie, par le sieur Boursault. *Paris, Jean Guignard*, 1663. — L'escole des filles, comédie, par le sieur de Montfleury. *Paris, N. Pépingué*, 1666. — Agamemnon, tragédie (par Pader d'Assezan). *Paris, Théodore Girard*, 1680. — La Rapinière, ou l'intéressé, comédie, par M. de Barquebois (Jacques Robes). *Paris, Etienne Lucas.*

<small>Toutes ces pièces en premières éditions sont rares.</small>

204   BELLES-LETTRES.

c. — THÉATRE FRANÇAIS MODERNE.

1043. Acis et Galatée, pastorale héroïque en musique (par *Campistron*), suivant la copie imprimé, *Paris*, 1686, petit in-8. fig. dos de v. bleu.
<small>Jolie édition elzévirienne.</small>

1044. La Coquette et la fausse prude, comédie (en cinq actes et en prose, par Michel Bayron, dit Baron). *Paris, Thomas Guillain*, 1687, in-12. vélin,
<small>Première édition de cette pièce, que les contemporains attribuaient à Deleyre.</small>

1045. Les Folies amoureuses, comédie, par M. R*** (Reynard). *Paris. Pierre Ribou*, 1704, in-12. fig. veau brun.
<small>Édition originale.</small>

1046. Esope, comédie accomodée au théâtre italien, par M. Lenoble. *Paris, Guill. de Luynes*, 1691, in-12. fig. dos de v. brun.

1047. Le Flatteur, comédie (en cinq actes et en prose, par J.-B. Rousseau) *Paris, Claude Barbin*, 1697, in-12. rel. — Le Capricieux, comédie (en cinq actes et en vers, par le même). *Paris, Michel Brunet*, 1701, in-12. rel.
<small>Premières éditions de ces deux pièces. La première est ici telle qu'elle fut représentée depuis la mise en vers, et c'est de cette dernière façon qu'elle existe dans toutes les éditions des œuvres de J.-B. Rousseau.</small>

1048. Recueil des comédies et ballets représentées sur le théâtre des petits appartements (pendant les hivers de 1747 à 1750 (trente-neuf pièces (Paris), 1750 et années suiv. 4 vol. in-8. veau fauve, filets, tr. d.
<small>Ce recueil précieux est complet en 4 vol., quoiqu'il soit quelquefois divisé en 6. (V. Brunet.)</small>

1049. Œuvres complettes (*sic*) de M. l'abbé de Voisenon. *Paris, Moutard*, 1781, 5 vol. in-8. v. écaille, filets.

BELLES-LETTRES.

1050. Théâtre lyrique de M. de La J. (Vénard de La Jonchère). *Paris, Barbou,* 1772, 2 vol. in-8. d.-rel. veau vert.

_{Ce recueil peu commun est précédé d'un essai sur l'opéra, qui n'a pas moins de 178 pages non compris la préface.}

1051. Comédies nouvelles, par M. le baron de Bielfeld. *Berlin, Etienne de Bourdeaux,* 1753, in-12, v. marb. — Œuvres de M. Boindin. *Paris, Prault fils,* 1753, 2 vol. in-12, bas. — Œuvres divers de M. Desmahis. *Genève,* 1762, in-12. veau marbre. — Théâtre de M. Fagan, et autres œuvres de même auteur. *Paris, N. B. Duchesne,* 1760, 4 vol. in-12. veau marb. — Œuvres de Théâtre de M. de La Grange, contenant toutes ses pièces. *Paris, N. B. Duchesne,* 1758, in-12. v. marb. — Théâtre de Lemierre. *Paris, Duchesne,* an VIII, 2 vol. in-8. d.-rel. bas. — Recueil de quelques ouvrages de M. Watelet. *Paris, Prault,* 1784, in-8. veau granit. Ensemble 12 vol.

1052. Théâtre du marquis de Montalembert. In-8. v. marb. fil.

<sub>Recueil factice contenant : 1° *La Statue*, comédie en deux actes, en prose, mêlée d'ariettes, s. l., 1786. — 2° *La Bergère de qualité*, comédie en trois actes, mêlée d'ariettes, s. l., 1786. — 3° *La Bohémienne supposée*, comédie en deux actes, mêlée d'ariettes, s. l.; 1786.
Ces trois pièces forment le théâtre complet de cet auteur.</sub>

1053. Opuscules dramatiques, ou nouveaux amusemens de campagne, par M. de Sacy. *Paris, Demonville,* 1778, 2 vol. in-8. v. marb. — Théâtre de M. J. de Chénier. *Paris,* Baudouin frères, 1818, 3 vol. in-8. v. jaspé, fil. dent. — Théâtre et poésies fugitives J. F. Collin d'Harleville. *Paris, Duminil Le Sueur,* 1805, 4 vol. in-8. d.-rel. bas. Ensemble 9 vol.

1054. Œuvres de madame de Gouges. *Paris, Cailleau.* 4 tomes en 2 vol. in-8. d.-rel. bas.

1055. La Passion et la mort de Louis XVI, roi des

juifs et des chrétiens. *Jérusalem*, s. n. 1790, in-8. de 27 pages, fig. veau fauve, fil. (*Kœhler*).
Rare.

1056. Théâtre de Le Gouvé, in-8. v. fauve, fil. dent. tr. d.

Recueil factice composé des pièces suivantes (éditions originales) : 1· La mort d'Abel, tragédie en trois actes et en vers. *Paris, J.-G. Mérigot*, 1793. — 2° Epicharis et Néron, tragédie en cinq actes. *Paris, Maradan*, an III. — 3° Quintus Fabius, ou la discipline romaine, tragédie en trois actes. *Paris, Huet*, an IV. — 4° Etéocle, tragédie en cinq actes. *Paris, Surosne*, an VIII.

1057. Œuvres complètes de M. (Antoine Vincent) Arnault. Théâtre. *La Haye, J. B. Wallez*, 1817, 3 vol. —Théâtre lyrique, cantates, poésies mêlées. *Paris, Foulon et comp.*, 1819. Ensemble 4 vol. cart. non rogné.

C'est la première édition des œuvres de cet auteur, commencée lorsqu'il était encore en exil.

1058. Poésies dramatiques d'un émigré (M. le comte de Saint-Roman). *Paris, Pillet aîné*, 1823, in-8. broché. — Œuvres dramatiques de M. A. F****** (M. Ferrand, de l'académie). *Paris, impr. royale*, 1817, in-8. v. jaspé, fil. dent.

1059. Recueil général des opéras représentés dans l'Académie royale de Musique, depuis son établissement. *Paris, Ch. Ballard*, 1703—1734, 14 vol. in-12. v. fauve fig.

1060. Spectacle donnés à Fontainebleau pendant le séjour de leurs majestés, en l'année 1754. *Paris, Ballard* (s. d.), in-4. rel. mar. vert, fil. tr. d.

9. — ROMANS.

a. — ROMANS GRECS ET LATINS.

1061. Les éphésiaques de Xénophon, Ephésien, ou les amours d'Anthée et d'Abrocomas: traduits en français. *Paris, Pierre Bauche*, 1736, in-12, d.-rel. et coins mar. r. *non rogné*, doré en tête.

1062. Les adventures amoureuses de Théagènes et Cariclée (*sic*), sommairement décrites et représentées par figures; dédié au Roy par Pierre Vallet, son brodeur ordinaire, avec privilége du roy. *Paris*, 1613, in-8. de 120 feuillets outre les deux premiers feuillets non chiffrés, mar. olive tr. d..

<small>Ouvrage rare orné de 120 figures curieuses. Bel exemplaire. Le nom de l'auteur écrit *Vallet* dans le titre gravé, est orthographié *Valet* dans la signature qui termine l'épître dédicatoire au roi Louis XIII.</small>

1063. Les amours de Théagène et Chariclée, histoire éthiopique d'Héliodore, trad. (par de Montlyard). *Paris, Samuel Thiboust*, 1626, in-8. mar. vert russe, figures.

<small>Ni Brunet ni Quérard ne parlent de cette traduction, dont il a pourtant été donné trois éditions en dix ans. Notre exemplaire appartient à la deuxième; la première porte la date de 1623, et la troisième celle de 1633.</small>

1064. Arsace et Isménie, histoire Orientale, par M. de Montesquieu. *Londres et Paris, Guillaume de Bure fils aîné*, 1783, in-18, mar. bleu, tr. d. (*Duru*).

1065. Les amours de Poliarque et d'Argenis de J. Barclay, mis en françois, par P. de Marcassus. *Paris, Nicolas Buon*, 1622, un tome en 2 vol. in-8, titre gravé, mar. rouge, fil. tr. d. (*Padeloup*).

<small>Exemplaire bien conservé d'une traduction estimée. Il en parut une autre en 1724, que le père Lelong attribue à Pierre Duryer, et une nouvelle en 1633 (par G***), que Barbier attribue à tort à P. Marcassus, auteur de la première.</small>

1066. Les amours de Léandre et de Héro, poëme de Musée le grammairien; trad. du grec en français, avec le texte. *Paris, Nyon le jeune*, 1784, in-12, mar. v. fil. tr. d. (*Duru*).

b. — ROMANS FRANÇAIS, HÉROÏQUES ET CHEVALERESQUES.

1067. Amadis de Gaule, poëme, faisant suite à la Table Ronde, par Creuzé de Lesser. *Paris, Delaunay,* impr. par *Didot l'aîné*, 1813, in-18. mar. r. fil. large, dent. mors de mar. doublé de tabis, tr. d. (*Purgold*).

<small>Bel exempl. La figure qui est en tête de ce vol. est accompagnée d'une épreuve avant la lettre et de l'eau forte.</small>

1068. Histoire de Morgant le Géant, lequel avec ses frères persécutoient souvent les chrestiens et serviteurs de Dieu, mais finalement furent ses deux frères occis par le comte Roland, et le tiers fut Chrestien, qui depuis aida grandement à augmenter la saincte foy catholique, comment entendrez cy-après. *Lyon, pour Claude Chastellard*, 1619, grand in-4. v. f. fil. avec figures sur bois.

1069. La belle et plaisante histoire des quatre fils Aymon, duc de Dordone. *Anvers, Jean Waesberghe*, 1561, in-4 à 2 col. de 4 ff. non chiff, et 118 ff. chiff., cuir de Russie, large dent. tr. d. (*Thompson*).

1070. Histoire des quatre fils d'Aymon, revue, corrigée de nouveau, et augmentée de 28 figures. *Limoges, L. Albin et Ardant*, s. d. (1817), in-8. cart.

1071. La cronique et heroique hystoire du preux et vaillant chevalier Mabriant, etc. (manque le titre) à la fin, sur un f. séparé ; *Fin de la Cronicque et Hystoire excellente Du preux et vaillant cheualier Mabrian roy de Jherusalem et de Inde la maiour, filz du noble roy de Jherusalem Yuon, lequel fut filz de Regnault de Montauban. En laquelle est compris la mort et martire des preux cheualiers Alard Guichard et Richard et de leur cousin Maugis (lequel fut pape de Romme). Ensemble la prouesse de Gratien filz bastard dudit Mabrian, et de la belle Gracienne fae. Auec les faitz cheualeureux du preux et hardy Regnault filz du dit Mabrian et de son espouse la royne Gloriande. Nouuellement Imprimé à Paris par Denis Janot, demeurant en la rue de Marche-pallu a lenseigne de la Corne de Cerf deuant la rue neufue nostre Dame*, s. d. In-4. goth. à 2 col. de 4 ff. préliminaires et 155 ff.

BELLES-LETTRES.

chiff. et un f. pour la marque du libraire, fig. en bois, d.-rel. non rogné.

<small>Exempl. grand de marges; mais malheureusement une piqûre de ver a attaqué plusieurs ff. et les 4 prél., savoir: le titre et la table manquent. On pourrait signaler de nombreuses erreurs dans la manière dont les ff. sont chiffrés.</small>

1072. Les Faictz merveilleux de Virgille.... Cy finissent les faictz merueilleux de Virgille, nouuellement imprimez a Paris par Guillaume Nyverd demourant en la Rue de la iuyfrie a lymage Sainct pierre ou a la premiere porte du palays. Petit-in-4. de 15 ff. sur papier de Chine, non chiffrés, v. ant.

<small>Réimpression fac-simile. Exempl. d'essai, entièrement sur papier de Chine, non destiné au commerce.</small>

1073. Le Roman de Robert le Diable, en vers, du XIIIe siècle, publié pour la première fois d'après les manuscrits de la bibliothèque du roi, par G. S. Trebutien, membre de la société des antiquaires de Normandie. *Paris, Sylvestre,* 1837, in-4, dos de mar. rouge.

<small>Cette édition fac-simile, en caractères gothiques, sur deux colonnes, a été tirée à 130 exempl. numérotés. Celui-ci porte le n° 48.</small>

1074. Sensuyt le Romant de Richart filz d Robert le Diable q fut duc d Normandie. *Imprimé nouuellement a Paris. s. l. n. d.* in-16, goth, de 16 ff. non chiff. d.-rel.

<small>Réimpression fac-simile publiée chez Silvestre par A. Venant, et *achevée d'imprimer chez Crapelet le 31 octobre* 1838.</small>

1075. Histoire de Huon de Bourdeaux, pair de France et duc de Guyenne, contenant ses faicts et actes heroïques, compris en deux livres, autant beau et recreatif discours que des long temps aye esté leu. *Lyon, Pierre Rigaud,* 1606, in-8, de 757 pages, mar. vert, fil. tr. d. (Derome).

1876. Histoire de Huon de Bordeaux, pair de France, duc de Guyenne, contenant ses faits et actions héroïques, mise en deux livres aussi beaux et diver-

14

tissants que jamais on ait lu. *Lille, veuve Pillot,
s. d.* 2 vol. in-4, cart. non rogné.

1077. Les grandes Croniques, vertueux faicts et gestes
de la saincte histoire des tres preux nobles princes
et valeureux pontifes Natathias et de son tant re-
nomé filz le preux Judas Machabeus : avec ses quatre aultres freres, Jehan Gaddis, Symon Thasi,
Eleazar Abaron, et Jonathas Appus, tous nobles et
vaillans Machabees, pour lors vrays serviteurs de
Dieu, et zelateur de la saincte loy Mosaïque. Icelle
histoire a la verité du texte de saincte escripture,
translatée de latin en nostre vulgaire francois par
reverend et scientifique home Charles de Sainct Ge-
lays, chanoine esleu de Angolesme; pour et en
l'honneur de tres hault tres magnifique et tant
Illustre Prince Moseigneur Francois duc de Valois
et tres noble Comte de Angolesme. — *Cy fine le II
liure et accomplissemet de la tres excellente hystoire
des preux et nobles Machabees, nouvellement transla-
tee de latin en nostre vulgaire fraçoys. Imprimé a
Paris par preuilege du roy nostre sire pour Anthoine
Bonnemere Imprimeur demorãt en la rue Sainct Jehan
de Beauluais a lenseigne Sainct Martin, audict Paris.
Perfect et acomply ou moys Daoust, lan de salut mil
cinq Cens et xiiii.* Petit in-fol. goth. de 96 ff. chiffrés,
fig. en bois, veau brun, dent. comp. tr. d. *(anc. rel.
fatiguée).*

Livre très-rare que l'on place, bien à tort selon nous, parmi les romans
de chevalerie, puisque ce n'est qu'une traduction de deux livres de la
Bible. Notre exempl. très beau de condition intérieure, est malheureusement incomplet des deux premiers ff. non chiffrés, c'est-à-dire que le
titre est un feuillet prélim. indiquant le contenu de l'ouvrage. Charles de
Saint-Gelais, frere d'Octavien de Saint-Gelais, n'est nommé que sur le titre
du 3e feuillet, chiffré 1, et que nous avons reproduit ci-dessus.

1078. Histoire de Pierre de Provence et de la belle
Maguelonne. *Paris, Castard,* 1776, grand in-8, de
78 pages, dos et coins de mar. bleu, non rogné.

1079. La treselegate, delicieuse, melliflue et tresplaisante, hystoire du tresnoble victorieux et excellentissime roy Perceforest, roy de la grant Bretaigne, fundateur du franc palais, et du temple du souverain Dieu. Auecques les merveilleuses entreprinses, faitz et aduentures du tresbelliqueux Gadiffer, roy Descosse. Lesquelz Lepereur Alexandre le grant couronna roys soubz son obeissance. En laquelle hystoire le lecteur pourra veoir la source et decoration de toute cheualerie, culture de brave noblesse, prouesses et coquestes infinies, accoplies des le teps de Jullius Cesar, aueqes plusieurs propheties, comptes Damas et leurs diuerses fortunes. *Nouuellemet imprime a Paris, Mil v. cens xxxj. Gilles Gourmont.* (A la fin du 6 vol.) : *Imprime nouuellement a Paris, et fut acheué ce present volume le xviii. iour du moys de decembre mil cinq cens xxxii*, 6 t. en 3 vol. in-fol. mar. vert, fil. tr. d. (*Ex Menars.*)

Cette édition est maintenant aussi rare que celle de 1528.

En voici la description : — T. 1, 4 ff. prélim., contenant le titre, un prologue et la table des chap.; texte, ff. i-clxiiii. — T. II, 4 ff. prélim. pour le titre et la table, dont un blanc; texte, ff. i-cliii (le 153e est passé), avec la marque de Galliot du Pré au verso de ce dernier feuillet. — T. III, 2 ff. prélim. contenant le titre et la table; texte, i-clix. — T. V, 2 ff. prélim. pour le titre et la table; texte, i-clix (effectivement 149 ff., parce qu'il y a lacune de 90 à 99). — T. V, 2 ff. prélim. avec une grande figure en bois au verso du 2e; texte, i-cxiii, plus un f. blanc. — T. VI, 2 ff. prél. pour le titre et la table ; texte, i-ciiii (cxxiiii). Au verso de ce dernier feuillet se trouve la marque de *Philippe le Noir*.

1080. Le livre de Baudoyn, comte de Flandre, suivi de fragments du roman de Trasignyes. Publié par MM. C. P. Serrure et A. Voisin. *Bruxelles, Berthot et Perichon*, 1836, in-8. d.-rel. v. r. fac-simile.

1081. Mirouer des femmes vertueuses. Ensemble la patience Griselidis, par laquelle est demonstrée lobedience des femmes vertueuses. L'histoire admirable de Jehanne Pucelle, natiue de Vaucouleur, laqlle par reuelation diuine et par grant miracle fut cause de expulser les Angloys tāt de France Normandie que aultres lieux circonuoysins, ainsi que vous verrez par ladicte histoire, extraicte de plusieurs

212   BELLES-LETTRES.

croniques de ce faisant mention. Nouuellement imprimé à Paris. (A la fin) : *Cy* finist la patiéce Griselidis. Laquelle Griselidis fut fille dung pauure homme appelle Janicolle, et fut femme du marquis de Saluces. Nouuellement imprimee a Paris. In-16, d.-rel. v. vert.

<small>Réimpression figurée. *Paris, Crapelet,* 1840.</small>

1082. L'histoire amoureuse de Flores et Blanchefleur s'amye, avec la complainte que fait un amant contre amour et sa dame. Le tout mis d'espagnol en françoys par maistre Iaques Vincent. *Lyon, Benoist Rigaud,* 1570, petit in-16. v. br. tr. d.

1083. Le premier livre de la plaisante et delectable histoire de Gerileon d'Angleterre, contenant les haults faicts d'armes et chevaleureuses prouesses avec les amours d'iceluy, et plusieurs memorables adventures. Nouvellement mis en françois par Estienne de Maisonneufve, Bordelais. *Paris, Iean Borel,* 1572, petit in-8. v. f. fil. (*Kœhler*).

1084. The history of the valiant knigt Arthur of little Britain, a romance of chivalry, originally translated from the french by John Bourchier, lord Berners, a new edition. *London, White Cochrane et comp.,* 1814, in-4. papier vélin, mar. rouge, filets, plats à petits fers, mors de mar. rouge, (*Thompson*). Exemplaire au chiffre d'A. A., non rogné,

<small>Cette ancienne traduction anglaise de l'histoire du vaillant chevalier Arthur de la petite Bretagne, est ornée de 25 gravures au trait.</small>

1085. L'innocence du premier âge en France (par Billardon de Sauvigny). *Paris, Delalain,* 1768, in-8. titre gravé et une fig. de Greuze, gravée par Moreau, avant la lettre et après la lettre, 120 pages, y compris 16 pages de musique gravée. — La fête de la rose, poëme. *Paris, Merlin,* 1768, in-8. de 14

BELLES-LETTRES. 243

pages, frontispice gravé, 2 pièces en 1 vol, in-8. mar. rouge, tr. d.

Exempl. de Pixérécourt.

1086. Les cent hystoires de Troye. L'épistres de Othea, deesse de prudence, enuoyee a l'esperit cheualereux Hector de troye... (par Christine de Pisan). Nouuellement imprimee a Paris par Philippe le Noir... (au verso du dernier f.) : *Imprimees a Paris par Philippe le Noir Libraire et Relieur iuré en Luniuersite de Paris. Lan mil cinq cens vingt et deux le dernier iour de nouembre.* Gr. in-4. goth. de 52 ff. non chiffrés, à 2 et 3 colonnes, sign. a-g, avec fig. en bois, mar. vert, fil. tr. d. (*Derome*).

<small>Exempl. bien conservé de cet ouvrage très rare, sur lequel on doit consulter Brunet, t. I, 2e part., p. 655.)</small>

1087. Histoire pitoyable du Prince Erastus, fils de Diocletien, empereur de Rome, où sont contenus plusieurs beaux exemples et notables discours non moins plaisans et recreatifs, qu'utiles et profitables, reveuë, corrigée, et enrichie de plusieurs portraits et figures, non encore par cy-devant imprimez, traduicte d'Italien en François. *Paris, Hierosme de Marnef, et la veufve de Guillaume Cavellat*, 1584, in-16. mar. vert, fil. tr. d. (*Duru*).

<small>Les jolies vignettes en bois qui ornent cet exemplaire me paraissent être de Woeriot.</small>

1088. Les Riches entretiens des adventures et voyages de Fortunatus, nouvellement traduits d'Espagnol en François. *Paris, François Hebert*, 1637, in-8. v. fauve, fil. tr. d. (*Duru*).

1089. L'histoire de Dom Belianis de Grèce. Traduction nouvelle (de l'espagnol de Sabio Friston, par Claude de Bueil) *Paris, Toussainct du Bray*, 1625, in-8. cuir de Russie, fil. tr. d.

1090. Les Nouvelles de Lancelot, tirées des plus célèbres auteurs espagnols. *Rouen, la veufve Du Bosc,*

214 BELLES-LETTRES.

1641, in-8. veau fauve ant. fil. noir, dent. a froid, tr. d. (*Simier*).

Exempl. de Pixérécourt, très propre et bien conservé.

1091. Histoire des Amours de Lysandre et de Caliste. *Amsteldam, Jean de Ravestein,* 1663, petit in-12. titre gravé, mar. bleu, fil. (*Kœhler*).

Bel Elzevier.

1092. Histoire abrégée et très mémorable du Chevalier de la plume noire, écuyer, sire du hazard, de la fortune, de l'avanture, etc., etc., etc. *Amsterdam, H. G. Lohner,* 1744, in-8. d.-rel. v. vert.

C. — ROMANS HISTORIQUES.

1093. Alix de France, nouvelle historique. *Liège, Louis Montort,* 1686, in-12. mar. rouge, large dent. doublé de mar. rouge à large dent., tr. d. (*anc. rel.*)

1094. Les Amours de S. A. R. Mademoiselle, souveraine de Dombes, avec Monsieur le comte de Lauzun, ensemble le sujet de son éloignement. S. l. n. d., in-12. de 75 pages, v. f. fil. (*Kœhler*).

1095. Les amours du grand Alcandre, par Mademoiselle de Guise, suivis de pièces intéressantes pour servir à l'histoire de Henri IV. *Paris, Didot l'aîné,* 1786, 2 vol. in-12. d.-rel. mar. vert.

1096. Les Amusemens de la princesse Atilde. *Paris, Charles Osmont,* 1697, 2 tomes en un vol. in-12. mar. bleu, fil. tr. d. (*Duru*).

1097. Les amours d'une belle Angloise, ou la vie et les aventures de la jeune Olinde, écrites par elle-même. *Cologne,* 1695, petit in-12. mar. r. fil. tr. dor. avec une grav.

1098. Les Amours de Charles de Gonzague, duc de Mantoue, et de Marguerite, comtesse de Rovere, écri-

BELLES-LETTRES. 215

tes en italien par le sieur Giulio Capocoda, et traduites en françois. *S. n. de v. ni d'imp.*, 1666, in-12 à la sphère, veau vert, dent. à froid, tr. d. (*Ducastin*).

1099. Les Amours de Zeokinizul, roi des Kofirans (Louis XV, roi des François). Ouvrage traduit de l'arabe du voyageur Krinelbol (composé par Crebillon fils). *Amst.* 1746, in-8. broché.

Exemplaire Pixérécourt et de l'édition originale, avec la clef manuscrite.

1100. Les Amours de Zeokinizul, roi des Kofirans (Louis XV, roi des François), ouvrage traduit de l'arabe du voyageur Krinelbol (composé par Crebillon fils). *Amsterdam*, 1748, in-8. veau brun, fers à froid, fil. tr. d.

Avec la clef manuscrite, d'une jolie écriture.

1101. Les Avantures de Monsieur d'Assoucy. *Paris, Claude Audinet*, 1677, 2 vol. in-12. mar. rouge, fil. tr. d. (*Janséniste, Duru*).

1102. Le Bâtard de Navarre, nouvelles historiques. *Paris*, 1684, pet. in-12. mar. viol. fil. tr. d.

1103. Béralde, prince de Savoye. *Paris, Claude Barbin*, 1672, 2 tomes en un vol. veau fauve, fil. tr. d. (*Duru*).

1104. La Boussole des amants, dédiée à son altesse royale Mademoiselle (par de Sercy). *Paris, Charles de Sercy*, 1668, in-12. frontispice gravé, mar. vert, tr. d. (*Duru*).

1105. La Cour de Saint Germain, ou les Intrigues galantes du Roy et de la reine d'Angleterre, depuis leur séjour en France. *A Saint Germain, chez Jacques le Bon au Chateau de l'amour*, 1695, in-12. fig. mar. vert, fil. tr. d. (*Duru*).

1106. Le czarewitz Chlore, conte moral, de main impériale et de maîtresse (par Catherine II). *Cerlin, Frédéric Nicolai, Lausanne, Franç. Grasset*, 1782, in-12. mar. brun, fil. tr. d. (*Lardière*).

<small>Cet ouvrage est en effet attribué à Catherine II. On sait généralement que ceux attribués au grand Frédéric portent sur le titre: *de main de maître*. Est-ce pour ce m t f que celui-ci porte: *de main de maîtresse?*</small>

1107. La duchesse de Capoue, nouvelle italienne (par J. B. Née de La Rochelle, avocat). *Paris, Pierre Prault*, 1732, in-12. d.-rel. mar. vert.

1108. La duchesse de Milan, dédiée à Mademoiselle de Nantes (par Prechac). *Paris, Charles Osmont*, 1682, in-12. mar. vert, tr. d. (*Kœhler*).

1109. La Duchesse d'Estramène (par Du Plaisir). *Paris, C. Blageart*, 1682, 2 parties en un vol. in-12. veau écaille, fil.

1110. Dernières œuvres de mademoiselle La Roche Guilhen, contenant plusieurs histoires galantes. *Amsterdam, Paul Marrey*, 1708, in-12. d.-rel. mar. vert, *non rogné*, avec une gravure.

1111. Entretiens des cafés de Paris. *Trevoux*, 1702, petit in-12. d.-rel.

<small>Très-curieux volume; en tête de chaque entretien se trouve une gravure en bois fort grossière.</small>

1112. Les Exilez de la cour d'Auguste, par M. de Ville-Dieu; *suivant la copie de Paris, chez Claude Barbin* (Hollande, à la sphère), 1675 in-12. v. f. fil. dent. à froid, tr. d.

1113. Les Galanteries des rois de France (par Vanel). *Cologne, Pierre Marteau*, s. d., 3 vol. in-12. titres gravés, frontispice, fig v. fauve, non rognés *(Duru)*.

1114. Hattigé, ou les amours du Roy de Tamaran, nouvelle (par Brémond). *Cologne, Simon l'Africain*, 1676, in-12. d.-rel.

1115. L'heptameron de la Navarride, ou histoire en-

BELLES-LETTRES. 217

tière du royaume de Navarre, depuis le commencement du monde. Tirée de l'espagnol de Dom Charles, Infant de Navarre. Continuée de l'histoire de Pampalonne de N. l'Evesque, iusques au roy Henry d'Albret, et depuis par l'hist. de France, iusques au roy très chrestien Henry III, roy de France et de Navarre. Le tout fait et traduit par le sieur de la Palme (Victor Palma Cayet). *Paris, Pierre Portier,* 1602, in-8, v. f. fil. *(Kœhler)*.

1116. L'heureux esclave. Nouvelle (par Brémont). *Cologne, Pierre Marteau* (à la sphère), 1692, in-12. v. jaspé, fil. figures.

Barbier ne cite de ce livre que les éditions de Paris, 1674, et de Witte, 1708.

1117. Histoires galantes de la cour de Vienne (roman historique). *Leipsick, Gaspard Aspruck,* 1750, pet. in-8. v. f. fil. tr. d.

1118. Histoire de la vie et des aventures de la duchesse de Kingston. *Londres,* 1789, in-8, d.-rel. v. f.

On a joint à cette histoire une notice curieuse de Stefano Zannowich, prétendu prince Castriotto d'Albanie, avec les portraits de ces deux célèbres personnages.

1119. Histoire du maréchal duc de la Feuillade, nouvelle galante et historique. S. l., 1713, in-12. v. f. fil. fers à froid, tr. d.

1120. Histoire de Donna Olimpia Maldachini, traduite de l'italien de l'abbé Gualdi (Gregorio Leti, par Renoult). *Leyde, Jean Du Val* (à la sphère), 1666, pet. in-12. mar. bleu, double fil. tr. d. *(Simier)*.

1121. Histoire d'Hypolite, comte de Duglas (par Madame d'Aulnoy). *Paris, Nicolas le Gros et Guillaume Cavelier,* 1708, 2 tomes en un vol. in-12. mar. rouge, dent. tr. d.

1122. Histoire de madame la comtesse des Barres, à madame la marquise de Lambert (par l'abbé de

218   BELLES-LETTRES.

Choisy). *Anvers, Van der Hey*, 1735, in-12. mar. vert, non rogné, doré en tête (*Duru*).
Édition des plus rare.

1123. Histoire du Palais Royal. S. l. n. d. (*Holl. Elz.*) petit in-12, mar. r. fil. tr. d. (*Kœhler*).
Édition originale de ce petit ouvrage *très-rare*.

1124. Histoire de la princesse de Montferrat (par Deslandes). *A Londres*, 1749, in-12. frontispice gravé, dos et coins de mar. rouge.

1125. Histoire amoureuse des Gaules (par Roger de Bussy Rabutin). *A Liége, sans nom et sans date*, petit in-12. de 208 pages, plus le titre et la clef des personnages, frontispice gravé. — Histoire du Palais Royal (par le même), s. n. de v. ni d'imp. et s. d., petit in-12, de 96 pages, 2 tomes en un vol. veau vert, tr. d.
Curieuse édition d'un livre bien connu, mais que l'on a depuis grossi outre mesure. Celui-ci renferme tout ce qui appartient réellement à Bussy.

1126. Imbrahim, Bassa de Bude, nouvelle galante. *Cologne, Pierre Marteau*, 1686, petit in-12, mar. vert, fil. tr. d. (*D ru*).

1127. Ildegerte, reine de Norwège, ou l'amour magnanime, première nouvelle historique, par M. D*** (Lenoble). *Paris, Guillaume de Luyne*, 1694, 2 parties en un vol. in-12, veau fauve, fil. tr. d. (*Duru*).

1128. L'Orphelin infortuné, ou le portrait du bon frère, histoire comique et véritable de ce temps, par le sieur D. P. F. *Paris, Cardin Besongne*, 1661, in-8, veau fauve, fil. tr. d. (*Duru*).

1129. La prison de Monsieur Dassoucy. *Paris, Antoine de Rafflé*, 1674, in-12, de 6 ff. prélim. 176 pages et 2 ff. mar. rouge, tr. d. (*Duru*).

1130. La princesse de Clèves (par Madame de Lafayette, Segrais et le duc de Larochefoucauld). *Paris*,

BELLES-LETTRES. 219

par la compagnie des libraires associez. 1704, 3
tomes en un vol. in-12, mar. rouge, fil. dent. tr. d.
Édition originale.

1131. La promenade du Luxembourg. La Haye, 1738, — 6
petit in-12, v. f. fil. tr. d. (Duru).

1132. Relation historique de l'amour de l'empereur — 4 / "
de Maroc, pour Madame la princesse douairière de
Conty, écrite en forme de lettres à une personne de
qualité, par M. le comte D***. Cologne, Pierre, Marteau, 1700, in-12, mar. vert, fil. dent. à froid, tr. d.

1133. Recueil de Romans historiques (publiés par — 11 / "
Lenglet Du Fresnoy). Londres (Paris), 1747, 8 vol.
petit in-12, v. f. dent. tr. d. (Bozérian).

1182 Exemplaire de Pixérécourt. Ce recueil bien fait et peu commun contient
les romans suivants : tome 1ᵉʳ : Le Connétable de Bourbon, par Baudot
de Juilly ; la Comtesse de Montfort, et la Princesse de Portien. — Tome 2 :
le Comte d'Amboise, par Mlle Bernard ; et Henri IV, roi de Castille. —
Tome 3 : le Comte de Dunois, par la comtesse de Murat ; Mémoires du
comte de Comminge, par d'Argental, Mme de Tencin et Pont de Vesle ;
et Histoire d'Amenophis, par Mme de Fontaine. — Tome 4 : le Duc de
Guise, par de Brye et Marie d'Anjou, reine de Mayorque, par Jean de
La Chapelle. — Tome 5 : Alix de France. — Tome 6 : la Princesse de
Montferrat, par Brémond ; Raimond, comte de Barcelonne. — Tome 7 :
Histoire secrète de Bourgogne, par Mlle de La Force. — Tome 8 : Fré-
déric de Sicile, Mérouée, fils de France, et Adelais de Bourgogne.

1134. Vie privée des maîtresses, ministres et courti- — 9
sans de Louis XV, et des intendants et flatteurs de
Louis XVI, s. n. de v. ni d'imp. 1790, in-8, de 191
pages, fig. et portraits (4), d.-rel.
C'est le même livre que celui intitulé : le Parc aux Cerfs.

D. — ROMANS FRANÇAIS DE DIFFÉRENTS GENRES.

1135. Acajou et Zirphile, par M. Duclos, par ordre de — 10
Monseigneur le comte d'Artois. Paris, Didot l'aîné,
1780, in-18, mar. bleu, dent. compartiment, tr. d.
(Bozérian).
156 Exempl. de Pixérécourt, à la vente duquel il a été vendu 49 fr. 50 c.

1136. L'amour Magot, histoire merveilleuse. Les ti- — 2

sons et lettres écrites des campagnes infernales. *Londres,* 1738, in-12, veau maroquiné viol. fil. fers froid, tr. d.

1137. Les amours du chevalier de Faublas, par Louvet de Couvray. *Paris, Ambroise Tardieu,* 1825, 4 vol. gr. in-8, fig. mar. citron, dos et plats en mosaïque, à compart. et à petits fers, fil. dent. à froid. tr. d. (*Thouvenin*).

<small>Chacune des grav. de ce bel exempl. est précédée ou suivie de son eau forte. Figures avant la lettre.</small>

1138. Les amours de la belle du Luc, où est démontré la vengeance d'amour envers ceux qui médisent de l'honneur des dames, par I. P., sieur de Gontier. *Rouen, Nicolas Hamillon,* 1613, petit in-12, peau vélin.

1139. Antonin, par M. G*** (Guys) de Marseille. *Paris, veuve Duchesne,* 1787, in-18, papier vél., médaille sur le titre, mar. bleu, fil. tr. d. (*Duru*).

<small>Exempl. de Guilbert de Pixérécourt, relié depuis.</small>

1140. Avantures amoureuses de Luzman, chevalier espagnol, et d'Arbolea, sa maistresse, où sont représentez diverses amours, etc., mis d'espagnol en françois (par Gabriel Chappuis, tourangeau). *Rouen, Théodore Reinsart,* 1598, in-12, v. f. fil. anc. rel.

1141. The adventures of Gil Blas of Santillane, translated from the french of monsieur Le Sage, by docteur Smollet. *London, Harrison,* 1781, in-8, cart. avec fig.

<small>Les figures de cette édition à deux colonnes, sont de Stothard, gravé par Sharp.</small>

1142. Les avantures de ***, ou les effets surprenants de la sympathie. *Amsterdam,* 1715, 5 tom. en un vol. in-12, mar. r. fil. tr. d. (*Duru*), avec figures gravées.

BELLES-LETTRES.

1143. Caroline de Lichtfield, ou mémoires extraits des papiers d'une famille prussienne, rédigés par M. le baron de Lindorf, et publiés par madame la baronne de M... (composé par madame Isabelle de Montolieu) seconde édition, revue, corrigée et changée par l'auteur, avec la musique des romances, *Paris, De Bure l'ainé,* 1789, 3 vol. in-12, mar. citron, large dent. tr. d. (*Bozérian*).
Exempl. de Pixérécourt.

1144. Cléomène, ou tableau abrégé des passions, extraits d'un manuscrit trouvé chez les Caloyers du mont Athos. *Paris, de l'impr. de Monsieur,* 1785, in-12, mar. r. doubl. fil. tr. d. doubl. de moire.

1145. Et une de plus! histoire véritable; par un officier de marine, *Paris, Levrault, Schoell et comp.,* imprimé à *Basle, chez G. Haas, an* xii-1803, in-18, fauve, fil. rogné, doré en tête.

1146. Le Galant nouvelliste, histoires du temps, (par Gillet). *Paris, Jean Guignard,* 1693, in-12, veau fauve, fil. tr. d. (*Duru*).

1147. Histoire du roi de Bohême et de ses sept châteaux (par Charles Nodier). *Paris, Delangle frères,* 1830, gr. in-8, cuir de Russie plats gauf. fil. dent. intér. tr. d.

1148. Histoire de Gil-Blas de Santillane, par Lesage. *Londres, T. Davison,* 1809, 4 vol. gr. in-8, mar. citr. fil. dent. gauf. plats intérieurs en mar. dent. gauf. fil. à petits fers, gardes en moire, *non rog.* dor. en tête; figures anglaises. (*Rel. de Lewis*).
Exempl. de toute beauté.

1149. Histoire de la Dragone, contenant les actions militaires et les aventures de Geneviève Prémoy, sous le nom du chevalier Baltazar. *Paris, Amable Auroy,* 1703, in-8, v. mar.
Cet ouvrage est orné d'un portr. de l'héroïne Geneviève Prémoy, en

222 BELLES-LETTRES.

uniforme d'officier de dragons. Il contient 614 pages, plus un f. pour le privilège.

1150. Histoire de l'admirable Don Quichotte de la Manche, traduite de l'espagnol de Michel Cervantes (par Filleau de Saint-Martin, revue par Saint-Hyacinthe). *Amsterdam et Leipzig, Arkstée et Merkus*, 1768, 6 vol. in-12, fig. de Folkema et de Fokke, mar. bl. rich. compart. dent. tabis, tr. d. (*Bozérian*).

Exempl. Pixérécourt. (*Voy.* la note du n° 1485, en observant cette différence, qu'ici toutes les gravures remontées sont avant la lettre, tandis que toutes les autres sont après la lettre).

1151. Histoire de Manon Lescaut et du chevalier des Grieux, par l'abbé Prévost. *Paris, Didot l'aîné*, an v, 1797, 2 vol. pet. in-12, mar. jaune, fil. fers à froid, tr. d. *figures*.

Exempl. de Pixérécourt.

1152. La vie et les aventures du petit Pompée. Histoire critique, trad. de l'anglois, par M. Toussaint. *Londres*, 1752, 2 vol. in-12, v. f. fil. tr. d.

1153. Le moyen d'être heureux, ou le temple de Cythère, avec les aventures de Chansi et de Rannó. *Amsterdam, Pierre Mortier*, 1750, 2 parties en 1 vol. in-8, v. f. fil. tr. d.

1154. Les liaisons dangereuses, ou lettres recueillies dans une société et publiées pour l'instruction de quelques autres. Par C... de L... (Choderlos de La Clos). *Paris, Maradan*, an II, 4 vol. in-12, mar. rouge, fil. dent. tr. d. fig. de Lebarbier avant la lettre.

1155. La Mariane du Philomène, contenant cinq livres esquels sont descrits leurs amours, puis l'infidélité de l'un et les travaux de l'autre. Avec plusieurs belles histoires de l'inconstance et légereté des femmes. *Paris, Claude de Montr'œil et Jean Richer*, 1596, pet. in-16, v. br. fers à froid, fil.

1156. Nouvelles de Michel de Cervantes Saavedra, trad. (par Saint-Martin de Chassonville). *Amsterdam et Leipzig. Arkstée et Merkus,* 1768. 2 vol. in-12, fig. de Folkema et de Fokke, mar. bl. riche, comp. dent. doubl. de tabis, tr. d. (*Bozérian*).

<small>Exemplaire unique, auquel on a ajouté une double épreuve de chaque gravure. De ces secondes épreuves, remontées avec soin sur des feuillets intercalaires, les unes, avant la lettre, ou, sans tomaison, peuvent avoir appartenu à la traduction de P. Hessein, publiée à Paris en 1707; les autres, avec tomaison et renvois de page, paraissent au contraire provenir de la traduction, en 2 vol. in-12, publiée à Paris, par Lefèvre de Villebrune, en 1775.
Exemplaire de Pixérécourt, à toutes marges, et de la plus rare beauté.</small>

1157. Observations historiques sur le roman intitulé Atala, par A. Morellet. *Paris, Denné,* an ix. in-18 de 72 pages, dem. rel. mar. bl. (*Rare*).

1158. Œuvres choisies de Don François de Quevedo, traduites de l'espagnol, en trois parties, contenant le Fin-Matois, les lettres du chevalier de l'Epargne, la lettre sur les qualités d'un mariage, *La Haie:* s. d. (1776), 4 parties en 1 vol. in-12, veau fauve fil. tr. d. (*Duru*).

1159. Œuvres de madame de S*** (Adèle Filleul, comtesse de Flahaut, puis baronne de Souza) savoir: Adèle de Sénange, ou lettres de lord Sydenham. *Paris, Dentu,* 1808. 2 vol. — Emilie et Alphonse. *Paris, Gide,* an XIII (1805). 3 vol. — Charles et Marie, 2ᵉ édit. *Paris, Gide,* 1806. 1 vol. — Eugène de Rothelin; *Paris, H. Nicole,* 1808. 2 vol. — Eugène et Mathilde, ou mémoires de la famille du comte de Revel. *Paris, F. Schœll, L. Haussmann et d'Hautel,* 1814. 5 vol. Ensemble 11 vol. in-12, pap. vel. (mar. vert fil. compart. tr. d. (*Bozérian*).

<small>Exempl. de G. de Pixérécourt.</small>

1160. Le poète, ou mémoires d'un homme de lettres écrits par lui-même (J. B. Choudard dit Desforges). *Hambourg; les principaux libraires. (Paris),* 1799,

BELLES-LETTRES.

8 vol. in-18, papier vél. fig. v. fauve, fil. dent. tr. d. (*Bozérian*).

Exempl. de Pixérécourt. 41/0 N° 1265

1161. Les plaintes de la captive Caliston à l'invincible Aristarque, (par de Coulomby de Caen). S. l., 1605, pièce de 19 pages, pet. in-12, v. noir.

1162. Relation de l'isle imaginaire, histoire de la princesse de Paphlagonie. Par mademoiselle de Montpensier. *Paris, Aug. Renouard,* an xiii-1805, in-12, mar. vert, fil. t. d. portr.

Exempl. de Pixérécourt. 10 N° 1367

1163. Les soirées bretonnes, dédiées à monseigneur le Dauphin. *Paris, Saugrain,* 1712, in-8, v. f. fil. tr. d. (*Duru*).

Bel exempl., grand de marges, précédé d'une jolie gravure.

1164. Les souffrances du jeune Werther, par Goëthe. Traduction nouvelle, ornée de trois gravures en taille douce. *aris, Didot l'aîné,* 1809, in-8, mar. rouge, fil. dent. tr. d. fig.

Bel exemplaire.

1165. Zuleima, par Caroline Pichler; imité de l'allemand par H. de C. (le marquis H. de Châteaugiron). *Paris, Firmin Didot,* 1825, 57 p. in-18. mar. vert. tr. d. (*Duru*).

Exempl. avec envoi de M. H. de Châteangiron à M. Guilbert de Pixérécourt, et l'un des trente qui ont été tirés in-8° sur grand papier de Hollande, pour la société des Bibliophiles français.

1166. Tansaï et Neardané, histoire japonaise (par Crébillon fils) *A Pekin,* (*Paris*), 1743, 2 vol. in-18, fig. mar. rouge, fil. tr. d. (*Anc. rel.*)

1167. Le Temple de Gnide, suivi des romans de Montesquieu. *Paris, Bailly Desenne,* 1797, in-8, fig. (3). demi rel. in-18, tiré gr. papier.

1168. Zelomir, par Morel (de Vindé). *Paris, Didot l'aîné,*

1801, in-12, papier vélin, mar. rouge, fil. dent. tr. d.

<small>Bel exemplaire de ce petit livre imprimé à grands blancs et orné de figures avant la lettre, dessinées par Lefebvre et gravées par Godefroy.</small>

1169. Zelotyde, histoire galante, par M. Le Pays, *Cologne, Pierre-Michel (Hollande, Elzevier), 1666.* — Portrait de l'autheur des Amitiez, Amours et Amourettes, envoyé à son Altesse madame la duchesse de Nemours (par Lepays), *suivant la copie de Paris, Amsterdam : Jacob de Zetter, 1665,* 2 parties en un vol, in-12, mar. vert, fil. dent. à froid, tr. d. (*Simier*).

Exempl. de Pixérécourt.

e. — CONTEURS ET NOUVELLIERS. — CONTES ÉROTIQUES.

1170. Les contes du gay sçavoir, ballades, fabliaux et traditions du moyen-âge, publiées par Ferd. Langlé, et ornées de vignettes et fleurons peints à l'imitation des manuscrits originaux, par Bonington et H. Monnier. *Imprimé par Firmin Didot pour Lami-Denozan. Paris,* s. d., in-8., caractères goth. pap. de Chine, mar. rouge, fil. à froid doublé de mar. vert, compart. à petits fers, mors de mar. rouge (*Kœhler*).

1171. L'historial du jongleur, chroniques et légendes françaises, publiées par MM. Ferdinand Langlé et Emile Morice; ornées d'initiales, vignettes et fleurons imités des manuscrits originaux. *Imprimé par Firmin Didot, imprimeur du roi, pour Lami-Denozan, libraire.* 1827, in-8. goth. cart. non rogné.

1172. Li molnier de Nemox, (imité d'un) conte de la fin du 11ᵉ siècle, publié par Ch. J. Richelet. *Paris, (au Mans),* 1832, in-8, cart.

<small>Tiré à 29 exempl. numérotés, celui-ci porte le nº 16. Cet opuscule se compose de 16 pages sur papier fort.</small>

1173. Comptes amoureux par Madame Jeanne Flore, touchant la punition que faict Venus de ceulx qui contemnent et mesprisent le vray amour, s. n. de v. ni d'imp. (Lyon), s. d. fig. en bois dans le texte, mar. bistre, fil. tr. d.

Exempl. de Ch. Nodier d'un livre des plus rares. 822

1174. Les nouvelles de Marguerite, reine de Navarre (publiées avec une préface et retouchées par J. Rodolphe de Sinner). *Berne, chez la nouvelle société typographyque,* 1792 (1708), 3 vol. in-8, dos et coins mar. rouge, *non rognés (Charon).*

Bel exempl. de l'édition de 1780-81, avec les figures de Freudenberg tirées avant les numéros, et les titres en taille douce de 1792. (Voyez Brunet, t. 3, 1re partie, p. 277).

1175. Les angoysses douloureuses qui procèdent d'amours : contenant troys parties, composées par dame Helisenne (Hélisenne de Crenne, damoiselle picarde), laquelle exhorte toutes personnes à ne suyvre folle amour. *On les vend à Paris, en la rue neufve nostre dame à L'enseigne Sainct Iehan Baptiste... par Denys Ianot.* Pet. in-8, de 212 ff., lettres rondes, à 29 lignes par page, avec fig. en bois, v. f. *(anc. rel.).*

Exempl. bien complet de l'édition de 1538, décrite par Brunet, t. 1, 2e part., p. 805.

1176. Les joyeuses aventures et nouvelles recreations. Contenant plusieurs contes et facétieux devis. Reueu et augmenté de nouueau. *Lyon, Benoist Rigaud,* 1582, pet. in-12, mar. citr. fers à froid, fil.

Joli exemplaire Nodier d'un petit volume, dont il n'a pas paru d'exemplaire dans les ventes depuis long-temps.

1177. Les nouvelles recreations et joyeux devis de feu Bonaventure des Periers, valet de chambre de la Royne de Navarre, augmentés de plusieurs autres nouvelles fort joyeuses et recreatives, non encores vuës ny imprimées par cy devant. *Lyon, Noel Brun,* 1616, in-16, mar. rouge, fil. tr. d. *(Duru).*

Cette édition, qui n'est pas citée, est des plus rares.

1178. Recueil de plusieurs plaisantes nouvelles,

BELLES-LETTRES.

apophtegmes et recreations diverses, fait françois par M. Antoine Tyron, le tout nouvellement mis en lumière, pour la recreation et passetemps de chascun. *A Anvers, chez Henry Heyndricx, au cimetiere Nostre-Dame, à la fleur de lis,* 1578, pet. in-8. fig. en bois dans le texte, v. f. fil. à froid, tr. d. (*Derôme*).

Bel exempl. de ce petit livre des plus rares.

1179. Les cent excellentes nouvelles de M. Jean-Baptiste Giraldy Cynthien, gentilhomme ferrarois, contenant plusieurs beaux exemples et notables histoires, partie tragiques, partie plaisantes et agreables, qui tendent à blâmer les vices et former les mœurs d'un chacun, mis d'italien en françois par Gabriel Chappuys, Tourangeau, à madame la duchesse de Rets. *Paris, Abel l'Angelier,* 1582, 2 vol. in-8. v. f. fil. (*Derôme*).

Exempl. Ch. Nodier, provenant de Pixérécourt, rare et très-beau.

1180. Contes facétieux tirez de Bocace, et autres autheurs divertissans, en faveur des mélancholiques, et fables moralisées en prose et en vers, par le sieur D. F. (Du Four). *Paris, J. Baptiste et Henry Loyson,* 1670, in-12. mar. rouge, fil. tr. d. (*Bisiaux*).

Exempl. de Nodier. Le manuel cite plusieurs ouvrages de Dufour de La Crespelière et n'indique pas celui-ci.

1181. Le Chasse-ennuy ou l'honneste entretien des bonnes compagnies, divisé en centuries, par Louys Garon : *Jouste la copie imprimée à Laon. Paris, Claude Griset,* 1635, in-12. titre gravé, v. f. fil. (*Kœhler*).

1182. Les Heures perdues d'un cavalier françois, reueuës, corrigees et augmentées par l'auteur, dans lequel les esprits melancoliques trouveront des remedes propres à dissiper cette facheuse humeur. *Paris, Etienne Maucroy,* 1662, petit in-12. mar. bleu, fil. tr. d. (*Thouvenin*).

Joli exempl. de Ch. Nodier d'un recueil de nouvelles, dont quelques-unes sont écrites et contées d'une maniere fort agréable.

1183. Les Visions de Dom Francisco de Quevedo Villegas, chevalier de l'Ordre de S. Jacques, augmentées de l'enfer réformé, et du decret de Lucifer, traduit d'espagnol en françois, par le sieur de la Geneste. *Troyes; veuve de Jaques Oudot et Jean Oudot fils*, s. d. (1728) in-8°, dos de mar. rouge.

1184. Le prin-temps d'yver; contenant cinq histoires, discourues par cinq journées en une noble compagnie au Château du Prin-temps; par Jaques Yver, seigneur de Plaisance et de la Bigottrie, gentilhomme Poictevin. *Rouen, Thomas Duré*, 1599, petit in-12, mar. bleu, fil. tr. d. (*Duru*).

Édition rare.

1185. Les nouvelles récréations et joyeux devis de Bonaventure des Periers, varlet de chambre de la royne de Navarre, augmentées et corrigées de nouveau. *Paris, Nicolas Bonfons*, 1572, in-32, v. f. (*Kœhler*), frontispice grav. sur bois.

Cette édition, plus complète que celles de 1559 et 1561, a 294 ff. chiff., 7 ff. de table et 1 dernier feuillet occupé en recto par un sonnet au lecteur.

1186. Apresdinées et propos de table contre l'excez au boire et au manger pour vivre longuement, sainement et sainctement. Dialogisez entre un prince et sept scavants personnages... par le p. Anthoine de Balinghem. *Lille, Pierre de Rache*, 1615, in-8, v. f. (*Kœhler*).

1187. Les nouvelles œuvres tragi-comiques de monsieur Scarron, tirées des plus fameux auteurs espagnols. *Paris*, s. d., pet. in-8, m. bl. fil. tr. d. (*Duru*) avec une grav.

1188. Les amours de Catulle et de Tibulle, par M. de la Chapelle, avec quelques autres pièces du même auteur; nouv. édit. augmentée d'un éloge hist. de M. de la Chapelle. *La Haye, Jean Neaulme*, 1742, 4 vol. pet. in-12, v. gran. figures.

1189. Le couvent aboly des frères pacifiques, nouvelle galante et véritable. *Cologne, Pierre Le Blanc,* 1686, petit in-12 de 107 pages, mar. vert. tr. d. (*Duru*).

<small>Cette édition de Hollande, que l'on joint à la collection des Elzevir, est fort rare.</small>

1190. Le songe de Bocace, traduit d'italien en françois, *suivant la copie imprimée à Paris. Amsterdam, chez les héritiers d'Antoine Schelte (au Quaerendo),* 1699, petit in-12, mar. citron. tr. d. (*Duru*).

1191. Les amans de Siennes, ou les femmes font mieux l'amour que les veuves et les filles, par François de Louvencourt, seigneur de Vauchelles, *suivant la copie imprimée de Paris. Leyde, Frederik Haaring,* 1706, in-12, veau marbre.

1192. L'abbé à sa toilette, nouvelle galante. *Londres, Claude Bricquet,* 1707, in-12, fig. v. marbré.

1193. L'heureux chanoine de Rome, nouvelle galante, ou la résurrection prédestinée. S. l., 1708; pet. in-12, d.-r. v. f.

1194. Les amours de Sainfroid, jésuite, et d'Eulalie, fille dévote. *La Haye, Isaac Vender Koot,* 1729; in-12, d.-rel. et coins mar. r. *non rogné*, avec une gravure.

1195. L'abbé en bel humeur (par Macé). *Cologne; Pierre Marteau,* 1734, in-12, v. br.

1196. Fanfiche, ou les mémoires de mademoiselle de*** (par Gimat de Bonneval). *A Peine.* 1748; 2 parties en un vol. in-12, d.-rel.

1197. Le frère questeur; histoire galante, écrite par lui-même. *Londres,* 1756, in-8, broch.

<small>Exempl. de Pixérécourt.</small>

1198. Le Momus françois, ou les aventures divertissantes du duc de Roquelaure, suivant les mémoires que l'auteur a trouvés dans le cabinet du maréchal d'H..., par le S. L. R... *Cologne*, 1764, in-12, v. f. (*Kœhler*).

1199. Honny soit qui mal y pense, ou histoires des filles célèbres du XVIII° siècle (par Desboulmiers). *Amsterdam*, 1768, 2 part. en un vol. pet. in-12 dem.-rel. veau br. (*non rogné*).

1200. Histoire de mademoiselle Cronel, dite Frétillon (mademoiselle Clairon), actrice de la comédie de Rouen, écrite par elle-même (par Gaillard de la Bataille, comédien). *La Haye*, 1772, 4 parties in-12, écaille, filets.

<small>Il existe plusieurs éditions de cet ouvrage curieux et recherché. Nous ne connaissons d'antérieures à celle-ci que les éditions de 1740 (la 1°) et de 1743.</small>

1201. Les capucins sans barbe, histoire napolitaine. *Naples, Barba*, 1775, broch. in-8° de 59 p.
<small>Exempl. Pixérécourt. 6 f° n° 1331</small>

1202. Les lauriers ecclésiastiques, ou campagnes de l'abbé T***. *A Luxuropolis*, 1777, pet. in-12, cart. angl. tr. d. (pages encadrées).

1203. Vie voluptueuse des capucins et des nonnes, tirée de la confession d'un frère de cet ordre; augmentée d'un poème héroï-comique sur leurs barbes, et de plusieurs autres pièces relatives à cet ordre. *Cologne, Pierre le Sincère*, 1779, in-12, mar. brun. non rogn. doré en tête (*Duru*).

1204. Egérie, anecdote grecque, trouvée dans les manuscrits d'un poète de Sybaris, et traduite sans commentaires, sans variantes et presque sans préface, par J.-B. Cl. Isoard, dit Delisle de Sales. *A Sybaris*, 1788, 59 pages in-18, d.-rel. m. r.

1205. Les libertins en campagne, mémoires tirées (*sic*) du père de la Joie, ancien aumônier de la reine d'Yvetot. *Imprimé au quartier royal*, 1790, pet. in-12, dos et coins mar. viol. non rogn.

BELLES-LETTRES.

1206. Œuvres posthumes et facéties de Mirabeau le jeune, 1798, pet. in-12, mar. citron.

1207. La messe de Gnide, ouvrage posthume de C. Nobody (c'est-à-dire Labaume, né près de Beauvais en 1766, et qui se tua d'un coup de pistolet le 11 juin 1787). Genève, 1797, in-32 de 92 pages, mar. rouge, fil. tr. d. (Ducastin).

Exempl. Pixérécourt. La première édition était de l'an II, in-18 de 35 pp., celle-ci est plus complète en ce qu'on y a joint les Vêpres de Gnide et la Veillée de Vénus.

1. FACÉTIES, DISSERTATIONS SINGULIÈRES ET ENJOUÉES.

EN VERS ET EN PROSE.

1208. Collections de Caron, 1799-1830, 2 vol. in-8, mar. rouge, fil. non rognés (Thouvenin).

Exempl. Ch. Nodier.

La 1re partie de cette collection de Caron, très-rare, bien complète, a été décrite avec détail dans un article des *Mélanges tirés d'une petite bibliothèque* (p. 64), qui contient en outre une courte notice sur cet étrange bibliophile (Caron). La 2e partie, tirée à 15 exempl. seulement, et composée de pièces curieuses, est bien plus rare encore que la 1re (Voy. *Description raisonnée*, où l'on trouve la description la plus complète qui se puisse donner de cette double collection, à laquelle Ch. Nodier a consacré 9 pp. sur ce livre (art. 855]).

1209. Procez et amples examinations sur la vie de Caresme-prenant, dans lesquelles sont amplement descrites toutes les tromperies, astuces, caprices, bizarreries, fantaisies, etc.; trad. de l'italien en françois. *Paris*, 1605, in-8, mar. r. fil. tr. d.

Exempl. de Pixérécourt contenant les 8 pièces.

1210. La fleur de toute joyeuseté, contenant épistres, balades et rondeaux joyeux et fort nouveaux, in-16, dos et coins de mar. bleu, non rogné (Duru).

Réimpression à petit nombre. Partie des joyeusetés.

1211. La deffuncte des faulx monnayeurs, composée par Dadonville. On les vend à la première porte du *palays*, in-8 goth. de 4 ff. fig. en bois sur le titre, dos et coins de mar. rouge (*Kœhler*).

<small>Fac simile authographié par M. Peyre de la Grave et tiré à 15 exempl.; et l'un des 2 sur peau de vélin. C'est une pièce de poésie introuvable et figurée fort bien imitée.</small>

1212. Les songes de la Pucelle, avec la Fontaine d'Amours; et se commence : Nescio quid sit amor ; nec amoris sentio modum ; sed scio si quis amat nescit habere modum. *Paris (Imprimé en Avignon par maistre Jehan de Channey, imprimeur)*, in-16 de 42 pages.

<small>Réimpression de 1835. Voy. Joyeusetés.</small>

1213. Plaisant contrat de mariage passé nouvellement à Avbervilliers, le 35 de février mil trois cent trente-trois, entre Nicolas Gran-Iean et Gvillemette Ventrve ; ensuite le festin dudit mariage apresté à la pleine de Long-Boyau, le 3 mars ensuiuant, auec l'inuantaire des biens de feu Taupin Ventrv. *Paris, Nicolas Callemont, rue Tiquetonne*, 1627, 8 ff. in-16, dos et coins mar. vert.

<small>Réimpression à 50 exempl. *Chartres, Garnier fils*, 1833, par les soins de M. G. D.</small>

1214. Le procez, plaintes et informations d'un moulin à vent de la porte Saint-Anthoine, contre le sieur Tabarin, touchant son habillement de toille neufve, intenté par deuant messieurs les meusniers du faulxbourg Saint-Martin, avec l'arrest des dits meusniers prononcé en jaquette blanche. *Paris, Lucas le Gaillard, rue des Farces, à l'enseigne de la Naïfueté*, 1622, in-16 de 19 pp., dos et coins, mar. bleu.

<small>Réimpression s. l. n. d.</small>

1215. Les moyens deuiter merencolye, soy conduire et enrichir en tous estaz par lordonnance de raison ; composé nouuellement par Dadouuille (à la fin). *Imprimé à Paris le xxxiiiᵉ iour de mars l'an mil cinq cens xxix auuant Pasques, par Iacques Hyuerd*, *imprimeur pour noble homme Iacques Dadouville, prestre*, in-16, dem.-rel.

Réimpression figurée avec grav. sur bois, s. l. n. d.

1216. Le compte du Rossignol. *Lyon, Jean de Tournes*, 1547, in-16 de 36 pages, cart.

Réimpression de 1833, à très-pet. nomb. (Voy. *Joyeusetés*).

1217. Le Dévot et sainct sermon de monseigneur Sainct Jambon et de madame Saincte Andoulle. *Imprimé nouvellement à Paris*, (Par *Jehan Janot*.) — Sensieut le Sermon fort Joyeulx de Sainct Raisin. *Paris*, in-16, cart.

Réimpression de deux opuscules devenus forts rares, le 1ᵉʳ a 18 pages et 1 f., et le 2ᵉ 11 pages.

1218. S'suit le testamēt de taste vī roy des Pions. s. l. n. d. In-8. mar. rouge, fil. tr. dor. *Janséniste*. (*Duru*.)

Pièce tirée à 40 exempl. Exempl. sur papier de Chine double.

1219. Le banquet des chambrières faict aux estuues le jeudy gras. — Les folastries de la chambrière a Janot Parisien recitées au bouc de Estienne Jodelle. *Paris*, s. d. (1830), in-8, papier azuré, d.-rel. et coins, mar. bl.

Réimpression de ces deux pièces de 16 pages chacune, en caractères goth., dont il n'a été tiré que 60 exempl.

1220. Le Blason des barbes de maintenant, chose très-joyeuse et récréative. *Paris : suyvant la coppie imprimée*, s. d.

Réimpression de 19 pages. (V. part. des *Joyeusetés*.)

1221. Apologie des chambrières qui ont perdu leur mariage à la blanque. *On les vend à Paris, Par Alain Lotrian Demourant en la rue neufue nostres Dame a lescu de France*. s. d. in-16. de 4 ff. fig. en bois sur le titre. — Sēsuit le testamᵗ de taste vi roy des pions, *s. n. de v. ni d'imp*. s. d. in-16. de 4 ff. fig.

en bois. Deux pièces en un vol., dos et coins de mar. rouge, non rogné.

<small>Réimpressions *fac simile* sur pap. de Chine double de deux pièces introuvables, la seconde est tirée à 40 exemplaires.</small>

1222. Le doctrinal des nouuelles mariées, 1832, in-16, pap. de Hollande, d.-rel. mar. r.

<small>Réimpression de cet opuscule imprimé pour la première fois en 1491.</small>

1223. Le doctrinal des nouueaulx mariez. *Chartres*, Garnier fils, 1832, in-8, dem. rel. v. f.

<small>Réimpression à 40 exempl. en 5 ff. non chiffrés, de cette pièce rare, dont on compte trois éditions fort recherchées.</small>

1224. Monologue nouueau et fort joyeulx de la chambriere desprouuue du mal damours. *A Lion*, s. d. (12 pp.). — Histoire pitoyable dung marchand lequel donna dix escus a son varlet pour coucher avec sa femme cependant qu'il alla coucher avec sa servante. S. d. n. l. (8 pp.). — Sensuit le sermon des frappe culz nouueau et fort joyeulx. Auec la responce de la dame. *Paris*, s. d. (13 pp.). — Les Estrennes des filles de Paris, s. l. n. d. (15 pp.). — Le banquet des chambrieres faict aux estuues le ieudy gras. S. l. n. d. (18 pp.). — Les folastries de la chambriere a Janot Parisien recitées au bouc de Estienne Iodelle. S. l. n. d. (13 pp.). Ensemble 6 pièces en 1 vol. pet. in-8, en caractère goth., dem.-rel. v. f.

<small>Réimpression *fac simile* de ces pièces très-curieuses, tirée à 60 exemplaires seulement. *Paris, J. Pinard*, s. d. (1830-33).</small>

1225. Complainte de la France (en vers) touchant les misères de son dernier temps : le but de laquelle tend a ce qu'elle soit exaucée de Dieu en ces justes doléances: a fin que par sa miséricorde il la vueille restaurer a la gloire de son sainct nom. Par Estienne Valancier, Foresien. *S. n. de v. ni d'imp.*, 1568, in-8, dos de mar. bleu.

1226. La Rencontre des Cocus (en vers). *S. n. de v.*

ni d'imp., 1609, pet. in-8. de 2 ff. et 10 pages, mar. bleu, fil. tr. d. (*Duru*).

1227. Le Psautier des courtisans. *S. n. de v. ni d'imp.*, 1622, in-8. de 16 pages, cart.

1228. Catéchisme des courtisans, ou les questions de la cour et autres galanteries, *selon l'imprimé à Cologne, chez Pierre du Marteau*, 1669, in-12, dem.-rel. non rogné.

Réimpression faite à Chartres, chez Garnier fils.

1229. Les jeux de la cour (en vers). S. l., 1620, 7 pp. in-4, dem.-rel. v. n.

Pièce rare.

1230. L'Onozandre, ou le grossier, satyre. S. l. n. d., 7 pp. in-6, dem.-rel.

Pièce rare, en vers, et qui paraît appartenir à une plume protestante.

1231. Pasquille nouvelle sur les amours de Lucas et Claudine. Enrichie de plusieurs choses curieuses. *Rouen, P. Seyer et Behourt*, s. d. (1753) in-12, dem.-rel.

Facétie en vers.

1232. Alphabet de la fée Gratieuse (*sic*), à l'usage de ses élèves (fait pour mademoiselle de Beaujolais), par Mirabaud. *Fatopoli*, 1734, 29 pp. in-16, dem.-rel. v. f.

1233. La Bégueule, conte moral (en vers, par Voltaire), *s. n.*, 1772, in-8. de 11 pp. dem.-rel.

Première édition de ce conte charmant dont Favart fit la belle Arsène.

1234. La Belle au bois dormant, poëme en six chants, en vers libres, par M° M***, s. l., 1777, in-8. d. rel. v. maroquiné.

Exempl. de Pixérécourt, tiré à très petit nombre.

1235. De la bonne royne et d'un sien bon curé, fabliau d'une bonne femme gauloise, retrouvé et mis au jour (composé) par Mlle Cosson de la Cressonnière. Paris : *Didot l'aîné*, 1782, in-18, mar. olive, fil. dent. à froid, tr. d. (*Purgold.*)

Exempl. de Guilbert de Pixérécourt, et tiré à très-petit nombre.

1236. Les Augustins, contes nouveaux en vers et poésies fugitives. Par M. A. *Rome*, 1779, 2 part. en 1 vol., pet. in-12, v. f. fil. tr. d. (*Duru.*)

Orné d'une jolie vignette anglaise.

1237. La Constitution en vaudevilles, suivie des droits de l'homme, de la femme et de plusieurs autres vaudevilles constitutionnels, par M. Marchand. *Paris, les libraires royalistes*, 1792. — Folies nationales, pour servir de suite à la Constitution en vaudevilles, par le même, *idem., idem.* Deux parties en 1 vol. in-32, fig., veau fauve, fil. (*Kœhler*).

SUITE DES FACÉTIES ET DISSERTATIONS ENJOUÉES.

1238. Les quinzes joyes du mariage, ouvrage très-ancien, auquel on a joint le blason des fausses amours, le loyer des folles amours et le triomphe des muses contre amour, le tout enrichi de remarques et de diverses leçons. *La Haye : A. de Rogissart*. in-12, mar. bleu, fil. tr. d. (anc. rel.)

Très-joli exempl. de Pixérécourt.

1239. Bigorne qui mange tous les hommes qui fôt le comandement de leurs femmes. (A la fin) : Cy finissent les ditz de bigorne, la très-grace beste. Laquelle ne mange seullement que les hommes qui font entièrement le commandement de leurs femmes. S. l. n. d. Pièce de 4 ff. petit in-8, pap. de Hollande, d.-rel. v. vert.

Réimpression figurée. *Paris, Crapelet,* 1840, avec la figure singulière de l'édition originale reproduite.

1240. Les quinze joyes du mariage. (A la fin) : Imprimé à *Paris*, par *Iehan Treperel, demourant sur le pont Nostre-Dame, à l'ymage Sainct-Laurent.* S. d. in-16, en caractères gothiques, cart.

_{Réimpression figurée, avec gravures sur bois. Paris, 1837. Vol. de 208 p., plus un feuillet dont le recto est occupé par le nom et l'adresse de l'imprimeur, et le verso par une gravure. Le petit livret contenant un avant-propos et une notice raisonnée de l'ouvrage s'y trouve réuni.}

1241. Facétieux devis et plaisans contés, par le sieur du Moulinet, comédien. *Paris : Jean Millot.* S. d. in-16, premier titre gravé. Mar. rouge. fil. tr. d. (*Kœhler*).

_{Réimpression tirée à petit nombre.}

1242. Les Œuvres de M. François Rabelais, docteur en médecine, contenant la vie, faicts et dits héroïques de Gargantua et de son fils Panurge, avec la pronostication pantagruéline. *Troye : Par Loys que ne se meurt point* (Louis *Viuant*). 1556. Petit in-12. mar. noir, ornemens, fil. tr. d. (*Bauzonnet*.)

_{Exempl. de Ch. Nodier. Cette édition est des plus rares.}

1243. Œuvres de maître François Rabelais, avec des remarques historiques et critiques de M. Le Duchat, ornée de figures de B. Picart, etc. *Amsterdam, Jean Frédéric Bernard*, 1741. 3 vol. in-4. mar. vert. fil. tr. d. (*anc. rel.*)

1244. La plaisante et joyeuse histoyre du grand géant Gargantua, prochainement reveüe et de beaucoup augmentée par l'Autheur mesme (François Rabelais). *Valence : chez Claude La Ville*, 1547. 3 tomes en un vol. in-16, nombreuses fig. en bois dans le texte, mar. bleu, fil. tr. dorée. (*Duru*.)

1245. La vie du fameux Gargantuas, le plus terrible géant qui ait jamais paru sur la terre, traduction nouvelle, dressée sur un ancien manuscrit, qui s'est trouvé dans la bibliothèque du Grand-Mogol. *Troyes : Garnier.* S. d. (1739). In-8 de 46 pages et un ff. dem. rel.

1246. Monologue des nouueaulx sotz de la joyeuse bende, faict et composé nouuellement. S. l. n. d., p. in-4, mar. bl. fil., doublé de tabis.

<small>Manuscrit de 4 ff., sur peau vélin, figuré par Fiot. Exemplaire au chiffre AA.</small>

1247. Le caquet des bonnes chambrières déclairant aulcunes finesses dont elles usent vers leurs maistres et maistresses. Imprimé par le commandement de leur secrétaire maistre Pierre Babillet. Avec la maniere pour congnoistre de quel boys se chauffe amour, s. l. n. d., 18 p., en caractère goth. in-8, d.-rel. v. bl.

<small>Réimpression. Paris, Silvestre.</small>

1248. Sensuit le sermon des frappe culz nouueau et fort ioyeulx. Auec la reponse de la dame. Sus : Je me repens de vous avoir aymee. *Paris, J. Pinard*, s. d. (1832), dos et coins v. rouge.

<small>Cette pièce est suivie d'une autre, intitulée les Estrennes des filles de Paris (V. n° 1224), imprimée en caractères gothiques, sur papier façon de Chine azuré, 16 feuillets non chiffrés.</small>

1249. Recueil de tout soulas et plaisir et paragon de poésie, comme epistres, rondeaux, balades, epigrammes, dizains et huictains nouuellement composé. *Paris : Jean Bonfons*, 1552; petit in-8, dos et coins de mar. vert, non rogné. (*Duru*.)

<small>Réimpression tirée à petit nombre.</small>

1250. Trois déclamations esquelles l'ivrogne, le putier et le joueur de dez, frères, débatent, a scavoir, lequel d'eux trois (comme le plus vicieux), sera privé de la succession de leur père, suivant son testament, invention latine de Beroalde, suite et amplification françoise de Calvi de La Fontaine. N. N. de Paris. Avec un dialogue de Lucian, intitulé Mercure et Vertu, traduit par iceluy de La Fontaine. Ne ça ne la. *Paris, Vincent Sertenas*, 1556, petit in-12, mar. vert fil. tr. d. (*Thouvenin*).

<small>Exempl. de Ch. Nodier.</small>

BELLES-LETTRES.

1251. Le blason des danses, par Guillaume Paradin, *A. Beau-Jeu*: *pour Iustinian et Philippes Garils*, 1556, in-16, de 2 ff. et 96 pages, cart.   2   2/

<small>Réimpression faite en 1830, et tirée à 76 exempl.</small>

1252. Sermon ioyeulx de la vie saint Ongnon. Coment Nabuzarden le maistre cuisinier le fait martirer. Auec les miracles q̃ fait chascun iour, s. l., n. d., pet. in-8, de 4 ff. fig. en bois, sur pap. de Chine, mar. bleu tr. d. (*Duru*).   /

<small>Réimpression fac-simile goth. d'une ancienne facétie devenue rare.</small>

1253. Sermon joyeulx (en vers), in-16. de 4 ff. non chiffrés, dem.-rel.   2   2/

<small>Réimpression copie figurée goth., publiée par le vicomte P. C. de B., tirée à 42 exempl. : 32 sur papier vélin, 8 sur papier de couleur et 2 sur peau de vélin, Grenoble, imprimerie de Prudhomme, 1835.</small>

1254. Dialogue plaisant et récréatif entremeslé de plusieurs discours plaisans et facétieux : en forme de coq a l'asne. *Paris*, s. d. (x pages). — Les divers propos et joyeuses rencontres d'ung prieur et d'ung cordelier en manière de coq a l'asne (xxv pages), deux pièces en un vol. in-16, cart.   1   2/

<small>Réimpression de deux facéties rares (Fait partie des *Joyeusetés*.)</small>

1255. Secrets de la lune, opuscule non moins plaisant que utile, sur le particulier consent et manifeste accord de plusieurs choses du monde avec la lune, comme du soleil, du sexe féminin, de certaines bestes, oyseaux, poissons, pierres, herbes, arbres, malades, maladies, et autres de grande admiration et singularité, par Antoine Mizauld. *Paris, Federic Morel*, 1570, in-12. de 24 ff. chiff. dem.-rel. v. br.   7

1256. Hochepot, ou Salmigondi des folz, contenant un très-pur-narré et comme la salseparille contre le goûteux, poyure et maudict edict, naguères sailly a deux potences des fines fontes de la Haye, en Hollande, sur le faict des passeportz et la proscription des jésuites, traduit du hollandois-flamand en   20   /o vulgaire françois. *Imprimé à Pincenarille, ville de la Morosophie, par Geofroy à la Grand Dent, l'an 1596*, in-8. pap. réglé, mar. rouge, doubl. fil. (*Kœhler*).

Exempl. de Ch. Nodier (Voyez *Description raisonnée*, p. 369.)

1257. Reigles, statuts et ordonnances de la caballe des filous reformez depuis huit jours dans Paris : ensemble leur police, estat, gouvernement et le moyen de les cognoistre d'une lieue loing sans lunettes. *Paris*, s. n. s. d., in-16, de 17 pages, dor. de mar. vert.

Réimpression d'une pièce rare et fort curieuse (partie des *Joyeusetés*.)

1258. Extase propinatoire de maistre Gvillavme en l'honneur de caresme prenant. *Paris, rue Galande, aux trois chappelets*. s. d., pet. in-8, de 24 pages, mar. r. fil. tr. dor.

Jolie réimpression de cette petite pièce en vers bachiques, suivie d'une aubade aux dames pour le dimanche gras, et d'une oraison funèbre de Caresme prenant, composée par le serviteur du roy des melons Andardais.

1259. L'esté de Bénigne Poissenot, licencié aux loix, contenant trois journées, ou sont déduites plusieurs histoires et propos recreatifs tenus par trois escoliers, avec un traité paradoxique fait en dialogue, auquel est monstré qu'il vaut mieux estre en adversité qu'en prospérité. *Paris, Claude Micard*, 1583, petit in-12, mar. rouge fil. tr. d. (*Thouvenin*).

Bel exempl. de Ch. Nodier, avec son *ex museo*.

1260. Le quatriesme des bigarrures du seigneur des Accords (Etienne Tabourot). *Paris ; Jean Richer*, 1603, in-12, mar. vert fil. tr. d. (*Duru*).

1261. Discovrs de deux savoyards l'vn charpentier et l'avtre tailleyr, lesqvels changerent de femmes l'vn l'avtre, le premier iour de mai de l'année présente 1604. Avec leurs disputes et cartels de défi

BELLES-LETTRES.   241

en rithme sauoyarde. *Lyon*, 1604, pièce en 6 ff. pet. in-8. d.-rel. mar. viol.

Réimpression sans lieu ni date. (Coll. des Joyeuzetés.)

1262. Les bigarrures et touches du seigneur des Accords (Estienne Tabourot); avec les apophtegmes du sieur Gaulard et les escraignes dijonnoises. *Paris, Arnould Cotinet*, 1662. Le quatriesme des bigarrures du seigneur des Accords, *idem. idem.* Ensemble, 2 vol. pet. in-12. v. écaille, fil. tr. d.

1263. Les touches du seigneur des Accords (Estienne Tabourot). *Paris : Jean Richer*, 1603, in-12. mar. rouge, fil. tr. d. (*Duru*).

1264. Le moyen de parvenir, œuvre contenant la raison de tout ce qui a esté, est et sera : avec démonstrations certaines et necessaires, selon la vertu. (Par Beroalde de Verville) ; *imprimé cette année*, s. l. n. d., in-12. v. f. (*anc. rel. et piqûre de vers*).

C'est ici une des premières éditions de ce curieux ouvrage. Exemplaire avec de nombreuses notes marginales et quelques additions manuscrites du temps.

1265. La dispute d'un asne contre frere Anselme Turmeda, touchant la dignité, noblesse et preeminence de l'homme par devant les autres animaux, etc. *Pampelune, Guillaume Buisson*, 1606, in-16. mar. rouge, fil. tr. d. (*anc. rel.*).

1266 Discours facécieux et très-récréatifs, pour oster des esprit d'un chacun, tout ennuy et inquiétude. Augmenté de plusieurs prologues drolatiques non encore veus, *imprimé à Rouen*, 1610, petit in-12. mar. vert, fil. tr. d. (*Derome*).

Exempl. de Nodier de cette première édition de Bruscambille.

1267. Prologues tant sérieux que facétieux, avec plusieurs galimathias, par le sieur D. L. (du Lauriers

Bruscambille), 1610, petit in-12, mar. vert, fil. (Derome).

Exempl. Nodier.

1268. Advertissement du sieur de Bruscambille sur le voyage d'Espagne, s. l., 1615 (24 pages). Péripatétiques resolutions et remonstrance sententieuses du docteur Bruscambille aux perturbateurs de l'Estat. *Lyon : prins sur la coppie imprimée à Paris, chez Va du Cul, gouverneur des singes*, 1619 (13 pages), 2 pièces en un vol. in-8. dem.-rel.

1269. Formulaire fort récréatif de tous contracts, donations, testaments, codiciles et autres actes qui sont faits et passez pardevant notaires et tesmoins, faict par Bredin le Cocu (Benoist du Troncy), notaire rural, etc. *Lyon, Pierre Rigaud,* 1640, pet. in-16, mar. vert dent. tabis, tr. d. (Derome).

Exempl. de Guilbert Pixérécourt qui avait appartenu à Méon, acheté 76 fr. à sa dernière vente.

Au 8e feuillet de la signature D, on a restauré habilement à la plume un coin qui avait été déchiré.

1270. L'histoire véritable ou le voyage des princes Fortunez, divisé en 1111 entreprises, par Beroalde de Verville. *Paris, Pierre Chevalier,* 1610, pet. in-8. v. f. fil. tr. d. (Duru).

Exemplaire d'une bonne condition de ce livre, orné d'un riche frontispice gravé par *Léon Gaultier*.

1271. La prognostication des prognostications composée par Caresme Prenant, docteur ès deux facultez de Bacchus et de Vénus. Ensemble, la chanson des Biberons. s. l., 1612, pet. in-16, mar. r. fil. double. tr. d. (Simier).

Réimpression tirée à petit nombre.

1272. Discours de maistre Iean Iouflu, sur les debats et divisions de ce temps, s. l., 1614, 16 pages in-8. d.-rel., mar. vert.

1273. Après-dinées et propos de table, contre l'excez

au boire et au manger, pour vivre longuement, sainement et sainctement, dialogisez (sic) entre un prince et sept sçavants personnages, par le P. Anthoine de Balinghem, de la compagnie de Jesus. *Lille: Pierre de Rache*, 1615, petit in-8. dem.-rel.

1274. Gazette svr la cvlbvte des Coyons. *Montalban, par a, b, c, d, e, f, g, h, etc.*, 1617, pet. in-8. mar. v. fil. tr. d. (*Duru*).

<small>Piece de 12 ff. chiff. en vers assez faciles, mais fort acérés, contre l'ultramontanisme de l'époque.</small>

1275. Discovrs tres-facétieux et veritable d'un ministre de Cleyrat en Agenois, lequel estant amoureux de la femme d'vn notaire, fut enfermé dans un coffre et vendu a l'enquant a la place dudit Cleyrat. *Jouxte la copie imprimée à Toloze, par la vefve Colomier*, 1619, pet. in-8. mar. r. fil. (*Thouvenin*).

<small>Pièce très-curieuse et rare, de 8 ff., avec une gravure sur titre.</small>

1276. Les facétieuses iournées du sieur Fauoral ou sont plusieurs rencontres subtilles pour rire en toutes compagnies. *Paris, Iean Corrozet*, 1618, in-12. d.-rel. mar. rouge.

1277. La chasse au viel grognart de l'antiquité. s. l., 1622, 32 pp. in-8. d.-rel.

1278. Le parfaict macquereau suivant la cour, contenant une histoire nouvellement passée à la foire de Saint-Germain, entre un grand, et l'une des plus notables et renommées courtisannes de Paris, s. l. 1622, in-8. de 16 pages, mar. orange fil. tr. d. (*Bouzonnet*).

<small>Facétie en vers des plus rares. Superbe exempl. de Ch. Nodier.</small>

1279. RECUEIL GÉNÉRAL DES CAQUETS DE L'ACCOUCHÉE, savoir :

<small>1. Le caquet de l'accouchée (sic.) *Paris*, 1622, 24 pages. — 2. La seconde après-dînée des caquets de l'accouchée, 1622, 32 pages. — 3. La troisième après-dînée, 32 pp. — 4. La dernière et certaine journée, 35 p.</small>

BELLES-LETTRES.

— 5. Le passe-partout du caquet, 34 p. — 6. La dernière après-dînée, 16 p. — 7. Le relèvement de l'accouchée, 16 p. — 8. Le caquet des femmes du faubourg Montmartre, 15 p. — 9. Les dernières paroles de l'accouchée, 16 p. — 10. Dialogue, 5 p. — 11. Le remerciement des servantes, 7 p. — 12. Lettre d'Erothée à Néogame, 15 p. — 13. Réponse, 16 p. — 14. Plaidoyer sur l'étrange caquet d'une femme, 16 p. — 18. Arrest contre les chastrez, 7 p.

Ces quinze pièces d'éditions originales sont toutes très rares.

1280. Les assizes tenues à Gentilly, par le sieur Baltazar, bailly de S.-Germain-des-Prez, s. l. 1623, in-8. de 31 pages, demi-rel.

1281. Les grands iours tenus à Paris, par M. Muet, lieutenant du petit criminel, s. l., 1622, in-8. de 32 pages, d.-rel. mar. vert.

Ce petit livret, d'un style railleur et piquant, offre au lecteur, sous la forme de débats entre un lieutenant de police et les avocats attachés à sa juridiction, une critique fort originale des mœurs faciles du temps, où ceux-ci ne sont point épargnés.

1282. La promenade des bons hommes, ou jugement de nostre siècle, s. l., 1622, in-8. de 75 pages, dos de mar. rouge.

1283. Le pasquil du rencontre des cocus à Fontainebleau (en vers), s. l., 1623, in-8. de 16 pages, cuir de Russie, fil. tr. d. (*Kœhler*).

Exempl. de Ch. Nodier. Très rare.

1284. L'ordre de chevalerie des cocus reformez nouvellement establis à Paris. La cérémonie qu'ils observent en prenant l'habit. Les statuts de leur ordre, et un petit abrégé de l'origine de ces peuples, s. l., 1624 (16 pp.) — Lettre d'un gentilhomme de la Valteline, signée Denis Tibi, envoyée au grand maistre des cocus reformez nouvellement establis à Paris, pour sçavoir comment il se doit gouverner, et la reigle qu'il doit tenir pour le grand nombre qui est en son pays, s. l., 1624 (14 pp). Ensemble 2 pièces pet. in-8. v. rouge.

Facéties devenues des plus rares.

1285. Histoire très plaisante arrivée à un bossu

amoureux, de la ville d'Angoulême. *Paris, Laurens Junior*, s. d., pièce de 8 pages, in-8 d.-rel. mar. vert.

1286. Le bon gascon ressuscité parlant à un vieux courtisan bien informé, s. l., 1625, pièce in-8. de 7 ff. dem.-rel. mar. rouge.

1287. Plaisant contract de mariage passé nouvellement à Aubervilliers le 35 de fevrier 1333, entre Nicolas Gran-Jean et Guillemette Ventrue. Ensuite le festin dudict mariage apresté à la pleine de Long-Boyau, le 3 mars ensuivant avec l'inventaire des biens de feu Taupin Ventru. *Paris : Nicolas Callemont*, 1627, in-8. dos de mar. rouge non rog.

<small>Cette réimpression, faite à Chartres, n'a été tirée qu'à 50 exempl. (Voyez n° 1213.)</small>

1288. Dialogue plaisant et récreatif entremeslé de plusieurs discours plaisans et facétieux en forme de coq à-l'asne. *Paris*, s. d., pièce en 5 ff. format in-16. caract. goth. dem.-rel. v. bl.

1289. Catéchisme des normands, composé par un docteur de Paris, s. l. n. d., 12 pages in-12. d.-rel. v. vert.

1290. Reception d'un illustre et vénérable maistre savetier, carleur, réparateur de la chaussure humaine, etc. *Rouen : François Oursel*, in-12. s. d. demi-rel.

1291. Les facétieuses rencontres de Verboquet, pour réjouir les mélancoliques contes plaisans pour passer le temps. *Troyes : veuve Jacques Oudot et Jean Oudot fils*, s. d., in-12. de 35 pages, mar. b. tr. d. (*Duru*).

1292. Prognostication nouvelle et véritable, composée par maistre Arnaud Mousang, grand matématicien du roy Artus et meilleur praticien de Venus.

246 BELLES-LETTRES.

Lyon, Benoist Rigaud, s. d., petit in-16. mar. r. fil. doubl. tr. d. (Simier).

<small>Réimpression tirée à petit nombre.</small>

1293. La sage folie, fontaine d'allegresse, mère des plaisirs, reyne des belles humeurs, pour la défense des personnes joviales, à la confusion des Archi-sages et protomaistres; œuvre morale, très-curieuse et utile à toutes sortes de personnes, faite italienne par Ant. Marie Spelte, poëte et historiographe du roy d'Espagne, et traduite en françois par L. Garon. Lyon : Claude Larjot. — La delectable folie, seconde partie, 2 tomes en un vol. petit in-12. mar. viol. large dent. ornements à froid, tr. d.

<small>Dans l'Analectabiblion, on met Spelte, ce panégyriste de la folie, en parallèle avec Erasme, Rabelais et Tabarin.</small>

1294. Lettre de perroquet aux enfans perdus de France. Paris, Jean Brunet, tonxte la copies (sic.) imprimées à Thoulouse, 1614, 16 pages, in-8. cart.

1295. Thrésor des récréations, contenant histoires facétieuses et honnestes, propos plaisans et pleins de gaillardise, faits et tours joyeux, plusieurs beaux enigmes, tant en vers qu'en prose, et autres plaisanteries tant pour consoler les personnes qui du vent de bize ont été frappez au nez, que pour recréer ceux qui sont en la misérable servitude du tyran d'Argencourt. Rouen, Jean de la Mare, 1627, petit in 12. mar. vert fil. tr. d. (Bauzonnet).

<small>Joli exempl. de Ch. Nodier.</small>

1296. Entrée magnifique de Bacchus avec madame Dimanche Grasse sa femme, faicte en la ville de Lyon, le 14 feburier 1627. Nouvelle édition enrichie de notes et de vignettes. Lyon, L. Boitel, 1838, 47 pp. in-8. demi rel. v. vert.

<small>Pièce tirée à 50 exempl.</small>

1297. Les amours folastres et recreatives du filou et de

BELLES-LETTRES. 247

Robinette, dediez aux amoureux de ce temps, par l'un des plus rares esprits. *A Bourg en Bresse, par Jean Tainturier*, 1629, petit in-12. mar. vert, double fil. tr. d. (*Kœhler*). 62-929

Joli exempl. de Ch. Nodier, d'un petit roman presque introuvable et d'une gaîté un peu libre.

1298. Les facétieuses rencontres de Verboquet pour réjouir les mélancoliques. Contes plaisants pour passer le temps. *Troyes, chez la veuve Jacques Oudot et Jean Oudot fils*, s. d. (privilége de 1795, probablement de 1695), pièce de 35 pages, petit in-8. dem.-rel. mar. r.

1299. L'enfant sans soucy divertissant son père Roger Bontemps et sa mère Boute tout Cuire. *A Ville-Franche, chés Nicolas l'enjoué à l'enseigne de la vigne fleurie*, 1682, petit in-12. mar. bleu, fil. tr. d. (*Thouvenin*). 31-438

Exempl. de Ch. Nodier. Facétie d'une extrême rareté, et qui peut se faire rechercher en outre par son agrément.

1300. Le facecieux reveille-matin des esprits mélancoliques, ou remède préservatif contre les tristes; auquel sont contenues les meilleures rencontres de ce temps, capables de réjouir toutes sortes de personnes, et divertir les bonnes compagnies. *Rouen: Jean B. Besongne*, s. d., in-12. v. f. fil. (*Kœhler*).

1301. La gallerie des curieux, contenant en divers tableaux les chef-d'œuvres des plus excellents railleurs de siècle, par Gerard Bon-Temps. *Paris, Cardin Besongne*, 1646, in-8. mar. brun, double fil. tr. d. (*Thouvenin*). 36-928

Exempl. de Ch. Nodier. (Voyez *Description raisonnée*, p. 387.

1302. Le facétieux reveille-matin des esprits mélancoliques, ou le remède preservatif contre les tristes. *Nimègue*, 1681, pet. in-12. vélin.

Edition elzevirienne, exempl. grand de marge.

248   BELLES-LETTRES.

1303. Le journal amoureux. *Amst. Isaac Van Dyck*, 1670, 2 tomes en un vol. in-12. p. vélin.
Petit volume assez rare.

1304. Le pot aux roses des françois, découvert par un amateur de la vérité. *Cologne, Pierre Petit*, s. d. (1672), pet. in-12. mar. r.

1305. La compagnie agréable, contenant toute sorte d'histoires galantes, curieux divertissemens et autres plaisantes narrations pour chasser la mélancolie et faire passer agréablement le temps à la compagnie. *Paris, Claude Barbin*, 1685, in-12. mar. citron. fil. tr. d. frontispice gravé. (*Kœhler*),
Exempl. de Nodier.

1306. Apologie de Guillot Gorju adressée à tous les beaux esprits. *Paris, chez Michel Blageart*, 1634, pet. in-16. mar. r. fil. doubl. tr. d. (*Simier*).
Réimpression tirée à petit nombre. (Joyeusetés).

1307. Procez nouvellement intenté entre messieurs les sauatiers de la ville et faux-bourgs de Paris, et les courtisans de la nécessité, avec les plaidoyez de part et d'autre, et le iugement intervenu entre les parties. *Paris*, 1634, in-16 de 19 pp. dos et coins mar. vert.
Réimpression tirée à petit nombre. (Joyeusetés).

1308. Testament sérieux et burlesque d'un maître savetier. *Troyes, Garnier*, s. d., 8 pages in-8, dos et coins mar. rouge.

1309. Privilége des enfans sans souci, qui donne lettre-patente à madame la comtesse de Gosier-Sallé, à monsieur de Brique-Razade, pour aller et venir par tous les vignobles de France, avec le cordon de leurs ordres. s. l. n. d., pièce de 12 pages in-12, d.-rel. v. bl.

1310. Les visions de Don Francisco de Quevedo Ville-

BELLES-LETTRES. 249

gas, chevalier de l'ordre S. Jacques. Augmentées de l'Enfer réformé, ou sédition infernale, traduites de l'espagnol par le sieur de la Geneste. *Paris, Arnould Cottinet*, 1641, in-8, mar. citron, tr. d. (*Duru*), papier collé.

1311. Histoire prodigieuse et lamentable de J. Fauste, grand magicien, avec son testament et sa vie espouvantable. *Cologne*, 1712, veau fauve non rogné.   16 /0

Voyez dans l'*Analectabiblion*, t. II, p. 97, le compte-rendu détaillé de cette curieuse histoire.

1312. Les jeux de l'inconnu, augmentés de plusieurs pieces en ceste derniere édition. *Rouen, Jacques Cailloué*, 1645, in-8°, veau fauve (*ancienne rel.*).   2 /0

L'épître dédicatoire est signée De Vaux; mais on lit dans les Mémoires du cardinal de Retz, t. 1er, p. 45, que ce nom est le masque d'Adrien de Montluc, comte de Cramail. Exempl. de Girardot de Préfond.

1313. Les divertissemens curieux, ou thrésor des meilleurs rencontres de mots subtils de ce temps. *Lyon*, 1654, pet. in-8, mar. r. (*Derome*), avec un curieux frontispice gravé.   23

Volume renfermant une foule de petits contes très piquants.

1314. L'état de servitude, ou la misère des domestiques. *Troyes, Pierre Garnier*, s. d., in-8, d.-rel. v. f.   1 /0

Pièce de 16 pages, en vers.

1315. Les leçons publiques du sieur de La Barre, prises sur les questions curieuses et problématiques des plus beaux esprits de ce temps. *Leyde, aux dépens de l'Autheur, par les hoirs de Jean Nicolas Van Dorp*, 1644, in-8, v. f. fil. (*Kœhler*).   4

1316. Sermons pour les trois derniers jours de carnaval (les débauchés du carnaval), par D. F. Le Tellier de Bellefons. *Lyon*, 1695, in-8, v. br.   2 /0

1317. Sermon prononcé par le Révérend Père Esprit de Tinchebray, capucin, dans l'église des dames   1 2/

religieuses de Haute-Bruyère, le 21 juillet 1694, fête de sainte Madeleine. s. l. n. d., in-12, d.-rel. v.

1318. Description chimérique d'un être de raison, fabriqué de pièces rapportées, habillé d'une étoffe à double sens, lequel fut construit par une assemblée d'équivoques, assisté du génie burlesque. *Strasbourg, J. F. Leroux*, s. d., petit in-12 de 44 pages, dos et coins de mar. rouge.
<small>Facétie piquante et rare.</small>

1319. Les tours de maître Gonin (par l'abbé Laurent Bordelon). *Paris et Anvers, François Huyssens*, 1714, 2 tomes en un vol. in-12, veau fauve, fil. tr. d. (*Héring*).

1320. Les tours de maître Gonin (par l'abbé Bordelon). *Amsterdam, Louis Renard (à la Sphère)*, 1743, 2 t. en 1 vol. in-12, veau fauve, enrichi de fig. en taille-douce.

1321. Discours prononcé par mademoiselle Perette de la Babille, présidente de l'académie des femmes sçavantes, en présence de sa hauteur madame Henroux, princesse du Marche...; dans la grand'salle du palais de Tourne-à-tous-vents (suivi de l'alphabet des vertus des femmes, du secret des femmes, des rossignols du ménage... en vers). *Lyon, A. J. Dejussieu*, 1736 (51 pp.). — Les reclusières de Vénus, allégorie. *A la nouvelle Cythéropolis*, 1750 (13 pp). — La Marmotte, vaudeville de M. ***, s. l. n. d. (4 pages gravées en mus.). Ensemble 3 pièces en 1 vol. in-8, v. f. grav. et portr.
<small>Exempl. Nodier.</small>

1322. L'art de désopiler la rate, sive de modo c. prudenter, en prenant chaque feuillet pour se T. le D. entremêlé de quelques bonnes choses. *A Gallipoli de Calabre, l'an des folies*, 175886, in-12, dos de mar. v. pièce non rogné (*Kœhler*).

BELLES-LETTRES. 251

1323. Le carnaval de La Haye, vingtième dialogue sur les affaires du temps. s. l. n. d., pet. in-12 de 48 p., dem. rel. veau br., avec *deux gravures*.

1324. Sermon pour la consolation des cocus, prononcé au sujet de A*** B***, cocu par arrest. *A Rouane, chez Dominique Vendu, à la Sage-Femme*, 1833, in-12 sur papier jaune, rel. mar. citron. fil. tr. d. (*Koehler*.) Avec *trois épreuves de la fig. 2 sur pap. jaune et une sur chine*.

1325. Le rasibus, ou la barbe des capucins; pièce satyrique par un moine défroqué. *Cologne, Pierre Garancière*, 1650, pet. in-12, v. br.

1326. Le bouffon de la cour, ou remède préservatif contre la mélancolie. *Paris, Claude Barbier*, s. d., pet. in-12, d. rel. mar. br., avec une gravure.

1327. Les contes de Pogge, Florentin, avec des réflexions. *Amsterdam, Jean Frédéric Bernard*, 1742, in-12 mar. rouge, fil. tr. d. (*Deromo*) fig.

Exempl. Pixérécourt. « Cette édition avait déjà été imprimée dans le milieu du XVIe siècle; mais elle est accompagnée ici de réflexions très libres et très satyriques, qui furent attribuées mal à propos au ministre David Durand, et qui pourraient bien être de Lenglet-Dufresnoy. Ce savant et caustique éditeur était encore à cette époque (1742) premier secrétaire pour les langues latine et française de la cour de l'électeur de Cologne, et résidait à Lille. D'ailleurs on retrouve dans ces réflexions le même esprit et la même liberté que dans le commentaire des OEuvres de Clément Marot, publiées à la Haye, en 1731, par Lenglet, sous le pseudonyme du chevalier Gordon de Percel.» P. L.

1328. La misère des garçons boulangers de la ville et fauxbourgs de Paris. *Paris, Guillaume Valleyre*, s. d. (1745), pet. in-8, mar. bleu, fil. tr. d. (*Duru*).

Pièce en vers, de 4 ff. chiffrés.

1329. Relations du royaume de Candavia envoyées à madame la comtesse de ***, *imprimées à Javial, chez Staket le Goguenard, rue des Fièvres Chau-*

des, *à l'enseigne des rêves,* Paris : *Jacques Josse.* s. d, (1715), in-12. Mar. rouge, tr. d. (*Duru*).

Exempl. de Ch. Nodier. Ce petit volume *fort rare* est un des plus extraordinaires que présente la classe des *Facéties.*

1330. Les étrennes de la Saint-Jean (par le comte de Maurepas, le comte de Caylus, de Montesquieu, de Moncrif, etc.) *Troyes, veuve Oudot,* in-12. fig. — Lettres de la Grenouillère, entre M. Jérosme Dubois, pêcheur du Gros-Caillou, et mademoiselle Dubut, blanchisseuse de linge fin (par Vadé). *A la Grenouillère* (1749), in-12, 2 *part.* — Ces deux ouvrages en 1 vol. mar. rouge, fil. tr. d. (*Derome*).

Les lettres de La Grenouillère forment deux parties paginées séparément. La première ne contient qu'un monologue sous le titre de *le paquet de mouchoirs,* par Panard, avec préface et arrière-propos. Les lettres ne commencent qu'à la seconde, qu'elles occupent exclusivement.

1331. Les soupers de Daphné et les dortoirs de Lacédémone, anecdotes grecques ou fragments historiques publiés pour la première fois et traduits sur la version Arabe imprimée à Constantinople, l'an de l'Hégire 1110 et de notre ère 1731. *A Oxfort :* 1740, in-12, de 96 pages, demi rel.

Voyez *Mélanges,* tirées d'une petite bibliothèque de Ch. Nodier.

1332. Les facécieuses nuits du seigneur Jean François Straparole, avec les fables et enigmes racontées par deux jeunes gentils-hommes et dix damoiselles, nouvellement traduites d'Italien en François, *par Jean Louveau, Lyon : Pierre Rigaud.* 2 v. in-16, mar. rouge, fil. tr. d. (*Duru*).

1333. Les priviléges du cocuage, ouvrage nécessaire tant aux cornards actuels, qu'aux cocus en herbe, *A Vicon : chez Jean Cornichon, à l'enseigne du coucou (à la sphère),* 1422, in-12, fig. mar. bleu fil. (*Kœhler*).

Très rare, même sans la figure.

1334. Les yeux, le nez et les tétons, ouvrages curieux, galants et badins, composez pour le divertissement d'une dame de qualité, par J. P. N. Du C. (Du Commun) dit V. *Amsterdam, Jean Pauli,* 1735-36, 3 vol. in-12, fig. mar. vert. tr. d. (*Duru*).

1335. La peine et misère des garçons chirurgiens, autrement appelez fratres. Presentez dans un entretien joyeux et spirituel d'un garçon chirurgien et d'un clerc. *Troyes, chez la veuve Oudot et Jean Oudot fils,* 1729, pièce en prose et en vers, de 24 pages in-8, mar. r. fil. (*Duru*).

1336. Les statuts, règles et ordonnances de Herpinot reformé. Touchant la conversation et police humaine. Donnez en l'assemblée dernière, tenue par son ordre et commandement, le 49 juin 10062040. *Paris, dans la boutique de feue la veuve de N. Oudot,* s. d. (priv. de 1722), 31 pp. pet. in-8, cart.

1337. Eloge du mensonge, dédié à tout le monde, avec la réponse. *Paris, Pierre Morisset,* 1730, 2 p. in-12, v. f. fil. tr. d.

1338. L'arrivée du brave Toulousain, et le devoir des braves compagnons de la petite manicle. *Troyes, J. A. Garnier,* s. d. (priv. de 1731), 16 pp. pet. in-8, dem. rel. mar. bl.

1339. L'homme inconnu, ou les équivoques de la langue, dédié à Bacha Bilboquet. *Paris: J. Guillau,* 1713, in-12, demi-rel.

Curieuse facétie dans l'esprit de M. de Bièvre. La date de 1713 ne doit pas être la véritable. Cet ouvrage avait aussi paru sous le titre de Description chimérique d'un être de raison fabriqué de pièces rapportées, etc. (Voy. n° 1318.)

1340. Recueil de frivolités galantes. *Cologne: Pierre Marteau,* 1759, petit in-8 de 103 pages, mar. rouge, non rogné, doré en tête, (*Duru*).

1341. Sotisier, ou recueil de B. S. et F. sunt mala

sunt bona quædam. *Paris : s. l.* 1747, in-8, mar. rouge, fil. non rogné (*Thouvenin*).

Très bel exemplaire de Ch. Nodier.

1342. Le fébricitant philosophe, ou l'éloge de la fièvre-quarte, traduit du latin de Guillaume Menape par M. de Gueudeville. *La Haye et Francfort-sur-Mein*, 1743, fig. — Le goûteux en belle humeur; ou l'éloge de la goutte, ouvrage héroïque, etc., par le sieur Etienne Goulet, A. D. E. M. mis au jour par M. de Gueudeville. *La Haye et Francfort-sur-Mein*, 1743. — 2 tomes en 1 vol. in-12, dos et coins de mar. bleu, non rogné, doré en tête. (*Duru*).

1343. Turlubleu, histoire grecque tirée du manuscrit gris de lin trouvé dans les cendres de Troyes. (Par l'abbé de Voisenon). *Amsterdam ; s. n.*, 1745, in-12, de 2 ff. et 104 pages, dos de mar. vert.

Cette facétie, qui ne se trouve pas dans les œuvres de son auteur, est l'histoire de M. de Bonier, sous le nom de Crésiphon.

1344. Les fêtes roulantes et les regrets des petites rues (par le comte de Caylus), *s. l.* 1747, in-12 de 78 pages. — Quelques aventures des bals de bois (par le comte de Caylus et l'abbé de Voisenon), *chez Guillaume Dindon*, 1745, in-12 de 64 pages. Quelque chose, *La Haye : Neaulme*, 1749 in-12 de 46 pages. Ensemble 3 tomes en 1 vol. v. gran.

Ces trois ouvrages critiques et facétieux sont peu communs aujourd'hui.

1345. La vie de Nivet dit Fanfaron, qui contient les vols, meurtres, qu'il a faits depuis son enfance, jusqu'au jour qu'il a été rompu vif en place de Grève, avec Beauvoir, son maître d'école, Baramon et Mancion ses complices. *Rouen : Pierre Seyer.* s. d. (1753), in-12 de 23 pages, demi rel.

1346. Catéchisme et décisions de cas de conscience, à l'usage des Caconacs; avec un discours du patriarche des Cacouacs, pour la réception d'un nouveau disciple (par l'abbé de Saint-Cyr). *A Cacopolis*, 1758, in-8 de 404 pp. et 2 ff. mar. bl. du Levant, fil. tr. d. (*Duru*).

<small>C'est un petit ouvrage fort intéressant, dans lequel l'auteur a très habilement groupé les propositions les plus hardies de la philosophie du XVIIIe siècle, en forme de catéchisme, dont ces propositions et leurs objections théologiques forment les demandes et les réponses.</small>

1347. Les étrennes de la Saint-Jean (par le comte de Maurepas, le comte de Caylus, Montesquieu, de Moncrif, etc.) *Troyes, veuve Oudot*, 1757, in-12. — Les Ecosseuses ou les œufs de Pâques (par Vadé, le comte de Caylus et la comtesse de Terrue, *ibid*, 2 part. en 1 vol., fig. impr. en couleur, mar. r. fil. tr. d. (*Dérome*).

1430 Exemplaire Pixérécourt. *12*

1348. Histoire critique des coqueluchons (par Don Cajot). *Cologne*, s. n. 1762, in-12 de 6 ff. 173 p. et 7 pp. non chiffrées pour la table; titre imprimé en rouge, dos de mar. rouge.

1349. Le livre de quatre couleurs, aux quatre elements, de l'imprimerie des quatre saisons, 4444. in-12, veau f., fil. non rogné, doré en tête. (*Duru*).

1350. Le Norac-Oniana, contenant les douze mouchoirs, ou le portefeuille du cabinet, ou tout ce que vous voudrez, par qui bon vous semblera. Dit ça on est imprimé quand ça en étoit, ou ça en fut, se vend chez ça en sera toujours des sottises, l'an 1500. — Lettre de Carabi de Capadoce, a son cher camarade Carabo de Palestine, adressée à Cassel, poste restante, dédiée à M. l'abbé Caricaca; imprimée à Capoue et se trouve à Paris, chez Lascaret, à l'enseigne du *Catacoua*, 1777. — Ænigma, l'enc... sans reproches, couplets, 4 pages, 3 pièces in-8 en un vol. mar. rouge, fil. tr. d. (*Thouvenin*).

Exempl. de Ch. Nodier.

1351. Les dîners de M. Guillaume, suivis de l'aventure de son enterrement (par l'abbé Duvernet), s. l., 1788, in-8, fig. dos de mar. r. *non rogné*.

<small>Premier dîner chez M. Torticoli, avec des dévots. — Deuxième dîner chez le duc de libertate, avec des savants. — Troisième dîner au château de Charolais, avec des gens de talents agréables, etc.</small>

1352. La revue de l'an huit, ou les originaux du Palais-Egalité. *Paris, Barba*, an VIII-1800. — Les Repentirs de l'année 1788, suivis de douze petites lettres écrites à qui voudra les lire. *Londres et Paris, Breand* (1788), 2 tomes en un vol. in-12, v. f. fil. non rogné (*Kœhler*).

1353. Correspondance de M. Mesmer sur les nouvelles découvertes du baquet octogone, de l'homme baquet, et du baquet moral, pouvant servir de suite aux aphorismes. Recueillie et publiée par MM. de F*** (Fortia de Piles), J*** (Journiac de Saint-Méard) et B*** (Louis de Boisgelin). *Libourne*, 1785, in-12, d.-rel. v. f. avec planches grav.

1354. Démence de madame de Panor en son nom Rozadelle Saint-Ophèle; suivie d'un conte de fées, d'un fragment d'Antiques, d'une anecdote villageoise et de quelques couplets; par l'auteur de l'Histoire de la baronne d'Alvigny, ou la joueuse (madame Merard de Saint-Just). *A Paris, rue Helvetius*, n° 605 s. d. (1796), in-18, papier vél. veau fauve, fil. non rogné (*Duru*).

<small>Rare. Tiré à 50 exempl., dont 25 sur pap. vél.</small>

1355. Marottes à vendre, ou Triboulet tabletier, dont la gibecière, après avoir été égarée pendant plusieurs siècles, nous est enfin heureusement parvenue, munie d'un rare assemblage de hochets, breloques, colifichets et babioles de toutes espèces, etc. *Au Parnasse burlesque, ex officine de la banque du bel esprit, à l'enseigne de la Faceciosité (Londres)*,

BELLES-LETTRES. 257

Harding et Wright, 1812), in-12, mar. olive, fil. ornem. non rogné, doré en tête (*Closs.*).

1356. D'une pugnition divinement envoyée aux hommes et aux femmes, pour leurs paillardises et incontinences désordonnées (en 1493), avec notes amples, fructueuses et très-congruantes au sujet; par P. Stephen Baliger, D. M. (Gabriel Peignot). *A Naples et en France*, 1836, in-8, d.-rel. v. br.

1357. Ces enfans auront-ils ou n'auront-ils pas de culottes? conte problématique tiré de l'histoire d'Allemagne, et trouvé dans le portefeuille d'un Prussien. *Extrait des lunes parisiennes* (12° livraison). *Paris, Ponthieu, etc.*, 1823, pièce de 14 pages in-8, cart. *n. r.*

1358. Dissertation étymologique, historique et critique sur les diverses origines du mot cocu, avec notes et pièces justificatives; par un membre de l'académie de Blois. *Blois (Félix Jahler)*, 1835, in-16, dos de mar. noir.

<small>Facétie moderne, imprimée avec tous les caractères des réimpressions modernes, et probablement composée pour aller avec une d'elles. Elle n'a été tirée qu'à 72 exemplaires numérotés. Celui-ci porte le n° 25.</small>

G. APOLOGIES, SATYRES ET INVECTIVES.

1359. La lettre de Corniflerie, imprimé nouuellement, in-16, d.-rel. mar. rouge.
<small>*Fac-simile* de cette pièce de 4 ff., en caractères gothiques, avec 4 fig. exécuté par H. Jouy, tiré à 30 exempl. numérotés.</small>

1360. Les harangues, ou discours académiques de Jean-Baptiste Manzini, dernière édition. *Rouen, Jacques Besongne*, 1646, in-8, veau fauve, fil. tr. d. (*Duru*).
<small>Ces harangues ont été recueillies par de Scudéry.</small>

1361. Le triomphe de Pradon. *Lyon*, 1684, in-8, mar.

17

rouge, fil tr. dor. *Janséniste (Duru)*, édition avec le curieux frontispice.

1362. Le grand dictionnaire des précieuses, historique, poétique, géographique, etc., par le sieur de Somaize. *Paris, Iean Ribou,* 1661, 2 vol. in-8, mar. rouge, fil. tr. d. *(anc. rel.)* frontisp. grav.

Exempl. bien conservé, avec la clef.

1363. La pretievse, où le mystere des rvelles; dédiée a telle qui n'y pense pas, par Gelasire. (par l'abbé Mich. de Pure). *Paris, Pierre Lamy,* 1656, in-8, vélin.

1364. Aristippe, ou de la cour; par M. de Balzac. *Paris, Augustin Courbé,* 1658, in-4, mar. rouge, fil. tr. d., *armorié,* front. gravé *(anc. rel.)*.

1365. Le cochon mitré; dialogue entre Scarron et Furetière (par de la Bretonnière), 1689, in-8, mar. vert, tr. dor.

Copie manuscrite d'une violente satyre dirigée principalement contre Louvois, archevêque de Reims, et dont il existe deux éditions également difficiles à trouver. L'auteur de ce petit livre termina sa vie, dit-on, dans une cage de fer, où il demeura quelques années. Joli exemplaire NODIER. Voyez *Description raisonnée*, p. 419.

1366. Le taureau bannal de Paris. *Cologne, Pierre Marteau (à la sphère),* 1689, in-12, mar. bleu, tr. d. *(Duru).*

1367. Le Zombi du grand Pérou, ou la comtesse de Cocagne; *nouvellement imprimé le quinze février* 1697, pet. in-12, mar. rouge, fil. *(Duru).*

Joli exemplaire d'un livre rare, auquel M. Nodier a consacré un article spécial dans ses *Mélanges* (p. 366), et qu'il attribue à Corneille Blessebois, de la plume duquel il paraît digne de sortir.

1368. Les avantures d'Italie de Monsieur Dassoucy (sic). *Paris, G. Quinet,* pet. in-12, mar. rouge, fil. tr. d. *(Duru).*

Avec quelques notes manuscrites à la fin sur l'ouvrage et l'auteur.

1369. Les avantures d'Italie de monsieur d'Assoucy.

BELLES-LETTRES.

Paris, Antoine de Raffié, 1677, petit in-12. — Les pensées de monsieur d'Assoucy dans le saint-office de Rome. — 2 parties en un vol. in-12 v. f. a. (*Armes de la comtesse de Verrue.*)

1370. Le matois Limosin. s. l. 1615, 44 pages in-8, d.-rel. mar. noir.

Pièce rare et satyrique.

1371. Recueil des pièces du régiment de la calotte. *Paris, Jaques Colombat, l'an de l'ère calotine 7726,* in-12, d.-rel. v. vert *non rogné.*

Les pièces de cette édition rare sont au nombre de 90, pour la plupart en vers. On sait que ce régiment de la calotte dut son origine à quelques beaux esprits de la cour, qui imaginèrent, vers la fin du règne de Louis XIV, de former une société dont les adeptes se proposèrent pour but de corriger les mœurs, de réformer le style à la mode en le tournant en ridicule, et d'élever un tribunal opposé à celui de l'Académie française. Mesurant la difficulté de l'entreprise, et sachant bien qu'on ne manquerait pas de les accuser de légèreté, ces censeurs adoptèrent, comme signe sensible de la solidité de leur esprit, une calotte de plomb dont chacun d'eux devait se coiffer, et se constituèrent sous le titre de régiment de la calotte. Il est sorti de cette compagnie littéraire bon nombre de spirituelles facéties dont ce recueil contient un choix.

1372. Journée calotine en deux dialogues : I. Association de la république babinienne au régiment de la calotte. II. Oraison funèbre du général Aimon I. *A Moropolis, chez Pantaléon de la Lune,* l'an 7732 de l'ère calotine (1732), in-8, et portrait, v. f. fil. tr. d. (*Duru.*)

En tête de ce titre se trouvent un frontispice gravé pour l'épitaphe et 2 ff. encadrés contenant une épitaphe latine d'Etienne Aimon.

1373. Mémoires pour servir à l'histoire de la calotte, nouvelle édition augmentée d'une troisième et quatrième parties. *Moropolis, chez le libraire de Momus,* 1739, 4 parties en 3 vol. p. in-12, d.-rel. dos de mar. rouge.

Exempl. imprimé sur PEAU VÉLIN.

1374. Le livre à la mode (par Carraccioli). Nouvelle édition, marquetée, polie et vernissée. *En Europe,*

260   BELLES-LETTRES.

chez les libraires, 1000700509 (1759). 2° partie, *à Vertefeuille, de l'imprimerie du Printemps, au Perroquet, l'année nouvelle.* 2 tomes en un vol. in-12, mar. vert, fil. dent. tr. d. (*Bozerian.*)

Exempl. de Pixérécourt. La première partie est imprimée en rouge, la seconde en vert. 16.50 N° 1431.

1375. Relation véritable et remarquable du grand voyage du pape en paradis et en enfer, suivie de la translation du clergé aux enfers. *Paris, Fiévée,* 1791, in-18 de 27 pages, mar. noir, tr. d. (*Durù.*)

Tiré à petit nombre.

1376. La despesche du postillon, facétie, par le comte de Bucquoy, pour chercher le palatin iadis roy de Boheme. s. l., 1621, in-8, d.-rel. v. f.

Pièce de 8 pages, en vers.

1377. Histoire des bêtes parlantes, depuis 89 jusqu'à 124, par un chien de berger, recueillie par Etienne Gosse. *Paris, Anthelme Boucher,* 1828, 88 p. in-8. cart.

1378. Description topographique, historique, critique et nouvelle du pays et des environs de la Forêt-Noire, situés dans la province du Merryland. Traduction très-libre de l'anglais. *A Boutentativos, chez les veuves Sulamites, aux petits appartemens de Salomon. L'an du monde* 100,700,700,000. Petit in-8, d.-rel. v. f.

1379. Monsieur Guillaume ou le disputeur, (par l'abbé Duvernet,) s. l. (*Amsterdam*), 1781, in-8 de 59 pages, d.-rel. non rogné.

A l'imitation du Barbon de Balzac.

1380. Satyres de monsieur le prince Cantemir, avec l'histoire de sa vie, trad. en françois. *Londres, Jean*

Nourse, 1749, p. in-12, m. r. fil. tr. sup. d. non rogné.

<small>Première édition de cette traduction. (*Rare.*)</small>

1381. Le Petrone almand (*sic*), sur les suites funestes et tragiques des intrigues amoureuses de la cour de Vienne, etc. *Cologne, Nicolas Ruther,* 1706, in-12 mar. titr. fil. tr. d. (*Duru.*)

1382. Eloge de l'enfer, ouvrage critique, historique et moral, (par Bénard de La Haye.) *La Haye, Pierre Gosse junior,* 1759, 2 vol. in-12, fig. (16) de G. Sibélius, mar. bleu, fil. tr. d. (*Duru.*)

<small>Exempl. de Ch. Nodier. 28.1043 c</small>

1383. Le colporteur, histoire morale et critique, par M. de Chevrier. *Londres, Jean Nourse,* l'an de la vérité (1762). — La vie du fameux père Norbert, ex-capucin, connu sous le nom de l'abbé Platel, par le même. *Ib. id.*, 1762. — Almanach des gens d'esprit, calendrier pour l'année 1762 et le reste de la vie, par le même. *Toujours à Londres, chez l'éternel Jean Nourse,* 1762, 3 part. en 1 vol. in-12, mar. r. fil. tr. d. (*Padeloup.*)

<small>Très bel exempl. de Pixérécourt.</small>

1384. Essai sur l'histoire naturelle de quelques espèces de moines décrits à la manière de Linné, ouvrage traduit du latin et orné de figures, par M. Jean d'Antimoine, naturaliste du grand Lama. *A Monachopolis,* 1784, in-8, fig. 3, mar. viol. double fil. tr.

<small>Exemplaire Pixérécourt.</small>

1385. Les nouveaux saints, (par M.-J. Chénier.) *Paris, Dabin,* an IX (1801), in-12, d.-rel. mar. noir.

<small>Pièce en vers de 12 pages, avec 8 pages de notes.</small>

SUR L'AMOUR ET LA FEMME, LE MARIAGE; LIVRES EROTIQUES.

1386. Contramours. L'Antéros, ou contramour de messire Baptiste Fulgose, iadis duc de Gennes. Le dialogue de Baptiste Platine, gentilhomme de Cresnonné, contre folles amours. Paradoxe contre l'amour. *Paris, Martin le jeune,* 1581, in-4, d.-rel. v. antique.

Bel exempl.

1387. Philosophie d'amour de M. Leon Hebreu, traduicte d'italien en françois, par le seigneur du Parc, Champenois. *Lyon, Guill. Rouille et Thibauld Payen,* 1551, in-8, mar. r. fil.

Bel exempl. de cet ouvrage *rare,* imprimé en caractères italiques et orné d'un frontispice gravé sur bois.

1388. LIII arrêts d'amours. Aresta amorum accuratissimi Benedicti Curtii Symphoriani commentariis ad utriusque iuris rationem forensiumque actionum usum quam acutissime accommodata. Le tout diligemment reveu et corrigé en une infinité d'endroits outre les précédentes impressions. *Rouen,* Thomas Mallard, 1587, pet. in-12, vél. frontisp. gravé (1).

Les LIII *arrêts* ne se trouvent pas dans toutes les éditions.

1389. Les ditz d'amours et ventes. s. l. n. d. pet. in-4. goth. de 8 ff. mar. rouge, fil. tr. d'or (*Cape*).

Joli exemplaire, sauf quelques petits raccomodages. Cette édition porte sur le titre la marque de Jehan Trepperel. Le titre et quelques feuillets raccommodés.

1390. L'Amour de Cupido et de Psiché, mère de volupté, prise des cinq et sixième livre de la Métamorphose de Lucius Apuleius philosophe, nouvellement historiée et exposée tant en vers italiens que

---

(1) Voyez aussi à la *Poésie.*

françoys. *Paris : Janne de Marnef, vefue de feu Denis Janot*. 1546, in-16, fig. en bois et texte encadré à chaque verso de ff. mar. vert, fil. tr. d. (anc. rel.)

1391. Les chastes et délectables jardins d'amour, semez de divers discours et histoires amoureuses, par Olenix du Mont-Sacré, gentilhomme du maine (Nicolas de Montreux). *Paris : Adrian Périer*, 1599, in-12, mar. vert, fil. tr. d. (*Kœhler*).

1392. L'Antidote d'amour, avec un ample discours, contenant la nature et les causes d'iceluy, ensemble les remèdes les plus singuliers pour se préserver et guérir des passions amoureuses, par Jean Aubery, docteur en médecine. *Paris : Claude Chappelet*, 1599, in-8, v. f. fil. (*Kœhler*).

1393. Le Jardin d'Amour, où il est enseigné la méthode pour bien entretenir une maîtresse, nouvellement corrigée et augmentée pour l'utilité de la jeunesse de l'un et de l'autre sexe avec un traité de la civilité françoise. *Paris, Jean Le Clerc*, s. d. petit in-8, veau fauve, fil. dent à froid, tr. d.

Exemplaire de Pixérécourt.

1394. La Messagère d'amour, ou instruction pour inciter les jeunes dames à aymer, en forme de dialogue, par la mère et fille d'Aliance. s. l. 1612, pet. in-12 de 83 ff. chiff. et un ff. non chiff. mar. r. fil. tr. d.

Joli exempl. Nodier d'un opuscule très rare. Quelques personnes l'attribuent à Mlle de Gournay.

1395. De la maladie d'amour, ou mélancolie érotique. Discours curieux qui enseigne à cognoistre l'essence, les causes, les signes et les remèdes de ce mal fantastique. Par Iacques Ferrand, agenois, docteur en la faculté de médecine. *Paris, Denis Moreau*, 1623, in-8, vél.

1396. L'art d'embellir, tiré du sens de ce sacré paradoxe : la sagesse de la personne embellit sa face. Estendu en toute sorte de beauté, et és moyens de faire que le corps retire en effect son embellissement des belles qualitez de l'âme. Par le sieur Fleurance Rivavlt. *Paris, Louys Feburier*, 1608, pet. in-12, v. rac.

1397. Le procez de l'amour, suite de la clef des cœurs. *Paris, J. B. Loyson*, 1674, pet. in-12, v. br. fil.

1398. Le triomfe (*sic*) de l'amour sur le destin. *Amsterdam, Abraham Wolfgang (Elzev.)*, 1677, pet. in-12, v. br.

1399. L'amour marié, ou la bisarrerie de l'amour en l'estat du mariage. *Cologne, Pierre Marteau*, 1681, pet. in-12 de 7 ff. et 58. p. v. f. fil. (*Kœhler*).

1400. Les moyens de se guérir de l'amour. Conversations galantes. *Paris, G. Quinet*, 1681, pet. in-12, mar. rouge, fil. (*anc. rel.*).

1401. Les intrigues amoureuses de la cour de France. *Cologne, Pierre Bernard, (à la sphère)* 1685, pet. in-12, mar. bleu, fil. non rogné (*Duru*).

1402. Les nouveaux désordres de l'amour. Nouvelle galante. *Liège, Louis Montfort*, 1686, pet. in-12, vélin.

1403. Le philosophe amoureux, ou les Mémoires du comte de Mommejan, par M. le marquis d'Argens. *La Haye : Adrien Moetjens*, 1737, pet. in-12, veau fauve, fil. tr. d. (*Kœhler*).

1404. L'amour à la mode, satyre historique, *Paris, veuve Coignard*, 1706, pet. in-12, d. rel. v. choc. avec une fig.

1405. Les bains de Diane, ou le triomphe de l'amour, poème (par Desfontaines). *Paris, Costard*, 1770, in-8, d. rel. mar. vert. Très-belles fig. en taille douce, de Marillier (3 et le titre).

1406. Recueil de divers écrits sur l'amour et l'amitié, la politesse, la volupté, les sentiments agréables, l'esprit et le cœur. *Paris : veuve Pissot,* 1736, in-12, demi-rel.

<small>Recueil curieux qui se compose des opuscules suivants : — 1° Epître dédicatoire au prince de Galles (par Saint-Hyacinthe). — 2° Lettre à madame la duchesse de *** (par le même). — 3° Traité de l'amitié, par Mme la marquise de *** (Lambert). — 4° Question sur la politesse, résolue par Mme l'abbesse de F*** (Mme de Rochechouart, abbesse de Fontevrault). — 5° Conversation sur la volupté (par Rémond dit le Grec). — Agathon, dialogue sur la volupté, par M. R*** (le même). — 7° Réflexions sur les sentiments agréables et sur le plaisir attaché à la vertu (par Lévesque de Pouilly). — 8° Lettre à M. l'abbé T.... — 9° Réflexions de M. le marquis de ** (Charost) sur l'esprit et le cœur.</small>

1407. Dictionnaire d'amour, dans lequel on trouvera l'explication des termes les plus usités dans cette langue, par M. de *** (Dreux du Radier). *La Haye,* 1741, in-12, v. m. fil.

1408. Les enchaînemens de l'amour et de la fortune, ou mémoires du marquis de Vaudeville, par M. le marquis d'Argens. *La Haye, Benjamin Gibert,* 1748, 2 parties en un vol. in-12, d.-rel. et coins mar. r. doré en tête, *non rogné.*

1409. Peristère, ou la colère de l'amour, poëme en cinq chants, (par de Castera,) *Guide et Paris, Royez,* 1787, petit in-12, dos et coins de mar. vert. (*Muller.*)

1410. Le danger de se marier, par lequel on peut congnoistre les perils qui en peuvent advenir, tesmoing ceux qui en ont esté les premiers trompez. *Lyon, par Benoist Rigavd,* s. d., VIII pages. — Les droictz nouveaux establis sur les femmes. *Paris,* (XI et XXVI pages.) — La consolation des mal mariez, fort necessaire à plusieurs personnes qui desirent passer le reste de leur vie avec plaisir et contentement. *Paris*, (XXIII pages.) — La complaincte de trop tost marié, s. n. s. d. (XXIII pages.) En tout 4 pièces en un vol. in-16 cart.

Réimpressions qui font partie des joyeusetés.

1411. Le plaisant quaquet et resuiyssance des femmes pour ce que leurs maris nyurongnent plus en la tauerne. *Paris*, s. d., 18 pag. in-16 en caract. goth., dos et coins mar. bl.

Réimpressions, *idem*.

1412. Les droitz nouveaulx establis sur les femmes. (A la fin.) *Imprimé a Rouen paur Jehan Burges le jeune*, s. d. Petit in-8 goth. à 2 col. de 4 ff. mar. viol. fil. tr. d. (*Chiffre orné.*)

1413. La complainte du nouveau marié. — la complainte du trop tard marié (en vers par Pierre Gringore), *cy finit la complainte de trop tard marie faicte et composee par Pierre Gringore, nouuellement imprimee a Paris*, s. l. n. d. Petit in-8 goth. (Titre refait à la main et 6 lignes au premier f.) Fig. en bois, v. f. fil. (*Anc. rel.*)

1414. Les tenebres de mariage. *Paris, par Pierre Mesnier*, portier de la porte Saint-Victor. s. l. n. d., pièce en 21 pages in-16, d.-rel. mar. vert.

Réimpression, id.

1415. Mirouer des femmes vertueuses : ensemble la patience Griselides, par laquelle est demonstree lobedience des femmes vertueuses. Lhistoire admirable de Jehanne, Pucelle, natiue de Vaucouleur. *Nouuellement imprime a Paris*. (A la fin.) *Cy finist la patiéce Griselidis. Laquelle Griselidis fut fille dung pouure homme appelle Janicole : et fut femme du marquis de Saluces. Nouuellement imprimee a Paris*. In-16, d.-rel.

Réimpression figurée. Paris, Crapelet, 1840.

BELLES-LETTRES. 267

1446. La grād patience des femmes contre leurs maris. — La loyaulté des femmes. s. l. n. d., pet. in-16, mar. viol., fil. tr. d.

<small>Deux petites pièces en vers, en caractères gothiques, de 4 ff. chacune, non chiff. (des joyeusetés).</small>

1417. De l'heure et malheur de mariage, ensemble les loix connubiales de Plutarque, traduites en françois par Iehan de Marconville, gentilhomme percheron. *Paris, pour Iehan Dallier*, 1564, in-8 de 83 ff. chiff. et un f. non chiff., mar. r. fil. n. r. (*Kœhler.*)

1418. De l'heur et malheur de mariage, ensemble les loix connubiales de Plutarque, traduites en françois par Iean de Marconville, gentilhomme percheron. *Lyon, Benoist Rigaud*, 1573. Pet. in-16, v. br. fil,

1419. Petit traité de Arnalte et Lucenda. — Picciol trattato d'Arnalte et di Lvcenda intitolato l'Amante mal trattato della sua amorosa, nuouamente per Bartolomeo Maraffi fiorentino, in lingua thoscana tradotto. *Lyon, pour Benoist Rigaud*, 1583, in-16, mar. r. tr. d.

1420. Le triomphe des dames. *Rouen, François Périer*, 1600, in-12, mar. citron, fil. tr. d. (*Duru.*)

1421. Les tres merveilleuses victoires des femmes du monde, et comment elles doivent à tout le monde par raison commander, et mesme à ceux qui auront la monarchie du monde viel. Livret escript par G. Postel, à ma Dame Margarite de France. *A Paris, de l'imprimerie de Jehan Gueullart, à l'enseigne du Phœnix, près le Collège de Reims*, 1553, petit in-12, mar. rouge, fil. tr. d.

<small>Exemplaire de l'édition originale, fort rare.</small>

1422. Les tres merveilleuses victoires des femmes du

BELLES-LETTRES.

nouveau monde, etc.... *Ib. id.*, mar. bleu, non rogné doré en tête. (*Duru.*)

<small>Réimpression du précédent, faite vers la fin du 18ᵉ siècle.</small>

1423. Le fort inexpugnable de l'honneur du sexe feminin, construit par François de Billon. *On les vend à Paris, chez Ian d'Allyer, libraire, sur le pont Saint-Michel, à l'enseigne de la Rose blanche.* 1555, in-4, v. f. (*Anc. rel.*)

1424. De la bonté et mauvaistié des femmes, par Iean de Marconville, gentil-homme percheron. *Paris, pour Iean Dallier,* 1566, in-8 de 76 ff. chiff. m. r. fil. n. r. (*Kœhler.*)

1425. Deux traitez de Florent Tertullian : l'un des parures et ornemens, l'autre des habits et accoustrements des femmes chrestiennes ; plus un traité de saint Cyprian, touchant la discipline et les habits des filles. *Genève, Jean de Laon,* 1580, in-8, d.-rel.

1426. Responce aux impertinences de l'Aposté, capitaine Vigoureux, sur la defense des femmes, par Jacques Olivier. *Paris, Jean Petitpas,* 1617, in-12, d.-rel.

1427. La defense des femmes, contre l'alphabet de leur prétendue malice et imperfection, par le sieur Vigoureux. *Paris, Pierre Chevalier,* 1617, petit in-12, v. f. fil.

1428. Le bouclier des dames, contenant toutes leurs belles perfections, par Louys le Bermen, sieur de la Martinière. Tout par amour, rien par force. *Rouen, Jacques Besongne,* s. d., pet. in-12, v. br. (*Anc. rel.*)

<small>Ce petit livre est orné d'un frontispice gravé par *L. Gaultier*, dont on a une fort jolie collection de gravures sur le *Nouveau Testament*.</small>

1429. La malice des hommes découverte dans la justification des femmes, par mademoiselle ..... *La*

Haye et Châlons-sur-Saône, *Antoine Delespinasse*, s. d., 16 p. pet. in-8, d.-rel. v. f.

1430. Miroir des graces, ou dictionnaire de parure et de toilette, par C. Mazeret et A. M. Perrot. *Paris, V. Lefuel*, s. d., pet. in-12 à 2 col. fig. color., dos et coins de v. viol.

1431. Le reconfort des femmes qui se plaignent de l'absence et deffaut de leur mary. *Paris. Guillaume Barberet*, 1623, 4 ff. in-12, d.-rel. v. f. (*Rare.*)

1432. Discours ou sermon apologétique en faveur des femmes, question nouvelle, curieuse et non jamais soustenue. *Paris, T. Blaise*, 1641, in-8, v. f. fil. (*Rel. fatiguée.*)

Dans le même volume, — Sermon pour le jour de l'Assomption Nostre-Dame, au retour de la procession générale, establie par le Roy Louis XIII, surnommé le Juste, en l'an 1638. *Paris, T. Blaise*, 1641, in-8°.

1433. La femme généreuse, qui monstre que son sexe est le plus noble, meilleur politique, plus vaillant, plus sçavant, plus vertueux et plus œconome que celuy des hommes ; par L. s. d. n. l. *Paris, François Piot*, 1643, pet. in-8, v. gran.

1434. Le triomphe des dames, dédié à Son Altesse Royale Mademoiselle, par François du Soucy, escuyer, sieur de Gerzan. *Paris, chez l'auteur*, 1646, in-4, v. m.

Il y a en tête de cet ouvrage, dédié à Mademoiselle, plus bizarre que curieux, des vers adressés à l'auteur et signés Du Pelletier, H. de Picou, De la Chapelle, Castilia, G. et F. Colletet, H. Sauron, Furetière, F. Cassandre, Du Bail, Boyer, escuyer, F. de La Mothe le Vayer le fils, Jacob, Chappuy de la Goutte.

1435. Question célèbre s'il est nécessaire ou non que les filles soient sçauantes. Agitée de part et d'autre, par mademoiselle Anne-Marie de Schvrman, hollandoise, et le sieur André Rivet, poiteuin. Le tout mis en françois par le sieur Colletet. *Paris, Rolet*, 1646, pet. in-8, d.-rel. v. f. (*Rare.*)

270 — BELLES-LETTRES.

1436. Considérations sur les droits par lesquels la nature a reiglé (sic) les mariages, par Moyse Amyraut. *Saumur, Isaac Desbordes*, 1648, in-8, d.-rel., v. br.

« Ce livre contient des choses très-judicieuses sur la matière qu'il traite; les détails en sont intéressants. » (*Note manuscrite sur l'une des gardes du vol*).

1437. La politique des coquettes, histoire véritable dédiée à mademoiselle de Scudéry. *Paris, Jean Ribou*, 1660, pet. in-12, mar. vert, tr. d. (*Duru*.)

1438. Le mérite des dames, III° édition avec l'entrée de la reyne et de cent autres dames du temps, dans le ciel des belles héroïnes, et en suite est la nouvelle entrée de la reyne infante, avec cent autres dames dans ledit ciel des belles héroïnes, par le sieur de Saint-Gabriel. *Paris: Jacques le Gras*, 1660, in-8. dos de mar. r.

1439. Fleurs, fleurettes et passe-temps, ou les divers caractères de l'amour honneste, par Alcide de Saint-Maurice. *Paris, Jacques Cottin*, 1666, in-12. v. br. *armorié*.

1440. Le secret d'estre tovjours belle. *Paris, Claude Barbin*, 1666, pet. in-12. mar. r. fil. tr. d. (*Duru*).

Petit vol. fort rare attribué à Somaise.

1441. Les dames illustres ou par bonnes et fortes raisons, il se prouve que le sexe féminin surpasse en toute sorte de genres le sexe masculin, par Damoiselle I. Guillaume. *Paris, Thomas Iolly*, 1665, in-12. d.-rel. v. f. *non rogné*.

1442. La querelle du Just-au-corps et du manteau, poème badin, avec quelques lettres badines (en vers), sur le sujet de ce poëme. *Amsterdam*, 1672, in-8. de 47 pages, mar. rouge fil. tr. d. (*Duru*).

BELLES-LETTRES.

1443. Miroir de la vanité des femmes mondaines, par le P. Louis de Bouvignes. *Namur, Adrien La fabrique*, 1675, in-12. parch.

1444. Alphabet de l'imperfection et malice des femmes, par Jacques Olivier. Augmenté de plusieurs histoires. *Rouen, Jean Oursel*, 1638, pet. in-12. v. f. fil.

1445. La femme démasquée, ou l'amour peint selon l'usage nouveau. *La Haye, Jacob van Ellinckhuysen*, 1698, pet. in-12. v. br. fil.

1446. La noble naissance des femmes et les vertus héroïques, dédié à madame la marquise de V***, mis au jour par M. de la V*** où il fait voir que la femme est plus noble que l'homme (en vers). *Paris, Pierre l'Amouroux*, 1699, in-12. v. br. fil.

L'apologie des femmes, 1694, dans le même volume.

1447. Satyre contre les maris, par le sieur R** T. D. F. (Regnard, trésorier de France), suivant la copie de Paris, *Amsterdam, Adrian Braakman*, 1695, in-12. de 14 pages, dem-rel.

1448. Le triomphe des femmes, où il est montré par plusieurs et puissantes raisons, que le sexe féminin est plus noble et plus parfait que le masculin. *Anvers: Henry Sleghers (à la sphère)*, 1700, in-12. veau f. fil. tr. d.

1449. L'art de rendre les femmes fidelles, par M***. *Paris et Versailles*, 1713, in-12. mar. r. fil. tr. d. (Derome).

Exemplaire de Pixérécourt, qui comprend en outre *les Fanfaronades d'un Gascon*, pièce de quinze pages en vers burlesques.

1450. Nouveaux secrets expérimentez pour conserver la beauté des dames et pour guérir plusieurs sortes de maladies, tirez des mémoires de M. le chevalier Digby, avec un discours touchant la guérison des plaies par la poudre de sympathie. *La Haye et Bruxelles, Jean van Vlaenderen*, 1715, 2 t. en 1 vol. in-8. fig. v. gr. dos. (Édition la plus rare).

1451 Apologie des dames appuyée par l'histoire, par M. de** (madame Galien). *Paris, Didot*, 1737, gr. in-12. mar. rouge, fil. dent. tr. d. (anc. rel.)

« L'auteur est nommée Mme Molien de Château-Thierry dans l'exemplaire de la Bibliothèque du Roi. » (*Barbier*, t. I, p. 77.)

1452. Les princesses malabares ou le célibat philosophique, ouvrage intéressant et curieux, avec des notes historiques et critiques. *Andrinople, Thomas Francs*, 1734, in-12. mar. noir.

« Ce livre, en paraissant, a été brûlé à Paris par la main du bourreau. L'abbé Lenglet-Dufresnoy passe pour en être l'auteur. » (Note aut. de Pixérécourt au commencement de ce volume, provenant de sa bibliothèque.)

1453. Satyre sur les cerceaux, paniers, criardes et manteaux-volans des femmes, et sur leurs autres ajustements. *Paris : C. L. Thiboust*, 1727, in-12. de 44 pages, v. f. fil. (*Kœhler.*)

La préface de cet opuscule en vers est signée L. C. D************. Cet ouvrage est très curieux sous le rapport de l'histoire des modes.

1454. Le triomphe du célibat, ou réflexions curieuses sur les avantages de cet état, les motifs de s'y fixer et les moyens d'y vivre saintement au milieu même du monde ; composé par une demoiselle de condition, s. l., 1744, in-8. v. f. fil. tr. d. *non rogné*.

1454. Problème sur les formes (trad. du latin d'Acidalius, par Meusnier de Querlon). *Amsterdam*, 1744, pet. in-12. v. marb.

On sait qu'Acidalius était de ceux qui refusent d'admettre la femme dans l'humanité. C'est là le sujet de ce livre, plein de curieuses citations, parmi lesquelles on remarque une décision du concile de Mâcon, où cette singulière question fut sérieusement traitée. Il est vrai qu'elle y fut résolue contrairement à l'opinion de l'auteur ; mais celui-ci décline cette autorité, par la raison que le concile de Mâcon n'était pas un concile œcuménique.

1456. Le triomphe du sexe, ouvrage dans lequel on démontre que les femmes sont en tout égales aux

BELLES-LETTRES.

hommes... Par M. D. (Dinouart). *Amsterdam*, (*Arras*) *Ignace Racon*, 1749, in-12. v. mar. b.

<small>Exempl. avec envoi d'auteur, signé, à l'abbé Goujet. Ouvrage très-recommandable dans l'espèce, que l'abbé Dinouart, alors vicaire à Amiens, et depuis chanoine à Saint-Benoît de Paris, fut obligé de rétracter. Note aut. de l'abbé Goujet.</small>

1457. Le démon marié ou le malheur de ceux qui épousent des méchantes femmes, avec leur caractère vicieux, nouvelle tirée de Machiavel. *La Haye, Jean Neaulme*, 1748. Mitra ou la démone mariée, ou le malheur de ceux qui violent les préceptes de leurs parents, nouvelle hébraïque, morale, traduite par mademoiselle Patin. *La Haye ; Jean Neaulme*, 1748, 2 tomes en un vol. veau fauve, fil. tr. d. (*Thouvenin.*)

<small>Exempl. Pixérécourt. 12</small>

1458. Les filles femmes et les femmes filles, ou le monde changé, conte qui n'en est pas un, par M. Simien (de Boissy). Les quinze minutes ou le temps bien employé ; conte d'un quart d'heure. *Londres : W. Meyer*, 1751, in-12. de 88 pages, dos de v. fauve.

1459. Paradoxe sur les femmes, où l'on tâche de prouver qu'elles ne sont pas de l'espèce humaine. *Cracovie*, 1766, in-12. dem-rel. mar. rouge.

<small>Même ouvrage que le précédent.</small>

1460. Eloge de la méchante femme, dédié à mademoiselle Honesta. *Paris, Antoine de Heuqueville*, 1731, in-12. v. f. fil. tr. d.

1461. Physique de la beauté, ou pouvoir naturel de ses charmes (par Morelly). *Amsterdam et Bruxelles, George Fricx*, 1748, petit in-8. v. br. fil. rare.

1462 Le pouvoir de la beauté nouvelle, toute nouvelle, par Laffichard, *s. l.*, 1740, à la sphère, in-12. dos de v. f. (un peu taché).

1462 bis. Opuscule d'un célèbre auteur égyptien, contenant l'histoire d'Orphée, par laquelle on pourroit soupçonner qu'il est peu de femmes fidèles, par le chevalier de Mouhy. *Londres*, 1752, in-12. v. f. fil. tr. d.

1463. Testament d'une fille d'amour mourante. *Londres*, 1768, in-8. d.-rel. v. f.

<small>Cette pièce de 15 pages, en vers, n'est pas indiquée dans Barbier.</small>

1464. Complainte des filles auxquelles on vient d'interdire l'entrée des Thuilleries, à la brune, par J. B. Marchand, *s. l. n. d.*, 1768, pièce de 15 pages in-8, en vers, d.-rel. v. chocol.

1465. L'ami des femmes. *Paris : Quay des Augustins*, 1759, in-12. mar. citron, fil. tr. d.

1466. Apologie de la fine galanterie de mademoiselle Françoise de La Montagne, trad. de l'anglais par M. de M***, (par Lambert). *Todion, chez Barnabas Condomine*, 1756, in-8. dos de v. puce, *non rogné*.

<small>Exempl. de Pixérécourt. Une singularité de ce roman libre, c'est que les 96 premières pages ne portent pas de titre courant, et qu'à partir de la 97e, qui offre seulement la fin d'un titre : *de joie*, on lit en tête des dernières pages : *La fille de joie*. La première édition, qui est de 1734, est intitulée ainsi, avec ce complément : *Ouvrage quintessencié de l'anglais*.</small>

1467. La femme philosophe à la grecque, ou critique sur le libertinage des moines mendiants, prieurs, abbés, chanoines, fainéans, bien plus nuisibles à la société et à l'Etat, qu'utiles à la religion. *Rome*, 1776, in-8. d. rel. v. f.

1468. Essai satirique et amusant sur les vieilles filles, traduit de l'anglais, par Sébille. *Paris : Le Tellier*, 1788, 2 tomes en 1 vol. in-12, veau fauve, fil. non rogné, doré en tête (*Duru*).

BELLES-LETTRES.   275

1469. Recherches sur les prérogatives des dames chez   2
les Gaulois, sur les cours d'amour, etc., par M. le
président Rolland. *Paris, Nyon l'aîné,* 1787, in-12,
demi-rel.

1470. L'ami des femmes, ou morale du sexe, par   1   7/
M. Boudier de Villemert, *Paris, Royez,* 1788, in-8,
dos et coins de veau fauve.

1471. Conseils d'une mère à ses filles, 1789, par   1   10
W. M***, épouse de J. R. (c'est-à-dire par Rœderer),
Paris, Rœderer et Corancez, an quatrième, in-12,
papier vélin, veau racine, dent. non rogné.

Rare, cet ouvrage n'ayant été tiré qu'à 50 exempl. donnés à des amis.
Il y a de plus une particularité qu'il est bon de signaler : c'est une
préface de deux pages, signée Rœderer, qui manque à presque tous les
exemplaires.

1472. Avis d'une mère à son fils et à sa fille (par   1   10
Mme la marquise de Lambert). *Paris, Etienne Ga-*
neau, 1734, in-12, veau fauve, large dent. tr. d.

1473. Legs d'un père à ses filles, par feu M. Gre-   3   2/
gory, traduit de l'anglais par André Morellet, *Paris,*
F. Louis, an VIII, in-12, mar. rouge, dent. tr. d.

1474. Le mérite des femmes, poëme, par Gabriel Le-   14   /0
gouvé, *Paris, Ant. Aug. Renouard,* 1818, in-18,
fig. mar. vert, fil. tr. d. (*Duru*).

Exempl. de Pixérécourt. — Chef-d'œuvre de typographie.
76/.a

1475. Le mérite des femmes, poëme, par G. Legouvé.   18   /0
Paris, Didot l'aîné, an IX, in-12, mar. bl. fil. tr. d.
(*Duru*).

1476. Pervigilium veneris. Veillée des fêtes de Vé-   3
nus, avec des remarques critiques sur la même
pièce. *Suivant la copie imprimée à Paris,* 1667,
(vers 1715), pet. in-12, v. f. fil. tr. d.

1477. Traduction d'une ancienne hymne sur les fêtes de Vénus, avec des remarques critiques sur la même pièce, par N. E. Sanadon. *Paris*, 1728, in-12, mar. r. fil. tr. d. port. de Sanadon.

1478. Les amours de Mars et de Vénus, poëme. *A Cocuxopolis*, 1796, in-16, f. v. fil.

1479. Œuvres badines de Robbé de Beauveset. *Londres, sans nom*, 1801, 2 vol. in-18, fig. d.-rel.

1480. La comiphonie, où les femmes dans le délire, par F. L. Misethos. *Paris, Gille*, an XI-1803, enrichi d'une gravure en taille-douce. — Instruction pastorale de Mgr. l'évêque de Montréal aux curés de son diocèse, sur la coiffure des femmes; traduite en français avec le texte latin. *Paris, Poulet*, 1817. — Eloge des perruques, enrichi de notes plus amples que le texte; par le docteur Akerlio. *Paris, Crapelet*, s. d. — Alliance d'Hygie et de la Beauté, ou l'art d'embellir, d'après les principes de la physiologie, par J.-B. Mège. *Paris, Eberhart*, 1818, ensemble 4 livres en 1 vol. in-12, d.-rel. mar. r.

1481. Entretiens d'une dame avec son directeur, sur les modes, et en particulier sur les paniers, *s. l. n. d.*, in-12, v. fil.

14. PHILOLOGIE ET CRITIQUE, ANA.

1482. Les nuits attiques d'Aulu-Gelle, traduites en français avec le texte en regard, et accompagnées de remarques, par Victor Verger. *Paris, F. J. Fournier*, 1820, 3 vol. in-8, dos de mar. rouge.

1483. Lucien en belle humeur, ou nouvelles conversations des morts (par J. Bruslé de Montpleinchamp). *Amsterdam, Antoine Michiels*, 1701, 2 v. pet. in-12, v. gr. fil.

1484. Leonardus Aretinus de studiis et literis, ex Gabrielis Naudaei... recensione. *Parisiis, Gulielmi Pelé*, 1642, in-8 de 5 ff. et 34 pages, cart.

1485. Notice sur deux anciens romans intitulés les Chroniques de Gargantua, où l'on examine les rapports qui existent entre ces deux ouvrages et le Gargantua de Rabelais, et si la première de ces chroniques n'est pas aussi de l'auteur du Pantagruel; par l'auteur des nouvelles recherches bibliographiques (Gustave Brunet). *Paris, Silvestre*, décembre 1834, in-8 sur papier de Chine, mar. rouge, tr. d. (*Duru*).

<small>Opuscule tiré à 60 exempl., dont trois sur ce papier.</small>

1486. Jugement de tout ce qui a esté imprimé contre le cardinal Mazarin, depuis le 6 janvier jusqu'à la déclaration du 1er avril 1649 (par Gabriel Naudé. *Paris*), s. d., in-4 de 718 pages (*Padeloup*).

<small>Cet ouvrage savant et curieux est connu sous le nom de Mascarat, l'un des interlocuteurs que Naudé introduit dans ses dialogues.</small>

1487. Le triomphe de la charlatanerie, dédié au grand T*** (par Coquelet). *Paris, Antoine de Heuqueville*, 1730, in-8 de 45 pages, d.-rel. mar. vert.

1488. La maniere de bien penser dans les ouvrages d'esprit; dialogues. *Suivant la copie; à Amsterdam, Abraham Wolfgang*, 1688, in-12, mar. vert, fil. tr. d. (*Derome*).

1489. Le voyage de l'isle d'amour, Alcidas. *Paris, Louys Billaine*, 1663, in-12, mar. rouge, fil. tr. d. (*Duru*).

<small>Ce charmant petit ouvrage, attribué à Tallemant, de l'Académie française, est fort rare avec les deux parties.</small>

1490. Recueil de quelques pièces nouvelles et galantes, tant en prose qu'en vers. *Utrecht, Antoine Schouten*, 1699, pet. in-12, v. f. fil.

278 BELLES-LETTRES.

1491. Suite des bagatelles, anonymes, recueillis par un amateur (Claude Joseph Dorat). *Genève*, 1767, 35 pages in-4, d.-rel. mar. rouge.

1492. Voyage de messieurs de Bachaumont et La Chapelle (extrait du recueil de quelques pièces nouvelles et galantes, en prose et en vers, de la page 33 à 75). *Cologne, Pierre du Marteau* (à la sphère), 1663, pet. in-12, mar. bleu, dent. tr. d.

1493. Sentimens de Cléante sur les entretiens d'Ariste et d'Eugène (par Jean Barbier d'Aucour). *Paris, Pierre le Monnier*, 1671, 2 tomes en 1 vol. in-12, veau fauve, fil. tr. d. (*Duru*).

1494. Le Louis d'or, à Mademoiselle Scudéry (en prose et vers, par Isarn de Castres). *Paris, Augustin Courbé*, 1661, in-12 de 46 pages et un ff., d.-rel.

Il ne faut pas confondre ce petit ouvrage peu commun avec le Louis d'or politique que l'on attribue souvent à tort au même auteur.

1495. Les dragées de la Samaritaine, à l'auteur de l'almanach publié sous son nom pour 1788. *Paris, Desray, au château de la Samaritaine*, s. d. (1788), in-18, veau fauve, fil. tr. d. (*Muller*).

1496. Leçons sur la poésie sacrée des Hébreux, par M. Lowth, traduites pour la première fois du latin en françois (par Sicard). *Lyon, Ballanche*, 1812, 2 vol. in-8, dos et coins de mar. bleu, non rogné (*Lefebvre*).

Exempl. de Pixérécourt. *f 24 - 13 f*

1497. Bagatelles morales, seconde édition. *Londres et Paris, Duchesne*, 1755, in-12, veau fauve, fil. tr. d. (*Duru*).

1498. Le livre à la mode, nouvelle édition, marque-

BELLES-LETTRES. 279

lée, polie et vernissée, en Europe chez les libraires
1,000,700,60 (1760). in-12. veau fauve fil. *non
rogné*, doré en tête. (*Duru*).

<small>Edition imprimée en lettres rouges, et différente de celle que nous avons indiquée plus haut.</small>

1499. Mémoire pour servir à l'histoire des couplets
de 1710, attribués faussement à M. Rousseau.
Bruxelles : Foppens, Eugène Henry Fricx, 1752,
in-12. *avec les couplets gravés*, veau fauve, fil.
tr. d. (*Duru*).

1500. Thuana, sive excerpta ex ore Jac. Aug. Thuani,
per F. F. P. P. s. n. de v. ni d'imp. (*à la sphère*),
1669, petit in-8. veau fauve, fil. tr. d. (*Duru*).

1501. Prima scaligerana, nusquam antehac edita, cum
præfatione T. Fabri. *Ultrajecti, apud Petrum Elzevirium*, 1670, pet. in-12. *veau fauve fil. tr. d.*

1502. Polissonniana, ou recueil de turlupinades, quolibets, rébus, jeux de mots, allusions, allégories,
pointes, expressions extraordinaires, hyperboles,
gasconades, espèces de bons mots, et autres plaisanteries ; avec l'équivoque de l'homme inconnu
et la liste des plus rares curiosités (par l'abbé
Claude Cherrier). *Amsterdam, Henry Desbordes*,
1722, in-12, v. vert, fil. dent. gauf.

1503. Perroniana, sive excerpta ex ore cardinalis Perronii, per F. F. P. P. *Genevae, apud Petrum Columesium*, 1669, in-8, v. f., fil. tr. d. (*Duru*).

<small>Exempl. qui a dû appartenir au duc de Valentinois, qui y a mis sa signature, et des notes fort curieuses sur les pages 12, 31, 47, 54, 126, 127, 154, 173, 204 et 316.</small>

15. HIÉROGLIPHES, PROVERBES OU EMBLÈMES.

1504. L'art de faire les devises, où il est traicté des
hyéroglyphiques, symboles, emblèmes, ænygmes,
sentences, paraboles, revers de médailles, armes,

blasons, cimiers, chiffres et rebus, avec un traicté des rencontres ou mots plaisans; par Henry Estienne, escuyer, sieur des Fossez, interprete du roy es langues grecque et latine. *Paris, Jean Paslé*, 1645, in-8, premier titre gravé, veau fauve, fil. (*Kœhler*).

1505. Hypnerotomachie, ou discours du songe de Poliphile, deduisant comme amour le combat à l'occasion de Polia, sous la fiction de quoy l'auteur monstrant que toutes choses terrestres ne sont que vanité, traite de plusieurs matieres profitables et dignes de mémoire; nouuellement traduit de langage italien en françois (par J. Martin, ou plutôt par un chevalier de Malte que J. Martin, éditeur, n'a point nommé). *Paris, pour Iacques Keruer*, 1546, pet. in-fol. fig. *réglé*, v. br. fil. *anc. rel.*

Ouvrage fort recherché pour ses jolies gravures sur bois, dont on attribue le dessin, soit à J. Goujon, soit à J. Cousin. 6 ff. au commencement, dans lesquels on compte le frontispice; 157 ff. chiffrés, et un f. à la fin dont le recto est en blanc et qui porte une gravure au verso.

1506. Dictionnaire des proverbes français; par M. de La Mésangère, troisième édition. *Paris, Crapelet*, 1823, in-8, d. rel., v. vert.

1507. Les prouerbes communs (par Jean Gilles). — *Cy finissent les prouerbes communs qui sont en nombre enuiron sept cens quatre-vingtz*, s. l. n. d., pet. in-4 goth. de 12 ff. mar. bleu, fil. tr. dor. *Janséniste* (*Capé*).

Recueil alphabétique formé par J. de la Véprie, sieur de Clairvaux. Cette édition paraît avoir été imprimée dans le commencement du 16e siècle.

1508. Les prouerbes communs. — *Explicit les prouerbes comuns qui sont en nombre de mil cent et quinze; imprime nouuellement à Paris*, s. d. in-16 goth. de 24 ff. non chiff. d. rel.

Réimpression fac-simile publiée chez Silvestre, *imprimée chez Crapelet le 23 août* 1839.

1509. Hecatongraphie, c'est-à-dire les déclarations de plusieurs apophtegmes, prouerbes, sentences et dictz, tant des anciens que des modernes (par Gilles Corrozet), s. l. (*Paris, Denis Janot*), *avec privilège*, s. d. (1540), in-8 de 52 ff. non chiffrés, v. f. fil. tr. d. (*Kœhler*).

Joli exempl. NODIER. Première édition d'un livre rare et curieux.

1510. Les mots et sentences dorees du maistre de saigesse, dicton en françoys et latin, auecqe bōs enseignemens, prouerbes, usages, auctoritez et ditz moraulx des saiges prouffitables a ung chascun; ensemble plusieurs questions enigmatiques. *On les vend a Paris, cheulx Pierre Grosnet*, s. d., pet. in-12, v. bleu, fil. tr. d.

Exempl. rare de cet ouvrage en caractères gothiques, non chiffré. Le titre est reproduit à s'y méprendre.

1511. Recueil d'apophtegmes, ou bons mots anciens et modernes, mis en vers françois; dédié à Mgr. le duc de Bourgogne. *Toulouse, J. Boude*, 1695, in-12, v. f. fil. tr. d.

1512. Proverbes et dicts sentencieux, avec l'interpretation d'iceux, par Charles de Bouvelles, chanoine de Noyon. *Paris, Sebastien Nyvelle*, 1557. — L'anthologie, ou recueil de plusieurs discours notables tirez de divers bons autheurs grecs et latins, par Pierre Breslay, Angevin. *Paris, J. Poupy*, 1574, deux ouv. en un vol. pet. in-8, mar. r., fil. tr. d. (*rel. anc.*).

Exempl. NODIER. Le *Recueil de Proverbes* qui fait l'objet de cet article est un petit livre fort rare et très recherché des curieux. Voyez la note détaillée page 430 de son catalogue (*Description raisonnée*).

1513. Contes populaires, traditions, proverbes et dictons de l'arrondissement de Bayeux; suivis d'un vocabulaire des mots rustiques et des noms de lieu les plus remarquables de ce pays; recueillis et publiés par F. P. (F. Pluquet). *Caen, Chalopin fils*, 1825, 98 pages in-8, d. rel., v. brun.

Ce recueil n'a été tiré qu'à 40 exempl.

1514. Diverse imprese accommodate a diverse materie con versi che i loro significati dichiarano insieme con molte altre nella lingua italiana non più tradotte, tratte da gli emblemi dell' Alciato. *In Lione, dal Gulielmo Rovillio*, 1551, in-8 de 191 feuillets, rel. veau fil. dent. et fers à froid.

<small>Les figures et entourages gravés sur bois, dont chaque page de ce livre est ornée, sont attribués à Bernard Salomon, dit le petit Bernard.
M. Brunet cite de cette traduction italienne des Emblêmes d'Alciat une édition de 1548.</small>

1515. Imprese nobili ed ingeniose di diversi principi, et d'altri personaggi illustri nell'arme et nelle lettere; le quali, col designo loro estrinseco, dimonstrano l'animo, e la buena o mala fortuna de gli autori loro, con le dichiarationi in versi de M. Lodovico Dolce et d'altri. *In Venetia, presso Francesco Zilletti*, 1583, pet. in-fol. vélin.

<small>Recueil de devises composé de 72 feuillets occupés au recto par 72 gravures sur cuivre. La première, qui comprend le titre, est doublée. La partie inférieure des autres, la dernière exceptée, est composée d'une deuxième pièce en forme de tableau, dans laquelle s'encadrent quatorze ou seize vers italiens.</small>

1516. Emblesmes svs (*sic*.) les actions, perfections et mœurs dv segnor espagnol; traduit de castillien. *Mildelbourg, Simon Molard*, 1608, pièce de 30 pp. in-8, d. rel. mar. r.

<small>Opuscule fort rare en vers satyriques, orné de 15 gravures en taille-douce appropriées aux divers chapitres en tête desquels elles sont placées. Celle du titre, plus grande que les autres, occupe toute la largeur de la page. — J'ai vu une petite édition in-16 de ce même ouvrage, mais avec un autre titre; il avait une figure de plus.</small>

1517. Emblesmes d'Alciat, de nouueau translatez en françois vers pour vers jouxte les latins (par Barth. Aneau). *Lyon, Guill. Rouille*, 1549, grand in-8 de 267 pages et 5 pages pour la table, fig. en bois et texte encadré, veau brun, plats en mosaïque peinte et dorée, tr. d. et gauffrée (*très-anc. rel.*).

<small>Cette traduction et cette édition sont rares, et plus recherchés que les autres. Les figures qui se trouvent à chaque feuillet sont les mêmes que</small>

dans l'édition latine de 1548. Il serait difficile d'en trouver un exemplaire mieux conservé, malgré quelques taches d'encre. La reliure à la Grolier, à compartiment, a eu le dos habillement restauré.

1518. Delie. Obiect de plus hautte vertu (par Maurice Sève, ou Scève). *Paris Nicolas du Chemin, 1564*, in-16, mar. rouge, fil. tr. d. (*Derome*).

Ce charmant petit livre, imprimé en caractères italiques, est orné d'un portrait du poète et de 50 figures ou emblèmes moraux interprétés en 449 dixains. Il contient 126 ff. chiffrés, plus 13 ff. non chiffrés pour l'ordre des figures, la table des dixains, et la pièce intitulée : *A sa Delie*, qui occupe la dernière page. Nous ne savons d'où vient l'erreur, mais le *Manuel*, qui ne donne le nombre de figures de ce livre qu'en parlant de l'édition de 1544, en porte le nombre à 458. Y en avait-il 9 de plus dans cette édition que dans la nôtre? Quoi qu'il en soit, cette édition de 1564 s'est quelquefois vendue plus cher que la première. (*Voyez* Brunet, t. IV, 1ᵉ part., p. 248.)

1519. Les considérations des quatre mondes, à savoir est : divin, angélique, céleste et sensible. Comprimes en quatre centuries de quatrains, contenans la cresme de divine et humaine philosophie, par Guillaume de la Pierriere, Tolosan. *Lyon, Macé Bonhomme, 1552*, in-8, v. f. fil.

Ce volume contient 99 ff. non chiffrés, signés A, n° 3. Toutes les pages, à l'exception des trois premières, sont encadrées de gravures sur bois dont le dessin est très varié. Quelques-uns de ces cadres portent la date de 1551, d'autres les monogr. I M et I P. Un petit raccommodage au titre et une piqûre de vers à la fin.

1520. Emblêmes d'amour en quatre langues. *Londres, chez l'Amoureux*, s. d., pet. in-8, mar. r. fil. dent. tr. d. doubl. de moins.

Cet intéressant ouvrage contient 44 figures gravées, en regard de chacune desquelles se trouve une stance en latin, en italien, en français et en hollandais.

1521. Emblêmes royales à Louis-le-Grand, par le sieur Martinet. *Paris, Claude Barbin, 1673*, in-12, mar. cit. fil. tr. dorée, orné de 64 vignettes.

Exemplaire avec le chiffre A A sur les plats.

1522. Die beschrybung Jobs defz frumen gottz forchtigen und gedultigen manns Gottes in Rymen Wyfz Geslest mit vil Schönen figuren nüwlich darzü ge-

284 BELLES-LETTRES.

macht, zü Zurich durch ein Lobliche Burgershafft gespilt worden.

16. DIALOGUES, ENTRETIENS.

1523. Dialogue des devises d'armes et d'amours du S. Paulo Iovio, avec un discours de M. Loys Dominique sur le mesme subiect, traduit d'italien par le S. Vasquin Philieul, auquel avons adjousté les devises héroïques et morales du seigneur Gabriel Symeon. *Lyon : Guillaume Rouille*, 1561, in-4. fig. en bois, v. f. fil. (*Kœhler*).

L'ouvrage de Syméon, quoique sous la même pagination, a un titre particulier. La première partie contient 100 emblêmes et un portrait, et la seconde 36.

1524. Dix plaisans dialogues du sieur Nicolo Franco, trad. de l'italien en françois. *Lyon, Iean David*, 1579, in-16. v. br. fil.

Petit livre rare et recherché.

1525. Les dialogues de feu Jacques Tahureau, gentilhomme du Mans, non moins profitables que facétieux ou les vices d'un chacun sont repris fort asprement, pour nous animer d'avantage à les fuir et suyvre la vertu. *Anvers : Pierre Vibert*, in-16. v. f. (*anc. rel*).

L'épître de ce livre est signée De La Porte, et à la fin il y a un sonnet signé Jacques Moysson. On a joint à cet exemplaire une petite eau-forte allemande. Ce volume a fait partie de la bibliothèque de Rosny.

1526. Questions diverses et responses d'icelles, divisées en trois livres, à scavoir : Questions d'amour, questions naturelles, questions morales et polytiques, traduites de toscan en françoys. *Paris, Robert le Mangnier*, 1572, pet. in-12. de 489 pp. cart.

1527. Dialogues des morts, par mylord Lyttelton, trad. de l'anglois en françois (par Joncourt). *Amster-*

dam, *Mazères*, 1767, in-8. pap. de Holl. mar. r. large dent. tr. d. (*anc. rel. anglaise*).

Très-riche exemplaire de Pixérécourt, et provenant de la vente Mac-Harty.

1528. Les colloques d'Erasme, trad. par Gueudeville. *Leide, Pierre Vander et Baudouin Jamsson Vander*, 1720, 6 t. en 2 vol. in-8. peau vél. fig. à mi-pages.

1529. Entretiens sur divers sujets d'histoire de littérature, de religion et de critique. *Cologne, Pierre Marteau*, 1733, in-12. veau fauve, fil. non rogné, doré en tête. (*Duru*).

1530. Les récréations galantes, contenant diverses questions plaisantes avec leurs reponses; le passetemps de plusieurs petits jeux, quelques énigmes en prose, le blason des couleurs sur les livrées et faveurs, l'explication des songes et un traité de la phisionomie. *Paris, Estienne Loyson*, 1671, in-12. vélin.

1531. Les entretiens d'Ariste et d'Eugène, dernière édition. *Amst. : Jacques le Jeune (Elzevier, à la sphère)*. 1671, in-12. parchemin.

1532. Matinées royales, ou entretiens sur l'art de régner (par le comte de Schwerin), s. l., 1766, petit in-8. de 60 pages, dos de mar.

Ce libelle aussi rare que curieux fut promptement supprimé, et Frédéric II fit depuis arrêter l'auteur.

17. ÉPISTOLAIRES.

1533. Les epistres de Phalaris, tiran des Agrigentins en Sicile, mis en vulgaire françoys par Claude Gruget, parisien. *Paris, pour Vincent Sertenas*, 1550, in-8. mar. vert, fil. tr. d.

Édition fort remarquable par sa typographie.

1534. Lettres d'Héloïse et d'Abeilard. *Paris, Didot le jeune*, an IV-1776, 3 vol. gr. in-4. mar. citron, double fil., ornements, non rogné, doré en tête.

<small>Très-bel exempl. de cette édition ornée de 8 fig. gravées par les meilleurs artistes de Paris, d'après les dessins et sous la direction de *Moreau le jeune*.</small>

1535. Lettres originales de madame la comtesse Dubarry, avec celles des princes, seigneurs, ministres et autres, etc. *Londres*, 1779; in-12. v. écaille.

1536. Les souvenirs de madame de Caylus. *Paris, Aug. Renouard*, an XIII-1804, in-8. mar. jaune, fil. tr. d. orné de 11 portraits grav. sur acier.

<small>Exempl. de Pixérécourt.</small>

1537. Mémoires d'une reine infortunée (Caroline Matilda, reine de Danemarck), entremêlés de lettres écrites par elle-même à plusieurs de ses parents et amies illustres, etc. *Rotterdam, Bronckorst*, 1776, in-8. broch., port.

<small>Exempl. de Pixérécourt.</small>

1538. Lettres de Florian à M. de Boissy-d'Anglas (précédées d'une notice sur sa vie). *Paris, Ant. Aug. Renouard*, 1820, in-18. veau fauve; fil. non rogné. (Duru).

<small>Tiré à très-petit nombre.</small>

1539. Lettres de Marie Rabutin-Chantal, marquise de Sévigné, à madame la marquise de Grignan sa fille, s. l., 1726, 2 vol. in-12. mar. r. double fil. tr. d.

<small>Bel exemplaire de la première édition.</small>

1540. Lettres de mademoiselle Aïssé à Madame....., qui contiennent plusieurs anecdotes de l'histoire du temps, depuis l'année 1726 jusqu'en 1733, précédées d'un narré très-court de l'histoire de mademoiselle Aïssé, pour servir à l'intelligence de ses lettres, avec des notes dont quelques-unes sont de

M. de Voltaire. *Paris, La Grange,* 1787, in-12. mar. citron, fil. tr. d. (*Duru*).

1541. Lettres sur les ouvrages et le caractère de J.-J. Rousseau, par madame de Staël. *Paris, Pougens,* an VI-1798, in-8. mar. citron, ornements tr. d.

Exempl. de Pixérécourt, auquel on joint une lettre de Mme la comtesse de Vassy à Mme de Staël, et sa réponse, en 5 ff. in-12.

18. LITTÉRATURE ÉTRANGÈRE.

1. — ITALIENS : POÈTES, CONTEURS ET FACÉTIES.

1542. La divina commedia di Dante Allighieri. *Parma, nel regal palazzo co'tipi Bodoniani,* 1796, 3 vol. in-4. mar. rouge, fil. tr. dor.

Belle et excellente édition de Bodoni.

1543. L'aruina d'Troia, over al brusament d'Burtlin Manzavalgh filatvier dou in uttava rima al cónta la sò dsgratia e l'miseri di Truian, cun la prese d'Belgrad e altr cos d'guerr tra i Chstian e i Turch; dedicà all'Illustrissm e eccellentissm sgnor al sgnor Camill Ignaci Burell nobl d'la città d'Imola e dignissim uditor in t'la citta d'Bulogna, *Ferrare,* s. d., in-12. cart.

Poème en dialecte bolonais, dont l'épitre dédicatoire est datée de février 1689, et signée Gemignano Megnani.

1544. La Galatea, poema lirico con l'allegorie dell'academico Veneto sconosciuto. Con licentia de'superiori et privilegi, s. d., in-8. titre gravé, 16 fig. gravées dans le texte. mar. fil. tr. d. (anc. rel).

Exemplaire de Mme de Pompadour.

1545. Le Galathée premierement composé en italien par J. de la Case, et depuis mis en françois, latin et espagnol par diuers auteurs. *Lyon, Jean de Tournes,* 1598, in-16. vélin.

Traité très-utile et très-nécessaire pour bien dresser une jeunesse en toutes manjères et façons de faire louables, bien reçeues et approuvées par toutes gens d'honneur et de vertu ; et propre pour ceux qui non-seulement prennent plaisir en la langue latine, mais aussi aux trois vulgaires qui en sont dérivés. »

1,546. Le cento novelle antiche, secondo l'edizione del MDXXV, corette ed illustrate con note. *Milano, per cura di Paolo Antonio Tosi*, 1825, in-8. très-grand papier, mar. bleu, fil. non rogné, doré en tête. (*Kœhler*).

Bel exemplaire de cette réimpression, dont il n'a été tiré que quelques exemplaires sur grand papier.

« Cette édition des *Cent nouvelles* antiques est due aux soins de l'abbé Michel Colombo, que son érudition, sa parfaite intelligence de l'ancienne langue de l'Italie, et son esprit délicat rendent éminemment propre à ce genre de travail. » Exempl. Ch. Nodier. (Voyez *Description raisonnée*, p. 341).

1547. Le Décaméron de Jean Boccace (traduit en prose par Antoine Le Maçon). *Londres* (*Paris*). 1757, 5 vol. in-8. fig. (109), titres gravés et portrait en taille-douce, d'après Gravelot, v. m. allemand, fil tr. d.

A ce bel exemplaire on a joint une seconde suite de 20 figures avec un frontispice portant : Estampes galantes des contes de Boccace. Ce frontispice est très rare.

1548. BOCCACE ; Centum Novellæ Johannis Boccatii, *Augspurg*, 1535, pet. in-fol. v. fauve a comp, (*Simier*), dans un étui.

Cette édition des Cent nouvelles de Boccace en allemand est extrêmement remarquable par ses nombreuses fig. en bois, et portant la plupart le monogramme AT. — La reliure élégante de ce volume, genre de la renaissance, a été à l'exposition de l'industrie en 1844.

1549. La seconda cena di Antonfrancesco Grazzini detto il Lasca, ove se raccontano dieci bellissime e piacevolissime novelle non mai piu stampate all illus triss. sig. Giovanni Bouverye cavaliere Inglese. *In Stambul, Dell'egira 122. Appresso Ibrahim Achmet Stampatore del Divano*, in-8. mar. bleu, fil. doré en tête *non rogné*. (*Kœhler*).

Exempl. de Ch. NODIER. Sur la garde du volume, une note autogr. de Ch. Nodier indique que cette édition originale est rare.

1550. Disputation de l'asne contre frere Anselme Turmeda, sur la nature et noblesse des animaulx, faicte et ordonnée par ledict frere Anselme en la cité de Tunicz, l'an 1417; en laquelle le dict frere Anselme preuve comme les enfans de nostre pere Adam sont de plus grande noblesse et dignité que ne sont tous les aultres animaulx du monde, et par plusieurs et vives preuves et raisons. Traduicte de vulgaire hespaignol en langue françoise. *Lyon, Jaume Jaqui*, s. d. (1544), petit in-8, v. fauve, fil. (*Padeloup*).

Joli exemp. de Ch. NODIER d'un petit livre curieux.

1551. Carcel de Amor. La prison d'amour, en deux langages, espaignol et françois, pour ceux qui voudront apprendre l'un par l'autre. *Lyon, pour Benoist Rigaud*, 1583, in-32, v. f. fil. (*Kœhler*).

Joli petit volume dont on a composé le texte espagnol en caractères romains, et la version latine en caractères italiques.

1552. Les heures de récréation et après-disnées de Louys Guicciardin, citoyen et gentil-homme Florentin, traduit d'italien en françois, par François de Belle-Forest, Comingeois. *Anvers : Guislain Janssens*, 1594, in-12, mar. r. fil. tr. d. (*Derome*).

Exemp. de Ch. NODIER.

1553. La Sage-Folie, fantaisie d'allegresse, mere des plaisirs, reyne des belles humeurs, pour la deffense des personnes iouiales; à la confusion des archisages et protomaistres : œuvre morale, très curieuse, et utile à toutes sortes de personnes, traduitte en françois de l'italien, d'Anthoine-Marie Spelte, historiographe du roy d'Espagne, par L. Garon. Premiere partie. *Rouen, Jacques Cailloué*, 1635. — La Délectable folie, support des capricieux, soulas des fantasques, nourriture des bigearres : traduite *idem idem*, seconde partie. *Rouen, Jacques Cailloué*,

19

1635, 2 tomes en un vol. petit in-12 mar. vert, fil. tr. d. (*Derome*)

Exempl. de Nodier. 38 — 97

1554. Tractato del Prete cole Monache. *Parigi, nella tipographia Crapelet*, 1840, in-8, d.-rel. mar. vert.

N° 45 d'une réimpression de cette pièce curieuse en 6 ff. non chiffrés, tirée seulement à 50 exempl.

b. — POÈTES ESPAGNOLS, CATALANS ET PORTUGAIS.

1555. Histoire de la littérature espagnole, traduite de l'allemand de M. Bouterweck, par le traducteur des lettres de Jean Muller (madame de Streck, publiée avec une préface par M. Stapfer). *Paris, Renard*, 1812, 2 vol. in-8, v. fauve, dent. tr. d. (*Bozerian*).

1556. Primera parte de las flores de poëtas ilustres de España, dividida en dos libros. Ordenada por Pedro Espinosa. Dirigida al senor duque de Bejar, van escritas dez y seis odas de Horacio, traduzidas por diferentes y graves autores, admirablemente. *Valladolid, por Kuys Sachez*, 1605, in-4, d.-rel. v. olive.

La division indiquée au titre n'a pas été observée dans cet ouvrage, qui se complète en un seul livre à la fin duquel on lit ces mots : *Fin del libro de los poetas illustres de España.*

1557. Recopilacion de romances viejos, sacados de las coronicas espanolas, romanas y troyanas. Agora nuovamente por Lorenço de Sepulueda. *Alcala, Francisco de Cormellas y Pedro de Robles*, 1563, pet. in-12, allongé, v. fauve fil. tr. d.

Charmant exempl. de cette édition des plus rares.

1558. Monina e Moça ou saudades de Bernardin Ribeyro. *Lisboa, Domingos Gonsalves*, 1785, pet. in-8, v. marb.

1559. Romances varios. *Cordoue*, s. d., 3. vol. in-4. d.-rel. mar. br. *non rogné*.

<small>On a réuni sous ce titre 304 pièces en vers, fermant, en trois volumes, un recueil aussi complet que possible des romances, chansons, complaintes, anecdotes, historiettes et facéties espagnoles</small>

1560. Recueil de diverses histoires, romances etc., en langue espagnole, in-4. dem.-rel. v. br.

<small>Les pièces de ce recueil, au nombre de 40, imprimées en divers lieux, de 1818 à 1849, sont en grande partie en vers. Elles ont été réunies, comme celles du n° suivant, sous le titre de saynètes, qui ne leur convient pas davantage.</small>

1561. Romances castellanos serios y jocosos. *Barcelona, Ignacio Estiville et autres*, 1832, 2 vol. in-8. dem.-rel. cuir de Russie.

<small>C'est un recueil factice de pièces variées (romances, complaintes et historiettes en vers), imprimées pour la plupart à Barcelonne, sur une justification dont l'uniformité a permis de les réunir en deux beaux volumes. Presque toutes ces pièces sont ornées de figures en bois.</small>

1562. Romances castellanos misticos. *Valence, Barcelone*, etc., in-8. dem.-rel. cuir de Russie.

<small>Recueil factice de diverses pièces religieuses en prose et en vers, avec fig. en bois.</small>

1563. Obras de don Juan de Tarses, conde de Villamediana y correo major de su Magestad. *Çaragoça, Juan de Lanajay*, 1629, in-4. parch.

1564. Ierusalen conquistada, epopeya tragica de Lope Felis de Vega a la magestad de Felipe. *Madrid: Iuan de la Guesta*, 1609, in-4. vélin.

1565. Los eruditos a la violeta, ó curso completo de todas las ciencias, divido en siete lecciones para los siete dias de la semana, con el supplemento de este. Compuesto por don Joseph Vazquez. *Madrid, por don Isidoro de Hernandez Pacheco*, 1781, in-4. v. marb.

1566. Romances nuevamente sacados de historias antiguas de la cronica de Espana compuestos por

Lorenço de Sepulueda. *Anvers, Pedro Bellero,* 1580, in-12, mar. br. fil. tr. d.

1567. Selva militar y politica consagrola A. L. S. R. M. de don Fernando IIII, rey de Bohemia y Ungria, archiduq. de Austria, el Conde de Rebolledo. *Colonia Agripina, A. Kinchio,* 1652, pet. in-16, v. f. fil. tr. d.

1568. Canciones misticas. (Recueil factice de 25 cantiques et complaintes en espagnol, formant 44 ff.) *Valence et Barcelonne,* 1822-27, in-4, dos de cuir de Russie, non rogné.

1569. Obras en prossa y verso, de Savador Jacinto Polo de Medina, natural de la ciudad de Murcia, recogidas por un aficionado suyo. *Madrid, Angel Pasqual,* 1715, in-4, mar. r. fil. tr. d. *(armorié).*

1570. Obras de Anastasio Pantaleon de Ribera. *En Madrid, por Andres Garcia de la Iglesia,* 1670, in-8, v. f. fil. tr. d. (*Duru*).

Les derniers feuillets sont un peu salis, et il y a quelques raccommodages.

1571. Il conquisto di Granata, poema heroico del signor Girolamo Gratiani. *Modena, Bartolomeo Soliani,* 1650, in-4, vél.

1572. Las obras de Christoval de Castillejo. *Madrid, Andres Sanchez,* 1600, pet. in-8, v. marb. fil.

Exemplaire bien conservé.

1573. La Moschea poetica inventiva en octava rima. Compuesto por Joseph de Villaviciosa. *Cuença, Domingo de la Iglesia,* 1615, pet. in-8, mar. r. fil. tr. d. (*Kœhler*).

1574. El pet exaltat y tornat a son primer ser. Oració que en la cathedra de la pestilencia digué ó canta un contemplatui esperimentat; corregida en la derrera impressio..... *Barcelona, Ignasi Estivill,* 1823, 14 pp. pet. in-8. cart.

1575. Rimas ineditas de don Inigo Lopez de Mendoza, de Fernan Perez de Guzman, y de otros poetas del siglo XV, recogidas y anotadas por Eugenio de Ochoa. *Paris, Fain et Thunot,* 1844, in-8, broch.

1576. El Bernardo, o victoria de Roncesvalles, poema heroyco del doctor don Bernardo de Balbuena. *Madrid, Diego Flamenco,* 1624, in-4° à 2 col. dos et coins de veau, ant. chiffre.

1577. Leyendas españolas, por José Joaquin de Mora. *Paris, don Vicente Salva,* 1840, impr. *de H. Fournier,* in-8, v. jaspé fil.

Joli volume de poésies, orné de vignettes sur bois.

1578. Romancero y monstro imaginado, compuesto por Alonso de Ledesma. *Lerida, Luys Manescal,* 1616, pet. in-18, mar. rouge, doubl. fil tr. d.

Ouvrage très-rare.

1579. Floresta española, de Apoteghmas o sensencias, sabia y graciosamente Duchas... (La Floresta spagnola, ou le plaisant bocage, contenant plusieurs comptes, gosseries, brocards, cassades, et graves sentences de personnes de tous estats.) *Bruxelles, Rutyer Velpius et Hubert Anthoine,* 1614, petit in-8, a 2 col., espagnol et français, veau fauve, fil. tr. d. (*Closs*).

1580. Romances nuevamente sacado de Historias antiguas de la cronica de Espana compuestos por Lorenço de Sepulueda, Añadiose el Romance de la conquista de la Ciudad de Africa en Berueria, en el Ano M. D. L. y otros diversos, como por la tabla pasece. *En Anvers, en casa de Pedro Bellero,* 1580, pet. in-12, veau brun, fil dent à froid.

Rarissime. Cet ouvrage s'est vendu 322 fr. 50 c. (Blandfort), et 333 fr.

294 BELLES-LETTRES.

en 1825. Notre exemplaire, un peu court de la marge du haut, a les trois feuillets de la table raccommodés au coin et refaits à la plume.

1581. La Diana, o arte de la Caza, poema. Por don Nicolas Fernandez de Moratin. *Madrid, Miguel Escribano*, 1765, in-8, de 68 ff. non chiff. d. rel. v. br.

Un feuillet manuscrit placé au commencement de ce volume donne une description détaillée des matières qui y sont contenues.

1582. Las tres musas del Melodino. Halladas por don Francisco Manvel. Que por su industria recogio y publica, Henrique Valente de Olivera. *Lisboa*, 1649, in-4, d.-rel. v. br.

1583. Os Lusiadas, poema epico de Luis de Camões, nova ediçao correcta, e duda a luz, por dom Joze Maria de Souza-Botelho. *Paris, Firmin Didot*, 1817, grand in-4, portrait et 10 fig. d'après Gérard, mar. bleu du Levant, dent. doublé de moire, tr. d.

Edition tirée à 100 exempl. sur très beau papier.

1584. Os Lusiadas, poema epico de Luis de Camões. Nova edicão correcta e dada a Luz conforme a de 1817, in-4, por dom Joze Maria de Souza-Botelho. *Paris, Firmin Didot*, 1823, in-32, pap. vél. mar. vert, fil. ornements, tr. dr. (*Vogel.*)

Très-bel exemplaire.

1585. Coleccion de las obras de eloqüencia y de poesia premiadas por la real Academia española. *Madrid, v. de Ibarra*, 2 *parties en* 1 *vol.* 1799, pet. in-8, dem.-rel. v. br.

1586. El Moro exposito, o cordoba y Burgos en el siglo decimo, leyenda en doce Romances. Por don Angel de Saavedra. *Paris*, 1834, 2 vol. in-12, portrait (*mar. noir*).

1587. Il conquisto di Granata, del signor Girolamo Graliani. *Paris, se vend chez Des-Roziers et de l'im-*

primerie de Th. La Carriere sur le quay de Gesvres au Rossignol, 1674, 2 tomes en 1 vol. in-12, v. br.

1588. Las coplas de don Iorge Manrique. Cō una glossa muy devota y christiana de un religioso de La Cartuxa. Va juntamēte un caso memorable de la coversion de una dama. Assi mis mova aora nueuamente añadida la glossa de Mingo Revulgo: y las cartas en refranes de Blasco Garay, racionero de la santa Yglesia de Toledo. Con un dialogo entre el amor y un cavallero viejo. Por Rodrigo Cota. *Madrid, Juan de la Cuesta*, 1614, pet. in-12, allongé, v. marb. fil. tr. d. (*rarissime*).

1589. Obras liricas de D. Leandro Fernandez de Moratin, entre los arcades de Roma. *Londres, Salva*, 1825, pet. in-8, v. f. fel.
Bel exempl. grand de marges, sur beau papier.

1590. Parte primera (segunda y tercera) del libro intitulado Noches de Inuierno. Por Antonio de Eslava. *Barcelona, Hieronymo Margarit*, 1609, pet. in-8, v. f. fil. tr. d.

1591. Las obras de Boscan y algunas de Garcilasso de la Vega, repartidas en quatro libros. *En Leon: por Juan Frellon*, 1549, pet. in-8, format allongé. Lavé, reglé, mar. rouge, fil. compartiments, tr. d. (*Duru*).

1592. Recueil de divers relations, romances et historiettes espagnoles en vers, la plupart imprimées à Séville vers 1816, in-4, en portef.
Collection précieuse de poésies espagnoles.

1593. Cancionero, llamado flor de enamorados, sacado de diversos autores, agora nuevamente por muy lindo orden y estilo copilado. Por Iuan de Linares. *Barcelona, Marevad*, 1681, pet. in-12, allongé, cuir de Russie, dent. a froid, fil. tr. d.
Petit livre de poésies *très rare* et bien conservé.

BELLES-LETTRES.

1594. Todas las obras del famosissimo poeta Iuan de Mena con la glosa del comenda dor Fernan Nuñez sobre las trezientas : agora nueuamente corregidas y enmendadas. *Anvers, Martin Nucio*, 1552, in-8, v. br. (*anc. rel.*)

1595. Cancionero de obras de Burlas provocantes a risa. *Madrid (Londres, Pickering, sur l'édition de Madrid), Luis Sanchez*; s. d., in-8, peau vélin, fil. tr. d. (*Hayday*).

<small>Magnifique exemplaire d'un ouvrage dont l'exécution typographique fait le plus grand honneur à la presse anglaise.</small>

1596. Primeira et segunda partedos Romances de Francisco Roiz Lobo de Leiria. *Lisboa, Manoel da Sylva*, 1654, petit in-12, mar. bleu, fil. tr. d. chiffre.

1597. Manoivelo de Romances nuevos, y otras obras de Gabriel Lasso de la Vega, dirigido A. D. Hyeronymo Arias Davela, Virves, senor de Hermoro. *Çaragoça, Miguel Fortuno Sanchez*, 1601, in-12, cuir de Russie, fil. tr. d. chiffre.

1598. Los doze libros de la Eneida de Vergilio, principe de los poetas latinos, traduzida en octava rima y verso castellano (par Don Gregorio Hernandez Velasco). *Anvers, Juan Bellera*, 1566, in-12, veau br.

1599. Canciones catalanas (Recueil factice de 19 chansons en catalan, formant 38 ff.), in-4 à 2 col., fig. en bois, dos de cuir de Russie, non rogné.

1600. Versos de Fernando de Herrera emendados i divididos por el en tres libros. A Don Guspar de Guzman, conde de Olivares. *Sevilla, por Gabriel Ramos Vejarano*, 1619. in-4, cuir de Russie, fil.

<small>Bel exempl. à toute marge.</small>

BELLES-LETTRES.

c. — LANGUES, DIALECTES, IDIOMES DE L'ESPAGNE.

1601. Vestigios da lingua arabica em Portugal, ou lexicon etymologico das palavras, e nomes portuguezes, que tem origem arabica, composto por ordem da academia real das sciencias de Lisboa, por Fr. Joaõ de Sousa. *Lisboa*, 1789, in-4, d. rel. et coins mar. r.

1602. El impossible vencido arte de la lengua bascongada. Su author el P. Manuel de Larramendi. *Salamanca, A. F. Villargordo Alcaraz*, 1729, pet. in-8, v. f. fil. tr. d. (*Kæhler*).

Ce volume est orné d'une gravure représentant les armes de la province de Guipuzcoa.

d. — ROMANS ET CONTES.

1603. Vida, peregrinacio y mort, del benaventurat San Aleix, fill de Eufemiano, senador de Roma. Ara novament traduida de castella en nostre vulgar catala. *Barcelona, Ignacio Estivill*, s. d., 31 pp. Monologo jocoso y entretenido, para divertir a los concurrentes en una sala despues de haber llenado bien las barrigas, y lodemas que se sigue. *Barcelona, Ignacio Estivill*, 1830, 16 pages. Ensemble 2 pièces pet. in-8. fig. dos de cuir de Russie.

1604. De Gevallen van Telemachus zoone van Ulysses, of vervolg van het vierde Boek der Odyssea van Homerus door den Heere François de Salignac van Mothe Fenelon. *Amsterdam, Wetstein*, 1715, in-8, d. rel., v. br., fig. et cart.

Cette traduction de Télémaque en hollandais renferme 8 charmantes figures de *Folkema*.

1605. Novellas varias, in-4, dos et coins mar. bleu.

On a réuni sous ce titre 12 pièces imprimées pour la plupart à Cordoue, par Garcia Rodriguez. Ce sont des histoires ou romans populaires de tous

298 BELLES-LETTRES.

les pays, tels que *Pierre de Provence et la belle Maguelone*, *Anne de Boulen*, *Robert-le-Diable*, etc. Recueil non moins rare que le précédent.

1606. Novelas exemplares de Miguel de Cervantes. *Barcelona*, 1722, in-4 à 2 col., veau marbr.

<small>Il est à remarquer que les ouvrages espagnols à deux colonnes sont plus agréables à lire que nos livres français à deux colonnes.</small>

1607. Romancero de romances caballerescos é historicos anteriores al siglo XVIII, que contiene los de amor, los de la Tabla Redonda, los de Carlo Magno y los Doce Pares, los de Bernardo del Carpio, del Cid Campeador, de los Infantes de Lara, etc. Ordenano y recapilado por D. Agustin Duran. *Madrid, Eusebio Aguado*, 1832, 2 vol. in-8, d. rel.

1608. Novelas exemplares de Miguel de Cervantes Saavedra. *Valencia, por Salvador Fauli*, 1797, 2 vol. in-8, v. marb., fig. et portr.

1609. Teatro popular; novelas morales para mostrar los generos de vidas del pueblo, y afectos, costumbres, y passiones del animo, cō aprovechamiento para todas personas... Por D. Francisco de Lugo y Davila. *Madrid, viuda de Fernando Correa Montenegro*, 1622, pet. in-8, mar. vert, fil. tr. d., dent. intérieure (*Thompson*).

1610. El ingenioso hidalgo Don Quixote de la Mancha, compuesto por Miguel de Cervantes Saavedra, nueva edicion corregida por la real academia espanola. *Madrid, Don Joachin Ibarra*, 1780, 4 vol. in-4, grand papier, fig. (34 y compris les frontispices), veau jaspé, fil. tr. d.

<small>Cette édition se rencontre quelquefois sur papier mélangé. Notre exemplaire n'a pas cette imperfection.</small>

1611. Tratado del clarissimo drador y poeta Francisco Petrarcha q̃ trata dela eccelencia de la vida solitaria. Donde se tratan muy altas y eccelentes doctrinas y vidas de muchos sanctos q̃ amaron la soledad.

En Medina del Campo, por Guillermo de Millis, año 1555, in-8, mar. vert, dent. tr. d. (Duru).

1612. Prouerbios de Don Inigo Lopez de Mendoça; Marqs de Santillana. (à la fin): *Fenecen los prouerbios de*, etc. *Impressos en Seuilla en casa d' Juã Cröberger*, etc., 1550, pet. in-fol. goth. à 2 col. de 29 ff. chiff., fig. en bois, mar. cham., doubles fil., ornements, tr. d. *(Bauzonnet-Purgold)*.

<small>Magnifique exemplaire de cette édition rare d'un livre célèbre. Note de Ch. Nodier, de la vente duquel ce livre provient.</small>

1613. La fameuse compaignie de la Lésine, ou alesne, c'est-à-dire la manière d'espargner, acquérir et conserver... Trad. de l'italien (de Vialardi). *Paris, Abraham Saugrin*, 1604, 2 part. en 1 vol. — La Contre-Lésine, ou plustost discours, constitutions et louanges de la liberalité... Augmentez d'une comédie intitulée *Les nopces d'Antilésine*, ouvrage du pasteur Monapolitain (sic), et trad. de l'ital. *Paris, Rolet Bourtonné*, 1618, 2 part. en 1 vol. Ensemble 2 vol. in-12, v. f. fil. *(Armes)*.

<small>Le premier de ces ouvrages contient 225 ff. chiffrés et un feuillet pour le privilège, dans sa première partie, et 136 dans la seconde, intitulée *Continuation des canons et statuts*, etc., avec une subdivision sous le titre de *Consulte des femmes*, que l'on trouve au 49ᵉ feuillet. — La Contre-Lésine a 170 ff., et la comédie des *Noces* occupe tout le reste du volume, qui en renferme 260. On remarquera que de ces deux ouvrages, le premier appartient à l'édition originale, et que le deuxième est de l'édition de *Rolet*, la seule que cite Barbier.</small>

1614. L'histoire d'Aurelio et Isabelle, en italien et françoys. En laquelle est disputé qui baille plus d'occasion d'aymer, l'homme à la femme ou la femme à l'homme. Plus la Deiphire de M. Leon Baptiste Albert, qui enseigne d'éviter l'amour mal commencée. *Lion* (sic), *Benoist Rigaud*, 1574, pet. in-16, mar. bl., *(anc. rel.)*

1615. La Diane de Georges de Montemayor, nouvellement traduite en françois (par Ant. Vitray, parisien). *Paris, Robert Fouet*, s. d. (1623), 3 tomes en 1 vol.

300   BELLES-LETTRES.

in-8, titres gravés et fig., cuir de Russie, double fil. dent. à froid, tr. d. (*Purgold-Hering*).

<small>C'est une fort belle édition, que les gravures de Crispin de Passe font rechercher pour les cabinets de choses précieuses. Notre exemplaire est très-grand de marges.</small>

1616. Pastores de Belen, prosas y versos divinos, de Lope de Vega Carpio. *Brusselas, Roger Velpio y Huberto Antonio*, 1614, in-12, peau vélin.

1617. Silva de romances viejos; publicada por Jacobo Grimm. *Vienna de Austria, Schmidt*, 1851, in-16, mar. citr., fil. non rogné, doré en tête (*Duru*).

1618. Vida de Miguel de Cervantes Saavedra, escrita et ilustrada con varias noticias y documentos ineditos perteneccentes a la historia y literatura de su tiempo, por D. Martin Fernandez de Navarrete. *Madrid, Imprenta Real*, 1819, in-8, portrait, fac-simile et 3 pl. de généalogie, d. rel. non rogné.

1619. Proverbios de Don Inigo Lopez de Mendoza, marques de Santillana y las Coplas de D. Jorge Manrique, Todo con sus glosas. *Madrid, D. Fermin Villalpando*, 1799, pet. in-12, v. marb.

1620. Las obras de George de Montemayor, repartidas en dos libros, y dirigidas a los muy altos y muy poderosos senores don Iuã, y doña Iuana, principes de Portugal. *Anvers, Iuan Steelsio*, 1554, petit in-12, mar. rouge, fil. tr. d. (*Closs.*).

1621. Historias diversas sagradas y profanas (recueil factice d'histoires diverses sacrées et profanes, composé de 58 brochures presque toutes de 24 pages, avec une fig. sur bois en tête). *Valence, commencement du 19ᵉ siècle*, 2 vol. in-4, dos de cuir de Russie.

1622. Primera, y segunda parte de la vida, y hechos del Picaro Guzman de Alfarache, escrita por Matheo

Aleman. *Madrid, Lorenzo Francisco Mojados*, 1750, in-4 à 2 col., v. marb.

1623. Para todos; exemplos morales, humanos y divinos en que se tratan diversas ciencias, materias y facultades, etc., por el doctor Juan Perez de Montalvan. *Alcala, Maria Fernandez*, 1661, in-4, cuir de Russie, fil., chiffre.

1624. Rissa y planto; de Democrito y Heraclito, traduzido de ytaliano en nuestra lengua vulgar, por Alonso de Lobera Capellan de su magestad. *Valladolid*, 1554, pet. in-4, v. marb., fil. tr. d., chiffre.

1625. Favles de Ysop, filosof moral preclarissim, y de altres famosos autors, corregides de nou, y historiades ab. major claredat que fins vuy se sian vistas. Preceheix la vida de Ysop dividida en capitols, y representada en estampas. *En Barcelona, por Joan Jolis, ani* 1683, in-8, fig. en bois, dos de veau fauve.

1626. Novellas varias (recueil de diverses histoires populaires de l'Espagne), in-4, d. rel., v. br.

<small>Ce recueil contient 18 pièces sorties de diverses imprimeries, mais d'une justification à peu près uniforme. Chacune de ces diverses pièces, extrêmement curieuses, même pour l'Espagne, est ornée de figures en bois.</small>

1627. El espiritu de Miguel de Cervantes y Saavedra, ó la filosofia de este grande ingenio, presentada en maximas, reflexiones, moralidades y agudezas de todas especies, y sobre todos los asuntos mas importantes de la vida civil; sacadas de sus obras, y distribuidas por orden alfabético de materias. Va añadida al fin de él una novela comica, intitulada la tia fingida; obra postuma del mismo Cervantes... Por D. Agustin Garcia Arrieta. *Madrid, Vinda de Vallin*, 1814, in-8, bas.

1628. Los cinco libros de la Diana en amoranda; compuestos por Gaspar Gil Polo. *Brussellas, Roger*

302   BELLES-LETTRES.

Velpio, y Huberto Antonio, 1613, pet. in-12, v. f., dent. intér. à froid.

1629. Perla de los proverbios morales de Alonso de Barros, criado del rey nuestro señor. *Lisboa, Jorge Rodriguez,* 1617, in-8, mar. bl., double fil. tr. d, (Duru).

Bel exempl. de Ch. NODIER d'un livre et d'une édition rare.

1630. Refranes famosissimos y puechosos glosados. — *Fue emprimido este presente tratado en la muy noble y leal cibdad de Burgos; por Fadrique Aleman de Basilea Acavosea* XXV, *dias del mes de Dtubre, año de mill y quinientos y quinze años* (1515), in-4, goth. à 2 col., cuir de Russie, double fil. tr. d. (Bauzonnet).

Superbe exemplaire NODIER d'un livre rare et précieux.

1631. Centon epistolario del Bachiller Fernan Gomez deubda real, fisico del mui ponderoso e sublimado rei Don Juan el segundo deste nonbre. *Burgos, Fernan Perez,* 1499, in-4, goth. de 1666 pages, mar. rouge du Levant, doubles filets, ornements, chiffres, t. d.

Très bel exemplaire bien conservé d'un livre rare et curieux.

C. — LITTÉRATURE ANGLAISE.

1632. Italy, a poem, by Samuel Rogers. *London. Jennings.* 1830, in-8. fig. dos de maroq. violet.

Joli volume enrichi de 54 délicieuses gravures d'après les dessins de Stothard et Turner. Le poème de l'Italie n'est pas compris dans l'édition des poèms de Rogers publiée en 1834.

1633. The Seasons, by James Thomson, to which is prefixed the life of the author, by P. Murdoch..., *London :* 1814. In-12, cart.

1634. Le Spectateur, ou le Socrate moderne, où l'on voit un portrait naïf des mœurs de ce siècle, tra-

BELLES-LETTRES.   303

duit de l'anglais (de Richard Steele, Addisson, etc.) *Amsterdam et Leipzig, Arkstée et Merkus*, 1768, 8 vol. in-12, v. f. fil. dent. tr. d. (*Bozérian*).

<small>Exempl. de Pixérécourt. On ignore le nom du traducteur des six premiers volumes. Les deux derniers sont attribués à Elie de Joncourt par Formey, et à J.-P. Moët par l'abbé de la Porte.</small> *15f— 27.50*

19. *POLYGRAPHES ET COLLECTIONS D'OEUVRES RÉUNIES.*

1635. Les nouvelles œuvres de M. le Pays. *Amsterdam, Wolfgank, suivant la copie imprimée à Paris*, 1674, 2 vol. pet. in-12, mar. r. fil. tr. d.   6 7/—

<small>Au quærendo, et se place ordinairement au rang des elzevirs ; malheureusement il y a une piqure de vers à la couverture.</small>

1636. Œuvres complètes de P. J. de Bitaubé, *Paris, Dentu :* an XII, 1804. 9 vol. in-8, fig. et portrait mar. rouge, large dent. tr. d. (*Bozérian*). *10f. 1698*   28

<small>Cet exemplaire, GRAND PAPIER VÉLIN, provenant de la vente Pixérécourt, est enrichi des 24 fig. de Marillier pour l'Iliade seulement. Le portrait qui appartient à cette édition est accompagné d'une épreuve avant la lettre et d'une eau-forte.</small>

1637. Œuvres complètes de J. Delille. *Paris, Michaud*, 1816, 16 vol. in-8, tiré sur grand papier vélin, fig. dos et coins de mar. rouge non rogné.   36 /o

1638. Œuvres complètes de mesdames de La Fayette et de Tencin (et de madame Fontaine), précéd. de notices hist. et litt. (par Auger). *Paris, Colnet*, 1804, 1 vol. in-8. pap. vél. port. mar. bl. dent. comp. tabis, tr. d. (*Lefebvre*).   32

1661 <small>Exemplaire Pixérécourt.</small> *14*

1639. Œuvres de J.-J. Rousseau, citoyen de Genève, édition ornée de figures d'après les tableaux et dessins de Cochin, Vincent, Regnault et Monsiau. *Paris, Defer de Maisonneuve, imprimerie de Didot le jeune*, 1793, 18 vol. in-fol. mar. rouge, large dent. doublé de moire viol. tr. d.   280

<small>MAGNIFIQUE exempl. de Labédoyère.</small> *f40 N° 1184.*

1640. Collection des petits classiques françois, publiée par Ch. Nodier. *Paris : Delangle*, 1825-26, 8 vol. in-16. Mar. viol. fil. compartiments à froid, tr. d. (*Thouvenin*).

<small>Charmante collection tirée à 500 exempl. seulement, et contenant : — Madrigaux de M. de la Sablière. — Conjuration du comte de Fiesque, par le cardinal de Retz. — Voyage de Chapelle et de Bachaumont. — Diverses petites poésies du chevalier d'Aceilly (c.-à-d. Jacq. de Cailly). — La Guirlande de Julie, offerte à Mlle de Rambouillet par M. de Montausier. — OEuvres choisies de Sénécé. — Relation des campagnes de Rocroy et de Fribourg, par Henry de Bessé, sieur de la Chapelle-Milon. — OEuvres de Sarrazin.</small>

1641. Collection de romans historiques publiée par de La Borde. *Paris : Didot*, 1783-90. 15 vol. in-12, papier vélin, mar. rouge du Levant, dent. tabis. tr. d. (*Lefebvre*).

<small>Bel exempl. d'une collection devenue fort rare, composée des ouvrages suivants : 1° Histoire secrète de la cour de Bourgogne, par Mlle de La Force, 3 vol. — 2° Histoire de Marguerite de Valois, reine de Navarre, par la même, 6 vol. — 3° Le prince de Condé, par Boursault, 2 vol. — 4° Les Amours du grand Alcandre, par Mlle de Guise, 2 vol. — 5° Bianca Capello, imité de l'allemand de Meissner, par Rauquil Lieutaud, 2 vol.
Vendu 76 fr. à la vente Pixérécourt. N° 1183</small>

1642. Collection d'ouvrages français, en vers et en prose, imprimée par ordre du comte d'Artois, *Paris, Didot*, 1780-84, 64 vol. in-18, mar. bleu, dent. doublé de moire, tr. d. (*Bozérian*).

<small>Collection tirée à 60 exempl. seulement, et qui se compose de : — 1° Le Temple de Gnide, par Montesquieu. — 2° Acajou et Zirphile, par Duclos. — 3° Isméne et Isménias, par Montesquieu. — 4° Zaïde, par Mme de Lafayette, 3 vol. — 5° La princesse de Clèves, par la même, 2 vol. — 6° Histoire du petit Jehan de Saintré, par le comte de Tressan. — 7° Contes moraux, par Marmontel. — 8° Lettres de la comtesse de Sancerre, par Mme Riccoboni, 2 vol. — 9° Olivier, par Cazotte, 2 vol. — 10° Le Berceau de la France, par Dancourt, 2 vol. — 11° Lettres de milady Catesby, par Mme Riccoboni. — 12° Gérard de Nevers, par le comte de Tressan. — 13° Contes et romans de Voltaire, 6 vol. — 14° Daphnis et Chloé, traduit par Amyot. — 15° Histoire d'Aloïse de Livarot, par Mme Riccoboni. — 16° Les Amours de Roger et de Gertrude, par la même. — 17° Histoire de Tristan de Léonnois, par le comte de Tressan. — 18° Manon Lescaut, par l'abbé Prévost. — 19° Les Confessions du comte de ***, par Duclos, 2 vol. — 20° Sargines, par d'Arnaud. — 21° Lettres péruviennes, par Mme de Graffigny, 2 vol. — 22° Le Siège de Calais, par Mme de Tencin, 2 vol. — 23° Lorezzo, par d'Arnaud. — 24° D. Carlos, par Saint-Réal. — 25° Conjuration des Espagnols, par le même. — 26° Mémoires du comte de Grammont, par Hamilton, 3 vol. — 27° OEuvres de Boileau. — 28° Fables</small>

BELLES-LETTRES. 305

de La Fontaine, 2 vol. — 29° OEuvres choisies de Gresset. — 30° Télémaque, par Fénelon, 4 vol. — 31° Les contes d'Hamilton, 3 vol. — 32° Les Jardin, par Delille. — 33° Lettres persannes, par Montesquieu, 3 vol. — 34° Les Amours de Psyché, par La Fontaine, 2 vol. — 35° Tom Jones, de Fielding, 4 vol.

Ce magnifique exemplaire vient de chez G. de Pixérécourt, qui l'avait acheté 742 fr. à la vente Chénier.

1643. Réimpressions diverses du XV° et XVI° siècles, in-16, 3 vol. demi-rel. et un broché.

Savoir : Maistre Aliborum q de tout se mesle et scait faire tous mestiers et de tout rien. (Par P. Gringore, publié par A. Venant. *Paris, Crapelet,* 1838.) — 2° Ladvocat des dames de Paris touchant les pardons Sainct Trotet. (Par Maximien, publié par G. Duplessis, *Chartres, Garnier fils,* 1832.) — 3° Les Proverbes communs. (Publiés par A. Venant. *Paris, Crapelet,* 1839.) — 4° La Vraye medecine de maistre Grimache qui guarit de tous maulx et plusieurs aultres : ensemble de navoir jamais faulte d'argent, utile et proufitable a ung chascun avec plusieurs aultres receptes gentilles pour resjouir tous esprits melancholiques. (*Paris, Pinard.* S. d.)

Tiré à 60 exempl.

1644. Société des bibliophiles de Reims. (*Reims, imprimerie de Jacquet,* 1842), 5 vol. grand in-18, papier vergé, dos et coins de mar. rouge, non rogné doré en tête (*Duru*).

Collection curieuse et peu commune de notices, dissertations et réimpressions dont voici les titres : — 1° Miniatures d'une Bible de 1378 (avec 20 pl. au trait, frontispice et fac-simile). — 2° Louis XI et la sainte Ampoule. — 3° Le Purgatoire de saint Patrice, légende du XIII° siècle. — 4° Une émeute en 1649, mazarinade. — 5° Mémoires de M. Fr. Maucroix, chanoine et sénéchal de l'église de Reims. — 6° Le noble et gentil jeu de l'arbaleste à Reims. — 7° Les lépreux à Reims, quinzième siècle. — 8° Histoire chronologique, pathologique, politique, économique, artistique, soporifique et melliflue du très noble, très excellent et très vertueux pain d'épice de Reims. — 9° L'inventaire après le décès de Richard Pique, archevêque de Reims, 1389. — 10° L'entrée du roy nostre sire en la ville et cité de Paris. — 11° Discours de ce qu'a fait en France le hérault d'Angleterre et de la réponse que lui a faite le Roi le 7 juin 1557.

1645. COLLECTION DES ANCIENS MONUMENTS DE L'HISTOIRE ET DE LA LANGUE FRANÇAISE. *Paris, Crapelet,* grand in-8. Savoir :

1° Histoire de la passion de Jésus-Christ, composée en MCCCCXC, par le R. P. Olivier Maillard, publiée en 1828 comme monument de la langue française au XV° siècle, avec une notice sur l'auteur, des notes et une table des matières, par Gabriel Peignot. 1828, in-8, cart. non rogné.

2° Le pas d'armes de la bergère, maintenu au tournoi de Tarascon (par Louis de Beauvau); publié d'après le manuscrit de la Bibliothèque du Roi, avec un précis de la chevalerie et des tournois, et la relation du carrousel exécuté à Saumur, en présence de S. A. R. madame la

BELLES-LETTRES.

duchesse de Berry, le 20 juin 1828, par G.-A. Crapelet. 1828, in-8, *maximo*, papier de Hollande, dos et coins cuir de Russie, avec le *fac-simile* d'une jolie miniature.

3° Cérémonie des gages de bataille selon les constitutions du bon roi Philippe de France, représentées en onze figures; suivies d'instructions sur la manière dont se doivent faire empereurs, rois, ducs, marquis, comtes, vicomtes, barons, chevaliers; avec les avisements et ordonnances de guerre; publiées d'après le manuscrit de la bibliothèque du Roi, par G.-A. Crapelet. 1830, in-8. maximo pap. de Hollande, dos et coins cuir de Russie, avec 11 fig. *fac-simile*.

4° Lettres de Henri VIII à Anne Boleyn, avec la traduction, précédées d'une notice historique sur Anne Boleyn. S. d. In-8, avec deux portraits sur papier de Chine avant la lettre, cart. non rogné.

5° L'histoire du châtelain de Coucy et de la dame de Fayel, publiée d'après le manuscrit de la bibliothèque du Roi, et mise en français par G.-A. Crapelet. 1 fort vol. in-8 magno cartonné à l'anglaise.

Ce volume renferme une description du manuscrit de la bibliothèque du Roi qui contient ce roman; la dame de Fayel; le roman du Châtelain de Coucy (texte), et l'histoire du châtelain de Coucy et de la dame de Fayel (traduction avec le *fac-simile* de deux miniatures à double compartiment).

6° Chansons du châtelain de Coucy, revues sur tous les manuscrits, par Francisque Michel, suivies de l'ancienne musique mise en notation moderne, avec accompagnement de piano, par M. Perne. 1830, in-8, cart. non rogn.

7° Proverbes ou dictons populaires, avec les dits du mercier et des marchands et les crieries de Paris, aux XIII° et XIV° siècles, publiés d'après les manuscrits de la bibliothèque du Roi, par G.-A. Crapelet. 1831, in-8, cart. non rogné.

8° Poésies morales et historiques d'Eustache Deschamps, écuyer, huissier d'armes des rois Charles V et Charles VI, châtelain de Fismes et bailli de Senlis, publiées pour la première fois d'après le manuscrit de la bibliothèque du Roi, avec un précis historique et littéraire sur l'auteur, par G.-A. Crapelet. 1832, in-8, cart. non rogné.

9° Tableau des mœurs au dixième siècle, où la cour et les lois de Hovelle-Bon, roi d'Aberfraw, de 907 à 948, suivi de cinq pièces de la langue française au XI° et XIII° siècles, telle qu'elle se parlait en Angleterre après la conquête de Guillaume de Normandie, et terminé par une notice historique sur la langue anglaise depuis son origine jusqu'au XVIII° siècle. 1832, in-8. cart. *non rogné*.

10° Les demandes faites par le roi Charles VI, touchant son état et le gouvernement de sa personne, avec les réponses de Pierre Salmon, son secrétaire et familier, publiées par G.-A. Crapelet. 1833, grand in-8, fig. (10) et *fac-simile*, cart. mar. citron, *non rogné*.

11° Notice sur la vie et les écrits de Robert Wace, poète normand du XII° siècle, suivie de citations extraites de ses ouvrages, par Frédéric Pluquet. Grand in-8, fig. pap. de Hollande, cart. non rogné.

Exempl. de Guilbert de Pixérécourt. Suite pour la collection de Crapelet.

HISTOIRE.

1. — GÉOGRAPHIE.

1646. La géographie sacrée, et les monuments de l'histoire sainte. Lettres du P. Joseph-Romain Joly. *Paris : Alexandre Jombert jeune*, 1784, in-4, demi-rel. v. f. 22 planches, cartes ou figures.

1647. Cosmographia universale, nella quale secondo che n'hanno parlato i piu veraci scrittori, son designati i siti di tutti gli paesi. Raccolta primo da diversi autori per Sebastiano Munstero. *Colonia, Arnold Birckman*, 1575, in-fol. vél.

<small>Cette édition italienne contient 1237 pages chiffrées et 6 ff. non chiffr. On y trouve 827 figures ou planches sur bois, indépendamment de nombreuses lettres ornées.</small>

1648. Atlas historique, chronologique et géographique, ou tableau général de l'histoire universelle, présentant un moyen sûr et facile de classer avec fruit tout ce qui s'est passé depuis la création. Par A. Le Sage (c'est-à-dire par de Las-Cases). *Paris, ans XI et XII (1803 et 1804)*, gr. in-fol. dos et coins de mar. viol.

<small>On a joint à ce volume, qui contient 32 tableaux sur demi-feuille grand-aigle ouverte, *les Fastes Napoléens*, de 1796 à 1806, demi-feuille in-plano.</small>

1649. (Encyclopédie méthodique), géographie ancienne, par M. Mentelle, *Paris, Panckouke, Plomteux,* 1787-92. 3 vol. in-4. — Géographie moderne (par Robert et Masson de Morvilliers). *Paris, idem. idem :* 1782-88. 3 vol. in-4. Ensemble 6 vol. v. gran. dent.

1650. Mémoires de la campagne de découvertes dans

les mers des Indes, par M. le chevalier Grenier, enseigne de vaisseau. *Brest, R. Malassis.* 1770, in-4, de 2 ff. et 36 pages, carte. Mar. vert, fil. tr. d. (*anc. rel.*)

<small>Ce mémoire propose une route abrégeant de 800 lieues la traversée de l'Ile-de-France à la côte de Coromandel et en Chine.</small>

2. — VOYAGES.

1651. Recueil de voyages et de mémoires, publié par la société de Géographie. *Paris, Everat. Arthus Bertrand.* 1824-36, 5 vol. in-4, planches demi-rel. dos de veau fauve.

<small>Pour les voyages contenus dans cette collection, voir le *Manuel du libraire*.</small>

1652. Mémoire de quelques observations générales qu'on peut faire pour ne pas voyager inutilement. par M. Baudelot de Dairval, avocat en parlement. *Bruxelles, Jean Léonard,* (à la sphère) 1688, in-12, veau fauve, fil. tr. d.

1653. Colleccion de los viages y descubrimientos, que hicieron por mar los españoles desde fines del siglo XV, con varios documentos ineditos concernientes à la historia de la marina castellana y de los establecimientos españoles en Indias, coordina é ilustrada por don Martin Fernandez de Navarrete. *Madrid, impr. real,* 1825, 5 vol. in-4, demi-rel. cuir de Russie.

1654. Relation des voyages de M. de Breves, tant en Grèce, Terre-Saincte et Egypte, qu'aux royaumes de Tunis et Arger (*sic*). Ensemble un traicté fait l'an 1604, entre le roy Henry-le-Grand et l'empereur des Turcs, et trois discours dudit sieur. Le tout recueilli par le S. D. C. (Jacques de Castel). *Paris, Nicolas Gasse,* 1628, in-4, bas.

1655. Voyages de Rabbi Benjamin, fils de Jona de

Tudelle, en Europe, en Asie et en Afrique, depuis l'Espagne jusqu'à la Chine... Traduits de l'hébreu et enrichis de notes et de dissertations historiques et critiques par J. P. Baratier. *Amsterdam*, 1734, 2 tomes en 1 vol. pet. in-8, v. br. portrait de Baratier.

1656. Nouveau voyage d'Italie, avec un mémoire contenant des avis utiles à ceux qui voudront faire le même voyage, par Misson. *La Haye*, 1751, 4 vol. in-12. v. br. dent. à froid fig.

1657. Relation d'un voyage en Angleterre, où sont touchées plusieurs choses qui regardent l'estat des sciences et de la religion, et autres matières curieuses. *Cologne, Pierre-Michel*, 1666, in-12, v. f. (*Kœhler*).

1658. Description of the plain of Troy, with a map of that region, read in French before the Royal society of Edinburg Feb. 21 and 28 and March 21 1791, by the author M. Chevalier (*lisez Le Chevalier*)... Translated from the original not yet published, and the version accompanied with notes and illustrations by Andrew Dalzel. *Edinburgh. T. Cadell*. 1791. In-4, cart. non rogné.

Première publication du *Voyage dans la Troade* de M. Le Chevalier. Cette édition, rare en France, offre des différences notables avec celles qui ont été imprimées à Paris en 1800 et 1802.

1659. Relation d'un voyage fait en Egypte par le sieur Granger, en l'année 1730, où l'on voit ce qu'il y a de plus remarquable, particulièrement sur l'histoire naturelle. *Paris, Jacques Vincent*, 1745, in-12, v. br. fil. dent. à froid.

1660. Ludovici patricii romani novum itinerarium Æthiopiæ, Ægypti, utriusque Arabiæ, Persidis, Siriæ ac Indiæ intra et extra Gangem. (In fine): Operi suprema manus imposita est auspiliis..... Bernardini Caruaial, hispani,.... (*Mediolani*, 1511), pet. in-fol. de 8 ff. prel. et LXII ff. chiffrés à 36 lignes par page. Lettres rondes, vélin.

<small>Livre très-rare. (Voyez Brunet, t. IV, 2e part., p. 574.)</small>

1661. Itinerarium prouinciarum omnium Antonini Augusti, cum fragmento eiusdem nec non indice haud quaq. aspernando. *Venale habetur ubi impressum est, in domo Henrici Stephani e regione schole decretorum Parrhisiis.* (Imp. en rouge et noir), in-16 de 7 ff. pelim. non chiff. 92 ff. chiff. et 59 ff. non chiffr. mar. bleu, tr. d. (*Duru*).

<small>Cette édition de l'Itinéraire d'Antonin est rare et recherchée.</small>

1662. Itinerarium a Burdigala Hierusalem usq. et ab Heraclea per Aulonam et per urbem Romam Mediolanum usque, *s. l.* 1589, petit in-8. de 18 ff. chiffres, mar. noir, doré en tête (*Duru*).

1663. Terræ sanctæ, quam Palestinam nominant, Syriæ, Arabiæ, Ægypti et Schondiæ doctissima descriptio, una cum singulis tabulis earundem regionum topographicis, authore Iacobo Zieglero Landano Bavaro. Holmiæ plane regiæ urbis calamitosissima clades ab eodem descripta. Terræ Sanctæ altera descriptio, juxta ordinem alphabeti, quæ ad scripturam proxima directa est, utilissima etiam plebeio lectori, authore Wolffgando Weissenburgio. *Argentorati, apud Wendelinum Rihelium*, 1536, in-fol. fig. v. br. gauf. fil. tr. d. lavé et réglé (*armorie*).

<small>Ce livre est très-rare, et cette édition bien préférable à celle de 1532. Il renferme 8 cartes gravées sur bois, coloriées.</small>

1664. Travels through Spain in the years 1775 and 1776, in which several monuments of roman and moorish architecture are illustrated by accurate

HISTOIRE.

drawings taken on the spot, by Henry Swinburne. *London. Elmsly*, 1779. In-4, fig. v. p.

<small>Le voyage de Swinburne est orné de planches représentant les monuments romains et arabes de l'Espagne.</small>

1665. Il devotissimo viaggio di Gierusalemme, fatto e descritto in sei libri. Dal signor Giovanni Zuallardo, l'anno 1586. *Roma : Domenico Basa*, 1595. In-8, fig. en taille douce (50) parch.

<small>Ouvrage très-curieux, fort rare, et marqué au Catalogue de Payne 78 fr. Il en a été publié une traduction française en 1604. Les figures qui, à l'exception de deux, sont imprimées dans le texte, sont très-remarquables.</small>

1666. Le voyage de la Terre-Sainte, contenant une véritable description des lieux plus considérables que nostre Seigneur a sanctifiés de sa présence, prédications, miracles et souffrances, etc., par M. J. Doubdan. *Paris, François Clousier*, 1666, in-4, fig. v. br.

1667. Voyage d'Orient du R. P. Philippe, où il descrit les divers succez de son voyage, plusieurs régions d'Orient, leurs montagnes, leurs mers et leurs fleuves, la chronologie des princes qui y ont dominé, leurs habitants tant chrétiens qu'infidèles, etc., traduit du latin par un religieux du même ordre. *Lyon, Ant. Iullieron*, 1669, in-8, v. br. fil. dent. gauf.

1668. Le pieux pelerin, ou voyage de Ierusalem, divisé en trois livres contenans la description topographique de plusieurs royaumes, païs, villes, nations estrangères, nommément des quatorze religions orientales.... Ioinct un discours de l'Alcoran, et un traicté de la cité de Ierusalem et de tous les saincts lieux de la Palestine. Le tout remarqué et recueilli par le R. P. Bernardin Surius. *Brusselles, François Foppens*, 1666, in-4, fig. fil. v. marb. all. orné d'un port. de l'auteur.

1669. Viagem de hum peregrino a Jerusalem, e visita

que fez aos Lugares Santos, em 1817 fr. Joao de Jesus Christo, indigno filho de serafico patriarcha S. Francisco. *Lisboa*, 1822, in-8, cart. fig. en taille douce.

1670. Voyage du Mont-Liban, traduit de l'italien du révérend père Jérôme Dandini, par R. S. P. *Suivant la copie imprimé à Paris, Louis Billaine*, 1685, petit in-12, frontispice gravé, mar. r.

1671. Voyage de l'Arabie heureuse par l'Océan oriental et le détroit de la mer Rouge, fait par les françois pour la première fois dans les années 1708, 1709 et 1710, avec la relation particulière d'un voyage fait du port de Moka à la cour du roy d'Yemen, un mémoire concernant l'arbre et le fruit du café, et un traité historique de l'origine et du progrès du café, tant dans l'Asie que dans l'Europe, etc. *Paris, André Cailleau*, 1716, in-8, pl. et cartes, v. br. fil. dent. à froid.

1672. Voyage de l'Arabie heureuse par l'Océan oriental et le détroit de la mer Rouge, fait par les françois pour la première fois dans les années 1708, 1709 et 1710, etc. *Amsterdam : Steenhouwer et Tytwerf*, 1716, in-8. cartes, fig. frontispice gravé, v. f. fil. (*Kœhler*).

1673. Voyage du sieur Paul Lucas, fait par ordre du roy dans la Grèce, l'Asie mineure, la Macédoine et l'Afrique. *Paris, Nicolas Simart*. 1712, 2 vol. in-12. mar. r. fil. tr. d.

Aux armes de Condé.

1674. Journal of a tour in Asia minor, with comparative remarks on the ancient and modern geography of that country, by William Martin Leake, accompanied by a map. *London, Murray*, 1824. In-8. cart. angl.

Accompagné d'une grande carte de l'Asie mineure et de trois autres cartes. (Voyez sur cet ouvrage un article de M. Letronne dans le *Journal des Savants*, juin 1825.

1675. A voyage to Africa, including a narrative of an embassy to one of the interior kingdoms in the year 1820.... by William Hutton, illustrated with maps and plates. *London, Longman*, 1821, in-8, cart. *(figures coloriées)*.

Relation curieuse d'une ambassade anglaise au royaume d'Ashantie.

1676. Les quatre premiers livres des navigations et pérégrinations orientales, de N. de Nicolay, dauphinoys, seigneur d'Arfeuille, varlet de chambre et géographe ordinaire du Roy, avec les figures au naturel tant d'hommes que de femmes selon la diversité des nations, et de leur port, maintien et habitz, *Lyon : Guillaume Rouillé*, 1568, in-fol., fig. coloriées, v. br. armorié *(anc. rel.)*.

1677. Relation du voyage de M. Evert Isbrand, envoyé de S. M. Czarienne à l'empereur de la Chine, en 1692, 93 et 94, par le sieur Adam Brand. Avec une lettre de M. ***, sur l'état présent de la Moscovie. *Amsterdam, J. L. De Lorme*, 1699, in-8, v. br. dent à froid, fig.

1678. Relation de l'Ambassade de M. le chevalier de Chaumont à la cour du roi de Siam. Avec ce qui s'est passé de plus remarquable durant son voyage. *Paris, Arnoul Seneuze, à la Sphère*, 1687, in-12, v. br., fil. dent à froid, fig.

1679. Voyages faits en Moscovie, Tartarie et Perse, par Adam Olearius, bibliothécaire du duc de Holstein ; traduits par de Wicquefort. *Leide*, 1719, 2 t. en 1 vol. in-fol. dem.-rel. v. f.

Très-bel exemplaire, contenant 40 planches, figures, cartes et portraits, et 58 figures et fleurons en taille-douce dans le texte.

1680. Les voyages du sieur Albert de Mandelslo.

Leide, Pierre Vander, 1719, 2 t. en 1 vol. in-fol. d.-rel. v. f. (n. r.).

Cet ouvrage contient 46 gravures, cartes et portraits in plano et in-fol. et 23 gravures et cartes dans le texte. Toutes ces gravures sont en taille-douce et imprimées avec le plus grand soin. Notre exemplaire est exempt de tout défaut.

1681. A voyage to Cochinchina in the years 1792 and 1793... to which is annexed an account of a journey made in the years 1801 and 1802 to the residence of the chief of the Booshuana nation, by John Barrow. *London : Cadell and Davies*, 1806, gr. in-4, fig. color. cart.

Relation très-recherchée, que Malte-Brun a traduite en français. Les gravures, qui sont de Medland, ont été coloriées d'après les dessins originaux d'Alexander et de Daniell.

1682. Voyage dans l'intérieur de la Chine et en Tartarie, fait dans les années 1792, 1793 et 1794, par lord Macartney, rédigé sur ses papiers, sur ceux du commodore Erasme Gower, et des autres personnes attachées à l'Ambassade, par sir Georges Staunton, traduits de l'anglais avec des notes, par J. Castéra, avec 37 planches et 4 cartes gravées en taille douce, par Tardieu l'aîné. *Paris : F. Buisson*, an XII, 1804, 5 vol. in-8, port., mar. citr., dent. tr. d. (*Bozerian*).

1683. Voyage de Levant, fait par le commandement du roy en l'année 1621, par le sieur D. C. *Paris, Adrian Taupinart*, 1645, in-4, veau ant., fil. dent. à froid, frontispice et cartes grav.

1684. Journal d'un voyage sur les costes d'Afrique et aux Indes d'Espagne, avec une description particulière de la rivière de la Plata, de Buenos-Ayres, et autres lieux; commencé en 1702 et fini en 1706. *Amsterdam : Paul Marret*, 1723, in-12, dos de veau fauve, non rogné (*mouillé*).

1685. Voyage pour la rédemption des captifs aux royaumes d'Alger et de Tunis, fait en 1720, par les PP. François Comelin, Philémon de la Motte et Joseph Bernard. *Paris : L. A. Seveste et P.-F. Giffart*, 1721, pet. in-8, v. br., fig. dent. à froid.

1686. De Rochefort. Relation de l'île de Tabago. *Paris, Louys Billaine* : 1666, pet. in-12, v. f., fil. tr. d.

1687. Voyage de Guinée, contenant une description nouvelle et très-exacte de cette côte, par Guillaume Bosman. *Utrecht, Ant. Schouten*, 1705, in-8, v. br., fil., avec pl. et fig.

1688. Voyages et conquestes du capitaine Ferdinand Courtois (Fernand Cortez), és Indes occidentales, hist. trad. de langue espagnole, par Guillaume le Breton, Nivernois. *Paris, Abel L'Angelier*, 1588, in-8, de 416 ff. chiff., v. f. (*Kœhler*).

1689. Voyages en Afrique, Asie, Indes Orientales et Occidentales, faits par Jean Mocquet, garde du cabinet des singularitez du roy, aux Thuilleries, divisez en six livres et enrichis de figures. *Rouen : Jacques Besongne*, 1665, in-12, fig. dos de v. fauve.

3. — CHRONOLOGIE, HISTOIRE UNIVERSELLE.

1690. La mer des histoires (à la fin) : *Cy finist le premier volume de la mer des hystoires Imprime a Paris : pour Anthoine Verard demourant à Lymaige Saint Jehan leuangeliste : deuant la rue Neufue Nostre Dame, ou au palaiz, du premier pillier Deuant la chapelle ou l'on chante la messe de messeignrs les Présidens*, s. d. — Le second volume de la mer des hystoires (à la fin). *Ce present volume fust acheue ou mois de feurier pour Vincent Cōmin marchant demourant a l'enseigne de la rose en la rue noeufue de Nostre Dame de Paris, et imprime par maistre Pierre le Rouge, libraire et imprimeur du Roy Nostre sire l'an Mil cccc. iiij xx et viii* (1488), 2 vol. in-fol. goth. à 2 col., fig. sur bois, mar. bleu, fil. (anc. rel.).

<small>Le premier volume de cet ouvrage rare et bien conservé est ici de la troisième édition, que l'on dit la meilleure; le deuxième est véritablement de la première. Voyez à ce sujet le *Manuel du Libraire*.</small>

1691. Les histoires et chroniques du Monde, tirées tant du gros volume de Jan Zonoras (*sic*, pour *Zonaras*), aucteur byzantin, que de plusieurs autres bons et anciens scripteurs Hebrieus et Grecs, et mises de leurs primes et naïfves langues hébraïques et greques en langage françois, par le commandement de tres illustre, tres haute et tres vertueuse dame et princesse la Royne Catherine, mère du Roy, et présentées à sa Hautesse et Majesté, par Jan de Maumont, traducteur et recueilleur d'icelles. *Paris, Michel Vascosan*, 1561, in-fol., belle reliure du temps, v. br., sablé d'or, fil. écusson et coins, tr. dorées et gaufrées.

<small>Impression remarquablement belle.</small>

1692. Le Grand théâtre historique, ou nouvelle histoire universelle, tant sacrée que profane, depuis la création du monde jusqu'au commencement du xviii° siècle (par Gueudeville). *Leyde, Van der Aa*, 1703, 5 vol. in-fol. fig., reliés en 3 tomes, v. br.

<small>Ouvrage orné d'un très-grand nombre de figures représentant les principaux sujets de l'histoire ancienne et moderne.</small>

1693. Le Théâtre du monde, où il est faict un ample discours des miseres humaines. Composé en latin par P. Boaystuau, surnommé Launay, puis traduit par luy mesme en françois. *Anvers, Christophe Plantin*, 1580, pet. in-16, mar. r., fil. tr. d.

1694. Anclogie de l'abrégé du monde et de ses révolutions. Par E. D. B., sieur de la Tour. *Paris, Fleury Bourriquant*, s. d., in-8, d.-rel., mar. viol.

1695. Histoire du commerce et de la navigation des

Egyptiens sous le règne des Ptolémées. Ouvrage qui a remporté le prix de l'Académie royale des inscriptions et belles-lettres, par M. Ameilhon. *Paris, Saillant*, 1766, in-12, dem.-rel., v. f. (*non rogné*).

1696. L'ordre naturel et essentiel des sociétés politiques, par Le Mercier de la Rivière. *Londres et Paris, Desaint*, 1767, in-4, mar. r., fil. tr. d.
Bel exempl.

1697. Les mœurs et coutumes des Anciens peuples, contenant la diversité du Culte des faux Dieux, de la célébration des mariages et des fiançailles, du Jurement, de l'Education des enfants, etc. *Paris, René Guignard*, 1668, in-12, dos et coins de veau brun.
Dans le même volume: Traité de la Probité. *Paris, Jean Musier*, 1717.

1698. Discours en forme de comparaison sur les vies de Moise et d'Homère. *Paris, Iean Gesselin*, 1604, pet. in-12, mar. bleu, fil. tr. d.(*Duru*).

1699. La Destruction de Hierusalem faicte par Vaspasien, Empereur de Rome, et Titus son filz. Et comme Pilate mourut à Vienne par le jugement et décret de l'empereur et de Senateurs de Rome, iiii Ca. *A Paris, par Nicolas Bonfons, demeurant en la rue neuue nostre Dame, à l'enseigne S. Nicolas. — Cy fine la destruction de Jerusalem et la mort de Pilate. Nouuellement imprimé à Paris*, etc. s. d. Pet. in-4, goth. à 2 col., fig. en bois, mar. bleu, double fil. ornement, tr. d. (*Niedrée*).
Exempl. de Ch. Nodier.

1700. Les très-merveilleuses victoires des femmes du nouveau monde et comment elles doivent à tout le monde par raison commander, et même à ceux qui auront la Monarchie du Monde vieil, à la fin est adjoustee : La Doctrine du siecle doré, ou de l'evangelike regne de Jesus roy des roys, par Guillaume Postel, *sur l'imprimé à Paris de Jehan Ruelle*, 1553, in-12, lavé, réglé. mar. rouge, fil. tr. d. (*anc. rel.*).

4. — HISTOIRE ANCIENNE, GRECQUE ET ROMAINE.

1701. Histoire des quatre empires souverains : assavoir de Babylone, de Perse, de Grèce et de Rome. Par Iean Sleidan. *S. L. Iean Crespin*, 1558, in-8, br. rog.

Exempl. Pixérécourt 3 fo n° 1807

1702. La Cyropédie, ou l'histoire de Cyrus; traduit du grec de Xenophon, par Charpentier (de l'Académie). *Paris*, 1661, pet. in-12, v. f., fil. tr. d.

1703. Histoire d'Herodian, excellent historien grec, traitant des faicts memorables des successeurs de Marc Aurele à l'empire de Rome. Translatée du grec en françois, par Jacques des Comtes de Vintemille, Rhodien. Plus un discours et advertissement aux censeurs de la langue françoise. Avec une table des choses plus remarquables. *Paris, Frédéric Morel*, 1580, in-4, vélin.

1704. Histoire des grands chemins de l'empire romain, contenant l'origine, progrès et étendue quasi incroyable des chemins militaires pavés, depuis la ville de Rome jusques aux extrémités de son empire, par Nicolas Bergier. *Bruxelles, Jean Léonard*, 1728, 2 vol. in-4, v. br.

Exemplaire en grand papier. On trouve dans cet ouvrage, imprimé sur beau papier, une charmante figure allégorique par *B. Picart*, 2 portr., 4 grandes figures et 8 cartes sur demi-feuille in-plano.

1705. Cornelius Nepos. — Crispus Sallustius (en allemand). *Strasburg, bey M. Jacob* (vers 1550), pet. in-fol. vél. avec figures en bois.

1706. L'histoire des empereurs romains, avec leurs

portraits en taille-douce, escrit en latin par Suétone et nouvellement traduit par M. Du Teil, avocat en parlement. *Paris, par la compagnie des libraires,* 1663, petit in-12, veau fauve, double fil. tr. d.

1707. Histoire de Théodose-le-Grand, pour monseigneur le Dauphin, par Fléchier, *suivant la copie imprimée à Paris, chez Sebastien Mabre-Cramoisy,* 1681, in-12, v. f. fil. tr. d. (*Bibolet.*)

5. — HISTOIRE DE FRANCE.

a. — INTRODUCTION.

1708. Bibliothèque des autheurs qui ont escript l'histoire et topographie de la France, divisée en deux parties, selon l'ordre des temps et des matières (par Duchesne). *Paris, en la boutique de Nivelle, chez Sebastien Cramoisy,* 1618, in-8, veau brun fil. (*armorié.*)

1709. La totale et vraye description de tous les passaiges, lieux et destroictz par lesquelz on peut passer et entrer des Gaules es Ytalies. Et fignament par ou passerent Hanibal, Julius Cesar et les treschrestiens, magnanimes et tres puissans roys de France Charlemagne, Charles VIII, Louys XII et le tres illustre roy François a present regnant, premier de ce nom... *On vend lesditz liures a Paris a la rue Saint-Jaques, pres Sainct Yues, a l'enseigne de la croix de boys, en la maison de Toussaint Denys, libraire* (à la fin).... *Impressum est hoc opus Parisius anno dni M. V. C. XV, sumptibus Toussaint Denys,* etc. pet. in-4, v. f.

Ce volume, imprimé en caractères gothiques, contient 28 ff. chiffrés et 12 ff. non chiffrés.

1710. Mémoires géographiques sur quelques antiquités de la Gaule, par M. Pasumot, ingénieur géographe du roi, etc., avec des cartes géographiques

(5). *Paris : Louis Etienne Ganeau*, 1765, in-12, v. fauve, fil. tr. d. (*Duru*), avec les cartes.

Ouvrage rare et savant.

1711. Recueil historique, chronologique et topographique des archevêchez, evêchez, abbayes et prieurez de France.. par Dom Beaunier, religieux bénédictin. *Paris, Mesnier*, 1726, 2 v. in-4, v. m. rare.

1712. La mer des croniques et mirouer hystorial de France, iadis composé en latin par Robert Gaguin, et nouuellement traduict de latin en vulgaire francoys et historié par chascun liure. Leql traicte la source et origine des Francoys et les faictz belliqueux de tous les roys de France.... *Nouuellement imprimé a Paris par Iacques Nyuerd* (à la fin) : *imprimé à Paris pour Philippe le Noir..... l'an mil cinq cens et trente*, pet. in-fol. goth. fig. en bois, veau gaufré, anc. rel.

Cette édition de *Jacques Nyverd* contient 10 ff. j rélim. et 228 ff. chiffr. Le dernier feuillet de notre exemplaire est malheureusement rapporté et manuscrit. (V. Brunet, t. II, 1re part., p. 346-47.)

1713. Antiquités nationales, ou recueil de monuments pour servir à l'histoire générale et particulière de l'empire françois, par Aubin Louis MILLIN. *Paris, Drouhin*, 1790-an VII. cinq vol. in-fol. fig. broch.

Les exemplaires de ce format in-fol. sont rares.

1714. Recueil d'antiquités romaines et gauloises, trouvées dans la Flandre proprement dite, avec désignation des lieux où elles ont été découvertes, par M. J. de Bast. *Gand, A. B. Stéven*, 1808, in-4, fig. v. marb. fil. dent. — Premier et second supplément au *recueil d'antiquités romaines et gauloises...*, en réponse à l'ouvrage intitulé : *La topographie de l'ancienne ville de Gand*, par M. Charles-Louis Diericx. *Ibid. id.*, 1809, 2 parties en 1 vol. in-4, fig. v. marbr. fil. dent. Ensemble 2 volumes.

1715. Recueil de monuments antiques, la plupart inédits, et découverts dans l'ancienne Gaule, ouvrage enrichi de cartes et planches en taille-douce, qui peut faire suite aux recueils du comte de Caylus et de La Sauvagère, par Grivaud de La Vincelle. *Paris, Gillé,* 1817, 2 tomes en 1 vol. gr. in-4. d.-rel. v. br. (40 pl.) — 12 /⁰

1716. Les anciennes et modernes généalogies des roys de France, et mesmement du roy Pharamõd, auec leurs epitaphes et effigies ; nouuellement imprimez a Paris. *On les vend a Paris en la grant salle du palais au premier et second pilliers, par Arnoul et Charles Angeliers frères.* (A la fin.) *Cy finissent, etc., imprimez nouuelle a Paris lan mil cinq cens* xxxix petit in-8. goth. v. f. *(anc. rel.)* — 7 /⁰

<small>Par le Traverseur des voies périlleuses, *Jehan Bouchet*. Cette édition de 1539 a cela de particulier, que les folios et titres courants ne commencent qu'au 8ᵉ feuillet par le chiffre 2, et qu'au lieu de 143 ff. indiqués par le dernier, il en a effectivement 150, indépendamment de 6 ff. prélim. pour le titre, deux épîtres dédicatoires et la table. On y remarque aussi 62 portraits gravés sur bois dans le texte.</small>

1717. L'histoire des histoires, avec l'idée de l'histoire accomplie, plus le dessein de l'histoire nouvelle des François : Et pour avant-jeu, la réfutation de la descente des fugitifs de Troye aux Palus Meotides, Italie, Germanie, Gaule et autres pays, etc. (par Voisin de La Popelinière). *Paris, Mar. Ory,* 1599, 2 t. en un vol. in-8, vélin. — 3 /⁰

1718. C. Sol Apollin. Sidonii Arvernorum episcopi opera, Jac. Sirmondi, Soc. Jesu presb: cura et studio recognita, notisque illustrata, editio secunda. *Paris, Sebastien Cramoisy,* 1652, in-4, veau fauve. *(anc. rel.)* — 6 /⁰

<small>Cette édition, revue par le P. Labbe, est la meilleure des OEuvres de Sidoine Apollinaire.</small>

1719. La grãd monarchie de France, composée par messire Claude de Seyssel...... adressant au roy treschrestien, Francoys premier de ce nom. *On* — 12 les vend en la grand salle du palays, premier pillier, en la bouticque de Galliot du Pré. (A la fin.) Ce present livre a esté achevé d'imprimer à Paris, par Denys Ianot, le dernier iour de décembre, pour Galliot du Pré. S. millésime (1538), in-8. v. fauve. (Kœhler.)

1720. La grād monarchie de France composée par messire Clavde de Seyssel, lors euesque de Marseille et depuis archeuesque de Thurin, adressant au roy tres chrestien, Fracoys premier de ce nom. On les vend en la rue neufue Nostre Dame, par Denys Janot, 1541, in-8. mar. rouge, fil. tr. dor. Janséniste. (Duru.)

1721. La loy salique, livret de la première humaine vérité, par Guillaume Postel. Paris : Lamy, 1780, in-16, pap. de Holl., mar. rouge, fil. tr. d. (Derome.)

Joli exemplaire de Pixérécourt.

1722. Traicté de la loi saliqve, armes, blasons et deuises des François, retirez des anciennes chartres, panchartes, chroniques et annales de France, par C. Malingre. Paris, Clavde Collet, 1618, in-8, mar. r. fil.

Exemplaire de Pixérécourt, orné de neuf écussons aux armes de France gravés sur bois.

1723. Traicté de l'estat et origine des anciens François, par Nicolas Vignier. Troyes, Claude Garnier, 1582, in-4. v. br. fil. (anc. rel.)

1724. De l'état des sciences dans l'étendue de la monarchie françoise sous Charlemagne, par l'abbé Le Beuf, chanoine d'Auxerre. Paris, Jacques Guerin, 1754, pet. in-12. demi-rel.

1725. De l'état des sciences en France depuis la mort de Charlemagne, jusqu'à celle du roi Robert. Dissertation qui a remporté le prix de l'académie des Belles-Lettres en 1737, par M. l'abbé Goujet. *Paris*, 1737, pet. in-8, dem.-rel. v. b.

1726. Les cinq premiers livres de l'histoire françoise, traduits en françois du latin de Paul Emile, par Iean Regnart, angevin. *Paris, Michel Fezandat*, 1556, in-fol. v. f.

Grand de marges.

1727. Histoire des Gaules et conquêtes des Gaulois en Italie, Grèce et Asie, avec ce qui s'est passé de plus mémorable esdites Gaules dès le temps que les Romains commencèrent à les assujetir à leur empire, jusques au règne du roy Jean, par messire Antoine de Lestang, seigneur de Belestang, etc. *Bourdeaus, Simon Millanges*, 1618, in-4, rel.

1728. Le thrésor des histoires de France, réduit par tiltres, partie en forme d'annotations, partie par lieux communs, par Gilles Corrozet, *Paris, Jean Corrozet*, 1622, in-8. vél.

1729. La Gaule poétique, ou l'histoire de France considérée dans ses rapports avec la poésie, l'éloquence et les beaux arts, par M. de Marchangy. *Paris, C. F. Patris*, Juillet 1819, 8 vol. in-8. dos de veau fauve. (*Vogel.*)

1730. Recueil de pièces historiques sur la reine Anne ou Agnès, épouse de Henri 1er, roi de France et fille de Iaroslaf 1er, grand duc de Russie, avec une notice et des remarques du prince Alexandre Labanoff de Rostoff. *Paris, Firmin Didot*, 1825, gr. in-8. mar. fil. tr. d.

Exempl. avec une lettre d'envoi du prince Labanoff à Guilbert de Pixérécourt. Tiré à petit nombre.

1731. Traicté de la régence, par Savaron, *s. l. n. d.*, in-4. parch. fil. (*aux fleurs de lis couronnées*).

Manuscrit original très-précieux, écrit pour la reine Anne d'Autriche, et signé de la main de l'auteur, qui s'y montre fort partisan de la régence des femmes. Il porte aux quatre coins de la couverture des fleurs de lys couronnées. Une note écrite au crayon sur une feuille volante conservée dans le volume dit que c'est bien celui qui fut présenté à la Reyne. La bibliothèque nationale n'en possède qu'une copie *non signée* de l'auteur.»

Ce manuscrit se compose de 23 ff. réglés et non chiffrés. La couverture est affectée d'une large piqûre de ver, laquelle n'atteint pourtant pas le feuillet de garde.

1732. Histoire des croisades, par M. Michaud, avec une carte l'Asie de mineure, les plans d'Antioche et de Jérusalem. *Paris : Ponthieu, 1825*, 6 vol. in-8. dem.-rel.

1733. Les établissements de Saint-Louis, roi de France, suivant le texte original, et rendus dans le langage actuel, avec des notes ; suivis du panégyrique de Saint-Louis, par l'abbé de Saint-Martin. *Paris, 1786*, in-8. portr. dem.-rel. v. fauve (*non rogné*).

1734. Histoire des ducs de Bourgogne de la maison de Valois, 1364-1477, par M. de Barante. *Paris : Delloye, 1839*, 12 vol. in-8. cartes et fig. sur pap. de ch., dos de mar. viol., non rogné, doré en tête. (*Lardière.*)

1735. Vie du cardinal d'Amboise, premier ministre de Louis XII, avec un parallèle des cardinaux célèbres qui ont gouverné des estats, par M. Louis Le Gendre. *Rouen, Robert Machuel, 1726*, in-4, fig., v. br.

1736. Les faictz et dictz de feu de bonne mémoire Maistre Alain Chartier, en son viuant secrétaire du feu roy Charles, septiesme du nom. Nouuellement imprimé, reueu et corrigé oultre les precedentes impressions, et diuisé par chapitres pour plus facilement comprendre le contenu en iceulx. Adiousté le debat du gras et du maigre, qui nauoit encores este imprimé, auec le repertoire des matieres contenues au present volume. Le tout nouuellement imprimé à Paris. *On les vend a Paris en la grant* salle du *Palais, au premier pillier, en la boutique de Galliot Du Pré, libraire iuré en l'uniuersité. Mil cinq cent vingt et six.* Pet. in-fol. goth. à 2 col. de 6 ff. prelim., 126 ff. chiff., et un ff. pour la généalogie de sainct Loys; veau fauve, fil. tr. d. (*Muller*), (*chiffre de A. A.*).

Exemplaire parfait de conservation et de marges.

1737. Ordre des estats tenus à Tours, soubs le roy Charles VIII durant sa minorité (en 1483); ensemble les Harangues, Remontrances, Advis, Consultations Deliberations qui y furent faictes par les députez des trois estats, selon les occurences du temps, et ce qui fut décidé et ordonné par le roy et son conseil sur chacun article d'iceux. *Paris, Jean Corrozet*, 1614, in-8, dos de mar. vert.

1738. Serments prêtés à Strasbourg en 842 par Charles-le-Chauve, Louis-le-Germanique, et leurs armées respectives. Extrait de Nithard, manusc. de la Bibl. du roi; trad. en français, avec des notes grammaticales et critiques des observations sur les langues romane et francique, et un specimen du manuscrit, par M. de Mourcin. *Paris, Didot l'aîné*, 1815, in-8, d.-rel., v. r.

1739. Les alliances par mariage d'entre les maisons royales de France et d'Angleterre (de 904 à 1584). s. l., 1624, pet. in-8, mar. bl., fil. tr. d. (*Duru*).

Pièce très-rare et très-curieuse comme document historique.

1740. L'establissement des estats et offices de la maison et couronne de France; recherché dans les anciens manuscripts des abbayes royalles de S. Denis en France, S. Germain des prez et S. Victor lez Paris; par M. Mathieu, Foresien. *Par Nicolas Roussel*, 1616, pet. in-8, v. m.

1741. Histoire de notre tems, faite en latin par M. Guillaume Paradin, et par lui mise en françois.

Depuis par lui mesme revue et augmentée outre les précédentes impressions. *Lion, Jan de Tournes et Guil. Gazeau,* 1558, petit in-12 de 909 pages, v. f. fil. (*Kœhler*).

[b. — HISTOIRE DE FRANCE. 1515-1569.

1742. L'entrée et reception de Messieurs les enfans de France, avec la reception de la reyne Alienor qui fut le vendredy premier jour de juillet mil cinq cens et trente, MS. figuré (ou simulé) sur velin, in-4 de 4 ff., *armes et majuscules en couleur,* mar. bleu, fil. tr. d. (*Duru*).
Réimpression sur peau vélin.

1743. In Lodoicæ Matris mortem, Epitaphia Latina et Gallica. Epitaphes a la louenge de ma dame mere du roy, faictz par plusieurs recommendables autheurs. *On les vend a Paris devant l'esglise de la Magdeleine, a l'enseigne du Pot cassé.* (*Par Maistre Geofroy Tory de Bourges, marchant libraire et imprimeur du roy, le 17 octobre 1531*); petit in-4 de 10 ff., mar. noir, tr. d. (*Duru*).
Remarquable exécution typographique.

1744. La grand victoire du tres illustre roy de Poloine, contre Vayeuode duc de Muldauie, tributaire et subiect au grand Turc, faicte le xxii iour daoust, lan mil cinq cens trente et ung, translatée de latin en françois. *Imprime a Paris a lescu de Balle, lan* MDXXXI *le quatorziesme de nouembre.* (A la fin). Icelle histoire de ceste presente victoire est extraicte des lettres du roy de Poloine, et daulcuns autres, lesqlz ont tout escript plus proprement. *Donné a Bruxelles en la court de Lempereur, le xxiiii de septembre mil cinq cens trente ung;* in-4 de 4 ff., n. chiff., mar. vert dent.
Exempl. A. Audenet.

1745. C'est l'ordre qui a esté tenu à la nouvelle et ioyeuse entrée que treshault, tresexcellēt, et trespuissant prince le roy treschrestien Henry deuxieme de ce nom a faite en sa bonne ville et cité de Paris, capitale de son royaume, le seizieme iour de iuin M. D. XLIX. *On les vend à Paris, chez Iacques Roffet dict le Faulcheur, en la rue Gervais Laurës, à l'enseigne du Soufflet, près Saincte Croix en la Cité*; in-4 de 38 ff. dos et coins de mar. violet (*Duru*).

Cette pièce est ornée de 44 gravures en bois représentant les principales décorations de cette entrée.

1746. Apologie de Marus Equicolus, gentilhomme italian, contre les mesdisantz de la nation françoise; traduicte de latin en françois. *Paris, on les vend par Iehan Bonfons, libraire demourant à l'enseigne Sainct Nicolas, en la rue Neufue Nostre Dame,* 1550; in-8, d.-rel., v. bl. (*le titre est fatigué*).

1747. Les grāds triumphes faictz a lētree du treschrestien et victorieux roy Henry second de ce nom, en sa noble ville, cité et uniuersité de Paris. *On le vend à Paris par Iehan Laumussier librayre*, S. D.; pet. in-8 de 16 ff. non chiff. en caract. goth., mar. rouge, fil. tr. d. (*Bauzonnet*).

Superbe exempl. de ce volume rarissime.

1748. Lettres inédites de Henri II, Diane de Poitiers, Marie Stuart, François, roi dauphin, etc., adressées au connétable Anne de Montmorency, et extraites du Philologue, ouvrage périodique de J.-B. Gail, ou correspondance secrète de la cour sous Henri II, avec estampe et *fac-simile* de l'écriture des principaux personnages, d'après un manuscrit inédit de la Bibliothèque du roi; par J.-B. Gail. *Paris, Fain,* 1818, in-8, cart. *non rogné,* 9 pl.

1749. Seconde apologie contre les calomnies des impériaux, sur les causes et ouverture de la guerre.

Lyon, Macé Bonhomme, 1552, 32 ff. in-4, d.-rel. et coins v. f., non rogné.

3   2/   1750. Recueil de diverses ordonnances et lettres missives d'Henri II s., l., privilége de 1553, pet. in-8, d.-rel., mar. vert.

Ce recueil, imprimé en caractères gothiques, comprend 14 ff. non chiff. La matière commence au verso du premier feuillet, et le verso du dernier est occupé par le signe de Jacques Nyverd.

1   1/o 1751. Briefue instruction pour tous estats, en laquelle est sommairement déclairé comme chascun en son estat se doit gouverner, et vivre selon Dieu. *Paris, Philippe Danpie et Richard Breton*, 1558, in-4, pap. vél., imprimé en caractères dits de *civilités*, d.-rel. mar. vert.

2   1/o 1752. Gabrielis prateoli Marcossii, sermones duo panegyrici : unus in funere Henrici Valesii, huius nominis secundi Francorum regis, die suarum exequiarum habitus Lutetiæ idibus Augusti, 1559. De jucunda Francisci Valesii huius nominis secundi, Francorum regis, apud Remos inauguratione, quam sacrum, seu sacram inunctionem vocant. *Parisiis, apud Gabrielem Buon*, 1559, 52 ff. chiff. in-8 cart.

16   1753. Henrici II Galliarum regis elogium, cum eius verissime expressa effigie, Petro Paschalio autore ; ejusdem Henrici tumulus, autore eodem. *Lutetiæ Parisiorum, apud Michaëlem Uascosanum*, 1560, in-fol. d.-rel. et coins mar. r.

Cet éloge en latin occupe 19 pages. Entre les pages 4 et 7 se trouve un portrait de Henri II sur le verso d'un feuillet qui tient lieu des 5e et 6e p. Viennent ensuite 6 feuillets non chiffrés, dont le 1er, le 3e, le 4e, le 5e et le 6e portent des cadres gravés, occupés, le 1er par une répétition du titre, les autres par des inscriptions latines, et dont le 2e contient en recto l'effigie du tombeau de ce roi, gravure très-remarquable comme dessin et comme exécution sur bois. Ce volume renferme en outre la traduction française de l'*Elogium*, par Lancelot de Carle, évêque de Riez, 14 pages et un feuillet pour le privilége. La traduction italienne du même discours, par Ant. Caracciolo, 16 pages. Enfin, une version espagnole de la même pièce, par Garci Sylves, de Tolède, 13 pages. Ce livre est un petit chef-d'œuvre typographique pour son époque. Nous ne comprenons pas la différence que Brunet établit entre cette édition de 1560 et de Vascosan, et celle du même et de la même date dont il parle à la fin de la note qu'il consacre à cet ouvrage.

1754. Le tygre; satyre sur les gestes mémorables des Guisards, 1561. *Nouvellement imprimé à Douai*; in-8, d.-rel. v. vert.

<small>Réimpression de cette satyre en 7 ff. in-8°, faite à Douai, en 1842, par les soins de M. G. D. (Duplessis), chez Adam d'Aubert, et tirée seulement à 25 exemplaires.</small>

1755. Traicté de l'origine, progrès et excellence du Royaume et Monarchie des François et Coronne de Franc (*sic*), œuvre monstrant que toutes Monarchies, Empires, Royaumes et Seigneuries sont périz et ruinez par l'idolatrie ; par Messire Charles Du Molin, Docteur es Droicts, etc. *Paris, en la rue des Porées, a l'enseigne S. Julien, près le Collège de Calvy*, 1561, in-8, v. f., fil. tr. d. (Kœhler).

1756. L'histoire des scismes (*sic*) et heresies des Albigeois, conforme à celle de présent, etc., par Iean Gay, de Tholose. *Paris, Pierre Gaultier*, 1561, pièce de 53 pages, et 55 avec les permis d'imprimer ; petit in-8, d.-rel. dos et coins mar. r. à toute marge.

1757. Responce par le chevalier de Villegaignon aux remontrances faictes à la royne mere du roy. *Paris, André Wechel*, 1561, in-4, parch.

1758. Recueil de pièces, pet. in-8, d.-rel., savoir :

<small>Edits, déclarations et lettres-patentes de Charles IX. — 1° Edict et déclaration faicte par le roy Charles IX de ce nom sur la pacification des troubles de ce royaume. *Paris*, Robert Estienne, 1563 (18 p.). — 2° Déclaration et interprétation du roy sur l'edict de la pacification, etc. *Paris, ibid.* (23 p.). — 3° Commission expédiée par le roy pour envoyer par les provinces de ce royaume certains commissaires pour faire entretenir l'édict et traité, etc. *Ibid.* (44 p.). — 4° Lettres-patentes du roy, pour la restitution, restablissement et payement des dismes, et autres biens mal detenuz, appartenant aux gens d'Eglise. *Paris*, pour Iean *Dallier*, 1563 (8 pages). — 5° Lettres-patentes dv roy pour eriger et entretenir vn maistre d'escole en la ville de Paris. *Paris, ibid.*, 1564 (7 pages). — Petit-in-8, dem.-rel. mar. r.</small>

1759. La vie de messire Gaspar de Colligny, seigneur

de Chastillon, admiral de France, a laquelle sont adjoustés ses mémoires sur ce qui se passa au siège de S. Quentin. *Leyde, Bonaventure et Abraham Elzevier, s. d.* in-12. mar. brun, fil. tr. d. (*Kœhler.*)

1760. Discours sur ce que les pilleurs, voleurs et brusleurs d'églises disent qu'ilz n'en veulent qu'aux moynes et aux prestres, par Gentian Heruet d'Orléans. *Imprimé a Rheims, et se vendent a Paris, chez Nicol Chesneau, a l'enseigne de l'escu de Froben et du chesne verd,* 1563, in-8. mar. bleu, fil. tr. dor. Janséniste. (*Duru.*)

1761. Discours sur le faict de la reformation de l'église, par Francoys Balduin, et par lui envoye a un grand seigneur de France, avec la response dudit seigneur, *s. n. de v. ni d'imp.*, 1564, petit in-4. de 20 ff. non chiffrés, mar. rouge, fil. tr. d. (*Duru.*)

Cet opuscule n'est point mentionné dans la Bibliothèque historique de la France.

1762. 3 Pièces historiques de 1567-78 en un vol. in-8. cart.

Lettres de deux gentils-hommes freres estant en l'armée du Roy, conduite par Mgr le prince de Condé, a un leurs freres estant pres de la personne du Roy. *S. n. de v. ni d'imp.* 1567, in-8 de 7 ff non chiff. — Recueil des actes, faicts et dits memorables advenus, tant de la part du Roy, Mr le conestable commis pour sa Majesté, etc., depuis le 18 octobre 1567 jusqu'a present. *S. n. de v. ni d'impr.* 1568 (39 ff.) — Lettres du Roy, par lesquelles il veult et ordonne que ceux de la religion pretendue reformée soyent receus à faire leurs plainctes et doleances, etc. *Paris, Robert Estienne*, 1568, in-8, 7 ff.

1763. Les tombeaus et discours des fais et deplorable mort de tres debonnaire et magnanime prince Claude de Lorraine, duc d'Aumalle, etc., par Jean Heluis de Beauvoisis. *Paris : Par Denys du Pré, s. d.* (1568), in-8. de 12 ff. prelim. 78 pages et le privilège, demi-rel, dos de mar. bleu.

C. — HISTOIRE DE FRANCE. 1570-1580.

1764. Considération sur l'histoire françoise et l'universelle de ce temps, dont les merveilles sont succinctement récitées, par Louis Le Roy, dict Régnier. a la royne mere du Roy. *Paris, Federic Morel*, 1570, 17 pages in-8. d.-rel. et coins mar brun.

1765. Remonstrance pour le roy à tous ses subiects a fin de les incliner à la paix (en vers), par J. de La Taille de Bondaroy. *Paris*, 1571, 8 ff. in-8. mar. vert russe, fil. tr. d. (*Duru.*)

1766. Alegresses av pevple et citoyens de Paris, sur la reception et entrée de tres-illvstre et tres-heroique princesse Elisabeth d'Autriche, royne de France, en sa bonne ville de Paris. *Paris, Geruais Mallot*, 1571, pet. in-8. mar. r. fil. tr. d. (*Duru.*)

Cette pièce, composée de 19 ff. chiffrés, à l'exception du dernier, est suivie d'une autre pièce en vers de 9 ff. non chiff., intitulée : — Description des appareilz, arcs triumphaux, figures et portraictz dressez en l'honneur du Roy, au iour de son entrée en la ville de Paris, le sixieme iour de mars M.D.LXXI. *Paris, Denys Verd, imprimeur erdinaire du Roy*. S. d.

1767. Petri Carpenterii, J. C., epistola ad Franciscum Portum Cretensem, in qua docetur persecutiones EcclesiarumGalliae,non culpa eorum qui religionem profitebantur sed eorum qui factionem et conspirationem (quæ caussa appellabatur), fouebant, accidisse. *s. n. de v. nt d'imp.*, 1572, in-8. de 35 ff. chiffrés, *cart.*

1768. Recueil sur les finances, in-8. d.-rel.

Deux édits de Charles IX. — 1° Edict et reglement sur les traictes et transport des bleds et grains dedans et dehors le royaume de France. *Paris, Federic Morel*, 1572 (24 pages). — 2° Edict et ordonnance dv roy svr la nouvelle creation et establissement de seize offices de thresoriers, pour estre exercez alternatifuemēt par ceulx qui en seront pourueus, en seize prouinces de France. *Paris, ibid.* (16 pages avec le privilége et le fleuron de l'imprimeur).

1769. Correspondance du roi Charles IX et du sieur Mandelot, gouverneur de Lyon, pendant l'année 1572. Lettre des Seize au roi d'Espagne Philippe II, année 1591. *Paris, Crapelet*, 1830, gr. in-8. dos de veau.

<small>Un des sept exemplaires imprimés sur grand papier jésus de Hollande, pour joindre à la collection de Crapelet.</small>

1770. François de Belle-Forest, Comingeois. Discours svr l'heur des présages advenuz de nostre temps, signifiantz la félicité du regne de nostre roy Charles neufiesme tres-chrestien. *Paris, pour Robert le Mangnier, libraire, rue Neufue-Nostre-Dame*, 1572, pet. in-12. v. f. fil. tr. d. (*Duru*.)

<small>Dédié à René Voyer, vicomte de Paulmy, gouverneur de Touraine.</small>

1771. Bref et sommaire recueil de ce qui a esté faict, et de l'ordre tenue (*sic*) à la ioyeuse et triomphante entrée de tres-puissant, tres-magnanime et tres-chrestien prince Charles IX de ce nom.... en sa bonne ville de Paris, etc., avec le couronnement de tres-haute, tres-illustre et tres-excellente princesse madame Elizabet d'Autriche, son espouse, et entrée de ladite dame en icelle. *Paris, Denis du Pré*, 1572, in-4. vélin, fig. en bois.

<small>Cette relation est divisée en trois parties : la première comprend 54 ff. et 10 grav. sur bois ; la deuxième, 40 ff. sans gravures ; et la troisième 26 ff. et 6 grav.</small>

1772. Brief discours sur les troubles qui depuis douze ans ont continuellement agité et tourmenté le royaume de France, et de la deffaicte d'aucuns chefs plus segnalez des mutins et seditieux qui les esmouvoyent et mettoyent sus quand bon leur sembloit, avec une exhortation a iceux mutins de bien tost abiurer leur erreur et hérésie, par Iean de Masle, angevin. *Lyon : Benoist Rigaud*, 1573, 14 ff. in-12, chiff. rel. pleine, en mar. bleu du Levant, triple fil. tr. d. (*Kœhler*.)

<small>« Pièce très-rare.... (*Bibl.* de Lacroix du Maine et Duverdier.) Elle ne fait point partie du recueil des œuvres de l'auteur, publié en un vol. pet. in-12.
» L'abbé Goujet, qui donne une assez longue notice sur l'auteur, ne parle en aucune manière de cette pièce. (Voyez *Bibl. franç.* t. XII, pages 380-92.) » (Note au crayon sur la 2° garde du livret).</small>

HISTOIRE. 333

1773. Harangue faicte au roy par monseigneur l'illustrissime cardinal de Lorraine, au departement du clergé à Fontainebleau le 28 mai 1573. *Lyon : Benoist Rigaud*, 1573, in-8, dos et coins de mar. vert.

1774. Ornatissimi cuiusdam viri, de rebus Gallicis, ad Stanislaum Elvidium (Pibracii) Epistola. *Lutetiæ, apud Federicum Morellum*, 1573, 46 pages in-8, cart.

1775. Advertissement envoyé à la noblesse de France, tant du parti du roy que des rebelles et conjurés. *Paris, Jean Poupy*, 1574, 20 ff. in-8. cart.

1776. Arrest portant défenses d'aller ou députer aux Estats, mandez par le sieur d'Ampville au sixiesme du présent mois à Montpelier. *Imprimé à Tolose par Jaques Colomiez ; Paris, Guillaume Chaudière*, 1574, petit in-8, de 4 ff. dos de mar. vert.

1777. Remonstrance au roy. (Signée Lodovico Gonzaga, et suivie de copie de lettres, requestes, etc). *S. n. de v. ni dimp. et s. d.* (*Lyon*, 1574), in-8, de 48 pages, cart.

1778. Le sacre et couronnement du roy de France avec toutes les cérémonies, prières et oraisons, qui se font ausdits sacre et couronnement en l'Eglise Métropolitaine et Archiépiscopale de Rheims (par J. de Boigny). *Rheims : Jean de Boigny*. 1575. — Discours du sacre et couronnement du très-chrestien roy de France, en forme d'Epistre, par F. Jean Champagne. *Idem.*, *idem.* Deux pièces en 1 vol. in-8, dos de veau fauve.

1779. Discours véritable sur ce qui est advenu touchant l'alborote et esmotion des Espaignolz mutinez es isles de Zelande, incontinent apres la prinse de Ziericzée, le second de juillet 1576. *Imprimé en*

334 HISTOIRE.

la ville de Bruxelles, par Michiel de Hamont, 1576, in-4. de 4 ff. non chiffrés, dos de mar. rouge.

1780. Edict du roy (Henry III), sur la pacification des troubles de ce royaume. Leu et publié, ledit seigneur séant en son parlement, le xiiiij iour de may 1576. *Paris, Federic Morel*, 1576, in-8, v. f.

1781. La France-Turquie, c'est-à-dire, conseils et moyens tenus par les ennemis de la couronne de France pour rendre le royaume en tel estat que la tyranie turquesque. *Orléans*: Thibaut des Murs, 1576, in-8, mar. vert. fil. tr. d.

<small>Satyre très-vive contre le gouvernement. Ce volume très rare se compose, sous une même pagination, des trois ouvrages suivants : — 1º Conseil du chevalier Poncet, etc. — 2º L'Antipharmaque du chevalier Poncet. — 3º Les lunettes de christal de roche, pour servir de contre-poison au précédent.</small>

1782. Discours de l'assemblée générale des Estatz, tenuz en la ville de Bloys, commencez le jeudy sixieme jour de décembre mil cinq cens septante six. *Lyon : Benoist Rigaud*. 1576, in-8, de 13 pag. Recueil de tout ce qui s'est négocié en la compagnie du tiers Estat de France, en l'assemblée generalle des trois Estatz, assignez par le roy en la ville de Bloys, au XV novembre 1576. s. n. de v. ni d'imp. 1577, in-12, de 141 pages, mal chiff. 129, 2 pièces en 1 vol. mar. bleu, fil. tr. d. (*Duru*).

1783. Bref et utile discours sur l'immodestie et superfluité d'habits. Avec une fidelle traduction françoise de deux oraisons latines, prises de Tite-Live: l'une de M. Portius Cato, l'autre de L. Valerius, par M. H. C. P. A. L. Sur la fin est mise la déclaration du roy sur la réformation des habits. *Lyon, Antoine Gryphius*, 1577, 71 pp. in-4, v. br. fil.

1784. Edit du roy Henry sur le faict des Hostelleries, Cabarets et Tavernes ordinaires de ce royaume, et de ne les tenir sans lettres et permission du dict seigneur ; avec les exemptions, franchises et règlements de ceux qui y seront pourveuz ; publié en la cour de Parlement à Dijon, le 24 d'avril 1578. *Dijon, J. Des Planches,* 1580, in-8, de 8 ff. — Ordonnance du Roy contre les Blasphemateurs, Berlandiers, Taverniers, Cabaretiers, Basteleurs et autres personnes faisans exercice de jeux dissolus. *Paris, Federic Morel,* 1588, in-8 de 16 pages, 2 pièces en un vol. mar. bleu, tr. d. (*Duru*).

1785. Westspiegel oder Algemeiner wiederwertikleit desz fumften Kirchen-Alters furke verzeignuz. (Réflecteur du monde, ou courte analyse des maux généraux du cinquieme age de l'église, dans lequel est a voir ou pour bien dire se trouve expliquée la course et menace de la comète, ou verge menaçante de Dieu qui a paru dans le haut du ciel le 11 novembre 1577 ; par Théodore Graminée.) *Cologne, Ludovicum Alectorium,* 1578, in-4, goth. de 96 pp., mal chiff., 84 fig. en bois, dem.-rel.

1786. Synopsis de restitutione calendarii, authore Francisco Iunctino, florentino... *Lugduni, apud Philippum Tinghium,* 1579, 24 pages in-4, dem.-rel. mar. rouge.

_{On a joint à cette pièce une circulaire du cardinal de Bourbon, datée de 1582, portant règlement pour la réformation du calendrier déterminée par les bulles et ordonnances de Grégoire XIII, et en conformité des lettres du roi. *Rouen, Richard l'Allemand,* 1582, demi-feuille in-plano.}
_{On sait que c'est de cette époque que date la réforme du calendrier.}

1787. Complainte à tous les estats de France cruellement brigandés et tyrannisés par les cruels bourreaux et sanguinaires le cardinal de Lorraine, et son frère de Guyse, deux brigans non seullement des corps et biens, mais (qui est plus lamentable) des pauvres ames. S. n. de v. ni d'imp. s. d., in-8, de 15 ff. non chiffrés, mar. bleu, double fil. ornements, tr. d. (*Duru.*)

1788. Recueil de diverses pièces servant à l'histoire de Henry III, roy de France et de Pologne. *Cologne, Pierre Marteau*, 1666, in-12, v. granit, fil. tr. d.

<small>Ce recueil contient : — 1° Journal du règne de Henri III, composé par M. S. A. G. A. P. D. P. (M. Servin, avocat général au parlement de Paris [extrait des Mémoires de Pierre de l'Estoile]). — 2° Le divorce satyrique, ou les amours de la reine Marguerite de Valois, sous le nom D. R. H. Q. M. (par Pierre-Victor Palma-Cayet). — 3° Le grand Alcandre, ou les amours du roi Henri-le-Grand, par M. L. P. D. C. (Mme la princesse de Conti), sur l'impression de Paris de l'an 1661. — 4° Apologie pour le roi Henri IV, par Mme la duchesse de Rohan. — 5° Discours merveilleux de la vie de Catherine de Médicis (*attribuée à Henri Estienne*). — 6° La confession de M. de Sancy, par L. S. D. S. (par T. A. d'Aubigné), auteur du *Baron de Feneste*.
La troisième de ces pièces est suivie d'une clef ou explication des noms propres déguisés dans l'*Histoire des amours d'Alcandre*.</small>

1789. Discours merveilleux de la Vie, Actions et Déportemens de Catherine de Médicis, Royne-mère ; déclarant tous les moyens qu'elle a tenus pour usurper le Gouvernement du Royaume de France et ruiner l'estat d'iceluy, *Selon la copie imprimée à Paris*, 1649, in-8, mar. bleu, tr. d. (*Duru*).

d. — HISTOIRE DE FRANCE. 1584-1611.

1790. Le Boutefeu des calvinistes, depuis n'aguere envoyé en Ambassade par le Roy de Navarre a quelque partie des Estatz de l'Empire, pour troubler la Religion et Republique, et rallumer les feus des guerres civiles par toute la Chrestienté, traduit de Latin en François pour le bien et proffit de toutes gens de bien, et amateurs de leur salut. *Francfort*, s. n., 1584, petit in-8, de 142 pages, dos et coins mar. rouge.

1791. Déclaration du Roy de Navarre (Henry IV) sur les Calomnies publiées contre luy ès protestations de ceux de la Ligue qui se sont eslevez en ce royaume. Avec Privilege, *A Ortes*, 1585, in-8, mar. noir, fil. tr. d. (*Duru*).

1792. Edict und Mandat Konigflicher Manestat inn Franckreich. (Edit et mandat des états généraux en France, sur l'incorporation de ses sujets dans la religion catholique, apostolique et romaine; lu et publié à la cour du parlement à Paris en présence du Roy le 18 juillet, traduit depuis peu du françois), *s. l.*, 1585, in-4 de 4 ff., dos de veau fauve.

1793. Remonstrance du clergé de France faite au Roy le 14 octobre 1585 par M. l'évêque et comte de Noyon, pair de France, assisté de Mgrs de Bourbon, de Guise, etc. *Paris, Jean Richer*, 1585, in-8 de 32 ff. chiffrés, *cart.*

1794. Déclaration des causes qui ont esmeu la royne d'Angleterre a donner secours pour la defence du peuple affligé et oppressé es Païs Bas. *Londres, Christophle Barquer*, 1585, petit in-8 de 1 ff. et 28 pages. — Addition à la déclaration précédente, concernant les diffames publiez contre Sa Majesté; in-8 de 7 pages, en tout 2 pièces en un vol. in-8, mar. bleu, fil. tr. d. (*Kœhler*).

1795. Declaration des causes qui ont meu Monseigneur le cardinal de Bourbon et les pairs, princes, prélats, seigneurs, villes, et communautez catholiques de ce royaume, de s'opposer par armes a ceux qui veulent subverter la religion ; *s. l.*, 1585, in-8 de 15 pages, dos et coins de mar. bleu.

1796. De la commodité de l'appanage ou panage de Messieurs les enfans puisnez de la Royale Maison de France en prouvant laquelle plusieurs belles choses, estans de longtemps en obscurité, sont à présent mises en lumiere ; par Clement Vaillant de Beauvais, advocat en Parlement. *Paris, Guillaume Linocier*, 1585, in-8 de 4 ff., prélim. et 31 ff. chiffrés, *cart.*

1797. Apologie catholique contre les libelles, declarations, advis, consultations faites, escrites, et publiées par les liguez perturbateurs du repos du Royaume de France qui se sont elevez depuis le decez de feu Monseigneur frere unique du Roy; par E. D. L. J. C. (Pierre de Belloy). *Imprimé nouvellement*, 1586, petit in-8, mar. r., fil. tr. d. (*Derome.*)

1798. De la vertv de noblesse; avx roys, princes et gentilshommes très-chrestiens; par Iean de Cavmont, Champenois. *Paris, Iean Charron*, 1586, pet. in-8, d.-rel. mar. rouge.

1799. Briefve responce d'un catholique françois à l'apologye ou deffence des ligueurs et perturbateurs du repos public, se disant faussement catholiques, unis les uns avec les autres. A Bordeaux, 1586, petit in-4, veau fauve, fil. tr. d. (*Duru*).

1800. Response d'un gentilhomme françois à l'advertissement des catholiques anglois, en laquelle il traiste la question si pour chasser l'heresie il faut tuer les hereticques et leur faire la guerre. s. l., 1587, in-8, veau fauve, fil. tr. d. (*Kœhler*).

1801. La défaicte des Reistres et autres rebelles, par Monseigneur le duc de Guyse. *Paris, Denis du Pré*, 1575. — La nouuelle déffaicte des reistres par Monseigneur le duc de Guyse, faicte le dimanche vingt-deuxiesme iour de nouembre mil cinq cens quatre vingts-sept, ensemble le nombre des morts et prisonniers. s. l. *Didier Millot*, 1587. — La nouuelle défaicte et surprinse des Reistres... faicte mardy matin 24 nouembre 1587, dedans Aulneau. s. l. *Didier Millot*, 1587, in-8, mar. bleu, fil. tr. dor. *Janséniste* (*Duru*).

1802. Advertissement à tous bons et loyaux subjects du Roy, ecclésiastiques, nobles, et du Tiers-estat, pour n'estre surprins et circonvenuz par les propositions colorées, impostures, suggestions, et suppositions des conspirateurs, participans et adherens a la pernitieuse et damnée entreprise faicte et machinée contre le Roy, nostre souverain seigneur, et son estat. *Paris, Michel des Roigny*, 1587, in-8 de 12 ff. non chiffr., v. fauve, fil. tr. d. (*Duru*).

On lit à la fin : *C'est à Pierre du Monstier*. Ce Pierre du Monstier était un habile peintre qui a laissé un nom comme dessinateur.

1803. Sept pièces historiques et politiques de 1587. In-8, cart.

1° Lettre d'un gentilhomme catholique françois à messieurs de la Sorbonne de Paris sur la nouvelle victoire obtenue par le roy de Navarre contre monsieur de Joyeuse, à Coutras. *s. l.* (60 pages, plus un feuillet occupé par un cantique). — 2° Bref discours au roy, suivant la protestation qu'il a fait (*sic*) de prendre les armes pour la tuition et la défense de la religion catholique. *Paris, Guillaume Linouir* (16 pages). — 3° Advertissement des advertissemens au peuple tres chrestien, par Iean de Caumont, Champenois. *s. l.* (23 feuillets). — 4° Discours sur les remonstrances et reformations de chacun estat, et déclaration de l'obéissance du peuple aux roys et princes; et de l'amour et dilection, charge et devoir desdicts seigneurs envers le peuple, par toutes les nations chrestiennes. *s. l.* (22 pages). — 5° Advertissement du moyen par lequel tous troubles et differens de ce temps seront assopis et ostez, par M. M.-R. Benoist. *Paris, Veuve Laurent du Coudret* (16 pages). — 6° Advertissemens à tous bons et loyaux subiects du roy, ecclésiastiques, nobles, et du tiers estat, pour n'estre surprins et circonvenuz par les propositions colorées, impostures, suggestions, et suppositions des conspirateurs, participans et adhérens à la pernicieuse et damnée entreprise faicte et machinée contre le roy.... et son estat. *Paris, pour Michel de Roigny* (12 ff. non chiff.). — 7° Exhortation aux catholiques de se reconcilier les uns aux autres pour se deffendre des hérétiques. S. l. (31 p.).

1804. Huit pièces historiques de 1588. In-8, cart.

1° Advertissement aux trois Estats de France assemblez en la ville de Blois, pour obtenir de Sa Majesté l'interpretation d'une clause de son dernier edict de réunion faulsement exposée par les heretiques et politiques leurs associez. *s. l.* (22 pages). — 2° Propos tenus au roy à la presentation de la requeste des princes, seigneurs et communautez de l'union pour la deffense de la religion catholique, apostolique et romaine. *Paris, N. Nivelle* (6 pages). — 3° Propos tenus par les deputez de la ville de Paris (aux états de Blois). *s. l.* n. d. (7 pages). — 4° Declaration du roy sur son edict de l'union de tous ses subiects catholiques. *Paris, Fed. Morel* (17 p. et 2 p. pour le privilége). — 5° Edict du roi pour l'establissement d'un asseuré repos au faict de la religion catholique, apostolique et romaine, et union de ses sujects catholiques avec Sa Majesté, pour l'extirpation des scismes (*sic*) et heresies par tout son royaume, pays et terres de son obéissance. *Paris* (15 p.). — 6° Advis d'un prélat de France contre les piperies des ministres des églises nouvelles à messieurs les gentils-hommes seduicts. S. l. (4 ff non chiff.). — 7° La descouverture des deniers salez, dediée au roy, et à messieurs des estats de Blois, etc. *Paris, Denys Duval* (14 p.). — 8° Coppie d'une lettre escrite au roy, et extraict d'une autre aux princes et seigneurs françois, le 17 jour de may dernier, par M. le duc de Guyse. *iouxte la coppie de Didier Millot.* (8 ff. non chiff.).

1805. Breve descrizione della pompa funerale fasta nelle essequie del serenissimo D. Francesco Medici II, gran duca di Toscana. *Fiorenza*, 1588, 15 pp. in-4, d.-rel., v. f.

1806. Les propos que le roy a tenuz a Chartres aux députez de sa cour de Parlement de Paris. *Paris, jouxte la copie de Pierre L'Huillier*, 1588, in-12 de 13 pages, d.-rel.

1807. Le procez verbal d'un nommé Nicolas Poulain, lieutenant de la prevosté de l'Isle de France, qui contient l'histoire de la ligue depuis le second janvier 1585 jusques au jour des Barricades, *escheves* le 12 May 1588, s. l., s. d., in-8 de 41 pages, dos de mar. rouge.

1808. Francisci Fabricii de motibus gallicis relatio ; s. l., 1588, in-8 de 28 ff., chiffrés, carton.

1809. Ad tractatum Matthæi Zampini J. C. Recanatensis, de successione prærogativæ primi Principis Franciæ, Ornatiss. viri P. C. A. F. Ciuis Parisiensis, et Regii Consiliarii Responsio ; s. l., 1588, in-8, 60 pages et un ff. non chiffrés, carton.

1810. La vertueuse patience des catholiques. s. l., 1588, 8 ff., pet. in-8 non chiffr., d.-rel., mar. vert.

On a joint à cette pièce un *Advis de maistre Pierre Du four l'Evesque sur les trois estats*, pièce petit in-fol. à 2 col. repliée dans le volume.
Sur ce Pierre Dufour Lévèque et autres personnages satyriques ou comique, *ejusd farinæ*, voyez le catalogue Leber.

1811. Av Roy mon bon maistre povr les affaires

expresses de Sa Majesté. *s. l.*, 1588. — Harangve povr les estats. S. l., 1588. — Bon advis et necessaires remonstrances povr le soulagement des pauures du tiers estat; en un vol. petit in-8, mar. vert, fil. tr. d. janséniste (*Duru*).

La première pièce est signée Chicot. Chicot est un nom *supposé*, et l'on sait que ce nom est connu pour être celui du bouffon de Henry III. Il existe plusieurs facéties politiques sous le nom de Chicot.

1812. Advertissement de l'armée que dresse le Roy de France contre les hérétiques du pays de Poictou; ensemble ce qui s'est passé en la ville d'Angoulesme, entre les habitans d'icelle et Monsieur le duc d'Espernon. *Paris, Pierre des Royes*, 1588, in-8, dos de mar. bleu.

1813. Journal des choses mémorables advenues durant tout le règne de Henry III, Roy de France et de Pologne, *s. l.*, 1624, in-8 de 132 pages. — Le procez verbal d'un nommé Nicolas Poulain, lieutenant de la prevosté de l'Isle de France, qui contient l'histoire de la ligue, depuis le second janvier 1585 jusques au jour des Barricades, escheves le 12 may 1588; *s. l. ni date*, in-8 de 41 pages, mar. violet, tr. d. (*Duru*).

Première version du Journal de l'Etoile.

1814. Remostrances très humbles av roy de France et de Pologne Henry troisiesme de ce nom; par vn sien fidelle officier et subiect, sur les désordres et misères de ce royaume. S. l., 1588, petit in-8, v. f. fil. tr. d.

1815. Raisons et causes de préséance entre la France et l'Espagne, proposées par un nomé Augustin Cranato, Romain, pour l'Espagne, et traduit d'italien en françois, ensemble les responces et défences pour la France à chacune d'icelles: faites par M. Vignier, de Bar-sur-Seine, historiographe du roy dès l'an 1589. *Paris, Olivier de Varenne*, 1610, in-8, de 4 ff. prélim. 69 ff. chiff. et un ff. pour le privil. cart.

1816. Pièces curieuses contre Henri III.

<small>1° Advertissement particulier et véritable de tout ce qui s'est passé en la ville de Tholose depuis le massacre et assassinat commis en la personne des Princes catholiques, touchant l'emprisonnement et mort du premier président et advocat du roy d'icelle, que de plusieurs autres choses dignes d'estre remarquées pour le profit et utilité des affaires des bons et vrays catholiques. *Paris, Robert Le Fizelier*, 1589, in-8 de 24 pages. — 2° Remonstrances faictes par les officiers de Henri de Valois, aux lettres patentes qu'il a décernées portant mandement de l'aller trouver. *Paris, Guillaume Bichon*. s. d. In-8 de 14 pages. — 3° La Nouvelle deffaicte obtenue sur les troupes d'Henry de Valois, dans les fauxbourgs de Tours, le huictiésme may 1589, par monseigneur le duc de Mayenne, pair et lieutenant général de l'Estat royal et couronne de France. *Prins sur la copie imprimée à Paris*. s. d. In-8 de 15 pages. — En tout 3 pièces en un vol. in-8, mar. noir, tr. d. (*Duru*).</small>

1817. Le martire des deux frères, contenant au vray toutes les particularités plus notables des massacres et assassinats commis es personnes detrès-hauts, très-puissans et très-chrestiens princes, messeigneurs le reverendissime cardinal de Guyse, archevesque de Reims, et de monseigneur le duc de Guyse, pairs de France, par Henry de Valois, à la face des Estats dernièrement tenus à Bloys. *Paris: Nicolas Giury*, 1589, in-8, de 59 pages chiffrés et 2 pages non chiffrés, mar. rouge, fil. tr. d. (anc. rel.)

<small>Pièce satyrique très rare.</small>

1818. Les paroles que le roy d'Espagne tint quand il receut nouvelles de la mort de messeigneurs les cardinal et duc de Guyse, protecteurs et défenseurs de la religion catholique, apostolique et romaine, et du royaume de France. *Paris, Michel Jouin*, 1589, petit in-8, dos de mar. vert.

1819. Le favx-visage descovvert dv fin renard de la France. A tovs catholiqves vnis et sainctement liguez pour la defense et tuition de l'Eglise apostolique et romaine, contre l'ennemy de Dieu ouuert et couuert. Ensemble quelques anagrammes et sonnets propres pour la saison du iourd'huy. *s. l.* 1589, petit in-8, de 48 pages, demi-rel. mar. rouge.

Voy. n° 1823.

1820. La vie et innocence des devx frères, contenant vn ample discovrs par lequel l'on pourra aysément rembarrer ceux qui taschent a estaindre leur renom. *Paris, pour Antoine de Breuil,* 1589, in-8 de 40 pages, de rel. dos et coins mar. rouge (*une gravure en bois sur le titre*).

Pièce historique fort rare, relative au duc de Guise et au cardinal de Lorraine son frère.

1821. Bvlle de N. S. P. le pape Sixte V, contre Henry de Valois. *Paris, Nicolas Nivelle et Rolin Thierry,* 1589, pièce en 12 ff. y compris l'acte de publication et un extrait du privilége. In-8, d. rel. mar. rouge.

1822. Responce du père dom Bernard, doyen des religieux fueillentins lez Paris, à une lettre que luy a escripte Henry de Valois. En laquelle responce il luy remonstre chrestiennement et charitablement ses fautes et l'exorte à la pénitence. *Tolose, Iaques Colomiez,* 1589, petit in-8, de 56 pages, d. rel. mar. vert.

Une piqûre de vers a atteint les 6 derniers feuillets de cet exemplaire.

1823. Pièces très curieuses contre Henry III, savoir :

1° L'Atheïsme de Henry de Valois, où est monstré le vray but de ses dissimulations et cruautez. *Paris, Pierre des Huyes,* 1589, 30 pages. — 2° Le faux visage descouvert du fin renard de la France. A tous catholiques unis et sainctement liguez pour la défence et tuition de l'église apostolique et romaine, contre l'ennemy de Dieu ouvert et couvert, ensemble quelques anagrammes et sonnets propres pour la saison du jourd'huy. *Pour Jacques de Varangles, rue Saint-Jacques, contre le collège du Plessis, avec permission,* 1589, 24 pages. — 3° Recette pour la toux du regnard de la France. *Paris, Michel Jouin,* 1589, 5 pages. — 4° Les vrais pieges et moiens pour atraper ce faux hérétique et cauteleux grison Henry de Valois, avec une remonstrance à tout bon catholique, envoyé à Paris le quinzième jour de février 1589. *Paris, pour Jacques Varangae.* s. d. (1589), 24 p. et un ff. non chiffré. (Le verso du titre, qui est blanc, n'est pas compté pour une page). En tout 4 pièces en un vol in-8, mar. rouge, fil. tr. d. (*Duru*).

1824. Signes merveilleux aparuz sur la ville et chastau de Bloys, en la présance du roy et l'assistance du peuple. Ensamble les signes et comette aparuz pres Paris, le 12ᵉ de janvier 1589, comme voyez par ce présent portraict. *Paris*, 1589, in-8, de 6 ff. non chiffrés, une *fig. en bois* sur le titre, dos de mar. vert.

1825. Lettre d'un gentilhomme catholique et vray François a un sien amy, pour le retirer de l'erreur en laquelle il est tombé par les faulses impostures et séductions de la ligue, et luy monstrer clairement par l'expresse parolle de Dieu, les commandemens de son Eglise et les decrets des saints conciles, que le party de la Ligue est réprouvé et détestable devant Dieu et devant les hommes, et ceux qui le suivent hors de l'Eglise catholique, *s. l.*, 1590, in-8, de 62 pages, cart.

1826. Lettres escritte par les princes et noblesse de France a monseigneur le card. de Mont'alto, par le duc de Pinay, dit de Luxembourg, envoyée par lesdits princes et noblesse à N. S. père le pape sur les affaires et occurence de ce temps, avec la responce de S. S., etc. Pour monstrer l'impudence et artifices qui faussement ont este semees ces jours passez par les politiques. *Paris, Guillaume Bichon*, 1590, in-8, de 8 ff. non chiff. cart.

1827. Acta Parisiis anno M. D. L. XXXIX augusto et septembri, iteratis in collegio Sorbonae comitiis super questione proposita de facto illustrissimi cardinalis Gondii Episcopi Parisiensis, et eorum qui cum Henrico Valesio participarunt post scelus Blesense et ei quouismodo affuerunt. *Parisiis*, 1590, in-8, de 27 pages cart.

1828. Reproches et contredicts des sottises de Duard Nounes de Lion, iurisconsulte lusitain, et certains autres imposteurs de mesme paste.... recueillis des très-véritables et non reprochables chroniques et histoires de Portugal, et selon lanticrise de R. P. F. Ioseph Texere. *Lyon*, 1590, pet. in-8, demi-rel. mar. bl.

<small>Ce livre, réimprimé par les soins de Pierre Olini, avait été en partie publié à Lyon vers 1585, et dédié par l'auteur aux inquisiteurs de Portugal. Le titre ci-dessus n'est qu'un accessoire de cette seconde publication, et le sujet de cet intéressant ouvrage était bien mieux défini par son titre primitif, dont on a fait ici le titre de départ, et qui se résume en ces mots : *Du droit d'élection que le peuple de Portugal a d'élire et choisir ses roys et princes.*</small>

1829. Trois pièces historiques et politiques de 1590, in-8, cart.

<small>Savoir : 1° Epistre sur le fait de la paix, avec la response et avis sur icelle. *Paris, Nicolas Nivelle et Rolin Thiery* (16 pages). — 2° Copie d'une lettre envoyée par un catholique à un du parti contraire, par A. D. M. *s. l.* (78 pages). — 3° Coppie de l'Anti-espagnol fait à Paris. *s. l.* (81 pages).</small>

1830. Le francophile, pour tres grand, tres chrestien, tres magnanime et tres belliqueux prince Henry Auguste 4, roy de France et de Navarre, contre les conspirations du roy d'Espagne, du pape et des rebelles de France (par André Maillard). S. l. 1591, in-12, veau marb.

<small>Le titre manque à cet exemplaire; mais il est avantageusement remplacé par un portrait de Henri IV dessiné à la plume d'après Th. de Leu. C'est un petit ouvrage fort rare.</small>

1831. Les paraboles de Cicquot en forme d'advis, sur l'estat du roy de Navarre, *Paris, jouxte la coppie imprimée à Lyon*, 1593, in-8, de 64 pages, dos et coins de mar. bleu.

1832. Discours sur l'apparition des colombes blanches au haut de l'église Saint-Denis lors de la conversion du roy. S. l., 1593, 14 pages in-8, d. rel. mar. bleu.

<small>On a joint à cette pièce la suivante : *La rencontre du mot hereditaire maternel du Roy* Gratia Dei id quod sum. (A la fin): P. L. S. D. M. L. K. K. F. P. *s. l.*, 1593 (13 pages).</small>

1833. Edict et déclaration du roy sur la réduction

de la ville d'Amiens sous son obeyssance. *Paris, Federic Morel*, 1594, 32 pp. pet. in-8, demi-rel.
Pièce très-rare.

1834. Responce d'vn catholique apostolique romain à la profession de foy et lettre adressée au roy touchant la conversion de sa Majesté à l'église catholique, apostolique et romaine, par un protestant de reformation, et responce à la req. addressante au roy par les protestans. P. L. S. D. S. *Bovrdeavs, suyuant la copie imprimée à Chartres*, 1594, pet. in-16, mar. v. fil. tr. d. (*Duru*).

1835. Le testament de la ligue. s. l., 1594, pièce de 8 p. in-8, en vers, demi-rel. mar. viol.
Réimpression figurée tirée à 32 exemplaires et conforme à l'original. *Chartres, Garnier fils*, 1834.

1836. Apologie pour Jehan Chastel, parisien, exécuté à mort, et pour les peres et escholiers de la société de Iesus, bannis du royaulme de France, contre l'arrest de parlement donné contre eux à Paris, le 29 décembre 1594, par François de Verone Constantin. s. l., 1610, pet. in-8, v. gr.
Très-rare.

1837. Lettres patentes, ordonnances, déclarations et édits de 1594 à 1599. 6 pièces en 1 vol. in-8, cart.
Savoir : 1° Lettres patentes du Roy, pour le restablissement de la cour de parlement de Paris. *Paris, Frédéric Morel*, 1594 (8 pages). — 2° Ordonnance du Roy pour la conservation de son peuple. s. l. n. d. (1594, 5 pages). — 3° Declaration du Roy, contenant création d'un huissier audiencier en chacune eslection de ce royaume, etc. *Paris, James Mettayer, et P. L'huillier*, 1596 (16 pages). — 4° Edict du Roy, contenant création de deux huissiers audienciers en chacun siège particulier et subalterne de nos bailliages, etc. *Paris, James Mettayer et P. L'Huillier*, 1596 (8 pages). — 5° Dernière declaration du Roy, contenant reglement pour le payement des rentes. *Paris, Frédéric Morel*, 1598 (8 pages). — 6° Lettres et Déclaration du Roy, sur son edict d'avril 1598, pour les causes des tailles, etc. *Paris, Frédéric Morel*, 1599 (8 pages).

1838. L'entrée de tres-grand, tres-chrestien, tres-magnanime et victorieux prince Henry IIII, roy de France et de Navarre, en sa bonne ville de Lyon,

HISTOIRE. 347

le IIII septembre l'an MXCV, contenant l'ordre et la description des magnificences dressées pour ceste occasion... *Lyon, Pierre Michel,* 1595, in-fol. demi-rel. v. f. (***Kœhler***).

1839. Descriptia publicæ gratulationis, spectaculorum et ludorum in adventu sereniss, principis Ernesti archiducis Austriæ..... Cum carmine panegyrico in eiusdem principis Ernesti..... Omnia a Ioanne Bochio. *Antverpiæ, ex officina plantiniana,* 1595, in-fol. dos et coins bas.

Cet ouvrage contient 194 pages et un feuillet, et il est orné, outre le frontispice, de 33 figures, dont 4 doubles. Exemplaire de très-bonne condition.

1840. Harangue d'un cacique indien, envoyée aux françois, pour se garder de la tyrannie de l'Espaignol. Traduite par P. A. avec l'interprétation des mots Indiens, Latins et Espaignols, par L. S. *s. l.* 1596, in-8, de 8 ff. dos de mar. rouge.

1841. Les recherches de la France, reveuës et augmentées de quatres liures, par Estienne Pasquier, *Paris, Jamet Mettayer,* 1596, grand in-fol. réglé vélin, fil. tr. d. rel. du temps.

Exemplaire en grand papier très-bien conservé du meilleur ouvrage de Pasquier.

1842. Facvltez octroyées par nostre sainct pere le pape Clement VIII, au reuerendissime cardinal de Florence, légat du saint Siège apostolique, enuoyé au Très-Chrestien roy de France et de Nauarre Henry IIII et au royaume de France : auec les lettres patentes dudit seigneur roy. *Lyon, Thibaud Ancelin et Gvichard Ivllieron,* 1596, pet. in-8, mar. vert. tr. d. (*Duru*).

1843. Ample et vraye description des cérémonies observées à la solemnisation de la paix, en Nostre Dame de Paris, le 21 juin 1598, par C. Palliot, parisien. *Lyon : Jacques Roussin*, 1598, in-8, mar. bleu, fil. tr. d. (*Duru*).

Dans le même volume : Les pompes et cérémonies faites à l'acte solemnel auquel le roy iura publiquement la paix en la presence des deputez d'Espagne, descrite en une lettre adressée à un gentilhomme d'Auvergne par un sien amis (sic) estant à Paris. *Lyon, Guichard Iullieron*, 1598 (14 pages).

1844. Satyre ménippée, de la vertu du catholicon d'Espagne et de la tenue des estats de Paris, augmentée de notes tirées des éditions de Du Puy et de Le Duchat, par V. Vergez, et d'un commentaire historique, littéraire et philologique, par Ch. Nodier. *Paris, N. Delangle, Dalibon*, 1824. 2 vol. in-8, fig. sur *pap. de Chine*, par Devéria, dos et coins de mar. vert non rogné (*Thouvenin*).

1845. La ligue tres-sainte, tres-chrestienne et trescatholique. *s. l. n. d.*, 29 pages in-8, demi-rel. v. bleu.

1846. Le franc et véritable discours au roy, sur le restablissement qui luy est demandé pour les jesuites, 1610, *Jouxte, la coppie imprimée en l'an* 1602, in-8, de 120 pages.

1847. La response à la déclaration publiée par les ministres souz le nom de Fabrice Bascourt, soy disant curé de Saint-Germain d'Orléans, touchant les causes de son changement de religion, adressée aux habitants d'Orléans. Avec les lettres nouvellement receuës dudict Bascourt, aprè savoir publiquement recogneu sa faute en l'église metropolitaine d'Aux, le iour de Noël 1603. Par Hugues Burtat. *Imprimé à Paris, pour Iean de La Place, marchand libraire demeurant à Orléans*, 1604, pièce de 67 p. et 72 avec l'approbation et 2 lettres dont elle est suivie. In-8, demi-rel. mar. bl.

1848. Traicté du mariage de Henry IIII, roy de France et de Navarre, avec la serenissime princesse de Florence, etc., plus la conspiration, prison jugement et mort du duc de Biron avec un sommaire de sa vie, et pareillement le procès de Jean l'Hoste. *Honnefleur, Iean Petit,* 1516 (1606), in-8, v. br. fers à froid, fil. tr. d. *rare.*

1849. Le tocsin au roy, à la royne regente mere du roy, aux princes du sang, à tous les parlemens, magistrats, officiers et bons et loyaux subjets de la couronne de France, contre le livre de la puissance temporelle du pape, mis nagueres en lumière par le cardinal Bellarmin, iesuite. Par la statue de Memnon. Avec permission du bon génie de la France. *On le vend à Paris,* à *l'enseigne de la quadrature du cercle, en la rue du Tonneau des Danaïdes,* 1610, in-8, v. br.

Cette pièce, de 45 pages chiffrées, est suivie de 6 pages non chiffrées qui contiennent un extrait de l'histoire du temps et une *Application par la statue de Memnon.*

1850. L'épithete d'honneur d'Henry-le-Grand IIII, du nom roy de France et de Navarre. Par André Duchesne, tourangeau. *Paris,* 1610, petit in-8, mar. vert, fil. tr. dor. *Janséniste (Duru).*

Pièce fort curieuse et très bien conservée.

1851. Histoire du roi Henri-le-Grand, par Hardouin de Péréfixe, enrichie d'une notice sur Henri IV, par M. Andrieux, de l'Académie française, et ornée d'un beau portrait. *Paris, Etienne Ledoux,* 1822, in-8, dos de mar. rouge non rogné.

Exemplaire en grand papier.

1852. MS. Lettres (42) ecritte (*sic*) par Henry IV, roy de Navarre, à mademoiselle Dehors, de la maison de Gramont, résidant pour lors en la province de Bearn, pendant qu'il faisait les conquestes du royaume de France depuis 1570, jusqu'a 1573 et 1579, petit in-4, de 66 ff. et 4 prélim. veau rac. dent. non rogné.

Manuscrit du XVIII° siècle, en tête duquel on a placé un calque d'une lettre inédite de saint Louis, adressée à Raguet de Briancion, gentilhomme lorrain qui prétendait descendre de ce roy. L'original de cette lettre, sur parchemin, est, dit-on, entre les mains de M. de Briancion. Elle est datée de Paris, du mois d'avril 1270. Quant aux lettres de Henri IV, elles sont en parties inédites, et la bibliothèque nationale n'en possède que des copies. Ce ms. vient de chez G. de Pixérécourt.

1853. Pro libertate ac salute Gallici imperii votum, ad Augustissimæ memoriæ Henricum Magnum Franciæ et Navarræ regem christianissimum, *s. l. n. d.*, 14 p. in-8, demi-rel. v. f.

1854. La sanglante chemise de Henry-le-Grand, *s. l.*, 1615, in-8, de 14 pages, mar. puce, fil. tr. d. (*Kœhler*).

<small>Edition originale et fort rare.</small>

1855. Interrogation et déclaration de mademoiselle Decoman, *s. l.* (1646), in-8, de 16 pages. — Le véritable manifeste sur la mort de Henry-le-Grand, par la demoiselle Decoman, 1646, *s. l. n. d.*, in-8, 14 pages. Ensemble 2 pièces en 1 vol. in-8, mar. rouge, fil. tr. d. (*Duru*).

1856. Plainte apologétique au Roy très chrestien de France et de Navarre pour la compagnie de Jesus, contre le libelle de l'autheur sans nom intitulé: Le franc et véritable discours, etc., par Louis Richeome, provençal. *Jouxte la copie imprimée a Bordeaus, par S. Millanges,* 1603. — Tres humble remonstrance et requeste des religieux de la compagnie de Jesus, presenté au Roy Henry III, etc., *idem, idem,* 2 tomes en 1 vol. in-12, veau f. (*anc. rel.*).

<small>Curieux pour l'histoire des Jésuites en France.</small>

1857. L'Avant victorieux, *A. Orthes, par A. Rouyer, imprimeur du Roy, à Bourdeaus, se vendent en sa boutique.* 1610, in-8, titre gravé, représentant le portrait de Henri IV, mar. bleu, fil. tr. d. (*Duru*).

1858. Arrest de la cour de Parlement, contre le tresmeschant parricide François Ravaillac. *Paris, Antoine Vitray*, 1610, in-8, de 6 pages, dos de mar. bleu.

1859. Lettre déclaratoire de la doctrine des peres jesuites, conforme aux décrets du concile de Constance, adressée a la Royne mere du Roy Regente en France, par le Pere P. Coton. *Paris, Claude Chappelet*, 1610, in-8, de 30 pages. — Anticoton ou Réfutation de la lettre déclaratoire du pere Coton, *s. l.*, 1610, in-8, de 74 pages et un ff. non chiff., 2 pièces en 1 vol., cart.

1860. Les Larmes et Lamentations de la France sur le trépas de Henry III, roy de France et de Navarre. *Paris, Bem. Hameav. s. d.* — Arrêts de la cour de Parlement contre le très-méchant parricide François Ravaillac. *Paris, Ant. Vitray*, 1610, in-8, mar. vert, fil. tr, d. *Janséniste (Duru.)*

1861. 4 Pièces historiques et politiques de 1610, in-8, cart.

<small>Savoir : 1° Déclaration du Roy, sur les Edits de pacification. *Paris, F. Morel, P. L'Huillier et P. Mettayer* (13 pages). — 2° Edict du Roy, contenant reglement sur le faict des Eaues et Forests, chemins publics, etc. *Paris, s. d.* (31 pages). — 3° Fides Regia Silvæ extemporalis fragmentum ad virum illustrem Joannem Duretum doctorem medicum. *Paris, Jean Libert* (8 pages). — 4° Remonstrances tres humbles à la Royne mere regente en France pour la conservation de l'estat pendant la minorité de son fils (Par N. Pasquier). *Paris, Jean Petitpas* (69 pages).</small>

1862. Le remerciement des beurrières de Paris au sieur de Courbouzon Montgomery, *Niort*, 1710, 29 pages, in-8, cart.

1863. Tombeau de Henry-le-Grand IIII du nom, roy de France et de Navarre, tiré d'un plus long poëme de sa vie héroïque. Par le sieur Metezeau. *Paris, Rolin Thierry*, 1611, 14 pp. et 1 f. in-8, d.-rel., mar. n.

1864. Copie d'une lettre escrite à Monseigneur Paulino, autrefois Dataire soubs le pontificat de Clement VIII, d'heureuse mémoire. Trad. de latin en françois. s. l., 1611, 29 pp. in-8, cart.

HISTOIRE DE FRANCE. LOUIS XIII.

1865. Le sacre et coronnement du Roy de France. *Reims : Simon de Foigny*, 1610, in-8, mar. bleu, tr. d. (*Duru*).

1866. L'ordre et les cérémonies qui sont faictes au sacre et couronnement du tres chrestien roy de France. *Paris : François Roussellet*, 1610, in-8, de 24 ff. chiff., mar. r., tr. d. (*Duru*).

1867. Le bouquet royal, ou le parterre des riches inventions qui ont servi à l'entrée du roy Louis-le-Juste en sa ville de Reims. Par M. N. Bergier. Augmenté des cérémonies gardées et observées en son sacre, faict le xvij octobre 1610, et de plusieurs autres recherches curieuses. Par M. P. de La Salle. *Reims, Simon de Foigny*, 1637, in-4, dem.-rel., v. ant.

1868. L'enseigne du prevoyant; avec l'enseigne du couronnement de la Royne, et reception de sa regence, et changement d'autre nom de Roy. Au treize, quatorze, et quinziesme iours de may, le regne du roy se separit à l'an mil six cens dix, et l'autre recommencit à l'an seize cens dix, ie le dis à la reigle paternelle, que c'est d'enseigner l'asseurance en foy et loy, faisant instruction, etc. *Paris*, (1610), *cecy a esté faict pour sonder les subiect du Prevoyant, qui desire se fonder à recompense en avoir : Les Viettes, par I. L., imprimeur dudict autheur. Avec sa comparence.* In-8, d.-rel., veau rouge.

Ce singulier opuscule, de 8 ff. non chiffrés, est signé P. D. Chanteraine.

1869. Discovrs panégyrique svr le sacre dv roy

Lovys XIII faict à Rheims le 17 d'octobre troisiesme dimanche dudit mois. *Paris, Clavde Chappelet*, 1610. Pièce de 46 pages, in-4, dos et coins de m. rouge.

1874. Discours funèbre sur la mort de très-illustre et tres-valeureux prince messire Charles de Lorraine, duc de Mayne, décédé à Soissons le 4 octobre, par Pelletier. *Paris, François Huby*, 1611, in-8, de 16 pages, d.-rel., mar. bl.

1875. Les Adventures de l'an treize; *Arras : Guillaume de la Rivière*, 1613, in-12, de 38 pages, v. ant., fil. tr.d.

1876. Pièces sur le règne de Louis XIII, de 1605 à 1612, in-8, dem.-rel. v. rouge.

1° La harangue d'Alexandre le Forgeron, prononcée au conclave des réformateurs. *S. l.* (16 pages). — 2° Lettre du Roy sur l'heureux progrez de ses armes. A Messieurs les cardinaux, etc. *Paris, Antoine Estienne* (8 p.). — 3° Déclaration du roy sur le mouvement et la prise des armes d'aucuns de ses subiects de la religion prétendue réformée, etc. *Poitiers, Iulian Thoreau* (15 pages). — 4° Déclaration du roy par laquelle sa magesté (sic) commande et enioint l'observation de tout ce qui a esté accordé à ceux de la religion prétendue réformée, tant par l'édit de Nantes qu'autres déclarations, reglements et arrests subsequents. *Bourdeaux, Sim: Millanges* (8 pages). — 5° Lettre écrite par un seigneur de ce royaume sur le sujet de sa conversion à la foy catholique. *Paris, Laurent Sonnices* (24 pages et 1 feuillet). — 6° Discours sur les armes n'agueres prises par ceux de la religion. *S. l.* (34 pages). — 7° Lettres patentes de commission du roy, portant l'establissement des iuges ordonnez pour informer contre tous ceux qui adhèrent aux Anglois, etc. *Paris, Claude Marette* (12 pages). — 8° Sentence du prévost de Paris. *S. l. n. d.* (7 pages). — 9° Response à l'épistre de Charenton par eux adressée au roy, contre le Pere Arnoux, iesuite, etc., par M. C. M. Senonais. *Paris, iouxte la coppie imprimée à Rouen* (16 pages). — 10° Harangue faicte au roy par les deputez du synode national des églises prétendues réformées de France, avec la response de Sa Majesté. *Paris, Abraham Saugrain* (7 pages). — 11° Ἀτίρροπυν, ou contrepoids aux iesuites et ministres de la religion prétendue réformée. *S. l. n. d.* (24 pages). — 12° Humble remonstrance au roy sur la vérification des édicts et déclarations de Sa Majesté, touchant ceux de la religion prétendue réformée, etc. *Paris, Isaac Mesnier* (14 pages et 1 f.). — 13° Assemblée tenue à la Rochelle sur le département des provinces du royaume de France, faicte à chacun des princes et seigneurs de la religion, à sa volonté. *Troyes, iouxte la coppie imprimée à Aix par Iean Tholosan* (16 pages). — 14° Lettre au roy, avec un extraict de la remontrance faite à la cour de Parlement le 12 novembre 1563, par M. le chancelier de l'Hospital, par laquelle il l'exhorte, entr'autres choses, d'ayder à conserver la paix. — Ensemble 14 pièces.

354 HISTOIRE.

1877. Articles de la paix. *Paris, F. Morelle et P. Mettayer*, 1614, 12 pages pet. in-4, dem.-rel., m. rouge.

1878. Articles accordez par le sieur Duc de Ventadour, Pair de France et Lieutenant général pour le Roy au gouvernement de Languedoc, et les sieurs de Thou, Jannin, Boissise et de Bullion, tous conseillers d'estat et commissaires députez par sa Majesté en vertu du pouvoir cy-après transcrit du 5 mai dernier. *Paris : Jouste la coppie imprimée par Joseph Bouillerot*, 1614, pet. in-8, dos de v. fauve non rogné.

1879. Remonstrance faite svr les différens de ce temps. A monseigneur le prince de Condé. *S. l.*, 1614, pet. in-8, de 15 pages, dem.-rel., v. rouge.

1880. Le Caton françois. *S. l.*, 1614, pet. in-8, mar. bl. tr. d. (*Duru*).

1881. Recueil de pièces en 1 vol., pet. in-8, mar. r., savoir :

1° Le lovrdavt vagabond, rencontré par l'esprit de la covr, à la monstre qui se faisoit au pré aux Clers, près de Paris, mis en dialogue, par A. C. (8 feuillets). — 2° Le citoyen françois, ov courrier des bonnes nouuelles de la cour (4 ff.) — 3° Le serviteur fidelle. L'homme d'estat, dialogue (18 ff.). — 4° Le colonel de la milice de Paris (4 ff.) — 5° Le bon François (12 ff.). — 6° Lettre de M. de Bouillon à M. le Prince, sur l'affaire de Poitiers (4 ff.) — En tout 6 pièces. *Paris*, 1614, petit in-8, mar. r. fil. tr. d. (*Duru*).

1882. La guerre des Singes et des Marmouzets. Représentée par un discours véritable de ce qui s'est passé à La Rochelle le vendredy 11. iour de ianvier 1613, sur le sanglant dessein des factieux contre leurs compatriotes. *S. l.*, 1613, 30 pp., in-12, v. br., fil. tr. d.

1883. 10 pièces historiques de 1614, en 1 vol., in-8, cart.

Savoir : 1° L'anti Morgard, sur ses prédictions de la présente année 1614. *Paris, Anth. du Brueil* (16 pages). — 2° Les ceremonies qui ont esté observées en la déclaration de la majorité du roy, par Pierre de Bernard, conseiller au parlement de Tholoze. *Paris, Jean Brunet* (8 pages). — 3° Coppie de la lettre de consolation envoyée à M. le viscomte de Canilhac sur le trespas de son père, avec des stances sur la mort dudict seigneur, par le sieur de La Coste. *Paris, Fleury Bourriquant* (13 pages). — 4° Discours contenant action de graces sur le baptesme de Monsieur, frère du Roy, et de la petite Madame, par Pierre de Bernard. *Paris, Jean Brunet* (13 pages). — 5° Discours sur la mort du sieur Carrier, cy devant ministre du serenissime Roy de la Grande Bretagne, etc. (par Pelletier). *Paris, François Huby* (8 pages). — 6° Lettre consolatoire à Madame la princesse de Conty, par C. Biet. *Paris, Guillaume Marette* (8 pages). — 7° Lettre de M. de Vendosme à la Royne, sur son entrée à Vannes le 15 juin 1614. *Paris, Pierre Chevalier* (7 pages). — 8° Remonstrance à la Royne sur les alliances d'Espagne. *S. n.* (31 pages). — 9° Le *Te Deum* et les actions de graces chantées et célébrées par les habitants de Saincte-Mane-houd. *Paris, Jean Brunet* (13 pages). — 10° Le Vive la paix du Braze d'Ingré, a mon compeze Louet. *Paris, Adrian Guérinçau* (15 pages).

1884. Harangues, propositions, opinions, résolutions et arrestez de la chambre du tiers estat. Avec le procez verbal de tout ce qui s'est passé de iour en iour en ladicte chambre, et l'ordre tenu en icelle. *Iouxte la copie imprimée à Paris, par Pierre Mettayer*, 1615, in-8, dem.-rel., mar. rouge.

1885. Traicté de la sovvraineté dv roy et de son royaume. A messieurs les dépvtés de la noblesse, par Iean Savaron. *Paris, chez Pierre Chevalier*, 1615, pièce en 23 pp. in-8, dem.-rel., mar. r.

1886. L'Hermaphrodite de ce temps (1615). *S. l.*, in-8, de 15 pp., dos de mar. vert.

1887. Les Terreurs paniques, de ceux qui pensent que l'alliance d'Espagne doive mettre la guerre en France. *Paris : Nicolas Alexandre*, 1615, in-8 de 23 pages, cart.

1888. Extraict de l'inventaire qvi c'est (*sic*) trouvé dans les coffres de monsieur le cheuallier de Guise, par madamoiselle d'Antraigue, et mis en lumière par monsieur de Bassompierre, etc. *S. l.*, 1615, pièce de 13 pages, pet. in-8, dem.-rel., mar. r.

1889. Discours au Roy sur son instruction, par Jean

356 HISTOIRE.

d'Alary, advocat au parlement de Thoulouze. *Paris, Jean Bourriquant* (1615). S. d.; in-12, dos de veau fauve, non rogné.

1890. Reproches du capitaine Guillery, faicts aux carabins, picoreurs et pillards de l'armée de messieurs les princes. *Paris, Anthoine du Breuil*, 1615, 14 pages pet. in-8, dem.-rel., v. bl.

1891. Pièces historiques et politiques sur le règne de Louis XIII (1615); in-8, d.-rel., mar. rouge.

Advis du doyen des valets de pied de la cour à ses camarades, sur le voyage de Bayonne, ensemble comme ils s'y doivent comporter. *Paris, Anthoine du Breuil* (15 pages). — Les reproches de la France faicts à messieurs les princes et autres perturbateurs de son repos. *Paris, Anthoine du Brueil* (14 pages). — Déclaration du roy portant renouvellement de tous les edicts de pacification, articles accordez, règlements et arrests intervenus en conséquence. *Tours, Griveau* (8 pages). — Discours de ce qui s'est passé en la présentation des remonstrances par écrit que le parlement alla faire en corps au roy le mardy 22 may mil six cens quinze. S. l. (8 pages). — Lettre envoyée par M. le mareschal de Bois-Dauphin à M. de Liancourt, gouverneur de Paris, sur la deffaicte de l'advangarde de M. le prince, faicte par M. de Praslin. *Paris, Sylvestre Moreau* (5 pages). — Lettre au président Jannin, par M. de Bouillon, *Sedan* (6 pages). — Coppie de la lettre de nostre sainct père le Pape, envoyée à monseigneur le prince de Condé en responce de celle que ledit sieur prince avoit escripte à sa saincteté pour lui faire trouver bonnes ses armes. S. l. (7 pag.). — Refus faict à Monseigneur le prince de Condé par le sieur de Bernauleld, au secours qu'il lui demandait de messieurs les estats. *Paris, Sylvestre Moreau* (8 pages). Lettre du roy à M. le prince de Condé. Ensemble la responce de M. le prince au roy. S. l. (8 pages). — Arrest de la cour de parlement contre le prince de Condé, et autres princes, seigneurs, etc. *Paris, Fed. Morel et P. Mettayer* (7 pages). — Mémoires particuliers de ce temps. Envoyée (sic) de Bordeaux, *Paris, Melchior Mondiere* (8 pages). — Les terreurs paniques de ceux qui pensent que l'alliance d'Espagne doive mettre la guerre en France. *Paris, Nicolas Alexandre* (23 pages). — Les colloques du curé de Coussi aux François, touchant les alliances d'Espagne. S. l. (7 pages). — Lettre du marquis de Bonnivet, envoyée à M. le prince de Condé. *Paris, Pierre Deshayes* (8 pages). — Lettre de M. le comte de Sainct-Paul, à M. le prince de Condé. Sur la copie imprimée à Paris chez Iean Bourriquart (7 pages). — Lettre de M. de Lorraine envoyée au duc de Mayenne. *Paris, Pierre des Hayes* (13 pages). — Lettre envoyée à M. le premier président sur l'accomplissement et consommation des mariages. Ensemble les feux de joye faits ensuitte d'iceux en la ville de Bordeaux. *Paris, Silvestre Moreau* (6 pages et 1 feuillet). — La résolution d'un soldat français sorti de Sedan pour le service du Roy, etc. S. l. (16 pages). — Discours de l'autorité et puissance royale, contre l'advis puis naguères imprimé au préjudice d'icelle et du repos de cest estat. S. l. (15 pages). — La phrenesie des rebelles et malcontents, descouverte par ses symptosmes, et guerie par bons remèdes. S. l. (15 pages). — Lettre de monseigneur le prince, envoyée à nosseigneurs de la covr de parlement, touchant la prison du sieur Friaize. *S. l.* (8 pages). — Lettre du bon François à M. le prince. *S. l.* (10 pages). — Le protecteur des princes, dédié à la Royne. *S. l.* (31 p.) Discours touchant l'injustice et la faiblesse du party de ceux qui ont pris les armes contre le roy. S. l. (24 pages). — Lettre au duc de Guise, par le marquis de Brandebourg le 28 novembre 1615. S. l. (13 pages, le titre manque). — La déroute des soldats de l'Heurton, avec les considérations sur les évènements de la paix et de la guerre. *Paris, Pierre Chevalier* (15 pages). — Un gentilhomme françois armé de toutes pièces pour le service du roy. *Paris, Anthoine du Brueil* (16 pages). — Ensemble 26 pièces.

1892. Les exécrables impiétez commises en l'église d'Espougny en Auxerrois, par quelques soldats de l'armée de Messieurs les princes. Lesquels ont été exécutez pour avoir meschanment (*sic*) foulé le sainct sacrement aux pieds, et tiré au crucifix à coups de mousquets. *Suivant la coppie imprimée à Paris par Iean Bouriquant,* 1615, 8 pp. petit in-8, d.-rel., v. br.

1893. L'assassinat du roy, ou maximes du Vieil de la Montagne Vaticane et de ses assassins, practiquees en la personne de deffunct Henry le Grand. *S. l.*, 1615, in-8 de 82 pp., mar. rouge, fil. tr. d. (*anc. rel.*)

Ouvrage rare de cette édit. de 1615.

1894. Le tresor des tresors de France, vollé à la couronne par les incogneues faussetez, artifices et suppositions commises par les principaux officiers de finance. Descouvert et présenté au roy Louis XIII en l'assemblée de ses Estats generaux tenus à Paris l'an 1615; par Iean de Beaufort, Parisien. Avec les moyens d'en retirer plusieurs millions d'or, et soulager son peuple à l'advenir. *S. l.*, 1615, in-8, v. marb. (*aux armes de Richelieu*).

1895. Déclaration de Monsieur le Prince, envoyée au roy; *s. l.*, 1615, in-8, dos de mar. rouge.

Cette déclaration, donnée au camp de Méry-sur-Seine, le 14 octobre 1615, et signée Henry de Bourbon, contient huit pages. Elle est suivie d'une précieuse addition manuscrite qui consiste en deux feuillets in-fo, écriture du temps, contenant la *Harangue de la noblesse françoise au chancelier, aux etats-généraux tenus à Paris en* 1615.

358   HISTOIRE.

1896. Recueil de pièces historiques du règne de Louis XIII (1615), un vol. in-8, cart.

27 pièces, savoir : — 1° Coppie de la lettre de N. S. P. le Pape, envoyée à monseigneur le prince de Condé en responce à celle que le dit prince avoit escripte à S. S. pour luy faire trouver bonnes ses armes. *Paris, Jean Milot* (8 pages). — 2° Lettre sur l'accroissement et les embellissements de Paris en 1615 (23 pages). — 3° Coppie de la lettre du Roy, envoyée à la Reyne, par M. de Luynes, à l'entrée de son royaume. *Paris, Abr. Saugrain* (5 pages). — 4° Les cris du peuple envoyez au ciel, contre les ennemis de la paix, addressez au duc de Bouillon. *Paris, Jean Bourriquant* (7 pages). — 5° Le Réveil du soldat françois, au Roy. *Paris, Jean Brunet*, 1614 (8 pages). — 6° Le Courrier picard (16 pages). — 7° L'Espagnol françois (48 pages). — 8° Lettre justificative d'un député de Grenoble à Monsieur le prince (8 pages). — 9° Advis donné par Monsieur le mareschal des Diguières à l'assemblée de Grenoble (13 pages). — 10° Le véritable, de ce qui s'est passé en la présence du Roy le 8 janvier 1615, etc, (16 pages). — 11° Les sept derniers articles accordez par le Roy en son conseil, à messieurs les deputez des trois estats, par Anthoine du Brueil (16 pages). — 12° Déclaration du Roy, contre M. le prince de Condé, et tous ceux qui l'assistent en la prinse des armes, etc. *Poictiers, Julien Thareau* (16 pages). — 13° Arrest de la cour de parlement du 18 septembre 1615, intervenu sur les lettres de déclaration du Roy données à Poictiers le même mois (5 pages). — 14° Arrest de la cour de parlement contre le prince de Condé, et autres princes, seigneurs et gentilshommes, qui sans permission du Roy et contre son auctorité, depuis son absence, ont pris les armes et commettent tous actes d'hostilité qui vont à la ruine et désolation de son pauvre peuple. *Paris, Féd. Morel et P. Mettayer* (7 pages). — 15° Arrest de la cour du parlement du 2 janvier 1615 touchant la souveraineté du roy au temporel, et contre la pernicieuse doctrine d'attenter aux personnes sacrées des Roys, en suite duquel sont les arrests donnés sur le même subject. *Paris. F. Morel et P. Mettayer* (29 pages). — 16° De l'Authorité royale (24 pages). — 17° Advertissement aux bourgeois de Paris de se préparer à la venue du Roy, suivant l'ordonnance de messieurs les gouverneurs, prévost des marchands et eschevins de la dicte ville. *Paris, Anthoine du Brueil* (7 pages). — 18° Arrests du parlement de Béarn pour se venir conjouir de l'heureux mariage du Roy avec la princesse d'Espagne. *Paris, Sylvestre Moreau* (8 pages). — 19° L'Accomplissement des alliances de France et d'Espagne (26 pages). — 20° Advis à Monsieur le Prince (24 pages). — 21° Advis des affaires de France du xxix décembre cI)· I). Ix xxix, etc. (112 pages). — 22° Responce au libelle intitulé Philotemis, ou pour mieux parler Misothemis (20 pages). — 23° Lettre de Nostre S. Père le Pape, escrite à messieurs du clergé deputez aux estats de ce royaume, avec la responce faicte par L. E. D. (16 p.). — 24° Idem à la noblesse (8 pages). — 25° La noblesse françoise au chancelier (7 pages). — 26° Lettre du Roy d'Espagne, envoyée à M. le prince de Condé. *Paris, Jean Bourriquant* (7 pages). — 27° Discours de l'Authorité et puissance royale, contre l'Advis naguères imprimé au préjudice d'icelle, et du repos de cest estat (16 pages).

1897. L'image de la France représentée à Messieurs des Estats. Avec la refutation d'vn libelle intitulé *le Caton françois*, fait contre ceux qui maintiennent la religion et l'estat. Le tout divisé en trois parties. S. L., 1615, pet. in-8, mar. bl., fil. tr. d.

1898. Le sire Benoist, ferreur d'esguillettes. S. l., 1615, 14 pages, petit in-4, d.-rel., mar. rouge. (Rare.)

1899. Recueil sur l'assemblée de Loudun; in-8, dem.-rel., savoir :

Advis proposez à monseigneur le prince, par les habitants de la ville de Lovdvn, povr la conclvsion de la paix. *Paris, Iean Bouvriguant, au Mont S. Hilaire, près le puits Certain, an lys florissant*, 1616 (8 pages). — Poëme présenté à la royne durant la conférence de Loudun. Ensemble la response à iceluy. S. l. 1616 (8 pages). In-8, d.-rel. mar. r.

1900. Les rodomontades du grand Turc envoyées à la seigneurie de Venise; sur les signes apparens qu'il recognoist de la proche ruine de son empire, en l'accomplissement de la prophétie, par l'alliance universelle des roys de France et d'Espagne, et autres princes et potentats de la chrestienté. *Paris, C. Morel et Pierre Mettayer*, 1616, 14 pages petit in-8, cart.

1901. Advis de Colin à Margot, ou coq à l'asne sur le temps present (en vers), *s. l.*, 1617, in-8 de 8 pages, mar. rouge, tr. d. (*Duru*).

1902. Conseil tenu entre les assiegez (du château de St.-Heurton). Resolution de se rendre. Ambassades envoyez pour cest effect au capitaine. *Paris, Pierre Chevallier*, 1615, 16 pages petit in-8, dem.-rel., v. bl.

1903. Pasqvil de la cour, sur le retour de Bordeaux. S. l., 1616, pièce de 4 ff. en vers. — L'estat des commissions extraordinaires donnees a plusieurs chefs et capitaines, pour lever des trouppes et aller au deuant de Sa Majesté, et tenir les passages libres et seurs à son retour de Bordeaux. *Troyes, Pierre Chevillot*, 1615, pièce de 4 ff. — Deux pièces petit in-8, d.-rel., mar. rouge.

360   HISTOIRE.

1904. Pièces sur le règne de Louis XIII. 1616-27; un vol. in-8, dos de mar. vert.

Recueil aussi curieux que les précédents, et qui contient : — 1° Les François au Roy sur le *Libera nos Domine*. S. l. 1616 (4 pages et le titre). — 2° Lettre du Roy, envoyée à messieurs les prevost des marchands, eschevins et habitants de sa bonne ville de Paris. *Paris, Pierre Rocolet.* S. d. (25 octobre 1627) (13 pages). — 3° Discours politique, au Roy, par P. D. M. *Paris.* S. n. 1618 (32 pages). — 4° La Restauration de l'estat, au roy. *S. n. de v. ni d'imp.* 1618 (15 pages). — 5° Lettres de monsieur le mareschal de Bouillon au Roy et à la Royne mère, ensemble la responce du Roy, et la réplique du dit sieur duc de Bouillon. *S. n. de v. ni d'imp.* S. d. (16 pages). — 6° Discours sous le nom de M. du Vayr rendant les sceaux au Roy. *S. n. de ville ni d'imp. et s. d.* (7 pages). — 7° Lettre et advis envoyé au Roy, par M. le mareschal de Bouillon. *Sédan.* S. n. 1619 (8 pages). — 8° Lettre de Monsieur l'Admiral duc de Mont-morency envoyée au Roy. *S. n. de v. ni d'imp.* 1619 (6 pages). — 9° Seconde lettre de monsieur l'Admiral de Montmorency envoyée au roy. *S. n. de v. ni d'imp.* 1619 (6 pages). — 10° Lettre du Roy à monseigneur le prince. *Paris, s. n.* (8 pages). — 11° Manifeste pour le public au Roy, pour le bien de son royaume, et soulagement du peuple. *Paris, Isaac Mesnier,* 1620 (16 pages). — 12° Lettre de M. le duc de Bouillon, mareschal de France, envoyée à sa majesté le 22 juin 1621. *S. n. de v. ni d'imp.* (14 pages). — 13° Lettre du Roy, escritte au sieur mareschal de Bouillon estant à Sedan, du 4 avvril 1621, ensemble la response du dict sieur mareschal de Bouillon à la lettre de S. M. *S. n. de v. ni d'imp.* S. d. (13 pages). — 14° La Résolution prise à l'assemblée des princes, ducs, seigneurs et officiers de la couronne, tenue à Fontainebleau sur le voyage du Roy. *Paris, Pierre Rocolet.* 1621 (14 pages). — 15° Troisième lettre de messieurs de l'assemblée au Roy. *La Rochelle, Pié-de-Dieu,* 1621 (8 pages). — 16° Lettre de M. le duc de Bouillon au Roy. *S. n. de v. ni d'imp.* 1621 (6 pages). — 17° Les Actions du temps. *S. n. de v. ni d'imp.* 1622 (16 pages). — 18° Le posillon d'Angleterre à M. de Soubize sur la deffaicte de ses trouppes. *S. n. de v. ni d'imp.* 1622 (12 pages). — 19° Advis présenté au roi sur la recherche générale de ses finances, at contre les fauteurs d'icelles. *Paris.* S. n. 1623 (15 pages). — 20° Advis au conseil, donné à MM. les trésoriers et financiers de France, par le comte de Schomberg. *S. n. de ville ni d'imp.* 1623 (14 pages). — 21° Offres ou propositions au roy pour faire rendre à sa majesté les deniers pris et volez par les officiers de ses finances, trésoriers, partisans, fermiers, etc., par J. Bourgoin. *S. n. de v. ni d'imp.* 1623 (13 pages). — 22° Lettre de M. le comte de Schonberg au Roy. *Paris, s. n.* 1623 (7 pages). — 23° L'Espée courageuse de M. frère du Roy contre les ennemis de France. *Paris.* S. n. 1626 (16 pages). — 24° Lettre de M. le prince à M. le prince Maurice. *S. n. de v. ni d'imp.* S. d. (septembre 1615) (8 pages). — 25° Menipée de Francion, ou response au manifeste anglois. *Paris, Jean Bessin.* 1627 (16 pages). — 26° Lettre de M. de Toiras au Roy. *Paris, Jean Mestais.* 1627 (6 pages).

1905. Pièces sur le règne de Louis XIII. 1616; un vol. in-8, dos de mar. bleu.

Recueil curieux contenant : — 1. Libre Discours fait au Roy par un grand de la cour, pour le rétablissement de la paix. *S. n. de v. ni d'imp.* 1616 (13 pages). — 2. La Harangue faicte au Roy par un des premiers magistrats de France, sur les moyens proposez à sa majesté pour la conservation de son estat et repos de ses sujects. *Paris, Anthoine du Brueil*. 1616 (8 pages). — 3. Le Remerciement de la France au Roy, sur le subjet de la paix, par le sieur de Nerveze. *Paris, Toussaint Du Bray*. 1616 (30 pages et le privilége). — 4. Copie de la lettre envoyée au Roi, par M. le prince pour la paix, escrite à Saint-Jean-d'Angely, 20 décembre 1615. *Paris, Denys Langlois*, 1616 (6 pages). — 5. Déclatation du Roy sur les édicts de pacification verifiés en parlement le 4 aoust 1616. *Paris, F. Morel et P. Mettayer*, 1616 (6 pages). — 6. Ordonnance du Roy pour la pacification des troubles de son royaume, leu et publié par les carrefours de la ville de Paris le 6 may 1616. *Jouxte la copie imprimée à Callais*. 1616 (7 pages). — 7. Edict du roy pour la pacification des troubles de son royaume. *Jouxte la coppie imprimée à Paris, F. Morel et Pierre Mettayer*. 1516 (pour 1616) (35 pages et le privil.). — 8. Articles accordez sous le bon plaisir du Roy entre messieurs de Brissac, mareschal de France, et de Villeroy, conseillers d'estat de sa majesté, ses députez, d'une part, et monseigneur le prince de Condé, premier prince du sang, d'autre. Afin de parvenir à une conférence pour la pacification des troubles de ce royaume. *S. n. de v. ni d'imp et s. d.* (8 pages). — 9. Lettre de monseigneur le prince, envoyée à M. le duc de Rohan. *S. n. de v. ni d'imp*. 1616 (7 pages). — 10. Sentence de M. le prevost de Paris, ou son lieutenant civil, du 27 janvier 1616. *Paris, Pierre Mettayer*, 1616 (7 p.). — 11. Déclaration du Roy, sur ce qui s'est passé en la ville de Péronne, publiée en parlement le 25 octobre 1616. *Paris, Fed. Morel et P. Mattayer*, 1616 (7 pages). — 12. Lettres patentes du Roy sur sa déclaration du 6 septembre 1616, verifiée en parlement le 25 octobre 1616. *Paris, F. Morel et P. Mettayer*, 1616 (8 pages). — 13. Extraict du manuscript trouvé après la mort de M. le duc d'Aumalle en son cabinet, iceluy estant signé de sa main, pour approbation d'iceluy et cacheté de ses armes. *S. n. de v. ni d'imp*. 1616 (13 pages). — 14. Lettre de Monsieur de Villeroy envoyée à madame la comtesse de Soissons le 10 janvier 1616, à Poictiers. *Paris, Joseph Bouillerot*. 1616 (7 pages). — 15. Manifeste des Perronnois aux fidèles François. *S. n. de v. ni d'imp*. 1616 (40 pages). — 16. Discours de ce qui s'est passé à Mézières. *S. n. de v. ni d'imp. S. d.* (7 p.).

1907. Recueil de pièces sur l'assemblée de Loudun, 1616-20, in-8, d.-rel.

1. Les vrayes articles présentées (sic) au roy, par messieurs de l'assemblée generalle de Loudun, sur la conference de ce temps. S. l. 1616, pièce en 4 ff., dont un blanc. — 2. Articles particvliers accordez au nom du roy par ses députez envoyez en la conferance de Loudun, à monseigneur le prince de Condé, et autres joints avec luy, pour parvenir à la pacification des troubles, etc. S. l. n. d. Pièce en 8 ff., dont un blanc. — 3. Articles proposez par monseigneur le prince, en la conference de Loudun. S. l. n. d. pièce en 8 ff. — 4. Advis d'un vieil conseiller d'estat, opinant sur le faict de l'assemblée de Loudun. S. l. 1620, pièce de 4 ff.

1908. Conférence du crocheteur du Pont-Neuf avec Maistre Pierre du Coignet, manant et habitant de l'église Nostre Dame de Paris; *s. n. de v. ni d'imp.*, 1616, in-8, dos de mar. vert.

1909. Pièces sur le regne de Louis XIII, de 1614; un vol. in-8, dos de mar. bleu.

Précieux recueil pour l'histoire, dans lequel on trouve les pièces suivantes : — 1. La Rejouissance de la France pour la reconciliation de MM. les princes. *Paris, Anthoine du Brueil*, 1614 (16 pages). — 2. Remonstrance aux mécontens. S. n. de v. ni d'imp. (*Paris, Anthoine Champenois*), 1614 (24 pages). — 3. Le Reveil du soldat françois au roy. *Paris, Jean Brunet*, 1614 (8 pages). — 4. Lettres patentes du roy du mois de juillet 1614, contenants sa déclaration sur ce qui s'est passé durant et à l'occasion du mouvement faict par l'entremise et recherche de monsieur le prince de Condé, et des princes, officiers de la couronne, seigneurs et autres qui l'ont assisté et suivi depuis le 1ᵉʳ de janvier dernier. *Paris, F. Morel et P. Mettayer*, 1614 (11 pages). — 5. Franc et véritable discours sur la revocation du droict annuel. S. n. de v. ni d'imp. s. d. (15 pages). — 6. Lettre de la Royne au parlement de Bretagne. *Paris, Pierre Chevalier*, 1614 (8 pages). — 7. Lettre escrite à monseigneur le prince par le sieur de Nervèze. *Rouen, Jouxte la coppie imprimée à Paris par Toussaincts du Bray*, 1614 (16 pages). — 8. Lettre de monseigneur le cardinal du Perron à monseigneur le prince. *Rouen, Jean Osmont*, 1614 (10 pages). — 9. Lettre au président Jannin, par monsieur de Bouillon. S. n. de v. n. d'imp. s. d. (6 pages). Signé Henry de la Tour, Sedan, 19 juin 1615. — 10. Le bon François. S. n. de v. ni d'imp. 1614 (24 pages). — 11. Le Serviteur fidelle, l'homme d'estat, dialogue. S. n. de v. ni d'imp. 1614 (26 pages). — 12. Discours sur plusieurs points importants de l'estat present des affaires de France, au Roy. S. n. de v. ni d'imp. s. d. (32 p.). — 13. Discours sur la lettre de monsieur le prince (par Ribis). *Paris, Pierre Durand*, 1614 (34 pages). — 14. Double de la responce de la royne régente, mère du roy, à la lettre escrite à sa majesté, par monseigneur le prince de Condé le 19 février 1614. S. n. de v. ni d'imp. s. d. (23 p.). — 15. Response pour la Royne à monsieur le prince. S. n. de v. ni d'imp. 1614 (34 pages). — 16. Resolution à la paix et au service du Roy. *Paris, Jean Laquehay*, 1614 (14 pages). — 17. Lettre de monsieur de Vendosme au Roy. S. n. de v. ni d'imp. 1614 (8 pages). — 18. Le véritable, ou le mot en amy de MM. les princes, adressé à la royne mère. S. n. de v. ni d'imp. s. d. (15 pages). — 19. Remonstrance à la royne sur les alliances d'Espagne. S. n. de v. ni d'imp. 1614 (34 pages).

1910. Recueil historique (1613-1625); petit in-8, dem.-rel., mar. vert.

1. Discours sur le suject du siége mis devant la ville de Rhétel par M. le duc de Guise. *Paris, Anthoine du Brueil*, 1617 (8 pages). — 2. La prise de la ville de Saint-Gilles en Languedoc. Ensemble la deffaicte de sept cents rebelles par les landskenets conduits par M. de Montmorency. *Paris, N. Alexandre*, 1622 (14 pages et 1 feuillet). — 3. La prise par force de la ville de Berderive en Languedoc, par l'armée du roy. *Paris, Pierre Rocolet*, 1622 (14 pages). — 4. Récit véritable de la division et tumulte arrivé de nouveau en la ville de Clerac, entre les habitans et les garnisons du marquis de La Force, sur le bruict du siége qu'on y va dresser. *Paris, Nicolas Letho*, 1622 (14 pages). — 5. La prise et reduction de la ville de Clerac à l'obéissance du Roy par monseigneur le duc d'Elbœuf. *Paris, Joseph Guerreau*, 1622 (8 pages). — 6. Le grand et

HISTOIRE. 363

juste chastiment des rebelles de Negrepelisse, mis et taillez en pièces, et leur ville réduite à feu et à sang..... *Paris, Pierre Rocolet*, 1622 (12 pages et un feuillet). — 7. La prise par force de la ville de Negrepelisse sur les rebelles. *Paris, Nicolas Alexandre*, 1622 (8 pages). — 8. Relation véritable de ce qui s'est passé en l'armée du Roy commandée par monseigneur le mareschal de Thémines. *Montpellier, Jean Poch*, 1625 (8 pages). — 9. Le combat général de l'armée du roy, commandée par monseigneur le mareschal de Thémines, contre les troupes du duc de Rohan. .... *Paris, Jean Bessin*, 1625 (15 pages). — 10. Commission du roy à M. le mareschal de Thémines pour commander son armée du Languedoc. *Paris, Adrian Bacot*, 1625 (8 pages). — 11. Articles accordez par monsieur le mareschal de Thémines..... aux assiégez habitans, et garnison de la ville de Miate. *Paris, Jean Bessin*, 1625 (15 pages). — 12. La prise par force et furieux assaut de la ville de Caumont en la comté de Foix, pays de Languedoc, par l'armée du roy.... plus le rasement de la ville. *Paris, Jean Bessin*, 1625 (12 pages). — 13. La furieuse et sanglante defaicte des troupes du duc de Rohan, dans la surprise qu'il a voulu faire de la ville et citadelle de Montpellier..... par M. le marquis de Fossez, gouverneur de ladite ville et citadelle. *Paris, Jean Barbote*, 1628 (14 pages, et un feuillet). — 14. Prise et reduction des ville et chasteau de Rethel, par M. le duc de Guise. *Paris, Jean Regnoul*, 1617 (8 pages). — Ensemble 14 pièces.

1914. **Sept pièces historiques et politiques de 1617;** in-8, cart.

Savoir : 1. Assault et prinse de la ville de Sainct Damien, plus la prinse du chasteau de la Gavenne et de la ville d'Albe renduz par composition, etc. *Lion, s. n.* (6 pages). — 2. Copie de la requeste présentée au roy d'Espagne, par le capitaine Pierre Ferdinand de Quir, sur la descouverte de la cinquiesme partie du monde, etc. *Paris, s. n.* (16 pages). — 3. Lettre de M. le duc de Mayenne au Roy avec la response, etc. *Paris, Fed. Morel et P. Mettayer* (5 pages). — 4. Les privilèges et exemptions accordez par le Roy à MM. de Paris, les prevost des marchands, eschevins, colonels, etc. *Paris, Anthoine Du Breuil* (8 pages). — 5. Remerciement à monsieur le mareschal de Vitry, par les bons François. *Paris, Fleury Bourriquant* (8 pages). — 6. Remonstrance du clergé de France faicte au roy le 18 juillet, par messire Philippe Cospean, évêque d'Ayre, etc. *Paris, Jean Richer* (25 pages). — 7. Les visions du conte Pallatin, envoyez à M. le duc de Nevers le 9 janvier. *Paris, Jean Brunet* (15 pages).

1912. **Recueil de 27 pièces sur le maréchal d'Ancre (1617);** in-8, d.-rel., v. rouge.

1. Plaintes à la royne mère. S. l. (16 pages). — 2. Le discours avantageux de Rodomont, au marquis d'Ancre. *Paris, Remy Dallin* (6 pages). — 3. La disgrace du favory de la fortune, présentée au roy. *Paris, Joseph Guerreau* (9 pages). — 4. Destinée du maréchal d'Ancre, par Pub. Virgile de Mantoue, au neufiesme de l'Enéide. *Paris, Fleury Bourriquant* (7 p.). — 5. Le testament et dernière volonté du sieur Conchini de Conchino, jadis prétendu mareschal d'Ancre, appouté en ce monde par un de ses gentilshommes, qui fut tué auprès de Nanterre, lequel s'adresse au villageois qui le tua, etc. *Paris, Anthoine Champenois* (8 pages). — 6. La divine vengeance sur la mort du marquis d'Ancre, pour servir d'exemple à tous ceux qui entreprennent contre l'authorité des roys. *Paris, Thomas Menard* (8 pages). — 7. Harangue de la marquise d'Ancre, estant sur l'é-

chaffaut. Ensemble la remonstrance à son fils. *Aix, Iean Tholosain* (8 p.). — 8. Dialogue de la Galligaya et de Misaquin, esprit follet, qui lui amène son mary. *Paris, Iean Sara* (15 pages). — 9. Le procez du marquis d'Ancre. *Paris, Abraham Saugrain* (8 pages). — 10. Arrest de la cour de parlement, contre le mareschal d'Ancre et sa femme. *Paris, Fed. Morel et P. Mettayer* (13 pages). — 11. Bref récit de tout ce qui s'est passé pour l'exécution et iuste punition de la marquize d'Anchre. *Paris, Abraham Saugrain* (14 pages). — 12. Le royaliste françois, respirant son estre que le ligueur et desnaturé coyoniste estouffoit. Aux princes. *Paris, Estienne Perrin* (8 pages). — 13. Actions de graces et resiouissance de la France sur la mort du marquis d'Ancre. Au roy. *Paris, Nicolas Alexandre* (15 pages). — 14. Discours de la resjouissance de messieurs les princes, sur la mort et punition du marquis d'Ancre. Envoyé au roy. *Paris, Antoine Champenois* (14 pages). — 15. Les desirs de la France sur la mort de Conchine. *Paris, Pierre Durand* (36 pages). — 16. Les larmes de la marquize d'Ancré, sur la mort de son mari, etc. *Paris, Estienne Perrin* (12 paget). — 17. Discours sur la mort de Elenor Galligay, femme de Conchine, marquis d'Ancré. *Paris, Anthoine du Brueil* (8 pages). — 18. L'enterrement, obsèques et funérailles de Conchine, mareschal d'Ancre. *Paris, Bernard Hameau* (8 pages). — 19. Oraison funebre du marquis d'Ancré. *Paris, Nicolas Alexandre* (8 pages). — 20. Le tombeau du marquis d'Ancre. *Paris, Fleury Bourriquant* (8 pages). — 21. Les soupirs et regrets du fils du marquis d'Anchre, sur la mort de son père et exécution de sa mère. *Paris, Abraham Saugrain* (8 pages). — 22. L'horoscope du marquis d'Ancré, faict par un bon françois. *Paris, Gilbert Cochon* (8 pages). — 23. Les charmes de Conchine, desquels il se devait servir pour éviter les coups de pistolet. S. l. n. d. (8 pages). — 24. La descente du marquis d'Ancre aux enfers, son combat et sa rencontre avec maistre Guillaume. *Paris, Abraham Saugrain* (7 pages). — 25. L'honteuse chute du marquis d'Ancre, par les prières des bons françois. *Paris, Iean Benjon de Beauvais* (7 pages). — 26. Stance et quatrains dédiés à M. de Vitry, sur la mort du faquin de Conchine. *Paris, Claude Porcheron* (6 pages). — 27. Lettre envoyée à monseigneur le duc de Guyse, par la Martegatte, etc. *Paris, Veuve Hubert Velut, et Paul Mansan* (13 pages). — Ensemble 27 pièces.

4913. La complainte dv gibet de Mont-Favcon, sur la mort du marquis d'Ancré. *Amiens*, 1617, pet. in-8, mar. bl., fil. tr. d. (*Duru*).

Pièce rare en 4 ff. chiff.

4914. Le vray et ancien usage des duels, confirmé par l'exemple des plus illustres combats et deffis qui se soient faits en la chrestienté ; par le sieur d'Audiguier. *Paris, Pierre Billaine*, 1617, petit in-8, v. f. (*Kœhler*).

4915. Pièces sur le marquis et la marquise d'Ancre ; in-8, d. rel., v. f.

Savoir : — 1. Actions de graces et resiouissance de la France sur la mort du marquis d'Ancre. *Paris, N. Alexandre*, 1616 (15 pages).

2. Bref recit de tout ce qui s'est passé pour l'exécution et juste punition de la marquise d'Anchre, avec son anagrame, et deux épitaphes, dont l'une est chronologique. *Paris, Abraham Saugrain*, 1617 (14 pages). — 3. Arrest de la cour de parlement, contre le mareschal d'Ancre et sa femme. *Paris, F. Morel et P. Mettayer*, 1617 (13 pages). — 4. La divine vengeance sur la mort du marquis d'Ancre. Pour servir d'exemple à tous ceux qui entreprennent contre l'authorité des roys, *Paris, Thomas Menard*, 1617 (8 pages). — 5. Lettre du roy aux gouverneurs de ses provinces. *Paris, F. Morel et P. Mettayer*, 1617 (12 pages).

1916. Déclaration du roy contre les ducs de Vendosme, de Mayenne, mareschal de Buillon, marquis de Coeuvre, le président le Jay, et tous ceux qui les assistent. *Paris, Fed. Morel et P. Mettayer*, 1617, in-8, v. brun.

1917. Recueil de pièces historiques sur les troubles qui ont agité la France sous le règne de Louis XIII (1617) ; in-8, cart. angl.

Ce recueil contient : — 1. Response au manifeste publié par les perturbateurs du repos de l'estat. *Paris, Anthoine Estienne* (16 pages). — 2. Manifeste de M. le duc de Nevers, sur la déclaration contre luy faicte soubs le nom de sa majesté. S. l. (6 pages). — 3. La voix du peuple au roy, on prince et bienfaicteur. *Paris, Iean Regnoul* (8 pages). — 4. Les vœux des princes, aux pieds du roy, ou les promesses par eux faictes à sa majesté au chasteau du bois de Vincennes. *Paris Ioseph Guerreau* (8 pages). — 5. Remonstrances faictes à messieurs les princes pour leur reduction au service du roy, contre les pretextes de leur desobeissance. *Paris, Iean Regnoul* (24 pages). — 6. Traicté et articles de paix entre son altesse de Savoye et M. le duc de Nemours, faict le 14 de novembre 1616. *Paris, Pierre des Hayes* (12 pages). — 7. Resiouissance de la France, sur l'eslection et restablissement de monseigneur du Vair, garde des sceaux. *Paris, Nicolas Alexandre* (29 pages, précédées d'une lettre de 7 pages à M. du Vair). — 8. Le prince absolu (au roy). *Paris* (24 pages). — 9. Les prières de la France presentée (*sic*) au roy, pour la delivrance de monsieur le prince. *Paris, Pierre Durand* (8 pages). — 10. Ordonnance du roy, portant commandement à tous bourgeois, marchans, maistres et gardes des corps et communautez des marchandises, et tous autres de quelque estat et condition qu'ils soient, d'apporter ou envoyer en toute liberté en l'hostel de ville de Paris, les plainctes, doleances et remonstrances que bon leur semblera, pour y estre faict droict à la tenuë des estats. *Paris, P. Mettayer* (6 pages). — 10. Lettres patentes en forme d'edict, pour le rachapt et revente de tous greffes civils et criminels, et des presentations, en toutes les cours et iuridictions de ce royaume; ensemble des places de clers, tabellionnages, droits de pareatis, de petits sceaux, doublement d'iceux, des presentations et controlle des tiltres. Avec l'arrest de la court de parlement de Rouen, donné les chambres assemblées, le 19 iour de decembre 1617. *Rouen, Martin le Mégissier* (11 ff.) — 11. Déclaration et protestation des princes, ducs, pairs, officiers de la couronne, gouverneurs de provinces, seigneurs, chevaliers, gentils-hommes, villes et communautés, associés et confédérés pour le restablissement de l'authorité du roy et la conservation du royaume, contre la conjuration et tyrannie du mareschal d'Ancre, et de ses adherens. S. l. (32 pages). — 12. Déclaration du roy sur le subject des nouveaux remuemens de son royaume. *Paris, Fed. Morel et P. Mettayer.* (36 pages). — 13. Arrest de Charles, fils aisné de Iean, roy de France, regent le royaume, duc de Normandie et dauphin de Viennois, par lui prononcé en la chambre du parlement le 28 iour de may 1359, par lequel il remet et restablit les chancelier et premier president de la cour, et plusieurs autres officiers qui avoient esté privés auparavant de leurs estats et offices par force et impression. Extrait des mémoires de feu M. Barnabé le Vest, sieur de Roquemont. *Paris, Robert Foüet.* (16 pages). — 14. Les presages du bonheur du roy et de la France. Au roy. *Paris, Abraham Saugrain* (8 pages). — 15. Lettres patentes du roy, pour la convocation de l'assemblée que sa majesté veut estre tenue, à fin d'y resoudre ce qui est necessaire au bien de son estat, repos et soulagement de ses subjects. *Paris, F. Morel et P. Mettayer* (13 pag.). — 16. L'ordre tenu à l'ouverture de l'assemblée faicte à Rouen, par le commandement du roy, et en sa personne, le iiij de ce mois, avec les sceances, noms et rangs des deputez. *Paris, Abraham Saugrain* (7 pag.). — 17. Advis à messieurs de l'assemblée. S. l. (32 pages). — 18. Recit veritable de ce qui s'est passé au Louvre depuis le vingt-quatriesme avril, jusques au depart de la royne mere du roy. *Paris, Abraham Saugrain* (14 pages). — 19. La merveille royalle de Louys treisiesme, roy de France et de Navarre, par le sieur de M. M. *Paris, Joseph Guerreau* (12 pages). — 20. Declaration du roy sur la reunion des offices de controlleurs des eslections avec les esleuz, et restablissement de leurs droits (23 janvier 1616). *Paris, Fed. Morel et P. Mettayer* (8 pages). — 21. Lettre du roy aux gouverneurs de ses provinces. *Paris, Morel et P. Mettayer* (12 p.). — 22. Arrest de la cour de parlement pour la reunion au domaine du roy, confiscation et vente des biens des ducs de Nevers, de Vendosme, de Mayenne, mareschal de Buillon, marquis de Cœuvre, president le Iay, et leurs adherens. *Paris, F. Morel et P. Mettayer* (6 pages). — 23. Declaration du roy pour la reunion a son domaine, et confiscation des biens (des denommés à la piece precedente). *Paris, ibid.* (8 pages). — 24. Response au manifeste publié par les perturbateurs du repos de l'Estat. *Paris, Antoine Estienne* (16 pages). — 25. Declaration du roy sur le subject des nouveaux remuemens de son royaume. *Paris, Fed. Morel et P. Mettayer* (36 pages). — 26. Declaration du roy contre monsieur le duc de Nevers, et tous ceux qui l'assistent. *Paris, Fed. Morel et P. Mettayer* (24 pages). — 27. Arrest du conseil sur l'edict des controlleurs esleuz pour le reglement de leurs droicts (10 janvier 1617). *Paris, Abraham Saugrain* (16 pages). — 28. Ordonnance du roy portant defenses tres-expresses à tous ses subjects, et autres estans en ce royaume, de ne blasphemer ny iurer le nom de Dieu, de la tres-sacree Vierge, ny des saincts, sous les peines y contenues (21 novembre 1617). *Paris, Fed. Morel et P. Mettayer* (8 pages). — En tout 28 pieces.

1918. Remonstrances faictes à Messieurs les princes pour leur reduction au service du roy, contre les pretextes de leur desobeissance. *Paris, veuve Iean Regnoul,* 1617; 24 p. in-8, d.-rel., v. bl.

1919. A la memoire de la Paulette (en vers); s. n. de v. ni d'imp., 1618; in-8 de 7 p., dos de mar. vert.

HISTOIRE. 367

1920. L'Hercule français, harangue au roy, pour la noblesse de France, en l'assemblée des notables tenue à Rouen; par le sieur D. B. S. L., 1618, in-8 de 16 pages, d.-rel., v. rouge.

1921. Les Contre-Vérités de la cour, avec le monstre à trois testes (en vers), s. n. de v. ni d'imp., 1620 (8 pages). — Les reveries de la Royne (en vers), s. n. s. d. (8 pages). — Les jeux de la cour (en vers, manque le titre, 7 pages). — La Sibille françoise parlant au roy (en prose), s. n., 1620 (15 pp). Ensemble 4 pièces en 1 vol., in-8, mar. olive, fil. tr. d.

1922. Le comtadin provençal. S. l., 1620, pièce in-8, de 32 pp., dem.-rel., mar. r.

1923. 2 pièces relatives à l'entrée de la Royne-mère à Paris en 1620. In-8, cart.

Savoir : 1° Les Allegresses du peuple de Paris, pour l'entrée de la royne mere, par le B. P. F. N. D'Ladhau. Paris, Joseph Cottereau (7 pages). — 2° Déclaration publique présentée à la royne mère du roy sur le retour de sa majesté en la ville de Paris, par le sieur baron de Clair-bourg. Paris, Isaac Monier (13 pages).

1924. 6 pièces historiques et politiques de 1621, in-8, cart.

Savoir : 1° Les dernieres paroles de N. S. P. le Pape, prononcées à l'article de sa mort, etc., par F. G. L. R. A. Paris, Sylvestre Moreau (12 pages). — 2° Lettre de M. d'Espernon, envoyée au roy, depuis la paix. S. n. de v. ni d'imp. 1621 (7 pages). — 3° Meslanges servans à l'histoire. S. n. de v. ni d'imp. et s. d. (15 pages). — 4° Narré véritable de tout ce qui s'est passé en la réception et ambassade de M. le mareschal de Cadenet, et le roy de la Grande-Bretagne. Paris, Nicolas Rousset (14 p.). — 5° Regrets lunebres de la Flandre sur la mort et trespas de l'archiduc. Paris, F. Bourriquant (13 pages). — 6° Discours funebre sur la mort de Henry de Lorraine, duc de Mayenne, prononcé en l'église S. Hierosme de Tolose le 6 octobre 1621. Par le R. P. F. Roland Bourdon. Paris, Fleury Bourriquant (32 pages).

1925. Recueil de pièces historiques concernant l'affaire de Saumur, 1615 à 1621, 7 pièces en 1 vol. pet. in-8, dos de mar. bleu.

Ce curieux recueil contient : — 1° L'ordonnance de Monsieur Du Plessis Mornay, publiée au son du tambour dans la ville et faulxbourgs de Saumur,

368 HISTOIRE.

et ce qui s'y est passé depuis le quatriesme mars dernier. *Paris, Pierre Rocolet.* S. d. 1621 (14 pages). — 2° Ordonnance de Monsieur Du Plessis Mornay, gouverneur de Saumur, et des esleus du dit lieu, pour courir sus aux rebelles qui veulent prendre les tailles et deniers du roy, avec injonction à tous gentilshommes d'y resister, a peine d'estre rendus contribuables aux tailles. *Paris, Abraham Saugrain,* 1615 (8 pages). — 3° Responce à la lettre publiée soubs le nom de Monsieur Du Plessis Mornay sur les affaires de ce temps. *Paris. Sylvestre Moreau,* 1620 (1 feuillet et 16 pages). — 4° Responce de Monsieur le duc de Montbazon au sieur Du Plessis Mornay. *Paris, Julian Jacquin,* 1621 (15 pages). — 5° Les nouvelles arrivées en cour du trouble merveilleux excité à Saumur. *Paris, Sylvestre Moreau.* 1621 (13 pages). — 6° Seconde lettre de Monsieur le duc de Rohan au roy. *S. n. de v. ni d'imp. et s. d.* 1621 (7 pages). — 7° Advis sur ce qui s'est passé en la ville de Saumur, entre les catholiques, et ceux de la religion pretendue reformée le 4° mars 1621, adressé aux habitans d'icelle par Monsieur Du Plessis Mornay, gouverneur en la ville et chasteau de Saumur. *Paris, Pierre Ramier,* 1621 (13 pages).

1926. Recueil de l'affaire de Montauban en 1621, 4 pièces en 1 vol. in-8, dos de mar. bleu.

L'arrivée de l'armée du Roy devant la ville de Montauban, avec trente milles hommes, et les furieuses escarmouches faictes entre Monsieur le duc de Mayenne et les assiegez. *Paris. Abraham Saugrain,* 1621, in-8° de 16 pages. — Regnaud de Montauban resuscité, parlant aux bourgeois de Montauban et à ceux de leur party. *S. n. de v. ni d'imp.* 1622. In-8° de 16 pages. — L'enfer de l'advocat de Montauban (en vers), in-8° de 15 p. (manque le titre). — La requeste présentée au Roy par les habitans de Montauban sur la réduction de la ville, qui se proposa à composition. *Paris, Jouxte la coppie imprimée à Tolose par la vefve de Boude.* 1622, in-8° de 11 pages.

1927. Les sentinelles au Roy ; advertissement des dangereuses approches des forces espagnoles, pour bloquer le royaume de France. *S. n. de v. ni d'imp.* 1621, in-8, de 15 pages, dem.-rel.

1929. Pièces contre le duc de Luynes, savoir :

1° Le Comtadin provençal. *S. l.* 1622, 22 pages. — 2° L'horoscope dv conestable (duc de Luynes), avec le passe-partout des favoris, *s. l.* 1620, 29 pages. — 3° L'ombre de monsievr le connestable, apparve à messieurs ses frères, *s. l.* 1622 (28 pages). — 4° L'ombre de monseigneur le duc de Mayenne, aux princes, gentils-hommes et peuple françois, *s. l.* 1622 (29 pages). — 5° L'ombre du chancelier de l'Hospital. Au Roy. Représentant toutes les affaires d'estat de la France, *s. l.* 1622 (31 pages). — En tout, 5 pièces petit in-8°, mar. r. fil. tr. d. (*Duru*).

1930. Autres pièces contre le duc de Luynes, savoir :

1° Les soupirs de la Fleurs-de-Lys (en vers). *S. n. de v. ni d'imp. et s. d.* (8 pages). — 2° L'ombre du marquis d'Ancre à la France avec les admirables proprietez de l'ABSINTHE, nommée des Espagnols [ALOZNA, des

Italiens, Assentio ; des Alemans, Yuermut ; des Polonois, Pyoliin ; des Bohemes, Pelyalenk ; des Arabes, Affynthium, et des Français, de l'Alvyne : le tout recueilli par un secrétaire de la Faveur, disciple de Tabarin, en vers, s. l. 1620, in-8 de 15 pages. — 3° Le *Salve Regina* des prisonniers, arestez par le commandement du Roy, tant au chasteau d'Amboise, à Loches, la Bastille et conciergerie du Palais, adressé à la Reyne mère (en vers), s. l. et s. d. In-8 de 8 pages. — 4° Noël, ensemble le Pasquin des chevaliers (en vers), s. l. 1620. In-8 de 8 pages. — 5° Le *Te Deum* chanté sur la mort de M. le connestable (en vers), s. l. 1622. In-8 de 8 pages. — 6° Le *De profundis* sur la mort de Luynes (en vers), s. l. 1622, in-8 de 15 pages. — 7° La trompette de salut aux huguenots de ce temps (en vers), s. l. 1622. In-8 de 14 p.

1931. De l'autorité des roys. Premier discours. Dédié au très chrestien roy de France et de Navarre Louis XIII, par Coulomby. *Paris, Toussainct du Bray*, 1621 (5 ff. prél. et 64 pp.). — Remarques sur la vie du roy, et sur celle d'Alexandre Sévère, contenant la comparaison de ces deux grands princes, et comme les propheties de l'heureux règne du roy (par Le Roy). *Paris, Robert Etienne, pour Toussainct du Bray*, 1622 (4 ff. prélim. et 86 pp.). In-4, vélin.

1932. La pvblication de la paix envoyée par le roy en la ville de la Rochelle, le 11 nouembre 1622. *Paris*, 1622, pièces de 4 ff. in-8. — L'arrivée de la grande et pvissante armée navalle du Roy, povr le bloquement de la Rochelle, etc. *Paris*, s. d., *ibid*. In-8, dem.-rel., mar. rouge.

1933. La Deffaicte des Anglois par monseigneur le comte de Soissons, soubs la conduite de monsieur de la Molette, ensemble le deuil du sieur de La Nouë et de monsieur de Marsy, avec les industries et inventions admirables de l'ingénieur Pompée, le tout fait et arrivé au camp de la Rochelle les 3, 4 6 de ce present mois, 1622. *Paris, Réné Bretet*, 1622, petit in-8 de 14 pages, dos de veau fauve.

1934. Harangue superlative de maistre Iosse de La Fuye, cordonnier, et reformateur evangelique, aux ministres de France, etc. *Paris, Ioseph Guerreau,* 1622, 27 pages in-8, titre gravé, dem.-rel., v. br.

1935. Trois pamphlets (en vers) de 1622 et 1623. In-8, dem.-rel., v. vert.

<small>1° La prière du Gascon, ou lou diable soit des houguenaux. S. l. 1622 (14 pages). — 2° L'insolente vie du corbeau déguisé. S. l. 1622 (22 p.). — 3° Pasquil satyrique du duc de *** sur les affaires de France, depuis l'année 1585 iusques en l'année presente 1623. S. l. 1623 (29 pages). — Un peu piqué.</small>

1936. La rubriqve et fallace du monde. Pasquin excellent. *Paris,* 1622, pièce de 6 ff. in-8, dem.-rel., mar. r.

1937. Le grand bal de la reine Marguerite, faict devant le roy, la reine et Madame, le dimanche 26 aoust. En faveur de M. le duc de Pastrana. *Paris, Iean Nigaut,* 1622, 13 pp. in-8, mar. vert, fil. tr. d. (*Duru*).

1938. Relation générale des conquestes et victoires du roy sur les rebelles, depuis l'année mil six cent vingt, iusqu'à présent. Avec les noms et scituations des villes, places et chasteaux rendus à l'obéissance de sa Majesté, tant par forces que par submission. *Paris, Fleury Bourriquant,* 1622, 16 pp. pet. in-4, dem.-rel., mar. r.

1939. La Chasse au viel grognart de l'antiquité, s. l., 1622, in-8, de 32 pages, cart.

1940. Coq-à-l'asne sur le mariage d'un covrtisan crotesqve (*sic*). *S. l.,* 1620, pièce de 14 pages. — Le Coq-à-l'asne envoyé de la Covrt. *S. l.,* 1622, pièce de 12 pages. In-8, dem.-rel., mar. bleu.

1941. Actions de graces de la France au roy; par le sieur Descomel, advocat en parlement. *Paris, Anthoine Alazert,* 1623, 29 pages, petit in-4, dos de mar. rouge.

1942. Le clair-voyant de Fontainebleau. *S. l.*, 1623, in-8, dem.-rel. mar. bleu.
<small>Pièce rare, de 28 pages, avec un acrostiche sur un feuillet séparé.</small>

1943. Pasquil satyrique du Duc de (*****) sur les affaires de France depuis l'année 1585 jusques en l'année presente 1623; *s. l.*, 1623, petit in-8 de 29 pages, dos de mar. rouge.

1944. La chance tournée, du chancelier en France (en vers); *s. n. de v. ni d'imp.*, 1624, in-8 de 15 p., mar. rouge, tr. d. (*Duru*).

1945. Responce à la voix publique envoyée de la cour; *s. l.*, 1624, in-8 de 30 pages, dos de mar. vert.

1946. Discours sur l'affaire de la Valteline et des Grisons, traduit de l'italien. *Paris, Joseph Bouillerot*, 1625, in-8, dos de mar. vert.

1947. La chasse aux larrons, ou establissement de la chambre de iustice; par Iean Bourgoin. *Paris*, 1625, pet. in-4, mar. r., tr. d., avec une gravure.

1948. Plaisant galimatias d'vn Gascon et d'un Provençal, nommez Iacques Chagrin et Rouffin Allegret. *Paris, Pierre Ramier*, 1619, pièce de 20 pp. — Le bon Gascon resvscité, qui représente toutes les affaires de la cour, qui sçait tout, apprend tout, et descouure tout. *S. l. n. d.*, pièce de 14 p., petit in-8, d.-rel., mar. bl.

1949. Quatre pièces historiques de 1625; in-8, cart.
<small>1° Advertissement à tous les estats de l'Europe touchant les maximes fondamentales du gouvernement et des desseins des Espagnols. *Paris* (16 pages). — 2° Advis au roi: S. l. (23 pages). — 3° Apologie au roy (signée Théophile). *Paris* (55 pages). — 4° Lettre de Nostre saint Père le pape Urbain VIII à tous les patriarches, archevesques et evesques de l'Eglise catholique, latin et français. *Paris, François Huby* (15 pages).</small>

1950. Trois pièces historiques de 1626; in-8, cart.
<small>1° Arrest de la iustice rendue en cour de Rome de l'authorité de N. S.</small>

P. le Pape, avec la supplication faicte au roy...... et aux seigneurs, princes et à toute autre personne de quelque qualité que se (*sic*) soit qu'il aye à maintenir l'illustrissime seigneur Iacques Brossin Messars de Mere, chevalier de l'ordre S. Iean de Ierusalem, commandeur de Fretey, contre l'illustrissime seigneur grand maistre de Malte, à peine d'excommunication.... ladicte excommunication prononcée contre frère Charles de S. Offenge, et autre contrevenant. *Paris, P. Mettayer* (24 pages). — 2° Mémoires de ce qui s'est passé à Bordeaux entre messieurs du parlement et monsieur le duc d'Espernon. *s. l.* (15 pages). — 3° Sentence de monsieur le prevost de Paris, ou monsieur son lieutenant civil, contre un meschant et pernicieux livre imprimé à Francfort, intitulé : *Prerogativa Hispaniæ de dignitate et præeminentia regum regnorumque Hispaniæ*, etc. lequel a esté bruslé en la place de Greve le jeudi 12 novembre 1626. *Paris, Nicolas Alexandre* (16 pages).

1951. Récit véritable de la condemnation et exécution à mort de Messieurs de Bouteville et comte des Chappelles, par arrest de la cour du 21 juin 1627. *Paris, Iean Bessin*, 1627, in-8 de 7 pages, d.-rel., veau chocol.

1952. Deux pièces historiques de 1628 ; in-8, cart.

1° Lettre de Nostre Sainct Pere le pape Urbain VIII, envoyée à monseigneur le comte de Chomberg, sur la victoire obtenue contre les Anglois en l'isle de Ré. *Paris, Franç. Iulliot* (6 pages). — 2° Règlement faict par le roy, pour les officiers de sa maison. *Paris, P. Mettayer, A. Estienne et C. Prevost* (24 pages).

1953. Ordonnance de Monsieur le lieutenant civil, portant deffenses à tous taverniers, cabaretiers et autres marchands de vins, de donner à boire, ni associer en leurs maisons aucuns bourgeois et habitans de ceste dite ville et fauxbourgs, à peine de quatre cens livres d'amende pour la première fois, et de punition pour la seconde, et auxdits bourgeois et habitans d'y aller, à peine de quarante huit livres parisis d'amende. *Paris, Pierre Mettayer*, 1629, 8 pages in-8, dos et coins de mar. rouge.

1954. Edict du roy, portant suppression des offices de trésoriers provinciaux des garnisons et des régiments et compagnies de gens de pied tant François qu'estrangers, même ceux des régimens des gardes de Sa Majesté tant François que Suisses. Et creation en titre d'office, des controlleurs des deniers communs et d'octroy en chacune ville et communauté de ce royaume, etc. *Paris, A. Estienne, P. Mettayer et C. Prevost,* 1630, in-8 de 24 pages, d.-rel. et coins mar. bl.

1955. Les entretiens des Champs Elizées. (Par P. May du Chastelet) *s. l.,* 1631, in-8, mar. vert, tr. d. (*Duru*).

1956. Le coup d'estat de Louis XIII. Au roy. *Paris,* 1631 (45 p.). — Les entretiens des Champs-Elizées. *S. l.,* 1631 (64 p.). Ensemble deux pièces in-8, cart.

1957. Quatre pièces historiques de 1631; in-8, cart.

<small>Savoir : 1° Discours au roy touchant les libelles faits contre le gouvernement de son estat. *s. l.* (32 pages). — 2° Remonstrance à Monsieur, par un François de qualité *s. l.* (44 pages). — 3° Relation de ce qui s'est passé depuis le vj février, iusques à present *s. l.* (16 pages). — 4° Relation de ce qui s'est passé pendant le seiour du roy à Dijon, et depuis qu'il en est party, iusqu' au 8 avril 1631. *s. l.* (32 p.).</small>

1958. Diverses lettres du roi Louis XIII, de la reine-mère et de Monsieur, frère du roi (1631); in-8, carton.

<small>Savoir : 1° Lettre du roy, envoyée à messieurs les prevost des marchands et eschevins de la ville de Paris, le xxiij fevrier 1631. *Paris, Pierre Rocolet* (12 p.). — 2° Lettre du roy escrite aux parlemens et gouverneurs des provinces, sur son partement de Compiegne, le 23 février 1631. *Paris, Sébastien Cramoisy* (13 pages). — 3° Lettre du roy envoyée aux provinces, avec celle de Monsieur au roy, et la response du roy à Monsieur. *Paris, Jean Martin* (16 pages). — 4° Lettre de la reyne mère au roy, avec la response de sa majesté. *Paris, Sébastien Cramoisy* (16 p.). — 5° Lettre escrite au roy par Monsieur, et apportée par le sieur de Briançon, avec la response de sa majesté. *s. l.* (16 pages). — 6° Lettre du roy à Monseigneur, frère unique de sa majesté, sur la deffaite des troupes de Savoye. *Paris, Robert Quenet* (15 pages). Ensemble 6 pièces.</small>

1959. Recueil de pièces pour servir à l'histoire du règne de Louis XIII (1632); in-8, cart. à l'anglaise.

<small>Savoir : 1° Le bon génie de la France à Monsieur. *S. l.* (16 pages). — 2° Articles de la paix accordée par le roy à monsieur le duc d'Orléans, frère unique de sa majesté. *Paris, Antoine Estienne* (12 pages). — 3° Arrest de la cour de parlement, touchant la residence des curez en leurs benefices (27 janvier 1632). *Paris.* (8 pages). — 4° Advis aux princes chrestiens sur les desseins et entreprises des Espagnols. *s. l.* (16 pages).</small>

— 5° Lettre de la reyne mère au roy, avec la responsce de sa majesté. *Paris, Sébastien Cramoisy* (16 pages). — 6° Harangue à Monsieur, frère du roy, pour l'inviter à la paix. *Paris, François le Prest* (45 pages). — 7° Lettre du roy à monsieur le duc d'Orléans son frère. *Paris, A. Estienne* (10 pages). — 8° Lettre de monsieur le duc d'Orléans, envoyée au roy. *Paris, Antoine Estienne* (14 pages). — 9° Lettre du roy à messieurs les prevost des marchands et eschevins de la ville de Paris. *Paris, Pierre Rocolet* (3 ff.). — 10° Lettre du roy de Suède au très-chrestien et très-victorieux roy de France et de Navarre Louis XIII. *Paris, Iean de la Tournette* (12 pages). — 11° Lettre du roy à messieurs les prevost des marchands et eschevins de la ville de Paris. *Paris, P. Rocolet* (6 pages). — 12° Lettre du roy envoyée à nosseigneurs de la cour de parlement, contenant l'accommodement de monsieur en la bonne grace du roy. *Paris, P. Rocolet* (7 pages). — 13° Lettre du roy escrite à M. le duc de Montbazon.... contenant les pratiques du duc de Lorraine, et les causes qui ont obligé le roy à porter les armes dans ses Estats. *Paris, Antoine Vitré* (16 pages). — 14° Mémoire à M. d'Aiguebonne, allant trouver Monsieur, de la part du roy, le 9 septembre 1632 (14 pages). — 15° Le Mercure ou courrier céleste parlant à Monsieur, frère du Roy. *Paris, F. le Prest* (14 pages). — 16° Ordonnance du roy portant defenses à tous maistres des postes et courriers de porter en leurs paquets aucun or, argent, ne pierreries (23 mars 1632). *Paris, P. Mettayer* (7 pages). — 17° Reglement et articles generales (sic) faictes par le roy estant en son conseil, pour estre gardées et observées à l'advenir aux expéditions de tous les offices qui se lèvent en ses parties casuelles (2 décembre 1631). *Paris, P. Mettayer* (28 pages). — 18° Relation des conseils d'Estat, par deux des plus notables seigneurs de la cour. *Paris, Mathieu Colombel* (16 pages). — 19° La rencontre de M. le mareschal d'Effiat et de monsieur de Marillac aux Champs-Elisées. Ensemble celle de maistre Guillaume, que le temps a rendu sage. *s. l.* (15 pages). — 20° Edict du roy portant attribution des droicts de chevauchées aux greffiers et maistres clers anciens, alternatifs et triennaux des eslections de ce royaume (10 mai 1632). *Paris, P. Mettayer* (14 pages). — 21° Response de la main du roy à la lettre de la royne sa mère. *toute* (sic) *la coppie imprimée, s. l.* (8 pages). — 22° La dernière lettre de la royne mère escrit au roy, *toute la coppie imprimée, s. l.* (8 pages). — 23° Declaration du roy sur l'entrée en armes de Monsieur en France, et contre tous ceux qui le suivent et assistent de quelque qualité et condition qu'ils soient (2 aoust 1632). *Paris, A. Estienne* (14 pages). — 24° Déclaration du roy contre le duc de Montmorency. *Paris, P. Mettayer* (16 pages). — En tout 24 pièces.

1960. Lettres et pièces historiques de 1632; in-8, carton.

Savoir : 1° Lettre de M. le duc d'Orléans envoyée au roy. *Paris, Antoine Estienne, P. Mettayer et C. Prevost* (4 pages). — 2° Lettre du roy à monsieur le duc d'Orléans son frère. *Paris, id.* (10 pages). — 3° Les royales cérémonies faites en l'édification d'une chapelle des capucins à Londres en Angleterre, dans le palais de la royne, fait par son commandement et par la permission du roy; en laquelle chapelle elle a posé la première pierre. Avec l'inscription gravée sur une lame d'argent, appliquée sur ladite première pierre. *Paris, Iean Brunet* (15 pages). — 4° Le bon génie de la France, à Monsieur. *S. l.* (16 pages). — 5° Le Mercure ou courrier céleste parlant à Monsieur, frère du Roy. *Paris, François le Prest* (14 pages). — Ensemble 5 pièces.

1961. Cinq pièces historiques et politiques de 1633; in-8, cart.

1° Lettre du cardinal duc de Richelieu à l'évesque de Bellay, avec la response dudit sieur evesque de Bellay. *Paris, Sébastien Cramoisy* (48 pages). — 2° Lettre du roy, escrite à monseigneur le duc de Montbazon, contenant l'estat present des affaires de sa majesté en Lorraine. *Paris, Antoine Vitray* (14 pages). — 3° Lettre du roy, envoyée à messieurs les prevost des marchands et eschevins de la ville de Paris, contenant ce qui s'est passé à Nancy, depuis l'entrée de sa majesté en icelle. *Paris, Pierre Rocolet* (12 pages). — 4° Lettre au roy sur les vertus éminentes de monseigneur le cardinal duc de Richelieu, dans les heureuses conduittes et succez des affaires de sa majesté, par le sieur de la Vicane. *Paris, P. Mettayer* (15 pages). — 5° La résolution courageuse de l'armée du roy dans le duché de Lorraine et frontières d'Allemagne sous la conduite de monsieur le mareschal de La Force. *Paris, Iean Brunet* (15 pages).

1962. Les véritables cérémonies royales faictes à la réception de Messieurs les chevaliers de l'ordre du Saint-Esprit dans le chasteau de Fontainebleau; ensemble toutes les particularitez qui se sont passées en icelles, etc. *Paris, P. Mettayer*, 1633 (16 p.). — L'entrée du roy dans Nancy, ensuitte du second traicté faict entre Sa Majesté et le duc de Lorraine. *Paris*, 1633 (12 pages); ensemble deux pièces in-8, cart.

1963. Le voyage du prince Don Fernande, infant d'Espagne, cardinal; traduit de l'espagnol de Don Diego de Vedo et Gallart, par le sieur Iule Chifflet. *Anvers, Iean Cnobaert*, 1635, in-4, veau gr., cartes et fig., *anc. rel.*

1964. Balet des Franchois et des Hollandois en Brabant, suivi de la relation véritable de ce qui s'est passé en la ville de Tillemont par l'armée françoise et hollandoise. (*Imprimé nouvellement jouxte la copie de 1635*, pièce de 9 ff., in-8, dem. rel., v. br. avec une grav.

Réimpression tirée à 25 exemplaires par Adam d'Aubers, imprimeur à Douai, 1842, publ. par M. G. D.

1965. Execution memorable de quarante-trois traistres et rebelles, toutes personnes de qualité d'Alle-

376 HISTOIRE.

magne, faicte en la ville de Prague, par commandement des deputez de l'empire. *Iouxte la copie imprimée à Paris, par Ioseph Bouillerot*, 1637, 15 pages in-8, cart.

1966. Histoire de la vie du connestable de Lesdiguieres; contenant toutes ses actions, depuis sa naissance jusqu'à sa mort. Avec plusieurs choses mémorables servant à l'intelligence de l'histoire générale. Le tout fidellement recueilli par Louis Vidal, secrétaire dudit connestable. *Paris, Pierre Rocolet*, 1638, in-fol., v. granit, fil., anc. rel.

Ce volume, orné d'un magnifique portrait de l'auteur, se compose de 5 ff. prélim. y compris ce portrait, de 478 pages et de 27 ff. pour la table, et une épitaphe.

1967. Mémoires des sages et royales œconomies d'estat, domestiques, politiques et militaires de Henry le Grand, l'exemplaire des rois, le prince des vertus, des armes et des loix, et le pere en effet de ses peuples françois. Et des servitudes utiles, obeissances convenables et administrations loyales de Maximilien de Bethune, l'un des plus confidens, familiers et utiles soldats et serviteurs du grand Mars des François. *Amstelredam, Abtinos graphe de Clearetimelce, et Graphexechon de Pistariste, à l'enseigne des trois Vertus couronnées d'amaranthe*, s. d., 2 t. en 1 vol. in-fol., mar. rouge, fil. tr. d., anc. rel.— Suite. *Paris, Courbé*, 1662, et *Bilaine*, 1664, 2 vol. in-folio, rel. uniforme.

La première partie de ces mémoires a été imprimée *au château de Sully*, en 1638, par un imprimeur d'Angers. C'est la première édition. On voit sur le titre le chiffre de la maison de Sully (c'est-à-dire le VVV) peint en vert. On a joint à cette édition originale, très recherchée, un portrait de Sully à l'âge de 42 ans, peint par Franck Hals, peintre contemporain, et gravé par Pierre-Joseph Jamont.

1968. Histoire de l'entrée de la reyne mère du roy tres chrestien dans la Grande Bretaigne, par le sieur de la Serre, historiographe de France. *Londres*,

Jean Rawort, 1639, in-fol. de 35 ff. et 12 planches, dos de mar. rouge (Kœhler).

1969. La nuict des nuicts, le jour des jours, le miroir du destin ou nativité du Daufin du ciel, la naissance du Daufin de la terre et le tableau de ses aventures fortunées. (Par Du Bois-Hus.) *Paris, Jean Paslé, 1641*, in-12, veau fauve (*anc. rel.*).

<small>Cet ouvrage, aussi bizarre que son titre peut le faire supposer, commence par un discours panégyrique au duc de Richelieu, qui n'a pas moins de 86 pages ; puis un avertissement qui va jusqu'à la page 106 ; enfin viennent les quatre ouvrages en vers indiqués sur le titre, et recommençant la pagination de 1 à 194, plus un feuillet pour la marque du libraire. Nous regrettons de ne pouvoir citer quelques strophes de ce curieux ouvrage.</small>

1970. Codicilles de Louys XIII roy de France et de Navarre à son tres cher fils aisné et successeur. (Paris 1643), 4 parties en 3 vol. in-24, mar. rouge, fil. tr. d. (*Derôme*).

<small>Admirable exemplaire de Guilbert de Pixérécourt qui avait appartenu à Girardot de Préfond. Voyez pour ce livre rare, qui a été vendu 120 fr. chez M. d'Ourches, la *Bibliothèque instructive* de Debure, t. 2 de l'Hist., p. 123.</small>

1971. Esequie della maesta christianissima di Luigi XIII il Guisto re di Francia e di Navarra, celebrate in Firenze dall'altezza serenissima di Ferdinando II, gran duca di Toscana. E descritte da Carlo Dati. *In Firenze, nella stamperia di* s. A. s., 1644, in-4, de 58 pp. avec trois grandes figures, demi-rel. v. chocol.

<small>Andrea Cavalcanti, Francesco di Baffaello Rondinelli, Girolamo Bartolomei, Mario Guiducci et Carlo Dati furent chargés d'ordonner et d'*historier* cette pompe funèbre.</small>

1972. Motiven und Belschuldigung der Gemeinden von Engeland gegen und wider Jhr. Kœnigl. Majestæt Carl. Stuard. *Vor den Minnenbrüder im Loreet Narch der Copen von London*, 1649, in-4, de 4 pages non chiff. demi-rel. v. ant.

<small>C'est une accusation contre Charles Stuart.</small>

378 HISTOIRE.

1973. Les amours d'Anne d'Autriche, épouse de Louis XIII, avec monsieur le C. D. R. (le comte de Rivière), le véritable père de Louis XIV roi de France, ou l'on voit, etc. (par Eustache Le Noble). *Cologne : Guillaume Cadet*, 1722. — Examen des prétextes de l'invasion des François pour l'instruction des Anglois. *S. l. ni d.*, in-12, de 57 pages, en tout 2 parties en 1 vol. petit in-12, mar. vert, fil. tr. d. (*Anc. rel. un peu taché*).

1974. Les amours d'Anne d'Autriche épouse de Louis XIII, avec monsieur le C. D. R., le véritable père de Louis XIV. *Londres, aux dépens de la compagnie* (Hollande), 1768, in-12, de 9 ff. prét. et 122 pp., demi-rel. mar. noir.

Dernière édition de Hollande, fort rare.

1975. Le sceptre de France en quenouille, par les régences des reynes, faisant voir par de naïves représentations d'Histoire les désordres du pouvoir absolu en France, par la mauvaise éducation des roys, la pernicieuse conduite de l'Estat, etc. *S. l.*, 1652, in-4, dos de veau fauve.

1976. Brochures diverses du règne de Louis XIII. In-8, cart.

Savoir : 1. L'adieu des sceaux, *s. l. n. d.* (8 pages). — 2. Advis d'un théologien sans passion. *s. l. n. d.* (32 pages). — 3. L'épée courageuse de Monsieur, frere du roy, contre les ennemis de la France (16 pages). — 4. La ligue nécessaire contre les perturbateurs du repos de l'Estat. — 5. Le manifeste de M. le comte de Soissons, envoyé au roy sur les troubles et logement des seigneurs de la cour 29 pages. — 6. L'oracle delphique, ou de courageux soldat françois (45 pages). — 7. Requeste au roy par les prisonniers d'Amboise, de la Bastille et bois de Vincienne (14 pag.). En tout sept pièces.

1977. Recueil de pièces intéressantes pour servir à l'histoire des règnes de Louis XIII et de Louis XIV, *Londres*, 1781, in-8, mar. citron, mors en mar., dentelle, tr. d. (*Duru*).

Ce volume, de la plus grande fraîcheur, et orné de 6 beaux portraits sur acier, contient : 1° Pièces du procès de Henry de Talleyrand, comte de

HISTOIRE. 379

Chalais, décapité en 1626 (256 pages). — 2º Lettre de Marion de Lorme aux auteurs du Journal de Paris. *Londres*, 1780 (60 pages) avec les portraits.

1978. Mémoires contenant ce qui s'est passé en France de plus considérable depuis l'an 1608, jusqu'en l'année 1636. *Paris, Claude Barbin*, 1785, in-12, veau fauve, fil. tr. d. (*Duru*).

    6   11

Cet ouvrage, connu sous le nom de Mémoires de feu monsieur le duc d'Orléans, a été rédigé, selon tous les biographes, par Algay de Martignac. Il est attribué à M. de Brèves, suivant une note écrite sur notre exemplaire d'une écriture contemporaine.

1979. Recueil de plusieurs pièces servant à l'histoire moderne, dont les titres se trouvent en la page suivante, *Cologne : Pierre du Marteau*, 1663, in-12, veau écaille, dent.

    1

1980. Histoire du ministère du cardinal de Richelieu (par Charles Vialart, évêque d'Avranches). *Amst., Abraham Wolfganck*, 1664, 3 vol. — L'histoire du cardinal duc de Richelieu. *Cologne*, id., 1666, 2 vol. — Mémoires pour l'histoire du cardinal duc de Richelieu, recueillis par le sieur Aubery. *Cologne, Pierre Marteau*, 1667, 7 vol. Ensemble 12 v. in-12, v. écaille, fil.

    20

1981. Journal de M. le cardinal duc de Richelieu, qu'il a fait durant le grand orage de la cour, és années 1630 et 1631; tiré des mémoires écrits de sa main. *Amsterdam, Abraham Wolfganck* (au Quærendo), 1664, 2 part. en 1 vol. petit in-12, cuir de Russie, fil. non rogné (*Purgold*).

    34

1868 Exempl. Pixérécourt. 6c. « Cette édition est non-seulement la plus belle, mais encore la meilleure. En outre, ce mémorial, où le cardinal de Richelieu se montre, pour ainsi dire, en déshabillé, est cent fois plus utile que ses grands Mémoires, écrits à froid, avec des réserves qui en affaiblissent la valeur historique..... » (*Catal.* Pixérécourt.)

g. — HISTOIRE DE FRANCE SOUS LOUIS XIV.

1982. Remarques morales et politiques recueillies et

    1

composées par le seigneur Théodore, comte de Bronckhorst, Bartobourg et d'Anholt, etc., *s. l.* (*à la sphère*), 1646, in-12, mar. noir, fil. tr. d. (*Anc. rel.*).

1983. Le miroir historique de la ligue de l'an 1464. Où peut se reconnoître la ligue de l'an 1694, pour y découvrir ce qu'elle a à craindre des propositions de paix que la France luy fait. Par l'auteur du salut de l'Europe. *Cologne, Félix Constant*, 1649, pet. in-12, mar. r. fil. tr. d. (*Duru*).

1984. Pièces relatives au traité de paix conclu entre la France et l'Espagne et au mariage du roy avec l'infante d'Espagne. 6 pièces in-4, en 1 vol. dos de veau fauve (*Kœhler*).

Ces six pièces, relatives aux fêtes du mariage de Louis XIV, sont attribuées avec assez de vraisemblance à Colletet. En voici les titres : — 1. Journal du voyage du roy, pour le traitté du mariage, etc. *J. B. Loyson*, 1659 (12 pages). — 2. Seconde relation de la conférence des deux rois, avec la marche, les entrées, etc. *A. Lesselin*, 1660 (36 pages). — 3. Journal historique du voyage du roy, etc. *J. B. Loyson*, 1659 (12 pages). — 4. Suite du Journal historique, *id., id.* (12 pages). — 5. Nouveau Journal historique des cérémonies du mariage. *A. Lesselin*, 1660 (12 pages). — 6. Dernière relation du retour de leurs majestés, etc. *J. B. Loyson*, 1660 (8 pages).

1985. La conférence de Ianot et Piarot Doucet de Villenoce, et de Iaco Paquet de Pantin, sur les merveilles qu'il a veu (*sic*) dans l'entrée de la reine, ensemble comme Ianot luy raconte ce qu'il a veu au Tedeum et au feu d'artifice. *Paris*, 1660, 12 pp. in-4, demi-rel. mar. bl.

1986. Le parnasse royal et la reiouyssance des muses sur les grandes magnificences qui se sont faites à l'entrée de la reyne. *Paris, Jean-Baptiste Loyson*, 1660, 11 pp. in-4, demi-rel. mar. bl.

1987. Le bon avgvre en son esclat, svr l'hevrevse naissance de monseignevr le Davphin. Par le sieur

HISTOIRE.   381

Lair. *Paris : Estienne Pepingré*, 1662, pet. in-8, de 44 pages, demi-rel. v. f.

1988. Les armes triomphantes de son Altesse monseigneur le duc d'Espernon, pour le sujet de son heureuse entrée faite dans la ville de Dijon, le huictieme iour du mois de may mil six cens cinquante six. *Dijon, Philib. Chavance*, 1656, petit in-fol. front. vélin.

<small>Cette entrée est ornée de 17 gravures dessinées par *Godran* et gravées par *Matthieu*, représentant les monuments érigés en cette circonstance par la ville de Dijon.</small>

1989. Requeste présentée à monsieur le prevost des marchands, par cent-mil (sic) provinciaux ruinez, attendant l'entrée. Avec le souhait des mesmes provinciaux pour l'entrée du roy et de la reyne. *Paris, Iean-Baptiste Loyson*, 1660, 8 pp. in-4, demi-rel. mar. bl.

<small>Deux pièces en vers, très rares.</small>

1990. L'entrée triomphante de leurs majestez Louis XIV, roy de France et de Navarre, et Marie Thérèse d'Autriche son espouse, dans la ville de Paris, capitale de leurs royaumes, au retour de la signature de la paix génerale et de leur heureux mariage, enrichie de plusieurs figures, des harangues et de diverses pièces considérables pour l'histoire. *Paris, Ierre Le Petit*, 1662. In-fol. v. br. fig.

<small>Cet ouvrage, aussi remarquable par ses figures qu'utile pour l'histoire, n'est pas cité dans le Manuel. Voici comment il est composé : Un frontispice gravé par Chauvea, le titre, un portrait de Louis XIV gravé d'après Mignard par P. van Schuppen, et d'une épître dédicatoire aussi gravée, de 2 ff. d'advis non chiffrés, le retour du roy et son séjour, 7 pages ; Préparatifs dans la ville de Paris, 35 pages ; Marche à l'entrée de leurs majestez, 28 pages (dans notre exemplaire il manque les pages 15 et 16 de cette partie) ; enfin, suites et conclusion de l'entrée de leurs majestez, 12 pages. Plus, tout l'ouvrage est acccompagné de 22 planches, dont 14 doubles. Ces belles figures sont de Jean Marot.</small>

1991. Recueil de diverses pièces curieuses pour servir à l'histoire. *Cologne : Jean du Castel*, 1662, in-12, vel.

Les pièces que contiennent cette première édition sont au nombre de trois, savoir : — 1° Responce faite aux mémoires de M. le comte de la Chastre, par M. le comte de Brienne. — 2° Conjuration de la donna Hyppolitte d'Arragon, baronne d'Alby, sur la ville de Barcelonne, en faveur du roi catholique. — 3° Relation de la mort du marquis de Monaldeschi.

1992. Le même idem., idem., 1664, in-12, vélin.

Cette seconde édition est beaucoup plus complète que la première, et contient, outre les trois pièces précédentes : — 4° Motifs de la France pour la guerre d'Allemagne et quelle y a esté sa conduite. — 5° Lettre au nom d'un estranger, au sujet de la paix entre la France et l'Espagne.

1993. Histoire du traité de la paix conclue sur la frontière d'Espagne et de France entre les deux couronnes, en l'an 1659. Où l'on voit les conférences entre les deux premiers ministres, avec un journal de ce qui s'y est passé de plus remarquable. Aussi un recueil de diverses matières concernantes (sic) le sieur duc de Lorraine. *Cologne, Pierre de La Place*, 1665, in-12, parch.

1994. Recueil historique contenant plusieurs pièces curieuses de ce temps (par de Bricard, le duc de Guise, du May, etc.). *Cologne, Chr. Van Dyck (Elzev.)*, 1666, pet. in-12, mar. r. fil. tr. d. (*Derame*).

Exempl. Pixérécourt. C'est le recueil qui commence par l'entreprise d'Alger.

1995. Mémoires du marquis de B*** (de Beauvau), contenant ce qui s'est passé de plus mémorable sous le règne de Charles IV duc de Lorraine et de Bar. *S. l. n. d. (à la sphère)*, (vers 1672), petit in-12, v. br.

1996. La vie du général Monk, duc d'Albemarle, etc., le restaurateur de sa majesté Britannique Charles second. Traduit de l'anglois de Thomas Gumble.

HISTOIRE. 383

Londres, Robert Scot, 1672, in-12, v. rouge fers à froid, fil. dent.

2113 Exemplaire Pixérécourt. 1/6

1997. Le mari à la mode de ce temps. *Liège, dans le royaume de Vulcain*, 1672, pet. in-12, v. br. fil. fers à froid, tr. d.   3

Édition elzevirienne.

1998. Mémoires de madame la duchesse de Mazarin. *Cologne, chez Pierre du Marteau (à la sphère)*, s. d. (1675), petit in-12, mar. vert. fil. tr. d. *témoins* (*Courteval*).   3   2/c

1999. Mémoires D. M. L. D. M. (la duchesse de Mazarin, Hortense Mancini). *Cologne, Pierre Marteau*, 1675, in-12, v. br.   2   7/

« Ces mémoires sont faussement attribués à une madame du Rhut, dans les *Lettres historiques et galantes*, par madame de C*** (du Noyer)... Mais on regarde généralement les *Mémoires de la duchesse Mazarin* comme l'ouvrage de l'abbé de Saint-Réal. C'est une autre erreur. Ces Mémoires sont d'Hortense Mancini elle-même, qui y fait son portrait. » (Barbier, t. II, p. 375.)

On trouve dans le même volume les *Mémoires* de M. L. P. M. M. Colonne, grand-connétable du royaume de Naples. *Cologne, Pierre Marteau*, 1677.

2000. Le journal du siége de Philisbourg, et de ce qui s'y est passé de jour à autre, depuis le dixiesme may jusqu'au dix-sept septembre 1676. Avec sa capitulation, par un officier de la garnison. *Strasbourg, Simon Paully*, 1676, in-12, dos de mar. v. non rogné.   1

2001. Description breve del esplendido banquete que su magestad christianissema el rey Luis XIV, dio a las senoras de sa corte en el real sitio de Versalla. (par Pedro de la Rosa). *Paris : Jean Diego Bertran*, 1668, in-4, de 2 ff. prel. 38 pp. et 3 ff. non chiff. dos de veau fauve (*Kœhler*).   8

2002. La deroute et l'adieu des filles de joye de la ville et faubourgs de Paris, avec leur nom, leur   33   /6 nombre, les particularités de leur prise et de leur emprisonnement et requeste à M. D. L. V. avec la responce, s. l., 1668, in-12 de 36 pages. — Le portraict de Mademoiselle, D. L. V. adjoustés les devises sur les armes de M' Colbert. *Fribourg : Pierre Metsker*, in-12, de 24 pages. S. d. — La campagne de la reyne, ou lettre galante écrite à des dames de la cour de monseigneur le Dauphin, s. l. 1668, in-12, de 22 pages. — Relation de la cour de Savoye, ou les amours de Madame Royale. *Paris, s. n.* 1667, in-12, de 34 pages, quatre parties en un vol. mar. vert, fil. tr. d. (*Derome*).

De la vente Nodier. « Exemplaire charmant d'un volume de pièces satiriques qu'il serait fort difficile de réunir aujourd'hui en éditions originales. Ces diverses pièces méritent en outre d'être distinguées parmi les nombreux libelles de la même époque. »

2003. Les entretiens familiers des animaux parlant, où sont découverts les plus importants secrets de l'Europe dans la conjoncture de ce temps. *Amsterdam, Herman de Wit* (Elzevir), 1672, in-12, mar. bl. fil. tr. d.

2004. Recueil de diverses relations remarquables des principales cours de l'Europe, écrites pour la plupart par des ambassadeurs qui ont résidé à ces cours, trad. de l'ital. en françois. *Cologne, Pierre Marteau*, 1681, pet. in-12, vél.

On trouve dans ce volume assez rare, des détails curieux sur les mœurs du temps, entre autres une chanson sur la duchesse de la Valière, commençant ainsi :

« J'ai pour galant
» Le plus grand roy du monde. »

2005. Entretien dans le royaume des ténèbres sur les affaires du temps, entre Mahomet et Mr. Colbert, cy-devant ministre de France. *Cologne, Daniel Hartman*, 1683, pet. in-12, v. f. fil.

2006. Mémoires d'Estat; contenant les choses plus

remarquables arriuées sous la regence de la reyne Marie de Médicis, et du regne de Louis XIII (par le maréchal d'Estrées). *Paris, Claude Barbid*, 1666, pet. in-12, v. f. fil. tr. d. (1re édition.)

2007. Relation des assemblées faites à Versailles dans le grand appartement du roy pendant le carnaval de l'an 1683. *Paris, Pierre Cottard*, 1685, pet. in-12, cart.

2008. Les conquestes amoureuses du grand Alcandre dans les Pays-Bas, avec les intrigues de sa cour. *Cologne, Pierre Bernard*, 1684, in-12, v. m. (*Cette jolie édition est rare.*)

2009. Memoires de feu M' le duc d'Orléans, contenant ce qui s'est passé en France de plus considérable depuis l'an 1608 jusqu'en l'année 1636 (rédigés par le sieur Etienne Algay de Martignac), *La Haye: Adrian Mœtjens*, 1685, in-12, mar. rouge, fil. non rogné, doré en tête. (*Duru*.)

Contrefaçon de l'ouvrage précédent.

2010. Les héros de la ligue, ou la procession monacale conduite par Louis XIV, pour la conversion des protestans de son royaume, *Paris, Pere Peters*, s. d. (1685), in-4, mar. r. fil.

Livret de 26 ff. non chiffrés, dont 24 sont occupées par les *portraits-charges* des personnages les plus importants de la ligue catholique. Les deux autres ff., le premier et le dernier, sont remplis par le titre et un sonnet. On lit au bas de chacun de ces portraits quatre vers dont le style nous paraît un peu négligé pour interpréter dignement l'esprit qui règne dans la composition de la gravure.

2011. Recueil de quelques pièces concernant l'affaire des quartiers à Rome. *Cologne, Pierre Marteau*, 1687, in-8, d. r. veau viol.

2012. Parallelle (*sic*) de Louis-le-Grand avec les princes qui ont esté surnommés grands, par M. de Vertron. *Paris, Jacques Le Febvre*, 1685, pet. in-12, v. f. fil. dent. (*Thouvenin*).

2013. La brillante journée, ou le Carrousel des galans maures, entrepris par monseigneur le Dauphin, avec la comparse, les courses, et des madrigaux sur les devises. *Paris, V° Blageart*, 1685, 2 part. — Seconde relation du carrousel des galans maures, entrepris par monseigneur le dauphin, contenant de nouvelles particularitez; et quatre grandes planches qui représentent l'ordre de deux quadrilles de l'avant-cour de Versailles, pour commencer la marche, la comparse, l'ordre des chevaliers et de leur suite pendant les courses, l'ordre de bataille de deux quadrilles pour sortir de la carrière, comme aussi tout ce qui regarde les maisons, dignitez et emplois de chaque chevalier. *Ibid., id.* 1685. — Carrousel de monseigneur le Dauphin fait à Versailles le 25 de may. (Relation par Donneau de Visé.) *Ibid., id.*, 1685, 2 part. Le tout en un vol. in-4, v. br.

Cette relation se compose de plusieurs parties séparées, ayant chacune leur pagination propre, et qu'il est difficile de réunir. Elles furent distribuées avant le carrousel, dont l'ouverture avait été fixée au 15 mai 1685; mais la cérémonie ayant subi plusieurs remises, la date en fut laissée en blanc dans le titre de la 3ᵉ partie. On la trouve dans la relation suivante, que produisit encore ce carrousel : La galante et magnifique adresse des chevaliers maures au grand carrousel Dauphin à Versailles, le 1 et 2 juin 1685...., par le sieur Laurent. *Paris, Antoine Rafflé* (1685), in-8.

2014. Nouveaux intérêts des princes de l'Europe, revus, corrigés et augmentés par l'auteur, selon l'état où les affaires s'y trouvent aujourd'hui. *Cologne, Pierre Marteau*, 1686, pet. in-12, v. f. fil. non rogné.

2015. Description du monument érigé à la gloire du roy par M. le Mareschal duc de la Feuillade, avec les inscriptions de tout l'ouvrage (par l'abbé Regnier-Desmarais), *Paris : Séb. Mabre-Cramoisy*, 1686, in-4, de 33 pages, dos de veau fauve. (*Kœhler.*)

2016. Entdeckung der listigen Kunft-Stucke. (Découverte des ruses artificielles, avec lesquelles les français pensent de mettre en mauvais accord les parties catholiques et protestantes, afin, par leur séparation de regner seul et en maître et d'avoir la maîtresse et la haute main dans toute l'Europe, opposé aux lettres d'un soi-disant noble de Lütich qui furent brulées à Ratisbonne, par la main du bourreau, par un sincère catholique), 1689, in-4, de 16 ff. s. n. demi-rel.

2017. Gründlicher Bericht von dem jetzigen jæmmerlichen Zustand der Cron Frankreich, etc. (Rapport exact de la position lamentable actuelle de la France duquel on apprendra d'une manière détaillée comment Louis XIV, par son pouvoir usurpé et illimité, a mis l'église, la noblesse, les villes et enfin le peuple entier dans un tel esclavage que tout le pays est forcé d'en soupirer et de se lamenter, par un patriote francois, sous le titre de : les Soupirs de la France esclave, et traduit en allemand). *Mense :* octobre 1689, in-4, de 80 pages, dos de veau fauve. (*Duru.*)

2018. Dritte und vierte Erinnerung des aus der Dienstbarkeit und Sclaverein, etc. (Troisième appelation de la France en esclavage et servitude soupirant après sa liberté ; traité sur les différents malheurs que le gouvernement a attirés sur la France, la preuve incontestable que le pouvoir arbitraire du roi a introduit en France un esclavage comme on en a jamais vu à la cour du grand Turc, traduit du Hollandais par G.-P.-J.-W.) s. n. 1690, in-4, de 54 pages, demi-rel. v. viol.

2019. Avis important aux refugiez sur leur prochain retour en France, donné pour estrennes à l'un d'eux en 1690, par C. L. A. A. P. D. P. *Amst., Jacques le Censeur*, 1690, in-12. v. f. fil. tr. d.

« On a douté pendant longtemps si cet ouvrage était de Bayle, de La Roque ou de Pélisson. Marc-Antoine de La Bastide s'est efforcé de prouver que Pélisson en était le véritable auteur. L'abbé d'Olivet l'attribuait à Daniel de La Roque. L'abbé d'Estrées, dans une réponse très-vive à l'abbé d'Olivet, soutint que l'ouvrage était de Bayle. Cette dernière opinion, dé-

388 HISTOIRE.

fendue par d'autres critiques, est la plus généralement reçue, quoique l'on allègue de fort bonnes raisons en faveur de Pélisson. » (*Note manuscrite au commencement du volume.*)

2020. Les héros de la France sortant de la barque de Caron, s'entretenans avec messieurs de Louvois, Colbert et Seignelai. *Cologne, P. Marteau* 1693, pet. in-12, mar. rouge fil. Janséniste. (*Duru*).

Exemplaire non rogné.

2021. Le tableau de la vie et du gouvernement de messieurs les cardinaux Richelieu et Mazarin et de monsieur Colbert representé en diverses satyres et poésies ingénieuses avec un recueil d'epigrammes sur la vie et la mort de monsieur Fouquet et sur diverses choses qui se sont passées à Paris en ce temps là. *Cologne, Pierre Marteau,* 1693, petit in-8, vel. blanc.

Recueil excessivement curieux de vers satyriques sur ces quatre ministres.

2022. Le coursier de Pluton. *Cologne, Pierre Marteau,* 1695, petit in-12, fig. veau vert, fers à froid, tr. d.

2023. Histoire du Père La Chaise, confesseur du roi Louis XIV. Où l'on verra les intrigues secrètes qu'il a eu à la cour de France et dans toutes les cours de l'Europe, etc. *Cologne Pierre Marteau,* 1693, pet. in-12, mar. r. fil. tr. dor. (*Duru*).

2024. Le louis d'or politique et galant. *Cologne, Pierre Marteau,* 1695, pet. in-12, mar. rouge fil. tr. d. (*Kœhler*).

« Petit livre assez agréable. La seconde lettre, qui commence à la page 48, est une satire ingénieuse et piquante contre Louis XIV. Il a été porté jusqu'à 48 francs à la vente Chénier, en 1844. Quelques bibliographes (V. Brunet, *Manuel du Libraire*, 3ᵉ édit., 1820, t. II, p. 379) l'ont mal à propos confondu avec une facétie d'Isarn, qui parut en 1661 sous un titre à peu près semblable, et qui a été réimprimée dans le recueil des pièces choisies de Lamonnoye, 2 vol. in-12. Par suite de cette inadvertance, M. Brunet, dans son 4ᵉ vol., l'a placée au nombre des romans. Sa véritable place est parmi les pièces satyriques relatives au règne de Louis XIV. Cet ouvrage ne se trouve pas facilement. » (G. Duplessis, *Note manuscrite au commencement du volume.*)

HISTOIRE. 389

2025. L'esprit familier de Trianon ou l'aparition (sic) de la duchesse de Fontange, contenant les secrets de ses amours, les particularités de son empoisonnement et de sa mort. *Paris, chez la veuve de Jean Felix*, 1695, pet. in-12, mar. r. fil. tr. d. (*Duru*).

2026. Ein Brief aus jener Welt von dem Herzog von Luxemburg, etc. (Une lettre de l'autre monde du duc de Luxembourg, au duc de Villeroy qui l'a suivi sur le trone sur l'etat actuel des choses en France et le siege de la ville de Namur, traduit en allemand 1695). s. n. de v. ni d'imp., in-4, de 7 ff. non chiff. demi-rel.

2027. La chasse au loup de Monseigneur le Dauphin, ou la rencontre du comte du Roure dans les plaines d'Anet. *Cologne, Pierre Marteau*, 1695, in-12, frontis. grav. v. m.

2028. Histoire secrete de Henry IV, roy de Castille. *Villefranche : Pierre et Henry*, 1696, in-12, veau fauve, fil. tr. d. (*Duru*).

2029. Le marquis de Louvois sur la sellette, criminel examiné en jugement par l'Europe et ses filles, ses interrogats, ses reponses et enfin sa sentence portée par l'Europe (par Saandras de Courtilz?) *Cologne : Pierre Marteau*, 1695, petit in-12, front. grav. veau fauve, fil. tr. d. (*Bauzonnet*).

2030. Conseil privé de Louis-le-Grand, assemblé pour trouver les moyens par de nouveaux impôts de pouvoir continuer la guerre contre les hauts alliez. Avec plusieurs autres entretiens roullans sur les affaires du temps. *A Versailles, par l'abbé de la Ressource, logé aux taxes nouvellement créées*, 1696, pet. in-12, v. f. (*Kœlher*).

2031. L'esprit du cardinal Mazarin, ou entretiens sur

les matières du temps, sur ce qui se passe à la cour de France, et dans celle des autres princes de l'Europe. *Cologne, Pierre Marteau*, 1695, in-12, dos et coins, mar. vert, non rogné.

<small>Ce volume se termine par une épitaphe et une chanson.</small>

2032. La France ruinée sous le regne de Louis XIV par qui et comment, avec les moyens de la rétablir en peu de temps. *Cologne; Pierre Marteau*, 1696, in-12, frontispice gravé, veau fauve fil. (*Kœhler*).

2033. La France démasquée, ou ses irrégularités dans sa conduite et maximes. A *La Haye, chez Jean Laurent*, 1761, pet. in-12, v. f. tr. d.

2034. Lettres d'un gentilhomme françois sur l'établissement d'une capitation générale en France. *Liège, Jean le Bon*, 1695, 2 part. en 1 vol. petit in-12, v. f. fil.

2035. Le maréchal de Boufiers, prisonnier dans le château de Namur, et les avantures secrètes qui lui sont arrivées pendant la Campagne. *Liège*, 1696, pet. in-12, fig. vel.

2036. Les anecdotes de Pologne, ou mémoires secrets du regne de J. Sobieski III du nom. (par Dalerac). *Paris, Aubouyn*, 1699, 2 vol. in-12, mar. r. fil. tr. d. (anc. rel.)

2037. Nouveaux caractères de la famille royale, des ministres d'état et des principales personnes de la cour de France, avec une supputation exacte des revenus de cette couronne. *Villefranche; Paul Pinceau*, 1703, petit in-8, vel.

2038. Le politique du temps, ou discours nécessaire dans la conjoncture présente, pour avoir une juste idée de la puissance de l'autorité et du devoir des

HISTOIRE. 391

princes ; de la diversité des gouvernements, et jusqu'où l'on doit supporter la tyrannie, etc. (Dialogue sur l'autorité des princes et la liberté des peuples), s. l., 1704, petit in-8, mar. rouge, fil. tr. d. (De‑
rome).

2039. Caractères de la Famille royale, des ministres d'etat et des principales personnes de la cour de France, avec une supputation abrégée des revenus de cette couronne, traduit de l'anglois. *Villefranche : Paul Pinceau,* 1706, in-12, de 70 pages et 5 ff. pour la table, fig. mar. rouge, fil. tr. d.

2040. Recueil de diverses pièces politiques et curieuses contenant des remarques, mémoires et lettres sur les présentes négociations de paix. *La Haye, Pierre Husson,* 1712, in-12, dos et coins de mar. bleu, non rogné, doré en tête. (*Duru.*)

Recueil factice de 10 pièces originales et fort rares dans cette condition. En voici les titres : — 1. Préambule de la pétition, ou proposition générale du conseil d'état, 30 pages. — 2. Remarques, mémoires et lettres sur les présentes négociations de paix, 48 pages. — 3. Harangue de la reine aux deux chambres, prononcée le 18 décembre 1711, et les articles préliminaires de la France, pour parvenir à une paix générale, 8 pages. — 4. Lettre d'un ami d'Amsterdam à son ami de la Haye, contenant des réflexions sur les articles préliminaires, etc., 31 pages. — 5. Mauvaise foi de la France dans la rupture des préliminaires de 1709 dans les conférences de Gertruydenberg en 1710 et dans les nouvelles propositions faites en Angleterre en 1711, 29 pages. — 6. Explication des offres de la France pour la paix générale à la satisfaction de tous les interessez dans la guerre presente, 8 pages. — 7. Lettre écrite d'Amsterdam à la Haye sur les offres de la France pour la paix générale, avec la capitulation que la France, réduite à l'extrémité, a proposée par ses plénipotentiaires aux hauts alliez dans le congrès d'Utrecht le 11 février 1712, et un projet d'apostilles que l'on peut faire à chaque article, 15 pages. — 8. Demandes spécifiques de sa majesté la reine de la Grande-Bretagne, de S. A. le duc de Savoye, etc. 16 pages. — 9. Demandes spécifiques du S. et très-puissant roi de Portugal, etc. 12 et 10 pages. — 10. Demandes spécifiques au nom de S. M. I. et catholique de l'Empire.

2041. Le passe temps royal de Versailles, ou les Amours secrètes de Madame de Maintenon, sur de nouveaux mémoires très curieux, revu et augmenté de plusieurs particularitez, etc. *Cologne, Pierre*

392   HISTOIRE.

Marteau, 1712, petit in-12, frontispice, mar. rouge, fil. tr. d. (*Kœhler*).

Exempl. de Ch. Nodier.

2042. Mémoires et réflexions sur les principaux événemens du règne de Louis XIV, et sur ceux qui y ont eu la principale part, par M. L. M. D. L. F. (le marquis de La Fare). *Amsterdam, J. F. Bernard*, 1734, in-12, v. f. fil.

2043. Mémoires de Joly, pour servir d'éclaircissemens et de suite aux mémoires du cardinal de Retz. *Rotterdam*, 1718, 2 vol. in-8, veau fauve, fil. *non rogné*.

2044. Mémoires du comte de Brienne, ministre et premier secrétaire d'Etat, contenant les événements les plus remarquables du règne de Louis XIII et de celui de Louis XIV, jusqu'à la mort du cardinal Mazarin. *Amsterdam, J. F. Bernard*, 1719, 3 vol. in-8, v. f. fil. large dentelle, *non rogné*, doré en tête (*Lebrun*).

2045. Les Jesuites de la maison professe de Paris, en belle humeur. *Cologne, Pierre Marteau*, 1725, pet. in-12, mar. vert, fil. tr. d. avec fig. in-8.

Cette édition très-rare contient un frontispice gravé qu'il est bien rare de ne pas trouver arraché.

2046. Nouveaux mémoires du comte de Bonneval. *Londres*, 1737, in-8, parch.

2047. Memoire de M. de La Porte, premier valet de chambre de Louis XIV, contenant plusieurs particularités des Règnes de Louis XIII et de Louis XIV. *Genève*, s. n., 1756, in-12, cart., non rogné.

Rare de sa condition.

2048. Médaille sur la régence, avec les tableaux symboliques du sieur Paul Poisson de Bourvalais, premier maltotier du royaume, et le songe funeste de

HISTOIRE. 393

sa femme. *A Sipar, chez Pierre le Musca, rue des Cent Portes, à la Maison percée*, 1716, petit in-8, mar. bl., fil. tr. d. (*Duru*).

<small>Pièce de 16 ff. chiff. que l'on ne trouve que difficilement. C'est une satire fort ingénieuse contre les agioteurs du temps de la régence, que l'historien peut consulter avec fruit.</small>

2049. Mémoires ou essai pour servir à l'histoire de F. M. Le Tellier, marquis de Louvois, ministre et secrétaire d'état de la guerre sous le règne de Louis XIV. *Amsterdam, Michel Charles Le Cene*, 1740, in-12, dos et coins de veau fauve, non rogné, doré en tête (*Bauzonnet*).

2050. Lettre de Fénelon à Louis XIV. *Paris, Paul Renouard*, 1825, 39 pages, grand in-8, papier de Hollande, mar. bl., fil. tr. d. (*Duru*).

<small>C'est la lettre remarquable où Fénelon fait de si vives représentations et remontrances à Louis XIV, et dont le cardinal de Bausset et Voltaire ont nié l'authenticité, heureusement constatée depuis par la production du manuscrit original. Du reste, cette réimpression contient un fac-simile des onze premières lignes de ce précieux autographe, avec les portraits du sujet et de l'auteur gravés sur bois.</small>

2051. Notice historique sur Madame de Maintenon (par M. Monmerqué. *Paris, J. J. Blaize*, 1829, in-18 (tiré in-8 grand papier vel. br. à très petit nombre).

2119 Exempl. de Pixérécourt.

H. — HISTOIRE DE FRANCE DEPUIS LOUIS XV JUSQU'A NOS JOURS.

2052. Recueil historique contenant la fin funeste des quatre Henris, rois de France, avec l'attentat commis contre le roy Louis XV, dit le Bien-Aimé. *Paris*, 1757. — Les iniquités découvertes, ou recueil de pièces curieuses et rares qui ont paru lors du procès de Damiens. *Londres*, 1760, deux recueils en 1 vol. in-8, d.-rel., v. rouge.

<small>Le premier de ces recueils contient 64 pages et deux curieuses gravures.</small>

2053. Die Geschichte der Marquisinn von Pompadour, aus dem Englischen. *London, C. Hooper,* 1761, in-8, veau fauve, fil. tr. d. (*Duru*).

<small>On a imité la tête de la marquise de Pompadour sur le titre.</small>

2054. La gazette noire, par un homme qui n'est pas blanc, ou œuvres posthumes du gazetier cuirassé (par Theveneau de Morande). Impr. à cent lieues de la Bastille (*Londres*), 1784, in-8, broché.

<small>Exempl. de Pixérécourt.</small>

2055. Mélanges confus sur des matières fort claires, par l'auteur du Gazelier cuirassé (Theveneau de Morande). *Imprimé sous le soleil,* s. l. n. d., in-8, v. vert.

<small>L'un des plus rares ouvrages de cet auteur.</small>

2056. Recherches curieuses et instructives sur les Etats généraux. *Amsterdam et Paris,* 1788, in-8, d.-rel., v. bl.

2057. Dialogue au sujet du petit almanach de nos grands hommes, par MM. Briquet et Braquet, s. l. n. d. (1788), 47 pages, in-12, cart.

2058. Correspondance de la reine avec d'illustres personnages, s. n. de v. ni d'imp., 1790, in-8 de 144 p., dos et coins de mar. rouge, portrait.

<small>Très-rare, surtout avec le portrait de Mme de Polignac.</small>

2059. Les chevaux au manège; ouvrage trouvé dans le portefeuille de Monseigneur le prince de Lambesc, grand Ecuyer de France. *Aux Tuilleries,* 1789, 2 parties in-8 de 26 et 29 pages, dos et coins de mar. rouge.

<small>Brochure politique peu commune, surtout les deux parties réunies.</small>

2060. Les chemises rouges, ou mémoires pour servir à l'histoire du règne des anarchistes (par Bonnemain). *Paris, Deroy et Maret,* an VII, 2 vol. in-12, cart., fig.

HISTOIRE. 395

2061. Bulletin des couches de M' Target, pere et mere de la constitution des ci-devant François, conçue aux menus, présentée au jeu de paume et née au manége ; par l'auteur de tous les repas du monde. S. l., 1790, in-8, d.-rel., mar. r.

Cette plaquette contient quatre pièces sous ce titre, tirées séparément et paginées chacune de 1 à 8. On les trouve rarement complètes.

2062. Coup-d'œil sur Paris ; suivi de la nuit du deux au trois septembre. *Paris, marchands de nouveautés,* an III (1792), in-8, cart., non rogné.

Opuscule de 32 pages sur la révolution, et peu commun.

2063. Vie de Louis XVI, par M...... *Londres,* 1790, pet. in-12, fig. et portr., d.-rel., v. bl.

Cette Vie de Louis XVI est ornée de 3 fig. et d'un portrait de ce roi ; elle contient 125 pages.

2064. Essais politiques sur la vie de Marie-Antoinette, reine de France et de Navarre, etc., rédigés sur plusieurs manuscrits de sa main. *Versailles, chez la Montansier, hôtel des Courtisanes,* an II-1790, in-12 *en deux parties,* mar. rouge, fil. dent. tr. d., fig. et portr.

Exempl. bien conservé d'une édition devenue très-rare ; sur les marges se trouvent quelques notes manuscrites.

2065. Le vieux Cordelier, journal rédigé par Camille Desmoulins (*Paris, de l'imprimerie de Decenne,* an II), in-8 de 172 pages, dos de mar. brun.

Édition originale.

2066. Calendrier du père Duchesne, ou le prophète Sac à Diable, ; almanach pour la présente année 1791, contenant la liste d'une grande partie des citoyens jean-f...... actifs, éligibles et volontaires bleus, et d'une certaine quantité de f...... coquines de la capitale. Quelques énigmes de ma façon, etc. *Paris, de l'impr. du Père Duchesne, et se trouve chez le portier de certain marquis au bleu, monté sur*

396 HISTOIRE.

blanc, qui me f... bien malheur, in-12, d.-rel., bas.
bl., fort rare volume.

2067. La chasse aux bêtes puantes et féroces, qui après avoir inondé les bois, les plaines, etc., se sont répandues à la cour et à la capitale ; suivie de la liste des proscrits de la nation, etc. *Paris, de l'imprimerie de la Liberté*, 1789, in-8, v. r.

2068. Mon agonie de trente huit heures, ou récit de ce qui m'est arrivé, de ce que j'ai vu et entendu pendant ma détention dans la prison de l'Abbaye Saint-Germain depuis le 22 août jusqu'au 4 septembre, par Jourgniac Saint-Méard. *Paris, Desenne*, 1792, in-8, cart.

2069. Grand chagrin, grande joie du père Duchêne, au sujet de la garde nationale, et grande colère contre les clubs, adressés à ses concitoyens assemblés le 24 avril 1791, *s. n. de ville ni d'imp, et s. d.*, in-8 de 15 pages, dos de mar. vert.

2070. Précis historique du voyage entrepris par S. M. Louis XVI. le 21 juin 1791 ; de l'arrestation de la famille royale à Varennes, et de son retour a Paris, par le comte de Valois. *Paris, L. G. Michaud*, 1815, 95 pages in-8, cart.

2071. Vie privée des ecclésiastiques, prélats, et autres fonctionnaires publics qui n'ont point prêté leur serment sur la constitution civile du clergé (par Dulaure), pour faire suite à la liste des nobles (par le même). *Paris*, an II, 1791, in-8, cart.

2072. Mémoire à consulter et consultation pour M. Louis-Philippe-Joseph d'Orléans. S. l. n. d., 16 pp. in-8, cart.

2073. Mémoires historiques de Stéphanie-Louise de Bourbon-Conti, écrits par elle-même. *Paris, chez*

HISTOIRE. 397

l'auteur, rue Cassette, an VI, 2 t. en 1 vol. in-8, demi-rel. v. vert, portr.

« Ces Mémoires se trouvent rarement avec le portrait de l'auteur. Cet exemplaire est remarquable en ce qu'il renferme une note autographe de Mme Stéphanie aux pages 342 à 346 du dernier volume, et une complainte sur la mort de Louis XVI, également autographe. » (*Note manuscrite au commencement du 1er volume*).
Cet exemplaire est en outre revêtu de la signature de l'auteur, au bas d'un avis placé au verso du faux titre. La complainte autographe qu'on y a jointe porte aussi une signature de la princesse de Bourbon-Conti, au-dessous de laquelle on lit cette note curieuse : « .... et affichée par elle-même à l'heure de minuit le 19 janvier 1793, dans les principaux quartiers de Paris, sous le déguisement *d'afficheur*, c'est-à-dire revêtue d'une mauvaise veste, pantalon et chapeau. »

2074. Fêtes et programmes de fêtes de la révolution française. Cinq pièces en 1 vol. in-4, dos de veau fauve (*Kœhler*).

Curieux comme documents historiques. Voici les titres de ces cinq pièces : 1° Fêtes de la liberté et entrée triomphale des objets de sciences et d'art, recueillis en Italie. *Paris*, an VI (23 pages). — 2° Fête de l'anniversaire du 18 fructidor. Programme. *Paris*, an VII (3 pages). — 3° Anniversaire de la juste punition du roi des Français, programme, an VII (4 pages). — 4° Discours prononcé le 25 messidor an IX pour la fête du 14 juillet, par le citoyen Florens *Nieu*, *Guynot père et fils*, s. d. (6 pag.). — 5° La fête de l'égalité (Programme et description de la fête célébrée à Commune-Affranchie le 20 ventôse an II. *Lyon, L. Boitel*, 1835 (46 p.).

2075. Etat et dates des différents mémoires, lettres, circulaires, aux chefs de division, et états remis par moi depuis le mois de mars, relativement au parti du roi en Normandie. 1790, in-12, demi-rel. et coins, mar. bleu.

Manuscrit unique et très-curieux pour l'histoire des guerres de la Vendée, et contenant un grand nombre de quittances autographes des sommes que le comte Louis de Frotté, maréchal de camp du roi, distribuait au nom de Louis XVIII, pendant l'année 1800. Provenant de la bibliothèque Pixérécourt.

2076. Ressouvenir sur la Russie. *S. n. de v. ni d'imp.* 1792, petit in-8, de 132 pages, dos de mar. bleu.

Ouvrage tiré à petit nombre et imprimé à l'étranger.

2077. Almanach historique de la révolution française pour l'année 1792, par J. P. Rabaut. *Paris, Didot aîné*, 1792, in-18, mar. bl. fil. tr. d.

Exempl. de Pixérécourt, orné d'un portrait ajouté et la fig. de Moreau sont avant la lettre.

2078. La lanterne magique, ou fléaux des aristocrates. Etrennes d'un patriote, dédiées aux français libres. Ouvrage dans lequel on verra tout ce qui s'est passé de plus remarquable, depuis l'assemblée des notables jusques à présent. Orné d'Estampes et de couplets analogues. *Berne*, 1790, in-12, de 62 pag., v. f. (*Kœhler*).

Ce curieux opuscule contient 12 figures en taille-douce d'une composition assez originale. *Très-rare*.

2079. République française. Bonaparte, général en chef au directoire exécutif. (Signé Fauvelet Bourrienne). — Rapport fait au gouvernement français des événements qui se sont passés en Egypte, etc., (signé Damas) an VII, 2 brochures, in-4, dos de mar. bleu.

Imprimé au Kaire.

2080. Bernard Christophe Faust à l'assemblée nationale sur un vêtement libre, uniforme et nationale à l'usage des enfants. Ou réclamation solennelle des droits des enfants. 68 pp. in-8, demi-rel. mar. br.

Cette pièce se trouve très-difficilement.

2081. La France républicaine ou le miroir de la révolution française; poëme en dix chants, par François Pagès, ci-devant rédacteur du journal du Cantal. *Paris, J. Grand*, 1793, in-8, fig. (11), veau fauve, fil. (*Kœhler*).

Rare.

2082. Atrocités commises envers les citoyennes ci-devant détenues dans la maison d'arrêt dite la Providence, à Arras, par Joseph Lebon et ses adhérens, pour servir de suite aux angoisses de la mort, ou idées des horreurs des prisons d'Arras, par les citoyens Montgey et Poirier de Dunkerque, *Paris*, an III, in-8, de 64 pages, dos de veau fauve (*Kœhler*).

HISTOIRE. 399

2083. Dictionnaire des individus envoyés à la mort judiciairement, révolutionnairement et contre-révolutionnairement pendant la révolution, particulièrement sous le règne de la convention nationale. Par L. Prudhomme. *Paris*, an V, 1796, 2 vol, in-8, à 2 colonnes, demi-rel. mar. rouge, figures et tableaux.

2084. Les crimes des sept membres des anciens comités de salut public et de sûreté générale, ou dénonciation formelle à la convention nationale contre Billaud-Varennes, Barrere, Collot-d'Herbois, Vadier, Vouland, Amar et David, suivie de pièces justificatives... Par L. Lecointre. S. l., *Maret*, s. d. in-8, demi-rel. mar. bl.

2085. L'armée espagnole et les volontaires royalistes en 1834, par J. M. Tiran (extrait du *Spectateur militaire*). *Paris, Anselin*, 1834, broch. de 44 pp. in-8, cart.

2086. Correspondance du général Jomini, avec M. le baron Monnier. *Paris*, 1821, broch. in-8, de 55 pp. cart.

2087. Descripcion económica del reyno de Galicia, por la junta de Gobierno del R¹. consulado de la Coruña. Sur redactor : Don José Lucas Labrada, secretario (por S. M.) del mismo cuerpo. *Ferrol, Lorenzo José Riesgo Montero*, 1804, petit in-fol. bas. marb. frontispice gravé.

2088. Fête des victoires, célébrée au G∴ O∴ de France, le jour de la Saint-Jean d'hiver. 1805. *Paris*, 1805, 27 pp. in-4, demi-rel. v. f. (*Kœhler*).

2089. San Jean de Ulua, ou relation de l'expédition française au Mexique, sous les ordres de M. le contre-amiral Baudin, par MM. P. Blanchard et A. Dauzats, suivi de notes et documents, et d'un apperçu général sur l'état actuel du Texas, par M. E. Maissin, *Paris, Gide*, 1839, in-8, broché.

5 bis. — PROVINCES DE FRANCE.

a. — INTRODUCTION. PARIS ET L'ILE DE FRANCE.

2090. Description générale et particulière de la France (par de Laborde, Guettard, Béguillet et autres). *Paris, Pierre et Lamy*, 1781-1796, 12 vol. gr. in-fol., dem.-rel., bas.

Suivant Barbier, Béguillet fut forcé de renoncer à cette publication, après le quatrième volume, parce que les éditeurs, en s'écartant de son plan, n'en voulurent plus faire qu'un simple *Voyage pittoresque de France*. C'est en effet le titre sous lequel cet ouvrage fut continué dès 1787. Les 12 vol. renferment 6 livraisons de discours, 78 livraisons de planches, plus les livraisons 52 et 60 *bis*, etc., se divisent ainsi qu'il suit : 1° *Texte*, 4 vol., Bourgogne, introduction et botanique, 2 vol.; Dauphiné, histoire, agriculture et minéralogie, 2 vol. 2° *Estampes*, 8 vol. : 1er vol., intérieur de Paris; 2e vol., environs de Paris et maisons royales; 3e vol., duché de Valois et comté de Senlis; 4e vol., Normandie, Champagne et Picardie; 5e vol., Franche-Comté et Bourgogne; 6e vol., Pays de Gex, Lyonnais et Dauphiné; 7e vol., Provence, Languedoc et Bordelais; 8e vol., Roussillon, comté de Foix et île de Corse.

2091. Le triomphe de la France sur l'entrée royale de leurs maiestez dans leur bonne ville de Paris, etc. *Paris, J.-B. Loyson*, 1660, 16 pp. in-4, dem.-rel., mar. bl. frontisp. gravé.

2092. Remerciement de messieurs les provinciaux à messieurs les prevost des marchands et eschevins de la ville de Paris sur la glorieuse et triomphante entrée de leurs majestez en leur bonne ville de Paris, en vers burlesques. *Paris, Iean Baptiste Loyson*, 1660, 8 pp. in-4, dem.-rel., mar. bl.

2093. Carte de la France, publiée sous la direction de J. Dom. Cassini de Thury sur une échelle d'une ligne pour cent toises (Paris 1744-87), 183 feuilles, y compris les deux tableaux d'assemblage et la carte des triangles, en 3 vol. gr. in-fol. maximo, dos de vél. vert.

HISTOIRE. 401

2094. Mémoire historique et critique sur la topographie de Paris. On y fait la critique de l'histoire de l'emplacement de l'ancien hôtel de Soissons, par M. Terrasson..... On y prouve que l'hôtel de Soissons a été construit sur le domaine de l'abbaye de Saint-Germain-l'Auxerrois. *Paris, Lottin aîné,* 1771, in-4, v. marb.

2095. Plan en perspective de la ville de Paris. Levé et dessiné par Louis Bretez, gravé par Claude Lucas et écrit par Aubin, commencé en 1734, achevé en 1739, 21 planches in-fol. maximo, v. m., dent. coins fleurdelysés, *armes de la ville de Paris,* tr. d.

2096. Les annales générales de la ville de Paris. Représentant tout ce que l'histoire a peu remarquer de ce qui s'est passé de plus mémorable en icelle, depuis sa première fondation iusques à présent. Le tout par l'ordre des annees et des regnes, de nos roys de France. *Paris, Pierre Rocolet,* 1640, in-fol., v. marb. *anc. rel.*

2097. Dictionnaire topographique, étymologique et historique des rues de Paris, par J. de La Tynna. *Paris, l'auteur,* 1812, in-8, pap. vél. plan color., mar. r. dent. tr. d.

982 — Exemplaire de Pixérécourt.

2098. Paris and the Parisians in 1835, by Frances Trollope, second edition. *London, Bentley,* 1836, 2 vol. in-8, fig. cart. angl.

2099. Les antiqvitez croniqves et singvlaritez de Paris, ville capitale du royaume de France, par Gilles Corrozet, Parisien, et depuis augmentées par N. B., Parisien. *Paris, Nicolas Bonfons,* 1586, in-8, vél., fig. en bois.

Bel exempl. de cette édition, qui contient la suite et les figures de Jehan Rabel, maître paintre (*sic*.

402 HISTOIRE.

2100. Remonstrance addressée au roy, aux princes catholiques, et a tous magistrats et gouverneurs de republiques, touchant l'abolition des troubles et emotions qui se font aujourd'huy en France, causez par les héresies qui y regnent et par la chrestienté, par M. Jean de la Vaquerie, docteur en théologie. *Lyon, Benoist Rigaud*, 1754, in-8, veau ant.

<small>On lit à la page 53 la note suivante : « Dangers des parisiens en l'an 1557 et 1558. »</small>

2101. Exhortation aux vrays et entiers catholiques, en laquelle est ensemble demonstré que ce qu'est (*sic*) dernièrement arrivé à Paris n'est acte de rebellion contre la mayesté du roy. *Paris, Guill. Bichon*, 1588, 30 pp. pet. in-8, d..rel., mar. r.

2102. Aduertissement en forme d'epistre consolatoire et exhortatoire envoyée à l'eglise et paroisse insigne et sincerement catholique de S. Eustache à Paris, par R. Benoist, leur pasteur. *Tours, suyuant la copie imprimée à S.-Denis en France*, 1593, in-8, mar. rouge, fil. tr. d., *Janseniste (Duru)*.

2103. Histoire de l'abbaye royale de Saint-Denys en France, par dom Michel Felibien. *Paris, Frederic Leonard*, 1706, in-fol., veau granit, *armorié*.

<small>Exempl. très-bien conservé de cet ouvrage, orné de figures détachées et de têtes de pages gravées.</small>

2104. La reconstruction de l'église de Sainte-Geneviève, ode (par Bernard, chanoine regulier de Sainte-Geneviève. *Paris, veuve Thiboust*, 1764) 8 pag. — A Louis quinze, le bien-aimé, posant la première pierre de la nouvelle église de Sainte-Geneviève (par le même, *idem*, *idem*), 7 pages ; ensemble 2 broch. en un vol. in-fol., papier fort, mar. rouge, fil. tr. d. (*armes d'Orléans*).

2105. Histoire de l'Hotel royal des invalides, ou l'on verra les secours que nos rois ont procurés dans tous les tems aux officiers et soldats hors d'état de

HISTOIRE. 403

servir, par M° Jean-Joseph Granet, avocat en parlement, enrichie d'estampes (103) dessinées et gravées par le sieur Cochin. *Paris, Guillaume Despez,* 1736, in-fol., veau jaspe.

2106. Le victorieux et triomphant combat de Gédéon, représenté à Paris, au jour de la Passion du fils de Dieu, en l'an 1612, en l'église de S.-Seuerin, en présence de la serenissime royne Marguerite, par le reverend pere Souffrand. *Bordeaux, pendant le séjour de leurs majestés,* 1616, pet. in-12, mar. bl., fil., tr. d. (*Duru*).

2107. Les reveries d'un bourgeois de Paris, sur un hibou volleur de nuict; *tout fraischement imprimé,* 1623, pet. in-8 de 15 pages, dos de mar. vert.

2108. Traicté de l'antiquité, veneration et priviléges de la Saincte Chappelle du Palais Royal de Paris; par M. Séb. R. (Rouillard). *Paris,* 1606, pet. in-8 de 68 pages, d.-rel., v. f.

2109. Le feu royal et magnifique qui s'est tiré sur la rivière de Seine vis à vis du Louvre, en présence de leurs Majestez (Louis XIV et Marie-Thérèse), par ordre de Messieurs de Ville, pour la resjouissance de l'entrée du roy et de la reine, le 29 aoust 1660, avec la description des devises en vers, des peintures, architectures et artifices qui ont paru dans le vaisseau destiné pour cette magnificence publique. *Paris, Jean-Baptiste Loison,* 1660, 8 pp. in-4, dem.-rel.

2110. Nouvelle relation contenant la royale entrée de leurs Majestés (Louis XIV et Marie-Thérèse) dans leur bonne ville de Paris, le vingt-sixième aoust 1660 ; avec une exacte et fidèle recherche de toutes les cérémonies qui se sont observées tant dans la marche du roy, de la reyne, et de toute la cour,

404 HISTOIRE.

que dans celle des cours souveraines, etc. *Paris, Iean Baptiste Loyson*, 1660, 24 pp. in-4, d.-rel.

2111. Les harangues et acclamations publiques au roy et à la reyne (Louis XIV et Marie-Thérèse) sur leur magnifique entrée en leur bonne ville de Paris. *Paris, Iean-Baptiste Loyson*, 1660, 12 pp. in-4, dem-rel. bas. bl.

2112. La liste générale et particulière de Messieurs les colonels, capitaines, lieutenans, enseignes et autres officiers et bourgeois de la ville et fauxbourgs de Paris; avec l'ordre qu'ils doivent tenir dans leur marche et dans des autres cérémonies qui s'observeront à l'entrée royale de leurs Majestés (Louis XIV et Marie-Thérèse), etc. *Paris, Iean-Baptiste Loyson*, 1660, 8 pp. in-4, d.-rel.

2113. Eloges et discours sur la triomphante réception du roy en sa ville de Paris, après la réduction de la Rochelle. *Paris, Pierre Rocolet*, in-fol. vélin, fil., coins fleurdelisés.

Cette entrée est ornée de 16 fig. gravées par Melchior Tavernier et Pierre Firens. La première de ces figures, dessinée par A. Bosse, forme une belle page après la dédicace au roi. Il y a dans ce volume 3 ff. préliminaires, 17 ff. pour les gravures et la dédicace au roi, placée entre la 4e et la 5e p., 180 pages de texte, et 11 pages pour un poème intitulé *La Rochelle aux pieds du roy*.

2114. Relation du miracle arrivé le trente-un may mil sept cent vingt-cinq, jour de la fête du saint Sacrement, à la procession de la paroisse de Sainte-Marguerite, au faubourg de Saint-Antoine, à Paris, en la personne d'Anne Charlier, femme de François de La Fosse, maître ébéniste. Dressé sur les procès verbaux de l'officialité de Paris, et contenant toutes les circonstances intéressantes de ce grand événement. *Paris, François Babuty*, 1726, in-4, cart.

Cette relation est précédée d'un fort joli portrait en pied de madame de La Fosse, et des portraits du cardinal de Noailles, archevêque de Paris, et de Jean-Baptiste Goy, docteur en théologie et premier curé de l'église Sainte-Marguerite. Le premier de ces portraits, de format petit in-fol., a été rapporté, et se trouve difficilement. Le récit contient 32 pages ; les 33 et 34 sont occupées par un avertissement, un certificat et sa légalisation, et les 11 dernières, de 35 à 46, par une prière, l'approbation et le privilège. On y a joint un mandement du cardinal de Noailles, en 26 p in-4, et une petite brochure de 6 ff. non chiffrés, contenant des hymnes latines et françaises sur ce miracle, imprimée à Paris par C.-L. Thiboust.

2115. Le Baguenaudier (par l'abbé De Launay). *S. l. s. d.*, in-8, d.-rel., v. br.

Livret de 14 pages inconnu à Barbier. Il contient trois requêtes en vers, l'une à M. de Vergennes, et les deux autres au prévôt des marchands et au bureau de la ville de Paris, à l'effet d'obtenir la prise en considération d'un plan d'embellissement des abords des Invalides et de la place Louis XV.

2116. Les cannevas de Paris, ou Memoires pour servir à l'histoire de l'hotel du Roulle publiés par un étranger, avec des notes critiques, historiques, et nécessaires pour l'intelligence du texte. *A la porte de Chaillot*, s. n. s. d., 2 parties en un vol. in-12, titres gravés et frontispice, v. f., fil., armes (anc. rel.).

2117. Les tromperies des charlatans decouvertes, par le sievr de Covrval, docteur en medecine. *Paris, 1619*, pièce de 16 pages. — La responce dv sievr Tabarin av livre intitulé *la Tromperie des charlatans descouuerte*, pièce en 16 pages, in-8, d.-rel., mar. rouge.

2118. Reqveste presentée à Messieurs de la court, par les escheuins et corps de la ville de Paris, tendat à ce que defences soient faictes à tous ecclesiastiques de payer les deniers de la subuention accordez par le clergé de France, pour faire la guerre aux heretiques, à autres qu'aux receueurs de la saincte vnion. *Paris, Rolin Thierry*, pièce de 4 ff., pet. in-8, d.-rel., mar. r.

2119. Mémoire concernant le trésor royal. *S. l. n. d.*, in-fol., manuscrit de 40 ff., non chiffrés, réglés, mar. rouge, fil. tr. d. *(fleurs de lis en coins).*

On trouve à la fin de ce manuscrit, d'une fort belle écriture, une chronologie très curieuse des gardes du trésor royal et de l'épargne, par commission ou en titre d'office, depuis Jean Gaulard, sous Philippe le Bel, jusqu'à de La Borde, qui occupait cette charge en 1789.

2120. Le trésor des merveilles de la maison royale de Fontainebleau, contenant la description de son antiquité, de sa fondation, de ses bastimens, de ses rares peintures, etc. Ensemble les traictez de paix, les assemblées, les conférences, les entrées royales, les naissances et ceremonies de baptesme de quelques enfants de France, les mariages, les tournois et autres magnificences qui s'y sont faictes jusqu'à présent, par le R. P. F. Pierre Dan. *Paris, Sebastien Cramoisy*, 1642, pet. in-fol., cart.

2121. Histoire de Melun, contenant plusieurs raretez notables et non descouvertes en l'histoire générale de France, par M. Sébastien Rouillard, avocat au parlement. *Paris, Guignard*, 1628. In-4, rel. vél.
Bel exempl.

b. — **FLANDRE, ARTOIS ET VALOIS.**

2122. Histoire de la ville et comté de Valentiennes, (*sic*) divisée en IV parties, par Henri d'Outreman, illustrée et augmentée par le R. P. Pierre d'Outreman, *Douay, veuve Marc Wyon*, 1639, in-fol. v. br. fil. (*anc. rel.*), orné d'un riche frontispice gravé.

2123. Histoire de Lille et de sa Chatellenie. Par le sieur *** (Thiroux). *Lille, Charles Louis Prevost*, 1730, in-12, veau brun.

2124. Gayant, ou le géant de Douay, sa famille et sa procession, par M. Quenson. *Douai, V. Adam*, 1839, gr. in-8, pap. jaune, demi-rel. mar. vert du Levant.

On trouve en outre dans ce volume, orné de 6 figures lithographiées, dont une triple, *Gayant ressuscité*, poème en 44 pages sur papier bleu, *ibid.*; et *Gayant, poème humoristique*, par Albonnus. *Douai, Ad. Obez*, 1841, 35 pages sur papier lilas.

HISTOIRE.

2125. La vérité de l'histoire de l'église de St.-Omer et de son antériorité sur l'abbaye de St. Bertin; ou réfutation de la dissertation historique et critique sur l'origine et lancienneté de l'abbaïe de St.-Bertin (par de Bonnaire). *Paris, Le Breton,* 1754, in-4, dos de v. f.

2126. Le Valois roial amplifié et enrichi de plusieurs pièces curieuses extraites des cartulaires et archives des Abbayes, églises et greffes du Valois, et de graves auteurs, par F. A. Muldras. *Bonne-Fontaine,* 1662, in-16, car. angl.

2127. Taicté en forme de contredicts touchant le comté de Sainct-Paul. Dressé par le commandement du roy Henry-le-Grand, par Messire Iacques de Guesle, auquel les droicts de la couronne de France sur ledit comté sont amplement exposez (par Dujour), *Paris, Iacques Villery,* 1634, in-4, demi-rel. v. r.

On a joint à ce traité : Remonstrance faite à la royne d'Angleterre pour la royne d'Escosse, par le même (24 pages).

C. — PICARDIE.

2128. Voyages pittoresques dans l'ancienne France, par I. Taylor Ch. Nodier et A. de Cailleux (PICARDIE). *Paris, Didot,* 1836, et ann. suiv. 3 vol. in-fol. fig. demi-rel. dos de mar. non rogné.

Cet ouvrage important contient 1259 planches lithographiées.

2129. La prise de Richecourt, faicte par Monsieur le duc de Guyse, le dimanche 5 de mars. Ensemble un bref narré de ce qui s'est passé en Picardie et Champagne, depuis ces derniers mouvements jusques à present. *Paris, Anthoine du Bruel,* 1617, 16 pages petit in-4, d.-rel., mar. rouge.

2130. La prinse des villes et chasteau de Clermont rendus le 28 octobre 1615. *Paris, Fleury Bourriquant,* s. d., 8 p. in-8, d.-rel., veau rouge.

2131. Declaration du roy sur ce qui s'est passé en la ville de Peronne. *Paris, Fed. Morel et P. Mettayer*, 1616, in-8 de 7 pages, dos de mar. bleu.

2132. Histoire de la ville d'Amiens depuis son origine jusqu'à présent, par le R. P. Daire, celestin. *Paris, veuve Delaguette*, 1757, 2 vol. in-4, fig., v. marb.

2133. Dissertation sur l'état des anciens habitans du Soissohnois avant la conquête des Gaules par les Francs, qui a remporté le prix dans l'académie françoise de Soissons en 1735 (par Labbé Lebeuf). *Paris, J.-B. Delespine*, 1735, in-8, dem.-rel., mar. rouge.

2134. Notice historique et descriptive de l'église cathédrale de Saint-Pierre de Beauvais, par A. P. M. Gilbert. *Beauvais, Moisand*, 1829, broch. de 32 pages in-8, cart.

2135. Histoire de la ville de Soissons et de ses rois, ducs, comtes et gouverneurs, par M. Claude Dormay, prestre, chanoine régulier de l'abbaye de S.-Jean des Vignes. *Soissons, Nicolas Asseline*, 1664, 2 vol. in-4, fig., v. br.

2136. Mémoires des pays, villes, comté et comtes, evesché et evesques, pairrie (*sic*), communes et personnes de renom de Beauvais et Beauvaisis, par M. Antoine L'Oisel, advocat en parlement. *Paris, Samuel Thiboust*, 1617, in-4, dem.-rel., veau ant.

<small>Sous le titre de *Chartes et titres justificatifs*, ce volume renferme une multitude de pièces du plus haut intérêt pour l'histoire de cette province.</small>

2137. Les allarmes de la ville de Mondidier, contre le gros de l'armée de Messieurs les princes. *Paris, Jean Brunet*, 1615, in-8 de 16 pages, dem.-rel.

HISTOIRE.

d. — CHAMPAGNE ET BRIE.

2138. Voyages pittoresques dans l'ancienne France, par MM. Taylor, Ch. Nodier et A. de Cailleux (CHAMPAGNE). *Paris, Didot*, 1846-47, 79 liv. in-fol. fig. br.

2139. Mémoires historiques de la province de Champagne, contenant son etat avant et depuis l'etablissement de la monarchie françoise, etc., par M. Baugier, seigneur de Breuvery. *Paris, André Cailleau*, 1721, 2 vol. in-12, fig., carte et portrait, veau brun.

2140. Discours de l'antiquité de l'escheuinage de la ville de Reims, et des justes raisons qui ont meu les escheuins à maintenir ses droits et sa iuridiction, pour servir de factum au procez qu'ils ont contre Monseigneur l'archevesque duc de Reims et les officiers de son bailliage. *Reims, veuve François Bernard*, 1654, in-8, monté in-4, v. ant. fil.

2141. Histoire civile et politique de la ville de Reims, par Anquetil. *Reims, Delestre-Godet fils*, 1756, 3 vol. in-12, v. marb.

2142. L'histoire de l'église métropolitaine de Reims, premièrement escrite en latin... par Floard... et maintenant traduite en françois par Nicolas Chesneau. *Reims, Iean de Foigny*, 1581, in-4, vélin.

2143. Table chronologique, extraite sur l'histoire de l'église, ville et province de Reims, composée par feu M. Pierre Cocquault. *Reims, veuve François Bernard*, 1650, in-4, v. f., fil.

2144. Le dessein de l'histoire de Reims; avec diverses curieuses remarques touchant l'establissement des peuples, et la fondation des villes de France. Par Bergier. *Reims, Nicolas Hecart*, 1635, in-4, v. br. fil., orné de 6 grav. et d'un port. de l'auteur, *dessinés par Baussonnet et grav. par Moreau*.

410   HISTOIRE.

2145. Recherches historiques sur la ville de Reims, avec le plan, assujetti à ses nouveaux accroissements, embellissements et projets. Par M. Moithey, ingénieur géographe du roi. *Paris : Mérigot*, etc., 1775, in-4, dos et coins de mar. bleu.

2146. Metropolis Remensis historia a Frodoardo primum arctius digesta, nunc demum aliunde accersitis plurimum aucta, et illustrata. Studio et labore dom Guilelmi Marlot. *Insulis : Nicolai de Rache*, 1666, 2 vol. in-fol., v. br.

2147. L'Ancien Provins. Antiquités et origine de la haute-ville de Provins, etc., par M. Opoix. *Provins, Lebeau*, 1848, in-12, dos de veau fauve.

2148. La saincteté chrestienne, contenant les vie, mort et miracles de plusieurs saincts de France des autres païs, dont les reliques sont au diocèse et ville de Troyes, avec l'histoire ecclésiastique : recueillie par M. N. Desguerrois. *Troyes, Jacquard*, 1637, in-4, rel. vélin.

<small>Exemplaire ayant appartenu à Grosley, et en tête et à la fin duquel sont trois feuillets remplis de notes de la main de ce savant. On trouve dans le même volume les trois opuscules suivants : 1° Remarques très-curieuses des accidents arrivez à l'église cathédrale de Troyes, depuis l'an 1300 jusqu'à présent ; 2° les antiquitez, croniques et singularitez de Troyes ; 3° Lettre d'un ecclésiastique de Troyes à un de ses amis sur l'incendie arrivé à l'église cathédrale de la même ville le 8 octobre 1700 (par M. Herluison, aumônier de l'évêque. Troyes, 1700.</small>

2149. Journal des choses les plus mémorables, arrivées au prieuré Notre-Dame de la Valdosne (diocèse de Chaalons en Champagne), depuis sa fondation. Manuscrit, in-folio, écrit du commencement du XVIIIe siècle. 132 feuillets. v. f., tr. d.

<small>Cette histoire manuscrite est ornée d'un plan et d'une vue à l'aquarelle du prieuré de Valdosne. Elle se poursuit jusqu'à la translation de cette communauté à Charenton, près Paris, en 1708.</small>

2150. La prinse du chasteau de Rozois en Thirache et de la ville de Chasteau-Porcian, faicte par monseigneur le duc de Guise. *Paris : Estienne Perrin*, s. d. (1617), in-8 de 8 pages, dem.-rel.

2151. La prise et capitvlation de la ville de Mery svr Seine, avec la deffaite dv sieur de Poitrincovrt, etc. *Paris*, 1615, pièce de 4 ff. in-8, dem.-rel., m. r.   3

c. — LORRAINE ET ALSACE.

2152. Question historique, si les provinces de l'ancien royaume de Lorraine doivent estre appelées terres de l'empire. *Paris, Mathieu Guillemot*, 1644, in-8, peau vél.   1

2153. Histoire ecclésiastique et civile de Lorraine, qui comprend ce qui s'est passé de plus mémorable dans l'archevêché de Trèves, et dans les évêchés de Metz, Toul et Verdun, depuis l'entrée de Jules César dans les Gaules, jusqu'à la mort de Charles V, duc de Lorraine, arrivé en 1690... Par le R. P. dom Augustin Calmet. *Nancy, J.-B. Cusson*, 1728, 4 vol. in-fol., veau marq. cartes et fig.   20

2154. Bibliothèque lorraine, par le R. P. dom Calmet, abbé de Senones. *Nancy, Leseure*, 1751, in-fol., dos de veau.   8

La Bibliothèque de Lorraine, qui est comprise dans l'Histoire de Lorraine de D. Calmet, édition de 1745, forme cependant un ouvrage à part, un des plus estimés de ce savant bénédictin.

2155. Abrégé historique et iconographique de la vie de Charles V, duc de Lorraine (par de Pont, gentilhomme portugais). *Nancy, René Charlot*, 1701, in-fol., fig. (29), dem.-rel.   6

Cet ouvrage, remarquable par ses figures, n'a point de titre et n'est pas mentionné dans la Bibliothèque lorraine de D. Calmet, ni dans la Bibliothèque historique de Lelong et Fontette.

2156. Combat d'honneur concerté par les iiii élémens sur l'heureuse entrée de madame la duchesse de La Valette en la ville de Metz. Ensemble la resiouyssance publique concertée par les habitans de la ville et du pays sur le mesme sujet. (Par le P. Jean Molet, de Briançon). *S. l. (Metz, A. Fabert)*, 1624,   30

412   HISTOIRE.

pet. in-fol. de 4 ff. préliminaires et 129 pp., titre gravé, pl. et fig., mar. rouge, fil. (anc. rel.)

Exempl. de Guyon de Sardière. On trouve, p. 123, le programme et des vers de *Philis retrouvée, ou pastorelle* (en 3 parties) *des nymphes d'Austrasie sur l'heureuse entrée et séjour de Mme la duchesse de la Valette en la ville de Metz*, (Voyez FABERT dans le nouveau *Manuel*, M. Brunet dit que cet ouvrage *rare* doit avoir 21 gravures y compris le titre. Le nombre des planches paraît varier selon les exemplaires ; celui-ci n'en a que 18 outre le titre.

2156 *bis*. L'auguste basilique de l'Abbaye royale de sainct Arnoul de Mets, de l'ordre de sainct Benoist. Pour le recouvrement, restablissement et maintien de son ancienne piété, exemption, immunité et gloire. Par André Valladier, où sont contenues les bulles, fondations, donations, etc., etc. *Paris, Pierre Chevalier*, 1615, in-4, vél., avec 4 tableaux chronologiques.

2157. L'auguste basilique de l'abbaye royale de sainct Arnoul de Mets, de l'ordre de sainct Benoist... par André Valladier. *Paris, Pierre Chevalier*, 1615, in-4, vél.

Cette basilique est maintenant transformée en école militaire. — Cet exemplaire d'un ouvrage rare contient les cartons pour les pages 3-5-97-103, qui manquent presque toujours.

2158. Histoire ecclésiastique et politique de la ville et du diocèse de Toul, par le R. P. Benoît de Toul. *Toul : Alexis Laurent*, 1707, in-4, v. br., anc. rel., portr. et cartes.

On trouve dans le même volume : *Varia regum et principum diplomata quœdam pontificum bullœ atque episcoporum cartœ. Ex autographis selectœ hujus operis probationes.* — Plusieurs de ces pièces sont en français.

2159. Mémoire sur quelques anciennes fortifications des Vosges, où l'on examine la question de savoir quel peuple, au temps de Jules-César, était établi dans la Haute-Alsace. Par Philippe de Golbéry. *Strasbourg, F. G. Levrault*, 1823, 75 pp. in-8, fig. dem.-rel.

HISTOIRE.

f. — BOURGOGNE ET FRANCHE-COMTÉ.

2160. Mémoire pour servir à l'histoire du comté de Bourgogne..., par M. F. J. Dunod de Charnage. *Besançon, J. B. Charmet*, 1740, in-4, v. marb.

On trouve dans cet ouvrage, entre autres recherches estimées, un *Nobiliaire du comté de Bourgogne* (p. 37-315).

2161. Histoire générale et particulière de Bourgogne, avec des notes, des dissertations et les preuves justificatives (par D. Urbain Plancher et dom Merle). *Dijon, Ant. Defay et L. Nic. Frantin*, 1739-1781, 4 vol. in-fol., fig., veau marb.

Exempl. très-grand de marges.

2162. Journal de ce qui s'est passé au siége du chasteau de Dijon, pepuis le 26 novembre jusqu'au 2 décembre 1551. *Paris, George-le-Rond*, 1551 (7 pp.). — La prise du chasteau de Dijon, par les troupes du roy, commandées par M. le duc d'Épernon. *Paris, par les imprimeurs ord. du roy*, 1551 (4 pp.). — Ensemble, 2 pièces, in-4, dem.-rel., mar. noir.

2163. Le Réveil de Chyndonax, prince des vacies Drvydes celtiqves Diionois, avec la saincteté, religion et diuersité des cérémonies observées aux anciennes sepultures. Par J. G. D. M. D. (Jean Guénebauld, Docteur médecin Dijonnois....) *Dijon, Claude Guyot*, 1621, in-4°, fig., veau brun.

Ouvrage rare et curieux, surtout avec la gravure du tombeau et de l'urne.

2164. Histoire de la ville de Beaune et de ses antiquités, par l'abbé Gandelot. *Dijon, Frantin*, 1772, in-4, veau marb.

2165. Histoire de la ville de Beaune et de ses antiquités, par M. l'abbé Gandelot. *Dijon, Louis Nico-*

las Frantin. *Beaune : François Bernard*, 1772, in-4, broché, fig.

2166. Recherches et mémoires servans à l'histoire de l'ancienne ville et cité d'Autun. Par Jean Munier, revues et donnez au public par M. Claude Thiroux. *Dijon, Philibert Chavance*, 1660, 2 parties en 1 vol. in-4, v. gran., anc. rel.

La 2ᵉ partie est intitulée : *Eloges* des hommes illustres de la ville d'Autun. Elle est précédée d'un feuillet portant 8 fig. d'armoiries.

2167. Histoire de l'abbaye royale et de la ville de Tournus, avec les preuves, enrichies de plusieurs pièces d'Histoire très rares et les Tables nécessaires pour en faciliter l'usage, par le P. Pierre François Chifflet. *Dijon : veuve de Philibert Chavance*, 1664, in-4, v. m.

2168. Manifeste de tout ce qui s'est passé en la ville et Chasteau de Sancerre. S. l., 1616, 16 pp. pet. in-8, dem.-rel., veau rouge.

Pièce très rare.

2169. Mémoires historiques sur la ville et seigneurie de Poligny avec des recherches relatives à l'histoire du comté de Bourgogne et de ses anciens souverains, et une collection de chartes intéressantes, par Messire François-Félix Chevalier. *Lons-le-Saunier, Pierre Delhorme*, 1767, 2 vol. in-4, avec pl., veau marbré.

2170. Histoire mémorable de la ville de Sancerre, contenant les entreprises, siège, approches, batteries, assaux et autres efforts des assiégeans ; les résistances, faits magnanimes, la famine extrême et délivrance notable des assiegez, le nombre des coups de canons par journées distinguées. Le catalogue des morts et blessez à la guerre sont à la fin du livre, le tout fidèlement recueilli sur le lieu, par

Jean de Léry, s. l., 1574, in-8, mar. rouge, fil. tr. d. (Derome).

Exempl. de Pixérécourt, avec la signature de Baluze.

2171. Voyages pittoresques et romantiques dans l'ancienne France, par MM. J. Taylor, Ch. Nodier et Alph. de Cailleux (FRANCHE-COMTÉ). *Paris, Didot*, 1825-29, 1 vol. in-fol. avec 180 planches, dem.-rel. dos de mar. orné, non rogné.

Importante publication, où l'on remarque particulièrement plusieurs charmantes vignettes.

2172. Le France Bourguignon. Pour d'entretien des alliances de France et d'Espagne (par Cl. d'Esternod). *Paris*, 1615, in-8, v. ant. fil. tr. d. (*Kæhlen*).

2173. Histoire des Sequanois et de la province Séquanoise, des Bourguignons et du premier royaume Bourgogne, de l'église de Besançon... et des abbayes nobles du comté de Bourgogne, par F. J. Dunod (de Charnage). *Dijon, Dufay*, 1735, in-4, avec pl., veau marb.

2174. Le vray Childebrand, ou response au traitté injurieux de M. Chifflet, médecin du roi d'Espagne, contre le duc Childebrand... par un bon françois (Ch. de Combault, baron d'Auteuil). *Paris, P. Lamy*, 1659, in-4, mar. (r), fil. tr. dor. (anc. rel.)

La première partie contient 8 feuillets préliminaires, avec un portrait de Huart II, ...

g. — **LYONNAIS ET DAUPHINÉ. BOURBONNAIS**

2175. Recueil des actes, pièces et procédures concernant l'emphitéose perpétuelle des dixmes du Briançonnois, avec un mémoire historique et critique pour servir de préface. Par M. Jean Brunet. *S. l.*, 1754, gr. in-4, bas.

2176. Documents pour servir à l'histoire de Lyon, tirés des archives de cette ville pendant les années

1834-35-36-37. *Lyon, Barret*, 1839, in-8, dem.-rel. v. br.

2177. Mémoire sur la généralité de Lyon, dressé par M. Dherbigny, intendant, en l'année 1698. Manuscrit sur papier, écrit du xviiie siècle; avec une carte du Lyonnais. In-fol. de 138 pages, dos de veau violet.

2178. L'entrée solennelle dans la ville de Lyon, de Monseigneur l'éminentissime cardinal Flavio Chigi, neveu de sa sainteté, et son légat *à latere* en France (par le P. Cl. Fr. Ménestrier). *Lyon, Alexandre Fumeux*, 1664, in-fol., fig., mar. rouge, fil., comp. tr. d., *anc. rel.*

La relation de l'entrée n'occupe que quelques pages; le reste du volume est rempli par des figures d'armoiries représentant les blasons des gentilshommes de la suite du légat et ceux des personnes les plus considérables de la ville de Lyon.

2179. Les deux plus grandes, plus célèbres et mémorables réjouissances de la ville de Lyon. La première pour l'entrée du très-grand, très-chrestien, très-victorieux prince Henry IIII, roy de France et Navarre. La seconde, pour l'heureuse publication de la paix. Avec le concours et la suite des guerres entre les deux maisons de France et d'Autriche. *Lyon, Thibaud Ancelin*, 1598, 2 part. en 1 vol., in-4, v. f., fil. tr. d. (*Duru*).

La première partie contient 6 feuillets préliminaires, avec un portrait de Henri IV, une grande fig. gravée et 164 ff. de texte. La deuxième renferme 2 feuillets préliminaires, 24 pages et une grande fig. qui précède ce second titre, qu'on trouve à la 65e page: *Les feux de joye de la ville de Lyon pour la paix*

2180. L'arrivée du roy en sa ville de Lyon, ensemble la magnificence des préparatifs faicts pour l'entrée de sa majesté en icelle. *Paris, pour la vefue Abraham Saugrain*, 1622, 8 pages in-8, dos de mar. bleu.

2181. Réjouissances faites à Lyon pour la naissance

de monseigneur le duc de Bretagne. Par le R. P. de Colonia. *Lyon, Antoine Briasson,* 1704, in-4. de 58 pp., vél. fil., orné de 5 fig. en taille douce.

2182. Relation des entrées solennelles dans la ville de Lyon, de nos rois, reines, princes, princesses, cardinaux, légats et autres grands personnages, depuis Charles VI jusques à présent, imprimée pour messieurs du Consulat. *Lyon, Aymé Delaroche,* 1752, in-4, grand, pap. mar. r., dent. tr. d.

<small>Cet exempl. contient 4 ff. et 322 pages. On y a fait suivre la pagination des quatre parties dont il se compose, au moyen de folios rapportés à partir de la page 130.</small>

2183. La magnifique entrée faicte au Roy très chrestien Henry II de ce nom et a la royne Catherine son épouse, le XXIII° de sept. 1548. *Lyon, Rouillé,* 1549, pet. in-4. de 44 ff. mar. (*anc. rel.*).

2183 *bis.* Mémoires contenant ce qu'il y a de plus remarquable dans Villefranche, capitale de Beaujolois, à Messieurs les échevins de Villefranche (par le P. Jean de Bussière, jésuite). *Villlefranche, Anthoine Baudrand,* 1671, in-4, fig. bas.

<small>On trouve dans ce vol. 3 fig. Celle qui est placée page 88 est remarquable comme exécution et comme costume. Elle représente Edouard, prince de Beaujeu, jouant aux echats (*sic*) avec la fille de la Bessée.</small>

2184. Mémoires pour servir à l'histoire du Dauphiné, sous les Dauphins de la maison de la Tour-du-Pin, où l'on trouve tous les actes du transport de cette province à la couronne de France, etc. (Par le président de Valbonnays.). *Paris : Imbert de Bats,* 1711, in-fol., v. fauve (armoiries). (*Ex. engr. pap.*).

2185. Recherches historiques sur le passage de quelques rois de France à Valence, par Ollivier Jules. *Valence, L. Borel,* 1837, in-8, pap. vél. cart.

<small>On trouve à la page 24 : Description des devises qui estoient en la ville de Valence à l'entrée du tres-chrestien roy Charles IX, rédigées par escrit</small>

en l'honneur de Sa Majesté, par Iehan de la Maison Neufve de Berri. *Avignon, Pierre Roux*, 1564. — Tiré à 30 exempl. : celui-ci porte le n° 15.

2186. Recherches sur les antiquités de la ville de Vienne, métropole des Allobroges, etc., par Nicolas Chorier. *Lyon : Millon jeune*, 1828, in-8, fig., dem. rel.

2187. L'histoire de la sainte église de Vienne, contenant la vie et les actions remarquables de cent six archevêques, qui en ont tenu le siége depuis l'an LXII de Jésus-Christ, qu'elle fut fondée par saint Crescent, disciple de saint Paul, jusqu'à la présente année 1708..., par M. de Maupertuy. *Lyon, Jean Certe*, 1708, in-4, v. br.

2187. Histoire de l'antiquité et sainteté de la cité de Vienne en la Gaule celtique. Par messire Iean Le Lievre. *Vienne, I. Poyet*, 1623, 1 vol. pet. in-8 v.

Cet ouvrage contient des détails fort curieux au point de vue de l'histoire ecclésiastique de la ville de Vienne. L'auteur y retrace la vie publique des 103 prélats qui en ont occupé le siège, depuis saint Paul, qu'il admet comme en ayant été le premier archevêque, sur la foi de documents qu'il fournit, jusqu'à Jérôme de Villars, son contemporain, auquel il dédie son livre.

2187 *bis*. Histoire de l'antiquité de la cité de Vienne en la Gaule celtique, par messire Jean Le Lievre, *Vienne : Iean Poyet*, 1623, in-8, fig. vél.

2188. Histoire du Dauphiné et des princes qui ont porté le nom de Dauphin, particulièrement de ceux de la troisième race, descendus des barons de la Tour-du-Pin, sous le dernier desquels a été fait le transport de leurs Etats à la couronne de France... (Par de Valbonnays). *Genève, Fabri et Barillot*, 1722, 2 vol. in-fol., v. gr., fil à fr. tr. d. anc. rel.

2189. Traité du plaid seigneurial et de son usage en Dauphiné, contenant diverses questions en matière de droits seigneuriaux, par messire Denys de Salvaing, etc. *Grenoble : Jean Nicolas*, 1652, in-8, vélin.

HISTOIRE. 419

2190. Histoire de la ville de Vienne, durant l'époque gauloise, et la domination romaine dans l'Allobragie, contenant une notice sur l'Allobragie; la traduction d'une histoire inédite de Vienne, sous les douze Césars, par Trebonius Rufinus; et une chronique des Gaules jusqu'en l'an 438 de l'ère chrétienne. Par M. Mermet aîné. *Paris, Firmin Didot père et fils*, 1828, in-8, dem.-rel., veau vert. —

Histoire de la ville de Vienne, de l'an 438 à l'an 1039, contenant un précis historique sur les Bourguignons, une chronique de Vienne sous les rois francs, et l'histoire du second royaume de Bourgogne, par M. Mermet aîné. *Lyon, Louis Perrin*, 1833, in-8, dem.-rel., v. ant. Ensemble 2 vol.

2192. La vie de messire Claude Expilly, par M° Antoine Boniel de Catilhon. *Grenoble, Philippe Charuys*, 1660, in-4, bas. anc. rel. portrait d'Expilly.

i. — PROVENCE ET COMTAT VENAISSIN.

2193. Description des monuments antiques du midi de la France. Par MM. Grangent, C. Durant et S. Durant. *Paris, Crapelet*, 1819, in-fol., cart.

Ce vol. renferme 4 ff. prélim. non chiff., 44 pages pour l'explication des planches, 22 pages d'introduction, 124 pages de texte et 43 pl.

2194. Dictionnaire de la Provence et du Comtat Venaissin, par une société de gens de lettres. (Publié par Achard, docteur en médecine à Marseille et depuis bibliothécaire de cette ville.) *Marseille, Jean Mossy*, 1785, 2 vol., in-4, broché.

Deux ans après, le même éditeur a publié une suite à cet ouvrage, en 2 vol., contenant l'histoire des hommes illustres de la Provence.

2195. L'histoire et chronique de Provence de Caesar de Nostradamus, gentilhomme provençal, où passent de temps en temps et en bel ordre les Anciens Poëtes, Personnages et familles Illustres qui ont fleuri despuis VC (95) ans. *Lyon: Simon Rigaud*,

1614, in-fol, titre gravé, v. br., fil. (*rel. fatiguée*), le texte bien conservé.

2196. La Chorographie ou description de Provence et l'histoire chronologique du mesme pays, par le sieur Honoré Bouche. *Aix: Charles David*, 1664, 2 vol. in-fol., v. br.

2197. Labyrinthe royal de l'Hercule gaulois triomphant. Sur le sujet des fortunes, batailles, victoires, trophées, triomphes, mariages et autres faicts héroïques et mémorables de très-auguste et très-chrestien prince Henry IIII, roy de France et de Navarre. Représenté à l'entrée triomphante de la royne en la cité d'Avignon, le 19 novembre l'an MDC, où sont contenues les magnificences et triomphes dressés à cet effet par ladicte ville. (Par André Valladier. *Avignon, Iacques Bramereau* (1601), pet. in-fol., v. marbr.

Ce volume, qui contient 13 ff. prélim. non chiff. et 244 pages, est orné d'un frontispice, des portraits du Roi et de la Reine, et de 42 gravures représentant les diverses décorations affectées à cette entrée.

2198. Lettres intéressantes sur les révolutions survenues à Avignon, depuis juillet 1789. *Au temple de la Vérité*, 1790, in-8, v. marb.

Ce livre renferme de précieux documents historiques sur Avignon et le Comtat Venaissin, entre autres, plusieurs rapports à l'Assemblée nationale, et des recherches concernant les droits du pape sur la ville et l'état d'Avignon. On a joint à ce recueil le dernier testament olographe de M. Calvet, d'Avignon, du 10 janvier 1817. — Il y a en tout 141 pièces.

2199. Discours de l'entrée faicte en Avignon, à très-noble et illustrissime prince, monseigneur le cardinal de Bourbon, légat, le 26 octobre 1574. Par P. Constant, Lengrois. *Lyon: Benoist Rigaud*, 1574, in-8, mar. violet, fil. tr. d. (*Kœhler*).

HISTOIRE. 421

Opuscule non mentionné dans la Bibliothèque historique de la France du Père Lelong.

2200. Histoire de la ville et principauté d'Orange, par L. (le P. Bonaventure de Sisteron). *La Haye: Marc Chave*, 1741. In-4, avec une carte, v. mar. — *13*

2201. Discours historial de l'antique et illustre cité de Nismes en la Gaule Narbonoise, avec les portraitz des plus antiques et insignes bastiments dudit lieu, reduitz a leur vraye mesure et proportion, ensemble de l'antique et moderne ville, par Jean Poldo d'Albenas. *Lyon : Guillaume Rouillé*, 1559, in-fol. fig. veau fauve, fil. tr. d. (*Thompson.*) — *10*

2202. Recueil des principales antiquités de la ville de Nimes, dessinées d'après nature par Verany Guérin, de l'académie royale de Marseille. *Nimes, Guérin* 1785, in-fol. dos de mar. vert. — *4*

Ce recueil se compose d'un titre gravé, d'une mosaïque coloriée et de 6 planches.

2203. Marseille ancienne et moderne, par M. Guys, auteur du voyage littéraire de la Grèce. *Paris, veuve Duchesne*, 1786, g.. in-4, mar. rouge, fil. tr. d. anc. rel. (*armorié*). — *3*

Exempl. en grand papier.

2204. Histoire de la ville de Marseille, contenant tout ce qui s'y est passé de plus remarquable depuis sa fondation, par M. Antoine de Ruffi. *Marseille, Garcin*, 1642, in-fol. mar. r. — *6*

2205. Recueil des antiquités et monuments marseillois qui peuvent intéresser l'histoire et les arts, par M. J. B. B. Grosson. *Marseille*, 1773, in-4, 45 planches, veau marbré. — *1*

2206. Les antiquités d'Arles traitées en manière d'entretiens, où sont décrites quelques nouvelles découvertes qui n'ont pas encore veu le jour, par Joseph Seguin, manuscrit, petit in-fol. écriture du xviie siècle, fig. veau fauve. — *1 10*

422   HISTOIRE.

On a joint à ce manuscrit quelques gravures représentant les antiquités d'Arles. On lit au bas du dernier feuillet : *Fin de la première partie des antiquités d'Arles. Ce livre a été imprimé en 1627.* (Voyez Lelong, t. III, n° 38,161.)

2207. Abrégé chronologique de l'histoire d'Arles..., ouvrage enrichi du recueil complet des inscriptions, et de planches de monuments antiques, par de Noble Lalauziere. *Arles, Gaspard Mesnier,* 1808, in-4 (avec 34 pl.) dos de veau brun.

2208. Dissertation topographique et historique sur la montagne de Cordes et ses monuments, par M. Anibert. *Arles, Jacques Mesnier,* 1779, in-8, d.-rel. mar. rouge.

2209. Récit véritable de ce qui s'est passé en la prise des villes de Soyon, Beauchastel et S Auban en Vivarets, par monseigneur le prince, avec la fuite du sieur Brison. *Paris : Guillaume Loyson,* 1627, in-8, de 12 pages, d.-rel.

K. — LANGUEDOC, ROUSSILLON ET COMTÉ DE FOIX.

2211. Histoire générale de Languedoc, avec des notes et les pièces justificatives, composée sur les auteurs et les titres originaux, et enrichie de divers monumens, par deux religieux bénédictins de la congrégation de S. Maur (Claude de Vic et Joseph Vaissète). *Paris : Jacques Vincent,* 1730-45, 5 vol. in-fol. veau granit.

2212. Voyages pittoresques dans l'ancienne France par Ch. Nodier, T. Taylor, et Alph de Cailleux. (LANGUEDOC), 1831 et suiv. 4 vol. in-fol. d.-rel. mar.

Comprenant le Haut et le Bas-Languedoc, le Roussillon, le Quercy et le Vivarais. Ces quatre volumes sont ornés de treize cent douze planches lithographiées, dues à nos meilleurs artistes.

2213. Annales de la ville de Toulouse, depuis la

HISTOIRE. 423

réunion de la comté de Toulouse à la couronne ; avec un abrégé de l'ancienne histoire de cette ville, et un recueil de divers titres et actes pour servir de preuves ou d'éclaircissement à ces annales..., par

M. G. Lafaille. Toulouse, G. L. *Colomyez*, 1687, 2 vol. in-fol. v. marb. tr. d. (*armes de Saint-Ange*.)

Bel exempl., très-grand de marges. Le 2⁰ volume a une légère mouillure à la marge supérieure.

2114. Histoire véritable de tout ce qui s'est fait et passé dans la ville de Toulouse en la mort de M. de Montmorency, ensemble les interrogations qui luy ont esté faites et les responses à icelles, s. l. n. d., in-8, mar. rouge, fil. tr. dor. *Janséniste*. (*Duru*.)

Pièce fort curieuse et très-intéressante.

2215. Registre des aveux, dénombrements, actes d'inféodations et reconnaissances de la seigneurie de Villeneuve, près Bonlieu, sénéchaussée et diocèse de Toulouse. Manuscrit du commencement du XVIᵉ siècle, in-4, de 76 feuillets, sur peau de vélin, rel. en bois.

Tous les actes d'aveu compris dans ce manuscrit sont datés de l'année 1508 et rendus à Etienne et Jean de Goux, seigneurs de Villeneuve, par leurs vassaux et tenanciers.

2216. Les grandes batteries nouvellement faictes contre la ville et chasteau du Poussin, retraicte des rebelles en Languedoc, par Monsieur le duc de Ventadour, avec les ruines qui ont esté faictes en ladicte ville et chasteau, la description de la place et ses fortifications, la deffaicte de quelques troupes, par le commandement dudict sieur; *sur l'imprimé à Paris : Isaac Mesnier*, 1621; in-12. de 8 pages, dos de mar. vert.

2217. La prise de la ville et chasteau de Soumieres, avec la deffaicte de cinq cens rebelles, et arrière-garde de Monsieur le duc de Rohan, par Monsieur le duc de Montmorency, admiral de France, et gouverneur pour le roy au pays de Languedoc, *sur l'imprimé à Paris : chez Isaac Mesnier*, 1641, in-12, de 8 pages, dos de mar. vert.

2218. Discours véritable de ce qui s'est passé sur l'occurence des mouvements de la ville de Privas au pays de Vivarois. *Paris, iouxte la copie imprimée à Lyon par Claude Armand*, 1621, 12 pp. pet. in-8, d.-rel.

2219. La conversion de sept cens cinquante habitans de la ville de Saint-Anthoine, la religion catholique, apostolique et romaine. Auec la réduction de la ville de Cramant à l'obéissance du roy. *Paris*, 1622 (13 pages), in-8, d.-rel. mar. rouge.

l. — GUIENNE, AUNIS, SAINTONGE, ANGOUMOIS.

2220. Histoire véritable de tout ce qui s'est faict et passé depuis le premier ianvier 1619 iusques à present, tant en Guyenne, Languedoc, Angoulmois, Rochelle, que Limosin et autres lieux circonvoisins, fidellement rapportée par tesmoins qui ont veu et esté sur les lieux, où le lecteur verra choses rares et particulières des affaires du temps. *Paris : Nicolas Alexandre*, 1619, pièce de 20 pages, in-8, d.-rel. v. br.

2221. Les annales d'Aquitaine, faits et gestes en sommaire des roys de France et d'Angleterre, et païs de Naples et de Milan : quartement reueuës et corrigées par l'autheur mesmes, iusques en l'an mil cinq cents quarante cinq (par Jean Bouchet). *On les vend à Poictiers, a l'enseigne du Pelican, par Iehan et Enguilbert de Marnef frères, et en la boutique de Iaques Bouchet deuant les cordeliers*, 1545, pet. in-fol. veau ant fil., dent. gauff.

Cet ouvrage, dont le mérite a été généralement reconnu, est cité comme la meilleure production de Jean Bouchet. Edit. imprimée en caractères

HISTOIRE. 425

italiques, et renferme 14 ff. prélim. non chiff., avec une grande figure en bois au verso du 2°, dont le recto est occupé par le privilège, et 245 ff. de texte chiff. — On y a joint les pièces suivantes, qui occupent 5 ff. prélim. non chiff. et 163 ff. chiff. imprimés en caractères ronds : 1° *Les genealogies, effigies et epithaphes des rois de France, avec figures en bois dans le texte*; 2° *Deploration et invective de la Trémoille*; 3° *Le Chapelet des princes*; 4° *Rondeaux*: 5° *Ballades*; 6° *Deploration de l'Eglise*; 7° *Dixains*; 8° *Les angoysses et remedes d'amours*; 9° enfin une dernière pièce sous le titre de *Quatrains et Cinquains*.

2220. Les annales d'Aquitaine, faicts et gestes en sommaire des roys de France et d'Angleterre, et pays de Naples et de Milan, revues et corrigées par l'autheur mesmes, iusques en l'an mil cinq cens cinquante et sept. *Poictiers, Enguilbert de Marnef*, 1557, pet. in-fol. dem.-rel. v. grav.

Le verso du titre de ce vol. est occupé par une grande figure en bois assez remarquable.

2221. Chronique bourdeloise composée cy-devant en latin par Gabriel de Lurbe, advocat en la cour, et par luy de nouveau augmentée et traduite en françois, avec deux siens discours, depuis continuée et augmentée par Jean Darnal, escuyer, advocat au parlement. *Bourdeaus, Millanges*, 1619, in-4, fig. — Supplément des chroniques de la noble ville et cité de Bourdeaus, par Jean Darnal. *Bourdeaus. Millanges*, 1620, in-4, v. marb. (armes).

2222. De l'accord et union des subjects du roy soubs son obéissance. Remonstrance faicte en la ville de Périgueux à l'ouverture de la cour de justice envoyée par le roy en ses pais et duché de Guyenne le 4 juillet 1583. *Paris : Robert le Mangnier*, 1583, in-8, dos et coins de mar. bleu. (*Duru.*)

2223. Les magnificences faites en la ville de Bourdeaux à l'entrée du roy. *Paris; Anthoine du Breuil*, 1615, 13 pp. in-8, v. gauf.

2224. La prise et reduction de la ville de Tonneins à l'obeyessance du roy : par monseigneur le duc d'Elbœuf. Ensemble le discours très véritable des choses qui sont survenues pendant le siege d'icelle. *Paris, Pierre Romier*, 16e2, 15 pp. — La defaitte memorable de quatre cens homes des troupes de M. de la Foroe, venant au secours des assiegez de la ville de Tonneins, par monseigneur le duc d'Elbœuf. *Paris, Jermain Drouot*, 1522, 8 pp. 2 pièces en un vol. in-8, dos de mar. vert.

2225. Trois pièces sur la ville de Castres. Pet. in-8, dem.-rel. m. br.

1° Effroyable accident arrivé dans la ville de Castres par l'embrasement de leur magasin procédant de la foudre du ciel, où leurs poudres, salpestres, plomb, mesches et autres munitions ont esté emportées en l'air. *Paris, Nicolas Rousset*, 1622 (14 pages et 1 feuillet pour le privilège). — 2° Arrest de la cour de parlement de Tholose, donné contre les rebelles commandans en la ville de Castres et autres lieux. Avec la translation de inrisdiction ecclesiastique, seculière, bureaux et receptes d'icelle, en la ville de Lautrec. Prononcé le 30 may 1625, etc. *Paris, jouxte la copie imprimée à Tholose*, 1625 (14 pages). — 3° Les troubles et divisions nouvellement arrivés entre les habitans de la ville de Castres et le suject pourquoy. *Paris, Veuve du Corroy*, 1625 (7 pages).

2226. Relation véritable de la prise et réduction de la ville de Clairac a l'obeyssance du roy. Ensemble la harangve faicte au roy par les depputez de ladite ville, auec la response de sa maiesté. *Tolose, Iean Maffre*, s. d., pièce de 14 pages, pet. in-8, d.-rel. v. f.

2227. La prise par force de la ville d'Albiac, près Montauban, par Monsieur le duc de Mayenne. Ensemble la punition memorable et digne de remarque faitte par ledit seigneur d'un grand nombre d'habitans de ladite ville à cause de leur rebellion, *sur l'imprimé à Paris* : *Pierre Rocollet*, 1624, in-12, de 8 pages, dos de mar. rouge.

2228. La prise par force de la ville de Lombets, par monseigneur le duc de Vandosme, général des armes de S. M. en la haulte et basse Guyenne, etc. *Paris, Mathurins Denis*, 1622, in-8, dos de veau fauve.

m. — POITOU, ANJOU ET LE MAINE.

2229. Hystoire agregatiue des annalles et cronicques d'Aniou / contenant le commencement et origine / auecques partie des chenaleureux et marciaulx gestes des magnanimes princes / consulz / contes et ducz d'Aniou. Et pareillement plusieurs faictz dignes de memoire / aduenuz tant en France / Italie / Espaigne, Angleterre / Hierusalem et autres royaulmes tant chrestiens que sarrazins / Depuis le temps du déluge iusques a présent / tres utille / proffitable et recreative à tous nobles et vertueux esprits. Recueillies et mises en forme par noble et discret missire Jehan de Bourdigné, prestre / docteur es droictz / et depuis reueus et additionnées par le Viateur. *On les vend a Angiers en la boutique de Charles de Boingne et Clement Alexandre, marchant libraires iurez de l'universite dudit lieu — acheuees d'imprimer a Paris par Anthoyne Couteau en Januier*, 1529, in-fol., goth. de 4 ff. prélim. et 207 ff. chiff. fig. en bois, veau marbré, fil. 30 /o

Très-bel exempl. bien conservé d'un livre rare et assez cher, dit M. Brunet, dans son Manuel.

2230. Pièces sur la révolte de Poictiers, en 1614, s. l., 1614, in-8, dem-rel. veau rouge. 2 /o

1° Procès-verbal de la revolte faicte par messieurs de Poictiers à leur gouverneur M. le duc de Roannès. Envoyé à sa maiesté (15 pages). — 2° Lettre de monseigneur le prince de Condé, envoyé à la royne, sur le refus qui lui a esté faict par messieurs de Poictiers (7 pages).

2231. Recherches topographiques, historiques, militaires et critiques, sur les antiquités gauloises et romaines de la province de Saintonge, enrichies de gravures en taille-douce, par M. F. M. Bourignon, de Saintes. *Saintes, J. A. Meaume*, an IX, gr. in-4, dem-rel. et coins, v. f. 2

Très-bel exemplaire.

428   HISTOIRE.

2232. La prise du fort de la Chesne, pres la Rochelle, faicte par Monsieur de Lauerdin, le dix-huictiesme du present moys d'auril, et comment on descouvrit l'espion qui pensoit aller trahir les habitans de Maran. *Paris, sur l'exemplaire imprimée (sic) à Poitiers*, 1588 (13 pages), pet. in-8, dem.-rel. mar. rouge.

2233. Histoire de Rochefort, contenant l'etablissement de cette ville, de son port et arsenal de marine, et les antiquitez de son château (par le père Théodore, capucin). *Blois : Philibert-Joseph Masson*, 1793, in-4, par J. B. Scotin, v. m. gr. pap.

2234. L'entrée de Monsieur le marquis de La Boulaye dans la ville du Mans, et la honteuse fuite des mazarinistes. En vers burlesques. *Paris, Mathieu Colombel*, 1649, pièce de 8 pages, in-4, dem.-rel. mar. rouge.

n. — TOURAINE ET ORLÉANAIS.

2235. Le trésor de Notre-Dame de Chartres. Rapport à M. le ministre de l'intérieur sur les archives de l'ancien chapitre de la cathédrale de Chartres, par Auguste de Santeul. *Chartres*, 1841, in-8, avec 10 planches, dos de v. bleu.

Ouvrage tiré à 250 exemplaires non destinés au commerce.

2236. Discours du siege d'Attila roy des Huns, dit le fléau de Dieu, devant la ville d'Orléans, en l'an quatre cent cinquante-cinq, par Emmanuel Trippault, sieur de Lunières. *Orléans, René Fremont*, 1635, in-8, cart. non rogné.

Réimpression publiée par G. Duplessis, et imprimée à Chartres, Garnier fils, 1832, à 36 exemplaires.

2237. Antiquitez historiques de l'église royale, Saint-Aignan d'Orléans (par R. Hubert). *Orléans, Gilles Notat*, 1661, in-4, vélin.

HISTOIRE.

Le titre de cet ouvrage porte une gravure en taille-douce représentant l'église Saint-Aignan, et l'on a intercalé un portrait en pied de ce saint entre le 4ᵉ et dernier feuillet prélim. et la première page du texte, qui en contient 215, plus 5 ff. de table. Ce volume renferme en outre 48 pages de preuves historiques.

2238. Histoire de l'église et diocèse, ville et université d'Orléans, par Symphorien Guyon, orléanois. *Orléans, Maria Paris*, 1647, in-fol. de 500 pp. et 10 ff. de table. v. br. (*anc. rel.*) — 4

2239. L'histoire et discovrs av vray dv siege qvi fvt mis devant la ville d'Orléans, par les Anglois, le mardy XII iour d'octobre M. CCCC. XXVII, regnant alors Charles VII, roy de France, etc., prise de mot à mot, sans aucun changement de langage, d'vn vieil exemplaire, escrit à la main en parchemin, et trouué en la maison de ladite ville d'Orléans. *Orléans*, Olyvier Boynard et Iean Nyon, 1606, in-8, dem.-rel. v. rouge. (*Bœrsch.*) — 12 /0

O. — AUVERGNE ET MARCHE, LIMOUSIN, ETC.

2240. Voyages pittoresques et romantiques dans l'ancienne France, par MM. I. Taylor, Ch. Nodier, et Alph. de Caille (AUVERGNE). *Paris, Didot*, 1829-33, 2 vol. gr. in-fol. d.-rel. mar. non rogné. — 1/41

2241. Correspondance, vue générale sur la ci-devant province d'Auvergne, Haute et Basse, par P. M. Gault de Saint-Germain. MSS. in-4, de 10 ff. prelim. et 492 pages. s. d. (1792), dem.-rel. — 24 /0

Ce manuscrit, extrêmement curieux, est accompagné d'une quantité nombreuse de portraits, cartes, gravures, lithographies, pris de toutes sortes d'ouvrages; de vignettes, fleurons, etc., collés au bas des pages, et de lettres et actes de l'état civil, qui le rendent très précieux.

2242. Description des monuments des différents âges, observés dans le département de la Haute-Vienne, avec un précis des annales de ce pays, par C. N. Allou. *Paris: Igonette, Lenormant, Ponthieu*, 1821, in-4, dem.-rel. — 2

p. — BOURBONNAIS, NIVERNAIS, BERRY (1).

2243. Histoire du Berry abrégée dans l'éloge panégyrique de la ville de Bourges, par le P. Philippe Labbe. *Bourges, Vermeil,* 1840, 48 pp. in-8, d.-rel. v. b.

Réimpression accompagnée d'un plan lithographié.

2244. Recueil des antiquités et priviléges de la ville de Bourges et de plusieurs autres villes capitales du royaume, divisé en trois parties, le tout extrait des chartes des villes, par Jean Chenu, de la ville de Bourges, advocat en parlement. *Paris, Buon,* 1621, in-4, parch.

2245. Recueil de opuscules relatifs à la province du Berry et autres, par Nicolas Catherinot, un vol. in-4, veau fauve fil. non rogné. (*Duru.*)

Recueil factice de 40 brochures toujours difficile à réunir en aussi grand nombre et en aussi bonne condition. On y a joint en tête un beau portrait de l'auteur. Voici les titres de ces opuscules, tous imprimés à Bourges, et les plus importants pour l'histoire du Berry : 1° Dissertation que le parquet de Bourges est du corps de l'Université. *J. Toubeau,* 1672 (11 et 20 pages). — 2° Le Prest gratuit, *J. Cristo,* 1679 (92 pages). — 3° Le sanctuaire de Berry. *J. Toubeau,* 1680 (36 pages). — 4° Escu d'alliance, s. l. s. d. (20 pages). — 5° Les tribunaux de Bourges, s. n. 1683 (12 pages). — 6° Les patronages de Berry, s. n. 1683 (8 pages). — 7° Les Eglises de Bourges, s. n. 1683 (12 pages). — 8° Les archevêques de Bourges, s. n. 1683 (8 pages). — 9° Le Nécrologe du Berry, s. n. 1682 (8 pages). — 10° Le Droit de Berry, s. n. s. d. (10 pages). — 11° Les Recherches de Berry, s. n. 1683 (8 pages). — 12° Annales typographiques de Bourges, s. n. 1683 (8 pages). — 13° Antiquités romaines du Berry, s. n. 1682 (8 pages). — 14° Le Pouillé de Bourges, s. n. 1683 (16 pages). — 15° La Gaule grecque, 1683 (8 pages). — 16° Les Diocèses de Bourges, s. n. 1683 (8 pages). — 17° Le Bullaire de Berry, s. n. 1683 (4 pages). — 18° Les Doublets de la langue, s. n. 1683 (12 pages). — 19° Le Diplomataire de Berry, s. n. 1683 (4 pages). — 20° La Regale universelle, s. n. 1683 (20 pages). — 21° Annales ecclésiastiques de Berry, s. n. 1684 (4 pages). — 22° Annales académiques de Bourges, s. n. 1684 (4 pages). — 23° Les Dominateurs de Berry, s. n. 1684 (5 pages). — 24° Les Alliances de Berry, s. n. 1684 (4 pages). — 25° Les Romains Berruiers, s. n. 1685 (4 pages). — 26° Traité de l'artillerie, s. n. 1685 (16 pages). — 27° Commission, 1685 (4 pages). — 28° Le Journal du Parlement, s. n. 1685 (4 pages). — 29° Traité de la marine, s. n. 1685 (26 pages et 1 feuillet). — 30° Les Fondateurs de Berry, s. n. 1686 (3 pages). — 31° Gratianus recensintus, n. 1686 (4 pages). — 32° Chronicon juris sacri, s. n. 1686 (4 pages). — 33° Imperium romanum, s. n. 1686 (4 pages). — 34° Codex

---

(1) Voyez aussi les numéros 2168-2170.

HISTOIRE. 431

testamentorum, *s. n.* 1686 (4 pages). — 35° Antediluviana, *s. n.* 1786 (4 pages). — 36° Jurisconsulti exotici, *s. n.* 1687 (4 pages). — 37° Traité des martyrologes, *s. n.* 1687 (4 pages). — 38° Traité de la peinture, *s. n.* 1687 (24 pages). — 39° La Religion unique, *s. n.* 1688 (12 pages). — 40° Les tombeaux domestiques, *s. n. s. d.* (4 pages).

2246. La prise de la ville de Mouheur par l'armée royale, avec le saccagement de la place, pillée et bruslée pour cause de rebellion et de perfidie. *Sur l'imprimé à Paris, chez Abraham Saugrain,* 1621, pièce de 7 pages et une page de privilège, pet. in-8, d.-rel. mar. noir.   2 /6

2247. La prise et réduction de la ville et place de Clamessy (*sic*), avec celles d'Antin et Donzy, ensemble la prise du prince de Porecian, fils du duc de Nevers, et le divertissement du siège de S. Pierre le Moustier, par ledit sieur de Montigny, y ayant esté mis par le commandement de la duchesse de Nevers, *Paris, Anthoine du Breuil,* 1617, 16 p. in-8, d.-rel. v. br.   7

q. — BRETAGNE.

2248. Les grandes annalles ou chroniques parlant tant de la Grant Bretaigne à présent nommée Angleterre que de nostre petite Bretaigne de présent érigée en duché... (par Alain Bouchard). *Imprimé à Paris, par Jehan de la Roche, imprimeur demourant en la rue Saint Jacques par Galliot Dupré... faict et parachevé d'imprimer le* xxv *de novembre mil cinq cens et* XIII, petit in-fol. goth. avec quelques fig. en bois, v. br. fil. tr. d. (*Faulener,* rel. angl.   10

Cette première édition de la Chronique de Bretagne, d'Alain Bouchard, est d'une grande rareté. Le texte est à longues lignes, et non à deux colonnes. La table des matières seulement offre cette dernière disposition. Notre exemplaire est conforme, pour le nombre de feuillets, à celui que M. Brunet a décrit; mais il a le titre, qui a été réimprimé *fac-simile*.

2249. Histoire ecclésiastique et civile de Bretagne,   80

composée sur les auteurs et les titres originaux. Par dom Pierre Hyacinthe Morice. *Paris, Delaguette*, 1750, 2 vol. in-fol. — Mémoires pour servir de preuves à l'histoire ecclésiastique et civile de Bretgane tirée des archives de cette province, par le même. *Paris, Charles Osmont*, 1742, 3 vol. in-fol. Ensemble, 5 vol. v. br.

2250. Voyages pittoresqns dans l'ancienne France par I. Taylor, Ch. Nodier, et Alph. de Cailleux. (BRETAGNE). *Paris, Didot*, vol. in-fol. d.-rel. mar. dos orné, non rogné.

2251. Histoire de Bretagne, par M. Daru, de l'Académie française. *Paris, Firmin Didot*, 1826, 3 vol. in'8, v. f. dent. à froid *(Thouvenin)*.

2252. Les vies des saints de Bretagne et des personnes d'une éminente piété qui ont vécu dans la même province, avec une addition à l'histoire de Bretagne, par dom Gui-Alexis Lobineau *Rennes*, 1725, in-fol. fig. dos de veau.

2253. La Bretagne, par J. J. Potel, professeur de dessin à Nantes. *Nantes : Prosper Sebire*, s. d., in-fol. dos et coins de veau fauve, non rogné.

<small>Ce bel ouvrage contient un titre sur papier de Chine et 50 belles lithographies aussi sur papier de Chine; le texte, composé, de 57 feuillets non chiffrés, est signé V**L.</small>

2254. Dissertations sur la mouvance de la Bretagne, par rapport au droit que les ducs de Normandie y prétendoient, et sur quelques autres sujets historiques. *Paris, François Fournier*, 1711. — Deffence des dissertations sur l'origine de la maison de France, et sur la mouvance de la Bretagne, par rapport au droit que les ducs de Normandie y prétendoient. *Paris, Michel Guignard et Cl. Robustel*, 1713, in-8, v. gr.

2255-59. Histoire de la réunion de la Bretagne à la France, où l'on trouve des anecdotes sur la princesse Anne, par l'abbé Irail. *Paris, Durand*, 1764. in-12, veau marbré.

2260. Fragments de statistique administrative sur l'arrondissement de Savenay (Loire-Inférieure) en 1834. P. C.-J.-V. Darttey. *Nantes, Mellinet*, 1835, in-8, cart.

r.—NORMANDIE.

2261. Histoire de Normandie par Orderic Vital, moine de saint Evroul, publiée pour la première fois en français, par M. Guizot. *Caen, Mancel*, 1826, 4 vol. in-8, br.

2262. Histoire des ducs de Normandie, par Guillaume de Jumiége, publiée pour la première fois en français, par M. Guizot, et suivie de la vie de Guillaume-le-Conquérant, par Guillaume de Poitiers. *Caen, Mancel*, 1826, in-8, br.

2263. Nouvelle Histoire de Normandie, enrichie de notes prises au muséum de Londres, et de nouveaux détails sur Guillaume-le-Conquérant, duc de Normandie et roi d'Angleterre..... terminée par les amours d'Arlette, extraits d'un roman des ducs de Normandie, écrit au xiie siècle par Beneois de Sainte-More, l'un des poètes de Henri II, et découvert à Londres, en 1792, dans les mss. du roi d'Angleterre. Par M. de Lafrenaye. *Versailles, J.-P. Jalabert*, 1816, in-8, dem.-rel., v. ant., avec un portr. de Guillaume le Conquérant.

2264. Éloge des Normands, où l'on trouvera un petit abrégé de leur histoire, avec les grands hommes qui en sont sortis, et les belles qualités qui doivent les rendre respectables à l'univers entier, par M.

28

434 HISTOIRE.

Rivière. *Paris, V° Guillaume,* 1731, in-12, de 44 pp., dem.-rel., mar. bleu.

2265. Description géographique et historique de la Haute Normandie, divisée en deux parties. La première comprend le pays de Caux, et la seconde le Vexin (par dom Toussaint Duplessis, bénédictin). *Paris, Nyon fils.* 1740, 2 vol. in-4, pap. vél., v. br. fil. (*anc. rel.*); cartes.

2266. Recherches historiques sur Falaise, par P. G. Langevin, prêtre. *Falaise, Brée,* 1814, in-12, br.

2267. Le pour et le contre de la possession des filles de la paroisse de Landes, diocèse de Bayeux (par l'abbé Porée et Dudouet, médecin). *Antioche, chez les héritiers de la bonne Foy, à la Vérité,* 1738, in-8, v. br.

2268. Puy de musique érigé à Evreux, en l'honneur de madame sainte Cécile. *Evreux.* 1837, pièce de 88 pages, et de 89 avec la table, in-8, cart.
Publication de MM. Bonnin et Plassant, d'après un manuscrit du xvi° siècle.

2269. Première lettre sur les antiquités de la Normandie.—Lillebonne.— A M. Davois de Kinkerville, par H. Raymond. *Paris, Demonville,* 1826, 99 pp. in-8, d.-rel., v. br.

2270. La prise de la ville de la Croisette et le Chasteau de Burlas, places fort importantes. *Paris, Jean Martin,* 1628, in-8, de 12 pages, dem.-rel.

2271. Oratio Joannis Roenni, Rotomagensis, de caussis profectionis et reversionis in Academiam suae, ad Karolum Godefridum, Jac. Godefridi, Danoi, Equitis torquati F. *Parisiis, Dionysii a Prato,* 1581, in-8, de 18 ff., cart.

§. — LA CORSE, L'ALGÉRIE ET LES COLONIES.

2272. Relation de l'Isle de Corse, journal d'un voyage

HISTOIRE. 435

dans cette isle, et mémoires de Pascal Paoli, par Jacques Boswell; trad. de l'anglois, par J.-P.-F. Du Bois. *La Haye, Fred. Staatman,* 1769, in-8, d.-rel., bas. avec une cart.

2273. Discours sur la comparaison et ellection des deux partis qui sont pour le jourd'huy en ce Royaume. *A Montauban :* 1586, in-8, de 70 pages, mar. vert., fil. tr. d. (*Duru*).

2274. Discours de la victoire obtenue par le roy catholique, à l'encontre du roy d'Argel, devant la ville d'Oran, en la coste d'Afrique. *Paris, pour Iean D'Allier,* 1563, 8 ff. in-8 non chiffr., demi-rel. mar. bleu.

6. — HISTOIRE DE FLANDRE, BELGIQUE ET HOLLANDE.

2275. Discours sur l'utilité d'une histoire générale de Flandre et sur la manière de l'écrire, par M. Lamoot, bibliothécaire de Saint-Pierre à Lille. *Liège : J.-F. Bassompierre,* 1760, in-12, de 93 pp., d.-rel. v. bl.

2276. Novus... de Leone belgico eiusq; topographica atq; historica descriptione liber quinq; partibus distinctus, insuper et elegantissimi illius artificis Francisci Hogenbergii bis centum et VIII figuris ornatus; rerumque in Belgio maxime gestarum inde ab anno Christi M. D. LIX. usque ad annum M. D. LXXXVII. perpetua narratione continuatus. Michaele Aitsingero auctore. *Coloniæ,* 1588, pet. in-fol., v. br., fil. anc. rel.

Cet ouvrage *rare* est orné d'un frontispice gravé et d'un portrait de l'auteur. Toutes les pages en sont encadrées, et il renferme 112 planches gravées par Fr. Hagenberg.

2277. Flandria illustrata sive descriptio comitatus... istius... ab Antonio Sandero. *Coloniæ Agrippinæ*

(*Amstel. J. Blaeu*), 1641-1644, 2 vol. *gr. in-fol.* fig., rel. vél., dent et compartiments.

<small>Edition originale. Les gravures si estimées de ce bel ouvrage sont en magnifiques épreuves dans cet exemplaire.</small>

2278. Cronique de Flandres, anciennement composée par auteur incertain, et nouvellement mise en lumière par Denis Sauvage, de Fontenailles en Brie. *Lyon*, *Guillaume Rouillé*, 1561. — Continuation de l'histoire et chronique de Flandres, par le même, *idem., idem.* — Les mémoires de Messire Olivier de la Marche, premier maistre d'hôtel de l'archiduc Philippe d'Autriche, comte de Flandres, nouvellement mis en lumière, par Denis Sauvage. *Lyon : Guillaume Rouillé*, 1562. Ensemble 5 t. en 1 vol. in-fol., marb.

2279. Le Guerre di Fiandra, dà don Francesco Lanario, *Venetia*, *Tomaso Baglioni*, 1616, pet. in-4, v. br. fil. (*anc. rel.*)

2280. Histoire des guerres de Flandre, depuis le commencement jusqu'à la fin, briévement récitée par don Francesco Lanario. Traduicte d'ital. en franç., et augmentée en divers endroits, avec une brieve narration de l'ancienne histoire de Flandre, depuis 1700 ans jusques à nostre temps, ensemble des remarques sur les causes de la guerre, par le sieur Michel Baudier. *Paris*, *Sébastien Chappelet*, 1618, in-4, vélin, frontispice gravé.

<small>Cet ouvrage est peu commun, 34 ff. non chiff., 202 pages et 11 ff. de non chiffrés. Le frontispice est rapporté.</small>

2281. Habitudes conviviales et bachiques de la Flandre, par Arthur Dinaux. *Valenciennes*, *A. Prignet*, 1840, 53 pp. in-8, dem. rel., v. br.

2282. Recueil de différentes brochures relatives aux Pays-Bas et à leur guerre avec l'Espagne, un vol. in-4, cartonné.

<small>Contenant : 1° Placart sur la rebellion des Espagnolz et leurs adherens et la resistance a lencontre d'iceulx, et ce qu'en depend. *Bruxelles*, *Mi-*</small>

chiel Hamont, 1576 (6 pages). — 2° Placart sur l'indeue usurpation de Hieronimo de Roda, au faict du gouvernement des pays de pardeça. *Idem, idem,* 1576 (3 pages). — 3° Sommaire déclaration des justes causes et raisons de Dom Anthoine, roy de Portugal, de faire la guerre au roy de Castille, etc. *S. d. Tours,* 15 mai 1582 (10 pages). — 4° Exemplaire des lettres patentes du roy notre sire, donnant grace aux bannis, etc., des Pays-Bas. *Bruxelles, Michiel de Hamont,* 1574 (16 pages). — 5° Reglement, ordre et conduite sur la collecte et distribution de la contribution volontaire de Bruxelles, etc. *Bruxelles, Hubert-Anthoine Velpius,* 1646 (11 pages). — 6° Conditions, reglement et conduite de la contribution volontaire, etc. *Idem, idem,* 1646 (8 pages). — 7° Recueil de ce qui s'est passé sur le reglement présenté par les deux puissances au conseil d'état de Bruxelles, depuis le 9 octobre jusques au 30 octobre 1711, *S. n. ni d.* (19 pages). — 8° Recit de ce qui s'est observé des l'instant de la mort de S. A. R. monseigneur le duc Charles-Alexandre de Lorraine et de Bar. *Bruxelles, J. van den Berghen, s d.* (1780) (12 pages). — Plusieurs autre brochures et chansons manuscrites.

2283. Histoire générale des guerres de Savoye, de Boheme, du Palatinat et Pays-Bas, depuis l'an 1616 iusques celuy de 1627 inclus. Par le sieur du Corney, gentilhomme belgeois. *Douay, Baltazar Bellere,* 1628, in-8, v. br. (*Kœhler*).

2284. Tableavx sacrez de la Gavle Belgiqve povrtraits au modele du pontificat romain. Par Gvillavme Gazet. *Arras, Guillaume de la Riuière,* 1610, in-8, parch.

Rare et fort curieux pour l'histoire de Flandre.

2285. Recueil d'Estampes sur les troubles de France et de Flandre et Pays-Bas. (*Hollande*), 1576, in-4, oblong, parch. (120 pl.)

A ce volume est joint plusieurs feuillets d'un texte explicatif de la plupart des planches, ce texte, en français, que je n'avais pas encore vu, est pour suppléer au texte hollandais qui se trouve au bas de chaque planche.

2286. Les généalogies et anciennes descentes des forestiers et comtes de Flandre, avec brieves descriptions de leurs vies et gestes, le tout recueilly des plus véritables, approuvées et anciennes chroniques et annales qui se trouvent, par Corneille *Martin,* zelandoys, et ornées de portraicts, figures et habitz selon les façons et guises de leurs temps, ainsi qu'elles ont été trouvées es plus anciens tableaux, par Pierre *Balthasar,* et par lui mesme mises en lumière. En *Anvers, chez Jean-Baptist Vrints* (1598). Pet. in-fol. de 3 feuillets non chiff. 419 pp. fig. grandes en peau vél., rel. mar. du Levant, fil. tr. d. *(Bauzonnet)*.

<small>Ouvrage précieux, non cité, et dont les gravures sont le premier type de celles qu'Olivier de Wrée a publiées depuis dans sa *Généalogie des comtes de Flandre* (1641-1644). Ces gravures sont au nombre de 44, et se composent de : 1 frontispice, 2 sujets d'armoiries, 7 portraits des forestiers de Flandre, 33 portraits des comtes de Flandre jusqu'à Philippe II, et une allégorie représentant la bonne et la mauvaise renommée près du tombeau de ces princes. Au bas de cette dernière planche sont des vers de Charles de Navières. De nombreuses notes manuscrites ont été ajoutées dans les marges et au bas des pages de ce bel exemplaire.</small>

2287. Spectaculorum in susceptione Philippi hisp. princ. Divi Caroli V. Cæs. f. an. MDXLIX, Antverpiæ æditorum, mirificus apparatus. Per Cornelium Scrib. Grapheum, ejus urbis secretarium, et vere, et ad vivum accurate descriptus. *Antverpiæ, typ. Ægidii Disthemii*, 1559, in-fol., fig., v. f.

<small>Bel exempl. — On lit sur le titre la signature d'Etienne Tabourot et sa devise : *A tous accords*.</small>

2288. Bref recueil de l'assassinat commis en la personne du tres-illustre prince, monseigneur le prince d'Orange, comte de Nassau, marquis de la Vere, etc., par Iean Iauregui, espaignol, *Anvers, Christophle Plantin*, 1582, in-4, dem.-rel., v. f. (33 ff. non chiffrés).

2289. Discours sur la blessure de monseigneur le prince d'Orange, s. l. 1582, in-4, de 15 ff. non chiffrés, dos de mar. bleu.

2290. Procés verbal entre les procureurs des deux roys devant les Commissaires de leurs Majestez députez à la conférence de Courtray, s. l. 1684, pet. in-12, dem.-rel.

2294. La déplorable et lamentable mort du tres valeureux conte de Buquoy, ensemble comme ledit sieur conte de Buquoy a esté rapporté à Vienne avec grand nombre de seigneurs qui l'ont assisté, et son corps mis honorablement en terre : avec les funérailles célébrées honorablement à l'intention de l'âme dudit seigneur. *Iuxte la copie imprimée à Bruxelle*, le 16 d'aoust, MDCXXI. Pièce in-8. de 15 pp., dem.-rel. v. f.

2292. Histoire de Nostre Dame de Hale, par Iuste Lipse, traduite du latin par le F. M. R. *Bruxelles*, 1664, in-8, parch., avec une jolie gravure.

2293. Description du Jubilé de sept cens ans de S. Macaire, patron particulier contre la peste, qui sera célébré dans la ville de Gand, capitale de la Flandre, à commencer le 30 mai jusqu'au 15 juin 1767. Avec le détail ultérieur des cérémonies, solemnités, cavalcade, ornements et des feux d'artifice, etc., qui auront lieu à cette occasion. Le tout enrichi de figures, *Gand, Jean Meyer*, s. d. (1767), in-4, cartes et planches 15. Par P. Wauters et F. Heylbrouck, dos de v. f. (*Kœhler*).

2294. Train triomphal, orné de cavalcades, chars de triomphe, symboles et autres ornements, à l'occasion du Jubilé de mille ans de saint Rombaut, martyr, évêque, apôtre et patron de la ville et province de Malines, exécuté sous la protection du magistrat, et l'assistance de la noblesse et citoyens de ladite ville, par l'école latine sous la direction des prêtres de la congrégation de l'oratoire de Nôtre Seigneur Jésus. *Malines, Jean-François Vander Elst* (1775), grand in-4, avec 18 gr. pl., par *G. Herreyns, Klauber*, etc., veau ant. fil.

Les chars de cette cérémonie triomphale furent donnés par les corporations des poissonniers et des tanneurs.

2295. Nouvelle description des Pays-Bas et de toutes les villes des dix-sept provinces. *Bruxelles, Philippe Vleugart*, 1673, pet. in-12, mar. viol., fil. tr. d. (*Dura*).

2296. Illustrissimorum Hollandiæ Zelandiæque comitum ac dominorum Frisiæ icones et historia... Antiquitatum Batavicarum tabularium... a Petro Scriverio, batavo. *anno,* 1609, *sans lieu d'imp.*, in-4, rel. vél.

Gravures sur bois dans le texte, avec entourage.

2297. La grande chronique ancienne et moderne de Hollande, Zélande, Westfrise, Utrecht, Frise, Overyssel et Groeningen, jusques à la fin de l'an 1600... Par Iean François Le Petit. *Dordrecht, Iacob Canin,* 1601; 2 vol. pet. in-fol., fig., vél.; fil., coins, fleurdelisés, avec un grand nombre de portraits en pied.

« Cet ouvrage est aujourd'hui assez rare... Paquot dit qu'il a été deux fois réimprimé en France, mais nous ne connaissons pas ces réimpressions. » BRUNET.

2298. Les Délices de la Hollande; œuvre panégyrique avec un traité du gouvernement et un abrégé de ce qui s'est passé de plus mémorable jusques à l'an de grace 1650, par J. de Parival. *Leyden: Pierre Leffen.* (*Elzevir*), 1651, pet. in-12, vél. blanc.

Edition la plus rare et la plus recherchée.

2299. Marie de Medicis entrant dans Amsterdam, ou Histoire de la reception faicte à la reyne mère du roy tres chrestien, par les Bourgmaistres et bourgeoisie de la ville d'Amsterdam, traduicte du Latin de Gaspar Barleus, *Amsterdam: Jean et Corneille Blaeu,* 1638 in-fol., de 97 pages, 18 fig. doubles, gravées par Savry et Plesys d'après L. Martsen de Jonge et C. L. Mayaert. Dos de mar. r. (*Kœhler*).

Très-bel exemplaire, grand de marges, et où se trouve la figure dite des 4 bourguemestres, qui manque souvent. Plus, la planche représentant une fête sur l'eau dans le port d'Amsterdam se trouve en double ayant quelque différence, car l'une est avec blason et l'autre sans.

2300. Medicea hospes, sive descriptio publicæ gratulationis qua Serenissimam Augustissimamque reginam, Mariam de Medicis, excepit senatus popu-

HISTOIRE.

lusque Amstelodamensis. Auctore Caspare Barlæo. *Amstelodami, typ. Johannis et Cornelii Blaeu*, 1638, in-fol. de 64 pp. fig. vél.

<small>Ce livre, orné de 17 belles gravures doubles, contient 62 pages de texte. Nous croyons que l'édition française a précédé l'édition latine, parce que, dans celle-ci, les planches portent des numéros et sont visiblement retouchées. La planche dite des *quatre bourguemestres* ne se trouve pas dans cet exempl.</small>

2301 bis. La joyeuse entrée de Ferdinand de Bavière, par Polain, conservateur des archives de la province. *Liège, Jeunehomme frères*, 1839, 24 pp. gr. in-8, demi-rel., v. f. (*Kœhler*). — 7/

2302. Histoire de l'entrée de la Reyne mere du Roy tres chrestien dans les provinces unis des pays bas, par le sieur de La Serre, historiographe de France. *Londres : Jean Rawort*, 1639, in-fol., de 53 ff. et 15 planches, dos de mar. rouge (*Kœhler*) (*fort rare*). — 18

2303. Le triomphe royal, où l'on voit descrits les arcs de triomphe, pyramides, tableaux et devises, au nombre de 65, erigez à La Haye à l'honneur de Guillaume III, roy d'Angleterre, Ecosse, France et Irlande. *La Haye, Barent Beek*, s. d. (1691), pet. in-8, v. br., anc. rel. — 4 — 2/

<small>Cet ouvrage est accompagné de 64 figures de Schoneheek ou de Romain de Hooghe. Les emblèmes ou devises accompagnaient des tableaux peints sur des arcs-de-triomphe à l'hôtel-de-ville.</small>

2304. La vie de Galeas Caraciol, marquis de Vico, et l'histoire de la fin tragique de François Spiere. Mises en françois par le sieur de Lestan. *Amsterdam, Daniel Du Fresne*, 1682, in-12, mar. bleu, non rogné. — 6 — 1

7. — HISTOIRE DE LA SUISSE.

2305. État et délices de la Suisse, ou description historique et géographique des treize cantons — 2/

442   HISTOIRE.

suisses et de leurs alliés. *Neufchâtel, Samuel Fauche,* 1778, 2 vol. in-4, v. r. fil. (81 planches et cartes).

Très-bel exemplaire bien conservé et à grandes marges. Le frontispice est de B. Picart, gravé par Folkema.

2306. Description des montagnes et des vallées qui font partie de la principauté de Neuchâtel et Valangin, etc. *Neuchâtel, Samuel Fauche,* 1766, in-12, dos de v. fauve.

2307. Histoire naturelle des glacières de Suisse, traduction libre de M. Gruner, par M. de Keralio. *Paris : Panckoucke,* 1770, in-4, fig. (18 frontispices et 2 cartes), veau fauve, fil.

2308. Le tableau de la Suisse et autres alliez de la France es Hautes Allemagnes. Auquel sont descrites les singularités des Alpes, et rapportées les diverses Alliances des Suisses : particulièrement celles qu'ils ont avec la France. Par Marc Lescarbot, advocat en parlement. *Paris, chez Adrien Perier,* 1618, in-4, réglé, parch., fil. ornem. tr. d.

Exempl. de Nodier.

2309. Description de la fête des vignerons, célébré à Vevey, le 5 août 1819. Précédée d'une notice sur l'origine et l'institution de cette société, qui porte maintenant le nom d'Abbaye des vignerons. Avec beaucoup de figures. *Vevey, Lœrtscher et fils,* s. d., in-8, grandes pl. (8), v. f. fil. *non rogné (Bauzonnet).*

On y trouve des chansons en patois du pays, que chantaient les vignerons pendant cette solemnité, que les archéologues suisses font remonter aux fêtes païennes de Bacchus et de Cérès.

2310. Traicté de paix entre France et Savoye. Avec les copies du pouvoir des deputez de France, de par le roy, et des députez de Savoye. *Bruxelles, Rutger Velpius,* 1601, pièce de 19 ff. non chiff., in-8, d. rel. mar. bleu.

2310 *bis.* Histoire ou Bref traité du S. Suaire de N. S.

HISTOIRE. 443

Jésus Christ. Prétieuse relique de la Maison de Savoye, qui se garde à Turin, ville capitale du Piémont. Par le feu R. P. François Victon, vicaire général de l'ordre des P. P. Minimes en Piémont et en Savoye. *Paris : Sébastien Cramoisy*, 1634, in-8, de 4 ff. et 84 pages, mar. rouge, tr. d. (*Duru*).

2311. Annales Academiae Lugduno-Batavae a. d. VIII februarii 1816 ad d. VIII februarii 1817. Rectore magnifico Joanne van Voorst scripto consignavit Gerardus Sandifort. *Lugduni-Batavorum : S. et J. Luchtmans*, 1817. — *Ibidem*, a. d. VIII februarii 1819 ad d. februarii 1820. Rectore magnifico Meinardo Simone du Pui, *idem*, 1820. — *Ibidem*, a. d. VIII februarii 1820 ad d. VIII februarii 1821. Rectore magnifico Nicolao Smallemburg, *idem*, 1821. Ensemble 3 vol. in-4, demi-rel. veau fauve.

8. — HISTOIRE D'ITALIE.

2312. Del regno d'Italia sotto i Barbari epitome del conte e cavalier gran croce D. Emanuel Tesauro, con le annotationi dell' abbate D. Valeriano Castiglione. *Torino, Bart. Zavatta*, 1664. In-fol. fig., v. br.

Volume orné d'un grand nombre de beaux portraits.

2313. Le Tombe ed i monumenti illustri d'Italia. Descritti e delineati con tavole *Milano : Nicolo Bettoni*, 1822, grand in-4, fig. au trait (36), dos et coins de mar. viol., avec un très-beau portrait de Canova, en tête du volume.

2314. Les délices de l'Italie, ou description exacte de ce pays, de ses principales villes, et de toutes les raretés qu'il contient. Par le sieur *Rogissart*. *Leide, Pierre Vander Aa*, 1706, 4 vol. in-12, fig., d.-rel., mar. vert.

2315. Respublica Venetum. Der grossen Commun der Stadt Venedig. (République de Venise, Descrip- de la ville, de la noblesse de l'armée, etc.) Traduit de l'italien en allemand. *Neubourg : Hansen Kilian*, 1557, in-fol., d.-rel., veau brun. (*Kœhler.*)

2316. La ville et la république de Venise. Par le sieur T. L. E. D. M. S. de S. Disdier. *Amsterdam, Daniel Elsevier*, 1680, in-12, v. bl., fil. tr. dor., fers à froid.

2317. Relation véritable de tout ce qui s'est fait et passé en la bataille des Vénitiens contre les Turcs; et le martyre que le grand seigneur a fait souffrir à un gentilhomme vénitien.... *Paris, Guillaume Sassier*, 1650, 7 pp. in-4, dem.-rel., v. br., avec une grande figure en bois au verso du titre.

On a joint à cette pièce une lettre du grand-seigneur à l'amiral Dorgoteray, en tête de laquelle se voit une figure qui en représente le sens allégorique.

2318. Torelli Saraynæ Veronensis. Eiusdem De viris illustribus antiquis Veronensibus ; de his qui potiti fuerunt dominio civitatis Veronæ ; de monumentis antiquis urbis et agri Veronensis ; de interpretatione litterarum antiquarum. *Veronæ*, 1540, *Ex officina Antonii Patelleti*, in-fol., cart.

• Toutes les planches de ce livre sont gravées en bois, par J. Caroto, peintre véronais. La première est le portrait de Torello Sarayna, auteur de l'ouvrage ; les 29 autres représentent des antiquités de Vérone. » Brunet.
Cet exempl. est de la bonne édition ; mais on en a malheureusement enlevé la grande pl. qui représente le théâtre de Vérone.

2319. Histoire de la conjuration du comte Jean Louis de Fiesque contre la république de Gênes, traduit de l'italien, par le cardinal de Retz. *La Haye : Jean van Düren*, 1746, in-12, mar. bleu, tr. d. (*Duru*).

2320. Il meo patacca, o vero Roma in feste nei trionfi di Vienna ; poema giocoso nel linguaggio romanesco

HISTOIRE.

di Giuseppe Berneri. *In Roma, dai torchi di Lino Contedini*, 1823, in-fol. obl. dos de vél.

<small>Ce poème, divisé en 12 chants, et imprimé à deux colonnes, est orné de 52 planches dessinées et gravées par Bartolomeo Pinelli. C'est un ouvrage très-remarquable.</small>

2321. Esequie del serenissimo principe Francesco, celebrate in Fiorenza dal serenissimo Ferdinando II, granduca di Toscana suo, fratello. Nell' Insigne Collegiata di S. Lorenzo. *Fiorenza : Gio Batista Landini*, 1634, in-4, 4 parties en un vol. in-4, fig. (13 et un portrait à l'eau forte.)

<small>Très-bel exemplaire d'un livre peu commun.</small>

2321 *bis*. Royaume des deux Siciles, costumes dessinés sur les lieux par Sgroppo. *Paris : P. Marino.*, s. d., pet. in-fol., dos et coins de mar. rouge.

<small>Recueil de cent lithographies numérotées ; plus, 30 autres pour les costumes des Etats du pape, dessinés par Ferrari. — Ensemble 130 planches bien coloriées.</small>

2322. Historie (Fiorentine) de Nicolo Machiavelli, cittadino e secretario Fiorentino. *Piacenza*, 1587, in-12, parch.

<small>Jolie édition, non citée par les bibliographes.</small>

2323. L'entrée du roy à Millan (A la fin) : *Cy fine l'entrée du roy Nostre sire, Loys XII, de ce nom, faicte a Millan après la victoire qu'il eut sur les Veniciens. Im prime a Lion, de par Noel Abraham.* S. d. 2 ff. goth. petit in-4, dos et coins, mar. rouge. (*Réimpression fac simile.*)

2324. Descritione della pompa funerale fatta nelle essequie del S. S. Cosimo de Medici nell' alma città di Fiorenza il giorno xvij di maggio dell' anno MDLXXIIII. *In Fiorenza, appresso i Giunti*, 1574, 20 ff. in-4, non chiff., d.-rel. mar. viol., front. grav. sur bois.

2325. L'entrée solennelle faicte en la ville de Rome, de tres-illustre et tres-magnanime prince, Charles de Gonsague, de Cleves, duc de Nevers et de Rethelois, etc., trad. d'italien en françois sur la copie imprimée à Rome, chez Iaques Mascardi, en l'année 1608. Par L. S. D. D. *Suivant la copie imp. à Nevers par Iacques Rousin*, 1609, 8 ff. pet. in-8, non chiff., v. br. gaufré.

2326. Saggio su i mezzi da moltiplicare prontamente le ricchezze della Sicila. *Parigi, Firmin Didot*, 1822, gr. in-4, v. br. dent. gauf., fil. tr. d.

Exemplaire de la duchesse de Berry.

2327. Les magnificences faites au carrozel de la ville de Naples, en faveur du mariage du Roy de France et de l'Infante d'Espagne. *Paris, Jean Nigaut*, 1612, in-8, mar. bl. tr. d. (*Duru*).

2328. Recueil des manifestes et articles accordez par le serenissime duc de Sauoie, pour la résolution de la paix, ensemble les lettres contenant les desseins qu'ont les Espagnols contre cette serenissime maison et son Estat. Trad. de l'italien et espagnol en françois, par noble Estienne dv Molar Gentilhomme Sauoysien. *Chambery, iouxte la copie imprimée à Thurin le xiv May* 1615, pet. in-8, mar. bleu, tr. d. (*Duru*).

9. HISTOIRE D'ESPAGNE.

1. Géographie, statistique, origines, mœurs et usages, chroniques.

2329. Description de España de Xerif Aledris, conocido por el Nubiense, contraduccion y notas de don Josef Antonio Conde. *Madrid, impr. real, por D. Pedro Pereyra*, 1799, in-8, dem.-rel. v. br.

2330. Francisci Taraphæ, Barcinonensis, de origine

HISTOIRE. 447

ac rebus gestis regum Hispanæ liber, multarum rerum cognitione refertus. *Antuerpiæ, in ædibus Jouannis Steelsii,* 1553. In-12, parch.

<small>Sur cet ouvrage curieux pour l'histoire des origines de l'Espagne, on peut voir Lenglet Dufresnoy, *Méthode pour étudier l'histoire,* t. XIII.</small>

2331. Excellencias de la monarchia y reyno de España. Autor Gregorio Lopez Madera. *Valladolid, Diego Fernandez de Cordova,* 1597, petit in-fol., vélin.

2332. Voy. d'Espagne avec la relation de Madrid. *Cologne Elzevir,* 1667, pet. in-12, mar. cit.

2333. L'Espagne et le Portugal, ou mœurs, usages et costumes des habitants de ces royaumes, précédé d'un précis historique par M. Breton. *Paris: A. Nepveu,* 1815, 6 vol. in-8, mar. rouge, dentelle, tr. d. (*Chittiat*).

2334. Historia general de España, compuesta, emendada y añadida por el Padre Juan de Mariana. *Valencia: Benito Monfort,* 1794, 2 vol. — Continuacion de la Historia, etc., escrita en latin por el P. Fr. Joseph Manuel Minana, y traducida al castellano por don vicente Romero, Tomo tercero. *Madrid, Gomez Fuentenebro y compañia,* 1804. Ensemble 3 vol. pet. in-fol., dem.-rel., non rogné.

2335. Chronici rerum memorabilium Hispaniæ tomus prior. Autore Ioanne Vasæo, Brugensi. *Salamanticæ excudebat Ioannes Iunta,* 1552, pet. in-fol., d.-rel., veau.

<small>Cet ouvrage, dont toutes les pages sont encadrées, contient 8 ff. prélim. non chiffrés, 139 ff. chiffrés et 24 ff. non chiffrés sous le titre d'*Index,* dont le dernier porte seulement la souscription de l'imprimeur.</small>

2336. Inventaire général des plus curieuses recherches des royaumes d'Espagne. Nouvellement composé en langue castellane, par A. de Salazar, et mis en français par luy mesme. *Paris, Anthoine du Breuil,* 1612, in-8, v. f. (*Kœhler*).

2337. Historia general de España del P. D. Iuan de Mariana defendida por el doctor Don Thomas Tamaio de Vargas contra las advertencias de Pedro Mantuano. *Toledo, Diego Rodriguez,* 1616, in-4, vélin.

2338. Histoire generale d'Espagne comprise en XXX livres; esquels se voyent les origines et antiquitez espagnoles, etc., etc. Par Loys de Mayerne Turquet, Lyonnois. *Paris: Abel l'Angelier,* 1608, in-fol., v. br., fil. avec une grande carte.

Exempl. bien conservé.

2339. Esquisses sur l'Espagne de V. A. Huber, traduit de l'allemand, par Louis Levrault. *Bruxelles, Louis Hauman et compagnie,* 1830, 2 tomes en un vol., pet. in-8, vél. blanc, non rogné.

2340. Las siete partidas del rey don Alfonso el Sabio. Cotejadas con varios codices antiguos por la real academia de la historia. *Madrid, impr. real,* 1807, 3 vol. gr. in-4, dos et coins, mar. rouge, dor. en tête.

2341. Coleccion de trajes de España, tanto antiguos como modernos, que comprehende todos los de sus dominios, dividida en dos volumenes, con ocho quadernos de à doze estampas cada uno, dispuesta y gravada por D. Juan de la Cruz Cano y Holmedilla (tome 1er). *Madrid, Copin Carrera de S. Geronimo,* 1777, in-fol. dem.-rel., v. f.

Nous ne savons s'il a paru un 2e vol. de cette collection de costumes, annoncé par l'éditeur au bas du titre de celui-ci. Il y a ici 126 planches, doubles pour la plupart, et dont on a, dans ce cas, une épreuve en noir et une épreuve coloriée.

2342. Histoire de l'inquisition d'Espagne, exposée par exemples, pour estre mieux entendue en ces der-

HISTOIRE.

niers temps. *s. l.*, 1568, petit in-8, mar. noir, tr. d.

Ce volume, excessivement rare et curieux au point de vue historique, est mal désigné dans l'*Histoire des Inquisitions*.

2343. Juicio critico de la novissima recopilacion. Por D. Francisco Martinez Marina. *Madrid, Fermin Villalpando*, 1820, in-4, très-bien relié en vélin.

2344. Alcobaça illustrada: noticias, e historia dos mosteyros, e monges cistercienses da congregaçam de Sancta Maria de Alcobaça da ordem de S. Bernardo nestes reynos de Portugal e Algarves. Author Fr. Manoel dos Santos. *Coïmbra, Bento Ferreyra*, 1710, 2 parties en 1 vol. pet. in-fol., v. gaufré.

2345. Obras del M. Fr. Luis de Leon, reconocidas y cotejadas con varios manuscritos autenticos por el P. M. Fr. Antolin Merino. *Madrid, V° Ibarra*, 1804, 6 vol. in-8, d.-rel., v. br.

2346. Ocios de Españoles emigrados. *Londres, ss. Dulau y compañia*, 1824-1827, 6 vol. gr. in-8, dem.-rel., dos de cuir de Russie.

Recueil périodique fort intéressant, qui renferme des aperçus très curieux pour l'histoire de la monarchie espagnole, de 1808 à 1823, avec de nombreux articles sur l'économie politique, la littérature, la biographie et la bibliographie de ce royaume, il est devenu presque introuvable.

2347. Memorias de las reynas catholicas, historia genealogica de la casa real de Castilla, y de Leon, todos los infantes: trages de las reynas en estampas: y nuevo aspecto de la historia de España. Por el P. Henrique Florez. *Madrid, Antonio Marin*, 1761, 2 vol. in-4, v. marb., figures.

2348. Teoria de las cortes ó Grandes juntas nacionales de los reinos de Leon y Castilla. Monumentos de su constitucion politica y de la soberania del pueblo, con algunas observaciones sobre la lei fundamental de la monarquia española. Por don Fran-

29

cisco Martinez Marina, *Madrid : Fermin Villal-pando*, 1813, 3 vol. gr. in-4, v. marb.

2549. Dialogo llamado Democrates copuesto por el doctor Juan de Sepulueda, capellã y coronista de su S. C. C. M. del emperador, agora nueuamente inpresso. (A la fin) *fue impresso en la muy noble e muy leal ciudad de Seuilla : en casa de Juan Crõberjer difunto que dias aya. Acabose a veynte y ocho dias del mes de mayo de mil y quinientos y treynta y un años.* in-4, en caract. goth. mar. brun du Levant, fil. tr. d. *front. grav.*

<small>Magnifique exemplaire, très grand de marges. Ce livre rare comporte 79 ff. chiff. un feuillet pour la souscription de l'imprimeur, et trois ff. de table non chiff.</small>

2350. Guerra de Granada, que hizo el rei D. Felipe II contra los Moriscos de aquel reino sus rebeldes. Escriviola D. Diego Hurtado de Mendoza. *Valencia, Benito Monfort*, 1776, in-4, dos et coins bas.

<small>Ouvrage orné d'un beau portrait de l'auteur et comprenant sa vie.</small>

2351. Les Estats d'Espagne, tenuz à Tolede l'an M.D.LX. par le mandement du roy Philippes II. de ce nom. Trad. de l'espagnol en françois, par G. A. D. V. (G. A. de Villar) *Paris, Nicolas Edoard*, 1562, 104 pp. in-4, v. f. (*Duru*)

2352. Jesus. allegações de direito que se offereceram ao muito alto, e muito poderoso rei, dom Henrique nosso senhor na causa da soccessaõ destes reinos por parte da senhora Dona Catherina sua sobrinha filha do Iffante dom Duarte seu irmaõ a 22 de outubro de M.D.LXXIX. (A la fin) *Impressas por Antonio Ribeiro e Francisco Correa em Almeirim...*, 1580, pet. in-fol. v. br.

<small>Le titre de cet exempl. a été réimprimé, rapporté et exécuté à la plume. Ils y trouve un arbre fort adroitement dessiné de la même manière, en forme d'arbre généalogique, et sur les branches duquel on a figuré des cartouches qui renferment chacune une inscription dédicatoire.</small>

2353. Traité des usurpations des roys d'Espagne sur la couronne de France depuis Charles VIII. Ensemble un discours sur le commencement, progrez, déclin et démembrement de la monarchie française, etc., reveu et augmenté par l'autheur d'un sommaire des droits de cette couronne sur les comtez de Bourgogne, Cambray, Haynault, Duchez de Gênes et Luxembourg. P. C. Balthazard. *Paris, C. Morel*, 1626, pet. in-4., v. mar.

2354. Pièces sur les mariages de France et d'Espagne, 3 pièces en 1 vol., pet. in-8, mar. r.

1° Les feux de joye de la France sur les pompes et magnificences faictes à Paris, pour l'heureuse alliance de son roy avec l'infante d'Espagne (en mars 1612). *Troyes, Ioan Berthier. Jouxte la coppie imprimée à Paris.* S. d. (7 ff. chiff.). — 2° Stances sur les accords dv mariage dv roy et de l'infante d'Espagne. *Jouxte la coppie imprimée à Paris, chez Toussaint du Bray, rue St Iacqnes*, etc. 1612 (16 ff. chiff.). — 3° Discovrs svr les mariages de France et d'Espagne, contenant les raisons qui ont meu monseigneur le prince à en demander la surseance. S. l. 1614 (12 feuillets chiff.).

2355. Histoire de la dernière révolte des Catalans et du siège de Barcelone. *Lyon, Thomas Amaulry*, 1714, in-12, v. gr.

2356. Las obras y relaciones de Anton. Perez, secretario de Estado, que fue del rey de España don Phelippe II. *Ginebra, por Iuan Antonio y Samuel de Tornes*, 1654, in-8, peau vélin.

2357. Historia del reyno de Argel, con el estado presente de su govierno, de sus fuerças de tierra, y mar, de sus rentas, policia, justicia, politica, y comercio. Escrita en idioma frances, por M. Laugier de Tassy, traducida en idioma español por don Antonio de Clariana y Gualbes. *Barcelona, Juan Piferrer*, 1733, pet. in-8, dem. v. f., cartes et plans.

2358. La magnifique reception en Espagne de Carles Emanuel, duc de Savoye, prince de Piemont, etc.

Lyon, Benoît Rigaud, 1585, in-8, de 12 pages, dem.-rel.

2359. Theorica y pratica de Comercio, y de Marina, en diferentes discursos, etc., por don Geronimo de Uztariz. *Maarid: Antonio Sanz*, 1757, in-fol., à 2 col., parch.

2360. Opusculos politicos. *Madrid, Miguel de Burgos*, 1835, pet. in-8, cart. angl.

2361. Lo que deberia ser el estatuto real ó derecho publico de los españoles, por D. Eugenio de Aviraneta. *Zaragoza, Ramon Leon*, s. d. (1855), in-16, de 28 pp., cart.

2362. Remarques sur la succession du duc d'Anjou, tant par rapport à sa validité qu'à l'égard de ses conséquences. Avec des réflexions sur le mémoire du roi de France aux Hollandais..... A quoi on a ajouté la clause du contrat de mariage de Louis XIV, par où il renonce à la succession d'Espagne, etc. Trad. de l'anglais. *Suivant la copie imprimée à Londres*. s. l., 1701, pet. in-12, v. br., fil. tr. d.

c. — **Chroniques, ou histoire des rois d'Espagne.**

2363. Historia del fortissimo, y prudentissimo capitan don Hernando de Avalos Marques de Pescara, con los Hechos memorables de otros siete excelentissimos capitanes del emperador don Carlos V, rey de España, que fueron en su tiempo, es a saber: el Prospero Coluna, el duque de Borbon, don Carlos Lanoy, don Hugo de Moncada, Philiberto principe de Orange, Antonio de Leyva, y el Marques del Guasto, recopilada, por el Maestro Valles. *Anvers, Juan Steelsis*, 1558, pet. in-8, peau vél.

2364. MSS. Historia de Los reyes Catholicos, D. Fernando, y D. Ysabel escrita por el Bachiller Andres Bernalds cura de la villa de Los Palacios, in-fol., de 10 ff. prélim., 338 ff. chiffr. et 9 ff. pour la table, *parch.*

Mss. considéré comme unique et contenant des particularités secrètes et curieuses sur l'histoire contemporaine. Il provient de la bibliothèque Sampayo ; l'écriture en est très correcte.

2365. Chronica del inclito Emperador de España, don Alonso VII, par F. Prudencio de Sandoval. *Madrid, Luis Sanchez*, 1600, pet. in-fol. à 2 col. *parch.*   3

Plus de la moitié de ce volume est consacrée à l'histoire généalogique de plusieurs illustres familles espagnoles, dont les blasons sont reproduits gravés sur bois. Très rare, d'édition originale.

2366. Memorias historicas de la vida y acciones del Rey D. Alonso el noble, octavo del nombre, recogidas por el Marques de Mondexar, y illustradas con notas y apendices por D. Francisco Cerda y Rico. *Madrid: Antonio de Sancha* 1783, in-4, gr. pap., fig. dos et coins de mar. rouge, non rogné (*Simier*).   12

Exempl. en grand papier.

2367. Cronica de D. Alvaro de Luna, condestable de los Reynos de Castilla y de Leon, maestre y administrador de la orden y caballería de Santiago. La publica con varios apendices Don Josef Miguel de Flores. *Madrid: D. Antonio de Sancha*, 1784, in-4, gr. pap., dos et coins de mar. r. (*Simier*).   12

Exempl. en grand papier.

2368. Cronica de D. Alfonso el onceno de este nombre de los reyes que reynaron en Castilla y en Leon. Por Don Francisco Cerdá y Rico. *Madrid: Antonio de Sancha*, 1787, in-4, gr. pap., dos et coins de mar. rouge, non rogné (*Simier*).   12

Exempl. en grand papier.

2369. Cronicas de los Reyes de Castilla Don Pedro,   20

Don Ænrique II, Don Juan I, Don Enrique III. Por
D! Pedro Lopez de Ayala, con las enmiendas del
secretario Geronimo Zurita ; y las correcciones y
notas añadidas por Don Eugenio de Llaguno Ami-
rola. *Madrid : Don Antonio de Sancha*, 1779, 2 vol.
in-4, dos et coins de mar. r., non rogné. (*Simier*)
Exempl. en grand papier.

2370. Cronica de Don Pedro Niño conde de Buelna,
par Gutierre Diez de Games su Alferez. *Madrid :
Antonio de Sancha*, 1782, in-4, dos et coins de mar.
rouge, non rogné. (*Simier*)
Exempl. en grand papier, avec un portrait de D! Pedro par A. Carnicero.

2371. Cronica del señor rey don Juan segundo de este
nombre en Castilla y en Leon, par Fernan Perez
de Guzman ; corregida, emmendada, y adicionada
por el Doctor Lorenzo Galindez de Carvajal. *Valencia, Benito Monfort*, 1779, in-fol., dos et coins de
mar. r., non rogné. (*Simier*)
Exempl. en gr and papier.

2372. Enmiendas y advertencias a las coronicas de
los reyes de Castilla, D. Pedro, D. Enrique el segundo, D. Juan el primero, y D. Enrique el tercero, que escrivio Don Pedro Lopez de Ayala, compuestas por Geronimo Zurita. *Zaragoça : Diego
Dormer*, 1683, in-8, vel.

d. — PROVINCES D'ESPAGNE.

2373. Les plans et profils des principales villes et
lieux considérables de la principauté de Catalogne,
avec la carte générale et les particulières (sic) de
chaque gouvernement. Par le chevalier de Beaulieu. *Paris*, s. d., in-4, oblong, mar. r., aux coins
fleurdelisés, fil. tr. d., *armoiries*.
Très bel exemplaire de cette charmante collection, qui contient 118 ff.

HISTOIRE. 455

savoir : 1 pour le frontispice, 3 pour une notice sur le catalogue et une table, 142 occupés par autant de plans ou de vues de cette province grav. par Ad. Perel, un pour une notice sur le Roussillon placée entre la 89ᵉ et la 90ᵉ grav., et une pour une table disposée pour l'intelligence des choses les plus remarquables de la citadelle de Perpignan, qui se trouve entre le plan et le profil de cette ville.

2374. Anales del Reyno de Valencia. Compuesto por el Padre maestro fray Francisco Diego. *Valencia Pedro Patricio*, 1613, in-fol. à 2 col., parch.

2375. Summari discurs ahont se prova esser inexigible y nociva à la utilitat publica la forma que avuy se observa pera la contribucció del Batallo, por lo doctor Luis. *Valencia y Ximenis, Barcelone*, 1651, petit in-4, parch.
(En catalan.)

2376. Origen de las Dignidades seglares de Castilla, y León. Con relacion sumaria de los reyes de estos Reynos, de sus acciones, casamientos, hijos, muertes, sepulturas, etc. Por el Doctor Salas de Mendoza. *Madrid : Ribero*, 1657, in-fol., à 2 colonnes, parch.

2377. Ordinacions de la infermeria de la reverent e insigne comunitat de vicaris perpetuo, y preberes de la parroquial iglesia de Santa Maria del Mar de Barcelona. *Barcelona, Tecla Pla Vinda*, s. d. (privilège de 1802), 44 pp. pet. in-8, dem.-rel., v. f.

2378. Curita ou Zurita (Geron.). Anales de la corona de Aragon (desde el año 714-1516). *Saragoça, Diego Dormos*, 1668-71, 7 vol. in-fol.

2379. Primera Parte de los Anales de Aragon que prosigue. Los del secretario Geronimo Curita. *Charagoça : Juan de Lanuja*, 1630, in-fol. à 2 col. titre gravé, bas.

Quoique le titre indique première partie, l'ouvrage paraît complet.

2380. Antigüedades, y principado de la illustrissima ciudad de Sevilla. Y chorographia de su convento juridico, o antigua chancilleria. Autor el D. Rodrigo Caro. *Sevilla, Andres Grandes,* 1634, pet. in-fol. à 2 colonnes, vél. fig.

2381. Historia de Sevilla, en la qual se contienen sus antigüedades, grandezas, y cosas memorables en ella acontecidas, desde su fundacion hasta nuestros tiempos. Compuesta y ordenada por Alonso Morgado. *Sevilla, Andrea Pescioni y Juan de Leon,* 1587, pet. in-fol., vél.

<small>Ouvrage en six livres, imprimé à deux colonnes, contenant 8 ff. prél. et 164 pages.</small>

2382. Primera parte (y segunda) de la historia, antigüedades y grandezas, de la muy noble y muy leal ciudad de Sevilla. Compuesto por don Pablo de Espinosa. *Sevilla, Mathias Clavo,* 1627 (2ᵉ part., 1630), 2 vol. pet. in-fol. vél.

<small>Ces deux parties se trouvent rarement ensemble. L'auteur annonce bien la seconde partie à la fin de la première (aunque tengo licencia y privilegio de su Magestad, *para estampar tambien la secunda*), mais celle-ci s'est souvent vendue seule, parce qu'elle se termine par une table à la fin de laquelle on lit cette espèce d'*explicit*: *Fin de la table*, et que, ne se donnant pas le temps de l'examiner, on croit le livre complet, malgré l'indication précise de *premiere partie*, erreur qui résulte facilement d'ailleurs d'un inexactitude typographique que nous avons souvent constatée dans les ouvrages espagnols.</small>

2383. Nobleza del Andaluzia de Gonçalo Argote de Molina. *Sevilla,* 1588, in-fol., avec pl. d'armoiries dans le texte.

2384. Viage de Ambrosio de Morales por orden del Rey D. Phelippe II, à los Reynos de Leon, y Galicia, y principado de Asturias. Por Fr. Henrique Florez. *Madrid, Antonio Marin,* 1765, pet. in-fol. à 2 col., rel. espagnole.

d. — HISTOIRE LITTÉRAIRE, BIBLIOGRAPHIE ET BIOGRAPHIE D'ESPAGNE.

2385. Papeles varios. (Recueil de 28 pièces, relations

de crimes, complaintes, romances, etc., la plupart de 1826.) pet. in-fol., dem.-rel.

<small>Curieux, et presque tous accompagnés de fig. en bois. — On sait que ces recueils sont difficiles à réunir.</small>

2386. Bibliotheca antigua de los escritores aragoneses que florecieron desde la venida de Christo, hasta el año 1500, su autor, el doctor don Felix de Latassa y Ortin. *Zaragoza, Medardo Heras*, 1796, 2 vol. in-4, vélin, portr.

2387. Biblioteca nueva de los escritores aragoneses que florecieron desde el año de 1500 hasta 1599. Su autor el doctor don Felix de Latassa y Ortin. *Pamplona, Joaquin de Domingo*, 1798, 6 vol. pet. in-4, v. marb.

2388. Bibliotheca Hispana vetus sive Hispaniæ scriptores qui ab Octaviani Augusti aevo ad annum Christi MD floruerunt. Auctore D. Nicolao Antonio Hispalensi. *Matriti: D. Joachim Ibarrae*, 1788, 2 vol. in-fol., avec portraits. — Bibliotheca Hispana nova sive Hispanorum scriptorum qui ab anno MD ad MDCLXXXIV floruere notitia, por El Mismo. *Matriti*: Idem, idem, 1783, 2 vol. in-fol., ensemble, 4 vol. bas.-rac.

<small>Livre célèbre et devenu rare.</small>

2389. Bibliotheca Española par D. Joseph Rodriguez de Castro, tomo primero, que contiene la noticia de los escritores rabinos Españoles, etc. Tomo segundo, que contiene la noticia de los escritores gentiles españoles etc. *Madrid: Imprenta real*, 1781-86, 2 vol. in-fol. à 2 col. dos de mar. rouge non rogné, très rare.

<small>Très rare.</small>

2390. Ensayo de una Biblioteca Española de los mejores escritores del Reynado de Carlos III, por

D. Juan Sempere y Guarinos. *Madrid : Imprenta real*, 1785, 6 vol. petit in-8, bas.

2391. Hispaniæ bibliotheca, seu de academiis, de bibliothecis, item elogia et nomenclator clarorum hispaniæ scriptorum, qui latine disciplinas omnes illustrarunt, philologiæ, philosophiæ, medicinæ, iurisprudentiæ, ac theologiæ, tomis 4 distincta (par André Schott). *Francofurti, apud Claudium Marnium, et heredes Ioan. Aubrii*, 1608, gr. in-4, v. br. fil. *anc. rel.*

Cet ouvrage commence à devenir rare.

2392. Escritores del reyno de Valencia chronologicamente ordenados desde el año 1238 de la christiana conquista de la misma ciudad, hasta el de 1747, por Vicente Ximeno. *En Valencia, Joseph Estevan Dolz*, 1742, 2 tomes en un vol. in-fol. dem-rel. non rogné. — Biblioteca Valenciana de los Escritores que florecieron hasta nuestros dias con adiciones y emmendas a la de D. Vicente Ximeno, por D. Justo Pastor Fuster. *Valencia : José Ximeno*, 1827, 2 tomes en un vol. in-fol. d.-rel. non rogné.

Cette bibliothèque forme la continuation et le complément de celle de Ximeno.

2393. Speculum Alphonsus boni principis rex Aragoniæ. Primum vi. Libris confuse descripta ab Antonio Panormita : sed nunc in certos titulos et canones, maxime ethicos et politicos, digesta, similibus quoque quibusdam et dissimilibus, et Æne. Sylvii Commentariis, nec non chronologia, vita et rerum gestarum ejusdem Alphonsi aucta. Sic digessit et auxit Johannes Santes, cognomento Santenus. *Amstelodami, apud Ludovicum Elzevirium*, 1646, pet. in-12, mar. r. fil. tr. d. front. grav.

2394. La vie de Philippe II, roy d'Espagne, traduite de l'italien de Gregorio Leti. *Amsterdam, Pierre*

Montfer, 1734, 6 vol. in-12, portrait, veau écaille
dent.

2395. Histoire de l'administration du cardinal Ximenès, grand ministre d'Estat en Espagne, où se voyent les effects d'une prudente et courageuse conduite avec une excellente probité, par le sieur Baudier. *Paris, Sébastien Cramoisy*, 1635, in-4, vel. port.   2

2398. Recueil des actions et paroles memorables de Philippe II, roy d'Espagne, surnommé le Prudent. Traduit de l'espagnol. *Cologne, Pierre Marteau, (à la sphère)*, 1671, pet. in-12, cuir de Russie, fil., gardes en peau vélin, *non rogné*. (*Thouvenin*.)   9   2/
Exemplaire Pixérécourt. 20.

2399. Vida de Garci-Lasso de La Vega, natural de Toledo, principe de los poetas Castellanos, de don Thomas Tamaio de Vargas. *Madrid, Luis Sanchez*, 1622, in-32, mar. r. fil. tr. d.   4   2/

2400. La conduite du comte de Peterborow en Espagne, surtout depuis la levée du siège de Barcelonne en 1706. Avec la campagne de Valence, par J. Friend. Trad. de l'anglais. *Londres, Guillaume Redmayne*, 1708, in-8, dos et coins, mar. rouge doré en tête, *non rogné*.   9   2/
Ce livre est un de ceux dont on ne se défait qu'avec sa bibliothèque, et qui, par cela seul, sont toujours rares.

HISTOIRE DE PORTUGAL, DES ILES BALÉARES, ETC.

2401. L'union du royaume de Portugal à la couronne de Castille, contenant les dernières guerres des portugais, contre etc., etc., par M. Th. Nardin D. et D. C. de B. G. B. *Besançon, Nicolas de Moingesse*, 1596, in-8, v. f. fil. (*Kœhler*.)   f

2402. Historia della disunione del regno di Porto-   8   2/

gallo dalla corona di Castiglia, scritta dal dottore Gio. Bat. Birago. Con l'aggionta di molte cose notabili dal molto Rdo. P. Maestro fra Ferdinando Helevo. *Amsterdam, Nic. Van Ravesteyn,* 1647, in-8, mar. bl. à comp. fil. tr. d.

Bel exemplaire de cet ouvrage de plus de 800 pages, auquel on a joint un manifeste de 44 pages.

2403. Philipus Prudens Caroli v. imp. filius, Lusitaniæ, Algarbiæ, Indiæ, Brasiliæ legitimus rex demonstratus a D. Ioanne Caramuel Lobkowitz. *Antuerpiæ, ex officina plantiniana Balthasaris Moreti,* 1639, pet. in-fol. d. rel. v.

Exempl. à toute marge et de la plus grande propreté.
Ce vol. se compose de 430 pages et 28 ff. non chiff., 15 au commencement et 13 à la fin. Il est orné d'un riche frontispice, de 25 portraits et d'une figure emblématique de la Lusitanie, en taille-douce.

2404. Anno historico. Diario portuguez, noticia abreviada de pessoas grandes, e cousas notaveis de Portugal, composto pelo padre mestre Francisco de S. Maria. *Lisboa: Domingos Gonsalves,* 1744, 3 vol. in-fol. bas.

2405. Vida y hechos heroicos del gran condestable de Portugal D. Nuno Alvarez Pereyra conde de Barcelos, por Rodrigo Mendez Silva. Lusitano. *Madrid,* 1640. — Arte de ingenio, tratado de la agudeza, por Lorenço Gracian. *Madrid, Roberto Lorenço,* 1642. — Obras de Quinto Septimo Florente, Tertuliano, con versio parafrastica, i argumetos castellanos de don Joseph Pellicer de Tovar. *Barcelona, Gabriel Nogdes,* 1639, ensemble 3 tomes en 1 vol. pet. in-8, v. br. *anc. rel.* du pays (*armories*)

2406. Portugal cuidadoso, e lastimado com a vida, e perda do seu rey dom Sebastião o desejado de saudosa memoria : Historia chronologica de suas accoens, e successos desta monarquia em seu tempo, etc. Dividida em cinco livros, por Joze Pereira

HISTOIRE. 461

Bayam. *Lisboa Occidental, Antonio de Sousa da Sylva*, 1737, pet. in-fol. v. br. d. v. ant.

2407. Cronica do muyto alto e muyto Poderoso rey destes reynos de Portugal dom Ioão o III deste nome. Composta por Francisco d'Andrada do seu conselho. *Lisboa Iorge Rodriguez*, 1613, 4 parties en 1 vol. pet. in-fol. à 2 col. vel. gauf.

2408. Hist. da santa inquisição de Portugal, por Ped. Monteiro. *Lisboa*, 1740, 2 vol. in-4, v. m.

2409. Histoire de dom Antoine, roy de Portugal, tirée des mémoires de Dom Gomes Vasconcellos de Figueredo, par madame de Saintonge, *suivant la copie de Paris. Amsterdam, J. Louis de Lorme et Est. Roger.* 1696, in-12, fig. d.-rel. rogné. (*Simier*.)

2410. Histoire de la conjuration de Portugal en 1640, sur l'imprimé à Paris. *Amsterdam, Henry Desbordes*, 1689, pet. in-12, v. f. fil. tr. d. (*Duru*).

2411. Recueil de pièces sur les jésuites de Portugal et d'Espagne, de 1759 à 1767, in-12, dem. rel.

On trouve dans ce volume : 1° Lettre du roi de Portugal, qui ordonne le séquestre de tous les biens des Jésuites de son royaume, en français et en portugais. *Lisbonne, Michel Rodrigues* (20 pages). — 2° Lettres royales de sa majesté très-fidèle le roi de Portugal, portant (après un court exposé des crimes dont des jésuites de ses royaumes se sont rendus coupables) que tous les biens, meubles et immeubles qu'ils y possédaient seraient mis en séquestre, et que tous ces religieux seront enfermés dans leurs principales maisons, sans aucune communication avec les autres sujets du roi, etc., en portugais, avec traduction française. *Lisbonne*, *Miguel Rodrigues* (24 pages). — 3° L'apparition du cardinal Bellarmin au Révérend Père Ricci, général des jésuites, la nuit du 5 janvier 1760, trad. de l'italien en français. S. l. (10 pages). — 4° Recueil de pièces qui n'avaient point encore paru en France, concernant le procès des jésuites et de leurs complices en Portugal. S. l. 1761 (47 pages). — 5° Sanction pragmatique de sa majesté catholique, ayant force de loi, qui enjoint à tous les religieux de la compagnie de Jésus de sortir de ses royaumes ; leur fait défenses de jamais s'y rétablir, et ordonne la confiscation de tous leurs biens. *Madrid*, 1767 (24 pages). — 6° Discours aux grands de Pologne sur la nécessité de bannir les jésuites hors du royaume. *s. n. d.* (8 pages d'avertissement et 126 pages de texte). — 7° Manifeste du roi de Portugal, contenant les erreurs impies et séditieuses que les religieux de la compagnie de Jésus ont enseignées aux criminels qui ont été punis et qu'ils se sont efforcés de répandre parmi les peuples de ce royaume. *Lisbonne, Michel Rodriguez,* S. d. (84 pages).

2413. **Gazeta de Lisboa.** *Lisboa, Pascoal da Sylva,* 1717-1741, 4 vol. in-4, v. jaspé dent. rel. uniforme, dont un *non rogné.*

Cette collection comprend les années 1817-18-19-20-21-22-23-24 et 1741. Elle est malheureusement incomplète de quelques numéros.

2415. **Colleccam dos documentos, estatutos, e memorias da Academia real da historia Portugueza,** que neste anno de 1721 se compuzerão, e se imprimirão por ordem dos seus censores. *Lisboa: Pascoal da Sylva,* 1721-36, 15 vol. in-fol. dem.-rel. en bas.

Exempl. de Sampayo. Les deux derniers volumes sont plus petits que les autres.

2416. **Memorias de litteratura portugueza** publicadas pela academia real das sciencias de Lisboa. *Lisboa, na officina da mesma academia.* 1792-1814, 8 vol. in-4, cart.

Savant recueil, fort rare en France.

2417. **Memorias hist. da academia real das sciencas de Lisboa.** *Lisboa,* 1791 à 1831, 12 vol. in-fol. d. rel.

2418. **Descripciones de las islas Pithiusas, y Baleares.** *Madrid, viuda de Ibarra,* 1787, gr. in-4, mar. rouge, fil. dent. tr. d. double de tabis. (*armes d'Espagne*.)

2419. **Varias Antiguedades de España, Africa, y otras provincias,** por el doctor Bernardo Aldrete. *Amberes, Juan Hasrey,* 1614, in-4, titre gravé, v. br.

2420. **Barros (Jo. de) decadas (XII) da Asia de Joam de Barros e Diogo do Couto, dos feitos que os Portugueses fizerão no descobrimento e conquista des mares e terras do Oriente (an. 1412 ate o do 1600.) *Lisboa*, 1552, 1673 et 1736, 15 vol. f°, mar. r. élégante reliure anglaise de *Lewis* (collec. Sampayo).

Ce magnifique et peut-être unique exemplaire pour sa belle conservation est composé comme il suit : Década primeira, *Lisboa*, 1552, édic. segunda, *ib.* 1628. — Decada segunda, ib. 1553, édic. segunda, *ib.* 1628. — Década terceira, *ib.* 1563, édic. segunda, *ib.* 1563, édic. segunda, *ib.* 1628. — Decada quarta, composta por De Couto, *ib.* 1602, édic. segunda, reformada da Lavanha, *Madrid*, 1615. — Década quinta, *Lisboa*, 1612, édic. segunda, *ib.* 1615. — Década sexta, *Madrid*, 1614, édic. segunda, *Lisboa*, 1736. — Década setima, *ib.* 1616, édic. segunda, *ib.* 1736. — Decada oitava, *ib.* 1673, édic. segunda, *ib.* 1736. — Década nona, *ib.* 1736.

2421. L'Asia del S. Giovanni di Barros consigliero del christianissimo rè di Portogallo, de fatti de Portoghesi nello scoprimento e conquista de' mari e terre di oriente, novamente di lingua portoghese tradotta dal S. Alfonso Ulloa. — Dell' Asia, la seconda decada del S. Giovanni di Barros... (traduite par le même). *Venetia, Vinc. Valgrifio*, 1562, 2 t. en 1 vol., in-4, vélin. *10*

Traduction italienne de deux décades de l'Asie de J. de Barros. Ces deux premières décades sont aussi très rares et recherchées.

2422. Relation historique de la découverte de l'isle de Madère. Trad. du portugais (de Fr. Alcaforado). *Paris, Louis Billaine*, 1671, petit in-12, v. fil. tr. d. (*Duru*), fort rare. *9 f"*

11. — *HISTOIRE D'ALLEMAGNE.*

2424. Abrégé de l'histoire de l'empire d'Allemagne, son origine, ses révolutions, avec les vies succintes de tous ses empereurs jusques à présent; par le sieur J. B. de Rocoles. *Cologne, Pierre Marteau*, 1679, in-12, frontispice gravé, rel. bl. *1 3/*

2425. Histoire de l'empire d'Allemagne, son origine, ses révolutions, avec les vies succinctes, et un cata- *1 f"* ob logue chronologique mis à la fin, de tous les empereurs jusques à présent, par le sieur S. B. de Rocoles. *La Haye,* Abraham Troyel, 1681, in-12, dem.-rel. et coins, mar. bl. (*Kœhler*), frontisp. gravé, *non rogné.*

2426. Barbarossa. Eine schœne vnd warhaffte beschreibung des Lebens vnd der Geschichten Kaiser Friderichs des Ersten (Histoire véridique de la vie de l'Empereur Frédéric II, surnommé Barberousse, par Johannem Adelphum Stattarget). *Strasburg, Bartholomeum Bruninger,* 1535, in-4, fig. en bois (20), dem.-rel. non rogné.

Très-bien conservé et remarquable par ses figures.

2427. Topographia electoratus Brandeburgici et Ducatus Pomeraniæ, das ist Beschreibung der Vornemsten und bekantisten stætte, etc. — Topographia Prussiæ et Pomeralliæ. — Topographia Livoniæ.... sans lieu ni date, in-fol. bas.

Ouvrage de Mathieu Merian, orné de nombreuses planches d'une belle exécution.

2428. La vraye et entiere histoire des troubles et gverres civiles aduenues de nostre temps, pour le faict de la religion, tant en France, Allemaigne que Pays-Bas, par I. le frere de Laval. *Paris, Guillaume de la Nouë,* 1574, in-8, parch. tr. d.

Exempl. grand de marges et reglé. *Très-rare.*

2429. Triumphus novem seculorum imperii Romano-Germanici, a R. P. Antonio Bomer, e societate Jesu... anno seculari MCC decantatus, nunc autem anno jubilæo MCCXXV quadrante seculi auctus et recusus a Joanne Andrea Pfeffel, calchographo aulico. *Augustæ-Vindelicorum typis Joannis-Jacobi Lotteri,* (1725), in-fol. fig. rel. veau

Ouvrage précieux, orné de dix magnifiques gravures, dont chacune représente un siècle de l'histoire d'Allemagne, figuré par les portraits des empereurs, et des allégories relatives à leurs principales actions. Ce beau livre n'est pas cité dans le *Manuel*.

2430. Recueil de douze portraits dessinés à la plume, pet. in-fol. dos de mar. rouge.

Ces douze portraits, qui paraissent avoir été exécutés vers la fin du xvi° siècle ou au commencement du xvii°, sont ceux des personnages suivants : Othon le Petit, fils d'Othon le Pieux, marquis de Brandebourg, mort en 1304; Agnès, fille de l'empereur Rodolphe, morte en 1327; Albert II, électeur de Saxe, mort en 1344; Othon, roi de Hongrie, mort en 1342; Clémence, fille de l'empereur Rodolphe, morte en 1259; Elisabeth, fille de Meinhard II, comte de Tyrol; Anne, fille d'Ottaker, roi de Bohême; Agnès, fille de l'empereur Albert 1er, morte en 1364; Catherine, fille du même empereur; l'empereur Henri VII, mort en 1313; Charles, duc de Calabre, fils de Robert, roi de Naples, mort en 1334; Frédéric ou Théodoric, dit l'*Athlète*, fils de Thibaud le Libéral, duc de Lorraine, mort en 1329.

2431. Bericht und antzaigen der Statt Augspurg, etc. (Rapport et description de la ville d'Augsbourg et des personnes distinguées, etc.) *Augsbourg, Melchiorn Krigstein*, 1550, in-fol. fig. en bois, dem.-rel. veau brun. (*Kœhler*.).

2432. Hist. de la dernière guerre, commencée l'an 1756, et finie par la paix d'Hubertsbourg, le 15 février 1763. *Berlin*, 1767, in-12, d.-rel. mar. r. avec un portr. de Frédéric-le-Grand.

12. — RUSSIE, POLOGNE ET LE NORD.

2433. Recherches sur l'origine des peuples du nord et de l'occident de l'Europe. Par M. Darttey. *Sainte-Menehould, Poignée Darnauld*, 1839, broch. de 64 pp. in-8, cart.

Cette brochure ne concerne que *les Ibères*. Elle a pour appendice une table des auteurs qui y sont nommés, et qui comprend à elle seule 12 pag. sur deux colonnes.

2434. Histoire générale de Pologne, par M. de Solignac, secrétaire du cabinet et des commandements du roi de Pologne. *Paris, J. T. Hérissant*, 1750, 5 vol. in-8, mar. rouge, fil. tr. d. (*Aux armes de la comtesse d'Artois*).

2435. Accort et capitulation faict entre le roy de Navarre et le duc de Cazimir pour la levée de l'armée des Reistres venus en France en l'année 1587, *Strasbourg, Gillot le Parché*, 1587, in-8, de 33 pag. mar. rouge, fil. tr. d. (*Duru*).

Pièce fort curieuse. On y trouve des corrections et des notes marginales d'une écriture du temps.

2436. Lettre à M. le marquis de L. C., sur ce qui s'est passé dans l'affaire de l'empoisonnement arrivé à la cour de Dannemarck le 27 mars 1699, *Cologne: Pierre Marteau* (à la sphère), S. d. (1699), petit in-12, mar. vert, tr. d. (*Duru*).

Traité des plus rares.

2437. Récit de la bataille d'entre les impériaux et les svédois. Avec la harangue du roy de Suede à ses soldats avant que mourir, et ses autres particularitez. *Du bureau d'adresse, au grand Coq, rue de la Calendre, sortant au Marché-Neuf, près le palais, le 14 décembre* 1632. Pièce en 16 p. in-8, d. rel. mar. r.

2438. Mémoire sur les Samojèdes et les Lapons. (Par Timothée-Mezrahn Klingsted, de Bahrdt en Poméranie). *Copenhague*, 1766, in-8, dem.-rel. mar. br.

13. — HISTOIRE DE LA GRANDE BRETAGNE.

2439. Antiquités Anglo-Normandes de Ducarel, traduites de l'anglais, par A. L. Léchaudé d'Anisy. *Caen, Mancel*, 1823. — Description de la tapisserie conservée à la cathédrale de Bayeux, par Smart le Thieullier, traduite (de l'anglais) et augmentée de notes par A. L. Léchaudé d'Anisy. *Caen, Mancel,* 1824. In-8, fig. dem.-rel. non rogné, planches.

2440. The antiquarian itinerary comprising specimens of architecture monastic, castellated and domestic, with other vestiges of antiquity in Great Britain, accompanied with descriptions. *London, Sherwood*, 1815-1818. 7 vol. in-8, fig. carton.

<small>Exempl. en grand papier d'un livre dont le format est in-12. L'*Antiquarian itinerary* contient, outre un grand nombre de gravures sur bois, plus de 500 planches très jolies représentant les monuments de l'antiquité civile et religieuse de la Grande-Bretagne. C'est un recueil très curieux et très important pour l'étude de l'archéologie du moyen-âge.</small>

2441. Master Wace, his chronicle of the norman conquest from the Roman de Rou, translated with notes and illustrations, by Edgar Taylor. *London, William Pickering*. 1837. In-8, cart. angl.

<small>Gravures au trait d'après les manuscrits, et gravures en bois dans le texte.</small>

2442. The rise and progress of the english commonwealth. Anglo-Saxon period, containing the Anglo-Saxon policy and the institutions arising out of laws and usages which prevailed before the conquest; by Francis Palgrave. *London, J. Murray*, 1832. 2 vol. in-4.

<small>Un des plus savants ouvrages qui aient été publiés sur la période anglo-saxonne de l'histoire d'Angleterre.</small>

2443. Histoire pittoresque de l'Angleterre et de ses possessions dans les Indes, depuis les temps les plus reculés jusqu'à la réforme de 1832, par M. le baron de Roujoux, publiée par M. Alfred Mainguet, sous la direction de MM. Taylor et Charles Nodier. *Paris:* 1835, 3 vol. grand in-4, à deux col., dem. rel. et coins, mar. rouge, dor. en tête.

<small>Cet ouvrage, imprimé avec le plus grand soin, contient un nombre considérable de figures sur bois dans le texte, quelques gravures détachées, six cartes géographiques gravées sur acier et tirées sur papier de Chine, ainsi que 8 planches représentant les tapisseries de Bayeux.</small>

2444. Edouard, histoire d'Angleterre (attribué à mademoiselle de Lussan). *Paris, Claude Barbin*, 1696, 2 vol. in-12, fauve, fil. tr. d. (*Duru*).

2445. History and antiquities of Kensington, interspersed with biographical anecdotes of royal and distinguished personages and a descriptive catalogue

468 HISTOIRE.

of the collection of pictures in the palace.. by Thomas Faulkner. *London, Payne and Foss.* 1620. In-8, avec planches, carton ang.

<small>Monographie historique et descriptive faite avec beaucoup de soin.</small>

130

2446. The regal and ecclesiastical antiquities of England, containing the representations of all the english monarchs, from Edward the confessor to Henry the eight, and of many persons... by Joseph Strutt, a new and improved edition, with critical and explanatory notes, by J. R. Planché. *London, Henry G. Bohn.* 1842. In-4, dos et coins de mar. olive, avec filets.

<small>Cet ouvrage, un des plus soignés qui soient sortis des presses anglaises depuis quelques années, est orné de 72 magnifiques planches coloriées reproduisant avec une fidélité remarquable un pareil nombre de miniatures ou d'initiales empruntées aux anciens manuscrits. Ces miniatures représentent, outre les portraits des rois et reines d'Angleterre, depuis Édouard le Confesseur jusqu'à Henri VIII, un grand nombre de sujets divers de l'histoire ecclésiastique et civile sous chaque règne. Cette série de peintures forme une collection infiniment précieuse pour l'étude de l'art et des costumes du moyen-âge.</small>

192

2447. Monasticon anglicanum ; a history of the abbies and other monasteries, hospitals, frieries, and cathedral and collegiate churches, with their dependencies, in England and Wales, etc., etc. By William Dugdale. A new edition, enriched with a large accession of materials by John Caley, Henry Ellis, and the rev. Bulkeley Bandinel. *London,* 1817-30, 8 vol. petit in-fol., fig. cart. en toile.

<small>« Cette édition renferme toute la substance de la continuation de Stevens, d'autres augmentations et les notes des éditeurs ; en outre, beaucoup de nouvelles figures sont ajoutées aux anciennes, que l'on a copiées avec exactitude. Tels sont les avantages qui la font préférer aux premières éditions. » (*Manuel*, t. II, 1re part., p. 143.) Il est inutile de donner ici la description de ce magnifique ouvrage bien connu, et dont on apprécie toute l'importance pour l'histoire.</small>

34

2448. The history of Saint Paul's cathedral, in London, from its foundation, etc., by William Dugdale. With a continuation and additions, including the republication of sir William Dugdale's life from his own manuscript; by Henry Ellis. *London*, 1818, in-fol. fig. cart. en toile.

<small>Cette édition est la plus complète et la plus recherchée. On n'estime pas moins cet ouvrage en Angleterre que les *Antiquities of Warwickshire*, du même auteur. Ce bel exempl. est à toute marge et d'une condition parfaite. (V. Brunet, t. I, 1re part., p. 143.)</small>

2449. A history of the university of Cambridge, its colleges, halls and public buildings. *London, Ackermann*, 1815, 2 vol. in-4, pap. vél. fig. color. rel. v. f. Dent. 3 6

<small>Ouvrage important, accompagné de nombreuses gravures coloriées avec soin. Cette histoire de l'université de Cambridge n'est point citée.</small>

2450. History of the university and colleges of Cambridge, including notices relating to the founders and eminent men; by G. Dyer; illustrated by a series of engravings. *London, Lengman*, 1814, 2 vol. in-8, avec fig. maroq. bleu, fil. tr. dor. 10

2451. The history and antiquities of Bath abbey church, including biographical anecdotes of the most distinguished persons interred in that edifice; by John Britton. *London, Longman*, 1825, grand in-4 avec 10 pl. cart., dos de mar. 5

<small>Deux épreuves de chaque planche, dont l'une avant la lettre.</small>

2452. Advertissement des catholiques anglois aux François catholiques, du danger où ils sont de perdre leur religion, et d'experimenter comme en Angleterre, la cruauté des ministres s'ils reçoivent à la couronne un roy qui soit heretique, (attribué a Loys d'Orleans) s. l. 1586, in-8. veau brun, fil. tr. d. 2

2453. Réplique pour le catholique anglois contre le catholique associé des huguenots. *S. l.*, 1588, 23 ff. in-12, d.-rel. et coins mar. olive. (*Kœhler.*) 1 2
<small>Pièce rare.</small>

2454. Letters of Mary, queen of Scots, and documents connected with her personal histoy, now first published with an introduction, by Agnes Strickland, au- 18 thor of the lives of the queens of England. *London, Colburn*, 1842, 1843, 3 vol. pet. in-8, mar. bl., fil., coins et couronne doublé et garde en moire, tr. d.

Très bel exempl. d'un ouvrage que le recueil publié par le prince Labanoff n'a pas fait oublier. Il est orné d'un portrait de Marie Stuart.

2455. Mémoires de Melvil, traduits de l'anglois, avec additions considérables. *Edimbourg, Barrowes et Young*, 1745, 3 vol. in-12, v. f. fil.

Très bel exemplaire de ce livre. Le troisième volume contient les lettres de Marie Stuart.

2456. Discours véritable des deux dernières conspirations et attentats sur la personne de la royne d'Angleterre, le tout par les moyens des agents d'Espagne et induction des jésuites. *Paris, Guillaume Auvray*, 1595, 52 pp. pet. in-8, d. rel., v. v.

2457. Pièces sur les différends religieux du commencement du XVIIe siècle. In-8, cart.

1° Manifeste anglois adressé aux reformez de France, sur les troubles et divisions de ce temps. *Sur la copie imprimée à Londres, par Georges Bichops*, 1621 (30 pages). — 2° Protestation et resolution du roy d'Angleterre, protecteur et deffenseur des églises reformées. S. l. 1622 (22 p). — 3° Déclaration du roy, portant interdiction à tous ses subjets et autres residents en ce royaume, de faire aucun commerce et traffic en Angleterre. *Paris, Anthoine Estienne*, etc. 1627 (13 pages). En tout 3 pièces.

2458. Abrégé de la vie et du règne de Charles I, second monarque de la Grande-Bretagne, depuis sa naissance jusques à sa mort, traduit de l'anglois. *Leyde, Antoine Du Val*, 1666, in-12, mar. bleu, fil. tr. d. (*Duru.*)

2459. Relation véritable de la mort cruelle et barbare de Charles I, roi d'Angleterre, arrivée à Londres le huitième février 1649, avec la harangue faite par Sa Majesté sur l'échafaud, traduite de l'anglais en français par J. Ango sur l'imprimé à Londres, chez F. Coles. *Reimprimée à Paris, Lepetit*, 1792, in-8, portrait, dem. rel., veau fauve, fil. (*Koehler.*)

2460. Histoire de la rébellion et des guerres civiles

HISTOIRE.

d'Angleterre depuis 1641 jusqu'au rétablissement du roi Charles II, par Edward comte de Clarendon. *La Haye, Louis et Henry Van Dole,* 1704-1709, 6 vol. in-12, grand pap., portr., mar. rouge, dent., tr. d. (*Bozerian*).

Très bel exemplaire venant de la bibliothèque de G. de Pixérécourt.

2461. Recueil, savoir :

Ordonnance du parlement d'Angleterre, par laquelle est enjoint à tous les habitans de la ville de Londres de fermer leurs boutiques et prendre les armes pour la sûreté de ladite ville, son l'imprimé, à Paris, en l'isle du Palais, et Orléans, René Fremont, 1642, in-8° de 8 pages. — Relation de la marche du roy d'Angleterre et de son armée, avec la requeste du parlement envoyée au roy. *Idem, idem,* in-8° de 8 pages. — Recit du combat donné entre l'armée du roy d'Angleterre, et celle du parlement, et les grands progrez que font les catholiques. *Idem, idem,* in-8° de 7 pages. — La defaicte d'un régiment du parlement d'Angleterre, par le prince Robert, général de l'armée du roy de la grand Bretagne, et autres particularitez. *Idem, idem,* s. d. in-8° de 8 pages. — La requeste présentée au parlement d'Angleterre par quarante mille gentils-hommes et bourgeois de Londres, *Idem, idem,* 1643, in-8° de 7 pages. — Les articles et propositions de la chambre haulte et basse du parlement de Londres, envoyées au roy d'Angleterre. *Idem, idem,* 1643, in-8° de 8 pages. — La nouvelle défaite de deux mille hommes de l'armée du parlement d'Angleterre par celle du roy de la Grand'Bretagne et autres particularitez. *Idem, idem,* 1643, in-8° de 8 pages. — La harangue du chevalier Benjamin Rudyert, faite au parlement d'Angleterre pour l'envoy des propositions de paix à sa majesté britannique. *Orléans, Maria Paris,* 1643, in-8° de 7 pages. — La prise des deux régiments parlementaires prisonniers, aussi la prise d'une isle et du port de Balto par le roy de la Grand'Bretagne, et les dispositions à la paix. *Orléans, René Fremont,* 1644, in-8° de 8 pages. — Relation memorable de l'arrest de mort donné contre l'archevesque de Cantorbery, dans la ville de Londres. *Orléans, René Fremont,* 1645, in-8° de 8 pages. — Lettre du roy de la Grand Bretagne aux parlemens d'Angleterre et d'Ecosse, depuis sa sortie d'Oxford, sur le sujet de la paix. *Idem, idem,* 1646, in-8° de 8 pages. — La proclamation envoyée en Escosse, par l'ordre du roy de la Grand Bretagne pour le licenciement de ces troupes et remises de ses places. *Orléans; Gabriel Fremont,* 1646, in-8° de 8 pages. — Articles accordez entre le général Hopton, du parti royal d'Angleterre, et le général Fairfax, parlementaire. *Idem, idem,* 1646, in-8° de 8 pages. — L'enlevement du roy de la Grand Bretagne par l'armée du général Fairfax. *Idem, idem,* 1647, in-8° de 8 pages.

En tout 14 pièces en un vol. in-8° mar. r. tr. d. (*Duru*).

2462. Histoire d'Olivier Cromwel, par A. Jendy Dusegour. *Paris, Gueton, an* III, 2 vol. pet. in-12, mar. rouge, fil. tr. d. de tabis, portr.

2463. Eigenhandige und Denctwurdige schriften Carls desz Anderen, etc. (Ecrits memorables et originaux de Charles II, roi d'Angleterre, concernant la religion, avec une déclaration de la duchesse d'Yorck, mere de la princesse d'Orange, à cause qu'elle s'est faite catholique; publiés premierement à Londres et traduits du françois en allemand.) *Munich*, 1686, in-4, dem.-rel.

2464. Histoire entière et véritable du procez de Charles Stuart, roy d'Angleterre; traduit de l'anglois *sur l'imprimé à Londres (Hollande)*, 1550, pet. in-12, cuir de Russie, fil. tr. d.

2465. ΒΑΣΙΛΙΚΟΝ ΔΩΡΟΝ ou present royal de Jaques premier, roy d'Angleterre, Escoce et Irlande, au prince Henry son fils, contenant une instruction pour bien régner; traduit de l'anglois. *Lyon, suyvant l'exemplaire imprimé à Paris*, 1603, petit in-12, dem.-rel.

2466. Les conspirations d'Angleterre, ou l'histoire des troubles suscités dans ce royaume, depuis l'an 1600 jusques à l'an 1679, inclusivement. *Cologne, Jean le Blanc*, 1680, in-12, vél.

Dans le même vol., Narration véritable de l'exécrable conspiration du parti papiste. *London*, 1679.

2467. La relation de trois ambassades de monseigneur le comte de Carlisle, de la part du serenissime et tres-puissant prince Charles II, vers leurs serenissimes majestés Alexey Michailowitz, czar et grand duc de Moscovie, Charles XI, roy de Suede, et Frederic III, roy de Danemarc et de Norvege (1663-1665). *Amsterdam, Jean Blaeu*, 1672, pet. in-12, mar. vert, fil. tr. d. (*Duru.*)

2468. Histoire secrete des regnes des rois Charles II et Jacques II, trad. de l'anglois. *Cologne, Pierre Marteau*, 1690, in-12, v. br.

Cette traduction fut vendue 22 fr, en 1819.

2469. La princesse d'Angleterre, ou la duchesse reyne.

Paris, Estienne Loyson, 1677, 2 part. en 1 vol., pet. in-12, v. f. fil. tr. d.

<small>Petit ouvrage grand de marges, avec ce monogr. D. O. P. pour signature à la fin de la préface.</small>

2470. La couronne usurpée et le prince supposé, ou traité dans lequel on prouve manifestement par des pièces authentiques, 1° que le duc d'York par les loix d'Angleterre, et par la loi de Dieu, n'avoit aucun droit à la couronne, et n'y pouvoit point prétendre; 2° que le prince d'Orange étoit le vrai et légitime successeur de Charles II, etc., etc. *Londres*, 1689, pet. in-12 de 72 pages, cuir de Russie, fil. doré en tête. (*Simier*.)

2471. La source des malheurs d'Angleterre et de tous les maux dont ce roiaume a été affligé depuis le règne de Jacques Ier, et qui ont causé la perte de Charles Ier et la désertion de Jacques II. *Cologne, Pierre Marteau*, 1689, in-12, mar. bl. tr. d. (*Duru*.)

2472. Ultima vox zelatricis Innocentiæ indigna patientis sive Libellus supplex, F. Eugenii Brugensis. *Coloniæ, apud H. Joannis Hamel*, 1689, in-12. A la sphère, v. fauve, fil. tr. d. (*Thouvenin*.)

2473. Relation de l'horrible conspiration qu'on a faite depuis peu pour déthroner le Roy Guillaume et la Reyne Marie, afin de mettre à leur place le Roy de France et Jacques II, et de ruiner la ville de Londres; avec un Recit de la maniere admirable dont cette conspiration a été decouverte, et quelques considerations sur la maniere dont on a examiné le Lord Preston, le Major Asthon, et Mr. Eliot qui en estoyent les principaux autheurs, par un gentilhomme, qui a été present à leur jugement, traduit de l'anglois. *Amsterdam*, s. n., 1691, in-12, mar. noir, tr. d. (*Duru*.)

2474. Discours succinct touchant la découverte de la veritable mere du prétendu Prince de Galles, connue sous le nom de Marie Grey, auquel on a ajouté une plus ample découverte de la derniere conspiration contre la personne sacrée de Sa Majesté et contre le Gouvernement, présenté au Roi et deposé devant un comitté du Parlement, par Guillaume Fuller, autrefois Page d'honneur de la Reine d'Angleterre en France, traduit de l'anglois. *Suivant la copie imprimée à Londres pour l'Autheur*, 1696, petit in-12, v. fauve, fil. tr. d. (*Muller*.)

Voilà un bien long titre pour bien petit volume.

2475. Discours sur la liaison et sur les rapports, qui se rencontrent entre la descente résoluë par Jacques II. et la conspiration qu'on a découverte contre la vie de Sa Majesté britannique. *Ville-Franche, Jacques Le Jeune*, 1696. in-12, mar. vert, tr. d. (*Duru*.)

2476. L'ancien bâtard protecteur du nouveau, ou la Prostitution de la Reine pour la protection du Prince de Galles, traduit de l'anglois. *S. n. de v. ni d'imp.*, 1702, in-12, frontispice gravé, mar. noir, tr. d.

2477. Heads of the people, or portraits of the English, drawn by Kenny Meadows, with original essays by distinguished writers. *London, Tyas*, 1840, in-8, fig., veau fauve, double fil. tr. d. (*Duru*.)

Cet ouvrage, conçu sur le même plan que nos *Français peints par eux-mêmes*, est orné de 43 gravures exécutées avec soin.

2478. Oriental memoirs selected and abridged from a series of familiar letters written during seventeen years residence in India : including observations on parts of Africa and South America and a narrative of occurrences in four India voyages, illustrated by engraving, from original drawings by James Forbes.

London, *White*, 1813, 4 vol. grand in-4, fig. cart. angl.

<small>Savant et curieux ouvrage orné de 90 planches, dont plusieurs sont coloriées avec le plus grand soin.</small>

2479. Characters in the grand fancy ball given by the ambassador sir Henry Wellesley at Vienna at the conclusion of the carnival 1826, seconde édition. London, *Ackermann*, 1828, in-4, fig. cart.

<small>Orné de trente planches coloriées avec soin.</small>

2480. Précis historique du procès de la reine d'Angleterre (Caroline de Brunswick), par lord Brougham, traduit par A. Morisseau. *Paris, Guyot et Scribe*, 1838, 42 pp. in-8, cart.

2481. A review of the corrected agricultural survey of Lincolnshire, by Arthur Young, published in 1799 by authority of the board of agriculture, together with an address to the board, a letter to its secretary, and remarks..... by Thomas Stone. *London, Cawthorn*, 1800, in-8, dos de veau fauve.

14. — PAYS DIVERS HORS D'EUROPE, LE LEVANT, TURQUIE, ASIE, ETC.

2483. Histoire critique de la créance et des coutumes des nations du Levant, publiée par le Sr. de Moni. *Francfort, F. Arnaud*, 1684, pet. in-8, mar. r., fil. tr. d.

2484. Histoire des rois de Thrace et de ceux du Bosphore Cimmérien, éclaircie par les médailles, par M. Cary, de l'académie de Marseille et de celle de Cortone. *Paris, Desaint et Saillant*, 1752, in-4, v. m. fig.

<small>Cet exemplaire, interfolié de papier blanc, a appartenu à l'abbé Barthélemy. Plusieurs notes de la main de son neveu, Barthélemy de Courçay, chargé du cabinet des médailles de la bibliothèque royale, pages 63, 66, 71, 73, 76, 85, et à côté de presque toutes les médailles gravées.</small>

2485. Trattato delle piante ed imagini di sacri edifizi

476 HISTOIRE.

di Terra Santa disegnate in Ierusalemme secondo le regole della prospetiva, et vera misura della lor grandezza dal R. P. F. Bernardino Amico da Gallipoli... Stampate in Roma e di nuovo ristampate dallistesso autore in piu piccola forma. *Firenza, per el Cecconcelli*, 1619, pet. in-fol., v. f. fil. (*anc. rel.*)

Les figures et plans contenus dans ce volume, au nombre de 33, ont été gravés par le célèbre J. Callot. Outre les gravures, ce livre renferme 5 ff. préliminaires dont le 1" est occupé par un frontispice, et 65 pages de texte. Bel exempl., grand de marges et bien conservé.

2486. La vraye histoire dv siége et de la prinse de Famagoste, l'une des principales villes du royaume de Cypre... escrite en italien par le seigneur Nestor Martinengo, capitaine d'vne des compagnies qui estoyent dedans... et depuis mise en françois. *Paris, André Wechel*, 1572, pet. in-8, mar. vert, fil. tr. d. (*Duru.*)

2487. Bibliothèque orientale, ou dictionnaire universel contenant tout ce qui fait connaître les peuples de l'Orient... par C. Visdelou et A. Galand. *La Haye, Jacques Van Karnebeek*, 1779, in-fol., dem. rel., v. brun, *non rogné*, avec un portr. de d'Herbelot.

On trouve dans le même volume le *Supplément à la Bibliothèque orientale*, par d'Herbelot.

2488. Des histoires orientales et principalement des Turkes ou Turchikes et Schitiques ou Tartaresques et aultres qui en sont descendues, œuvre pour la tierce fois augmentée.... par Guillaume Postel, cosmopolite, deux fois de là retourné et veritablement informé. *Paris, Hierosme de Marnef et Guillaume Cavellat*, 1575, pet. in-16, veau fauve. (*Kœhler.*)

Ce volume contient 374 pages de texte et 42 ff. de table non chiffrés. Le verso d'un 43° feuillet contient contient la marque de Gryphe (de Lyon), avec cette légende : *Virtute duce crescit fortuna.*

2489. Traicté des Tartares, de leur origine, pays, peuples, mœurs, religion, guerres, conquestes, empire, et son estenduë ; de la suite de leurs chams et Empereurs, estats et hordes diverses jusqu'aujourd'huy. Le tout recueilly de divers autheurs, mémoires et Relations antiques et modernes, par Pierre Bergeron, Parisien. *Paris, Michel Soly*, 1634, in-8. — Abrégé de l'histoire des Sarazins et Mahométans, où il est traité, etc. Par P. B. P. (Pierre Bergeron, Parisien). *Paris : Michel Soly*, 1634, in-8, 2 tomes en 1 vol. in-8, veau fauve fil. tr. d. (*Duru*).

2490. De la république des Turcs, et là ou l'occasion s'offrera, des mœurs et loys de tous Muhamedistes, par Guillaume Postel, cosmopolite. *Poitiers, Enguilbert de Marnef. S. d.* (1560), 3 part. en 1 vol. in-4, v. fauve, coins et chiff., tr. d. (*rel. angl.*)

<small>La première partie, sous le titre ci-dessus, a 4 ff. prélim. et 127 pages ; la seconde, intitulée : *Histoire et considération de l'origine, loy et coustumes des Tartares, Persiens, Arabes, Turcs*, etc., 56 pages, et la troisième (*la tierce partie des orientales histoires...*), 4 ff. prélim. et 88 p. Ce volume contient de plus une table qui commence au verso du dernier feuillet de cette troisième partie et qui occupe 23 pages à deux colonnes.</small>

2491. Monuments anciens et modernes de l'Hindoustan, décrits sous le double rapport archéologique et pittoresque, etc., etc. Par L. Langlès. *Paris : P. Didot*, 1821, 2 vol. in-fol., fig. dos de mar. r.

2492. Discours des triomphes, magnificences et allegresses, qui ont esté faictes à la Circoncision du Sultan Mehemet, fils du Sultan Amurath, grand empereur des Turcs. *Paris : Jouxte l'exemplaire imprimé à Lyon, par Jean Patrasson*, 1583, in-8, mar. bleu, fil., ornements, tr. d. (*Kœhler*).

2493. Lettres diverses. — 1° Lettre interceptée du Sultan Soliman Kan, empereur des Turcs, à Guillaume, prince d'Orange. S. l. n. d., pièce de 6 ff. — 2° Lettre d'un gentilhomme françois à M. le cardinal**. Sur l'imprimé à Lyon, chez Eustache Rolmann, 1690, pièce de 10 ff. — 3° Extrait de la Gazette d'Amsterdam, du lundi 2 octobre 1690, pièce de 2 ff. — Pet. in-12, d.-rel. marb., br.

2494. Histoire de d'état présent de l'empire Ottoman : contenant les maximes politiques des Turcs ; les principaux points de la religion mahométane, ses sectes, ses hérésies et ses diverses sortes de religieux, leur discipline militaire, etc., trad. de l'anglois de M. Ricaut, par M. Briot. *Amsterdam, Abraham Wolfgank*, 1671, in-12, veau fauve. (*Kœhler.*)

2495. Histoire du règne de Mahomet II, empereur des Turcs, par le sieur Guillet. *Paris, Denis Thierry et Claude Barbin*, 1681, 2 vol. in-12, fig. et cartes, mar. rouge, fil., coins, armes, tr. d. (*anc. rel.*).

2496. Histoire générale du sérail et de la cour du Grand Seigneur, empereur des Turcs. On se voit l'image de la grandeur Otthomane, le tableau des passions, et les exemples des inconstantes prospérités de la cour. Ensemble l'histoire de la cour du roy de la Chine. Par le sieur Michel Baudier. *Paris, En la boutique de l'Angelier, chez Claude Cramoisy, au premier pillier de la grande salle du Palais*, 1624, in-fol. réglé, veau br., fil. frontisp. grav. par Picart.

2497. Abra-Mulé, ou l'histoire du déthronement de Mahomet IV. Troisième nouvelle historique, par M. Le Noble. *Suivant la copie de Paris, Amsterdam, André de Hoogenhuysen (à la Sphère)*, 1697, 2 part. en 1 vol. in-12, portr. de l'auteur, mar. r., non rogné, doré en tête (*Duru*).

2498. Historia de una gran señora christiana de la China llamada doña Candida Hiu. Donde, con la ocasion que se ofrece, se explican los usos destos

HISTOIRE. 479

pueblos, el establecimiento de la religion, los procederes de los Missioneros, y los exercicios de piedad de los nuevos christianos, y otras curiosidades, dignas de saberse. Escrita por el R. P. Felipe Cuplet. *Madrid, Antonia Roman*, 1691, petit in-8, vél. fig.

Rare.

2499. Relaçam do estado politico e espiritual do imperio da China, pelos annos de 1659 até o de 1666. Escrita em latim pello P. Francisco Rogemont da Companhia de Iesus, traduzida por hum religioso da mesma Companhia. *Lisboa, Ioam da Costa*, 1672, in-4, v. marb. (rousseur dans le papier).

2500. Description géographique, historique, chronologique, politique et physique de l'empire de la Chine et de la Tartarie chinoise. Par le P. J. B. du Halde. *Paris, Le Mercier*, 1735, 4 vol. in-fol., v. marb.

Bel exemplaire très grand de marges de cet ouvrage, enrichi de cartes générales et particulières.

2501. L'institution des loix, coustumes et autres choses merveilleuses et memorables tant du Royaume de la Chine que des Indes, contenues en plusieurs lettres missives envoyées aux Religieux de la Compagnie du nom de Jesus. Traduictes d'Italien en Françoys. *Paris: Sébastien Nyvelle*, 1556, in-16, v. f. fil. (*Kœhler*).

2502. La description géographique des provinces et villes plus fameuses de l'Inde Orientale, mœurs, loix et coustumes des habitants d'icelle, mesmement de ce qui est soubz la domination du grand Cham Empereur des Tartares. Par Marc Paule, gentilhomme Venetien, et nouvellement reduict en François. (P. G. L.) *Paris, Jehan Longis*, 1556, in-fol., vél.

Peu commun et bien conservé.

480   HISTOIRE.

2503. Estat présent du royaume de Perse. *Paris, Ve de Jacques Langlois et Jacques Langlois*, 1694, in-8, fig. (4) mar. r. fil. tr. d. (*aux armes de Saint-Ange*).

2504. Les militaires au-delà du Gange. Par M. de Lo-Looz. *Paris, Bailly*, 1770, 2 vol., in-8, m. r., fil. tr. d. *Armoriés*

Joli exemplaire sur beau et fort papier, avec 2 gravures et 5 planches gravées.

2505. Description du royaume de Siam, par M. de La Loubere, envoyé extraordinaire du roy auprès du roy de Siam, en 1687 et 1688. *Amsterdam, Henry et la veuve de Theod. Boom*, 1700, 2 vol. in-12, v. ant. fil. dent. à froid, fig.

2506. Les merveilles des Indes orientales et occidentales, ou nouveau traité des pierres précieuses et perles, contenant leur vraye nature, dureté, couleurs et vertus, chacune placée selon son ordre et degré, suivant la cognoissance des marchands orpheures. Auquel est adjousté une petite table fort exacte pour connoistre en un instant à quel tiltre les marchands orpheures de Paris, et les autres dans toutes les principalles villes presque de toute l'Europe, travaillent l'or et l'argent. Par *Robert de Berquen. Paris, C. Lambin*, 1661, in-4, cart.

Ce volume, qui comprend 6 ff. prélim., 112 pages et 1 feuillet à la fin, est orné d'un beau portrait de Marie-Louise d'Orléans, souveraine de Dombes, à qui il est dédié, gravé par l'Armessin.

2507. Le Mercure indien, ou le trésor des Indes. Première partie, dans laquelle il est traitté de l'or de l'argent et du vif argent, de leur formation, de leur origine, de leur usage et de leur valeur. Par Pierre de Rosnel. *Paris*, 1668, 2 parties en 1 vol., in-4., vél.

1re part., 4 ff. et 36 pages 2e part., 4 ff. et 72 pages. On trouve dans le même volume : De l'estimation des pierres précieuses et des perles; ensemble des autres pierres moins précieuses, 2 livres en 23 pages. *Paris, Robert Chevillon. S. d.*

2508. Almanach Bengali. In-8, dos et coins en bas.

Cet almanach commence le 12 avril 1834, correspondant au 1er Boisak 1241, année bengale, et finit le 12 avril 1835, correspondant au 31 chotire 1241.

15. — L'AFRIQUE ET L'AMÉRIQUE.

2509. Description de l'Afrique, tierce partie du monde, contenant ses royaumes, regions. viles (*sic*), cités, châteaux et forteresses ; iles, fleuves, animaux, tant aquatiques que terrestres..... Escrite de notre temps par Iean Leon Africain, premièrement en langue Arabesque, puis en Toscane, et à present mise en François. Plus cinq navigations au pais des Noirs..... *Lyon, Iean Temporal,* 1556, 2 t. en 1 vol. pet. in-fol. v. ant. fil. dent. gauff., orné de 5 fig. et de 2 cartes coloriées.

«Ce volume contient les principales pièces renfermées dans la précieuse collection de Ramusio, intitulée : *Raccolte delle navigationi viaggi*, etc.» (Note manuscrite et signée de Langlès, au commencement du volume.) — Bel exemplaire fraîchement relié, provenant de sa bibliothèque.

2510. L'Afrique, ou histoire, mœurs, usages et coutumes des Africains Dahomey (Guinée), par John M'Leod D. M. Traduit de l'anglais, par Edouard Gauttier. *Paris: Nepveu,* 1821, in-18, fig. (5) coloriées, mar. r., double fil. dent à froid, tr. d.

2511. Narrative of an expedition into the interior of Africa, by the river Niger, in the Steam-Vessels Quorra and Alburkah, in 1832, 1833 and 1834, by Mac Gregor Laird and R. A K. Oldfield, surviving officers of the expedition. *London, Bentley,* 1837, 2 vol in-8, fig. cart. angl.

2512. Historia de Tangere, que comprehende as noticias desde a sua primeira conquista até a sua ruina, escrita por D. Fernando de Menezes, conde da Ericeira. *Lisboa, na officina Ferreiriana,* 1732. Pet. in-fol., rel., veau brun.

2513. El repertorio americano. *Londres, Bossange, Barthès i Lowel,* 1826, 4 vol. gr. in-8, fig. et portr., dem.-rel., cuir de Russie.

2514. Histoire de la première descouverte et conqueste des Canaries, faite des l'an 1402 par Messire Jean de Bethencourt, Chambellan du Roy Charles VI. Escrite du temps meme, par F. Pierre Bontier, religieux de S. François, et Jean Le Verrier, prestre, domestiques dudit sieur de Bethencourt et mise en lumiere par M. Galien de Bethencourt, conseiller du Roy, etc. *Paris : Michel Soly,* 1630, in-8, vél., portrait.

2515. Essais sur les isles fortunées et l'antique Atlantide, ou précis de l'histoire générale de l'archipel des Canaries. Par J. B. G. M. Bory de Saint-Vincent. *Paris, Baudouin,* an XI (1803), gr. in-4, d.-rel., v. fauve et de planches.

2516. La Historia general de las Jndias, con to dos los descubrimientos, y cosas notables que han acaescido enellas, dende que se ganaron hasta agora, escrita por Francisco López de Gomara, Clerigo. *En Anvers : en casa de Juan Steelsio,* 1554, in-8, mar. vert, tr. d. (*Duru*).

16. — ARCHÉOLOGIE, ANTIQUITÉS, COUTUMES ET USAGES.

2517. Essai sur l'origine unique et hiéroglyphique des chiffres et des lettres de tous les peuples, ouvrage accompagné de planches soignées et très-étendues, précédé d'un coup d'œil rapide sur l'histoire tel et Wurtz, 1826, in-8, dem.-rel., mar. rouge, avec 7 pl. et un frontispice.

2518. Catalogue des objets échappés au vandalisme dans le Finistère (par Cambry). *Quimper*, Y. J. L. Derrien, an III, in-4, dem.-rel.; v. ant., *non rogné*.

2519. Livre premier des antiquitez perdues, et si au vif représentées par la plume de l'illustre iurisconsulte G. Pancirol, qu'on en peut tirer grand profit de la perte; accompagné d'un second, des choses nouvellement inventées et auparavant incogneües. En faveur des curieux. Traduit tant de l'italien que du latin en françois. Par Pierre de la Noue. *Lyon, Pierre Roussin*, 1617, pet. in-12, fig., d.-rel., v. bleu.

2520. L'Antiquité des tems rétablie et défendue contre les juifs et les nouveaux chronologistes (par Dom Pezeron). *Paris, V.° d'Edme Martin, Jean Boudot et Estienne Martin*, 1688, in-12, v. rac., dent.

2521. Catalogue raisonné d'antiquités égyptiennes, étrusques, grecques, romaines, gauloises et gothiques; médailles et monnoies antiques, modernes et étrangères...; armes anciennes, et des sauvages; vases... tableaux, dessins et estampes, etc., composant le cabinet de feu M. Picard, par J. B. Glomy. *Paris, Mérigot et Glomy*, 1779. — Catalogue des livres de la bibliothèque de feu Picard. Contenant environ cent manuscrits sur vélin.... *Paris, Mérigot l'aîné*, 1780. — Notice des livres de M***. *Paris, Debure*, 1780. — Catalogue de livres très anciens, dont un grand nombre sont très rares. Provenant du cabinet de M. L***. *Paris, Samson*, 1780. Ensemble 4 catalogues en 1 vol. in-8, mar. r., filets, riches ornements, tr. d. *Armoiries*.

Le premier de ces catalogues est accompagné de 2 planches de figures;

2522. Pompeiana, the topography, edifices and ornaments of Pompeii, by sir William Gell and John P. Gandy, architect, second edition. *London: Bodwell and Martin*, 1824, gr. in-8, pap. vél., rel., v. mar., fig.

Ouvrage exécuté avec le plus grand soin et le plus grand luxe. Les gravures sont très remarquables.

2523. Lettre à M. J*** sur diverses antiquités égyptiennes trouvées à Salzbourg (royaume de Bavière). Par L. Beaulieu. *Paris, Le Normant*, 1841, 41 pp., dem. rel., v. vert, avec une pl. de fig.

2524. Nova racolta degl' obelischi et colonne antiche dell'alma citta di Roma, con le sue dichiaratione date in luce, da Gio Iacomo Rossi alla pace Roma. *Rome* (vers 1651), in-4, peau vélin.

C'est un recueil de 47 gravures représentant divers monuments de Rome, et précédées d'un riche frontispice, en tête duquel on lit une dédicace au cardinal Colonne. Ces gravures sont interfoliées de papier blanc, réglé sur leur dimension; ce qui porte à 42 le nombre des feuillets de ce livret, disposé ainsi pour recevoir un texte explicatif.

2525. Li contorni delle pitture antiche d'Ercolano con le spiegazioni. Incise dietro l'originale da Giovanni Christophoro Kilian. *Augusta*, 1778, 7 vol. pet. in-fol., cart.

2526. Le antiche lucerne sepoclrali figurate raccolte dalle cave sotteranee e grotte di Roma. Nelle quali si contengono molte erudite memorie. Disegnate ed intagliate nelle loro forme da P. sancti Bartoli, divise in tre parti, con l'osservationi di Gio Pietro Bellori. *In Roma, Gio Francesco Buagni*, 1691, 3 part. en 1 vol. in-fol., vélin.

La 1.re partie a 5 ff. de titres et prélimin., 37 figures, 1 gravure pleine en mosaïque entre le 35.e et le 36.e, et 16 pages d'observations; la 2.e part. 4 feuillet pour titre, 46 figures et 15 pages d'observations; la 3.e 33 fig. et 12 pages.

2527. Antiquités Étrusques, Grecques et Romaines, tirées du cabinet de M. Hamilton, envoyé extraordinaire de S. M. Britannique en cour de Naples,

Naples: (François Morelli), 1766, 4 vol. in-fol., dos de mar. rouge.

<small>Cet ouvrage, important pour l'histoire et les progrès de l'art, se compose d'un texte anglais et français en regard et de 520 planches, parmi lesquelles celles représentant des vases étrusques sont imprimées en couleur comme les fonds de ces vases. Toutes ces figures sont d'une remarquable exécution.</small>

2528. Les Ruines de Pæstum ou de Posidonie, dans la grande Grèce, par T. Major, graveur de sa Majesté britannique. Traduit de l'anglois. *Londres: T. Major*, 1768, in-fol. maximo avec 31 planches, dos et coins de v. f.   6

2529. Le Grand cabinet Romain, ou recueil d'antiquitez romaines, qui consistent en bas reliefs, statues des dieux et des hommes, instruments sacerdotaux, lampes, urnes, sceaux, brasselets, clefs, anneaux et phioles lacrimales, que l'on trouve à Rome, avec les explications de Michel-Ange de La Chausse. *Amsterdam, François L'Honoré et Zacharie Chastelain le fils*, 1706, in-fol., mar. rouge, coins ornés, doubles filets, tr. d.   6 / 10

<small>Ouvrage d'archéologie très curieux, orné de 43 planches.</small>

2530. Monuments du culte secret des dames romaines (par Hugues d'Hancarville). *Rome, impr. du Vatican*, 1787, 2 vol. gr. in-8, fig. dem.-rel., v. r.   33

2531. Monuments de la vie privée des douze Césars, d'après une suite de pierres gravées sous leur règne (par Hugues d'Hancarville). *A Rome, impr. du Vatican*, 1786, in-4. — Monuments du culte secret des dames romaines, pour servir de suite aux *Monuments de la vie privée des XII Césars*. Caprée (*Nancy, le Clerc*), 1784, in-4. Ensemble 2 vol. in-4, v. br., fil. tr. d. fig. (*complet*).   39

2532. Mémoire sur Vénus, auquel l'Académie royale des inscriptions et belles-lettres a adjugé le prix de   10 / 10 la Saint-Martin, 1775. Par Larcher. *Paris*, 1775, in-8, mar. bleu, fil. tr. d. fig. et eaux fortes.

Exemplaire en papier fort.

2533. Iconographie ancienne, ou recueil des portraits authentiques des empereurs, rois et hommes illustres de l'antiquité, par Visconti (et Mongez). *Paris, P. Didot l'aîné*, 1811-1835, 7 vol. in-4, en 2 atlas, in-fol. dos vél. vert.

L'iconographie grecque de Visconti forme 3 vol. in-4° et un atlas in-fol. L'iconographie romaine, commencée par le même antiquaire, et continuée par Mongez, comprend 4 vol. in-4° et un atlas in-fol.

2534. Iusti Lipsii saturnalium libri duo, qui de gladiatoribus. *Antverpiæ, ex officina plantiniana, apud ioannem Moretum* 1604 (136 pp. et 2 ff.). De Amphitheatro liber. *Antverpiæ, id.*, 1598 (56 pp.). De Amphitheatris quæ extra Romam libellus. *Antverpiæ, id.*, 1598 (22 p. et 3 ff. dont le dernier est occupé par la marque de l'imprimeur), 3 parties en 1 vol. gr. in-4, v. br.

De ces pièces détachées de J. Lipsius, l'on ne cite que son *De constancia*, édition de 1589, et ses œuvres complètes, sous la date de 1637. La 1re partie renferme 4 gravures doubles et 12 sur demi-page dans le texte ; la 2e n'en contient que 3 : une simple, qui remplit toute la 7e page ; une double, placée entre la 28e et la 2e page, et une petite, qui occupe le bas de la 32e ; la 3e partie, imprimée et paginée avec la seconde, en renferme 4, 2 doubles et 2 simples faisant page. Toutes ces gravures sont très belles.

2535. Cérémonies funèbres de toutes les nations, par le sieur Muret. *Paris, Estienne Michallet*, 1679. pet. in-12, mar. violet, fil. tr. d. (*Thouvenin*).

Exempl. de Pixerécourt, très bien imprimé dans le genre des elzeviers.

2536. Cérémonies funèbres de toutes les nations, par le sieur Muret. *Paris, Estienne Michallet* (Hollande à la Sphère), 1679, in-12, v. fil., tr. d.

2537. Cérémonies nuptiales de toutes les nations et religions du monde, par le sieur Gaya. *Lyon*, Ma-

thieu Desmarets, s. d. (1693). in-12, mar. bleu, fil. tr. d. (*Duru*).

2538. Recherches sur l'époque de l'équitation et de l'usage des chars équestres chez les anciens : où l'on montre l'incertitude des premiers temps historiques des peuples relativement à cette date. Par le R. P. Gabriel Fabricy. *Marseille : Jean Mossy. Rome : Pierre Durand*, 1764, 2 tomes en 1 vol. in-8, gr. pap., v. f. fil. (*Derome*).

Exempl. de Pixérécourt.

2539. Études historiques sur les cartes à jouer, principalement sur les cartes françaises. Par M. C. Leber. *Paris, E. Duverger*, s. d., 129 pp. in-8, dem.-rel., v. br., fig. col.

On ne connait que *trois* exemplaires de ce tirage à part des savantes recherches de M. Leber.

2540. Recherches historiques sur les cartes à jouer, avec des notes critiques et intéressantes, par l'auteur des Mémoires sur la langue celtique (Bullet), *Lyon*, 1757, in-8, v. f. fil. (*Kœhler*).

2541. Origine des Étrennes et des mois chez les Hébreux et les peuples anciens et modernes, manière de commencer l'année, mesure de la Terre, Formation de la Méridienne, Nécessité et Utilité du calendrier Grégorien. *Paris : Marchands de Nouveautés*, 1787, in-12, dem.-rel., non rogné.

2542. Essai historique, critique, philologique, politique, moral, littéraire et galant sur les lanternes, leur origine, leur forme, leur utilité, etc., par une société de gens de lettres (Dreux du Radier, Le Camus, Lebœuf, Domet, etc.). *Dole : Lucnophile*, 1755, in-12, dem.-rel., gr. de marge.

2543. Monuments celtiques, ou recherches sur le culte des pierres, précédées d'une notice sur les Celtes et sur les Druides, et suivies d'étymologies celtiques, par M. Cambry. *Paris, Crapelet*, an XIII-1805, in-8, fig. dem.-rel., mar. noir, *non rogné*.

2544. Recherches sur les origines celtiques, principalement sur celles du Bugey, considéré comme berceau du delta celtique. Par Pierre J.-J. Bacon. *Paris, P. Didot l'aîné*, 1798, 2 vol. in-8, dem.-rel., veau vert, ornés d'un portr. de Bacon et de 10 fig.

2545. Mémoires de l'académie celtique, ou Recherches sur les Antiquités celtiques, gauloises et françaises, publiés par l'académie celtique. *Paris : Dentu*, 1807, 2 vol. in-8, dem.-rel.

2545 *bis*. Le moyen-âge monumental et archéologique, vues, détails et plans des monuments les plus remarquables de l'Europe, depuis le vi^e jusqu'au xvie siècle, lithographiés par les artistes les plus distingués, formant ensemble l'histoire de l'architecture au moyen-âge. *Paris : A. Hauser*, 1840-43, 32 livraisons in-fol., en feuille.

Chaque livraison contient 5 planches lithographiées sur papier de Chine, ensemble 192 pl.

2546. Trésor de Numismatique et de Glyptique, ou Recueil général de médailles, monnaies, pierres gravées, bas-reliefs, etc., tant anciens que modernes, les plus intéressants sous le rapport de l'art et de l'histoire, gravé par les procédés de M. Achille Colas, sous la direction de M. Paul Delaroche et Henriquel Dupont, texte par M. Ch. Lenormant. *Paris : Rittner et Goupil*, 1834-44, in-fol., en feuilles.

Il n'y a ici de cette importante collection que quatre parties complètes, savoir : Bas-reliefs du Parthénon et du temple de Phigalie, 1 vol. en 4 liv. formant 20 pages de texte et 16 planches. — 2° Collection des médailles coulées et ciselées au burin, de l'école de Vérone et des autres écoles italiennes aux 15e et 16e siècles, 2 vol. en 21 livraisons renfermant 84 planches et 76 pages de texte. — 3° Médailles exécutées au 16e siècle dans le midi de l'Allemagne sous l'influence d'Albert Durer et de son école, 1 vol. en 12 livraisons, composé de 102 pages de texte et 48 planches. — 4° Choix historique des médailles des papes, 1 vol. en 12 livraisons de 56 pages de texte et 48 planches.

Enfin, la partie suivante, choix des monnaies du moyen-âge et aux époques plus récentes, 1 vol. en 13 livraisons. Il manque les deux dernières.

2547. Histoire de la peinture sur verre, d'après ses monuments en France, par F. de Lasteyrie. *Paris*, 20 livraisons in-fol.

Chaque livraison contient 2 feuilles de texte et 4 planches coloriées avec le plus grand soin.

2548. Recherches sur les diverses opinions relatives à l'origine et à l'étymologie du mot pontife. Par Gabriel Peignot. *Dijon, Victor Lagier*, 1828, 27 pp. in-8, dem.-rel., mar. rouge.

Ce curieux opuscule n'a été tiré qu'à 130 exempl.

2549. A critical inquiry into antient armour as it existed in Europe, but particularly in England, from the Norman conquest to the reign of king Charles II, with a glossary of military terms of the middle ages, by Samuel Rush Meyrick. *London, Gale, J.* 1824, 3 vol. gr. in-4, fig. dos et coins de mar. bleu, non rognés.

Savant et splendide ouvrage orné de 70 planch. coloriées, de 40 vignettes, de 36 lettres capitales enluminées et de frontispices gravés.

17.—CHEVALERIE, NOBLESSE, BLASON.

2550. Abrégé historique des ordres de chevalerie anciens et modernes. *Bruxelles, J. Dorez,* 1776, in-12, dem.-rel., mar. rouge.

2551. Catalogo degli ordini equestri e militari. Offerto alla Santità di N. S. Clemente XI. del P. Filippo Bonnani. *In Roma, Giorgio Placco,* 1711, in-4, v. gr.

Ce volume contient 166 figures, texte à deux colonnes, latin et italien: Exempl. grand de marges et dans un parfait état de conservation.

2552. Stabilimenta Rhodiorum militum sacri ordinis hospitalis Sanct. Johannis Jherosolimitani, s. l. n. d. In-fol. goth., v. f. tr. d. (*armoiries*).

490 HISTOIRE.

Exemplaire collationné provenant de la bibliothèque de Baluze.

Ce livre, sans date ni lieu d'impression, est en français, à l'exception des deux documents placés en tête du volume et qui lui servent d'introduction. Le premier de ces documents est une charte du grand-maître Pierre d'Aubusson, datée de Rhodes, le 5 août 1493, par laquelle il ordonne la traduction en français des Etablissements de l'ordre de Saint-Jean-de-Jérusalem; le second est une bulle du pape Innocent approuvant cette traduction. Voyez dans le manuel à l'article de Caoursin, sous lequel M. Brunet indique une édition des *Stabilimenta*, imprimée à Venise en 1495. Celle-ci, quoique sans date et sans lieu d'impression, me paraît imprimée en Allemagne vers 1500, et peut être signalée pour sa jolie exécution et par un entourage en bois qui orne le premier feuillet. Il y a un léger défaut au feuillet P. iii.

2553. Abbildung und Beschreibung aller hohen Ritter-Orden in Europe. *Gezeichnet von G. Eichler, gestochen und im Verlag zu finden bei Jacob Andreas Friedrich, Kupferstecher in Augsburg,* 1756, pet. in-12, fig. en taille douce (46), mar. vert, fil. tr. d. (*Kœhler*).

Fort joli volume sur les plus célèbres ordres de chevalerie en Europe. Les nombreuses figures de Friedrich sont remarquables. L'épître dédicatoire du texte qui les accompagne est signée Der Verleger.

2554. Recherches sur les carrousels anciens et modernes, suivies d'un projet de jeux équestres à l'imitation des tournois de l'ancienne chevalerie, etc. S. l., 1784, in-8, v. br. fil.

2555. Dissertation historique sur l'ancienne chevalerie et la noblesse de Lorraine. *Nancy, Hæner,* 1763, in-8, v. f. (*Kœhler*).

2556. Le vray théâtre d'honneur et de chevalerie, ou le miroir héroïque de la noblesse. Par Wulson de la Colombière. *Paris, Aug. Courbé,* 1648, 2 vol. in-fol. fig., v. br., fil. anc. rel.

Chacun de ces deux volumes est orné d'un beau frontispice gravé; ils contiennent, en outre, 5 belles gravures in-plano représentant des carrousels, tournois et combats singuliers.

2557. Traité des tournois, joustes, carrousels et autres spectacles publics. Par le R. P. C. F. Menestrier. *Lyon, Jacques Muguet,* 1669, in-4, v. br.

(antiq.), orné de têtes de chapitres en taille-douce. (Kœhler).

2558. Combat à la barrière, faict en la cour de Lorraine, le 14 febvrier 1627, représenté par les discours de poësie du sieur H. Humbert, enrichy des figures de J. Callot. *Nancy*, 1627, in-4, mar. bl. (*Duru*).
Très bel exempl.

2559. Le Herault de la noblesse de France, par Pierre d'Origny, Escuyer, seigneur de Sainte Marie souz Bourg en Rethelois. *Rheims, Jean de Foigny*, 1578, in-8, de 44 ff. chiff., 2 ff. non chiff. et le titre. Mar. r., fil., tr. d. (*Duru*).

2560. Le nouveau traicté de la vraye noblesse, translaté nouvellement de latin en françoys. Auquel est adjousté en la fin les douze vertuz de vraye noblesse. *On les vend a Paris en la rue neufve Nostre Dame a l'enseigne Sainct Jehan Baptiste, pres Saincte Geneviefve des Ardens* (*Denys Janot*), 1535, pet. in-8, de 8 ff. prélim. et 49 ff. chiffrés, lettres rondes, mar. rouge, compartiments, tr. d. (*Duru*).
Ce rare petit volume se termine par une pièce en vers intitulée : Les douze vertus de la noblesse.

2561. Remonstrance contenant une instruction chrestienne de quatre poincts à la noblesse de France, laquelle faisant profession en apparence de la religion chrestienne, catholique, apostolique et romaine, suit neantmoins le party de l'heretique, et employe ses armes pour maintenir l'heresie. Par M° Matthieu de Launoy. *Paris, Nicolas Nivelle et Rolin Thierry*, 1590 (154 p. et 1 page de privilége), in-8, cart.

2562. Apologie pour la Noblesse, par F. D. G. NV. S. l., 1588, 27 pp. in-8, dem. rel.

2563. L'institution de la Noblesse, divisée en trois

livres. *A Tolose, Dominique Bosc*, 1618, in-12 veau fauve, fil.

2564. Histoire généalogique de la maison d'Auvergne justifiée par Chartes, Titres, Histoires anciennes et autres preuves authentiques, par Baluze. *Paris, Antoine Dezallier,* 1708, 2 vol. in-fol., veau mar., avec de nombreuses figures.

2565. Dissertation sur l'origine et les fonctions essentielles du Parlement sur la Pairie, et le droit des Pairs, et sur les lois fondamentales de la monarchie françoise, 1764.—Suite de la Dissertation concernant la Pairie et les droits des Pairs, *Amsterdam: aux dépens de la compagnie,* 1764, 2 parties en 1 vol. tr. d. *(Duru).*

2566. Histoire généalogique de plusieurs maisons illustres de Bretagne, enrichie des armes et blasons d'icelles de diverses fondations d'Abbayes, etc. Par Fr. Augustin Du Paz. *Paris: Nicolas Bueon,* 1619, in-fol., v. br. antique, fil. *(Kœhler).*

2567. Généalogie curieuse à l'honneur de quantité de noblesse de Bourgogne et du Bassigny, tirée d'un vieil manuscrit latin que monsieur le président Godran a laissé à Monsieur de Mont-Moyen, ou de Latrecey, à Dijon, escrite par un nommé Gérard de Haute-Rive, archidiacre de Langres, et qui montre comme saint François d'Assise est allié de l'ancienne noblesse de Grancey. *Dijon, Phil. Chavance,* 1653, 16 pages, in-8, dem.-rel. mar. rouge. Pièce très rare.

2568. Histoire généalogique des comtes de Chamilly de la maison de Bouton, au duché de Bourgogne, dans le bailliage de Chalon issue, de celle de Iauche du duché de Brabant. Justifiée par divers titres particuliers, d'églises, tombeaux, épitaphes, etc.

HISTOIRE. 493

par Pierre Pailliot parisien. *Dijon, Hélie Iosset,* 1671, in-fol., v. br., *anc. rel.*, fig. d'armoiries et autres dont quelques-unes sont coloriées.

2569. Histoire de la maison de Châtillon sur Marne. Avec les généalogies et armes des illustres familles de France et des Pays-Bas, lesquelles y ont esté alliées. Le tout divisé en XII livres, et justifié par chartes, tiltres, arrests, et autoritez des plus fidelles (sic) historiens. Par André du Chesne, tourangeau. *Paris, en la boutique de Nivelle, chez Sébastien Cramoisy,* 1624, 2 parties en 1 vol. in-fol. avec armoiries, v. br. — 9

2570. Histoire généalogique de la maison du Châtelet, branche puinée de la maison de Lorraine, justifiée par les titres, la pluspart tirés du Trésor des chartres de Lorraine, tombeaux, sceaux, monnoyes et autres anciens monumens publics, par le R. P. Dom Augustin Calmet, abbé de Senone. *Nancy, veuve de J. B. Cussin* 1741, in-fol. v. m. (*armoiriés*). — 6

2571. Nobiliario genealogico de los reyes y titulos de Espana. Compuesto por Alonso Lopez. *Madrid, Luis-Sanchez, impr. real,* 1622, 2 vol. pet. in-fol. veau marb. fig. d'armoiries. — 9. fo

2572. Notions claires et précises sur l'ancienne noblesse du royaume de France, par de Soyecourt. *Paris,* 1846. in-8, br. — 1 7/

2573. Abrégé méthodique des principes de la science héraldique, par Iean Claude Favre. *Chambéry: Louys Dufour,* 1647, in-4, dem.-rel. mar. rouge, fig. de blason. — 16

On y trouve une deuxième partie intitulée : Livre des ornements des armoiries en général.

2574. Origine des ornemens des armoiries, par le R. — 16, fo

494   HISTOIRE.

P. L. F. Menestrier. *Paris : pour Thomas Amaulry, libraire à Lyon,* 1680, in-12, fig. (8) et frontispice gravé, veau brun.

2575. Fortgesetzter Wappen-Calender auf das Jahr 1767, etc. (Continuation du Calendrier d'armes (de la noblesse) pour l'année 1767, histoire généalogique et héraldique, par Johann Friedrich Senfart). *Nurnberg : in Verlag der Raspischen Handlung,* 1767, in-8, fig. (178), veau brun.

<small>Les figures fort remarquables de cet ouvrage représentent les armes de 178 maisons nobles de l'Allemagne.</small>

2576. Le trophée d'armes héraldiques, ou la science du Blason, avec les figures (31 et le frontispice) en taille douce. *Paris : Pierre Targa,* 1650, in-4, veau fauve fil. tranche dor. (*Kœhler*).

2577. Armorial des états du Languedoc, par M. Gastelier de la Tour, écuyer. *Paris : Vincent,* 1767, in-4, fig. v. f. fil. (*anc. rel.*).

<small>Ouvrage dans lequel se trouve en tête une grande planche des états-généraux, dessinée et gravée par B. Picart, et 140 écussons ou figures d'armoiries fort bien gravés en taille-douce.</small>

2578. Recueil du blasonnement des armes de la noblesse du Valois, avec un petit traité de l'antiquité des armes, qui sert d'avant-propos à ce livre. *Lebrun,* 1641. Manuscrit petit in-4, sur papier, écriture du XVIIe siècle, écussons coloriés, couv. parch.

<small>Ce recueil, précieux pour l'histoire des familles de Picardie, n'est pas cité dans le P. Lelong. Il occupe 47 ff., après lesquels on trouve une suite intitulée : *Ensuit le blasonnement des armes des premières familles de Crespy, en Valois, tant anciennes que modernes.* Chaque écusson est accompagné d'une notice généalogique. Ce manuscrit provient de la bibliothèque de l'ancien collège Louis-le-Grand.</small>

2579. Catalogue des chevaliers de l'ordre du collier de Savoye, dict de l'Annonciade ; avec leurs noms, surnoms, qualitez, armes, et blasons ; depuis son institution par Amé VI, comte de Savoye, jusques à Emanuel II, par François Capré. *Turin: Barthélemy Zaratte*, 1654, in-4, v. f. (anc. rel. fatiguée).

Curieux ouvrage pour la science héraldique. Chaque blason, gravé sur bois, occupe le recto d'un feuillet, tandis que le verso du feuillet précédent offre en regard, dans un encadrement aussi sur bois, les noms et titres du chevalier et la description de ses armoiries.

18. — HISTOIRE LITTÉRAIRE, BIBLIOGRAPHIE, CATALOGUES, ETC.

2580. Histoire littéraire de différens peuples, traduite de l'anglais de Joseph Berington, par A. M. H. Boulard. *Paris: Debeausseaux*, etc., 1814-23, 7 vol. in-8, dem.-rel.

Cette collection, difficile à réunir, se compose des ouvrages suivants : Histoire littéraire des Arabes ou des Sarrazins pendant le moyen âge, 1823. — Histoire littéraire des Grecs pendant le moyen âge, 1822. — Histoire littéraire des huit premiers siècles de l'ère chrétienne, depuis Auguste jusqu'à Charlemagne; *Delaunay, Sajou*, 1814. — Histoire littéraire des ix° et x° siècles; *Paris, Gabriel Varée, Delaunay, Sajou*, 1816. — Histoire littéraire des xi° et xii° siècles, *Paris, Maradan*, novembre 1818. — Histoire littéraire du xiii° siècle, *idem*, 1821. — Histoire littéraire du xiv° siècle et de la première moitié du xv°, *Paris, Debeausseaux*, 1822.

2581. L'art de l'archiviste françois, par l'auteur des Avis et Mémoire instructif sur les avantages des inventaires généraux des titres et papiers tant anciens que modernes (par Carpentier de Beauvais); *Paris, P. F. Gueffier*, 1769, in-12, dem.-rel. veau viol.

Ce petit livre renferme à la fois *l'Art de l'Archiviste* (26 pages et 1 ff. pour l'approbation et le privilége) et les *Avis et Mémoire* (24 pages). Ce sont deux petits traités fort intéressans, dont l'éloge est renfermé dans une note manuscrite de 10 lignes jointe au volume.

2582. Histoire littéraire de la congrégation de Saint-Maur, Ordre de S. Benoît, où l'on trouve la vie et les travaux des auteurs qu'elle a produits depuis des livres qu'ils ont donnés au public, et le jugement que les savans en ont porté. Ensemble la notice de beaucoup d'ouvrages manuscrits composés par des bénédictins du même corps. *Bruxelles et Paris, Humblot,* 1770, gr. in-4, v. rac.

2583. Les femmes savantes, ou bibliothèque des dames, qui traite des sciences qui conviennent aux dames, de la conduite de leurs études, des livres qu'elles peuvent lire, et l'histoire de celles qui ont excellé dans les sciences, par Monsieur N. C. *Amsterdam, M. C. Le Cene,* 1718, in-8, parch. avec une grav.

Ce volume se termine par le catalogue des livres imprimés à Amsterdam chez Et. Roger.

2584. Essai d'Annales de la vie de Jean Gutemberg, inventeur de la typographie. Par Jér. Jacques Oberlin. *Strasbourg, Levrault,* an IX-1801, 45 pp. gr. in-8, dem. rel. mar. noir, *portr.*

2585. Eloge historique de Jean Geusfleisch, dit Guttemberg, premier inventeur de l'art typographique à Mayence, par Née de La Rochelle, *Paris, Colas,* 1811, in-8, pap. vélin, portr. dem.-rel. mar rouge, non rogné.

Exemp. Pixérécourt.

2586. Annales de l'imprimerie des Alde, ou histoire des trois Manuces et de leurs éditions, par Ant. Aug. Renouard. *Paris, Renouard,* 1803-12, 3 vol. in-8, pap. vél. portrait, mar. vert dent. tr. d. (*Bozérian*).

Exempl. de Pixérécourt.

2587. De l'imprimerie et de la librairie à Rouen dans les XV° et XVI° siècles, et de Martin Morin, célèbre imprimeur rouennais, par Ed. Frère. *Rouen, Auguste le Brument,* 1843, 64 pp. et 2 ff. pet. in-4, dem.-rel. mar rouge.

On trouve à la suite de cette notice une série de notes historiques et biographiques et une table alphabétique des imprimeurs et des libraires

BISTOIRE.

normands, de 1480 à 1550; plus, un catalogue des livres imprimés ou publiés par Martin Morin.

2588. Josse Lambert, imprimeur, graveur, poète et grammairien gantois du XVIe siècle, par A. Voisin, *Gand, L. Hebbelinck*, 1842, 48 pp. in-8, fig. d.-rel. v. bl.

2589. Recherches historiques, littéraires et critiques sur l'origine de l'imprimerie ; particulièrement sur ses premiers établissements au XVe siècle, dans la Belgique..... ornées de portraits et des écussons des premiers imprimeurs belges, par P. Lambinet. *Bruxelles, Emmanuel Flon*, an VII (1799), in-8, dos de cuir de Russie.

2590. Notice d'un livre imprimé à Bamberg en 1462, par Camus. *Paris*, an VII, in-4°, br.

2591. Dissertation sur l'origine de l'imprimerie en Angleterre, traduit de l'anglais du docteur Middleton, par D. G. Imbert. *Londres et Paris, D. C. Couturier*, 1775, 45 pp. in-8, dem.-rel. v. bl.

2592. Lettre à M*** servant de réponse à une critique de la *Bibliographie instructive* insérée dans le premier vol. du mois de juillet 1763 du *Journal de Trévoux*, p. 1617 (par de Bure le jeune). *Paris*, 1763, 80 pp. in 4, dem.-rel. v. f.

2593. Conseils pour former une bibliothèque historique de la Suisse, par Haller. *Berne*, 1771, in-8, d.-rel. coins mar. vert. (*Bauzonnet*.)

Exemplaire précédé et interfolié en quelques endroits de notes manuscrites authographes de l'abbé de Saint-Léger.

2594. Recherches littéraires et bibliographiques sur quelques anciennes impressions des Pays-Bas, par A. Voisin, s. l. n. d., 16 pp. in-8, dem.-rel. mar. bleu.

2595. Recherches sur Louis de Bruges, seigneur de la Gruthuyse; suivies de la notice des manuscrits qui lui ont appartenu, et dont la plus grande partie se conserve à la bibliothèque du roi. (par Van Praet). *Paris, De Bure frères*, 1831, in-8, cart. non rogné.

2596. Lettre au comte Auguste de Nadaillan, sur le goût des livres, par Mérard de Saint-Just. *Nancy, Hœner*, 1785, broch., in-8, de 18 p. tirée à petit nombre.

Exempl. Pixérécourt.

2597. Le microscope bibliographique. Première et nouvelle édition, revue, corrigée et diminuée. *Amsterdam*: 1771, in-12, dos et coins de mar. rouge, non rogné, doré en tête. (*Duru*.)

2598. Appel aux savants et aux gens de lettres, au sujet de la bibliographie instructive. *Paris*, 1763, 17 pp. in-4, dem.-rel. v. br.

Voyez n° 2592.

2599. La chasse aux bibliographes et antiquaires mal-advisés, suivie de beaucoup de notes, etc., par un des élèves que M. l'abbé Rive a laissés dans Paris. (par l'abbé Rive lui-même.) *Londres : W. Aphobe. (Aix.)* 1789, 2 vol. in-8, brochés.

Satire mordante et très souvent injuste contre plusieurs bibliographes qui n'en sont pas moins demeurés estimables. Cet ouvrage a quelques particularités que nous croyons devoir signaler : D'abord, le tome 1er, qui porte 1re partie, a un double titre moins compliqué que celui que nous avons mentionné, et qui porte la date de 1788. — Le 2e volume, qui porte aussi l'indication de tome 1er, 1re partie, contient sous le seul premier titre, corrections et additions, 11 pages. — Table des matières, de 12 à 142, plus une introduction dont le titre courant est préface, de 56 pages, en chiffres romains, y compris l'épigraphe et l'errata.

2600. Traitté des plus belles bibliothèques de l'Europe, des premiers livres qui ont été faits, de l'invention de l'imprimerie, des imprimeurs. De plusieurs livres qui ont été perdus et recouvrez par les soins des sçavans, avec une méthode pour dresser une bibliothèque, par le sieur Le Gallois, *suivant la copie*, Paris : *Estienne Michallet*, 1685, petit in-8, frontispice gravé, mar. citron, dent. à froid, non rogné. (*Vogel*.)

Exempl. Pixérécourt. 12- 2172

2601. Bibliothèque choisie de M. Colomies. *Amsterdam, George Gallet*, 1699, in-8, mar. fil. tr. d. (*Padeloup*).

Exemplaire Pixérécourt. 1/- 2174

2602. Biblioteca italiana, o sia notizia de libri rari nella lingua italiana, divisa in quattro parti principali cioe istoria, poesia, prose, arti e scienze. Annessovi tutto il libro dell'eloquenza italiana di Mons. Guisto Fontanini. A spese di Francesco Ricciardo. *Venezia, Angelo Ceremia*, 1736, in-4, v. f. rel. pleine.

2603. Lettre à M. le ministre de l'instruction publique, sur l'état actuel des Bibliothèques publiques de Paris, par H. Ternaux-Compans. *Paris, Maulde et Renou*, 1837, 31 pp. in-8, cart.

2604. Specimen catalogi codicum manuscriptorum bibliothecæ Zaluscianæ a Joannæ Daniele Andrea Janoski.... ejusdem bibliothecæ præfecto exhibitum. *Dresdæ, typis Harpetræ viduæ*, 1752, gr. in-4, v. f. fil. large dent. ornements (*aux armes papales*). Très riche reliure; mais fatiguée.

2605. Essai historique sur la bibliothèque du roi et sur chacun des dépôts qui la composent (par le Prince). *Paris, Belin*, 1782, in-12, cart.

Précieux ouvrage devenu très rare.

2606. Catalogue des livres imprimez (et manuscrits) de la bibliothèque du roy. Paris, 1739 et années suiv. 10 vol. in-fol. v. marb. fil. (*aux a mes*).

Il y a ici tout ce qui a paru de ce catalogue, savoir : Théologie, 3 vol.;

belles-lettres, 2 vol.; jurisprudence, 1 vol,; manuscrits, 4 vol. Les 2 vol. de belles-lettres sont reliés en v. f.

2607. Catalogo razonado de los manuscritos espanoles existentes en la biblioteca real de Paris, seguindo de un suplemento que contiene los de las otras tres bibliotecas publicas del Arsenal, de Santa Genoveva y Mazarina, por *Eugenio de Ochoa*. *Paris, en la imprenta real, con autorizacion del Rey,* 1844, in-4, br.

2608. Catalogue des livres de la bibliothèque du conseil d'Etat (par Barbier). *Paris, imprimerie de la République*, an XI, 2 vol. in-fol. dem.-rel. v. rouge, non rogné.

Tiré à 200 exempl., dont 15 sur vélin.

2609. Catalogue des livres de la bibliothèque de S. E. M. le comte de Boutourlin, revu par MM. Ant. Alex. Barbier et Charles Pougens, suivi d'une table des auteurs. *Paris : Ch. Pougens*, 1805, in-8, dos de mar. rouge, non rogné (*Thouvenin*).

Exemplaire de Pixérécourt. C'est cette bibliothèque qui fut brûlée à Moscou.

2610. Catalogue des livres rares et précieux de la bibliothèque de feu M. le comte de Mac-Carthy Reagh (par de Bure frères). *Paris, De Bure frères*, 2 vol. in-8, tiré gr. in-8, papier de Holl. dos et coins de mar. rouge, non rogné (*Lefebvre*).

Exempl. de Pixérécourt, et l'un des 25 sur ce papier. On y a joint l'ordre des vacations, suivi de corrections et additions (15 pages), et de la liste des prix imprimée (38 pages).

2611. Catalogue des livres précieux, singuliers et rares, tant imprimés que manuscrits, qui composaient la bibliothèque de M** (Méon, par Bleuet). *Paris, Bleuet jeune*, an XII-1803, in-8, dos de mar. rouge, non rogné.

Avec les prix. Exempl. de Pixérécourt.

2612. Catalogue des livres imprimés et manuscrits

composant la bibliothèque de feu M. Louis Mathieu Langlès (par M. J. S. Merlin). *Paris, Merlin*, 1825, in-8, mar. rouge, double fil. dent à froid, coins, aux armes, tr. d. (*Thouvenin*).

2613. Notice des livres rares et précieux provenant de la bibliothèque de M. D. (Decroc). *Paris :* 1802. — Catalogue des MSS précieux, sur vélin, avec des miniatures et des livres rares de feu M. Duquesnoy (par G. de Bure). *Paris, Guill. de Bure*, 1803, — Catalogue des livres rares et précieux de la bibl. de feu M. D... (Detune, par Renouard), *Paris : Ant. Aug. Renouard*, 1806. — Catalogue des livres très bien conditionnés du cabinet de feu M. J. A. Naigeon (par de Bure). *Paris: de Bure père et fils*, 1810. — Catalogue des livres de la bibliothèque de feu M. M. J. Chenier, par J. A. Bleuet (avec la notice et l'avis sur ce catal.) *Paris : Petit-Cuenot*, 1811, Ensemble, 5 parties en un vol. in-8, (avec les prix), dos de cuir de Russie, non rogné.

Exempl. Pixérécourt.

2614. Catalogue de la riche bibliothèque de Rosny, etc. *Paris*, 1837, in-8, dem.-rel.

19. — BIOGRAPHIE, MÉLANGES, RECUEIL ET COLLECTIONS ENCYCLOPÉDIQUES.

2615. Les vrais pourtraits des hommes illustres en piété et doctrine, du travail desquels Dieu s'est servi en ces derniers temps, pour remettre sus la vraye religion en divers pays de la chrestienté, avec les descriptions de leur vie et de leurs faits les plus mémorables. Plus, quarante quatre emblesmes chrestiens. Traduits du latin de Théodore de Besze (par Simon Goulart). *Genève, Iean de Laon*, 1581, in-4, vél. portraits.

Ce volume curieux contient 4 ff. prélim., 2×4 pages et 2 ff. occupés par une table des noms des hommes et des femmes illustres qui y sont mentionnées. C'est un recueil biographique dont chaque notice, en prose, est terminée par quelques vers. Il est coupé dans ses grandes divisions par des faux-titres renfermés dans des cadres qui occupent tout le recto du 1er feuillet de chacune d'elles ; et, indépendamment des 44 figures emblématiques indiquées au grand titre, il est enrichi de 48 portraits encadrés. Tous ces cadres, emblèmes et portraits sont gravés sur bois et offrent une grande variété de dessins.

On trouve entre les pages 144 et 145 un feuillet rapporté qui contient au recto quelques notes manuscrites assez curieuses sur Jules-César Scaliger.

2646. Elogii di capitani illustri scritti da Lorenzo Crasso. *Venezia, Combi e La Nou,* 1683, gr. in-4, rel. orné de 96 portraits.

2647. La galerie des femmes fortes, par Pierre Le Moyne. *Leyde et Paris, (Elzev.)* 1660, in-18, mar. bl. fil. tr. d. doublé de mar. 13 grav. (*Duru*).

2648. La femme héroïque, ou les héroïnes comparées avec les héros, en toute sorte de vertus, et à la fin de chaque comparaison, plusieurs réflexions morales, par le R. P. du Bosc. S. l. n. d., in-4, mar. fauve, doubl. fil. tr. d. (*Anc. rel.*)

Ce beau volume, orné de 46 gravures outre le frontispice, contient 8 ff. prélim. pour la table des chapitres, 694 pages de texte et 12 ff. pour la table des matières.

2649. La vie d'Epicure, par M. du Rondel. *La Haye, Barent Beck* (à la sphère), 1686, pièce in-12, de 36 pages, rel. pleine en cuir de Russie, fil. dor. en tête.

2620. La vie du roy Almansor, écrite par le vertueux capitaine Aly Abençufian. *Amsterdam, D. Elzevier,* 1671, pet. in-12, mar. r. fil. tr. d. (*Closs*).

Exempl. Pixérécourt. 20 — 208f

2621. La vie Pierre Aretin, par M. de Boispréaux. *La Haye, Jean Neaulme,* 1750, in-12, v. marb. avec un portrait.

2622. La vie de César Borgia appelé depuis le duc de Valentinois, descrite par Thomas Thomasi, *Traduit de l'italien, imprimé à Monte-Chiaro, chez*

Jean-Baptiste Vero (*Holl. Elzev.*), 1671, in-12, veau antique, fil. (*Héring*).

2091 Exempl. non rogné provenant de Pixérécourt. 44.50

2623. Histoire de la vie de la reyne Christine de Suède, avec un véritable récit du séjour de la reyne à Rome, et la défense du marquis Monaldeschi contre la reyne de Suède. *Stockholm, Jean Pleyn de courage*, LXXVII (*sic*), petit in-12, mar. r. fil. tr. d. (*Kœhler*). avec un portrait. 7/

2624. La vie du général Monk duc d'Albemarle, etc.; trad. de l'angl., de Thomas Gomble. *Londres, Robert Scot*, 1672, petit in-12, mar. r. fil. tr. d. (*Duru.*) 18

Volume qui se joint à la collection des Elzeviers.

2625. Notice sur Colard Mansion, libraire et imprimeur de la ville de Bruges en Flandre, dans le xvᵉ siècle, par M. J.-B.-B. Van Praet. *Paris, Crapelet*, 1829, grand in-8, pap. vél. dos et coins v. f. 5 2/

On trouve à la fin de cet ouvrage plusieurs *fac-simile*, dont le premier est celui du titre d'un traité de la pénitence d'Adam, imprimé par Mansion, au bas duquel on voit une jolie petite figure coloriée.

2626. Réhabilitation d'Estienne Dolet, (par Louis Aimé Martin) célèbre imprimeur de Lyon, brulé à Paris, le 3 août 1546, jour de l'invention de saint Estienne, son patron. *Paris, (J. Tastu)*, 1830, in-12 de 24 pages, dos de veau fauve. 4 7/

2627. Notice sur Gustave Fallot, sous-bibliothécaire de l'Institut, par B. Guérard et Paul Ackermann. S. l. n. d., 13 et 9 pp. in-8. cart. 1,/0

2628. Histoire du vicomte de Turenne, maréchal général des armées du roi. *La Haye, Jean Neaulme*, 1736, 4 vol. in-12, v. f. fil. tr. d. cart. et port. (*Derome*). 6

2629. Quelques notices sur les premières années de 7

Buonaparte, recueillies et publiées en anglais par un de ses condisciples, mises en français par le C. B. *Basle, J. Decker,* 1797, in-12 de 62 pages, veau fauve, fil. tr. d. (*Duru*).

A la fin de cet exemplaire il y a une suite jusqu'en 1798, manuscrit de 4 ff., signé Giovanni Dav. Gullinand.

2630. Histoire général des Larrons, par F. D. C., lyonnois. *Rouen, J.-B. Machuel,* 1709, in-8, veau fauve.

Exempl. Nodier.

2631. L'histoire d'aucuns favoris, par feu M. P. D. P. (Pierre Du Puy). *Amsterdam, (Elzevier) Antoine Michiels,* 1660, petit in-12, mar. vert. fil. tr. d. (*Derome*).

2632. La fortune marastre de plusieurs princes et grands seigneurs de toutes nations, depuis environ deux siècles, par le sieur J. B. de Rocoles, historiographe de France. *Leyde, Adriaen Marston,* 1683, in-12, fig. (6), v. f. dent.

2633. Histoires prodigieuses extraictes de plusieurs fameux autheurs Grecs et Latins, sacrez et prophanes, divisées en six tomes, le 1ᵉ, par P. Boaistuau : le 2ᵉ, par C. de Tesserant, le 3ᵉ, par F. de Belleforest, le 4ᵉ, par Rod. Hoyer, le 5ᵉ, traduit du latin de M. Arnauld Sorbin evesque de Nevers, par F. de Belleforest, et le 6ᵉ, recueilly par J. D. M. de divers autheurs anciens et modernes. Augmentées de plusieurs portraicts et figures, etc. *Paris, Vefve Guillaume Carellat,* 1598, 6 tomes en 3 vol. in-16, mar. rouge, fil. tr. d. (*Padeloup*).

2634. Esprit de Guillaume Thomas Raynal, *Londres: (Paris, Cazin),* 1782, 2 vol. petit in-12, portrait, mar. rouge, fil. tr. d. (*Derome*).

Exemplaire provenant de la vente du prince de Talleyrand.

2635. Histoires tragiques, rédigées en epitome, partie

HISTOIRE. 505

extraittes des actes des Romains, et autres de l'invention de l'autheur, avec les demandes, accusations et deffences sur la matière d'icelles, ensemble quelques poëmes, le tout par Alexandre Sylvain. *Paris : Nicolas Bonfons*, 1588, in-8, mar. vert, fil. tr. d. (*Derome*). 36- 1199

Exempl. NODIER. — Les poésies commencent à la page 259 et se terminent à la page 295. — La prose est un recueil d'histoires tirées en grande partie de questions plaisantes en jurisprudence. Volume difficile à trouver en aussi bel état que celui-ci.

2636. Les Illustrations de Gaule et singularitez de Troye. Auec les deux épistres de l'amant Vert, composées par Jan le Maire de Belges (à la fin), *imprimé à Lyon, par Estienne Baland, etc., et se vendent audit lieu, et sus maitre Jacques Mallet, libraire*, etc. (Privilége daté de 1509), grand in-4, goth. fig. en bois, de 104 ff. signat. A. M. et A. B. — Le second liure des Illustratios de Gaule et singularitez de Troye (au verso du 52ᵉ ff.). Imprimé a Paris au moys de aoust lan mil ccccc et xij par le comãdemẽt de maistre Jan le Maire, indiciaire et hystoriographe de la royne, *par Geoffroy de Marnef*, etc., grand in-4, goth. de 4 ff. prélim. lij ff. chiffrés et 2 ff. de table. — Le tiers liure des Illustrations de Gaule et singularitez de Troye. Intitulé nouuellement de France Orientale et Occidentale (à la fin). *Imprimé a Paris au moys de juillet lan mil cincq centz et treze, par le comandemẽt de maistre Jan le Maire, indiciaire et historiographe de la royne, pour Geoffroy de Marnef, etc.*, grand in-4, goth. de 8 ff. pelim. et lvij ff. chiff. plus un ff. pour la marque de G. de Marnef. — L'Epistre du roy a Hector de Troye. Et aucunes aultres œuvres assez dignes de veoir (à la fin). *Imprimé a Paris au moys daoust, lan mil cinq centz et treze, pour Geoffroy de Marnef. etc.*, grand in-4, de 30 ff. signat. A. E. — Le traicté intitulé, de la differece des scismes et des concilles de leglise, et de la preemi-

...ience et utilité des concilles de la saincte Église Gallicaine, etc., par Jan le Maire, de Belges. Indiciaire et historiographe (à la fin). *Imprimé a Lyon ou moys de may lan mil cinq centz et xj, par Estiene Baland, etc.*, grand in-4, goth. de 40 ff. signat. A. K. fig. en bois. — La legende des Venitiens, ou autrement leur cronique abbregée, etc. (*Paris, Geoffroy de Marnef. Privil. daté de Lyon, 30 juillet 1509*), grand in-4, goth. de 18 ff. signat. A. A. C. C. Ensemble 6 parties en 1 vol. grand in-4, veau marbre (*armes*).

Il serait difficile de réunir une plus grande quantité des ouvrages de J. Lemaire de Belges, en première édition, comme tous ceux mentionnés ci-dessus, bien conservés et à grandes marges. Souvent les marges ont des notes manuscrites d'une écriture du temps. Le premier est atteint d'une piqûre de vers qui n'attaque heureusement que la marge d'une vingtaine de feuillets. (*Voyez le Manuel du libraire.*)

TABLE MÉTHODIQUE

DU

CATALOGUE DE M. J. TAYLOR.

A. — THÉOLOGIE.

	Numéros.
1. — ÉCRITURE SAINTE................................	1—11
2. — FIGURES DE LA BIBLE...........................	12—26
3. — LITURGIE..	27—36
4. — THÉOLOGIE MORALE, CATÉCHÉTIQUE, etc....	37—76
5. — THÉOLOGIE MYSTIQUE, etc....................	77—89
6. — THÉOLOGIE POLÉMIQUE........................	90—104
7. — OPINIONS SINGULIÈRES, ILLUMINÉS, FANATIQUES..	105—116
8. — HÉTHÉRODOXES, ATHÉES, etc................	117—133
9. — TRAITÉS POUR ET CONTRE LE PAPE ET L'ÉGLISE ROMAINE....................................	134—145
10. — RELIGION DES JUIFS, MAHOMÉTANS ET PAYENS.	146—152
A. bis. HISTOIRE ECCLÉSIASTIQUE ET TRAITÉS RELATIFS A L'HISTOIRE DES RELIGIONS; LÉGENDES; ORDRES RELIGIEUX, MONASTÈRES; etc., etc.........................	153—197

B. — JURISPRUDENCE. 198—242

C. — SCIENCES ET ARTS.

Numéros.

1. — SCIENCES PHILOSOPHIQUES..................
   - a. — INTRODUCTION, HISTOIRE ET DICTIONNAIRES..... 243—255
   - b. — MORALE, ÉDUCATION......................... 256—297
   - c. — RAPPORTS DE LA PHYSIONOMIE ET DU MORAL DE L'HOMME................................. 298—301
2. — POLITIQUE, SCIENCE DE GOUVERNER. ÉTUDE. 302—330
3. — ÉCONOMIE POLITIQUE. — MONNAIES, FINANCES..... 331—342
(4) 5. — SCIENCES NATURELLES..................... 343—357
6. — SCIENCES MÉDICALES........................ 357—392
7. — SCIENCES MATHÉMATIQUES ; ASTRONOMIE, MARINE, — ART MILITAIRE, GÉNIE, PONTS ET CHAUSSÉES, etc......................... 393—417
8. — PHILOSOPHIE OCCULTE (apparitions, divinations, prédictions, croyances aux démons, etc.)......... 418—452
9. — ARTS ET MÉTIERS ; CALLIGRAPHIE, ART DE MÉMOIRE, TYPOGRAPHIE.................. 453—463
10. — BEAUX-ARTS
    - a. — DESSIN, PERSPECTIVE..................... 464—474
    - b. — HISTOIRE DE L'ART PAR LES MONUMENTS, GALERIES 475—490
    - c. — GRAVURE, SCULPTURE..................... 491—495
    - d. — ARCHITECTURE (monuments de l'architecture).... 496—530
    - e. — DÉCORATIONS, ORNEMENTS.................. 531—535
    - f. — FÊTES, ENTRÉES, CÉRÉMONIES, POMPES FUNÈBRES, etc., etc........................... 536—556
    - g. — COSTUMES................................ 557—574
    - h. — PORTRAITS............................... 575—593
    - j. (1) bis — LIVRES A FIGURES DIVERS (EMBLÈMES, DANSE DES MORTS, CARICATURES)...... 594—617
    - k. (11) — VOYAGES ET VUES PITTORESQUES........... 618—634
11. (13) — MUSIQUE, ART GYMNASTIQUE, DANSE, CHASSE ET PÊCHE..................... 540—578
    - l. — COLLECTIONS D'ŒUVRES DU THÉATRE........... 535—639

D. — BELLES-LETTRES.

1. — LINGUISTIQUE
   - a. — INTRODUCTION, GRAMMAIRES ET DICTIONNAIRES.. 679—689

		Numéros.
b. — LANGUE FRANÇAISE		690—706
c. — PATOIS OU DIALECTES POPULAIRES DE LA FRANCE		707—727
2. — RHÉTORIQUE ET ORATEURS		728—729
3. — POÉTIQUE		
a. — POÈTES LATINS ANCIENS ET MODERNES		730—732
4. — *POÈTES FRANÇAIS.*		
a. — INTRODUCTION, COLLECTIONS ET EXTRAITS		733—742
b. — POÈTES DU MOYEN-AGE JUSQU'A MAROT		743—778
c. — DE MAROT VILLON JUSQU'A BENSSERADE ET MALHERBE		779—833
d. — DE MALHERBE JUSQU'A NOS JOURS		834—872
e. — POÈTES ÉPIQUES, RELIGIEUX, SÉRIEUX ET BADINS		873—902
f. — POÉSIE SATIRIQUE, GAILLARDE ET BURLESQUE		903—921
g. — POÉSIE DIDACTIQUE		922—926
h. — CONTES EN VERS		927—932
i. — CANTIQUES, NOELS ET CHANSONS		933—941
5. — MYTHOLOGIE.		
— FABLES ET APOLOGUES		942—963
6. — THÉATRE.		
a. — INTRODUCTION, OUVRAGES RELATIFS AU THÉATRE		964—977
b. — THÉATRE INDIEN, GREC ET LATIN		978—990
c. — MYSTÈRE, MORALITÉS ET FARCES		991—1006
d. — ANCIEN THÉATRE FRANÇAIS		1007—1042
e. — THÉATRE FRANÇAIS MODERNE		1043—1060
7. — ROMANS.		
a. — ROMANS GRECS ET LATINS		1061—1066
b. — ROMANS FRANÇAIS HÉROÏQUES ET CHEVALERESQUES		1067—1092
c. — ROMANS HISTORIQUES		1093—1134
d. — ROMANS FRANÇAIS DE DIFFÉRENTS GENRES		1135—1169
e. — CONTES ET NOUVELLES; CONTES ÉROTIQUES		1170—1207
8. — FACÉTIES.		
DISSERTATIONS SINGULIÈRES ET ENJOUÉES EN PROSE ET EN VERS		1208—1358
9. — APOLOGIES, SATYRES ET INVECTIVES		1359—1385
10. — SUR L'AMOUR, LES FEMMES ET LE MARIAGE, LIVRES ÉROTIQUES		1386—1481
11. — PHILOLOGIE, CRITIQUE ET ANA		1482—1503
12. — HIÉROGLYPHES, PROVERBES OU EMBLÈMES		1504—1522
13. — DIALOGUES, ENTRETIENS		1523—1532
14. — ÉPISTOLAIRES		1533—1541

15. — LITTÉRATURE ÉTRANGÈRE.
    a. — POÈTES ITALIENS; CONTEURS ET FACÉTIES .... 1542—1554
    b. — POÈTES ESPAGNOLES, CATALANS, ET PORTUGAIS ... 1555—1600
    c. — LANGUES ET DIALECTES DE L'ESPAGNE .... 1601—1602
    d. — ROMANS ET CONTES .... 1603—1631
    e. — LITTÉRATURE ANGLAISE .... 1632—1634
16. — POLYGRAPHES, ET COLLECTIONS D'OEUVRES RÉUNIES .... 1635—1645

E. — HISTOIRE.

1. — GÉOGRAPHIE .... 1646—1650
2. — VOYAGES .... 1651—1689
3. — CHRONOLOGIE, HISTOIRE UNIVERSELLE ..... 1690—1700
4. — HISTOIRE ANCIENNE, GRECQUE ET ROMAINE. 1701—1707
5. — HISTOIRE DE FRANCE.
    a. — INTRODUCTION .... 1708—1741
    b. HISTOIRE DE FRANCE. (1515—1569) .... 1742—1763
    c. — — (1570—1580) .... 1764—1789
    d. — — (1580—1611) .... 1790—1864
    e. — — Louis XIII .... 1865—1981
    f. — — Louis XIV .... 1982—2051
    g. — — DEPUIS LOUIS XV JUSQU'A NOS JOURS .... 2052—2089
5 *bis.* — *HISTOIRE DES PROVINCES DE FRANCE.*
    a. INTRODUCTION. — PARIS ET L'ILE DE FRANCE .... 2090—2121
    a. — FLANDRE ET ARTOIS .... 2122—2127
    b. — PICARDIE .... 2128—2137
    c. — CHAMPAGNE ET BRIE .... 2138—2150
    d. — LORRAINE ET ALSACE .... 2152—2159
    e. — BOURGOGNE ET FRANCHE-COMTÉ .... 2160—2175
    f. — LYONNAIS, DAUPHINÉ .... 2176—2192
    g. — PROVENCE ET COMTAT VENAISSIN .... 2193—2209
    h. — LANGUEDOC, ROUSSILLON ET COMTÉ DE FOIX .... 2211—2220
    i. — GUIENNE, AUNIS, SAINTONGE, ANGOUMOIS ...... 2221—2235
    k. — POITOU, ANJOU ET MAINE .... 2236—2241
    l. — AUVERGNE, MARCHE, LIMOUSIN .... 2242—2243
    m. — BOURBONNAIS, NIVERNAIS, BERRY .... 2244—2249
    n. — BRETAGNE .... 2250—2258
    o. — NORMANDIE .... 2259—2269
    p. CORSE, ALGÉRIE ET COLONIES .... 2270—2272

TABLE MÉTHODIQUE. 511

Numéros.
6. — HISTOIRE DE FLANDRE, BELGIQUE ET HOL-
LANDE................................... 2273—2301
7. — HISTOIRE DE LA SUISSE.................... 2302—2309
8. — HISTOIRE D'ITALIE......................... 2310—2328
9. HISTOIRE D'ESPAGNE......................... 2329—
   a. — GÉOGRAPHIE, STATISTIQUE, ORIGINES, MOEURS ET
     USAGES................................. 2329—2348
   b. — MÉLANGES POUR L'HISTOIRE D'ESPAGNE......... 2347—2362
   c. — CHRONIQUE OU HISTOIRE DES ROIS D'ESPAGNE..... 2353—2372
   d. — PROVINCES D'ESPAGNE...................... 2373—2384
   e. — HISTOIRE LITTÉRAIRE, BIBLIOGRAPHIE ET BIOGRA-
     PHIE D'ESPAGNE........................... 2385—2409
10. — HISTOIRE DE PORTUGAL, DES ILES BALÉA-
RES, etc................................. 2401—2422
11. — HISTOIRE D'ALLEMAGNE.................... 2424—2432
12. — RUSSIE, POLOGNE ET LE NORD............. 2433—2438
13. — HISTOIRE DE LA GRANDE BRETAGNE........ 2439—2481
14. — PAYS DIVERS, HORS DE L'EUROPE, LE LEVANT,
TURQUIE ET ASIE, etc..................... 2483-24508
15. — L'AFRIQUE ET L'AMÉRIQUE................. 2509—2516
15. — ARCHEOLOGIE, ANTIQUITÉ, COSTUMES ET
USAGES................................. 2517—2549
17. — CHEVALERIE, NOBLESSE, BLASON........... 2550—2579
18 — HISTOIRE LITTÉRAIRE, BIBLIOGRAPHIE, CATA-
LOGUES, etc............................. 2580—2614
19. — BIOGRAPHIE, MÉLANGES, RECUEILS ET COL-
LECTIONS ENCYCLOPÉDIQUES.............. 2615—1636

PARIS. — IMPRIMERIE WITTERSHEIM,
rue Montmorency, 8.

LIBRAIRIE CURIEUSE-HISTORIQUE, etc.,

DE J. TECHENER,

Place de la Colonnade du Louvre, n° 20,

AU PREMIER.

EXTRAIT DU CATALOGUE DE LIVRES DE FONDS.

Auton (Jean d'). Chroniques, publiées pour la première fois en entier, d'après les manuscrits de la Bibliothèque du Roi, avec une notice et des notes par P.-L. (Lacroix) Jacob, bibliophile. *Paris*, 1834, 1835, 4 vol. in-8, pap. vergé fort. Publié à 40 fr., réduit à ..... 16—»

— — Grand pap. fort (à 55 exemplaires). Publié à 100 fr., réduit à ... 36—»

Cette publication complète les collections de chroniques, mémoires et documents de l'Histoire de France de MM. Guizot, Petitot et Mont ....qué. Elle n'est tirée qu'à peu d'exemplaires; elle comprend l'histoire de Louis XII et de son temps, et regarde aussi l'histoire d'Italie en particulier.

Catalogue analytique des archives Joursanvault (par Techener et de Gaule), contenant une précieuse collection de manuscrits, chartes et documents originaux au nombre de plus de quatre-vingt mille, concernant l'histoire générale de France, l'histoire de la noblesse et l'art héraldique, avec un grand nombre de chartes anglo-françaises et de pièces historiques sur la Belgique, l'Italie et quelques autres états de l'Europe. *Paris*, 1838, 2 beaux vol. in-8 brochés, avec *fac-similés* de manuscrits. .... 9—»

Ouvrage fort utile aux personnes qui s'occupent de l'histoire générale et particulière de la France, ainsi qu'aux archivistes et bibliothécaires des villes.

Catalogue de la précieuse bibliothèque de M. L. C. (Cailhava) de Lyon (dont la vente a eu lieu en octobre 1845). Gr. in-8, br., avec *prix imprimés*. 3—50

Catalogue de livres rares et précieux provenant de la bibliothèque du prince d'E*** (Essling) *Paris, Techener*, 1847, grand in-8, broché, avec prix de vente. .... 4—50

Cette collection, unique en romans de chevalerie, anciennes poésies, chroniques etc., a produit en six jours plus de cent mille francs...

La Chanson d'Antioche, poème en vers alexandrins composé, au commencement du xii° siècle, par Richard le pèlerin, et retouché, au commencement du xiii° siècle, par Graindor de Douai, publié sur six *Mss.* par M. Paulin Paris, membre de l'Académie des Inscriptions et Belles-Lettres. *Paris*, 1848. 2 vol. in-8 .... 16—»

Chanson des Saxons, par Jean Bodel, publiée pour la première fois par Francisque Michel. *Paris*, 1839 et 1840. 2 vol. in-8, br .... 16—»

Cordier. Dissertation sur la langue française, les patois, et plus particulièrement le patois de la Meuse. *Bar-le-Duc*, 1843, br. in-8 .... 3—50

Brochure tirée à cent exemplaires. Trente seulement ont été mis dans le commerce.

L'auteur a résumé fort savamment tout ce que les écrivains anciens et modernes ont dit sur l'origine de la langue française; il a cherché à prouver que les Romains établis dans la Gaule après la conquête, avaient emprunté aux Gaulois beaucoup de mots et d'expressions. Cette opinion est soutenue avec beaucoup de force, elle est appuyée par beaucoup d'arguments; et, si elle peut être encore contestée, elle a du moins le mérite d'être défendue avec habileté. Par le nombre considérable de citations et de preuves dont M. Cordier a fait suivre ses recherches, les hommes studieux jugeront combien cette brochure est digne de l'attention des philologues.

Correspondance de Lamotte Fénelon, Recueil des dépêches, instructions et mémoires de cet ambassadeur de France en Angleterre et en Ecosse, pendant le xv° siècle, conservée aux Archives du royaume et à la Bibliothèque du Roi, et publiée pour la première fois sous la direction de M. Purton-Cooper. *Paris*, 1838 à 41. 7 vol. in-8 br.... 50—»

La publication de la *Correspondance diplomatique* de Bertrand de Salignac de Lamotte Fénelon, ambassadeur de France auprès de la reine Elisabeth, de 1568 à 1575, sous les règnes de Charles IX et de Henri III, comprend l'histoire des années 1568 et 1569, qui ont été marquées en France par les guerres civiles, et en

Angleterre par la détention de Marie Stuart, l'accusation contre le duc de Norfolk, la rupture avec l'Espagne et la révolte des catholiques du Nord.

En suivant le bon système des anciens éditeurs, M. Teulet, à qui nous devons cette édition, a eu le soin d'y joindre une excellente table des matières formant le 7ᵉ volume.

Curiosités historiques, ou recueil de pièces utiles à l'histoire de France, et qui n'ont jamais paru. *Amsterdam*, 1759. 2 vol. pet. in-12 br. . . . . 6—»

Ces deux petits volumes sont très curieux et peuvent fournir des détails intéressants et inconnus sur divers sujets de l'histoire de France. On remarque surtout : Les Mémoires et anecdotes pour servir à l'histoire de Pologne ; — Duels des ducs de Beaufort et de Nemours ; — Dernières paroles du maréchal de Fabert ; — Discours, mémoires, relations, lettres, etc. ; — Procès de Jacques Clément, son jugement ; — Trait merveilleux de la Pucelle d'Orléans, rapporté par Donneau de Vizé ; — Lettre de M. Viguier à M. de Grammont, sur la Pucelle d'Orléans, etc., etc., etc.

Devoirs (des) et des qualités du Bibliothécaire. (Publié par M. G. Duplessis). *Paris*, 1839, br. in-8. . . . . 3—»

Discours prononcé dans l'assemblée générale de Sorbonne le 25 décembre 1780, par J.-B. Cotton des Houssayes.

Discours véritable du siége mis devant Beauvais, par Charles, duc de Bourgogne, l'an 1472. *Paris*, 1844, br. gr. in-8. . . . . 2—50

Discours tiré d'un vieux manuscrit, imprimé pour la première fois en 1622. Réimpression à 50 exemplaires.

FABLES INDIENNES (ESSAI SUR DES), et sur leur introduction en Europe, par M. Loiseleur Deslongchamps, suivi du roman des *Sept Sages de Rome*, en prose, publié pour la première fois d'après un manuscrit de la Bibliothèque royale, avec une analyse et des Extraits du *Dolopathos*, par M. Le Roux de Lincy, pour servir d'introduction et complément aux Fables inédites des XIIᵉ XIIIᵉ et XIVᵉ siècles, de M. Robert. *Paris*, 1838, 1 vol. in-8, *fac similé*. . 7—50
— Papier vélin, tiré à 20 exempl. 20—»

Ceux qui n'ont pas connu M. Loiseleur-Deslongchamps et qui liront son excellent Essai sur les Fables indiennes, verront combien de regrets doit laisser un jeune homme d'une si belle espérance.

C'est le complément indispensable de la publication de M. Robert.

FONTAINE (P.-Jul.). Manuel de l'amateur d'autographes, par J. Fontaine. *Paris*, 1836, in-8, br. . . . . 5—»

En tête se trouve la liste des souscripteurs et amateurs d'autographes ; vient un avant-propos et le reste de l'ouvrage se trouve ainsi divisé : — Des autographes en général. — Nature de l'autographe, Mss., lettres, moyens pour les authentiquer. — Liste des principaux ouvrages où se trouvent des *fac-similés* de l'écriture de personnages célèbres. — Utilité des autographes. Secours qu'ils ont rendus aux belles-lettres, à l'histoire, à la biographie, etc., etc. — Méthodes pour le classement des autographes. Conseils pour former une collection. — Causes de la variation des prix qu'ont subie les ventes d'autographes. Nomenclature.

HENRI ET APPEL. Histoire de la littérature allemande, d'après la cinquième édition de Heinsius, avec une préface de M. Matter. *Paris*, 1889, in-8 br. Au lieu de 7-50. . . . . 4—»

ISOGRAPHIE DES HOMMES CÉLÈBRES, ou Collection de fac-similé de lettres autographes et de signatures, dont les originaux se trouvent à la bibliothèque du Roi, aux archives du royaume, à celles des différents ministères du département de la Seine, et dans les collections particulières. *Paris*, 1843, 4 vol. in-4, br., AVEC LES TABLES, au lieu de 120 85—»
—— Table alphabétique indiquant le prix de vente (séparément). . . . . . . 6—»

Dans cette nouvelle édition, on a refondu tous les suppléments, de sorte que l'ouvrage est complet et entièrement terminé. On y a joint une table alphabétique indiquant les *prix* auxquels ont été portés, dans les ventes publiques, depuis 1820, les autographes ou signatures des personnages célèbres dont le nom figure dans l'Isographie.

Outre l'utilité que cet ouvrage peut avoir pour les amateurs d'autographes, il devient *indispensable* aux bibliothèques nombreuses en vieux livres, telles que les dépôts publics, où souvent se trouvent des écritures sans indication de personnages.

LEBER (C.) État de la Presse et des Pamphlets, depuis François Iᵉʳ jusqu'à Louis XIV, ou Revue anecdotique et critique des principaux actes de nos rois, et de quelques documents curieux et peu connus sur la publication et la vente des livres dans le XVᵉ siècle. *Paris*, 1834, in-8 de 115 pages. . . . . 3—50
—— Grand papier vélin, à très-petit nombre. . . . . 5—»

Bibliographie critique littéraire, usages, l'on trouve de tout dans ce petit livre.

LE LIVRE DU ROY MODUS et de la royne Racio, édition publiée par M. El. Blaze. *Paris*, 1839 1 vol. gr. in-8, car. goth. sur papier fort de Hollande, et orné de gravures en bois, d'après l'édition originale, et le texte revu d'après les *Mss* de la bibliothèque du Roi. . . . 28—»

Ouvrage tiré à un petit nombre d'exemplaires et dont le prix était fixé à 50 fr.

Voici une petite histoire sur ce livre :

« M. Blase, qui collectionnait alors les livres de chasses, désirait vivement un *Roi Modus*; une vente à la salle Silvestre annonçait tout justement un exemplaire. Il se croyait déjà l'heureux possesseur du livre qu'il désirait tant, mais il avait compté sans ses concurrents. Il assista à la vente et poussa lui-même ce volume à 790 fr., et il fut adjugé 800 fr. au prince d'Essling.

» De dépit, M. Blase en fit imprimer une édition à petit nombre, d'après les Mss. de la Bibliothèque royale, et tira UN EXEMPLAIRE SUR PEAU VELIN pour lui. »

LENOIR (Alexandre). Monuments des arts en France, depuis les Gaulois jusqu'au règne de François Ier. Quarante-cinq planches, contenant plus de *huit cents sujets* dessinés et gravés au trait par les plus habiles artistes en ce genre, présentant une suite non interrompue de monuments, de sculptures et de peintures, précédés d'un texte ou précis des arts libéraux, mécaniques et industriels en France, depuis les Celtes et les Francs jusqu'au règne de François Ier; d'une explication et analyse particulière et raisonnée de chaque figure ou monument. *Paris*, 1840, in-fol. cart. Publié à 120 fr., réduit à.......... 38—»

Publié avec le plus grand soin.

De la recherche de la vérité, par Malebranche. *Paris*, 1772, 3 vol. in-12, br. NON ROGNÉ.

Cette édition a été faite avec la plus grande exactitude sur celle de 1712, garantie par l'auteur ; elle a été enrichie de notes curieuses.

MANUSCRITS FRANÇAIS DE LA BIBLIOTHÈQUE DU ROI, leur histoire et celle des textes allemands, anglais, hollandais, italiens, espagnols de la même collection, par M. Paulin Pâris. *Paris*, 1836-1842. 7 vol., in-8° brochés, pap. collé. 63—»

—— Grand in-8, papier vélin, tiré à petit nombre. Chaque volume..... 18—»

Cette histoire de nos *Mss.* en langue vulgaire a pour but d'expliquer et faire connaître « Quel
» est le nom des principaux scribes ; — quelles
» sont les villes, les provinces et les contrées où
» l'on exécutait les plus beaux *Mss.* ; — quels
» sont les ornements les plus anciens, les plus
» curieux, les plus bizarres ; — dans quels vo-
» lumes l'on trouve des dessins d'églises, de
» maisons, de vaisseaux, de costumes, d'instru-
» ments de musique ; — quelle est la date des
» reliures ; — quelle est la date de chaque *Ms.* ;
» dans quelles bibliothèques ils ont successive-
» ment passé ; — quelle est. des diverses leçons
» du même ouvrage, la meilleure, la plus res-
» pectable ; — combien on a de monuments du
» IXe siècle ; — combien du Xe ; — quels sont
» les textes imprimés ; — quels ne le sont pas ;
» quel est le plus vieux *Ms.* en langue vulgaire,
» etc., etc., etc. »

MÉNAGIER DE PARIS (Le). Traité de morale et d'économie domestique, composé vers 1393 par un bourgeois parisien ; contenant des préceptes moraux, quelques faits historiques, des instructions sur l'art d'ériger une maison, des renseignements sur la consommation du roi, des princes, de la ville de Paris, à la fin du XIVe siècle, des conseils sur le jardinage et le soin des chevaux ; un traité de cuisine fort étendu, et un autre non moins complet sur la chasse à l'épervier ; ensemble l'histoire de Griselidis, Mellibée et Prudence, par Albertan de Brescia (1246), traduite par frère Renant de Louens ; *Le chemin de pauvreté et de richesse*, poëme composé, en 1312, par Jean Bruyant, notaire au Châtelet de Paris. *Paris, Crapelet*, 1847, 2 gros vol. gr. in-8, brochés........ 22—»

Imprimé aux frais de la Société des Bibliophiles français. Tiré à 24 exemplaires sur grand papier impérial de Hollande, destinés aux membres résidents de la Société, plus 300 exemplaires en petit papier de Hollande.

Mironer (le) et exemple moralle des enfans ingratz pour lesqlz les pères et mères se détruisent pour les augmeter qui en la fin les descongnoissent. (*Réimpression fac-simile.*) *Paris*, 1836, petit in-8, papier vélin, br...... 20—»

Cet opuscule, fort bien imprimé, n'a été tiré qu'à 66 exemplaires. Les 16 gravures sur bois dont il est orné ont été détruites après le tirage.

NODIER. Des matériaux dont Rabelais s'est servi pour la composition de son ouvrage. *Paris*, 1835, br. in-8.. 2—50

Dissertation tirée à petit nombre.

NOTICES biographiques et littéraires sur la vie et les ouvrages de Jean Vauquelin de la Fresnaye et Nicolas Vauquelin des Yveteaux, gentilshommes et poètes normands, 1536-1649 (par M. Jérôme Pichon). *Paris*, 1846, in-8..... 4—»

Tiré seulement à cent exemplaires.

Le Livre des Singularités, par G. P. Philomneste (G. Peignot), membre de plusieurs académies. Un gros vol. in-8 de 500 pages............ 6—»

— Papier collé des Vosges.... 7—»

Si jamais un livre s'est recommandé à la curiosité publique, c'est assurément le *Livre des Singularités*. Son titre seul promet plus d'une surprise et plus d'un plaisir, et l'ouvrage entier est loin de démentir cette attente. Voici la description qu'en donne l'auteur lui-même : « Pour
» toute préface, ami lecteur, nous vous dirons
» franchement que ce livre de *Singularités* est
» un ouvrage à part, un recueil fantasque, sé-
» rieux, burlesque, érudit, frivole, grave, amu-
» sant, facétieux, admirable, piquant, détestable

« parfois instructif, parfois ennuyeux, souvent
» décousu, mais toujours varié : c'est déjà quelque chose, etc. »
Le nom de M. Peignot e t rassurant contre l'ennui dont il menace son lecteur. Ceux qui ont lu son livre pensent que ce n'est que pour préluder aux singularités de l'ouvrage, qu'il montre dès le début un auteur disant du mal de son œuvre.

PEIGNOT. Recherches historiques sur les danses des morts. — Analyse de tout ce qui a été publié sur l'origine des cartes à jouer. *Dijon*, 1826, 1 vol. in-8, avec 5 fig. . . . . 14—»

Deux ouvr ges d'érudition, le premier sur un sujet peu connu en France : le second sur une matière assez obscure, mais intéres nte. Le volume est entièrement imprimé sur papier fin d'Annonay ; le tirage est peu nombreux.

Procès d'Estienne Dolet, imprimeur et libraire, a Lyon, 1543-1546. *Paris*, 1836, in-12, br. . . . . 4—50

Opuscule intéressant, publié par M. A. Taillandier. Tiré à très petit nombre, il n'en reste que très peu d'exemplaires à joindre aux divers ouvrages d'Est. Dolet.

SAINT-FARGEAU (Giraud de). Bibliographie historique et topographique de la ville de Paris, ou Catalogue de tous les ouvrages imprimés en français relatifs à l'histoire de Paris, depuis le 15e siècle jusqu'au mois de novembre 1846. *Paris*, 1847, in-8, br. . . . . 2—50

Pu lication curieuse et intéressante, enrichie de notes bibliographiques très utiles pour l'histoire de Paris.

BULLETIN DU BIBLIOPHILE,

PETITE REVUE D'ANCIENS LIVRES,

Contenant des Notices bibliographiques, philologiques et littéraires, avec un Catalogue raisonné des publications récentes et des livres de l'Éditeur,

JOURNAL MENSUEL

Publié par **J. TECHENER**,

AVEC LE CONCOURS

De MM. A. BARBIER, Conservateur à la Bibliothèque du Louvre ; O. BARBIER, Conservateur à la Bibliothèque nationale ; G. BRUNET ; DE CLINCHAMP, bibliophile ; V. COUSIN, de l'Académie française ; A. DINAUX ; G. DUPLESSIS ; FERDINAND DENIS, de la Bibliothèque Sainte-Geneviève ; GIRAUD, de l'Institut ; GUICHARD ; B. HAURÉAU, Conservateur à la Bibliothèque nationale ; JUSTIN LAMOUREUX ; C. LEBER ; LEROUX DE LINCY ; P. DE MALDEN ; PAULIN PARIS, de l'Institut ; J.-F. PAYEN ; J. PICHON, président de la *Société des Bibliophiles français* ; du ROURE ; SAINTE-BEUVE, de l'Académie française ; YEMENIZ, membre de la *Société des Bibliophiles français*, etc.

Années 1836-37. Tables. 1 vol. in-8 . . . . 12 »
— 1838-39. — 2 vol. in-8 . . . . 24 »
— 1840-41. — 2 vol. in-8 . . . . 24 »
— 1842. — 1 vol. in-8 . . . . 12 »
— 1843-44. — 2 vol. . . . . 24 »
— 1845-46. — 2 vol. . . . . 24 »
— 1847. — 1 vol. . . . . 12 »

ON AJOUTE A LA COLLECTION :

ANALECTA BIBLION,

Par M. le marquis du Roure. — 2 vol. in-8, br. — 12 fr.

Extrait des livres rares, oubliés ou peu connus, complétant la publication du *Bibliophile* des années 1836-37, avec une table. — Cet ouvrage, autant littéraire que bibliographique, se vend séparément.

Imprimerie de Wittersheim, 8, rue Montmorency

www.ingramcontent.com/pod-product-compliance
Lightning Source LLC
Chambersburg PA
CBHW051404230426
43669CB00011B/1758